Stilli

Für Kurt Werali
mit herzlichen Grüssen

Max Baumann

4. 4. 2003

Max Baumann

Stilli

Von Fährleuten, Schiffern
und Fischern im Aargau

Der Fluss als Existenzgrundlage
ländlicher Bevölkerung

CHRONOS

Umschlagbild: Stilli 1820/30.

(Abbildung auf einer Ofenkachel im abgebrochenen Haus Nr. 9 an der Steig.
Vgl. dazu: Die Kunstdenkmäler des Kantons Aargau, Band 2, S. 408–410.
Neuerdings auch Max Baumann, Leben in Alt-Stilli, Brugger Neujahrsblätter
1996, mit Abbildungen sämtlicher Ofenkacheln.)

Zweite, geringfügig ergänzte Auflage

© Chronos Verlag, Zürich 1996
ISBN 3-905312-14-X

III

INHALT

Illustrationen

Im Flug über das "schweizerische Wassertor": Der Zusammenfluss von Aare, Reuss und Limmat.

EINLEITUNG

Der Aargau ist zweifellos der flussreichste Kanton der Schweiz. Neben kleineren Gewässern wie Suhre, Wyna, Surb und Wigger vereinigen sich hier auf kleinem Raum Aare, Reuss, Limmat und Rhein. Dieses Gebiet eignet sich daher ganz besonders für die Untersuchung der verschiedenen Flussgewerbe und ihrer Veränderungen im Laufe der Zeit. Vom Mittelalter bis zum Beginn des 19. Jahrhunderts bildeten Fähren, Längsschiffahrt und Fischerei die wichtigsten Nutzungsformen am fliessenden Wasser; Mühlen wurden meist von kleinen Bächen angetrieben; die Goldwäscherei dagegen erlangte nie volkswirtschaftliche Bedeutung. Die Ausbeutung der Wasserkraft grosser Flüsse nahm erst nach 1820, durch den Bau von Spinnereien, nennenswerte Ausmasse an, dann aber in sehr einschneidender Weise; die moderne Form der Wasserkraftnutzung kann nicht mehr als Flussgewerbe bezeichnet werden; wir widmen ihr daher kein eigenes Kapitel, untersuchen aber ihre Auswirkungen auf Schiffahrt und Fischerei.

Die vorliegende Arbeit setzt im wesentlichen um 1400 ein und umfasst den ganzen Zeitraum bis 1900, allerdings mit unterschiedlichen Fragestellungen. Vom 15. Jahrhundert an lässt sich die rechtliche Ausformung der verschiedenen Flussnutzungen besonders schön verfolgen; es geht dabei um Fragen des Eigentums, der Rechte und Pflichten, der Einschränkungen sowie der Eingriffe des Staates. Seit etwa 1650 werden in den Quellen auch die technische und wirtschaftliche Entwicklung dieser Gewerbe greifbar; neben den abstrakt juristischen lassen sich nun die konkreten Alltagsprobleme erfassen. Im 19. Jahrhundert stehen die Veränderungen durch Industrie und neue Verkehrsmittel im Vordergrund, was zum Niedergang der alten Flussgewerbe führt. Einzig die Fischerei hat bis heute eine gewisse Bedeutung bewahrt.

Wie aus dem Titel hervorgeht weist diese Untersuchung zwei Ebenen auf: Einerseits werden die Flussgewerbe im grössern Rahmen betrachtet; dies ermöglicht allgemeine Aussagen über eine ganze Region. Die direkten Auswirkungen der genannten Tätigkeiten und ihrer Veränderungen auf die Menschen, die sie ausüben, lassen sich aber grossräumig nicht erfassen. Für diese Probleme wählen wir ein einzelnes, besonders geeignetes Dorf aus, nämlich Stilli; an diesem Beispiel können wir z. B. Zusammenhänge zwischen Flussgewerben, Siedlung und Einwohnerzahlen aufzeigen, aber auch Kombinationen mit Handwerk und andern Erwerbsarten, die Verwurzelung der Schiffleute in der Landwirtschaft sowie die schichtspezifische Zuordnung einzelner Tätigkeiten und damit Fragen der sozialen Struktur eines Flussdorfes. Obschon in dieser Beziehung nur Antworten gefunden werden, welche sich auf den Fall Stilli beziehen, kann man diese doch auch in beschränktem Masse verallgemeinern.

Zum bessern Verständnis der folgenden Ausführungen soll einleitend der geschichtliche Hintergrund knapp skizziert werden, und zwar, entsprechend den beiden Ebenen, zuerst für die aargauische Region im weitern, dann für Stilli im engern Sinn.

1. Die Entwicklung des Aargaus seit dem Mittelalter

Historische Darstellungen über den ganzen Aargau gibt es bisher nur vereinzelt. Als Ausnahmen seien die Arbeiten von J. Müller (1870/71) und von Ernst Zschokke zur Jahrhundertfeier 1903 erwähnt. In den letzten Jahren hat die Regierung eine Geschichte des Kantons seit 1803 in Auftrag gegeben.

Der Grund für das Fehlen einer Gesamtgeschichte liegt in der Tatsache, dass der Aargau in der heutigen Form erst seit 1803 existiert. Er wurde damals aus verschiedenen Untertanengebieten zusammengesetzt:

Gebiete vor 1803:	Herrschaft vor 1803:	Heutige Bezirke
Berner Aargau	Bern	Aarau, Zofingen, Lenzburg Kulm, Brugg
Grafschaft Baden	Bern, Zürich, Glarus	Baden, Zurzach
Freie Ämter	Bern, Zürich, Glarus	Muri, Bremgarten
Fricktal	Österreich	Rheinfelden, Laufenburg

Im Mittelalter gehörte das aargauische Gebiet zu einer grossen Zahl adeliger und geistlicher Grundherrschaften. Als adelige sind z. B. die Herren von Böttstein, von Tegerfelden, von Hallwil und von Klingen zu nennen. Unter den geistlichen verfügte das Kloster St. Blasien über reichen Besitz im Siggental; das Damenstift Säckingen besass einen Hof Freudenau, während die Johanniterkommende Leuggern an der untern Aare begütert war; das 1309/12 gegründete Kloster Königsfelden erwarb sich in kurzer Zeit beträchtliche Ländereien im weiten Umkreis.

Für die Geschichte von Stilli war besonders der Hof Rein von grosser Bedeutung. Hier hatte sich das Kloster Murbach (Elsass) eine Grundherrschaft aufgebaut, welche räumlich durch fünf Grenzpunkte umschrieben war; sie erstreckte sich der Aare entlang von Grundlosen (beim Böttsteiner Schmidberg) bis Zuben (bei der Brunnenmühle Brugg), von dort nach Ital (Itele zwischen Remigen und Oberbözberg), Übertal, Lowingen (an der Strasse Remigen-Hottwil) und wieder an die

Aare bei Grundlosen. Dieses Gebiet entsprach der mittelalterlichen Pfarrei Rein, welche bis 1526 auch die Vorstadt von Brugg umfasste. Im umschriebenen Bereich beanspruchte Murbach das alleinige Recht zu jagen, Festungen zu bauen und Männer zum Kriegsdienst aufzubieten (1).

Zwischen den verschiedenen Grundherrschaften bestand im Aargau seit dem 12./13. Jahrhundert eine aussergewöhnlich grosse Zahl von Städtchen, von denen hier besonders Brugg, Baden, Klingnau, Laufenburg, Aarau, Bremgarten und Mellingen Erwähnung finden werden. Als bedeutendste Stadt- und Grundherren sind zweifellos die Habsburger zu nennen, welche ihren Machtbereich nach dem Aussterben anderer Hochadelsgeschlechter (Lenzburger, Zähringer, Kyburger) stark erweiterten; so kauften sie z. B. 1291 dem Kloster Murbach auch den Hof Rein ab (2). Zudem übten sie das Amt eines Grafen über einen weiten Umkreis aus. Ihr Verwaltungszentrum befand sich auf dem Stein zu Baden. In der Folge engagierten sich die Habsburger immer mehr im Osten; sie wurden Herzöge von Österreich; um ihre Kriege zu finanzieren, mussten sie ab 1364 immer mehr Rechte und Ländereien verpfänden oder verleihen, was ihre Stellung im Aargau entscheidend schwächte (3). So verpfändeten sie 1377 das Gebiet zwischen Bözberg und Aare den damaligen Herren von Schenkenberg, wodurch die alten Ämter Bözberg und Rein mit Schenkenberg vereinigt wurden, was bis 1798 andauerte.

1415 eroberten die Eidgenossen grosse Teile des Aargaus; die östlichen Gebiete wurden den acht alten Orten unterstellt, welche sie durch Landvögte abwechslungsweise verwalten liessen; der westliche Teil fiel den Bernern allein zu. Bei Brugg bildete damals die Aare die Grenze; die Herren von Schenkenberg blieben also im Besitz ihrer Rechte links der Aare; hier herrschten nach 1430 die Ritter von Aarburg, von 1451 an Marquard und Hans von Baldegg. Da die letztern eine betont habsburgfreundliche Politik betrieben, besetzten die Berner 1460 auch die Herrschaft Schenkenberg. Damit gelangte das Gebiet links der Aare für mehr als drei Jahrhunderte in die Gewalt der mächtigsten eidgenössischen Stadt. – Im jenseits des Juras gelegenen Fricktal regierten die Österreicher bis 1796.

Auch die Berner liessen ihre Untertanengebiete durch Landvögte verwalten. Obschon sie grundsätzlich althergebrachte Rechtsformen achteten, bauten sie ihren Herrschaftsbereich im Laufe der Jahrhunderte zu einem eigentlichen Obrigkeitsstaat aus. Dazu trug auch die Reformation bei, da damals geistliche Gebiete (z. B. Königsfelden) dem Staat eingegliedert wurden und auch das Kirchenwesen in die Obhut der Landvögte gelangte. Trotz der vielen Aufgaben der letzteren blieb der Verwaltungsapparat in den Vogteien sehr klein. Der Landvogt liess sich

1 RQ Schenkenberg, S. 147–151; vgl. dazu auch Adolf Rohr, Die vier Murbacherhöfe.
2 QW I/1, Nr. 1662.
3 RQ Schenkenberg, S. 118 f.

die laufenden Probleme von den Untertanen in Audienzen direkt vortragen und entschied persönlich; in wichtigen Angelegenheiten fragte er die "Gnädigen Herren" in Bern an. Die Untertanen konnten aber gegen Verfügungen rekurrieren, ja direkt nach Bern gelangen. Sie wählten auch ihre Vertreter in die Gerichte und Chor- (Sitten-) Gerichte und wirkten bei der lokalen Verwaltung eifrig mit (4).

Als grösster Einschnitt in der Geschichte dieser Gegend ist die Helvetische Revolution (1798–1803) mit dem Einmarsch der Franzosen zu bezeichnen. Der Aargau wurde damals endgültig von der Herrschaft der Eidgenossen bzw. Berns befreit. Zunächst bildete man zwei Kantone Baden und Aargau. 1803 wurden diese zusammen mit dem linksrheinischen Fricktal zum heutigen Kanton Aargau vereinigt.

2. Die Gründung von Stilli

Das Dorf Stilli liegt in der Nähe von Brugg, wenig unterhalb des Zusammenflusses von Aare, Reuss und Limmat, am linken Ufer. Sein Gemeindebann fällt durch eine ausserordentliche Form aus: Der Länge von fast 3 km entspricht auf dem Land cine mittlere Breite von 125 m, welche zwischen 25 m und 210 m schwankt. Dazu kommt auf der ganzen Länge die linke Hälfte des Aarebettes, also ein etwa 75 m breiter Wasserstreifen.

Die Besonderheit Stillis wird vor allem durch Vergleiche mit den Nachbargemeinden deutlich, also mit Villigen, Remigen und den bis 1809 unter dem Namen "Vollenfohr" zusammengefassten Dörfern Rein, Lauffohr und Rüfenach: Zunächst fällt der sehr kleine Gemeindebann auf (5):

	Gesamtfläche	*Nutzfläche*
Vollenfohr	607,61 ha	548,30 ha
Remigen	787,13 ha	750,29 ha
Villigen	1063,55 ha	1008,35 ha
Stilli	*56,73* ha	*31,47* ha

Die Nutzfläche Villigens ist demnach 32 mal grösser als jene Stillis!

4 vgl. dazu Ernst Bucher, Die bernischen Landvogteien.
5 Alle Flächenangaben stammen aus den Flurbüchern der einzelnen Gemeinden im Grundbuchamt Brugg.

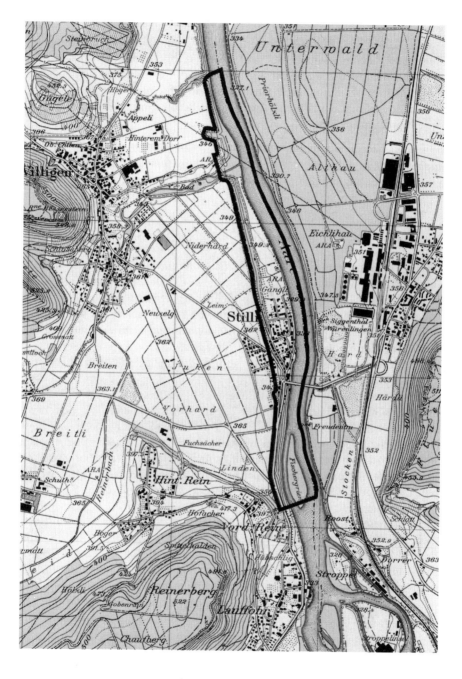

Der Gemeindebann von Stilli. Ausschnitt aus der Landeskarte, Blatt 1070. Stand 1988.
(Reproduziert mit Bewilligung des Bundesamtes für Landestopographie vom 29. 4. 1996.)

Ungewöhnlich ist zudem der grosse Anteil des nicht kultivierbaren Bodens (Gebäude, Strassen, Gewässer, Felsen) an der Gesamtfläche. In den drei obern Gemeinden liegt er zwischen 4,7 und 9,8 %, in Stilli aber bei 44,4 %, wovon allein die Aare 38,0 % einnimmt. Das Flussbett der Aare beansprucht also gute drei Achtel der ohnehin geringen Gemeindefläche von Stilli.

Ebenso eindrücklich fällt ein Vergleich der Bevölkerungszahlen um 1850 mit der entsprechenden Nutzfläche aus:

	Einwohner 1850	m^2 Nutzfläche pro Einwohner	Einwohner pro km^2 Nutzfläche
Vollenfohr	618	8872	113
Remigen	690	10874	92
Villigen	773	13756	73
Stilli	392	803	1246

Das Verhältnis von nur 803 m^2 Nutzfläche je Einwohner zeigt klar, dass die Bevölkerung Stillis unmöglich von der Landwirtschaft leben konnte. Ihre Existenzgrundlage bildeten die hier zu bearbeitenden Flussgewerbe, nämlich Fahr, Längsschiffahrt und Fischerei. Diese Feststellung reicht aber nicht aus, um den in Form und Umfang aussergewöhnlichen Gemeindebann zu erklären. Die entscheidende Ursache liegt vielmehr darin, dass dieses Dorf erst im 15. Jahrhundert gegründet wurde, in einem Zeitpunkt also, da das umliegende Land längst unter die Nachbargemeinden aufgeteilt war.

Weshalb aber erfolgte noch am Ende des Mittelalters eine solche Gründung? – Die Lösung des Rätsels liegt in der Tatsache, dass Stilli eine "Vorgängersiedlung" am gegenüberliegenden Ufer hatte: Freudenau (6). Es handelte sich dabei um eine Hofgruppe, die sich im wesentlichen über das Gebiet zwischen dem Weiler Roost (bei der Limmatmündung) und der Burg (gegenüber Stilli) erstreckte. Die Bewohner von Freudenau waren Zinsbauern des Klosters Säckingen. Das ursprüngliche Zentrum lag im Roost, wo eine Fähre die alten Landstrassen verband und wo auch die flussabwärts fahrenden Schiffleute Rast einschalteten. In diesem Kreuzungspunkt von Wasser- und Landwegen stand ein Gasthaus; hier hielt auch der Vertreter Säckingens regelmässig Gericht. Im 13. Jahrhundert bauten die Habsburger nördlich davon eine Brücke und zu deren Bewachung einen mächtigen Wohnturm, dessen Überreste noch heute stehen. Die Bewohner wurden auch mit Fischerei- und Mühlerechten ausgestattet.

Um 1410, kurz vor der Eroberung des Aargaus durch die Eidgenossen, zerstörten die Zürcher die Häuser im Roost und die Burg. Die Macht Habsburgs und

6 Zur Freudenau vgl. nun die ausführliche Arbeit von Max Baumann und Peter Frey: Freudenau im untern Aaretal. Burganlage und Flussübergang im Mittelalter. Stilli/ Untersiggenthal 1983.

Säckingens war damals schon so geschwächt, dass an einen Wiederaufbau nicht zu denken war. Aus der einst blühenden Siedlung Freudenau wurde eine Wüstung. Die Flussrechte aber blieben bestehen; eine Fähre musste notwendigerweise die Verbindung der beiden Ufer aufrechterhalten; doch wer sollte diese bedienen? – In dieser Situation scheinen die Inhaber der Herrschaft Schenkenberg, die Herren von Aarburg (später von Baldegg) die Gemeinde Stilli gegründet zu haben, um die Flussrechte Freudenaus an das andere Ufer, in ihren Hoheitsbereich, herüberzuziehen.

Der Name "Stilli" bezeichnet eine Flussgegend, wo das Wasser "still", d. h. ruhig fliesst (7). Ein Schiffmann, welcher aareabwärts fuhr, musste weiter oben eine ganze Reihe von Hindernissen überwinden: zuerst die Stromschnellen von Altenburg, dann die Aareschlucht bei Brugg, zuletzt die unübersichtlichen Verhältnisse bei Lauffohr, wo links gefährliche Felsen (sog. "Platte") in den Fluss hineinragten, während von rechts die Reuss und die Limmat einmündeten. Obschon die Strömung (vor dem Höherstau des Kraftwerks Beznau) auch weiter unten beträchtlich war, muss die nachfolgende Strecke als besonders ruhig empfunden worden sein. Darauf weist eine ganze Reihe von Flurnamen hin: Auf der rechten Seite sind bis heute die Bezeichnungen "Stillacher" und "Stilliboden" gebräuchlich. Der Name "Stilli" tritt m. W. erstmals in einer Urkunde von 1269 auf, als Walther von Klingen zwei Höfe "in Beznau und Stilli" verlieh (8). 1320 wurde "Stilli" als obere Grenze des Fahrbezirks Döttingen genannt (9). Diese Grenze lag aber zweifellos beim Böttsteiner Schmidberg, wo wiederum ein "Laufen", also eine Stromschnelle, nachgewiesen ist. Im Mittelalter wurde demnach der ganze Flussbereich zwischen Lauffohr und Böttstein als "Stilli" bezeichnet.

Erst im 15. Jahrhundert schränkte man den Namen auf das Gebiet des späteren Dorfes ein: 1414 treffen wir erstmals einen "Welti Stilli von Stilli" an, 1431 "Hans und Heini die Stillinen von Stilli" (10). Hier kommt Stilli zugleich als Orts- und Personenbezeichnung vor, wobei offensichtlich der Flurname auf die Bewohner übergegangen war. In einem lateinisch abgefassten Zinsverzeichnis tritt schon 1323 ein "H. Stillo" auf (11), 1379 in anderem Zusammenhang ein "Lüti Stilli" (12). Bei beiden wird als Herkunftsort Lauffohr angegeben, also das am nächsten bei Stilli gelegene Dorf. Die Vertreter der genannten Familien wohnten im "Stillihus", das sich als Flurname bis in die Gegenwart erhalten hat.

7 Schweizerisches Idiotikon, Band 11, Sp. 273. Für freundliche Hinweise zur Bezeichnung "Stilli" als Orts- und Personennamen danke ich Herrn Prof. Stefan Sonderegger, Zürich.
8 Zeitschrift für die Geschichte des Oberrheins, Band 3, S. 188 f.; Karlsruhe, 1852.
9 StAAa, Urkunde Welti Nr. 30.
10 UB Brugg, Nrn. 68 + 85.
11 QW II/3, S. 149.
12 UKgf. 381.

Aus diesem einen Haus und Hof sollte nun im 15. Jahrhundert ein kleines
Dorf entstehen. Die Herren von Aarburg und Baldegg förderten diese Entwicklung tatkräftig: Sie unterstützten die Verschiebung der Fähre von Lauffohr-
Roost nach Stilli und statteten die ersten Bewohner mit den noch heute bestehenden Fischereirechten zwischen der Brunnenmühle (bei Brugg) und dem
Schmidberg (oberhalb Böttstein) aus. Sie bewilligten die Errichtung eines Gasthauses und unterstützten das Gesuch um ein Mühlerecht. Da der Boden für
landwirtschaftliche Tätigkeit knapp war, erteilten sie den Stillemern schon am
Anfang Weiderechte auf dem Gebiet der Nachbardörfer. Um die Ansiedlung im
neuen Dorf noch attraktiver zu gestalten, sicherten die Landesherren Steuerprivilegien zu, welche bis 1798 Gültigkeit behalten sollten. Als ihre Schützlinge ab
1453 in mehrere Prozesse mit dem Kloster Königsfelden und der Stadt Brugg
verwickelt wurden, hielten sie ihnen auch in diesen Konflikten die Stange (13).

Warum aber waren die Schenkenberger Herren derart an dieser neuen Siedlung interessiert? – Als ausdrückliche Begründung steht in der Urkunde betreffend Steuerprivileg, "darum sie dem Fahr zu warten pflichtig sind". Namentlich
Marquard von Baldegg wollte nach dem wirtschaftlichen Zusammenbruch zufolge des "Alten Zürichkriegs" (1439–1444) Handel und Verkehr wieder durch
sein Territorium leiten. Eine Fähre bei Stilli lag insofern besonders günstig, als
man hier Aare, Reuss und Limmat in einem Mal überqueren konnte. Hier
passierten die zahlreichen Kaufleute und Besucher der Zurzacher Messen samt
ihren Gütern. Diesen Verkehrsweg wollte der Landesherr im Griff behalten, und
zu diesem Zweck gründete er eine Gemeinde, deren Bewohner von Fähre, Schifffahrt, Fischerei, Mühle und Taverne lebten, von jenen Gewerben also, die vormals
in der abgegangenen Siedlung Freudenau betrieben worden waren. Als 1460 die
Berner die Herrschaft Schenkenberg eroberten, anerkannten sie die rechtliche
Sonderstellung Stillis. Damit bestanden auch von der neuen politischen Seite her
die Voraussetzungen für eine blühende Siedlung auf der Grundlage jener Flussgewerbe, denen wir uns nun im einzelnen zuwenden wollen (14).

13 Die Quellen zu diesem Abschnitt finden sich bei den ausführlichen Erörterungen über die
   einzelnen Flussgewerbe und das Dorf Stilli.
14 In den folgenden Darlegungen werden häufig einzelne Personen von Stilli namentlich
   erwähnt. Da dort die meisten Leute Baumann, Finsterwald oder Lehner hiessen und die
   gleichen Vornamen trugen, wurde es nötig, die einzelnen Stämme mit Hilfe von Zunamen zu unterscheiden. Sie hiessen zum Beispiel Hans Finsterwald, Krusen, oder Kaspar Lehner, Joggen, oder Anna Baumann, Weidligmachers. Zur eindeutigen Identifika-
   tion werden wir diese Zunamen ebenfalls verwenden, dagegen verzichten wir meistens
   auf die Angabe der Lebensdaten. Zum Problem der Zunamen vgl. im übrigen den betreffenden Aufsatz des Verfassers in den Brugger Neujahrsblättern 1964.

I. DIE FÄHREN

Handel, Personenverkehr, Verwaltung und Militär waren seit jeher darauf angewiesen, dass die Flüsse mühelos und jederzeit überquert werden konnten. Dazu dienten die vorhandenen Brücken und Fähren (1). Schon die Römer waren Meister im Bau solcher Übergänge. Im Hochmittelalter führten mehr Brücken über die Flüsse als im 15. bis 19. Jahrhundert; in unserer Gegend gab es neben jenen bei Brugg, Aarau, Baden, Mellingen und Laufenburg auch solche bei Freudenau-Stilli, Klingnau und Waldshut, vielleicht sogar bei Windisch. Wo Brücken fehlten oder durch Krieg oder Hochwasser zerstört wurden, ermöglichten Fähren die Überquerung des fliessenden Wassers. Diesen weniger stabilen Verkehrsmitteln kam lange Zeit eine grosse Bedeutung zu. Die meisten wurden erst im 20. Jahrhundert wegen des zunehmenden Strassenverkehrs durch feste Übergänge ersetzt.

Systematische geschichtliche Untersuchungen über Brücken und Fähren fehlen bis heute weitgehend (2). Auch die Rechtshistoriker haben sich dieses Gegenstandes nur sehr selten angenommen.

Einzig Eberhard von Künssberg brachte in seinem Artikel "Fährenrecht und Fährenfreiung" einige wesentliche Begriffserklärungen; er stützte sich dabei vorwiegend auf die zufällig erhaltenen und gedruckten Weistümer und wählte einige Beispiele aus dem ganzen deutschsprachigen Raum aus. — Für ein geschlossenes geographisches Gebiet, nämlich Walensee-Linth-Zürichsee, stellte Roland Walther Huber sämtliche erfassbaren Fahrrechte dar; leider fehlen hier systematische Fragen, welche für Vergleiche fruchtbar wären. Eine Untersuchung aller Fahrberechtigungen eines Gewässers, kombiniert mit deren systematischen Darstellung, besteht bisher (im Gegensatz zu den Fischereirechten) nicht. Ludwig von Nordeck zur Rabenau, und in dessen Nachfolge Emil Steimer, fügen ihren Abhandlungen über die Fähren von Danzig bzw. des Kantons Zug zwar einen "dogmatischen Teil" an; doch beschränken sie sich auf einige rein juristische Punkte,

---

1 Um Verwechslungen zu vermeiden seien bereits hier drei Begriffe klargestellt, die in der Umgangssprache der Flussbewohner wie in der Rechtssprache unterschieden werden: Als *Fähre* wird das Schiff samt Rudern, Stacheln, Seilen und Unterständen bezeichnet. Das *Fahr* dagegen meint einerseits die beiden Uferstellen, wo die Landstrasse an den Fluss stösst und wo das Schiff anlegt; anderseits umfasst der Begriff "Fahr" auch das Recht, gegen Entgelt Leute und Waren über das Wasser zu setzen; die Unterscheidung zwischen Fähre und Fahr ist z. B. bedeutsam für die Besitzverhältnisse: der Inhaber des Fahrs braucht nicht unbedingt auch der Eigentümer der Fähre zu sein. Die *Fehren* schliesslich sind die Männer, welche das Schiff eigenhändig bedienen (vgl. dazu Schweizerisches Idiotikon, Band I, Spalten 886 f. und 904 f. sowie Eberhard von Künssberg, Fährenrecht und Fährenfreiung S. 149 ff.).

2 Zum Thema "Stadt und Brücke" vgl. den ganz neuen Aufsatz von Fritz Glauser, Stadt und Fluss zwischen Rhein und Alpen.

welche sie weitgehend unhistorisch aus der Sicht des Beginns unserers Jahrhunderts interpretieren (3).

Probleme wie das Verhältnis der Haupt- zu den Nebenfähren, der Fähren zu den Brücken, des Fahrs zur Zollstätte, zum Uferdorf und dessen Bevölkerung, die Gerichtsbarkeit auf dem Fluss, der Bedeutungszuwachs und der Niedergang der Fähren im Laufe der Jahrhunderte sowie technische Einzelheiten der Querschifffahrt wurden kaum untersucht.

Wir werden daher selbständig versuchen, aus den Quellen über die Fähren des Untersuchungsgebiets einige Antworten anzudeuten. Zuerst ist zu zeigen, wie unsere Flüsse in Abschnitte unterteilt waren, innerhalb derer bestimmte Brücken und Fähren mit ausschliesslichen Rechten zur Sicherstellung des öffentlichen Verkehrs ausgestattet wurden. Danach soll uns das Beispiel Stilli in die angedeuteten allgemeinen Probleme einführen. Am Schluss wird wiederum das Fahr Stilli dazu dienen, die Situation dieser Verkehrsmittel im industriellen Zeitalter und deren Niedergang zu veranschaulichen.

---

3 vgl. dazu die im Literaturverzeichnis aufgeführten Arbeiten von Eberhard von Künssberg, Roland Walther Huber, Ludwig von Nordeck zur Rabenau, Emil Steimer und Charlotte Hahn.

1. Brücken- und Fährenmonopole auf Aare, Reuss, Limmat und Rhein

Die Zahl der Flussübergänge blieb seit dem Mittelalter aus wirtschaftlichen Gründen beschränkt: Brücken waren in Bau und Unterhalt kostspielig, Fähren brauchten ein gesichertes Einkommen, damit ihr ununterbrochener Betrieb stets garantiert war. Inhaber von Brücken und Fähren beanspruchten daher die *ausschliessliche Berechtigung, innerhalb eines Flussabschnittes Leute und Waren gegen Entschädigung* (oder auch unentgeltlich) *überzusetzen.* Wer das Wasser überqueren wollte, musste sich an die öffentlichen Übergänge halten, was einem "Fähren-" oder "Brückenzwang" gleichkam. Davon waren nur die Bewohner der Uferdörfer befreit, welche zum persönlichen Bedarf im *eigenen* Weidling hinüberfuhren (vor allem also die Fischer) (1).

Von Stilli aus gesehen, befanden sich im Mittelalter die nächsten Brücken bei den Städten Klingnau, Kaiserstuhl, Waldshut und Laufenburg, Brugg und Aarau, Mellingen und Bremgarten, Baden und Zürich. Als Hauptfähren im gleichen Raum können wir sicher Stilli selbst und Döttingen im untersten Aaretal, Zurzach, Kadelburg und Koblenz über den Rhein, Windisch und Lunkhofen im Reusstal sowie Wettingen, Dietikon und Fahr (!) über die Limmat bezeichnen.

Man kann offensichtlich zwei Arten von Ausschliesslichkeitsrechten unterscheiden:

1. *Brücken* und *ortsgebundene Fähren:* Zwei benachbarte Übergänge mussten im dazwischen liegenden Flussstück keine neuen Fähren dulden. Aus diesem Grunde kämpften die Städte Brugg und Aarau während Jahrhunderten gegen eine Wagenfähre bei Wildegg. Zürich verbot, unter Androhung von Waffengewalt, den Bau einer Limmatbrücke bis Baden. Zurzach bestritt dem badischen Reckingen ein Überfahrtsrecht. Koblenz beanspruchte Ausschliesslichkeit zwischen Kadelburg und Waldshut. Hier galt dieses Monopol sogar für lange Schrägüberfahrten: Wenn andere Schiffleute Waren von Koblenz aus zu den rechtsufrigen Siedlungen Waldshut, Dogern oder Hauenstein hinunter- oder vom gegenüberliegenden Ufer aus nach Zurzach oder Kaiserstuhl hinaufführten, bezahlten sie die ordentliche Gebühr (2).

In jeden diesen Flussabschnitte teilten sich die beiden benachbarten Übergänge, und jeder Übergang war an zwei Flussbezirken (oberhalb und unterhalb) beteiligt.

---

1 vgl. dazu die Darlegungen von Eberhard von Künssberg (S. 178 ff.) und Charlotte Hahn (Kapitel B/IV).

2 UB ZH, Band 3, Nr. 994 + Anmerkung 1; StAAa, Band 2783, Fasc. I (Koblenz) + Fasc. VII (Zurzach).

2. *Nicht ortsgebundene Fähren:* In gewissen Gebieten waren die Flüsse in Bezirke aufgeteilt, welche je eine einzige Fahrberechtigung enthielten. Die Fähre konnte innerhalb dieses Flussstücks beliebig auf- und abwärts verschoben werden, wenn Strömung oder Verkehr dies erforderten.

Zu dieser Art gehörte der Übergang Freudenau-Stilli: das Kloster Königsfelden besass das alleinige Übersetzungsrecht zwischen der Brücke von Brugg und dem Schmidberg (oder "Grundlosen") oberhalb der heutigen Atomkraftwerke Beznau (3). Die Fähre konnte daher im 15. Jahrhundert ohne rechtliche Bedenken von Lauffohr nach Stilli verlegt werden.

Ähnlich verhielt es sich mit dem Fahr Döttingen, dessen Alleinberechtigung vom erwähnten Schmidberg bis zur Aaremündung (mittelalterlich "Twerreta") reichte. Eine besonders interessante Umschreibung bietet uns eine Urkunde von 1320, wo es heisst, das Fahr erstrecke sich "von da der Rîn in die Arun gât unze an Stilli". St. Blasien, als Inhaber dieses Fahrs machte mehrmals von seinem Verschiebungsrecht Gebrauch: nach der Zerstörung der Klingnauer Brücke verlegte man die Fähre abwärts, später aber wegen der Änderung des Flusslaufes wieder nach Döttingen hinauf (4).

Die gleiche Rechtslage wies Lunkhofen auf, wo niemand ohne Einwilligung des Fehren ein Fahr zwischen den Einmündungen des Ziegelbachs und des Stampfenbachs betreiben durfte (5).

*

Alle Fahrrechte des untersuchten Gebietes galten für *beide Flussufer.* Der Fährmann durfte also auch von der Gegenseite Leute und Waren herüberführen.

Dies war durchaus nicht selbstverständlich. Am obern Zürichsee bestanden die Fähren Widen (bei Nuolen) und Bollingen, welche sich gegenüberlagen und ursprünglich nur zur einfachen Fahrt berechtigt waren, während der Rückweg leer erfolgte (6).

Vielleicht liegt hier die Ursache dafür, dass bei den Fähren Freudenau und Lunkhofen im Hochmittelalter die Grundherren beider Ufer beteiligt waren: Freudenau (Säckingen) bzw. Lunkhofen (Murbach) besassen mit dem Fährekopf drei Viertel, die gegenüberliegenden Herrschaften Rein (Murbach) bzw. Muri einen Viertel der Berechtigung.

*

3 UKgf. 665.
4 StAAa, Urkunde Welti Nr. 30; Band 2920, S. 73 f. + 389; RQ Grafschaft Baden, äussere Ämter, S. 245 + 252; StAAa, Band 2973, Fasc. 17; vgl. auch Otto Mittler, Klingnau, S. 58.
5 Argovia, Band 2, S. 132; vgl. auch Adolf Rohr, Murbacherhöfe, S. 51 + 151 f.
6 Roland Walther Huber, S. 39–46.

An dieser Stelle muss auf eine begriffliche Trennung aufmerksam gemacht werden, welche die einschlägige Literatur durchwegs übersieht, die in den Quellen aber selbstverständlich ist: die *Unterscheidung von Haupt- und Nebenfähren*. Die bisher erwähnten waren alle *Hauptfähren* mit mehreren grössern und kleinern Booten, welche je nach Bedarf eingesetzt werden konnten; das klarste Merkmal bildeten die Wagenschiffe, auf welchen man vierrädrige Wagen, Pferde, Vieh und Menschen gleichzeitig überführte. Die *Nebenfähren* besassen entweder nur Weidlinge für Personentransporte, höchstens aber kleine Schiffe, auf welchen ein zweirädriger Karren Platz fand; Wagen durften nicht übergesetzt werden.

Die *Konkurrenzierung durch Nebenfähren* bildete eines der grössten Probleme der Hauptfähren und Brücken. Die Inhaber der Hauptfähren waren verpflichtet, ihren Übergang zu unterhalten und ununterbrochen zu bedienen. Diese Pflicht begründete den Anspruch auf möglichst dichten Verkehr; dem stand aber das Bedürfnis der Durchreisenden gegenüber, auf möglichst kurzem Weg zum Ziel zu gelangen. Die Ausschliesslichkeit der alten Übergänge blieb folglich nicht unbestritten. Durch die vermehrte Abgrenzung der Territorien versuchte zudem auch die kleinste Herrschaft, Handel und Verkehr durch ihr Gebiet zu leiten. Die Inhaber der alten Fähren und Brücken mussten sich daher in vielen Prozessen für ihr "Monopol" wehren. – Wir wollen im folgenden auf die wichtigsten Streitigkeiten innerhalb der Nachbarbezirke Stillis hinweisen:

Im Fahrbereich *Döttingen* (Klingnau) war nur das Nebenfahrrecht der Herren von Böttstein verbrieft. Schon das dortige Urbar von 1615 erwähnte es. Während des 30jährigen Krieges bestätigte St. Blasien den Schlossinhabern das Recht, dass sie "umb ihrer bequemlichkeit willen, allein einen Waidling gebrauchen und in demselben über die Ara fahren mögen". Bereits 1653 erfolgte die Klage, der Fehr von Böttstein fahre nicht bloss im Dienste seines Herrn, sondern setze auch fremde Leute und Waren über; ausserdem besitze bald jedes Haus einen eigenen Weidling. Eine Verordnung von 1666 erwähnte neben dem Hauptfahr in *Klingnau* Personenschiffe in *Gippingen, Döttingen* und *Böttstein*. Dadurch splitterte sich der Verkehr auf, die einzelnen Übergänge konkurrenzierten sich, und St. Blasien hatte Mühe, noch einen Fährmann zu finden (7).

Auf der 20 km langen Strecke *zwischen den Brücken von Aarau und Brugg* überquerten im Hochmittelalter drei Fähren die Aare, nämlich bei Biberstein, Auenstein und Birrenlauf (heute Schinznach-Bad):

Für das Städtchen *Biberstein* ist 1335 ein Fahr bezeugt. Nach dem Brand von 1412 hören wir nichts mehr davon. Auch Bern übte das Überfahrtsrecht, welches im Kauf Bibersteins 1535 eingeschlossen war, nie aus (8).

Von der Fähre in *Birrenlauf* berichtet uns der Brugger Chronist Grülich, sie habe eine direkte Verbindung mit der Bözbergstrasse (über Gallenkirch) hergestellt, sei jedoch 1242 zugunsten der soeben zerstörten Stadt Brugg aufgehoben worden. Der Flurname "am Var" erscheint noch in Urkunden des 15. Jahrhunderts (9).

7 StAAa, Bände 2895 (S. 19), 2973 (Fasc. 17, Nrn. 11 + 14), 2776 (Fasc. 6, Nr. 10).
8 RQ Königsfelden, S. 62/63 + 65.
9 StA Brugg, Band 6, S. 334; UKgf. 491, 523, 578; UB Wildegg, Nr. 56.

So blieb nur noch der Übergang zwischen *Auenstein* und der *Au bei Wildegg*, welchen die Inhaber der Herrschaft Wildenstein zu allen Zeiten beanspruchten. Diese Fähre überquerte die Aare ziemlich genau in der Mitte zwischen den beiden Brückenstädten, welche eine unliebsame Konkurrenz und dadurch verminderte Zolleinahmen befürchteten. Tatsächlich suchte Lenzburg das Einzugsgebiet seines Marktes jenseits der Aare, also ins Schenkenbergertal zu erweitern, wozu ein Übergang bei Auenstein unerlässlich war. Für den Fernverkehr lag Wildegg am obern Ende des Seetals; daher konnte eine leistungsfähige Fähre die direkte Verbindung zwischen Luzern und dem Fricktal ermöglichen. – Die Herren von Wildenstein stützten sich in ihrem Anspruch auf eine (zwar gefälschte) Urkunde aus dem Jahre 1300, in welcher es heisst, "och die strassen uber die Aren, es sye mit bruggen oder mit schiffen, grossen und kleinen". Zu einem ersten Prozess kam es 1434, in welchem die Brugger durch 116 (!) Zeugen erklären liessen, bei Wildegg sei nie ein "Schiff-Fahr" gewesen; hierauf gestattete Bern lediglich einen Weidling. Als aber der Luzerner Alt-Schultheiss Heinrich Hassfurter Herr zu Wildenstein war, erlaubte ihm die Regierung 1469 aus Dankbarkeit für geleistete Dienste ein Schiff für Ross und Karren, nicht aber für Wagen und grössere Fuhren. Mit diesem Zugeständnis war das Monopol von Aarau und Brugg in starkem Masse geschwächt: die interessierten Fuhrleute umgingen fortan die beiden Städte, indem sie die Waren auf der einen Seite auf das Schiff und am jenseitigen Ufer wieder auf Wagen umluden. Mittlerweile hatte Lenzburg auch die Befreiung von der Geleitsabgabe auf diesem Fahr erreicht. 1497 und 1532 baten die Gebrüder von Mülinen als neue Herren von Wildenstein gemeinsam mit der Stadt Lenzburg um die Bewilligung, wenigstens ihre eigenen Güter auf Wagen übersetzen zu dürfen, um das lästige Umladen zu vermeiden; Brugg und Aarau lehnten das Gesuch ab aus Furcht, es könnte dort eine neue Landstrasse entstehen. Die beiden Brückenstädte kontrollierten die Fehren eifersüchtig, und Brugg erzwang 1577 sogar, dass in Wildenstein innerhalb von zwei Monaten ein kleineres Schiff gebaut werden müsse, welches keine Wagen tragen könne. 1610 und 1618 kam es zu erneuten Prozessen: Bern bestätigte jedesmal die alten Verträge. Brugg und Aarau blieben damit formal im Besitz ihres Ausschliesslichkeitsrechtes; in Wirklichkeit aber liess sich die Fähre von Auenstein nicht mehr ausschalten (10).

Wir haben diese Kämpfe so ausführlich dargestellt, um die Wichtigkeit des Ausschliesslichkeitsrechtes zu zeigen. Königsfelden und die Fehren von Stilli blieben lange Zeit von solcherlei Streitigkeiten verschont.

Erst durch die Industrialisierung im Bezirk Baden, mit der Gründung verschiedener Fabriken im Stroppel, Vogelsang, Turgi und in Baden selbst entstand bei den zahlreichen Arbeitern von Lauffohr, Rein und Rüfenach das Bedürfnis, den Umweg über Stilli zu vermeiden. Als die Regierung in den 1830er-Jahren ein Personenschiff von Lauffohr aus bewilligte, übernahm selbstverständlich die

---

10 StA Brugg, Bände 6 (S. 334–340), 29 (S. 175), 92 (S,125), 95 (S. 180); RQ Schenkenberg, S. 168, 174–176, 193; RQ Lenzburg, S. 244 f.; UB Brugg Nrn. 165 + 276; vgl. dazu auch Max Banholzer, S. 12–15, Jean Jacques Siegrist, Lenzburg, S. 326 + 332.

Fähregesellschaft Stilli dessen Betrieb. Das Ausschliesslichkeitsrecht wurde also noch im letzten Jahrhundert vom Staat geschützt (11).

*

Eine viel bedeutendere Konkurrenz entstand durch den *Bau einer Brücke*. Als der Kanton Aargau 1903 eine solche in Stilli errichtete, hob er das Fahrrecht formal zwar nicht auf, entwertete es aber vollständig. Die Fähregesellschaft verlangte vom Staat Schadenersatz. Die damalige Rechtsgewohnheit sprach jedoch eher zuungunsten solcher Privatrechte, und die Fehren erhielten nur dank einer geschickten Vermittlung des Bundesgerichts eine herabgesetzte Zahlung (12).

Nach mittelalterlicher Rechtsauffassung aber war der Erbauer einer Brücke, welche einen fremden Fahrbezirk durchschnitt, ersatzpflichtig.

Ein solcher Fall ist für Rapperswil bekannt, wo die Herzöge von Österreich 1358–1360 die grosse Seebrücke errichteten. 1363 verlieh Rudolf IV. dem Kloster Einsiedeln Zollfreiheit auf der Brücke. Die Stadt Rapperswil kaufte um 1420 den zürcherischen Inhabern der Nutzungsrechte sowie den Schiffsleuten von Hurden ihre Ansprüche ab und gewährte ihnen ebenfalls Zollfreiheit (13).

Einfacher war die Situation, wenn der Erbauer der Brücke zugleich der Inhaber des Fahrs war. Ein Beispiel dafür dürfte Freudenau darstellen, wo die Habsburger bereits im 13. Jahrhundert faktisch die Fahrberechtigung ausübten.

Ebenso konnte der Rat der Stadt Zug ohne Schwierigkeiten die Brücke zu Sins erbauen. Dagegen ist zu vermuten, dass Ulrich von Klingen nach der Gründung Klingnaus der Familie von Tegerfelden eine Entschädigung für den Bau der dortigen Brücke, welche den Fahrbezirk Döttingen durchschnitt, ausgerichtet hat (14).

Die Fahrrechte blieben meistens bestehen und wurden jedesmal aktuell, wenn die betreffende Brücke zerstört wurde (Brand, Überschwemmung, Krieg). So erhielt zum Beispiel das Fahr Döttingen seine alte Bedeutung zurück, als die Klingnauer Brücke zu Beginn des 15. Jahrhunderts durch Hochwasser weggerissen wurde (15). Ähnlich verhielt es sich bei Freudenau nach dem Verschwinden der dortigen Brücke.

Ob die Fähre jeweils älter war oder die Brücke, muss in jedem Fall einzeln abgeklärt werden. Immerhin ist zu vermuten, dass Brücken, welche Fahrbezirke begrenzen (z. B. Brugg) älter sind als solche, die Fahrbezirke durchschneiden (z. B. Freudenau, Klingnau).

*

11 vgl. dazu unten S. 59 ff.
12 vgl. dazu unten S. 70 ff.
13 Roland Walther Huber, S. 34–36.
14 Emil Steimer, S. 71–73; Die Kunstdenkmäler des Kantons Aargau, Band 5, S. 487 f.
15 Otto Mittler, Geschichte der Stadt Klingnau, S. 57 + 58.

Unsere letzte Frage gilt noch der *Entstehung dieser ausschliesslichen Fahr- und Brückenrechte.*

Bei vielen *ortsgebundenen Fähren* ist uraltes Gewohnheitsrecht anzunehmen. Dies gilt vor allem für Privatfähren: Die Flussanwohner besassen seit jeher ihre eigenen Schiffe, mit welchen sie zu ihren Gütern am jenseitigen Ufer gelangen konnten (Full am Rhein; Werd, Holzhöfe und Ottenbach an der Reuss). Die Inhaber dieser Rechte durften zu keinen Zeiten fremde Leute oder Waren überführen (16).

Für die meisten öffentlichen, ortsgebundenen Hauptfähren fehlen Hinweise auf ihre Entstehung. Sie verbanden gewöhnlich alte Landstrassen und befanden sich bereits im 14/15. Jahrhundert in privatem oder geistlichem Besitz (Windisch, Zurzach, Kadelburg, Koblenz). Der Anspruch dieser Fähren (sowie sämtlicher *Brücken*) auf Ausschliesslichkeit, d. h. auf ein Verbot neuer Fähren zwischen ihnen, dürfte erst aufgrund spätmittelalterlicher Machtverhältnisse entstanden sein.

Älter scheint die Ausschliesslichkeit bei den *Fahrbezirken.* Diese lassen vermuten, dass die grossen Flüsse stellenweise "von jemandem" (durch Verfügung oder Vertrag?) in solche Abschnitte eingeteilt wurden. Da die schiffbaren Gewässer als freie Reichsstrassen galten, drängt sich der Verdacht auf, die deutschen Könige könnten diese Einteilung vorgenommen haben. Diese beanspruchten nämlich unter ihren königlichen Rechten (Regalien) auch die Flusshoheit. Rahewin zählt im Gesetz des Reichstags von Roncalia von 1158 unter den Regalien die "pontes omnemque utilitatem ex decursu fluminum provenientium" auf, also die Brücken und jeden Nutzen, welcher aus dem Fliessen des Wassers entsteht; darunter verstand man während des ganzen Mittelalters auch die Fähren (17).

Dass der König dieses Recht theoretisch für sich in Anspruch nahm, ist unbestritten; ob er es aber in der Aare unterhalb Brugg tatsächlich ausgeübt hat, müsste durch Quellen belegt werden.

Dieser Nachweis gelingt für das Fahr Döttingen: Dasselbe war zu Beginn des 14. Jahrhunderts ein Reichslehen. Am 11. März 1320 verkaufte Diebald von Tegerfelden dem Kloster St. Blasien "das var halbes ze Toettingen ennet der Arun, das mich anhoeret und *lehen ist von dem riche";* und am 28. März 1321 fügte König Friedrich die andere Hälfte geschenksweise hinzu, nämlich "proprietatem navigii dimidii in Toettingen iuxta Klingnow, nobis et *imperio pertinen-*

16 StAAa, Band 2783, Fasc. XVI; Eidgenössische Abschiede, Band 5/2, S. 1712; mündliche Auskünfte von Jean Jacques Siegrist, Staatsarchivar, Aarau.
17 MGH, Legum sectio IV, Constitutiones tomus I, S. 244 ff.; zum Problem der Regalien vgl. die Arbeiten von Paul Willem Finsterwalder, Hans Thieme, Irene Ott und Charlotte Hahn.

tem". Das Fahr war demnach Reichslehen und wurde vom König persönlich vergeben (18).

Für die Freudenauer Fähre fehlt eine entsprechende Urkunde. Doch vermuten wir denselben Ursprung, und zwar aus folgenden Gründen:

— Die Döttinger Urkunde von 1320 bezeichnet den Fahrbezirk Stilli ausdrücklich als obere Begrenzung des untern Fahrrechts.

— Das Fahr Freudenau war wie jenes von Döttingen ein selbständiges Lehen, welches unabhängig von Grund und Boden vergeben und von Säckingen und Luzern ohne Beteiligung der örtlichen Dinggerichte direkt verliehen wurde.

Umgekehrt verhielt es sich beim Fahrbezirk Lunkhofen, welcher die genau gleichen Grenzpunkte wie der dortige Murbacher Bannbezirk aufwies. Das Regal war hier durch Immunität auf die Grundherrschaft übergegangen (19).

Die geschilderten Brücken- und Fährenmonopole lagen im Interesse sowohl der Benützer als auch der Eigentümer dieser Verkehrseinrichtungen. Die letzteren waren dadurch von Konkurrenzkämpfen verschont; dafür boten sie den Passanten die Möglichkeit, zu jeder Zeit die Flüsse ungehindert zu überqueren. Das Monopol hatte daher auch eine Kehrseite: Mit dem ausschliesslichen Recht waren auch die Pflichten für dauernde Bedienung und Unterhalt verbunden. Diese Pflichten werden in den folgenden Kapiteln am Beispiel von Stilli dargelegt.

18 StAAa, Urkunde Welti Nr. 30; Band 2920, S. 73 f.
19 Adolf Rohr, Murbacherhöfe, S. 51.

2. Das Fahr Freudenau-Stilli

Wie anfangs erwähnt, waren Freudenau und Stilli für einen dauernden Flussübergang besonders günstig gelegen. Unterhalb der Einmündungen der Reuss und der Limmat in die Aare konnten alle drei Flüsse auf einmal überquert werden, wodurch man auch nur einmal Gebühren bezahlen musste.

Auf die Brücke, welche im Hochmittelalter nahe beim Freudenauer Turm über die Aare führte, ist hier nicht einzugehen. Der Nachweis, dass hier im 13. Jahrhundert tatsächlich ein fester Flussübergang bestand, wurde in einer besonderen Untersuchung über die Burg und Siedlungen von Freudenau erbracht (1). Die Fähre setzte bis ins 15. Jahrhundert (vielleicht schon seit dem Frühmittelalter) bei Lauffohr–Roost über und wurde erst mit der "Gründung" des Dorfes Stilli, spätestens also 1446, aareabwärts verlegt. Fahr und Brücke bildeten ursprünglich einen Teil der Ost-West-Verbindung und lagen in der Fortsetzung mehrerer Bözbergstrassen und weiterer Juraübergänge sowie am Weg von Säckingen nach Glarus. Erst im 15. Jahrhundert, nach dem Zerfall vieler Strassen und dem Verzicht Säckingens auf seine glarnerischen Besitzungen, begann die Nord-Süd-Verbindung an Bedeutung zu gewinnen, zumal mit dem Aufstieg der Messen in Zurzach.

Wir müssen hier ebenfalls darauf verzichten, die umfangreichen quellenkritischen Untersuchungen über die Ursprünge dieses Fahrs wiederzugeben und beschränken uns auf eine kurze, vereinfachte Zusammenfassung der Ergebnisse (2). Die Lehensverhältnisse waren hier nämlich besonders kompliziert. Wie aus dem vorangehenden Kapitel ersichtlich, war dieses Fahrrecht ursprünglich wohl ein Lehen des Deutschen Reiches an die Grundherren der beiden Flussufer, und zwar zu einem Viertel an das Kloster Murbach (später Propstei Luzern) als Inhaber des Hofes Rein, zu drei Vierteln an das Stift Säckingen, welches am rechten Ufer den Dinghof Freudenau besass. Säckingen verlieh seinen Anteil vermutlich seinen Schutzvögten, den Grafen von Habsburg, weiter, welche dort den Turm und die Brücken erbauten. Die Habsburger ihrerseits müssen einen Achtel des Ertrags dieses Fahrrechts der Peter- und Paulskaplanei in Laufenburg vergabt haben. Da aber weder die genannten Klöster noch die Habsburger die Fähre selbst betreiben konnten, verliehen sie die Berechtigung gegen Zins an Dienstadelige der nächsten Umgebung. Seit 1432 befanden sich alle Teile (mit Ausnahme des Laufenburger Achtels) im Besitz der Familie des Conrad von

---

1 Max Baumann / Oswald Lüdin, Freudenau S. 47–49/63–65.
2 Die ausführliche Fassung siehe Max Baumann, Flussübergang S. 14–18/53–56.

Lufar, dessen Erben sie 1355 an das Kloster Königsfelden verkauften bzw. verschenkten.

Königsfelden betrieb die Fähre zuerst auf eigene Rechnung, indem es einen oder zwei Fahrknechte anstellte. Die Königin Agnes, welche den Kaufpreis von 330 Gulden aus ihrem eigenen Vermögen bezahlt hatte, verfügte über das Fahr wie über persönliches Eigentum. So verpflichtete sie die Klosterfrauen am 8. Januar 1356, von dessen Ertrag 32 Pfund für den Unterhalt zweier Franziskanerbrüder zu verwenden; je nach "Geschäftsgang" erhielt das Stift den Überschuss, oder es musste einen allfälligen Fehlbetrag aus der eigenen Kasse decken. Eine Rendite war kaum zu erwarten; Königsfelden musste die Knechte entlöhnen, die Schiffseinrichtungen unterhalten, die alten Lehenszinsen nach Säckingen, Luzern und an die habsburgische Landvogtei Baden sowie die genannten 32 Pfund für die Franziskanermönche bezahlen. Ausserdem lebten künftig zwei Edelfräulein von Lufar als Stifterinnen im Kloster.

1415 verlieh Königsfelden das Freudenauer Fahrrecht dem Hans Stilli und Hensli Kaufmann für einen jährlichen Zins von 30, nach den ersten zehn Jahren von 32 Pfund. 1446 kam diese Berechtigung als Erblehen an Hans Birkinger von Stilli. Dieser musste die Zinsen an alle Lehensherren, die noch irgendwie beteiligt waren, übernehmen, nämlich an

Königsfelden	16 Pfund
Luzern	6 Schilling
Säckingen	16 Pfennig
Baden (ehemals Habsburg)	1 Pfund,

wovon die Fahrknechte 16 Pfennig zum Vertrinken zurückerhalten sollten. (Der Anteil der Kaplanei Laufenburg wurde offenbar vergessen.) Ausserdem musste Birkinger die Amtsleute, Pfründer, Diensten und Boten Königsfeldens samt deren Gepäck unentgeltlich überführen. 1453 beklagte sich die dortige Äbtissin über Birkinger, dieser habe seit sieben Jahren keinen Zins bezahlt. Der Lehenmann begründete seine Weigerung damit, das Kloster habe ihm das Fahr nicht vertragsgemäss übergeben; unter anderm seien die Zufahrtsstrassen nicht in Ordnung, so dass er das Fahr nicht habe betreiben können. Ein Schiedsgericht schlichtete den Streit in allen Punkten: es auferlegte beiden Parteien, die Wege und Ufer gemeinsam von Bäumen und Gestrüpp zu räumen; in bezug auf die verfallenen Zinsen (7 x 16 = 112 Pfund) kam Birkinger gut weg: er musste nur 25 Pfund nachzahlen.

Der Betrieb des Fahrs Stilli überstieg offensichtlich die Kräfte eines einzelnen Fehren. Am 4. August 1455 gab Königsfelden dieses Lehen allen Männern, welche damals in Stilli wohnten, nämlich Ulrich Lehner, Fridli Müssler, Henmann Haberschär, Wernli Stilli und wiederum Hans Birkinger. Die neuen Inhaber sollten die Überfahrt gemeinsam betreiben. Die Verpflichtungen von 1446 wurden unverändert übernommen.

Die fünf Fehren konnten ihr Recht nur wenige Jahre ungestört nutzen. Schon 1461 entstand ein neuer Streit: der Kaplan der Peter- und Pauls-Pfrund in Laufenburg erhob nämlich, unterstützt durch den dortigen Rat, Anspruch auf seinen Achtel am Fahr Freudenau. Offenbar konnte er diesen genügend nachweisen, so dass Königsfelden diesen Anteil wohl oder übel für 22 rheinische Gulden erwerben musste. Die Klosterfrauen gedachten nun, die Verzinsung dieses Betrags den fünf Fehren zu überwälzen, und erhöhten die jährliche Abgabe von 16 auf 18 Pfund; doch nicht genug damit, sie verlangten zudem, die Lehenmänner müssten rückwirkend für alle 16 Jahre seit 1446 je 2 Pfund nachzahlen! Die Stillemer lehnten diese Zumutung ab und pochten auf ihre Lehenbriefe. So musste ein Schiedsgericht entscheiden. Der Schultheiss von Aarau entschloss sich am 19. Januar 1462 zu folgendem Kompromiss: die Fehren sollten statt der bisherigen 16, neu 17 Pfund und für die Jahre seit 1455 5 Pfund nachzahlen. Doch die Männer von Stilli fanden sich mit diesem Entscheid nicht ab; ihnen war der Zins zu hoch. Da sie sich aber dem Schiedsspruch fügen mussten, verzichteten sie kurzerhand auf das Fahrrecht und gaben das Lehen zurück. Königsfelden hatte den Bogen offensichtlich überspannt und kam nun in Schwierigkeiten. Das Kloster war ja verpflichtet, die Fähre zu betreiben, und da niemand anders in Frage kam, musste es mit den gleichen fünf Männern einen Vergleich anstreben. Es wurde ein neuer Lehensvertrag geschlossen: der Zins betrug noch 14 Pfund, zuzüglich die Abgaben nach Baden, Luzern und Säckingen. Die kostenlose Überfahrtspflicht für Königsfelden milderte die Äbtissin durch das Versprechen, die Fehren würden inskünftig von jedem Klosterwagen vier weisse Brote erhalten, "ire kind damit zu erfröwen" (3). Die Regelung von 1462 dauerte aber nur drei Jahre, nämlich bis zu einem neuen Prozess, diesmal wegen der Freudenauer Fischereirechte. Wir werden im betreffenden Kapitel darauf zurückkommen. Allgemein ist aber festzuhalten, dass das dortige Fahr während der folgenden Jahrhunderte von den Fährleuten von Stilli betrieben wurde, und zwar bis zum Bau der dortigen Brücke 1903.

a) Rechte und Pflichten des Lehensherrn

Anstelle von Säckingen, Luzern und Habsburg übte Königsfelden schon im 15. Jahrhundert die Funktionen eines Lehensherrn über das Fahr Stilli aus. Die

3 UKgf. 195, 248, 258, 263, 264, 266a, 267, 369, 498, 665 (auszugsweise abgedruckt im UB Brugg Nr. 120), 686, 717, 718, 723; GLA Urk. 16/98 + Berein 7160, S. 58.

Landvogtei Baden anerkannte das Kloster als Inhaber der Fahrberechtigung, beanspruchte jedoch die "Oberhoheit", d. h. die Gerichtsbarkeit, das Recht der Einstellung des Fahrbetriebs in aussergewöhnlichen Zeiten, sowie den Gehorsam der Fehren. Über diese Oberhoheit kam es zwischen Baden und Königsfelden (später Bern) bis zum Untergang der alten Eidgenossenschaft immer wieder zu Streitigkeiten (4). Doch die tatsächliche Herrschaft über das Fahr übte immer Bern aus.

Für den Lehensherrn stand an erster Stelle die *Pflicht,* das Fahr Stilli als Verkehrseinrichtung zum Wohl der Allgemeinheit aufrecht zu erhalten. Dieser Verpflichtung kam Königsfelden auch in Zeiten nach, in denen der Fährebetrieb ein Verlustgeschäft bedeutete.

Das oberste *Recht* des Klosters war die *Verleihung des Fahrs.* Diese Kompetenz nahm Königsfelden unseres Wissens viermal wahr, nämlich in den erwähnten Jahren 1415, 1446, 1455 und 1463 (5). Die Auswahl an Fehren war besonders nach dem alten Zürichkrieg beschränkt. Das Kloster musste froh sein, überhaupt Leute zu finden. Daher gab es das Fahr als Erblehen aus: der Vertrag galt also auch für sämtliche Erben der ersten Lehensempfänger. Ein *Entzug* desselben (und eine Neuverleihung) war nur bei offensichtlich grober Vernachlässigung des Treueids möglich (6). Dagegen konnte der Lehensherr das *Erblehen in ein Mannlehen umwandeln,* was Bern 1619 tatsächlich verfügte, um die Zersplitterung der Anteile auf die weiblichen Stämme zu vermeiden (7).

Im weiteren bezog Königsfelden einen *Zins,* welcher in den Lehenbriefen festgelegt war und auch nach Jahrhunderten nicht verändert werden konnte. Bekanntlich betrug diese jährliche Abgabe in Stilli 1415 30 Pfund, 1463 noch 14 Pfund, welche mit der Inflation zunehmend an Wert verloren. Bei Handänderungen erhob das Kloster den *Ehrschatz,* welcher gewöhnlich 5 Prozent des Verkaufswerts betrug (8). Ausserdem stand ihm ja das unentgeltliche Überfahrtsrecht für Amtsleute, Pfründer, Diensten und Boten und für die mitgeführten Waren zu.

Umgekehrt versprachen die Klosterfrauen, den Fehren "des Fahrs halb in allen Sachen hilflich und rätlich" zu sein und sie in ihren *Rechten* zu *schützen* (9).

4 z. B. Eidgenössische Abschiede, Band 4/1c, S. 893; StAAa, Band 450, S. 709–712, 729, 730; Band 1209.
5 UKgf. 498, 665, 686, 723.
6 Hermann Rennefahrt, Grundzüge der bernischen Rechtsgeschichte, Band II, S. 342 f.; StAAa, Band 450, S. 850.
7 StAAa, Band 450, S. 535–546.
8 StAAa, Band 1210.
9 UKgf. 723.

Da Königsfelden das Fahrrecht innerhalb des ganzen Flussbezirks zwischen Brugg und dem Schmidberg besass, war das Kloster auch berechtigt, die Fähre bei Änderung des Wasserlaufs auf- und abwärts zu *verschieben.* Für diesen Fall vereinbarten Lehensherr und Lehensempfänger, die Kosten für den Bau der beidseitigen Zufahrtsstrassen unter sich zu teilen (10). Auch für *grundlegende Änderungen technischer Natur,* wie die Einrichtung einer Seilfähre, war die Bewilligung des Obereigentümers einzuholen.

Als wichtige Befugnis beanspruchte Königsfelden die *hohe und niedere Gerichtsbarkeit* über die Fähren von Windisch und Stilli. Wie schon mehrmals erwähnt, bestritt die Verwaltung der Grafschaft Baden dem Kloster dieses Recht energisch; immer wieder wies der Landvogt auf das Urbar von 1488, in welchem zu lesen ist:

> "Das var zuo Frewdnow gehört in das hus mit aller herlichkeit zuo Baden, wonn daz es die von Küngsfelden umb zins lichent, aber wenn nottürftig were, sond sy einem vogt zuo Baden mit den schiffen genzlich gehorsam sin; und von der herrlichkeit wegen, und umb daz man wisse, daz nieman über das var und die güter dahin gehörend richten sol dann ein vogt zuo Baden, so git man alle jar einem vogt darvon ein pfund haller, dez git man den varknechten hinwiderumb sechzechen pfennig zuo vertrinken; disz war ist ytzund ze Stille (11)."

Die Verwaltung von Baden konnte jedoch keine Urkunden vorlegen, welche diesen Anspruch bewiesen hätten. Königsfelden anerkannte seit jeher den jährlichen Zins, nicht aber die Gerichtsbarkeit. Das Kloster wurde durch die Fehren von Stilli unterstützt, welche erklärten, der Hofmeister sei in allen Gerichtssachen allein zuständig und der Landvogt von Baden habe ihnen nichts zu befehlen (12).

Dieser Zwist kam 1503 erstmals an der Tagsatzung zur Sprache, nachdem in Stilli eine Frau ertrunken war und der Landvogt die Fährmänner wegen fahrlässiger Tötung belangen wollte (13). Das Problem tauchte später stets in Kriegs- und Pestzeiten auf. Die gegensätzlichen Ansichten hätten nur durch ein Schiedsgericht untersucht und entschieden werden können, da beide Parteien sich auf interne Schriften beriefen, welche von der Gegenseite nicht anerkannt wurden. Doch war der Anlass zu Streitigkeiten jeweils nach kurzer Zeit behoben, so dass sich ein längerer Prozess gar nicht lohnte. Als die Gebiete beider Aareufer 1803 zum Kanton Aargau kamen und die Flüsse zum Staatseigentum erklärt wurden, löste sich die Frage der Gerichtsbarkeit von selbst (14).

10 UKgf. 665.
11 abgedruckt in Argovia, Band 3, S. 191.
12 StAAa, Band 450, S. 709–712.
13 Eidgenössische Abschiede, Band 3, S. 209 + 229.
14 Aargauische Gesetzessammlung, Band 1, S. 620 (Einführungsgesetz zum Schweizerischen Zivilgesetzbuch, § 82.2).

Zum Schutze der Reisenden wie der Fährleute erliess der jeweilige Lehensherr *Fahrordnungen.* Auf ausdrücklichen Wunsch der Fehren von Stilli setzte Bern 1580 erstmals eine solche in Kraft; die weitern datieren von 1619, 1705 und 1789. Sie enthielten Polizeivorschriften über die Dienstzeit, den Unterhalt der Schiffe und Geräte, die Haftbarkeit bei Unfällen und bei Schädigungen durch nachlässige Bedienung, für Nachtfahrten und den Betrieb bei Hochwasser, dazu auch ein Verbot der Überführung verdächtiger Personen. Diese Ordnungen erneuerte die Regierung meistens im Zusammenhang mit Tariferhöhungen (15).

Nach dem Untergang Berns und nach der Helvetik gingen die Rechte und Pflichten Königsfeldens an den Kanton Aargau über. In der Folge veränderte sich das Verhältnis der Fehren zum Staat. Nach 1814 pochte der Kanton in einem Streitfall auf seine Rechte als Lehensherr, machte die Gültigkeit von Verkäufen von seiner Zustimmung abhängig und erhob den Ehrschatz (Handänderungsgebühr). Später änderte sich die Funktion des Staates: die lehensherrlichen Rechte und der Ehrschatz wurden abgeschafft, die alten Lehenszinse kapitalisiert und in Hypotheken umgewandelt. Die Fehren von Stilli kauften die betreffende Schuld an das ehemalige Kloster Königsfelden für 240 Franken los (16). Dem Kanton ging es fortan mehr um die allgemeine Flusshoheit sowie um den Schutz der Passanten und der Fährleute vor Schädigungen irgendwelcher Art. So garantierte er den Fehren ihr Eigentum, besonders das alleinige Übersetzungsrecht zwischen Brugg und dem Schmidberg. Es galt aber auch, die Interessen der Verkehrsteilnehmer zu wahren; in diesem Sinne schrieb er der Fähregesellschaft 1836 die Errichtung einer Personenfähre bei Lauffohr vor. Entscheidend war auch im 19. Jahrhundert die Tarifhoheit des Kantons, welcher die Gebühren festlegte und bei Bedarf auch erhöhte. Am stärksten griff der Staat aber mit Polizeivorschriften verschiedenster Art ein. Bei Bedarf schrieb die Baudirektion − in letzter Instanz oft der Regierungsrat − die Anschaffung neuer Schiffe, die Verbesserung der Zufahrtswege oder die Verlegung der Fähre vor. Ein allgemeinverbindliches Fähregesetz gab es noch lange nicht; der Staat erliess für jede einzelne Fähre eigene, der besondern Flusslage und der historischen Entwicklung angepasste Regelungen; für Stilli übernahm er 1809 in groben Zügen die alten Fahrordnungen von 1705 und 1789 und bestätigte diese auch 1828 (17). Erst 1878 erliess die Baudirektion, veranlasst durch eine Motion betr. die "den Bedürfnissen des Publikums entsprechender einzurichtenden Fähren" ein *Regulativ für den Fährbetrieb (18).* Hier wurden nun erstmals verkehrs- und flusspolizeiliche

---

15 StAAa, Band 450, S. 538−546 + 845−852; Band 615, S., 135−137; Brugger Neujahrsblätter 1904, S. 71/73.

16 StAAa, Rechnungen der Domainen-Verwaltung von Königsfelden 1836−1850.

17 Aargauisches Intelligenzblatt, 1828, S. 219 f.

18 abgedruckt in der Gesetzes-Sammlung für den eidgenössischen Kanton Aargau, N. F. Band 1, S. 167−170.

Richtlinien für sämtliche Fähren des Kantons aufgestellt. § 1 lautete: "Alle öffentlichen Fluss- und Seefähren stehen in Bezug auf ihren baulichen Zustand, Unterhalt und Betrieb unter der Kontrolle der Staatsbaubehörde und ihrer Organe sowie des Polizei-Personals des Staates." Die meisten Artikel sollten die sichere Überfahrt der Passanten gewährleisten; die Vorschriften betrafen die Zufahrten, Landungsplätze und Fussgängerstege, dann Rufglocken, Wartehäuschen und das Anschlagbrett für den Tarif, das Halten von Notschiffen, Anweisungen bei hohem Wasserstand und während der Nacht, die Haftung der Fährleute bei Unfällen, die unentgeltliche Überfahrt von Polizei und Feuerwehr. Im ganzen Kanton galten inskünftig die gleichen Bedienungszeiten. Den Fehren waren aber auch gewisse Kompetenzen gegenüber den Passagieren eingeräumt: so sollten sie die Anzahl Leute oder Wagen einer Überfahrt bestimmen, sie durften die Taxe im voraus kassieren und bei Hochwasser die Mithilfe der übersetzenden Fuhrleute in Anspruch nehmen. Die Baudirektion erhielt das Recht, Bussen für nachlässige und unfreundliche Bedienung auszusprechen. Die Kreisingenieure nahmen fortan regelmässige Inspektionen vor und berichteten ausführlich über den Zustand sämlicher Fähren. – Im Laufe der Zeit wurden die Vorschriften des Staates immer detaillierter. Das zweite Regulativ von 1897 enthielt auch Bestimmungen über Laternen und Rettungsringe sowie über das Vortrittsrecht von Schiffen und Flössen; der Staat liess nun jedes neue Boot prüfen, bevor es in Betrieb genommen wurde; ebenso legte er für die Fehren fest, es müsste sich um "sachkundige, kräftige, dem Trunke nicht ergebene Männer mit normalen Gesichts- und Gehörorganen" handeln; für jeden Fährmann wurde von der Baudirektion ein Fährschein ausgestellt, was dem Staat ermöglichte, einem Fehren die Bewilligung, die Fähre zu bedienen, zu entziehen (19).

Die Fehren von Stilli waren über diese immer stärkeren Eingriffe des Kantons in ihren Betrieb gar nicht erfreut. Den Passanten, welche gelegentlich die mangelhafte Bedienung oder den gefährlichen Zustand der Schiffe beanstandeten, erklärten sie jeweils, das Fahrrecht sei ihr unbedingtes Eigentum und es habe "ihnen niemand nichts zu befehlen". Ebenso beklagte sich der Kreisingenieur, die Fähregesellschaft Stilli pflege seinen Weisungen in der Regel nur langsam und widerstrebend nachzukommen (20).

Der erwähnte Eigentumsanspruch der Fehren veranlasst uns hier zu einer Klärung der Besitz-, bzw. Nutzungsrechte zwischen Lehensherr und Lehensleuten. Wir haben früher die vielschichtigen Beziehungen zwischen den verschiedenen Lehens- und Nutzeigentümern dargelegt und müssen uns nun fragen, wem –

---

19 Gesetzes-Sammlung für den eidgenössichen Kanton Aargau, N. F. Band 5, S. 7–10. Die heute gültige "Verordnung über den Betrieb öffentlicher Fähren" stammt aus dem Jahre 1931 und betraf daher das Fahr Stilli nicht mehr (Aargauische Gesetzessammlung, 2.,Band, S. 437–443).
20 StAAa, Akten der Baukommission.

vereinfacht gesagt – das Fahrrecht schliesslich gehörte. – Das Erblehen unterscheidet sich grundsätzlich von einer Konzession oder einem Pachtverhältnis, welche beide befristet sind und nach Ablauf einer gewissen Zeit an den Besitzer zurückfallen; dieser kann jeweils eine neue Konzession erteilen oder einen neuen Pachtvertrag schliessen, und zwar mit wem er will und jedesmal zu neuen Bedingungen, z. B. zu höheren Abgaben. Das Erblehen dagegen ging wörtlich auf die Erben über, allenfalls unter Entrichtung einer Gebühr (Ehrschatz), aber immer zu den gleichen Bedingungen; der Lehenszins konnte nicht erhöht werden und verlor, wenn er in Geld festgelegt war, im Laufe der Jahrhunderte an Bedeutung. Das Lehen fiel nur an den Lehensherrn zurück, wenn jegliche Erben fehlten, bei groben Verstössen gegen die Lehensbedingungen oder bei Verweigerung des Lehenseides. Der Lehensherr – im Fall von Stilli waren es bekanntlich mehrere – blieb auf die Rechte beschränkt, die im Lehenbrief niedergelegt waren, und verlor daher immer mehr an Einfluss auf das Lehen. Die Fahrberechtigung entwickelte sich daher schon in der frühen Neuzeit zu einem privaten dinglichen Recht und dadurch zu persönlichem Eigentum der Fehren; die alten Rechte der Lehensherren hafteten darauf wie Servitute. – Da der Ertrag der verschiedenen Anteile am Fahr die Arbeitslöhne für die Bedienung sowie die Unterhaltskosten überstieg, erhielten diese einen gewissen Kapitalwert, so dass sie wie Grundstücke als Vermögen behandelt und vererbt, verkauft, verpfändet und verpachtet werden konnten. Das Eigentumsrecht hatte sich endgültig zugunsten der Fehren verschoben. Wie jedes Privateigentum war aber auch das Fahrrecht durch Kompetenzen des Staates zugunsten des öffentlichen Interesses eingeschränkt.

b) Die ständige Bedienungspflicht der Fehren und ihre Einschränkungen

Dem ausschliesslichen Fahrrecht der Lehensinhaber stand eine *Fahrpflicht* gegenüber, welche auch bei sehr schwachem Verkehr unbedingt bestand:
Die Fehren mussten *vom Morgengrauen bis zum Abend,* und zwar solange Leute am jenseitigen Ufer zu erkennen waren, bereit stehen, um jedermann, ungeachtet ob Fremde oder Einheimische, Einzelpersonen oder Gruppen, kleine oder grosse Fuhren, rasch über den Fluss zu setzen. In Stilli brauchte es also ständig wenigstens fünf Fahrknechte, nämlich vier für das Wagen- und einen für das Personenschiff. Auf den Ruf der Passanten musste *ungesäumt* gefahren werden. Fühlten sich Durchreisende zufolge Nachlässigkeit der Fehren geschädigt,

konnten sie beim Hofmeister von Königsfelden – im 19. Jahrhundert beim Bezirksgericht – auf Schadenersatz klagen.

Die *Bedienungszeiten* waren in den alten Fähreordnungen mit dem Ausdruck umschrieben, "solange als Leute von einem Gestade zum anderen noch zu erkennen sind". In der zweiten Hälfte des 19. Jahrhunderts hing der Feierabend vom Eintreffen der letzten Bahnzüge bei der Station Siggenthal ab. Das Regulativ für den Fährebetrieb von 1879 legte dann folgende Fahrzeiten für alle Aargauer Fähren fest: im Sommerhalbjahr (April bis November) von morgenss 4 bis abends 10 Uhr, im Winter von morgens 5 bis abends 9 Uhr.

In der *Nacht* ruhte der Verkehr. Das Fahr sollte geschlossen sein wie ein Stadttor. Nur Boten sowie Personen, welche Gründe grosser Not glaubhaft machen konnten, wurden auch in der Dunkelheit übergeführt, letztere allerdings um den doppelten Lohn (21).

Nach Auffassung der Pfarrherren von Rein hätte der Betrieb an *Sonntagen* wenigstens während Predigt und Abendmahl gänzlich eingestellt sein sollen. Da sich die Fehren darüber hinwegsetzten, gerieten sie häufig in Konflikte mit dem Chorgericht. So wurden 1704 drei Männer zitiert, weil sie "am heiligen Tag während der Predigt" Leute über die Aare geführt und auch noch ihre Weidlinge geputzt hatten. Oft blieb es bei Mahnungen sowohl an die fehlbaren Fehren, solches inskünftig zu unterlassen, als auch an den Chorrichter von Stilli, die Fährleute an Sonntagen vermehrt zu beaufsichtigen. Gelegentlich wurden aber Strafen ausgesprochen, besonders wenn es sich nicht nur um Personen-, sondern auch um Güterfuhren handelte. 1728 büsste das Chorgericht den Müller und den Wirt zu Stilli mit je 1 Pfund, weil der erste ein beladenes Fuhrwerkt während der Morgenpredigt hatte wegfahren lassen und der zweite dem betreffenden Fuhrmann noch zwei Pferde zum Vorspann geliehen hatte (22).

Eine besondere Lage entstand bei *Hochwasser*. In Stilli brauchte es zeitweise bis zu zwölf Knechte, um das Wagenschiff mit grösster Anstrengung hinüberzubringen. Allerdings konnten die Fehren den Tarif erhöhen, meist auf das Zweifache. Während Jahrhunderten war es dem Ermessen der Schiffsleute überlassen, darüber zu entscheiden. Da Fehren und Reisende deswegen oft in Streit gerieten, setzte der Rat von Bern 1789 am badischen Ufer einen Stein mit einem eisernen Ring, welcher das Hochwasser anzeigte.

Anders löste er den Zwist der Stadt Brugg mit dem Fehren von Windisch: die Brugger bezahlten ungeachtet des Wasserstandes in den Monaten Mai bis August den doppelten Lohn. – Beim Fahr Koblenz entschied der Vogt von Klingnau, wann der Hochwasser-Tarif erhoben werden durfte (23).

21 StAAa, Band 450, S. 847/850; Eberhard von Künssberg, S. 153.
22 GA Rüfenach, Protokolle des Chorgerichts Rein.
23 StAAa, Band 450, S. 691, 817 f., 829 f., 833 f., 837 f., 846, 847; Band 1113, Fasc. 17; Band 1834, S. 1015.

Die Stillemer Fehren waren in der Umgebung dafür bekannt, dass sie auch an Tagen fuhren, an welchen die Nachbarfähren den Betrieb einstellten. Eine Verpflichtung zu fahren, bestand zwar bei grosser Gefahr nicht. Die Durchreisenden bestiegen das Schiff dann auf eigene Verantwortung und ohne Haftpflicht der Fehren.

Wie ernst es den Machthabern und der allgemeinen Rechtsauffassung mit der ständigen Offenhaltung der Flussübergänge war, zeigt eine typisch mittelalterliche Vorschrift, welche auch für Stilli galt, *die Fähre als Freistatt:*

Im Zusammenhang mit Streitigkeiten zwischen Bern (Königsfelden) und den sieben Orten (Grafschaft Baden) wegen der Gerichtsbarkeit auf der Aare 1537 wurden die Fehren von Stilli als Zeugen einvernommen. Dabei machen sie folgende bemerkenswerte Aussage:

"zu Stilli sei immer ein freies Landfahr gewesen mit Weg und Steg, und sie hätten von ihren Alten gehört, wenn ein Totschläger oder ein anderer ankomme und ihm nachgejagt werden und der Fehr vorhanden, möge er den hinter sich in den Weidling nehmen und ungefrevelt (d. h. ungestraft) überführen" (24).

Der Fährmann musste demnach einen wegen Blutrache Verfolgten übersetzen (und nachher natürlich auch den Verfolger), ohne sich in den Streit einzumischen.

Ähnliche Bestimmungen enthielten die Fähreordnung von Kadelburg sowie die Weistümer von Küssenburg (Fahr Rheinheim-Zurzach), Üsslingen bei Frauenfeld, Wangen am Zürichsee (Fahr Widen) und Lunkhofen (25). Die Formulierungen von Kadelburg und Zurzach lauteten fast gleich wie jene von Stilli, doch schienen unsere Fehren den alten, mündlich überlieferten Rechtssatz nur noch zur Hälfte gekannt zu haben. Sie vergassen nämlich die Verhaltensregel für den seltenen Fall, da der Verfolger noch aufsprang, bevor das Schiff mit dem Verfolgten abgefahren war. Wir zitieren als Ergänzung den Satz aus dem Brauchbuch von Kadelburg von 1671:

". . . so esz sich begebe, dasz einer flüchtig an dasz fahr khommen würde und nacheyler hete, denn soll der fehr oder schiffman den fliehenden hinder sich in den weydling und den nacheyler vornen darein nemen, und den flüchtigen zum ersten hinden auf dasz land, und darnach den weydling umbkehren und den nacheyler vornen auf dasz land lassen" (26).

Für die erwähnten Fähren galt ein höherer Friede. Er bot dem Verfolgten für die Zeit der Überfahrt Schutz vor dem Verfolger. Uraltes alemannisches Recht klingt hier an: Der Fluss soll für den Flüchtling kein Hindernis darstellen. Auch in der Urkunde von 1453 wird vom Freudenauer Übergang "als einem offenen lantfar

24 StAAa, Band 450, S. 709–712.

25 Argovia, Band 2, S. 132 (Lunkhofen), Band 4, S. 94 (Kadelburg); Jacob Grimm, Weisthümer, Band 4, S. 354 (Wangen), Band 5, S. 117 (Uesslingen), S. 221 (Küssenburg).

26 Argovia, Band 4, S. 141.

und stras" gesprochen. Das freie Landfahr galt als Teil der Landstrasse und sollte wie diese "offen" sein, d. h. jedermann, ob arm oder reich, schuldig oder unschuldig, verfolgt oder nachjagend, gleichermassen dienen. Die Rechtsgeschichte zählt diese "Fährenfreiung" zu den weltlichen Asylen, welche den Zweck haben, eine öffentliche Einrichtung zum Wohl der Gemeinschaft zu gewährleisten. Für den Fehren bedeutete sie eine klare Verhaltensregel, welche ihn vor jeglichen Anschuldigungen schützte (27).

Die Fähre als Freistatt ist Ausdruck für den im Mittelalter typischen verbindenden Charakter der Flüsse!

*

Mit der Bildung von Territorialstaaten erhielten die *Flüsse eher eine trennende Funktion*. Die Idee der Grenzlinie in der Mitte des Wasserlaufs kam erst im Spätmittelalter auf. Damit wich man auch vom Grundsatz ab, das Landfahr habe gleich der Landstrasse zu allen Zeiten und für jedermann offen zu stehen. Die private Blutrache wurde durch die staatliche Polizeigewalt und die wirksamere öffentliche Gerichtsbarkeit ersetzt. Die Fähre als Freistatt für Verfolgte war nicht mehr erwünscht.

Als sich Bern 1537, in seinem Streit mit den übrigen sieben Orten, auf das offene Landfahr Stilli berief und den dortigen Fährmännern befahl, "das sy mengklich wer da kome um sin lone füren sollen", ging es um den *verbotenen Reislauf*. Der Landvogt von Baden hatte die Fehren angewiesen, junge Männer aus den sieben Orten und den gemeinen Herrschaften nicht überzuführen, sondern wieder heimzuschicken. Da sich die Schiffsleute von Stilli nicht an diesen Befehl hielten und den Anordnungen Berns folgten, kam es verschiedentlich zu Auftritten. Landvogt Andreas Schmid von Zürich hatte an der Schifflände auf der Badener Seite einige Knechte stationiert, welche möglichen Reisläufern den Zugang versperren sollten. Die Stillemer machten sich offensichtlich einen Spass daraus, das Fahr, wenn nötig mit Gewalt, offen zu halten; denn in einem Brief vom 4. Oktober 1537 beklagte sich Schmid, die Fehren hätten kürzlich sechs Thurgauern über das Wasser zugerufen, sie sollten nicht auf die Knechte des Landvogts hören; und hierauf seien etwa zwanzig Männer über die Aare gefahren, um sie zu holen und die Badener mit beissendem Spott zu überhäufen. Als der Landvogt persönlich in Stilli erschien, erklärten ihm die Schiffsleute unumwunden, sie seien ihm keinen Gehorsam schuldig und sie würden sich um seine Anordnungen nicht kümmern (28). — Dieses Verhalten wurde durch die "Gnädi-

27 UKgf. 665; zum Problem der Fährenfreiung als weltliches Asyl vgl. die Arbeiten von Eberhard von Künssberg, R. G. Bindschedler und Ortwin Henssler.
28 StAZH, Band A 315/1, Fasc. 71; Eidgenössische Abschiede, Band 4/1c, S. 881 + 893; StAAa, Band 449, S. 725–729; Band 450, S. 709–712.

gen Herren" in Bern unterstützt. Es handelte sich aber um einen Ausnahmefall, welcher politisch begründet war.

Im übrigen hatte die Berner Regierung schon im 15. Jahrhundert gezeigt, dass sie das natürliche Hindernis grosser Flüsse sehr wohl ausnützen wollte. Den Fehren des Bernergebiets war durch die Fahrordnungen verboten, *"schädliche"* oder *"argwöhnische" Menschen* in bernische Lande zu führen; darunter verstand man "Lumpen", "Strolche", "Deserteure". Bern und die Verwaltung von Baden beschwerten sich gegenseitig, die gegenüberliegenden Fähren würden fremdes Gesindel, Landstreicher und Zigeuner am fremden Ufer absetzen. – Die Regierung des jungen Kantons Aargau bedrohte die Fehren für die Überführung verdächtiger Personen und Landstreicher mit einer Busse von 32 Franken oder sogar mit dem Verlust des Fahrrechts. – Von einem höheren Frieden im mittelalterlichen Sinn war nichts mehr zu spüren (29).

In Zeiten besonderer Gefahr konnten die Regierungen gar beschliessen, den Betrieb der Fähren entweder ganz einzustellen oder doch wenigstens stark zu beschränken. Dies galt besonders in den *Pestjahren* des 17. Jahrhunderts. Da ärztliche Kunst diese Epidemie nicht zu bewältigen vermochte, wollte man damals vorsichtshalber verhüten, dass Reisende die Krankheitskeime ins Land trügen. Schon 1666 ordneten Obervogt und Rat von Klingnau die Einstellung sämtlicher Nebenfähren zwischen Koblenz und Stilli an; die Weidlinge mussten angekettet werden, und die Hauptfähren wurden für fremde Leute und Wagen gesperrt. Als der Schwarze Tod im Herbst 1667 zu seinem letzten Schlag ausholte, beschloss die Tagsatzung drastische Massnahmen: alle kleinen Schiffe und Weidlinge zwischen Mühlau und Stilli (Reuss-Aare-Grenze) mussten aus dem Wasser gehoben und in Schuppen untergebracht werden. Einzig die Fähren von Windisch und Stilli blieben offen. Der Landvogt liess die Schifflände Tag und Nacht bewachen. Die Wagenschiffe durften nicht mehr fahren. Die wenigen Passanten, welche eine Durchreisebewilligung vorwiesen, wurden auf kleineren Botten hinübergeführt. Der Rat von Zürich versuchte sogar, diese beiden Übergänge vom rechten Ufer aus bedienen zu lassen, was der Hofmeister von Königsfelden unter Hinweis auf eigene Vorkehrungen nicht zuliess (30). – Auch bei *Tierseuchen* dienten die Flüsse als natürliche Hindernisse, welche die Ansteckungsgefahr herabsetzen konnten. Aus diesem Grunde stellte der Staat in Stilli einen Sanitätswächter an, welcher herüberfahrende Personen und Tiere beobachten und bei Verdacht zurückweisen musste (31). – In solchen Notzeiten erwiesen

29 StAAa, Band 450, S. 845–852; Band 1309, S. 122/23; Band 2783, Fasc. 15/26, 27; RQ Königsfelden, S. 41; RQ Schenkenberg, S. 175; Eidgenössische Abschiede, Band 6/2, S. 1694 f.; aargauisches Intelligenzblatt 1828, S. 219 f.
30 StAAa, Band 2776, Fasc. 6/10; StAZH, Band A 70/2; Eidgenössische Abschiede, Band 6/1a, S. 727.
31 z. B. 1738: StAAa, Band 1111, Fasc. 1.

sich die beschränkte Zahl der Flussübergänge und die Unterscheidung in Haupt-
und Nebenfähren als tauglich, indem sie den Regierungen ermöglichten, den
Verkehr genau zu kontrollieren.

Dass den Fähren auch in *Kriegszeiten* eine besondere Bedeutung zukam, muss
wohl nicht hervorgehoben werden. Gegenüber den festen Brücken besassen sie
den Vorteil, dass man ihren Betrieb jederzeit einstellen oder wieder aufnehmen
konnte. Bei Flussübergängen im Landesinnern war die zeitweilige Aufhebung
eines Fahrs einfach; so verfügte Bern 1499 die Schliessung desjenigen von Wildenstein. Wo aber der Fluss die Grenze zwischen zwei feindlichen Gebieten
bildete, kamen die Fehren in Bedrängnis, weil sie auf das Wohlwollen beider
Seiten angewiesen waren und jeden Verdacht auf einseitige Begünstigung büssen
mussten. Der Übergang bei Stilli war von besonderer strategischer Bedeutung,
weil man hier Aare, Reuss und Limmat in einem Mal überqueren konnte. Ausserdem ergab sich hier eine besonders komplizierte rechtliche Situation, da sowohl
Bern als auch Baden die Flusshoheit und die Verfügungsgewalt über die dortige
Fähre beanspruchten. – Aktuell sollten diese Probleme in der Zeit der Glaubens-
kriege werden, wo besonders die katholischen Anführer rasch bereit waren, das
Fährseil wegzureissen, um dem Feind die Überquerung des Flusses zu erschwe-
ren (32).

Im Jahre 1686 liess der Bürgermeister von Zürich abklären, welches der
nächste und günstigste Weg mit der grössten Deckung wäre, wenn sich zürche-
rische Truppen in Notfällen mit jenen von Bern vereinigen müssten. In einem
kurzen Bericht wurde die Strasse durch das Wehntal bis Niederweningen vorgeschlagen, von da über Lengnau-Endingen-Würenlingen nach Stilli. Der Augenschein beim dortigen Fahr ergab, dass mit den beiden Schiffen auf einmal
300 Mann übergesetzt werden konnten, dass die Überfahrt aber je nach Wasserstand durchschnittlich eine halbe Stunde dauerte, da die Fähren nur mit Rudern
und Stacheln, aber ohne Querseil bedient wurden. Die hohe Zahl der möglichen
Passagiere mag auf den ersten Blick erstaunen, ist aber durchaus realistisch,
wenn wir bedenken, dass das Wagenschiff noch im 19. Jahrhundert, bei abnehmenden Verkehr, nahezu 100 Quadratmeter mass. – Schon 1635 hatte der fran-
zösische Feldherr Herzog Heinrich Rohan seine ganze Infanterie für Graubünden
durch die Fehren von Stilli übersetzen lassen. Auch im innereidgenössischen
Krieg von 1712 geriet dieser Übergang mehrmals in den Blickpunkt des Interesses (33).

Die Kriegszeiten brachten den Fehren stets grosse Belastungen: das Militär
musste unentgeltlich bedient werden, während der Handelsverkehr stark zurück-

---

32 Max Banholzer, Brugg, S. 46; Eidgenössische Abschiede, Band 6/1a, S. 80; Band 6/2,
   S. 1655.
33 StAZH, Bände A 29/3, 236/1–24, 248/14.

ging. Am stärksten traf es die Fehren von Stilli während der helvetischen Revolution 1798–1803, besonders im Koalitionskrieg von 1799, als sich Österreicher, Franzosen und Russen auf schweizerischem Boden bekämpften. Damals mussten sie nicht nur Tausende von Soldaten entschädigungslos hin- und herführen, die Franzosen bedienten die Fähren zeitweise selbst, entwendeten sie sogar und setzten sie anderswo in Betrieb. So wurde das Wagenschiff 1799 bei Döttingen als "fliegende Brücke" gebraucht. Den Nachteil, welcher durch Beschädigungen und Verdienstausfall entstand, hatten jedesmal die Fehren zu tragen. Immerhin scheint die helvetische Regierung einmal ein Schiff in Bern gekauft und als Ersatz für die mannigfachen Verluste nach Stilli gesandt zu haben (34).

*

Wir sind von der Bedienungspflicht der Fehren ausgegangen und haben recht ausführlich die Behinderungen geschildert, welche durch verschiedene Ursachen entstehen konnten. Der Vollständigkeit halber muss aber auch erwähnt werden, dass der Fährbetrieb gelegentlich stockte, weil die Fehren andere Arbeiten verrichteten oder im Wirtshaus sassen, während die Passanten längere Zeit warteten. In dieser Richtung gingen im 19. Jahrhundert verschiedentlich Klagen beim Bezirksamt ein.

c) Die Unterhaltspflicht

Eine bedeutsame, vor allem kostspielige Pflicht der Fahrinhaber bildete der Unterhalt von "Schiff und Geschirr". Vorschriften dazu finden sich schon in der Lehensurkunde für Hans Birkinger (1453). In der Fähreordnung von 1789 steht der entsprechende Passus an erster Stelle und lautet:

> "1. Sollen die jeweilige Besitzere und Empfahere des Mannslehens des Fahres zu Stilli schuldig und verpflichtet sein, sich mit guten und währschaften Fährschiffen und Waidlingen, Seilern und Rudern, Schalten und aller notwendigen Zugehörde zu versehen und also zu bestellen, dass denjenigen, so dieses Fahr mit Pfennwert, Last- und andern Wägen gebrauchen, kein Schaden oder Nachteil zugefügt werde; ansonsten die Besitzer des Fahres alle Kösten und Schaden nach Bewandtnis der Sachen bei Abtrag ihres Hab und Guts abzutragen verbunden sein."

34 StAAa, Bände 9043 + 9105 (Nr. 171) + 9123/IV (Nr. 103); Actensammlung aus der Zeit der Helvetischen Republik, Band IV/1535/37; Band XI/1078.

Die Fehren hafteten also bei Unfällen, welche durch schlechtes Material verschuldet waren. Dasselbe galt bei Schäden, welche auf Überladung der Schiffe zurückgingen (35).

Wer im aargauischen Staatsarchiv die Quellen, welche das Fahr Stilli betreffen, durchgeht, findet aus dem 19. Jahrhundert vor allem Klagen über den Zustand der Fähren und Berichte über Unfälle. Man könnte den Eindruck gewinnen, in Stilli sei man dauernd mit halb verfaulten Schiffen gefahren, habe die Unterhaltspflicht vernachlässigt und es überhaupt an der nötigen Vorsicht fehlen lassen, so dass die Überfahrt jedesmal mit Lebensgefahr verbunden gewesen sei. Diese Quellen vermitteln aber einen einseitigen Eindruck: die vielen Tausend unfallfreien Fahrten kamen nämlich nicht in die Akten, während beim kleinsten aussergewöhnlichen Ereignis gleich ein ganzes Dossier mit Reklamationen, Untersuchungen und Verhören entstand. Der Staat kontrollierte die Fähren jeweils nur, wenn etwas passiert war; erst das Fähreregulativ von 1878 schrieb regelmässige Inspektionen vor, welche dann ausgewogene Berichte ergaben.

Die Unfallbilanz darf sich durchaus sehen lassen: Aus der ganzen Geschichte Stillis ist ein einziger tödlicher Unfall bekannt, und zwar aus der Frühzeit. 1503 soll eine Frau ertrunken sein; da sich aber Bern und die Verwaltung der Grafschaft Baden über die gerichtliche Zuständigkeit nicht einigen konnten, ist die Ursache des Unglücks nicht ersichtlich. Die Unfälle, die aus dem 19. Jahrhundert überliefert sind, lassen sich auf das Aushängen der Rolle oder auf das Zerreissen des Spannseils bei Hochwasser zurückführen. Passagiere kamen, vom Zeitverlust abgesehen, nie zu Schaden. So wurde am 30. Janur 1843 — beim Übersetzen eines aussergewöhnlich schwer beladenen Fruchtwagens — die vordere Schiffsbrücke aus den Angeln gehoben, weshalb die Verbindungskette riss und die grosse Fähre aareabwärts trieb, bis sie bei der Einmündung des Kommetbachs ans Ufer gebracht werden konnte. — In einer kalten Januarnacht des Jahres 1851 riss das Seil, welches das Schiff mit dem Quertau verband; das mit der Postkutsche beladene Wagenschiff in der Dunkelheit riss los und musste mit Hilfe aus dem Dorf an Land gesteuert werden. Dies führte natürlich zu einer Beschwerde der Kreispostdirektion beim Regierungsrat. — Dass sich unkundige Passanten bei solchen Vorkommnissen ungemütlicher fühlten als die flussgewohnten Fehren, zeigt ein ähnlicher Vorfall, den das Badener Tagblatt hochspielte, indem es sogar von Lebensgefahr sprach. Die dadurch veranlasste Untersuchung ergab dann aber, dass dieses Ereignis so harmlos verlaufen war, dass die Fuhrleute nicht einmal vom Bock gestiegen seien. — Ein letztes Beispiel ist den ältesten Einwohnern von Stilli in Erinnerung geblieben; als sich das Wagenschiff einmal samt

---

35 UKgf. 665; Brugger Neujahrsblätter 1904/S. 71.

einer Viehherde losgemacht habe, seien die Kühe des Metzgers Finsterwald vor
Angst in Wasser gesprungen und hätten schwimmend das Land erreicht (36).

Wie schon oben erwähnt, waren die Fähren ursprünglich nicht an einem Seil
befestigt, sondern wurden – bei maximaler Ausnützung der Strömung – über
den Fluss gerudert. Dies erforderte, zumal bei Hochwasser, viel Geschick und
Kraft. Die Überfahrt erfolgte schräg abwärts. Vom linken Ufer aus startete man
vermutlich oberhalb des Dorfes, an der Stelle, wo der völlig überwachsene "alte
Postweg" und der Grienweg zusammenkommen (also in der Gegend des heutigen
Wasserpegels); man erreichte das rechte Ufer beim grossen Ländeplatz gegenüber
Stilli. Von dort zogen oder stachelten die Fehren das schwere Schiff gegen die
Ruine Freudenau, wo man wiederum einsteigen und an die Schifflände bei Stilli
fahren konnte. Dieses System erforderte an jedem Ufer den Unterhalt *zweier*
Zufahrtsstrassen.

Im 16. Jahrhundert kamen allmählich die Seilfähren auf, welche auf dem
kürzesten Weg übersetzten. Die ältesten Fähren dieser Art fanden sich in unserer
Gegend in Wettingen und Windisch, wo das Seil 1528 gespannt wurde. 1536 und
1539 richteten die Fehren von Koblenz das Gesuch an die eidgenössische Tagsatzung, man möge ihnen gestatten, "auf ihre eigenen Kosten ein Seil zu spannen,
wie zu Wettingen und Windisch". Die Fehren von Stilli baten erst 1685 um eine
solche Erlaubnis. Die Regierung in Bern liess durch den Hofmeister vorher genau
untersuchen, ob irgendwelche Nachteile mit einer allfälligen Bewilligung verbunden wären (37). Offensichtlich kam die Seilfähre zu Stille dann doch nicht
zustande, wie uns das oben erwähnte militärische Gutachten von 1686 überliefert, und dies blieb auch so, bis zum Beginn des 19. Jahrhunderts. Erst als sich
die südlichen Nachbargemeinden um die Einrichtung eines Personenschiffes bei
Lauffohr bemühten und die Fehren von Stilli sich dagegen mit allen Mitteln
wehrten, waren sie bereit, den bestehenden Übergang grundlegend zu verbessern.
Dazu gehörte vor allem der Bau einer "fliegenden Brücke" um 1832. Es handelte
sich dabei um jene Gier- oder Pendelfähre, wie sie auf einer Ofenkachel des
abgebrochenen Hauses Nr. 9 abgebildet war: Oberhalb des Dorfes rammte man
einen sehr dicken Pfahl in die Mitte des Flussbetts. An diesen Pfahl befestigte
man über dem Hochwasserspiegel ein langes Hanfseil, an dessen unteres Ende
man, bei der Schifflände von Stilli, das Wagenschiff band. Dieses konnte man
nun mit Hilfe eines Steuerruders wie einen Pendel von einem Ufer ans andere
führen. Der Stumpf des genannten Pfahls soll nach Aussagen des verstorbenen
Fischers Jakob Baumann, Majoren, noch heute in der Aare stecken, und zwar

---

36 Eidgenössische Abschiede, Band 3, S. 209 + 229; StAAa, Protokolle des Regierungsrates
4./13. 2. 1843, 13. 1./22. 5. 1851; Regierungsakten P No. 2/152 (1843), B No. 1/43
(1851); Archiv der aargauischen Baudirektion: Akten betr. Fähren 1878.
37 Eidgenössische Abschiede, Band 4/1c, S. 338, 667, 1164, 1176; StAAa, Band 450,
S. 507; Band 1113, Fasc. 17.

oberhalb der Brücke, so dass das Seil etwa 250 bis 300 Meter messen musste. Ein nasses Hanfseil von dieser Länge wäre aber so schwer geworden, dass man die Fähre kaum mehr hätte steuern können. Aus diesem Grunde band man das Seil zwischen Pfahl und Fähre auf eine ganze Anzahl kleiner Schiffchen, welche dasselbe bei jedem Wasserstand trugen und möglichst trocken halten konnten. Durch diese fliegende Brücke wurde, so schrieb die kantonale Baukommission an die Regierung, "die Verbindung zwischen beiden Flussufern so erleichtert und geordnet, wie es in Ermangelung einer festen Brücke nur möglich sei". Die Fähregesellschaft hatte 12 000 Franken investiert; der Kanton wendete darauf zusätzliche 2200 Franken für die Korrektur der Strasse auf dem rechten Ufer an (38).

Die grossen Hoffnungen, welche man in Aarau und Stilli auf die Pendelfähre setzte, scheinen sich nicht erfüllt zu haben. Jedenfalls war die ganze Einrichtung keine 20 Jahre in Betrieb. Um 1840 finden wir den Pfahl mit dem Gierseil und den kleinen Schiffchen noch auf einer Lithographie von Wagner, doch 1851 heisst es in einer Notiz der Baudirektion, die Überfahrt sei verändert worden und sowohl das Personen- als auch das Wagenschiff würden nun je an einem Spanndrahtseil geleitet. Die Fehren hatten offensichtlich auf das gleiche Prinzip umgestellt, wie wir es bei den heutigen Rheinfähren von Basel und bei den wenigen noch erhaltenen Auto- und Fuhrwerksfähren über die obere Donau in der Gegend von Straubing finden (39).

Über diese neuen Seilfähren sind wir etwas besser unterrichtet: Den Regierungsakten und dem Protokoll der Fähregesellschaft entnehmen wir, dass die Wagenschiffe eine Lebensdauer von höchstens zehn Jahren hatten. Man zögerte eine Neuanschaffung jeweils so lange wie möglich hinaus, verstopfte und vernagelte die undichten Stellen und ersetzte morsche Bretter. Bei Bedarf arbeitete der Vorstand eine genaue Beschreibung des zu bauenden Schiffes aus und veröffentlichte diese zur freien Konkurrenz. 1851, vermutlich auch 1869, sollte das Wagenschiff 21 m lang und 4,65 m breit sein, 1877 und 1886, wohl wegen des abnehmenden Verkehrs, nur noch 16,50 m auf 4,65 m. Die Anschaffungskosten betrugen 1869 1800–1900 Fr., 1886 noch 1575 Fr. Solche Summen überstiegen jeweils die Reserven in der Gesellschaftskasse bei weitem, weshalb die Mitglieder nach ihrem Anteil einen Beitrag bezahlen mussten. – Die Personenschiffe waren nur kürzere Zeit in Gebrauch. Allein für Lauffohr mussten zwischen 1873 und 1901 sieben kleine Seilfähren erworben werden, durchschnittlich also alle vier Jahre. Die Gestehungskosten lagen hier bedeutend tiefer, zwischen

38 StAAa, Protokoll des Regierungsrates 29. 9. 1831; Regierungsakten F No. 18, Band Q (1835). Zum Begriff der Gierfähre vgl. Jacob und Wilhelm Grimm, Deutsches Wörterbuch, 4. Band, 1. Abteilung, 4. Teil, Spalten 7364–73, Leipzig 1949. Die erwähnte Ofenkachel ist abgebildet in: Die Kunstdenkmäler des Kantons Aargau, Band II, S. 410.
39 Archiv der aargauischen Baudirektion, Akten betr. Fähren 1851.

225 und 280 Fr. Das Personenschiff von 1886 mass 10.80 m in der Länge, 1,44 m in der Breite und 84 cm in der Höhe; es entsprach damit der Grösse eines alten Transportschiffes: es war gleich lang wie ein Fischerweidling, aber doppelt so breit und doppelt so hoch. Vor der Einrichtung von Seilfähren benützte man sowohl in Stilli als auch in Lauffohr Fischerboote für den Personentransport. Sie kosteten zwischen 1830 und 1840 nur 32 Franken das Stück, mussten aber jedes Jahr ersetzt werden. Lieferanten waren während Jahrzehnten die Gebrüder Baumann, Schiffmacher in Stilli.

Die Anschaffungen beschränkten sich natürlich nicht auf Schiffe. Dazu kamen die Kosten für neue Drahtseile und Rollen, Ruder, Stachel, Glocken und Rettungsringe, ausserdem die Unterhaltskosten für die Zufahrtsstrassen, das in den 1830er-Jahren errichtete Schirmhaus am rechten Ufer und das kleine Fehrenhäuschen oberhalb des Ländehauses in Stilli.

Das Fahr Stilli um 1900: Das Personenschiff überquert gerade die Aare, während die Wagenfähre rechts am Ufer liegt. Im Vordergrund das langgestreckte Ländehaus, links davon das "Fehrenhäuschen", der Warteraum für die diensttuenden Fährleute.

Über die Ausgaben wurde genaue Rechnung geführt. Die detaillierten Posten sind für die Jahre 1865–74 erhalten und betrugen für Anschaffungen und Unterhalt (Material und Löhne) zusammen 5096.31 Fr. Die Zusammenzüge für die Zeit von 1894–1903 ergaben die Summe von 4781.437 Fr. Der Durchschnitt von etwa 500 Fr. pro Jahr sagt nur wenig aus, schwankten doch die jährlichen Ausgaben zwischen 40 Fr. und 2000 Fr. in jenen Jahren, da ein neues Wagenschiff angeschafft werden musste. Die 5000 Fr. der Jahre 1865–74 lassen sich im Verhältnis 2 : 1 auf Anschaffungen und Unterhaltskosten aufteilen, wobei sich die Unterhaltskosten ihrerseits auf Ausgaben für Materialien wie Holz, Öl und Teer sowie auf Löhne für Handwerker wie Schmiede, Wagner und deren Gehilfen aufschlüsseln lassen. – In allen genannten Zahlen sind die beträchtlichen Holzlieferungen aus dem Wald der Fähregesellschaft nicht eingerechnet. Ausserdem kämen die vielen Taglöhne für unentgeltlich geleistete Frondienste der Fehren dazu (40).

d) Abgaben und Steuern

Die Fähregesellschaft Stilli konnte sich zu keinen Zeiten des ganzen Ertrags ihres Flussübergangs erfreuen. Seit dem Mittelalter forderten die Lehensherren, im 19. Jahrhundert auch Staat und Gemeinden ihr Scherflein.

Auf die *Zinsverpflichtungen* der Lehensinhaber gegenüber Baden, Luzern, Säckingen und Königsfelden sind wir schon früher eingegangen. Die Rechnungsbücher von Königsfelden zeigen am Ende des 15. Jahrhunderts, dass die Leistungen entweder in Geld oder in Fischen entrichtet wurden. – Für Kriegszeiten war seit 1453 eine besondere Regelung vorgesehen: sollte das Fahr während mehr als fünf Wochen geschlossen sein, wurde der Königsfelder Zins entsprechend gekürzt. Konnten die Fehren (wegen Krieg oder Hochwasser) gerade während der "Hochsaison", nämlich bei den Zurzacher Messen, nicht fahren, musste eine Zinsreduktion mit dem Hofmeister vereinbart werden; konnte man sich nicht einigen, wurde ein Schiedsgericht bestellt. – Tatsächlich musste der Fahrbetrieb während des Schwabenkrieges 1499 eingestellt werden. Der Einnahmenausfall war offenbar beträchtlich, denn Königsfelden erliess den Fährleuten den Zins für drei

---

40 StAAa, Regierungsakten B No. 1/65 (1851); B No. 1c Brückenbau Stilli-Lauffohr, Band 1; Protokoll der Fähregesellschaft Stilli; Prozessakten i. S. Fähregesellschaft Stilli c. Staat Aargau; Haus-Buch und Einnahmenbuch der Familie Baumann, Weidligmachers, Stilli.

Vierteljahre ganz und verminderte ihn für die folgenden drei Jahre um einen Viertel. Die kleineren Zinsen nach Baden, Luzern und Säckingen mussten auf jeden Fall bezahlt werden, da eine entsprechende Regelung zwischen Königsfelden und den genannten Orten fehlte. Auch 1802 stellten die Fehren das Gesuch um Erlass des Bodenzinses für die Jahre 1798 bis 1800, da sie in diesem Zeitraum durch die Kriegswirren grossen Schaden erlitten hätten und der Handelsverkehr noch immer stillstehe (41).

Ausser dem jährlichen Zins musste bei Kauf oder Erbschaft der "Ehrschatz", eine Art Handänderungsgebühr, bezahlt werden. Im 17. Jahrhundert betrug er ungeachtet des Anteils jedesmal 10 Pfund (= 5 Gulden). Bei der Eintragung ins Mannlehenurbar von 1784/85 wurde er massiv erhöht und hätte jedesmal mit 5 % des Verkehrswerts veranschlagt werden sollen. Zufolge eines Irrtums des Hofmeisters — vielleicht durch Täuschung der Fehren — betrug er aber für das ganze Fahrrecht nur 150 Gulden, was bei einem Handelswert von damals 5400 Gulden lediglich einem Ansatz von 2,8 % entsprach (42).

Rufen wir uns nochmals den Streit zwischen den Fehren und Königsfelden im 15. Jahrhundert in Erinnerung, als es um die Ansetzung des Lehenzinses auf 14, 17 oder 18 Pfund ging: 100 Jahre vorher hatten 16 Pfund noch für den Jahresunterhalt eines Franziskanermönchs zu Königsfelden ausgereicht. Durch die Geldentwertung sank der reale Wert des Geldzinses. Am Ende des 18. Jahrhunderts entsprachen die 16 Pfund noch ungefähr 16 Taglöhnen eines Schiffers von Stilli! — Anderseits blieb das Steuerprivileg, welches Marquard von Baldegg der Gemeinde Stilli 1458 für die Bedienung des Fahrs eingeräumt hatte, bis 1798 in Kraft: die Bewohner zahlten nach wie vor nur 4 Pfund jährlich, und von dieser Vergünstigung profitierten auch jene Bürger, die nicht am Fahrrecht beteiligt waren (43).

Im 19. Jahrhundert galt der Lehenzins nach Königsfelden in der neuen Währung 12 Fr. Die Fähregesellschaft kaufte ihn mit einem Kapital von 240 Fr. los. Dagegen bezahlte sie den Zins nach Baden noch in den 1870er-Jahren; er hatte im Mittelalter die ansehnliche Summe von 1 Pfund betragen und war nun umgerechnet noch ganze 85 Rappen wert. Der Ehrschatz, welcher mit 5 % des jeweiligen Verkaufswerts die bedeutend grössere Abgabe gebildet hatte, war schon in der ersten Hälfte des 19. Jahrhunderts entschädigungslos aufgehoben worden. Dieser Aufhebung fiel allerdings auch das erwähnte Privileg Marquards von Baldegg zum Opfer; für Stilli galten fortan die gleichen Vorschriften wie für jede andere aargauische Gemeinde.

An die Stelle der alten "Feudalabgaben" traten nun aber die Steuern, welche einerseits für das Vermögen (Schiff und Geschirr sowie Fehrenland), anderseits

41 UKgf. 665; StAAa, Band 468, S. 18; Band 9122/IV No. 103; Band 521 (1800), S. 18.
42 StAAa, Band 614, S. 106/07 + Band 1210, S. 874 ff.
43 Siehe oben Seite 8, unten Seiten 284 + 347.

für das Einkommen (Ertrag des Fahrs und Erwerb von der Bewirtschaftung des Fehrenlandes) erhoben wurden. Die Steuer für den Ertrag des ehemaligen Freudenauer Burggutes ging zur Hälfte, die betreffende Vermögenssteuer ganz an die Gemeinde Untersiggenthal, in deren Bann das Land lag; alles Übrige wurde in Stilli versteuert. Die Steuerrechnungen beider Gemeinden gingen meistens an die Gesellschaft als ganze und wurden aus der gemeinsamen Kasse beglichen (44).

e) Einnahmen

Wer bei Stilli die Aare überqueren wollte, hatte Gebühren zu bezahlen. Diese bildeten die Haupteinnahmequelle der Fähregesellschaft. Der Ertrag diente drei Zwecken: im Vordergrund standen die Arbeitslöhne für die Fehren; dann mussten die gesamten Ausgaben für Unterhalt, Anschaffungen, Lehenszinsen und Steuern gedeckt werden; schliesslich besassen die Fahranteile einen Kapitalwert, der unter Umständen mit Hypotheken oder Nutzniessungsrechten belastet war und verzinst werden musste.

Die Überfahrtsgebühren richteten sich nach einem festen Tarif, welcher von Königsfelden (später vom Kanton) erlassen und Fahrgäste wie Fehren gleichermassen vor Schädigung schützen sollte. Der Ansatz berücksichtigte nicht nur die reine Arbeitszeit, welche die jeweilige Fahrt erforderte, sondern auch die Tatsache, dass vier bis fünf Männer vom Morgengrauen bis zur Dämmerung am Fahr bereitstehen mussten, auch wenn der Verkehr sehr flau war. "Wir müssen fürs Fahren und fürs Aufwarten etwas haben", schrieben die Fehren dem Hofmeister zu Königsfelden 1580, und dieses "Aufwarten" spielte sich oft im Wirtshaus ab und kam daher teuer zu stehen (45).

Bereits 1446 hatte das Kloster mit Hans Birkinger feste Preise vereinbart; im Schiedsspruch von 1453 wurde verfügt, er habe Leute und Waren "um den alten Lohn" zu führen (46). Dieser betrug 1579 für jeden Fussgänger 3 Pfennig, für einen Reiter samt Ross 1 Kreuzer (= 8 Pfennig), bei beladenen Lastwagen je Pferd 1 Batzen (= 32 Pfennig), ohne Last die Hälfte und bei Weinwagen

44 StAAa, Rechnungen der Domainen-Verwaltung von Königsfelden; Regierungsakten B No. 1c: Brückenbau Lauffohr/Stilli, Band 1; Steuerbücher von Stilli und Untersiggenthal.
45 StAAa, Band 450, S. 829/30.
46 UKgf. 665.

1/2 Batzen (= 16 Pfennig), dazu von jedem Saum Wein (= 144 l) 1/2 Mass (= 0.8 l). Die Fehren begehrten damals eine Anpassung an die Teuerung sowie eine detailliertere Preisliste. Am 5. Dezember 1580 erliess der Hofmeister (mit nachfolgender Genehmigung durch die Regierung in Bern) die erste Fahrordnung mit Tarif. Statt der bisherigen fünf wies dieser 16 verschiedene Posten auf. Fortan bezahlte jeder Fussgänger 8 Pfennig; für Juden, Kessler sowie Krämer, welche ihren Kram auf dem Rücken trugen, war die Gebühr höher; für beladene Wagen und Karren erhob man von jedem Pferd 1 Batzen, bei Weinfuhren kamen je zwei Mass Wein oder der entsprechende Geldwert hinzu; das Reitpferd wurde vom Saum-, Krämer- und Kuppelross unterschieden; für Grossvieh entrichtete man mehr als für Kälber, Schweine, Schafe und Ziegen, welche oft in ganzen Herden auf die Schiffe getrieben wurden (47).

Die Berechtigung, für Nachtfahrten und bei Hochwasser die doppelte Gebühr zu fordern, haben wir schon früher dargelegt. Es sei aber noch auf eine Merkwürdigkeit hingewiesen, welche an gewisse Gepflogenheiten des modernen Fremdenverkehrs erinnert: die Fehren von Zurzach, Kadelburg, Koblenz und Klingnau durften während des grössten Verkehrs, jeweils acht Tage vor und acht Tage nach den Zurzacher Messen, einen bedeutend höheren Tarif ansetzen. Die Koblenzer begründeten dies damit, sie brauchten für diese Zeit ein grösseres Schiff, welches hohe Unterhaltskosten verursache. Ein gleichlautendes Gesuch der Fährleute von Stilli wurde 1580 abgewiesen (48).

Die Fährleute kamen auch sonst nicht immer auf ihre Rechnung. So war ihnen 1580 auferlegt, arme Leute (auch Pilger) zu "schonen". Die unentgeltliche Überführung von Klosterangehörigen haben wir schon erwähnt; Bauern, welche Zinsen nach Königsfelden bringen mussten, waren ausdrücklich von dieser Vergünstigung ausgenommen (49). Dagegen durfte im 19. Jahrhundert von Polizisten, Feuerwehrleuten und Armenfuhren nichts verlangt werden.

Es gab aber in allen Epochen Passanten, die auf mehr oder weniger rechtsmässige Weise die Überfahrtstaxen zu umgehen suchten. Fuhrleuten, welche die Bezahlung verweigerten, pflegte man in alten Zeiten, ein Pferd abzuspannen, um es als Pfand zu behalten (50). Das Regulativ von 1878 berechtigte die Fehren, die Gebühren im voraus zu kassieren. Im 19. Jahrhundert, als grosse schwere Lastwagen aufkamen, ergab eine neue Spitzfindigkeit der Fuhrhalter Anlass zu Streit: die Gebühr für Fuhrwerke wurde bekanntlich nach der Anzahl Pferde berechnet, welche den Wagen vorgespannt waren; nun pflegten die Fuhrleute offenbar Lastwagen mit acht bis zwölf Pferden an die Aare zu führen, dort die Hälfte abzuspannen und mit der kleinstmöglichen Anzahl überfahren zu lassen;

47 StAAa, Band 450, S. 847–849.
48 StAAa, Band 2783, Fasc. I.
49 StAAa, Band 452, S. 205 ff.
50 StAAa, Band 450, S. 829–832.

am andern Ufer standen jeweils neue Vorspannpferde bereit, welche nötig waren, um die Lasten überhaupt die steile Strasse hinaufziehen zu können. Die Fehren hatten dadurch das Nachsehen, indem die schweren Wagen das grosse Schiff stark belasteten, die Gebühr aber um bis zu 2 Fr. zu gering war. Der Regierungsrat schützte die Fährleute durch die Bestimmung, für alle ankommenden Vorspannpferde sei der Preis zu bezahlen, gleichgültig ob sie dann tatsächlich übersetzten oder nicht. – Eine elegante Lösung fanden jene Passagiere, welche in Brugg am linken Ufer ein Schiff bestiegen, um sich gegenüber Stilli zum Ärger der Fehren an der dortigen Lände absetzen zu lassen. Streng genommen verletzten sie tatsächlich das ausschliessliche Überfahrtsrecht zwischen Brugg und dem Schmidberg; dennoch war es schwierig, von solchen Fahrten die ordentlichen Gebühren zu erhalten. Demgegenüber hatten die Fährleute von Koblenz durchzusetzen vermocht, dass ihnen jene Schiffer, welche mit ihren Weidlingen von Kaiserstuhl, Zurzach oder Koblenz aus nach den rechtsrheinischen Ortschaften Waldshut, Dogern, Hauenstein oder gar Laufenburg (oder in umgekehrter Richtung) fuhren, eine Entschädigung ausrichten mussten. – Geradezu amüsant wirkt die Klage der Fehren über die Juden von Endingen und Lengnau, auf deren einspännigen Karren oft sechs bis acht Personen hockten, welche sie als "Transportgut" deklarierten und dafür insgesamt nur 3 Batzen entrichten wollten (51).

Mit den "Stammkunden" trafen die Fehren Spezialabmachungen, von denen uns aus dem 19. Jahrhundert einige bekannt sind: Von besonderer Bedeutung war hier die öffentliche Post. Schon am Ende des 18. Jahrhunderts bestand täglich (ausser dienstags) eine Verbindung zwischen Aarau und Schaffhausen; das einspännige, gedeckte Fuhrwerk, welches einen einzigen Passagier fasste, überquerte also sechsmal wöchentlich die Aare. Vorher hatte ein Postillon mit Pferd die gleiche Verbindung zweimal pro Woche aufrecht erhalten. Die Fehren von Stilli bekamen seit jener Zeit eine jährliche Pauschalentschädigung von 150 Fr. 1827 richtete die Finanzdirektion noch eine zwei- bis dreispännige Eilpost (die sogenannte Diligence) ein, für welche sie zusätzlich 50 Fr. pro Jahr zu bezahlen bereit war. Die Fähregesellschaft forderte aber mehr, zumal sowohl der einspännige Kurier als auch die Diligence jeweils nach Mitternacht in Stilli eintrafen. Der Regierungsrat erhöhte hierauf die ganze Entschädigung auf 250 Fr. Damit gaben sich aber die Fährleute noch nicht zufrieden; sie berechneten nämlich, dass die Post bei normalem Tarif (ohne Nacht- und Hochwasserzuschlag) 495 Fr. bezahlen müsste, worauf die Regierung endgültig auf 350 Fr. ging (52). – Ein

51 StAAa, Akten der Finanzdirektion, Abt. Flüsse: Schiffahrt + Fischerei 1805–1860; Protokoll des Regierungsrates 16. 2. 1829.
52 StAAa, Akten der Finanzdirektion (vgl. Anmerkung 69); Regierungsakten F No. 6/17 (1823) + 49 (1828); Protokoll des Regierungsrates 10. 3./1. 5./30. 5. 1828; Protokoll de Regierungsrates 10. 3./1. 5./30. 5. 1828; vgl. auch W. Hemmeler, Ein Gang durch die aargauische Postgeschichte.

"Jahresabonnement" hatte auch alt Gemeindeschreiber Heinrich Finsterwald, der erste Vorstand der Station Siggenthal. Die Arbeiter aus Würenlingen, welche in der Zigarrenfabrik Baumann, Hirt & Cie. in Stilli tätig waren, bezahlten 1871 pro Tag 10 statt 14 Rp. Ausserdem durften die Essensträger unentgeltlich übersetzen. – Für die Einwohner von Stilli galt ebenfalls ein ermässigter Tarif. Längst war ja die Zeit vorbei, da alle Stillemer zugleich Fehren waren; anderseits besassen viele auch Land jenseits der Aare, und diese waren auf die Fähre angewiesen. Wer 1867 "in Geschäften über Feld ging" entrichtete für die Hin- und Rückfahrt 10 statt 14 Rp., Bauern, die zur Feldarbeit gingen, arme Leute und Holzer jedoch nur 5 Rp. Für Zugvieh und Wagen der Stillemer wurde ein eigener Tarif aufgestellt, welcher mit der allgemeinen Taxerhöhung von 1877 ebenfalls eine Verteuerung erfuhr. Die Ermässigung für Einheimische berücksichtigte vor allem die Tatsache, dass es sich jeweils zwangsläufig um Hin- und Rückfahrten handelte (53).

Die Tarifregelung von Stilli, nach welcher jeder Passant bei jeder Überfahrt eine Gebühr entrichtete, war nicht selbstverständlich. Bei den meisten Fähren unserer Gegend galt der Einzelpreis nur für Fremde, während die Bewohner der Umgebung eine *jährliche Pauschalabgabe* entrichteten, für welche sie das Schiff unbeschränkt benützen konnten. Die diesbezüglichen Bestimmungen dürften ihrer Umschreibung nach weit ins Mittelalter zurückreichen:

Den Fehren von Rheinheim-*Zurzach* gab jeder Bauer des Küssenbergertals 2 Korngarben, 1 Viertel Wein, 1 Brot und einige Ostereier. Ähnliche Vorschriften galten für die Einwohner von Berchtensbohl und Reckingen. Von den reicheren Zurzacher Bürgern erhielten sie an Weihnachten 1 Hausbrot, von den Taunern je nach Vermögen 1 Batzen oder 1 Schilling. Männer und Frauen konnten für diese Abgaben das ganze Jahr hindurch unentgeltlich über den Rhein fahren, sei es zur Kirche, auf den Markt oder zu einem andern Zweck. Für Wagen und Karren hatten die Zurzacher eine zusätzliche Vergünstigung. Der einheimische Reiter zahlte weniger als "ein frömder ussen ein in". Im übrigen galt für alle der gleiche Tarif (54).

Der Fährmann von *Kadelburg* bezog noch 1798 vom Chorstift Zurzach 2 Stuck Roggen für die Überführung der dortigen Zehnten und Zinsen. Jede Manns- oder Weibsperson bezahlte vom 13. Lebensjahr an 36 Kreuzer als "Fehrenkorn". Nur die Alten und Kranken waren von dieser Abgabe befreit. Erwachsene und Kinder von Kadelburg benützten das Fahr regelmässig, da sie bis ins letzte Jahrhundert nach Zurzach in die Schule und Kirche gingen. Für Wagen, Karren und Vieh erhielten sie eine geringe Ermässigung. Reizvoll ist die wohl uralte Bestimmung, wonach das Hochzeitspaar, welches nach Zurzach zur Trauung fuhr, dem Fehren ausser der Taxe von 48 Kreuzern "das gewöhnliche Morgenessen zu geben" hatte (55).

53 Protokoll der Fähregesellschaft Stilli, S. 1, 34, 35.
54 Jacob Grimm, Weisthümer, Band 5, S. 221; RQ Grafschaft Baden, äussere Ämter, S. 146 f.
55 Argovia, Band 4, S. 45 + 160.

Die Einwohner von *Koblenz* erreichten 1655, dass die Tariferhöhung des dortigen Fahrs für sie nicht galt. Dafür wurden sie verpflichtet, bei Hochwasser Hilfe zu leisten (56).

Das Kloster *Wettingen* erhielt von den Bauern der dortigen Gemeinde sowie aus einem grossen Einzugsgebiet, welches sich bis Schlieren, Heitersberg und Dättwil erstreckte und 18 Dörfer und Weiler umfasste, jährlich 1 Fährgarbe (57). Ebenso bekamen die Fehren von *Windisch* von jedem Bauern des Eigenamts 1 Viertel Korn und 1 Hausbrot, von jedem Hintersässen 1 Hausbrot und von jeder Haushaltung der Pfarreien Gebenstorf und Birmenstorf 1 Viertel Korn und 1 Hausbrot. Komplizierter war das Verhältnis zur Stadt Brugg. Die dortigen Bürger stellten sich auf den Standpunkt, bei Windisch habe sich ursprünglich eine Brücke befunden, und weil die Bewohner des Eigenamts in Brugg keinen Zoll bezahlten, seien sie in Windisch ebenfalls zollfrei. Um die Fehren dennoch für ihre Arbeit zu entschädigen, gestattete ihnen der Rat von Brugg freiwillig, am Weihnachtsabend von Haus zu Haus zu ziehen und um das "Gutjahr" zu bitten, wobei jeder Bürger je nach Vermögen geben konnte, soviel er wollte. Als Hans Biland 1528 das Fahr an der Stelle der heutigen Brücke errichtete und allein betrieb, konnte er die Weihnachtsgabe nicht mehr einsammeln. Die Räte von Brugg gestanden ihm daher zu, für ein Jahr versuchsweise den normalen Tarif auch von ihren Bürgern zu erheben. Als Biland jedoch in Bern eine Erhöhung der Preise erreichte, protestierten die Brugger dagegen, gleich viel wie Fremde bezahlen zu müssen. Die Regierung entschied hierauf, der Fehr möge entweder "sich der guoten jaren wie von alterhar der bruch gewäsen" begnügen oder die Bürger von Brugg zum frühern Tarif einstufen (58).

Einen Vertrag besonderer Art schloss die Johanniterkommende Leuggern 1660 mit den Fehren von *Klingnau:* Die Soldaten, welche im Dienst des Priors von Sonnenberg standen, sollten nicht einzeln bezahlen; dafür erhielten die Fährmänner jährlich "100 Burden Stroh". Im Gegensatz zu allen obigen Beispielen hatte diese Vereinbarung privaten Charakter und war jederzeit kündbar (59).

Bei den genannten Beispielen fällt die Tatsache auf, dass fast alle ortsgebundenen Fähren unserer Gegend jährliche Abfindungen ganzer Dorfschaften kannten, während sie bei den Fahrbezirken Stilli und Döttingen fehlten. Möglicherweise mussten letztere darum so vehement auf ihr Ausschliesslichkeitsrecht pochen, weil sie kein Hinterland mit einem festen Bestand an Kunden besassen. Das Fährenkorn sicherte natürlich den ganzen Lokalverkehr, auch mit Ross und Wagen; die einheimische Bevölkerung war durch die Pauschalgebühr an das betreffende Hauptfahr gebunden, und allein für den Fernverkehr lohnte sich die Eröffnung einer Nebenfähre selten.

*

56 StAAa, Band 2783, Fasc. I.
57 StAAa, Band 3497, Fasc. 12.
58 StAAa, Band 450, S. 755 ff.; Band 1834, S. 1017; StA Brugg, Band 6, S. 113; UB Brugg, Nrn. 400 + 402.
59 StAAa, Band 3098, Fasc. 7.

Es versteht sich von selbst, dass die Tarife von Zeit zu Zeit den gestiegenen Lebenskosten angepasst werden mussten. Schon 1579 klagten die alten Fehren, "Schiff und Geschirr" seien seit ihrer Jugend um die Hälfte teurer geworden; 1827 berichteten sie, die Kosten für eine Wagenfähre seien innerhalb von kaum 20 Jahren von 580 auf 800 Fr. gestiegen. Generelle Tariferhöhungen erfolgten nach 1580 drei, nämlich 1705 (100 %), 1809 (50 %) und 1877 (40 %). Die Unterhalts- und Anschaffungskosten der grossen Schiffe stiegen besonders stark; die entsprechenden Gebühren wurden denn auch häufiger und stärker erhöht. Die nominale Preissteigerung von 1580 bis 1877 betrug z. B. bei leeren Lastwagen 460 %, bei jedem Stück Hornvieh sogar 650 %. Die Lastwagen wurden 1829 zusätzlich nach Gewicht eingestuft (unter 60 Zentnern, 60–90 und über 90 Zentnern). Für Kutschen, Chaisen und Sänften, welche erstmals im Tarif von 1705 auftraten, verlangte man gleich viel wie für die schweren Fuhrwerke, da sie als Luxusfahrzeuge galten. Dagegen wurden die Preise für Fussgänger möglichst lange niedrig gehalten: die 1580 festgesetzten 8 Pfennig pro Person blieben über 200 Jahre in Kraft, wurden 1789 verdoppelt und 1877 nochmals der Teuerung angepasst. Die gesamte nominale Erhöhung für Einzelpersonen (wie auch für Kälber und Schweine) zwischen 1580 und 1877 betrug nur 180 %, da sie mit den viel billigeren Weidlingen übergeführt werden konnten.

Einen Eindruck von den Grössenverhältnissen zwischen Anschaffungskosten und Tarif vermitteln uns folgende Vergleichszahlen: Nach 1830 kostete ein Weidling, der jedes Jahr ersetzt werden musste, 32 Fr., was dem Preis für 640 Personenüberfahrten entsprach. 1870 wurden die Fussgänger auf der kleinen Seilfähre übergeführt; ein solches Schiff hatte eine Lebensdauer von vier bis fünf Jahren und galt durchschnittlich 250 Fr.; für diesen Betrag mussten 3500 Personen übergesetzt werden, bis er bezahlt war; 1880 war der Tarif erhöht, der Anschaffungspreis aber gleich geblieben; dieser entsprach nun der Taxe für 2500 Fussgänger.

Über die Verhältnisse bei den Wagenschiffen gibt uns folgende Aufstellung Aufschluss: 1809 kostete ein freischwimmendes Boot 580 Fr., was der Überfahrtsgebühr für 1930 einspännige beladene Fuhrwerke entsprach. 1827 mussten bereits 2700 Fuhrwerke übergesetzt werden, bis der Preis von 800 Fr. erreicht war. 1869 betrugen die Gestehungskosten für eine grosse Seilfähre 1900 Fr., wofür bei gleich bleibendem Tarif 4400 Fuhrwerke hinübergefahren werden mussten. Als man 1886 ein kleineres Wagenschiff baute, der Tarif aber erhöht war, entsprachen die Kosten von 1575 Fr. immer noch den Gebühren für 3150 Einspänner (60).

*

60 StAAa, Band 450, S. 538–546 + 845–852; Band 615, S. 135–137; Brugger Neujahrsblätter 1904, S. 71–73; StAAa, Regierungsakten B No. 1c: Brückenbau Stilli/Lauffohr, 1. Band; Protokoll der Fähregesellschaft Stilli; Haus-Buch und Einnahmenbuch der Familie Baumann, Weidligmachers Stilli.

Einen Frontalangriff auf das ganze Gebührensystem unternahm Fürsprech Haller 1870 im Grossen Rat. Er forderte den Regierungsrat in einer Motion auf, die Frage zu prüfen, "ob nicht die öffentlichen Fähren im Kantonsgebiet dem Verkehr unentgeltlich zur Verfügung zu halten seien". Die Baudirektion erhielt den Auftrag zu einer Erhebung über sämtliche Fahrübergänge, welche folgendes Ergebnis zeitigte: Von den insgesamt 40 öffentlichen Fähren waren 14 konzessioniert, 26 ehehaft (persönliches Eigentum). Für die Übernahme in staatlichen Betrieb konnte man einerseits die Konzessionen auslaufen lassen; die ehehaften dagegen musste der Kanton von den Eigentümern auf dem Wege des Kaufs oder der Enteignung erwerben. Das Gutachten kam auf einmalige Kosten von 287 250 Fr. für Anschaffung und erstmalige Instandstellung sowie auf jährliche Ausgaben von 50 000 Fr. für Unterhalt und Besoldung des Fährepersonals. Da die alten Ausschliesslichkeitsrechte durch den staatlichen Erwerb aufgehoben würden, befürchtete die Baudirektion, man müsste bald mit vielen berechtigten Begehren auf Einrichtung zusätzlicher Fähren rechnen. Alle diese Auslagen hätten eine unverhältnismässige Mehrbelastung des Budgets zur Folge. – Gemäss Antrag der Regierung lehnte der Grosse Rat 1874 die Motion ab. Diese hatte aber doch den Weg für die Aufstellung des allgemein verbindlichen Fähreregulativs, auf welches wir früher eingetreten sind, geebnet (61).

f) Das Fehrenland

Mit den Fahrrechten war häufig die Nutzung von Grundstücken verbunden. Die Lehensherren suchten damit, den Fehren eine gewisse Selbstversorgung sicherzustellen. So verlieh das Kloster St. Blasien den Lehenmännern seines Anteils am Fahr Koblenz verschiedene Äcker und Wiesen. Auch das Fahr Rieden (bei Baden) war mit zwei Liegenschaften verknüpft. Der Fährmann auf der Burg bei Zurzach musste sogar gleichzeitig die Herberge zur "Glocke" führen (62).

Auch zum Fahr Stilli gehörten mehrere Liegenschaften. Am linken Ufer handelte es sich um zwei Waldstücke von je 4 Jucharten in der Wasserhalde sowie um eine Parzelle in Lauffohr, welche je nach Bebauungsart "Fahräckerli" oder "Fährenmätteli" genannt wurde und vielleicht aus der Zeit stammte, als die

61 StAAa, Regierungsakten B No. 2/46 (1870–74); Verhandlungen des Grossen Rates 7. 9. 1874 (Beilage zum Amtsblat Nr. 38).
62 StAAa, Band 2572, S. 15; Band 2781, Fasc. II; Band 2781, Fasc. I; UKgf. 938; Eidgenössische Abschiede, Band 6/2, S. 1925.

Fähre den Fluss noch bei Lauffohr überquerte (63). Von grösserer Bedeutung war der Landkomplex auf der rechten Seite der Aare, das ehemalige Burggut zu Freudenau. Dieses war bekanntlich nach dem letzten Fischereiprozess 1466 von Königsfelden den Fährmännern verliehen worden. Im Zusammenhang mit den dortigen Ausgrabungen der Jahre 1970/71 habe ich in einer separaten Arbeit über "Freudenau, Burg und Siedlungen an der Aare" auch die Probleme um das Schlossgut dargestellt (64). Dort ist das nachmalige "Fehrenland" auf einem Planausschnitt eingezeichnet. Hier sollen daher lediglich die Ergebnisse zusammengefasst werden.

Die ganze Freudenauer Liegenschaft hatte eine Grösse von 54 Jucharten; sie bestanden teils aus Äckern, Wiesen und Reben, teils aus Wald. Obwohl dieses Land im Gemeindebann von Untersiggenthal lag, hatten es die ehemaligen Burgherren aus dem dortigen Wirtschaftsverband herauszulösen vermocht. Der allgemeine Weidgang der Gemeindegenossen war hier aufgehoben. Dies ermöglichte, auf dem Schlossgut eine eigenständige Dreizelgenwirtschaft zu betreiben. Vermutlich war das Land auch zehntfrei. Einzig als die Fehren im 17. Jahrhundert den Anbau von Reben ausdehnen und daher eine eigene Trotte bauen wollten, kam es zu einem Prozess mit dem Kloster St. Blasien, welches den Weinzehnten beanspruchte und daher die geplante Trotte verhindern wollte. Wir wissen nicht, wie der Streit ausgegangen ist. Jedenfalls wurde ein "Tröttlein" auf jener Ebene, die noch heute "Trottenplatz" heisst, errichtet; 1785 stand es aber nicht mehr.

Die Fehren teilten das Land in der Folge unter sich auf. Jeder Fährgenosse erhielt verschiedene Parzellen an Wald und Flur. Ihre Bedeutung darf nicht unterschätzt werden, war doch dieser Komplex nur um 40 % kleiner als die ganze nutzbare Fläche der Gemeinde Stilli. Zur Zeit des Brückenbaus bildete das Fehrenland den grössten Vermögensbestandteil der Fähregesellschaft und überstieg den Wert des Fahrrechts bei weitem.

g) Der Haushalt der Fähregesellschaft

Über die finanziellen Verhältnisse der Fähregesellschaft Stilli sind wir nur sehr bruchstückhaft informiert. Die Anteilhaber besassen das Fahrrecht in Miteigentum, wobei die Grösse jedes Anteils genau umschrieben war; im 19. Jahrhundert bewegten sie sich zwischen 1/9 und 1/288 des ganzen Rechts und Besitzes. Auch

63 StAAa, Band 1210, S. 607 f.; Gemeindearchiv Lauffohr, Fertigungsprotokoll Band 6, S. 18.
64 in Brugger Neujahrsblätter 1975, S. 56–59.

das 54 Jucharten grosse "Fehrenland", das ehemalige Burggut zu Freudenau, war unter die Mitglieder im Verhältnis ihres Anrechts aufgeteilt, wobei jeder seine Parzellen selbst bebaute. Auf den Holznutzen der unverteilten Waldstücke hatte auch jeder Fahrberechtigte nach seinem Anteil Anspruch; als 1879 die Stauden am Aareufer zwischen der Weidligmacherhütte und dem alten Postweg abgehauen wurden, bestimmte die Fehrenversammlung, von den zu erwartenden ca. 500 Reiswellen könne jeder 1/36 deren 15 beziehen. Dieses Prinzip der klaren Aufteilung hätte man auch auf die Bedienung des Fahrs anwenden können; jeder Fährmann hätte den ganzen Betrieb an einer bestimmten Anzahl Tage (wiederum im Verhältnis seines Anteils) übernehmen, den Erlös kassieren und den Unterhalt besorgen können. Dies war aber nicht durchführbar. Zur Bedienung des Personen- und Wagenschiffs waren mindestens vier bis fünf Mann nötig; der Unterhalt und die Neuanschaffungen stellten gemeinsame Aufgaben aller Fehren dar, welche die Kräfte des einzelnen Mitglieds überstiegen. Man suchte daher eine Organisationsform, welche sowohl die Interessen jedes einzelnen Teilhabers als auch der ganzen Gesellschaft berücksichtigte. In der zweiten Hälfte des 18. Jahrhunderts war der Fährebetrieb folgendermassen geregelt:

Man berechnete das "Fährejahr" auf 360 Tage, welche auf die Miteigentümer verteilt wurden. Diese Zahl war einerseits leicht teilbar, anderseits ergab sich alljährlich eine Verschiebung von fünf bis sechs Tagen, da das Kalenderjahr etwas länger ist; diese Verschiebung hatte den Vorteil, dass es jeden Anteilhaber im Laufe der Jahrzehnte sowohl auf schwach frequentierte als auch auf Zeiten des Hochbetriebs traf. Innerhalb des Fährejahrs bedienten die Mitglieder das Fahr nach einer eindeutig festgelegten "Kehrordnung", in immer gleicher Reihenfolge. Wer 1/36 der ganzen Fahrberechtigung besass, war jährlich während zehn Tagen "Hauptfehr". Da es aber in Stilli bei normalem Wasserstand stets vier Mann zur Bedienung des Wagenschiffs brauchte, standen neben dem Hauptfehren jeweils noch drei "Nebenfehren" im Dienst. Nehmen wir ein Beispiel: Kaspar Finsterwald, Bürstlis, war während Jahrzehnten Eigentümer von 1/36. Er war daher jedes Jahr zehn Tage lang Hauptfehr, wobei ihm die drei Nebenfehren halfen; nach Ablauf seiner Zeit war er seinerseits Nebenfehr, und zwar während dreissig Tagen. Ausserdem bediente er das Personenschiff in Lauffohr zehn Tage lang. Insgesamt stand er also 50 Tage im Dienst.

Die Verteilung der Einnahmen war nach folgendem Schlüssel geregelt: Der Erlös des kleinen Schiffes ging in die Tasche des Hauptfehren. Vom Umsatz der Wagenfähre erhielt jeder der vier diensttuenden Männer je einen Viertel. Die Einnahmen vom Personenschiff zu Lauffohr kamen ausschliesslich demjenigen zugute, welcher dasselbe besorgte.

Noch aber war die Gesellschaftskasse leer: Womit wurden die gemeinsamen Aufgaben finanziert? — Darüber geben uns die zehn erhaltenen Jahresrechnungen 1865—1874 Aufschluss. Die dort verzeichneten Einnahmen setzten sich aus verschiedenartigen Posten zusammen: Der grösste (rund 200 Fr.) bestand in einer "Gewinnbeteiligung" der Gesellschaft am Umsatz der verkehrsreichen Brugger Markttage; von den Einnahmen des Wagenschiffs musste ein Drittel, für die Personenfähre ein fester Betrag zwischen 2 und 8 Fr. abgeliefert werden. Ebenso war die Gesellschaft am Erlös für die übergeführten Weinfuhrwerke mit 10 Rp. je Pferd beteiligt, was durchschnittlich 25 Fr. ausmachte. Dazu kam die Pauschalentschädigung des Stationsvorstands Finsterwald (50 Fr.). Der Schlossgarten zu Freudenau brachte einen Pachtzins von 40 Fr. ein. Unregelmässige Einnahmen ergaben sich aus dem Verkauf von Holz, Stauden, Spänen und Sand. Ausserdem kamen der Gesellschaftskasse jene Bussen zugute, welche für das unbefugte Abhängen von Schiffen während der Nacht erhoben wurden. Insgesamt betrug die Gewinnbeteiligung am Fahrbetrieb (das sogenannte Stockgeld) durchschnittlich 300 Fr., zusammen mit den übrigen Posten beliefen sich die Einnahmen auf ungefähr 400 Fr.

Auf der Ausgabenseite standen als feste Posten der normale Unterhalt von "Schiff und Geschirr" und kleine Anschaffungen (ca. 230 Fr.), der Lohn für den Bannwart des Fehrenwaldes (22 Fr.), Verwaltungskosten (10 Fr.), das Wartgeld für den Fährmann in Lauffohr (54 Fr.), Steuern und alte Lehenszinse nach Stilli, Untersiggenthal und Baden (24 Fr.) und Verschiedenes (30 Fr.), alles zusammen also etwa 370 Fr.

Die aufgezählten Einnahmen der Gesellschaftskasse vermochten demnach die laufenden Ausgaben in der Regel zu decken. Schwierig wurde es aber bereits, wenn der Brugger Markt wegen Maul- und Klauenseuche ausfiel oder wenn Reparaturen etwas höher zu stehen kamen als gewöhnlich. Der Kassier der genannten Zeit verzeichnete denn auch am Ende der Jahre 1869–1871 ein Guthaben zu seinen Gunsten, was den begüterten Getreidehändler Samuel Finsterwald allerdings nicht zu bedrücken brauchte. Die Einnahmen reichten aber nicht aus, wenn ein Personenschiff ersetzt werden musste, geschweige denn für die Anschaffung einer Wagenfähre. Für solche Fälle verfügte die Fehrenversammlung jeweils den Einzug einer "Tell", d. h. eines nach Anteil an der Fahrberechtigung abgestuften Beitrages. Im genannten Rechnungszeitraum kam das dreimal vor; in den Jahren 1867 und 1874 wurden je 180 Fr., 1868 aber 1980 Fr. auf diesem Wege beschafft. Auf den oben genannten Kaspar Finsterwald, Bürstlis, (1/36) traf es somit zweimal 5 Fr., bei der Finanzierung des neuen Wagenschiffes sogar 55 Fr.

Nach all diesen Ausführungen dürften uns sicher Umsatz und Frequenz des Fahrs Stilli interessieren. In dieser Beziehung stossen wir aber auf gewaltige Schwierigkeiten. Da die laufenden Einnahmen in die Taschen der Fehren flossen und kein einziger darüber Buch führte, fällt es sehr schwer, Berechnungen anzustellen. Die Fähregesellschaft als Ganzes wusste selbst nie genau Bescheid über ihren Umsatz. Das mochte ein Vorteil für die Steuereinschätzung sein, sollte sich jedoch als schwerer Nachteil entpuppen, als die Fähreinhaber 1903 den Staat Aargau auf Schadenersatz für den Brückenbau bundesgerichtlich belangten, dabei aber keine Buchhaltung für die Feststellung des Verdienstausfalls vorlegen konnten.

Wir wollen dennoch versuchen, aus den spärlichen Angaben und Schätzungen den durchschnittlichen Umsatz annäherungsweise zu berechnen. Anhaltspunkte dazu liefern uns die wenigen erhaltenen Pachtverträge einzelner Fahranteile, die Gesellschaftsrechnungen der Jahre 1865–1874, das Protokoll der Fähregesellschaft sowie verschiedene Eingaben an staatliche Instanzen.

Als Einstieg dient uns das Beispiel des Heinrich Baumann, Weidligmachers, welcher 1868 den Anteil des Wirts und Müllers Heinrich Strössler (1/18) ohne das zugehörige Fehrenland pachtete. Der Vertrag berechtigte ihn zu folgenden Diensten: 20 Tage Hauptfehr und 60 Tage Nebenfehr in Stilli sowie 20 Tage Fähre Lauffohr. Wenn der Pächter auf den damals immer wieder genannten Taglohn für Fähredienst von 1 Fr. kommen wollte, musste er wenigstens folgende Einnahmen erzielen:

Pachtzins	132.–
100 Taglöhne	100.–
1/18 Stockgeld	16.65
Umsatz	248.65

Für das ganze Fahrrecht (= 18/18) ergäbe sich ein minimaler Umsatz von *4476 Fr.*, aufgeschlüsselt auf die Posten Verzinsung (2376 Fr.), Löhne (360 Tage zu 5 Mann = 1800 Fr.) und Stockgeld (300 Fr.). Davon erbrachten die Brugger Markttage allein 600 Fr., also rund 1/7.

Es stellt sich nun die Frage, wie sich dieser Umsatz auf die beiden Fähren zu Stilli und Lauffohr verteilten. Die Stockgeldzahlungen von Brugger Markttagen zeigen, dass die Einnahmen des Wagenschiffs ungefähr dreimal höher ausfielen als jene des Personenschiffs. Wenn wir nun den Erlös des Weidlings in Lauffohr gleich hoch einschätzen wie jene der Personenfähre in Stilli ergibt sich folgendes Verhältnis: Wagenschiff : Personenschiff Stilli : Personenschiff Lauffohr = 3 : 1 : 1. Wenn wir ferner berücksichtigen, dass die Brugger Markttage nur für Stilli, nicht aber für Lauffohr Mehreinnahmen brachten, können wir folgende Verteilung vermuten:

	Umsatz	Erlös nach Abzug des Stockgeldes	Erlös pro Tag
Wagenschiff Stilli	2800 Fr.	2550 Fr.	7.08 Fr.
Personenschiff Stilli	900 Fr.	850 Fr.	2.36 Fr.
Personenschiff Lauffohr	775 Fr.	775 Fr.	2.15 Fr.

Der durchschnittliche Tageserlös betrug für den Fehren von Lauffohr *2.15 Fr.*, für jeden Nebenfehren in Stilli 1/4 von 7.08 = *1.77 Fr.*, für den Hauptfehren 1.77 + 2.36 (vom kleinen Schiff) = *4.13 Fr.*

Kehren wir nochmals zum Pächter Heinrich Baumann zurück. Seine Rechnung sah so aus:

20 Tage Hauptfehr Stilli zu 4.13	=	82.60 Fr.
60 Tage Nebenfehr Stilli zu 1.77	=	106.20 Fr.
20 Tage Fehr Lauffohr zu 2.15	=	43.– Fr.
abgeliefertes Stockgeld		16.65 Fr.
Gesamte Einnahmen		248.45 Fr.

Von diesen Einnahmen gingen 132 Fr. (= 53 %) an den Verpächter, 16.65 Fr. (= 7 %) in die Gesellschaftskasse, während dem Pächter 99.80 Fr. (= 40 %) verblieben, was dem angenommenen Minimaltaglohn von 1 Fr. entsprach.

Es muss nun aber betont werden, dass es sich hier um Durchschnittsberechnungen handelt. Wenn wir auch das Risiko eines Verkehrsausfalls unberücksichtigt lassen, blieb für den einzelnen Teilhaber doch der Zufall bestehen, ob Brugger Markttage in seinen "Kehr" fielen. Bei der angestellten Minimalrechnung für Heinrich Baumann konnte dieser unter Umständen an einem solchen Grossverkehrstag Hauptfehr sein und damit einen kleinen Profit herausschlagen, während er andernfalls nicht einmal auf den Taglohn von 1 Fr. kam.

Die Wagenfähre von Stilli um 1900.

Die Erträge an Brugger Markttagen kennen wir für die Jahre 1865–1874, da die Gesellschaft bekanntlich an den Einnahmen mit 1/3 beteiligt war und das abgegebene Stockgeld jedesmal in die Buchhaltung eingetragen wurde. Die einzelnen Markttage waren zwar unterschiedlich frequentiert, Herbst- und Klausmarkt scheinen den stärksten Verkehr gebracht zu haben. Der durchschnittliche Umsatz betrug 50 Fr.; davon fiel 1/3 oder 16.70 Fr. in den Stock; der Rest verteilte sich zu 1/4 (= 8.30) auf das Personenschiff, zu 3/4 (= 25.–) auf die Wagenfähre. Der Hauptfehr erhielt folglich 15.05 Fr., jeder Nebenfehr 6.75 Fr.

Vom früher berechneten Gesamtumsatz von 4476 Fr. brachten also allein die Brugger Markttage 600 Fr. ein. Die übrigen 3876 Fr. verteilten sich auf die restlichen 348 Tage (bzw. 360 in Lauffohr). Das ergibt für jeden Normaltag einen durchschnittlichen Umsatz von 2.15 in Lauffohr, von 8.60 in Stilli, also je 1.60 für die Nebenfehren und 3.75 für den Hauptfehren.

Mit Hilfe des immer noch gültigen Tarifs von 1828, dessen Ansätze allerdings mittlerweilen in die neue Währung umgerechnet werden mussten, können wir nun noch den Verkehr an Markt- und an Normaltagen abschätzen:

Beispiel Markttag

Total Einnahmen		50.–		
Personenschiff 1/4	=	12.50	=	Gebühr für 80 Personen
Wagenschiff 3/4	=	37.50	=	Gebühr für 60 Kühe, 20 ein- und 12 zweispännige Fuhrwerke und zugehöriges Personal

Beispiel Normaltag

Total Einnahmen		8.60		
Personenschiff 1/4	=	2.15	=	Gebühr für 30 Personen
Wagenschiff 3/4	=	6.45	=	Gebühr für 8 Kühe, 5 ein- und 2 zweispännige Fuhrwerke oder Kutschen

Der Verkehr in den 1870er-Jahren kann demnach nicht mehr als sehr dicht bezeichnet werden. Wir verstehen nun, weshalb die Überfahrtstaxen für Fuhrwerke und Kutschen verhältnismässig hoch waren: die Unterhaltskosten blieben von der Verkehrsdichte unabhängig, und die Fehren mussten nach einem schon erwähnten Zitat "fürs Fahren und fürs Aufwarten etwas haben".

Nach der Darlegung dieser Ergebnisse müssen wir uns nochmals fragen, ob unsere Berechnungsgrundlagen überhaupt richtig seien, ob also der jährlich geschätzte Umsatz von 4476 Fr. nur das für den Pächter unbedingt notwendige Minimum darstellte, in Wirklichkeit aber viel höher war. Zur Überprüfung stehen uns aus der gleichen Zeit noch weitere Quellen zur Verfügung: Für die Jahre 1870–1874 ist ein Pachtverhältnis über einen andern Anteil bekannt, dessen Zins ungefähr jenem von Heinrich Baumann entsprach. Als der Kanton 1875 den Bau einer Brücke plante, lud die Regierung die Fähregesellschaft ein, ihre Entschädigungsforderung für die Entwertung ihres Fahrrechts einzureichen. Die Fehren selbst berechneten hierauf die Bruttoeinnahmen für die beiden Schiffe zu Stilli (ohne Lauffohr) auf 4176, was unsere Schätzung von 3700 Fr. nur um 10 % übersteigt. Dabei ist zu berücksichtigen, dass die Angabe der Stillemer sicher die obere Grenze anzeigte, da diese ja daran interessiert waren, den Verdienstausfall möglichst hoch zu veranschlagen.

Um die Bedeutung des Übergangs bei Stilli zu betonen, liess der dortige Gemeinderat an den beiden Spitzentagen (Martini- und Klausmarkt) des Spitzenjahres 1873 Zählungen durchführen, welche folgende Ergebnisse erbrachten:

11. Nov.	270 Personen
	191 Stück Vieh
9. Dez.	227 Personen
	235 Stück Vieh

Im Maximum hätten sich die Einnahmen damit auf 74 bzw. 84 Fr. belaufen, was sicher zu hoch ist, weil wir den Ansatz für Grossvieh gewählt und ausserdem nicht berücksichtigt haben, dass die Viehtreiber keine Gebühr bezahlen mussten. Für gewöhnliche Tage gab der Gemeinderat eine Schwankungsbreite zwischen 37 und 115 Personen, bzw. zwischen 2 und 52 Stück Vieh an, wobei auch hier der Durchschnitt näher beim untern Wert gelegen haben dürfte.

Weitere Schätzungen liegen für die beiden Zeitpunkte 30 Jahre vor und nach 1875 vor. – Interessant ist die Berechnung für 1842–1846, also kurz vor dem Bau der Eisenbahn, aber schon gegen das Ende der Zurzacher Messen. Die Einnahmen wurden damals, auf neue Währung umgerechnet, mit 6800 angegeben; das wären 50 % mehr als die von uns für 1870 geschätzten 4476 Fr., welche sich unter Berücksichtigung des durch die Eisenbahn stark verminderten Güterverkehrs durchaus realistisch ausnehmen. – Für die Jahrhundertwende, als der Brückenbau Tatsache werden sollte, bestehen zwei stark auseinandergehende Schätzungen. Die Fähregesellschaft rechnete mit einem Umsatz von 5400 Fr., der Gemeinderat Stilli mit 3600–4000 Fr. Die Angabe der Fehren dürfte, wiederum wegen der möglichst hohen Schadenersatzforderung, zu hoch gegriffen sein, während sich der Ausweis der Gemeindehörde vermutlich auf das Steuerbuch stützte und daher unter den tatsächlichen Einnahmen liegen dürfte. Immerhin zeigt selbst die von den Fehren geltend gemachte Summe von 5400 Fr. nochmals einen starken Rückgang des Durchgangsverkehrs, waren doch die Überfahrtstaxen 1877 um etwa 40 % erhöht worden (65).

65 Die Grundlagen für die bisherigen Ausführungen dieses Kapitels boten folgende Quellen: StAAa, Regierungsakten B No. 1c, Brückenbau Stilli/Lauffohr, vor allem Band 1; Archiv der Fähregesellschaft Stilli: Protokoll und Prozessakten; Archiv des schweizerischen Bundesgerichts (vgl. Quellenverzeichnis).

Die bisherigen Berechnungen betrafen durchwegs Zeiträume nach 1840. Für die Blütezeit des Fahrs Stilli, als die Messen in Zurzach noch internationale Bedeutung hatten, fallen Schätzungen noch viel schwerer, und dies umso mehr als wir über die innere Organisation der Fähregesellschaft zu jener Zeit sehr wenig wissen. Sicher ist, dass dem Stockgeld im 18. und zu Beginn des 19. Jahrhunderts eine ganz andere Funktion zugedacht war als in der oben dargestellten Epoche, wo es zur Bestreitung der laufenden allgemeinen Ausgaben diente. Als die Zurzacher Messen noch blühten, kamen sämtliche Einnahmen des Wagenschiffs in die Gesellschaftskasse, während dem jeweiligen Hauptfehren, wie später, jene der Personenfähre zufielen. Aus der Hauptkasse wurde nun allwöchentlich der reine Erlös berechnet und jedesmal an alle Mitbesitzer im Verhältnis ihres Anteils ausgehändigt. Diese Regelung ermöglichte einen gerechten Ausgleich zu einer Zeit, da Brugg noch keine Monatsmärkte kannte und die "Hochsaison" sich auf zweimal zwei Wochen um den Pfingst- und den Verenamarkt in Zurzach beschränkte. Auch über das verteilte Stockgeld führten die Fehren keine Buchhaltung. Doch erhalten wir durch eine etwas ungewohnte Quelle Einblick in die Bilanz des Fährebetriebes Stilli am Ende des 18. Jahrhunderts: 1779 war nämlich der Baumwollhändler David Lehner, Hälis, kurz nach seiner Gattin gestorben. Er hatte sechs unmündige Kinder hinterlassen, für welche nun ein Vormund bestimmt werden musste. Dieser hatte das hinterlassene Gut zu verwalten, wozu auch ein Fahranteil, nämlich 1/36 gehörte. In die Waisenrechnungen, welche für die Jahre 1785–1794 erhalten sind, wurde daher Woche für Woche das eingenommene Stockgeld eingetragen. Dieses betrug durchschnittlich 25 Gulden pro Jahr. Der Vormund brauchte es für die Bestreitung der nicht alltäglichen Ausgaben; zum Vergleich mögen folgende Posten dienen: ein Rock für den Sohn Kaspar kostete 1 1/2 Gulden, ein Paar Hosen 1 Gulden, ein Paar Schuhe 1 1/2 Gulden; Hans Jakob, welcher das Schusterhandwerk erlernte, musste für den Lehrlohn insgesamt 35 Gulden entrichten. – Für die Anteilhaber des Fahrs bedeutete die wöchentliche Auszahlung des Stockgeldes einen mehr oder weniger regelmässigen Zufluss an Bargeld, welches bei aller Selbstversorgung für viele Auslagen lebensnotwendig war.

Welche Schlüsse können wir aber aus den Stockgeldeintragungen in den Waisenrechnungen der Kinder Lehner für den ganzen Fährebetrieb ziehen? – Durchschnittlich konnten jährlich 900 Gulden verteilt werden; die Beträge schwankten aber zwischen 580 und 1660 Gulden. Die Unterschiede von Monat zu Monat waren noch viel grösser. Die Schwankungen gestalteten sich aber so unregelmässig, dass die durchschnittlichen Erlöse in Normalmonaten wieder ziemlich ausgeglichen waren. Der Verkehr im Sommer und im Winter war, über die zehn Jahre hinweg betrachtet, etwa gleich gross. Auf den ersten Blick stechen aber die Erträge während der beiden Zurzacher Messen, an Pfingsten und um den Verenatag (1. September), heraus. In den Messemonaten sprang der Umsatz jeweils auf das 6–7-fache gegenüber den Einnahmen in Normalmonaten. Innerhalb des erfassten Jahrzehnts wuchsen die Gesamtauszahlungen von 124 Gulden an Pfingsten 1785 auf 477 Gulden 1794 an. Bei dieser Erscheinung mochte es sich um einen kurzfristigen Anstieg der Konjunktur handeln, die dann bis 1798 wieder zurückging (Auszahlung: 384 Gulden) und in den Wirren des Koalitionskriegs 1799 zusammenbrach. 56 % des gesamten Stockgeldes wurden in den beiden Messemonaten ausgeschüttet, wobei der Verenamarkt meistens etwas mehr eintrug.

Geben uns die überlieferten Zahlen auch Aufschluss über den Verkehr? In dieser Beziehung müssen wir uns vor übereilten Schlüssen hüten. Wir wissen nämlich nicht einmal, welchen Anteil am Umsatz das genannte Stockgeld überhaupt ausmachte: Sicher handelte es sich nur um Einnahmen vom grossen Schiff; ausserdem waren die Unkosten für Unterhalt und Anschaffungen schon abgezogen. Die ausbezahlten Summen umfassten aber gewiss mehr als den blossen Kapitalertrag, erreichten sie doch 20 % des Verkehrswerts (Fahrrecht inkl. Fehrenland); sie mussten also auch noch Löhne für geleistete Arbeit enthalten. Wenn wir dennoch mit aller Vorsicht einige Schätzungen wagen, so muss uns bewusst sein, dass unsere Zahlen zu tief liegen; der durch die Verkehrsdichte bestimmte Umsatz war sicher wenigstens um die Unkosten höher als das ausbezahlte Stockgeld. Letzteres betrug durchschnittlich im Pfingstmonat 226 Gulden, was der Taxe für 1700 einspännige Fuhrwerke entsprach; die Zahlen für den September lauteten 274 Gulden bzw. 2050 Einspänner. In Monaten ausserhalb der Zurzacher Märkte konnten dagegen nur rund 40 Gulden verteilt werden; an Normaltagen überquerten somit 10 einspännige Fuhrwerke die Aare bei Stilli, in den zwei Wochen jeder Zurzacher Messe mussten jedoch täglich 200 solcher Gefährte übergesetzt werden. Wenn wir nun noch berücksichtigen, dass für jene Zeit bereits vom Verfall dieser Märkte gesprochen wird und dass ihr Glanz gegenüber den vorhergehenden Jahrhunderten schon stark verblasst war, können wir ermessen, welch existentielle Bedeutung die Zurzacher Messen für die Fehren von Stilli hatten und wie gross ihre Abhängigkeit von den Schwankungen der Konjunktur war. Der Grossverkehr um Pfingsten und Verenatag brachte beträchtliche Mengen an Bargeld in die kleine Gemeinde. War der Markt einmal schlecht besucht oder fiel er wegen Krieg oder Pest ganz aus, so kamen manche Familien in finanzielle Nöte: sie mussten Land verkaufen, um den Zins zu bezahlen, dann fiel der Ertrag der Ernte umso geringer aus; und der Tisch war noch armseliger gedeckt (66).

---

66 StAAa, Band 1113, Fasc. 17; Band 1336, Fasc. 16; Band 9320, No. 4; vgl. auch Walter Bodmer, S. 73/74.

h) Die Eigentümer und ihre Anteile am Fahr Stilli

Wie wir schon früher erfahren haben, teilten sich seit 1455 fünf Fehren in das Fahrlehen. Aus dieser Zeit stammt die alte Aufgliederung in fünf Hauptteile. Da sich die Bevölkerung vorerst nur wenig vermehrte, waren es 1536 noch immer fünf Fährleute, 80 Jahre später jedoch deren neun. Da die Fehren die Folgen einer weiteren Aufsplitterung offensichtlich erkannten, suchten sie nach Mitteln, diese zu verhindern. Am 12. August 1619 erschienen Jakob Finsterwald und Hans Jakob Lehner im Namen ihrer Lehensgenossen vor den "Gnadigen Herren" in Bern und baten, das bisherige Erblehen in ein Mannlehen umzuwandeln, um künftiger Zerstückelung vorzubeugen. Die Regierung entsprach dem Gesuch und verfügte, dass die weiblichen Erben fortan bei Teilungen mit Geld abgefunden werden sollten, damit das Lehen beim Mannesstamm bleiben könne (67). Diese Massnahme zeitigte insofern Erfolg, als die Zahl der Anteilhaber während des ganzen 17. Jahrhunderts ungefähr gleich blieb. Es gelang der Gesellschaft als ganzer sogar, einen halben Hauptteil gemeinsam zu erwerben; dadurch bestand das Fahrrecht noch aus neun halben Teilen, die später in neun neue Hauptteile umbenannt wurden, von welchen jeder während 40 Tagen den Anspruch hatte, den Hauptfehren zu stellen (68).

Im 18. Jahrhundert wurden auch die neuen Hauptteile weiter halbiert, so dass sich die Zahl der Fähregenossen bis 1803 auf 20 erhöhte. Im 19. Jahrhundert zersplitterte das Fahrrecht noch stärker; daneben wurden allerdings einzelne Kleinstanteile wieder zusammengekauft und vereinigt. 1905 zählte man 28 Anteilhaber, worunter aber noch drei Erbengemeinschaften mit mehreren Berechtigten. Dabei waren auch nicht alle Anteile gleich gross; es gab 16 verschiedene Grössen, welche sich zwischen einem ganzen und 1/32 Hauptteil bewegten und im Durchschnitt 1/3 Hauptteil betrugen. Der "grösste Fehr", Hans Jakob Strössler, Melchers, stand während 160 Tagen pro Jahr im Dienst, wovon je 40 Tage in Lauffohr und als Hauptfehr zu Stilli. David Lehner, Oelers, den Fährmann mit dem kleinsten Bruchstück, traf es jährlich ganze 5 Tage, wovon 1 1/4 Tage als Hauptfehr!

---

67 Originalurkunde bei den Regierungsakten B No. 1c/Band 1 (Brückenbau Stilli/Lauffohr) im StAAa.

68 Die genauen Besitzverhältnisse wurden aus folgenden Quellen zusammengestellt:
Vor 1798: StAAa, Bände 534 (S. 242), 541, (ganz vorne), 551 (S. 41 ff.), 612 (S. 54), 613 (S. 117–119), 614 (S. 106 f.), 615 (S. 134), 616 (S. 159), 1210 (S. 107 ff.), sowie aus den Büchern des Gerichts Stilli im StAAa, Bände 1375–1399.
Für das 19. Jahrhundert vor allem die Fertigungsprotokolle im GA Stilli.

Die genaue Untersuchung der Art und Weise, wie die Zersplitterung erfolgte, ergibt einige interessante Einblicke: Das Bestreben, die Berechtigungen möglichst wenig zu zerstückeln, hatte zur Folge, dass man die bei Erbfällen hinterlassenen Anteile möglichst ganz einem Sohn übergab. Das bedeutete andersweits, dass bei steigender Bevölkerung immer mehr Einwohner vom Fahrrecht ausgeschlossen wurden. Dies zeigen folgende Zahlen: 1455 waren sämtliche in Stilli wohnhaften Männer mit dem Fährebetrieb geschäftigt gewesen, 1650 waren es noch beinahe 70 %, dagegen während des ganzen 18. Jahrhunderts nur noch 40 %; umgekehrt waren also 60 % ausgeschaltet worden. So war das Geschlecht der Stilli, welches dem Dorf und dem Fahr den Namen gegeben hatte, schon 1537 nicht mehr dabei und sollte (mit einer kleinen Ausnahme) durch alle Jahrhunderte hindurch die Fähre nie mehr bedienen dürfen. Wie schon erwähnt, gelang es nach 1800 nicht mehr, die weitere Zerstückelung aufzuhalten; wir wissen nicht, ob der Anreiz, einen noch so kleinen Anteil zu besitzen, so gross war oder ob ein einzelner Sohn es jeweils nicht mehr vermochte, seine Geschwister auszuzahlen. Jedenfalls waren 1850 wieder über 50 % aller erwerbsfähigen Männer am Fahrbetrieb beteiligt!

Bei allen neun Hauptteilen können wir die genauen Eigentumsverhältnisse über 300, zum Teil sogar über 500 Jahre zurückverfolgen. Wir stellen dabei eine ganz erstaunliche Kontinuität im Familienbesitz fest. Die meisten Anteile blieben in denselben Linien; so lässt sich ein kleiner Fahrteil der Familie Lehner mit dem Zunamen "Goggis" im Mannesstamm von der Auflösung der Fähregesellschaft 1907 lückenlos bis zur Lehenserteilung von 1455 zurückverfolgen. Starb gelegentlich ein Zweig aus, ging das Recht auf eine Tochter und deren Söhne über; der Familienname änderte dann zwar, die Kontinuität aber blieb gewahrt. Da die Fahrrechte meistens vererbt wurden, finden wir vor 1800 ungewöhnlich wenige Verkäufe. Deshalb gelang es auch keinem Ortsfremden, sich für längere Zeit an der Fahrberechtigung zu beteiligen, so dass die Stillemer in der Fähregesellschaft bis zuletzt unter sich blieben. Aber auch Bürgern von Stilli, deren Vorfahren bei einer Erbteilung unberücksichtigt geblieben waren, glückte es nur selten, ein Fahrrecht zu erwerben. Eine Ausnahme bildeten die finanzkräftigen Nachkommen des Wirts und Amtsuntervogts Heinrich Finsterwald (+ vor 1696), welche im 18. und 19. Jahrhundert grössere und kleinere Anteile zusammenkauften und im Falle des Zweiges "Bürstlis" auch bis zuletzt zu halten vermochten. Die schon genannte Familie Lehner "Goggis" erwarb im 19. Jahrhundert zu ihrem seit Urzeiten besessenen Recht noch eine ganze Reihe Splitterteile hinzu, so dass sie bei der Aufhebung der Fähre insgesamt 19 % der ganzen Berechtigung besass, allerdings bereits wieder auf fünf Männer aufgeteilt.

Häufiger als der Kauf von Fahranteilen war der Erwerb über die Heirat von Fehrentöchtern. In dieser Beziehung waren die Strössler, welche erst seit dem Ende des 17. Jahrhunderts in Stilli lebten, geradezu Meister. Schon der Stammvater war durch die Ehe mit einer Fehrenwitwe zu 1/4 Hauptteil gelangt. Sein

Urenkel Hans Heinrich Strössler (1737–1812) heiratete die einzige Tochter des Chorrichters Hans Hirt und erbte von diesem ausser dem kirchlichen Amt und dem Haus an der Steig auch 1/2 Hauptteil am Fahr. Sein Bruder Johannes Strössler (1749–1805) verehelichte sich mit der Tochter des Heinrich Finsterwald, genannt "Melcher", welche ihm als Mitgift neben dem Zunamen und dem Haus beim Schloss 1/8 Fahrrecht einbrachte. Seine Söhne Johannes (1787–1865) und Heinrich (1784–1860) erheirateten sich noch 3/8 bzw. 1/2 Hauptteil dazu. Das Ergebnis dieser "Heiratspolitik" sah in der Mitte des 19. Jahrhunderts so aus: Bei insgesamt 27 Fähregenossen hiessen unter den 8 grössten Anteilhabern deren 4 Strössler; sie besassen fast 30 % der ganzen Berechtigung, zusammen mit der ihnen vielfach geschwägerten Familie Lehner "Goggis" beinahe die Hälfte!

Dieses starke Gewicht einzelner Geschlechter und Sippen bringt uns auf ein letztes Problem, auf das Verhältnis der Fehren untereinander.

i) Die Fähregesellschaft: Funktion und Organisation

Die Fähregesellschaft Stilli bildete die Vereinigung aller Miteigentümer am dortigen Fahrrecht samt Vermögen in Schiff und Geschirr sowie Liegenschaften. Sie diente nach innen der gemeinsamen Lösung jener Aufgaben, die über die Kräfte des einzelnen Fehren gingen, nach aussen der Wahrung der gemeinsamen Interessen. Der Lehensherr und später der Staat liessen der Gesellschaft bei deren Organisation völlig freie Hand, sofern nur die ständige Bedienung des Fahrs und die Sicherheit der Passanten gewährleistet war (69).

Die Fähregesellschaft besass keine Statuten. Sie führte die Geschäfte und fasste ihre Beschlüsse nach Gewohnheitsrecht und je nach konkreter Situation. Einen Einblick bietet uns das Protokoll, welches für die Jahre 1867–1906 erhalten geblieben ist.

Das oberste Organ bildete zweifellos die Versammlung aller Anteilhaber, die recht häufig tagte und über alle mehr oder weniger wichtigen Fragen entschied: Sie wählte die wenigen Funktionäre wie den Präsidenten, zeitweise einen Vorstand, die Rechnungsprüfungskommission sowie den Bannwart, welcher den Gesellschaftswald betreute. Die Versammlung regelte den Fährebetrieb, erliess Vorzugstarife für häufige Fahrgäste, sprach Bussen für die Störung der Überfahrt aus,

69 Für dieses Kapitel vgl. vor allem Akten und Protokolle im Archiv der Fähregesellschaft Stilli, sowie StAAa, Regierungsakten B No. 1c, Brückenbau Stilli/Lauffohr, Bände 1 + 2.

beschloss über Anschaffungen aller Art, über die Erhebung von Tellen und die Gewinnbeteiligung zuhanden der Gesellschaftskasse, über das Gemeinwerk, über Eingaben an staatliche Instanzen sowie über die Führung von Prozessen. Die Teilnahme an den Versammlungen war obligatorisch; wer nicht erschien, bezahlte 1881 eine Busse von 1 Fr., was in Stilli einem halben Taglohn entsprach. Wie eine Mitteilung an das Bundesgericht 1905 festhält, wurden die Beschlüsse "nach altem Brauch und Gewohnheitsrecht mit Mehrheit gefasst", wobei "jeder Teilhaber ohne Rücksicht auf seinen Anteil eine Stimme abzugeben hatte". Formal mochte das zutreffen; es ist aber zu bezweifeln, ob eine Mehrheit der kleinen Anteilhaber die acht bis neun Fähregenossen, welche zusammen mehr als die Hälfte der Berechtigung besassen, gegen deren Willen zu einer Leistung, z. B. einer Tell oder einer Fronarbeit zwingen konnten; denn die Pflichten waren eindeutig nach der Grösse der Anteile abgestuft.

Den Vorsitz der Fehrenversammlung hatte der Präsident inne, welcher meistens auch das Protokoll, die Korrespondenz, die Rechnung und die Kasse führte. Dieser Posten war im letzten Jahrhundert gar nicht begehrt. Als der Wirtssohn Samuel Finsterwald 1867 zurücktreten wollte, opponierten mehrere Mitglieder vor allem mit der Begründung, "dass die Gesellschaft schon seit urdenklichen Zeiten sich im gleichen Lokal (= Taverne zum 'Bären') versammle und die Leitung der Angelegenheiten stets der gleichen Familie anvertraut habe". Der Nachfolger, Hans Heinrich Finsterwald, Bürstlis, liess sich 1876 nur auf besonderes Anhalten und gegen eine jährliche Entschädigung von 10 Fr. dazu bewegen, eine Wiederwahl anzunehmen. Als sich 1877 niemand mehr freiwillig zur Verfügung stellte, musste zu einer zwangsmässigen Wahlart gegriffen werden: fortan wurde unter den neun Hauptteilen das Los gezogen. – Das Präsidentenamt war offensichtlich nicht attraktiv. Die Entscheidungsbefugnisse lagen für alle Kleinigkeiten bei der Versammlung, der Vorsitzende war nur ausführendes Organ; er musste die Verwaltungsarbeit leisten, Verhandlungen führen, sich exponieren und schliesslich damit rechnen, von den Mitfehren Vorwürfe zu ernten. Ein Vorstand wurde ihm nur bei ausserordentlichem Arbeitsanfall beigegeben. Im übrigen dürften die komplizierten rechtlichen Probleme, welche am Ende des letzten Jahrhunderts zu bewältigen waren, die Fähigkeiten manches Fährmannes überstiegen haben.

Sehr viele körperliche Leistungen wurden von den Fähregenossen im Frondienst oder Gemeinwerk erbracht. Dazu gehörten vor allem Unterhaltsarbeiten wie gründliche Reinigung des Wagenschiffs, Reparaturen an Fähren, Instandstellung von Landeplätzen, Zufahrtsstrassen und Ufern. Das Gemeinwerk wurde durch den Präsidenten organisiert. Er musste jedes Mitglied nach der Grösse des Anteils aufbieten und über die geleistete Arbeit genau Buch führen. Wer nicht erschien, bezahlte pro Halbtag 1 Fr., wer mehr arbeitete, als was seinem Anteil entsprach, erhielt eine Entschädigung von ebenfalls 1 Fr. je Halbtag.

Das Fehlen von Statuten hatte insofern einen Nachteil, als die Rechte und Pflichten der Gesellschaft und jene des einzelnen Teilhabers nicht klar ausgeschieden waren. Dies wurde z. B. aktuell, wenn Drittpersonen bei einem Unfall zu Schaden kamen und die Frage der Haftung auftauchte. Grundsätzlich wurde immer die Gesellschaft belangt, welche die Auslagen deckte und allfällige Prozesse führte, dann aber bei Verschulden eines einzelnen Fehren auf diesen zurückgriff. Bei Schäden, welche der Gesellschaft zugefügt wurden, haftete immer der schuldige Fehr. Als z. B. in einer Augustnacht des Jahres 1874 das Fährschiff zu Lauffohr losriss und erst in Mumpf wieder aufgefunden wurde, entstanden Kosten für Umtriebe und Reparaturen, für welche der betreffende Fahrmann wenigstens teilweise aufkommen musste.

Die Fähregesellschaft Stilli bildete streng genommen lediglich eine lose Organisationsform sämtlicher Miteigentümer, welche zur sinnvollen Verwaltung des gemeinsamen Gutes unumgänglich war. Der Gesellschaft an sich kam aber keine Rechtspersönlichkeit zu. Dies zeigte sich deutlich, als die Fehren gegen den Kanton Aargau wegen einer Entschädigung für den Brückenbau prozessierten. Hier trat nicht die Fähregesellschaft als Klägerin auf, sondern jeder einzelne Anteilhaber war für sich Partei, und alle zusammen erteilten dann einem Anwalt die Vollmacht zur Wahrung ihrer gemeinsamen Interessen. Die Ablösung des Fahrrechts kam in der Folge nicht durch Mehrheitsbeschluss zustande, sondern durch die ausdrückliche Zustimmung jedes Miteigentümers.

*

Meinungsverschiedenheiten und Streite innerhalb der Fähregesellschaft wurden vermutlich intern ausgetragen und entschieden. Als Richter wäre zweifellos der Hofmeister von Königsfelden — später das Bezirksgericht Brugg — zuständig gewesen, doch weisen die betreffenden Bücher keinen einzigen Fall dieser Art auf. Die Männer, welche sich in häufigen Notfällen auf dem Wasser beistehen mussten, bildeten eine sehr enge Schicksalsgemeinschaft und wussten gelegentlich auftretende Streitigkeiten ohne Anrufung eines "fremden" Richters zu erledigen. Ihnen standen ausreichende informelle Mittel zur Verfügung, Querschläger zur Einordnung zu zwingen.

3. Die sinkende Bedeutung der Fähren als öffentliches Verkehrsmittel

Mit dem Aufkommen der Industrie im 19. Jahrhundert setzte der Niedergang der Fähren ein. Durch die Fabriken verlagerte sich der Verkehr auf andere Strassenzüge. Ausserdem mussten sich viele Menschen neue Lebensgewohnheiten aneignen; in den Fabriken war Zeit Geld, man legte daher Wert auf absolute Pünktlichkeit, und in dieser Beziehung war auf die Fähren sowohl der Schwankungen des Wasserstands als auch der oft saumseligen Bedienung wegen zu wenig Verlass. Die neuen Arbeitswege erforderten zusätzliche Fahrbetriebe, und dies gerade in einer Zeit, da die Eisenbahn den ganzen Strassenverkehr hart konkurrenzierte. Die Fähren sollten also ihre Leistungen vergrössern, als ihre Frequenzen insgesamt abnahmen. So zeigte sich im Laufe des 19. Jahrhunderts, dass die Fähren als Transportmittel den Erfordernissen der Zeit nicht mehr entsprachen. Aus diesen Erfahrungen zog man im Aargau seit etwa 1870 die Konsequenzen und begann, eine Fähre nach der andern durch Brücken zu ersetzen (1).

Der Aufbau der folgenden Kapitel entspricht den geschilderten neuen Gegebenheiten: Am Beispiel von Lauffohr werden wir sehen, wie die Spinnereien im Limmattal eine zusätzliche Fähre nötig machten. Danach ist der Rückgang des Strassen-(Fähre-)verkehrs durch den Bau der Eisenbahnlinien aufzuzeigen. Ein dritter Abschnitt schildert die Auseinandersetzungen um den Brückenbau in Stilli, ein letzter den Kampf der dortigen Fähregesellschaft um eine Entschädigung für das wertlos gewordene Fahrrecht. Die Ausführungen werden sich auch hier eng an den Fall Stilli halten, doch stehen die wirtschaftlichen und rechtlichen Erörterungen zweifellos stellvertretend für die allgemeinen Probleme.

a) Der Kampf um die Ausschliesslichkeit

Das Fahrrecht von Stilli beinhaltete das Monopol, Leute und Waren zwischen Brugg und dem Schmidberg über die Aare zu setzen. Diese Ausschliesslichkeit war der Preis für die Pflicht der Fehren, jeden Passanten zu beliebiger Tageszeit sofort zu bedienen, was wiederum im Interesse des Publikums stand. Anderseits lagen die Übergänge bei Brugg und Stilli eine Wegstunde auseinander. Für den Fussgänger, welcher den Fluss ungefähr in der Mitte zwischen den beiden Orten

1 150 Jahre Kanton Aargau im Lichte der Zahlen S. 489/491.

überqueren wollte, bedeutete dies einen beträchtlichen Umweg. Die Interessen der Verkehrsteilnehmer mussten zwangsläufig mit jenen der Fährebesitzer zusammenprallen. Schiedsrichter war jeweils der Regierungsrat; dieser wollte sowohl die unangefochtenen Eigentumsrechte der Fehren schützen, die ununterbrochene Bedienung der Schiffe garantieren als auch den individuellen Wünschen der Passanten Rechnung tragen.

Schon 1797 war es zu einem Prozess der Fährleute gegen Peter Keller aus dem Stroppel und Peter Schneider, Untersiggingen, gekommen, weil diese am Brugger Markt unbefugt Leute über die Aare geführt hatten. 1822 und 1829 beschwerten sie sich wieder über den Bauern im Stroppel; Johannes Keller, der Sohn des obgenannten Peter, setze täglich bis zu 50 Personen über den Fluss (2).

In diesen Konflikten stellte sich die Regierung stets auf die Seite der Fähreinhaber. In der neuen Fahrordnung von 1829 bestätigte sie deren Monopol ausdrücklich. Dies löste einen unerbittlich und massiv geführten Kampf um die Einrichtung eines Personenschiffes bei Lauffohr aus.

Zwischen 1830 und 1835 wurden insgesamt sieben Bittschriften nach Aarau gesandt. Als Verfasser zeichneten meistens die Gemeinderäte von Lauffohr, Rein, Ober- und Untersiggenthal. Dahinter standen die Interessen einzelner Gewerbetreibender (Wirte, Müller, Milchlieferanten), der Fabrikanten Bebié in Turgi und ihrer Arbeiter sowie des Anton Keller, Sohn und Enkel der erwähnten Stroppelbauern, der sich von einem kleinen Fahr einen Nebenverdienst erhoffte. Die Forderung wurde mit dem stärkeren Verkehr zwischen den Bezirken Brugg und Baden begründet; die linksufrigen Bewohner sollten auch an den "Früchten" der Industrie in Turgi und Windisch teilhaben; in Notfällen müsse man Arzt, Hebamme und Feuerwehr direkt überführen können; im übrigen widerspreche der Fährezwang der Handels- und Gewerbefreiheit und dem "natürlichen Recht der Anwohner jedes Flusses, diesen zu überqueren".

Die Fehren von Stilli wehrten sich verzweifelt. Sie pochten auf ihr unbestrittenes Eigentum und versuchten, das Begehren der Lauffohrer als eigennütziges Anliegen einiger interessierter Einzelpersonen abzutun. Auf Anweisung der aargauischen Finanzkommission richteten sie in Stilli eine Pendelfähre ein und verbesserten den dortigen Übergang in einer Weise, "wie es in Ermangelung einer festen Brücke nur möglich sei".

Der Regierungsrat wies daher die Petenten konsequent ab. Nach der siebenten Eingabe resignierten aber sogar die Fehren. Die Finanzkommission des Kantons hatte sich überzeugen lassen, dass ein Personenschiff tatsächlich dem öffent-

2 StAAa, Band 730, S. 261.
   Zu den weiteren Ausführungen dieses Kapitels vgl. StAAa: Regierungsakten F No. 18, Band Q; Akten der Finanzdirektion "Flüsse: Schiffahrt und Fischerei 1805–1860", Dossiers betr. Lauffohr und Stilli, Archiv der aargauischen Baudirektion: Dossiers betr. Fähre Lauffohr; Archiv der Fähregesellschaft Stilli: Protokoll.

lichen Interesse entspreche; aufgrund des Monopols stand aber dessen Betrieb der Fähregesellschaft Stilli zu. Diese beugte sich endlich der Aufforderung vom 28. Januar 1836, innert zehn Tagen ein beständiges Weidlingsfahr einzurichten, welches Lauffohr sowohl mit dem Stroppel als auch mit Vogelsang verbinden sollte.

Die Eröffnung einer zweiten Übergangsstelle brachte der Fähregesellschaft zweifellos wirtschaftliche Nachteile. Die Aufwendungen in Stilli blieben sich gleich; in Lauffohr brauchte es dagegen eine zusätzliche Arbeitskraft. Dazu kamen neue Investitions- und Unterhaltskosten, und dies alles − wie wir noch sehen werden − bei sinkendem Durchgangsverkehr, also geringerem Gesamtertrag.

Die Verbindung zum Stroppel musste denn schon 1855 mangels Benützung aufgehoben werden. Dafür errichtete die Fähregesellschaft ein Drahtseilfahr Lauffohr-Vogelsang. In den Siebzigerjahren bildete sich im Flussbett oberhalb der Limmatmündung eine grosse Kiesbank, die den Lauf der Aare derart veränderte, dass die Überfahrt dort fast unmöglich wurde. Mit Unterstützung des Kantonsingenieurs, aber gegen die Opposition von Lauffohr (besonders des Sternenwirts Finsterwald) verlegten die Fehren das Personenschiff 1880 um 800 m flussaufwärts, und zwar an jene Stelle, wo die heutige Vogelsangbrücke die Aare überquert.

Auch nach der Einrichtung einer Kleinfähre bei Lauffohr mussten sich die Stillemer für ihr ausschliessliches Recht wehren. Zur grössten Auseinandersetzung kam es 1855, als die Eisenbahnbrücke über die Reuss bei Windisch gebaut wurde. Mehrere Arbeiter vom linken Aareufer überquerten den Fluss täglich mit Weidlingen und umgingen so das Fahr Lauffohr. Hierauf erliess die Fähregesellschaft ein vom Gerichtspräsidenten bestätigtes Verbot gegen jedes unbefugte Übersetzen. Dieses ermöglichte eine Klage gegen zwei Einwohner von Lauffohr, welche vom Bezirksgericht prompt verurteilt wurden. Die Richter hatten sich das Argument der Kläger zu eigen gemacht, auf diese Weise könnten ganze Gemeinden und Gesellschaften Weidlinge anschaffen und dadurch die öffentliche Fähre missbräuchlich umgehen. − Hierauf reichten fünf Männer aus Lauffohr bei der Regierung Beschwerde gegen das genannte Verbot ein und verlangten dessen Aufhebung. Die Direktion der Schweizerischen Nordostbahn-Gesellschaft und die beauftragte Baufirma doppelten mit dem Gesuch nach, eine betriebseigene Fähre über die Aare einrichten zu dürfen; sie begründeten es mit den hohen Überfahrtsgebühren und mit dem pünktlichen Arbeitsbeginn. Der Regierungsrat schützte jedoch die Fähregesellschaft und wies beide Begehren ab.

Der grösste Eingriff in die Fährgerechtigkeit von Stilli stand aber noch bevor: der Brückenbau, welcher die jahrhundertealte Einrichtung in ihrem Lebensnerv treffen und den Entschädigungsprozess gegen den Kanton Aargau auslösen sollte.

b) Der Rückgang des Verkehrs

Die Benützung der alten öffentlichen Fähren nahm im Laufe des 19. Jahrhunderts stetig ab. Im neugegründeten Kanton Aargau waren bekanntlich Gebiete wie die Grafschaft Baden und die Freien Ämter mit dem ehemaligen bernischen Untertanengebiet vereinigt, so dass die Reuss und die unterste Aare keine Grenzflüsse mehr waren; der Staat konnte den Strassenbau in seinem Innern entscheidend fördern. Dafür bildete der Rhein gegen Norden eine starke Schranke, welche durch die Schutzzollpolitik noch wirksamer wurde. In der Folge verlagerte sich der Verkehr auf die grossen binnenschweizerischen Strassen.

Ein erstes Opfer dieser Entwicklung wurden die Zurzacher Messen. Ihre Bedeutung war schon im 18. Jahrhundert allmählich gesunken. Die "Neuordnung Europas" auf dem Wiener Kongress 1815 brachte Zurzach an den äussersten Rand der Schweiz und abseits ihrer Hauptverkehrsadern. Die Zollmauern, welche die Nachbarstaaten errichteten, hemmten den Warenaustausch. Der Anschluss Bayerns, Württembergs und Badens an den Deutschen Zollverein trennte Zurzach von seinem nördlichen Einzugsgebiet ab, was durch die Erhöhung der Zolltarife noch verstärkt wurde. Nach der Eröffnung der Eisenbahnlinie Romanshorn-Zürich 1856 und der dadurch bedingten Verlegung der Ledermesse nach Zürich sanken die Zurzacher Messen auf die Stufe gewöhnlicher Jahrmärkte (3).

Die Industrialisierung und Technisierung prägte im 19. Jahrhundert auch das Bild des wirtschaftlichen Lebens im Aargau. Die grossen mechanischen Spinnereien z. B. in Windisch, Turgi, Vogelsang und Baden setzten neue Schwerpunkte, die wiederum die Verkehrswege nachhaltig beeinflussten. Der junge Kanton Aargau begann sofort mit dem Ausbau des Strassennetzes. Wenn dieses den Anforderungen der Zeit genügen sollte, mussten die alten Wagenfähren nach und nach durch Brücken ersetzt werden. Die altmodischen Flussgefährte hatten in einer Epoche, da Zeit Geld bedeutete, keinen Platz mehr. Als die Bundesverfassung von 1848 sämtliche Zölle im Innern des Landes aufhob und dadurch ein Jahr später sämtliche aargauischen Brücken unentgeltlich benützt werden konnten, sank die Bedeutung der weiterhin taxpflichtigen Fähren noch mehr (4).

Doch auch die Fuhrwerke vermochten auf die Dauer ihre Funktion als Transportmittel nicht mehr zu erfüllen. Die gewaltigen Mengen an Rohstoffen für die Fabriken sowie deren Fertigprodukte erforderten ein leistungsfähigeres Transportsystem. Die Stunde für die Eisenbahn war gekommen. Nach der Eröffnung der Strecke Zürich-Baden durch die "Spanischbrötlibahn" (1847) erfolgte bis

---

3 Walter Bodmer, S. 115–122.
4 Aargauische Gesetzessammlung, Band 3, S. 567 ff.; 150 Jahre Kanton Aargau im Lichte der Zahlen, S. 486 ff. + 495 ff.

1859 der Ausbau des Eisenbahnnetzes mit den Linien Zürich-Bern, Basel-Luzern und Turgi-Waldshut.

Neben den neuen technischen Errungenschaften im Verkehrs- und Transportwesen nahmen sich die Seilfähren als hoffnungslos überholt aus. Ihre Aufhebung war nur noch eine Frage der Zeit.

*

Die dargelegten Veränderungen im Verkehrswesen hatten auch starke Folgen für den Fahrbetrieb in Stilli. Wir haben früher gezeigt, dass die Zurzacher Messen den Fehren die Haupteinnahmen brachten; mit ihrem Niedergang sanken auch die Erträge der Fähre. Den stärksten Einschnitt brachte die Eisenbahn, besonders die Eröffnung der Linie Turgi-Waldshut 1856. Die Verlegung der Verkehrsadern wird am besten durch die Tatsache illustriert, dass die Postverbindung Schaffhausen-Aarau nicht mehr über Stilli führte, wodurch der Fähregesellschaft ein Hauptkunde verloren ging. (Die später eingerichteten Postkurse Brugg-Remigen fuhren nicht einmal nach Stilli; der dortige Posthalter musste die Briefe und Pakete jeweils unterhalb der Kirche Rein abholen.

Doch schauen wir, ob in Stilli selbst Quellen zu finden sind, welche die obigen allgemeinen Überlegungen im speziellen bestätigen:

Aus den Jahren 1837–1839 sind nochmals Zahlen über das verteilte Stockgeld erhalten, nämlich in den Waisenrechnungen für Jakob Lehner, den taubstummen "Goggi-Joggi" (1805–1891). Bei allen Vorbehalten, die wir früher diesen Quellen gegenüber geäussert haben, darf doch ein Vergleich zu den Ergebnissen aus der Zeit 1785–1794 gewagt werden (5): der Rückgang der Zurzacher Messen wird sofort augenfällig. Die Auszahlungen in Messemonaten waren nur noch 2–3mal grösser als in Normalzeiten; im 18. Jahrhundert hatten wir eine Zunahme um das 6–7-fache festgestellt. Der Ertrag der Messemonate entsprach nur noch 35 % der Jahreszahlungen, gegenüber 56 % in der Zeit 1785–1794. Das durchschnittliche Stockgeld im Pfingstmonat belief sich auf 270 Fr. (Taxe für 900 Einspänner), im September auf 370 Fr. (1230 Einspänner); der Messeverkehr wäre demnach auf fast die Hälfte zurückgefallen. Für Normaltage berechnen wir das Stockgeld auf 3.90, was immer noch der Taxe von 13 einspännigen Fuhrwerken entspricht, während wir in den zwei Wochen jeder Zurzacher Messe nur noch auf etwa 60 Einspänner pro Tag kommen, gegenüber 200 am Ende des 18. Jahrhunderts!

Spätere Ausführungen der Fähregesellschaft zeigen aber, dass man rückblickend die 1840er Jahre geradezu als "goldene Zeit" in Erinnerung hatte. Ihre eigenen, eher zu hoch liegenden Umsatzberechnungen sanken bis zum Ende des Jahrhunderts wie folgt ab:

5 GA Stilli, Waisenrechnungen, Band 1.

1842–46	6 800 Fr.	(auf neue Währung umgerechnet)
1875	4 176 Fr.	
1903	ca. 4 000 Fr.	(bei einer Taxerhöhung von 40 %)

Die Jahre 1856–59 dürften den gänzlichen Zusammenbruch des Fernverkehrs über Stilli gebracht haben; damals wurde fast gleichzeitig mit der gänzlichen Aufhebung der Zurzacher Messe die Eisenbahnlinie Turgi-Waldshut eröffnet.

Auf diese Tatsache weisen auch die Eingaben des Bärenwirts Johann Finsterwald (1798–1870) hin (6). Dieser hatte um 1823 die prächtige, klassizistische Taverne (heute Schul- und Gemeindehaus) erbaut, dabei aber nicht geahnt, dass er zugleich der letzte Wirt sein würde. Anlass seiner Gesuche an den Regierungsrat bildete die Getränkesteuerabgabe, welche für 1854 noch auf 272 Fr. geschätzt worden war. Diese sei zu hoch, schrieb er am 3. Juli 1856, also noch vor der Eröffnung der Eisenbahn und vor der Verlegung der Zurzacher Ledermesse,

"da die Verkehrsverhältnisse seit mehr als 6 Jahren bei weitem nicht mehr denjenigen der ersten Vierzigerjahre entsprechen, wo aller Verkehr viel lebhafter, alle Lebensmittel um die Hälfte wohlfeiler waren als jetzt, somit dann auch mehr Wein konsumiert wurde, weil es eben auch der arbeitenden Volksklasse möglich war, etwas für einen Schoppen Wein zu verausgaben, was bei Gemeinden wie dasige einen grossen Einfluss auf die Wirtschaft übt".

1860 klagte auch sein Sohn, Friedrich Finsterwald, Wirt zum "Sternen" in Lauffohr, über die Abnahme des Umsatzes.

Gemeinderat und Bezirksamtmann unterstützten die Eingaben, und der Regierungsrat liess sich von der vorgebrachten Begründung überzeugen.

Der Rückgang des Verkehrs zeigt sich sehr deutlich in der dauernden Anpassung der Getränkesteuerabgabe:

1854	272 Fr.	
1856	250 Fr.	(nach Verlegung der Ledermesse)
1859	150 Fr.	(nach Eröffnung der Bahnlinie
ca. 1862	100 Fr.	Turgi-Waldshut)
1865	75 Fr.	

Die Fähregesellschaft musste sich der veränderten Lage anpassen. Dieser Übergang war nicht nur wegen der Zurzacher Messe und der Eisenbahn zu lokaler Bedeutung herabgesunken; die Tatsache, dass hier die Flüsse in einem Mal überquert werden konnten, war nicht mehr wichtig, seitdem 1849 die Zölle abgeschafft worden waren und die Brücken bei Brugg, Windisch und Baden nun unentgeltlich benützt werden konnten. Mit der allgemeinen Teuerung stiegen aber die Löhne und Unkosten. Obwohl die Zahl der überzusetzenden Fuhrwerke ständig abnahm, mussten in gleichen Abständen neue Wagenfähren angeschafft

6 StAAa, Regierungsakten P No. 5, Bände 1856 II (Nrn. 8 + 111), 1860 II (Nr. 71).

werden. Eine erste Massnahme der Fehren war die Verkleinerung der grossen Schiffe, wodurch die Gestehungskosten sanken und ein Mann weniger zur Bedienung genügte. Einen weitern Ausgleich brachte die Erhöhung des Tarifs 1877. Damals wurden vor allem die Taxen auf dem Wagenschiff erhöht (7). In diesem Sinne argumentierte auch der aargauische Baudirektor, als er erklärte, der Fuhrwerksverkehr beschränke sich meistens auf Vergnügungstransporte mit Chaisen und Kutschen! Tatsächlich warb z. B das Badener Fremdenblatt vom 7. Juli 1894 in zwei übereinanderstehenden Inseraten sowohl für eine Aufführung des Lustspiels "Charleys Tante" im Casinotheater wie auch für empfehlenswerte Promenaden und Spazierfahrten; neben andern Attraktionen, so die Burg Stein und die geschnitzten Chorstühle in der Wettinger Klosterkirche, wurde auch eine Rundfahrt "durch das Siggenthal zur Aare-Fähre bei Stilli und über Brugg nach Baden zurück" empfohlen. Die älteste Einwohnerin von Stilli zählte denn auch einen Besuch der englischen Königin Viktoria in ihrem Heimatdorf zu den Kindheitserinnerungen (8). Der einst verkehrspolitisch so bedeutsame Flussübergang war zu einer Kuriosität für Badener Kurgäste geworden!

c) Der Brückenstreit

Das unterste Aaretal wurde als eine der ersten Gegenden des Aargaus schon 1859 für den Eisenbahnverkehr erschlossen. Da man den Bözberg weder mit einer Höhenbahn noch durch einen Tunnel zu bewältigen wagte, wollte man die Verbindung von Zürich mit Basel über Turgi und Waldshut herstellen, wo man an die badische Linie Schaffhausen—Basel anschloss. Dadurch wurde Turgi Eisenbahnknotenpunkt. Da aber mittlerweile die Strecke Basel-Luzern durch den Hauenstein verwirklicht worden war, konnte man Basel von Zürich aus auch über Olten erreichen, so dass die Turgi-Waldshut-Bahn nie die ihr ursprünglich zugedachte Bedeutung erhielt (9).

Der weitere Ausbau des aargauischen Eisenbahnnetzes zögerte sich bis in die 1870er-Jahre hinaus. Von den vielen Vorhaben interessiert uns vor allem das "Südbahn"-Projekt, dessen Linienführung von Brugg über Wohlen und Muri an den Zugersee und zum Anschluss an den Gotthard vorgesehen war. Der Grosse Rat erteilte die bezügliche Konzession 1869 und fügte 1871/72 noch eine solche

7 Archiv der Fähregesellschaft, Protokoll und Prozessakten.
8 Mitteilung von Frau Elisabeth Lehner-Finsterwald.
9 Boris Schneider, S. 23–27, 34–51.

für die nördliche Verlängerung bis Waldshut hinzu. Mit dem letztgenannten Stück, das über Villigen-Leuggern geführt werden sollte, verknüpften besonders die westlich gelegenen Dörfer wie Remigen, Rüfenach, Mönthal sowie das Mettauertal grosse Hoffnungen, während sich Stilli wegen des Fahrs ablehnend verhielt. Gegen eine solche linksufrige Aaretalbahn, welche ja die Turgi-Waldshut-Linie konkurrenzieren musste, traten sofort die Central- und die Nordostbahn-Gesellschaft auf den Plan. Schon im März 1872 gelang es ihnen gemeinsam, die Südbahn-Konzession in ihren Besitz zu bringen und dadurch die Linie Brugg-Villigen-Waldshut zu unterbinden. Um der Gegend westlich der Aare dennoch den Anschluss an das Eisenbahnnetz zu ermöglichen, verpflichteten sich die Gesellschaften, an zwei Brücken zwischen Brugg und Koblenz je 100 000 Fr. zu bezahlen. Diese waren gemäss Südbahnvertrag bei Döttingen-Klingnau sowie "in der Gegend von Lauffohr ... zur Verbindung mit der Station Turgi" vorgesehen. In dieser Umschreibung lag der Keim für die grossen Kämpfe der folgenden Jahrzehnte (10). Stilli sollte buchstäblich links liegen gelassen werden. Diese drohende Gefahr legte in der alten Verkehrssiedlung erstaunliche Energien frei. Im gleichen März 1872, noch vor der Ratifizierung des Südbahnvertrags durch den Grossen Rat, brachte der Gemeinderat eine achtseitige gedruckte Broschüre unter dem Titel "Brückenbau Lauffohr-Turgi oder Stilli-Siggenthal. Ein Wort zur Aufklärung" heraus. Das Ziel, einen bindenden Vorentscheid zugunsten von Lauffohr zu verhindern, erreichte die Flugschrift insofern, als das Kantonsparlament im Protokoll festhielt, der Standort der Brücken sei durch die betreffende Umschreibung nicht präjudiziert. Hierauf gründeten 13 Männer den Brückenbauverein Stilli mit dem Zweck, in der kommenden Auseinandersetzung die Interessen des eigenen Dorfes zu wahren und durch Geldmittel einen Fonds zu äufnen. Der Initiant Samuel Finsterwald, Getreidehändler und unverheirateter Sohn des letzten Bärenwirts, legte den Grundstock mit 500 Fr., welche er seit 1868 aus eigenen Mitteln zusammengebracht hatte. Die Gründungsmitglieder setzten sich aus den Gemeindebehörden, Zigarrenfabrikanten, Wirten und Müllern zusammen, umfassten also die ganze dörfliche Oberschicht (11).

Aber auch aareaufwärts blieb man nicht untätig. Schon bald konstituierte sich ein "Brückenbau-Comité Lauffohr-Turgi". Dahinter standen die Gemeinderäte von Lauffohr und Gebenstorf, wozu Turgi bis 1883 gehörte, sowie — mit grosser finanzieller Unterstützung — die Fabrikanten Bebié, Kappeler-Bebié und Heinrich Kunz' Erben. Der führende Kopf in Lauffohr war Friedrich Finsterwald, Wirt zum "Sternen", pikanterweise der Bruder des Samuel Finsterwald in Stilli!

---

10 Boris Schneider, S. 72–77.
11 Protokoll, Rechnungsbuch und weitere Akten des Brückenbau-Fonds sowie eine Sammlung von Zeitungsartikeln befinden sich als Geschenk von Frau E. Baldinger-Baumann im Gemeindearchiv Stilli.

Der Kampf wurde hüben und drüben mit Flugblättern, Zeitungsartikeln und Volksversammlungen geführt. Die Baudirektion wurde von Eingaben interessierter Gemeinden geradezu bombardiert (12).

Für den Regierungsrat war aber vor allem die finanzielle Seite entscheidend. Das Brückenprojekt von Stilli sah Ausgaben von 435 000 Fr. vor, während jenes zu Lauffohr wegen einer notwendigen Korrektion der Aare auf 550 000 Fr. veranschlagt wurde. Der Grosse Rat verlangte aber Alternativlösungen, die Regierung sollte zuerst die Nebenprojekte eines Fussgängerstegs bei Lauffohr sowie einer Limmatbrücke beim Stroppel studieren. Ausserdem hätten die an der Finanzierung beteiligten Gemeinden ihre Ansicht zum Vorhaben zu äussern. Diese Umfrage brachte die entscheidende Wendung: Von 27 Gemeinden sprachen sich 7 für eine Brücke in Lauffohr, 5 für eine solche in Stilli aus, während 15 ein solches Projekt überhaupt nicht als Bedürfnis erachteten. Damit war den hochfliegenden Plänen der interessierten Kreise der Todesstoss versetzt. Der Grosse Rat beschloss, die Akten in die Schublade zu versorgen, die Regierung möge die Vorlagen "zu geeigneter Zeit" wieder hervorholen.

Erst ab 1889 finden wir wieder Zeitungsartikel zu dieser Frage, und bald war auch erneut die Diskussion um den Standort entfacht. Sowohl in Stilli als auch in Lauffohr formierten sich die jeweiligen "Kampfgruppen" um die alten Gebrüder Samuel und Friedrich Finsterwald, in Turgi um den streitbaren Industriellen Peter Zai-Kappeler. Den Stillemern stand ein gewiegter Jurist und Politiker in der Person ihres Mitbürgers Heinrich Lehner, Fürsprech in Baden, zur Seite.

Den Auftakt zu den Auseinandersetzungen bildeten zwei Volksversammlungen in Villigen und Würenlingen im Februar 1893. Darauf folgte wiederum eine Eingabe nach der andern. Jede Seite versuchte, möglichst viele Gemeindebehörden für sich zu gewinnen. Für Stilli wurde mit folgenden Argumenten geworben: Im Vordergrund stand natürlich die günstige Lage unterhalb der Einmündungen von Reuss und Limmat, wo der Fluss in einem Mal überquert werden konnte; bei Lauffohr wären dagegen drei Brücken (Aare und zwei Arme der Limmat) zur Erreichung des rechten Aareufers nötig. Zudem lag Stilli ziemlich genau in der Mitte zwischen den Brücken von Brugg und Döttingen-Klingnau. Hier brauchte es auch keine Aarekorrektion. Die meisten Dörfer westlich von Stilli waren weiter von Turgi als von Siggenthal-Station entfernt. Für die andere Flusseite zählte vor allem die Tatsache, dass eine Brücke bei Stilli die Verbindung zwischen dem Randbezirk Zurzach und dem übrigen Kanton sicherte, weshalb man diesem Projekt eine grosse Bedeutung für die eigene wirtschaftliche Entwicklung versprach.

---

12 Die Sammlung der Akten zur Brückenfrage findet sich im StAAa, B No. 1c, Brückenbau Stilli-Lauffohr, Bände 1 und 2. Eine Zusammenfassung aus regierungsrätlicher Sicht bietet die gedruckte Botschaft an den Grossen Rat vom 29. 4. 1900.

Für Lauffohr-Turgi wurde in erster Linie der Bahnvertrag ins Feld geführt. Das Brückenbau-Comité leitete davon einen rechtlichen Anspruch auf diesen Übergang ab, obwohl nur der Staat und die Eisenbahngesellschaften Vertragspartner waren und letztere zugesichert hatten, ihren Beitrag auch an einen Brückenbau bei Stilli zu bezahlen. Verkehrspolitisch hatte der Bahnhof in Turgi zweifellos die grössere Bedeutung als Siggenthal, zumal dort mehr Züge passierten. Man hatte sogar das eidgenössische Militärdepartement um eine Stellungnahme bemüht, welches sich auch eher für Lauffohr aussprach. Im Hintergrund, aber sehr zentral, stand das wirtschaftliche Interesse der Fabrikanten von Turgi, die nicht müde wurden, auf den hohen Grad der Industrialisierung ihrer Gegend hinzuweisen und vom Staat ein Entgegenkommen für die Beschäftigung der vielen Arbeiter und die damals umstrittenen Wasserrechtsgebühren verlangten. Dass finanzkräftige Kreise hinter dem Brückenbau-Comité Lauffohr-Turgi standen, zeigte einerseits die hohe Summe der zugesicherten freiwilligen Beiträge (25 900 Fr.), anderseits die Tatsache, dass dieses es sich leisten konnte, zweimal (1893 und 1897) einen Ingenieur mit der Ausarbeitung eines Projektes zu beauftragen.

Mit solchen Leistungen konnte Stilli nicht aufwarten. Gemeinde und Brückenbau-Fonds brachten gemeinsam höchstens 10 000 Fr. freiwillig zusammen. Zudem argumentierte man dort immer noch mit den Plänen aus den 1870er-Jahren.

Aufgrund einer Überschlagsrechnung des Baudirektors neigte die Regierung eher auf die Seite Stillis und beauftragte den Kantonsingenieur mit der Überarbeitung des alten Projekts. Nach dessen Veröffentlichung im Frühjahr 1899 entfesselte der Industrielle Peter Zai im Aargauer Tagblatt eine Pressepolemik, die sich gegen den Baudirektor, den Kantonsingenieur, die Experten und sämtliche Befürworter des Projekts Stilli richtete. Die ganze Hetztirade überschritt mit ihren Verunglimpfungen, Verdächtigungen und Unterstellungen sowie im gehässigen Ton jede Grenze politischer Klugheit und dürfte kaum Freunde für eine Lauffohrer Brücke gewonnen haben (13).

Dagegen vermochte das Brückenbau-Comité mit einem dritten Projekt, welches Ende 1899 eingereicht wurde, eine Wendung innerhalb der Regierung zu bewirken. Der neue Vorschlag konnte ohne Aarekorrektion ausgeführt werden und war daher nur unwesentlich teurer als das Projekt Stilli. Der Regierungsrat beschloss nun, dem Grossen Rat beide Möglichkeiten vorzulegen und (mit drei gegen zwei Stimmen) Lauffohr zu empfehlen.

13 Eine grosse Zahl der betr. Zeitungsartikel ist gesammelt im StAAa, Regierungsakten I A No. 1 (1899); vgl. auch Anmerkung 11 hievor.

Das Dorf Stilli kurz vor der Aufhebung der Fähren. An der Strasse zum Fahr stehen Fehren- und Ländehaus, aareaufwärts Schmiede und Mühle.

Am 10. September 1900 lag die umstrittene Sache spruchreif vor dem Grossen Rat. Nach einer heftigen Debatte entschied sich das Parlament mit dem erstaunlichen Verhältnis von 129 gegen 16 Stimmen für den Brückenbau bei Stilli. Volkswirtschaftliche Überlegungen zugunsten des Bezirks Zurzach gaben vermutlich den Ausschlag.

1903 wurde der neue Flussübergang bei Stilli gebaut und am 19. Dezember des gleichen Jahres feierlich dem Verkehr übergeben.

d) Der Entschädigungsprozess geegn den Kanton Aargau

Die Eröffnung der Brücke bei Stilli erübrigte den Betrieb des dortigen Fahrs von einem Tag auf den andern. Die Mitglieder der Fähregesellschaft verloren dadurch einen Verdienst, der einen Teil ihres Lebensunterhaltes gedeckt hatte. Der Erlös aus dem Fährebetrieb hatte die damals üblichen Arbeitslöhne bekanntlich überstiegen, so dass man die Fahranteile hatte verpachten können. Der Pachtzins hatte einem Kapitalertrag ohne eigene Arbeitsleistung entsprochen, weshalb die Anteile wie Grundstücke einen gewissen Verkehrswert besessen hatten und verkäuflich und pfändbar gewesen waren.

Die Brücke brachte daher nicht nur die Fehren um die Entlöhnung ihrer Arbeit – dasselbe konnte ja auch Fabrikarbeitern bei Schliessungen des Betriebs passieren – sondern auch die Anteilhaber um die Verzinsung ihres privatrechtlichen Eigentums, das dadurch stark entwertet wurde. Verkäufe von Anteilen waren denn auch schon seit längerer Zeit sehr selten geworden, in den wenigen Einzelfällen meist mit Vorbehalten. Erbengemeinschaften hatten mit der Liquidierung ihres Vermögens zuwarten müssen, da kein Miterbe sich mit einem unsichern Fahranteil abspeisen lassen wollte. Banken, welche Hypotheken auf einzelne Fahrrechte geliehen hatten, drohten mit der Kündigung; Bürgen drängten auf bessere Sicherheiten.

Es unterliegt keinem Zweifel, dass die Fehren von Stilli zu Schaden gekommen waren. Dadurch entstand eine paradoxe Situation: Aus jener Gemeinde, die sich während Jahrzehnten – und schliesslich erfolgreich – beim Staat um den Bau einer Brücke bemüht hatte, forderte nun eine starke Gruppe von Bürgern vom gleichen Staat, dass er den Schaden, den ihnen die verlangte Brücke brachte, vollumfänglich decke. Es waren zum Teil die gleichen Männer, welche sich zuerst in den Gemeindebehörden und im Brückenbaukomitee engagiert hatten und nun als Mitglieder der Fähregesellschaft den Konflikt mit dem Kanton und dessen Baudirektor austrugen (14).

Betrachten wir zuerst die rechtliche Situation von der grundsätzlichen Seite: Die Fehren von Stilli waren im Besitz des Überfahrrechts über die Aare; dieses stand ihnen seit 450 Jahren auf der Flussstrecke zwischen Brugg und dem Schmidberg ausschliesslich, also konkurrenzfrei zu, was auch durch den Kanton Aargau ausdrücklich anerkannt und durch Gerichtsurteile bestätigt worden war. Als selbständiges dauerndes Nutzungsrecht hatte es den Charakter eines persönlichen Eigentums der Anteilhaber. Nach den geltenden bürgerlichen Wertvorstellungen waren sie in dessen Besitz unbedingt zu schützen.

Eine Aufhebung des Fahrrechts war daher nur auf dem Wege der Expropriation und mit Entschädigung möglich. Dies hielt das schweizerische Bundesgericht schon 1862 deutlich fest. Damals handelte es sich um einen Streit zwischen den Besitzern der Rheinfähren in Koblenz und der Gesellschaft der Schweizerischen Nordostbahn, welche zusammen mit dem Grossherzogtum Baden eine Eisenbahnbrücke zum Anschluss der Bahnlinie Turgi-Waldshut an die deutsche Strecke Schaffhausen-Basel erbaut hatte. Den dortigen Fehren gelang der Nachweis, dass der eine Brückenpfeiler den Flusslauf sehr stark verändert habe, weshalb die Schiffsüberfahrt gefährlicher geworden sei und der Fährebetrieb sich unter erschwerten Bedingungen vollziehe; das bedeute Mehrausgaben für Material und Personal von 450 Fr. pro Jahr, was einem Kapital von 12 000 Fr. entspreche. Das Bundesgericht übernahm die Auffassung, die Fährmänner würden in ihren Eigentumsrechten geschädigt und verpflichteten die Bahngesellschaft zur Bezahlung der halben Summe. Die Grossherzoglich-Badischen Gerichte aller Instanzen schlossen sich diesem Urteil in den wesentlichen Punkten an und verurteilten ihrerseits den badischen "Fiskus" (= Staatskasse) als Miterbauer der genannten Brücke zu einer Entschädigung (15). Gestützt auf diese Rechtsauffassung forderte denn auch die Fähregesellschaft Stilli 1902 von den Eigentümern des neu erstellten Kraftwerkes Beznau Schadenersatz für die Stauung der Aare, welche einerseits eine Anpassung der Eingangsstege erforderte, anderseits den Flusslauf hemmte, weshalb die Fährmänner die Schiffe von Hand über die halbe Aare stacheln mussten (16). Im Gegensatz dazu behinderte die Brücke zu Stilli den Fährebetrieb von der technischen Seite kaum, weil der Flusslauf nur unbedeutend verändert worden war.

14 Die Prozessakten sind verstreut an folgenden Orten zu finden: Archiv des Bundesgerichts Lausanne, Abt. B Civilprozesse No. 8522/C No. 208, StAAa, B. No. 1c, Brückenbau Stilli-Lauffohr, Band 2; Archiv der Baudirektion, Aarau, Dossiers betr. Fähre Lauffohr; Archiv der Fähregesellschaft Stilli: 1 Band Prozessakten, vgl. auch das dortige Protokoll.

15 Archiv des Bundesgerichts Lausanne, Dossier Nr. 433/1862; Abschriften der badischen Gerichtsurteile im Archiv der Fähregesellschaft.

16 Protokoll der Fähregesellschaft S. 130 + 174.

Das rechtliche Grundproblem lag hier auf einer andern Ebene: Die Fähregesellschaft konnte theoretisch ihren Betrieb neben der Brücke zu den bisherigen Bedingungen weiterführen, doch war mit keiner Kundschaft mehr zu rechnen, da die Benützung der Brücke bequemer und erst noch unentgeltlich war. Das Fahrrecht bestand juristisch also weiter, war aber praktisch entwertet.

Die Frage spitzte sich nun auf die Entscheidung zu, ob das ausschliessliche Übersetzungsrecht nach dem Wortlaut auf Fähren beschränkt sei oder ob es auch das Recht der Überbrückung von Flüssen beinhalte. Das Bundesgericht hatte 1862 die erstgenannte Meinung vertreten und den Koblenzer Fehren einen Schadenersatz für Mindereinnahmen zufolge Benützung der Eisenbahn abgesprochen. In Unkenntnis dieses Urteils hatte der aargauische Justizdirektor 1875 eine Entschädigungspflicht des Staates gegenüber der Fähregesellschaft Stilli bejaht; offen war nur die Höhe der Summe gewesen. Bekanntlich wurde die Brücke damals aber nicht gebaut, und als die Pläne um die Jahrhundertwende erneut Gestalt annahmen, liess der damalige Baudirektor ein Rechtsgutachten ausarbeiten, welches aufgrund des bundesgerichtlichen Entscheids von 1862 zum Ergebnis gelangte, der Staat habe das Recht, seine Flüsse an jeder beliebigen Stelle zu überbrücken; er verletze damit die Rechtssphäre von Fahrbesitzern nicht und könne daher zu keiner Entschädigung verpflichtet werden. Aus politischen Gründen vertrat der Regierungsrat die Ansicht, es könne nicht im Interesse des Staates liegen, seine eigenen Angehörigen zu Verlusten zu bringen. Aus diesen Überlegungen resultierte seine grundsätzliche Haltung, die er bis zur Aufhebung der letzten Fähre beibehielt: Die Regierung anerkannte keine Rechtspflicht zu irgendwelchem Schadenersatz; sie war aber "aus Billigkeitsrücksichten" bereit, sich mit den Fahrberechtigten auf der Grundlage eines jedesmal neu auszuhandelnden Kompromisses zu einigen. Fortan wurde jeweils ein "Risikoposten für die Ablösung des Fährerechts" in die Kostenberechnung jedes Brückenbauprojektes aufgenommen.

Stilli sollte den Präzedenzfall liefern: Schon 1875 und 1849 hatte der Kanton die Fähregesellschaft angefragt, wie hoch sie den Schaden zufolge Erstellung einer Brücke, bzw. bei Aufhebung des Fahrrechts schätze. 1875 hatten die Fehren 40 000 Fr. bei einer Überbrückung in Lauffohr, 36 000 Fr. bei einer solchen in Stilli gefordert, 1849 gar 72 000 Fr. In einem Schreiben vom 1. Dezember 1899 legte der Baudirektor der Fähregesellschaft die oben geschilderte Rechtssituation sowie die Haltung des Regierungsrates dar. Die Fehren beschlossen hierauf, 46 000 Fr. zu verlangen, sofern die Brücke bei Lauffohr gebaut werde, dagegen 36 000 Fr. bei einem Bau zu Stilli. Einerseits wollten sie dadurch ein weiteres Argument gegen Lauffohr schaffen, anderseits ging es ihnen um die Erschliessung ihres beträchtlichen Landbesitzes jenseits der Aare. Die Angelegenheit verschleppte sich dann wieder. Mittlerweile entschied sich der Grosse Rat für den Brückenbau bei Stilli; im Kostenvoranschlag wurde der erwähnte "Risikoposten" auf 10 000 Fr. festgesetzt.

Im Sommer 1902 drängte die Fähregesellschaft auf sofortige Aufnahme der Verhandlungen, und zwar auf der Grundlage von 36 000 Fr. Nach einer ersten Konferenz mit dem Baudirektor anfangs Oktober beschloss die Fehrenversammlung eine Reduktion auf 27 000 Fr., sofern eine gütliche Einigung zustandekomme. Gleichzeitig weigerte sie sich, Land für die rechte Zufahrtsstrasse abzutreten, bis die Entschädigungsfrage gelöst sei. Am 18. Oktober kam Regierungsrat Conrad nach Stilli, um persönlich zu erleben, wie hart und geschlossen die Fehren verhandelten. Um den völligen Bruch zu vermeiden, bot der Baudirektor 20 000 Fr., worauf man sich auf 25 000 Fr. einigte, nämlich 20 000 für die Fähre in Stilli, 5 000.– für jene in Lauffohr, wo der Staat einen Fussgängersteg plante. Dafür trat die Gesellschaft dem Staat das notwendige Land ab. Auf dieser Basis gelangte man hierauf zu einer Übereinkunft, welche von sämtlichen 25 Anteilhabern unterzeichnet wurde. Der Bau der Brücke konnte beginnen.

Die Ratifikation der Vereinbarung durch den Regierungsrat zögerte sich jedoch hinaus. Erst am 30. März 1903 kam die Angelegenheit in diesem Gremium zur Sprache. In seiner Botschaft fasste Regierungsrat Conrad nochmals die Gründe zusammen, welche für und gegen die ausgehandelte Summe sprachen. Er stiess jedoch bei seinen Kollegen auf einhellige Ablehnung, wobei zwei Regierungsmitglieder gegen jede Entschädigung waren, während die andern zwei "aus Gründen der Billigkeit etwas zu geben" bereit waren, aber nicht so viel.

Am 4. Mai 1903 kam es nochmals zu einer Konferenz zwischen dem Baudirektor und der Fähregesellschaft. Doch scheinen beide Parteien der fruchlosen Diskussionen müde gewesen zu sein. Die Fehren fühlten sich zudem betrogen, weil sie abmachungsgemäss ihr Land abgetreten und damit den Beginn der Bauarbeiten ermöglicht hatten; ihre Position hatte sich nun verschlechtert. Der Versuch einer gütlichen Einigung war gescheitert. Beide Seiten zogen nun die gerichtliche Entscheidung vor.

Die Fehrenversammlung beschloss am 19. September 1903 den Staat Aargau für den Betrag von 36 000 Fr. zu betreiben. Der Zahlungsbefehl datierte vom 28. September; der Regierungsrat erhob sofort Rechtsvorschlag. Erwartungsgemäss verliefen die Verhandlungen vor dem Friedensrichter erfolglos. Auch nochmalige zaghafte Bemühungen um einen Vergleich gelangten im November zu keinem Ergebnis.

Am 19. Dezember 1903 fand die feierliche Eröffnung der neuen Brücke statt. Die Fähre von Stilli gehörte endgültig der Vergangenheit an.

Obschon die Fähregesellschaft schon im November beschlossen hatte, den Prozess vor Bundesgericht einzuleiten, verzögerte sich die Angelegenheit erneut. Die Furcht einiger Anteilhaber vor einem negativen Entscheid scheint zu ernstlichen internen Spannungen geführt zu haben, in deren Folge der Präsident, Gemeindeschreiber Jakob Lehner (Goggiheiris), zurücktrat und durch Statthalter Friedrich Lehner (Schwarzen) ersetzt wurde.

Im Mai 1903 wurde die Forderung auf 30 000 Fr. ermässigt und dem Mitbürger Heinrich Lehner, Fürsprech in Baden, Prozessvollmacht erteilt. Dieser reichte schon einen Monat später die Klage ein, worauf das Verfahren mit Antwort des Beklagten, Replik und Duplik bis zu Beginn des folgenden Jahres durchgespielt werden konnte. Der Regierungsrat hatte den Aarauer Anwalt Gottfried Keller mit der Wahrung der Interessen des Staates beauftragt. Es war dies keine glückliche Wahl, da Keller jeglicher Sinn für rechtsgeschichtliche Fragen abging und er sich auf derart spitzfindige, der Sache unangemessene Argumente verstieg, dass ihm schliesslich auch die Regierung nicht mehr zu folgen vermochte. Ungünstig wirkte sich auch aus, dass er Behauptungen aufstellte, für welche er nachher den Beweis nicht antreten konnte. So erklärte er allen Ernstes, der Umsatz der Fähre wäre durch die Brücke nicht zurückgegangen, der Unterhalt der Schiffseinrichtungen habe 70–80 % der Einnahmen aufgebraucht und die Hypotheken würden zu mindestens 99 % auf dem Fehrenland und nicht auf dem Fahrrecht haften. Dem Fürsprecher der Fehren fiel es leicht, die Haltlosigkeit solcher Behauptungen aufzuzeigen. Es waren indessen vor allem zwei Umstände, welche dessen Stellung erschwerten: die altertümliche Organisation der Fähregesellschaft, welche keine Statuten besass, sondern auf Gewohnheitsrecht und mündliche Vereinbarungen beruhte, sowie die fehlende Buchhaltung, welche eine zuverlässige Berechnung des Schadens ermöglicht hätte.

Parallel zum Rechtsstreit mit dem Kanton mussten die Fehren noch einen zweiten Prozess führen, nämlich gegen die Schweizerischen Bundesbahnen: Der Standort der Brücke erforderte die Verlegung der rechtsseitigen Zufahrtsstrasse, welche nun die Bahnlinie südlich der Station Siggenthal-Würenlingen überquerte, was eine neue Barriere notwendig machte. Die Kreisdirektion III der SBB wollte den alten Bahnübergang (bei km 30.5) nördlich des Bahnhofes aufheben. Gegen diese Massnahme musste die Fähregesellschaft Stilli pro forma Einsprache erheben: denn die Schliessung dieser Barriere bot den willkommenen Beweis gegen die Behauptung des Staates, die Fähre könne trotz der Brücke weiter betrieben werden. Die Aufhebung des Übergangs verunmöglichte den Anschluss des Fahrs an die Landstrassen Baden-Klingnau und Stilli-Zurzach. Nachdem der Bundesrat die Beschwerde abgelehnt hatte und die Barriere tatsächlich geschlossen worden war, stellte die Fähregesellschaft, gestützt auf das Expropriationsgesetz, eine Entschädigungsforderung von ebenfalls 30 000 Fr. an die SBB; dasselbe tat auch die Ortsbürgergemeinde Würenlingen, welche in jener Gegend umfangreiche Waldungen besass. Im Sommer 1904 fand tatsächlich eine Besichtigung durch die Eidgenössische Expropriationskommission XXII statt, welche die Ansprüche in der Folge in allen Punkten ablehnte. Gegen diesen Entscheid rekurrierte die Fähregesellschaft an das Bundesgericht (17). Die Klägerin stellte sich auf den

17 Archiv des Bundesgerichts, Dossier B. Civilprozess No. 8669.

Standpunkt, jemand müsse den ihr zugefügten Schaden decken, entweder der Kanton oder die SBB. Der reichlich unrealistisch anmutende Streit um diesen Bahnübergang hatte juristisch einen doppelten Sinn: Einerseits lieferte er den Fehren für den Hauptprozess gegen den Staat den zusätzlichen Klagepunkt, der Kanton habe sich nicht genügend gegen die Aufhebung der Barriere eingesetzt, so dass er auch an der verkehrstechnischen Behinderung des Fährebetriebs mitschuldig geworden sei. Anderseits hoffte die Gesellschaft, sich im Falle einer Niederlage gegenüber dem Staat an der SBB schadlos halten zu können.

Mittlerweile hatte auch der Brückenprozess seinen Fortgang genommen. Die Rechtslage war aber nicht klarer geworden. Auch dem vom Bundesgericht mit der Abklärung beauftragten Instruktionsrichter Merz stellte sich das alte Problem, wie weit die Überbrückung eines Flusses ein ausschliessliches Fahrrecht juristisch tangierte, inwiefern also der Staat zu Schadenersatz verpflichtet werden konnte. Da das Gesetz darauf keine Antwort gab, war auch vom Bundesgericht ein Ermessensentscheid zu erwarten, welcher für die eine oder andere Seite unbefriedigend ausfallen musste. So strebte auch Dr. Merz einen gütlichen Vergleich an. Um die Parteien doch noch kompromissbereit zu stimmen, deutete er auf geschickte Weise bei beiden Seiten an, dass der Ausgang des Prozesses sehr unsicher sei. Die Fehren setzten hierauf die Forderungen auf 23 000 Fr. (18 000 Fr. für Stilli, 5 000 Fr. für Lauffohr) herunter. Dem Baudirektor gab Merz zu verstehen, dass sich der Staat nicht auf das Urteil von 1862 verlassen könne, "da die heutige Praxis des Bundesgerichts eher dazu neige, diese Entschädigungsforderungen anzuerkennen und in angemessenen Grenzen zu schützen". Im übrigen sollte eine solche Entschädigung "nicht bloss eine Art Almosen seitens des Staates sein, sondern in einem gewissen Verhältnis zu dem der Fähregesellschaft entstehenden Schaden stehen". Noch vorher hatte der Instruktionsrichter ein weiteres Gutachten über den Wert des Fahrrechts eingeholt. Dieses war zu folgender Schätzung gelangt:

Fahrrecht (Kaufpreis vor dem Brückenbau)	48 150 Fr.
davon: Grundstücke in Stilli (Wasserhalde)	2 700 Fr.
in Freudenau	22 680 Fr.
Schiff und Geschirr (auf Abbruch)	250 Fr.
Fähre Lauffohr	4 504 Fr.
Minderwert durch Erstellung der Brücke	18 016 Fr.

Auf dieser Basis schlug Merz am bundesgerichtlichen Rechtstag zu Stilli eine Bezahlung von 18 000 Fr. (14 000 Fr. für Stilli, 4 000 Fr. für Lauffohr) vor. Mit diesem Betrag sollten sämtliche Forderungen für das ausschliessliche Fahrrecht zwischen Brugg und dem Schmidberg, die Fähreeinrichtungen und Geräte in Lauffohr sowie die Benützung und Abtretung von Land während der Bauzeit beglichen sein.

Die Fehren nahmen den Kompromiss an ihrer Versammlung vom 26. April 1905 fast einstimmig an. Baudirektor Conrad hatte im Regierungsrat einen schweren Stand. Er führte vor allem ins Feld, dass der Kanton auch bei einem Entscheid zu seinen Gunsten den Fehren eine Entschädigung ausrichten müsste; diese wäre nicht wesentlich geringer anzusetzen, hafteten doch auf der ganzen Fähregerechtigkeit Hypothekarschulden in der Höhe von 11 290 Fr. Dann aber würden sich "die Staatsbehörden dem Odium aussetzen, in unbilliger Weise gegen die im Grunde doch als gerechtfertigt anerkannten Forderungen eigener Staatsangehöriger vorgegangen zu sein". Der Regierungsrat stimmte dem Kompromissvorschlag am 12. Mai 1905 knapp mit drei gegen zwei Stimmen zu. – Im letzten Moment drohte die Einigung doch noch zu platzen. Es wurde nachträglich festgestellt, dass sich zwei Fähregenossen bei der entscheidenden Abstimmung enthalten hatten. Da aber bei Miteigentum sämtliche Anteilhaber einem Verkauf positiv zustimmen müssen, brauchte es jetzt noch die Unterschrift jener beiden "Sonderlinge", die ihren Mitbürgern auch in andern Belangen häufig Schwierigkeiten verursachten. Endlich war alles bereinigt. Am 31. Mai 1905 setzte das Bundesgericht den Vergleich in Kraft. Die Fähregesellschaft zog darauf die Beschwerde gegen die SBB zurück.

*

Für den Kanton war die Art und Weise der Entschädigung für Stilli richtungsweisend für alle folgenden Fälle, wo ein Fahrrecht durch einen Brückenbau geschädigt wurde. Die Regierung liess es nie mehr auf einen Bundesgerichtsentscheid ankommen, sondern suchte immer einen Vergleich zu erreichen (18). Dies war andernorts insofern leichter, als sich die Fähreinhaber nie mehr als so hartnäckige Verhandlungspartner herausstellen sollten wie in Stilli!

Schon 1907 ging es um den ebenfalls uralten Rheinübergang bei Zurzach-Rheinheim. Dieser Fall gestaltete sich für den Kanton insofern etwas komplizierter, als das Grossherzogtum Baden an diesem Brückenbau – und daher auch an der Fähreentschädigung – beteiligt war; der Baudirektor vertrat daher die Ansicht, der Staat dürfe nicht seine eigenen Kantonsangehörigen im Interesse eines fremden Landes schädigen. Im übrigen lag hier eine genaue Buchhaltung vor,

18 StAAa, Regierungsakten B No. 1 zu den Brückenbauten Zurzach, Rottenschwil und Koblenz.

welche für die Jahre 1892–1902 durchschnittliche Einnahmen von 3 120 Fr. aufwies. Die eine Hälfte des Fahrrechts war nach 1890 für 9 500 Fr. erworben worden. Die Entschädigungsumme von 14 000 Fr., auf welche sich die Staaten Aargau und Baden sowie die Fahrbesitzer einigten, muss daher als niedrig bezeichnet werden, reichte sie doch beim einen Anteil nicht einmal aus, die darauf haftenden Hypothekarschulden zu decken!

1908 sollte die Reussfähre bei Rottenschwil abgelöst werden. Der Besitzer, ein Buchdrucker aus Muri, hatte 1881 das Fahrrecht samt Wohnhaus und zwei Jucharten Land für 13 000 Fr. erworben und erhielt nun einen jährlichen Pachtzins von 720 Fr. Unter Abrechnung von Haus und Boden schätzte die Baudirektion den Fährezins auf 250 Fr., was bei einem Ansatz von 4 % einem Kapital von ungefähr 6 000 Fr. entsprach. Dieser Abfindungssumme stimmten Fahrbesitzer und Regierungsrat zu.

Im Zusammenhang mit dem Bundesgerichtsurteil von 1862 haben wir gehört, dass bei Koblenz ein fester Übergang für die Eisenbahn erstellt worden war. Es sollte bis 1931 dauern, bis auch die dortige Fähre durch eine Brücke ersetzt wurde. Die Pläne dafür reichten allerdings in den Anfang des 20. Jahrhunderts zurück. Schon 1907 hatte man mit den Fehren eine Entschädigung von 12 000 Fr. vereinbart. Doch verzögerte sich die Ausführung des Projekts immer wieder. Um ihr Angebot aufrechtzuerhalten, verlangten die Fahrinhaber 1912 einen Beitrag an die Anschaffung eines neuen Wagenschiffs, 1915 einen solchen für eine Personenfähre. Der erste Weltkrieg zog den Brückenbau erneut hinaus. So waren 1933 neue Verhandlungen erforderlich, in denen die Fehren zuerst 65 000 Fr., dann 40 000 Fr. verlangten. Man einigte sich schliesslich auf einen Betrag von 32 000 Fr. Damit war die letzte öffentliche Fähre, welche sich in privaten Händen befand, abgelöst; sie hatte – vermutlich als einzige im Aargau – das Zeitalter des Automobils in beträchtlichem Umfang erlebt.

*

Kehren wir nochmals nach Stilli zurück: Nach der bundesgerichtlichen Vermittlung von 1905 konnte zur Liquidation der Fähregesellschaft geschritten werden: Am 1. Juli übernahm der Staat den Fährebetrieb zu Lauffohr auf eigene Rechnung. Am 4. Dezember 1905 versteigerte der Präsident die gesamte Fahrhabe zu Stilli sowie das noch unverteilte Fehrenland, nämlich jenen 119 a umfassenden Uferstreifen zwischen dem Schlossgarten und der Schifflände (19). Das übrige Ufer ging ohne Verschreibung an jene Anteilhaber über, welche es schon lange bewirtschaftet hatten. Am 3. Februar 1907 wurde das letzte Vermögen verteilt. Damit hatte die Fähregesellschaft Stilli nach einer Lebensdauer von über 450 Jahren zu existieren aufgehört.

19 GA Untersiggenthal, Fertigungsprotokoll Band 5, Seiten 350 und 383 sowie Liegenschaftsverzeichnisse B, 1891 und 1904.

II. DIE LÄNGSSCHIFFAHRT

Auf den Flüssen und Seen der heutigen Schweiz lässt sich die Längsschiffahrt, welche rechtlich von der Querschiffahrt (Fähren) streng zu unterscheiden ist, weit zurückverfolgen. Schon die Händler der Jungsteinzeit dürften Einbäume gebraucht haben (1). Auch die Römer kannten und förderten die Binnenschiffahrt (2). Am roncalischen Reichstag von 1158 beanspruchte Friedrich I. die schiffbaren Flüsse und jeden Nutzen aus dem fliessenden Wasser als altes königliches Recht (3). Tatsächlich hatte schon 842/43 auf dem Walensee eine kleine königliche Flotte aus zehn Schiffen bestanden. 955 erhielt der Bischof von Chur das Recht, jedes fünfte Schiff auf demselben See zu beladen. Noch im gleichen Jahrhundert erteilte Otto I. dem Kloster Säckingen die dortige Schiffahrtsberechtigung. Dieses Stift benützte auch die Wasserstrasse von Weesen nach Zürich zum Transport der jährlichen Zinsen aus dem Glarnerland (4). Seit dem Hochmittelalter befuhren die Händler der aufstrebenden Städte die Seen und Flüsse; so nennen die Zolltarife des niederrheinischen Koblenz schon 1104, 1209 und 1300 Schiffleute aus Zürich (5). Aus diesen frühen Zeiten besitzen wir nur vereinzelte Nachrichten über die Längsschiffahrt. Für das Spätmittelalter dagegen erhalten wir aus den Quellen ein besseres Bild, wobei auch hier — wie wir sehen werden — verschiedene Fragen noch ungeklärt sind.

In dieser Arbeit wollen wir einige Probleme aus der Geschichte der Längsschiffahrt vom 14. bis zum 19. Jahrhundert aufzeigen. Wir beschränken uns dabei auf Aare, Reuss, Limmat und Rhein und stecken den Untersuchungsbereich durch Bern, Luzern und Zürich, Schaffhausen und Basel ab. Diese Städte übten lange Zeit einen beherrschenden Einfluss auf den Flussverkehr aus. Da die genannten Ströme aber als "freie Reichsstrassen" galten, wird abzuklären sein, mit welchen Massnahmen die Stadtbehörden versuchten, die Schiffahrt zu monopolisieren, d. h. wann und wie weit ihnen gelang, andere Flussbewohner aus diesem Gewerbe zu verdrängen. Wir werden somit in einem ersten Kapitel das Verhältnis der ländlichen zu den städtisch-zünftischen Schiffleuten allgemein und dann speziell am Beispiel von Stilli darstellen. Die Lage des Dorfes lud dessen Bewohner geradezu ein, die Längsschiffahrt auf allen vier genannten Flüssen zu betreiben. Wir werden daher im zweiten Kapitel versuchen, die alltäg-

1 Handbuch der deutschen Wirtschafts- und Sozialgeschichte I/20 + 31.
2 J. Vetter, S. 24 f.; Roland Walther Huber S. 13 f.; Arnold Härry I/98 ff.; Rudolf Laur-Belart, Über die Colonia Raurica und den Ursprung von Basel, S. 20.
3 MGH, Legum sectio IV, Constitutiones tomus I, S. 244 ff.
4 Roland Walther Huber, S. 25−30 + 117 f.
5 Otto Vollenweider, S. 27 f.

lichen Fragen des Schiffergewerbes von den Transportgütern und den Löhnen über technische Probleme und Gefahren bis zu den Schiffern selbst zu erörtern. Im dritten Teil wird der Niedergang der Längsschiffahrt zufolge Konkurrenzierung durch die Landstrasse und die Eisenbahn sowie wegen den Flussverbauungen zur Sprache kommen. Ein letztes Kapitel soll in Kürze einen speziellen Bereich der Schiffahrt, nämlich die Flösserei des 19. Jahrhunderts, erörtern.

Dieses weitgespannte Vorhaben kann über weite Strecken nur durch Andeutungen und bruchstückhafte Ergebnisse erfüllt werden. Die Quellenlage ist hier nämlich noch bedeutend schlechter als bei Fähren und Fischerei. Die erhaltenen Schriftstücke beschränken sich vorwiegend auf amtliche Erlasse wie Zunftordnungen und staatliche Verträge sowie auf eher zufällig erhaltene Prozessakten und Beschwerden. Da die Längsschiffahrt eine private und individuell ausgeübte Tätigkeit darstellte, sind Quellen, welche einen systematischen Einblick in dieses Gewerbe vermitteln würden (z. B. Buchhaltungen), meistens verloren gegangen. Ein aussagekräftiger Vergleich mit andern Transportarten oder mit andern Flussberufen wird daher fehlen. Viele Ergebnisse werden vage bleiben, was uns aber nicht hindern soll, das Mögliche aus dem vorhandenen Material herauszuholen.

1. Die Freiheit der Schiffahrt und deren Einschränkungen

Die schiffbaren Flüsse galten im Mittelalter als *"freie Reichsstrassen"*. Wie erwähnt, stand die Oberhoheit über diese "flumina navigabilia" spätestens seit dem roncalischen Reichstag von 1158 dem deutschen König zu (1). Lokale Gewalten sollten die Durchfahrt nicht behindern können. Einzelne erhielten aber die sogenannte *"Flussvogtei"*, ein eigentliches Aufsichtsrecht über weite Strecken eines Flusses. So räumte das Urbar der Grafschaft Baden, in welchem die auf die österreichische Herrschaft zurückgehenden Rechte der Eidgenossen zusammengefasst wurden, der Stadt Zürich ein, die Limmat (und Aare) auf ihre Schiffbarkeit zu inspizieren und auf einer Breite von 36 Schuh offen zu halten, "damit die Richsstrass dermass offen stunde, dass die Menschen mit ihrem Lib undd Gůt sicher gefertiget werden mögen" (2). Tatsächlich liess der Rat von Zürich die Limmat bis zur Einmündung in die Aare in mehr oder weniger regelmässigen Abständen kontrollieren; dabei wurden neue Wuhre und vor allem Fache beanstandet, welche die Schiffsrinne beeinträchtigten (3). Aus diesem Aufsichtsrecht leitete Zürich die Flusshoheit mit Gerichtsbarkeit ab und beanspruchte 1493 die Kompetenz, fehlbare Schiffsleute zu büssen; die Tagsatzung lehnte dieses Ansinnen jedoch mit der Begründung ab, der betreffende Vorfall habe sich im Gebiet der Grafschaft Baden ereignet und stehe daher unter der Justiz des dortigen Landvogtes (4). − Luzern bezeichnete sich noch 1684 als Reichsvogt über die Reuss vom Vierwaldstättersee bis zur Aare und beschwerte sich über die allzu grossen Fache (ständige Fangvorrichtungen) der Fischer von Königsfelden, welche die Salztransporte behinderten (5). Zwei Jahre später forderte die gleiche Stadt die Öffnung eines kleinen Uferweges zwischen dem Dorf und dem Fahr Windisch, damit die Schiffe dort an einem Seil flussabwärts gezogen werden könnten (6). Das erwähnte Badener Urbar wies aber schon 200 Jahre früher auf einen Beschluss der Tagsatzung hin, welche die Landvögte zu Baden, Muri und Meienberg 1427 beauftragt habe, innerhalb ihres Verwaltungsgebiets dafür zu sorgen, dass in der Reuss wenigstens das mittlere Drittel des Flussbetts bei jedem Wasserstand offenstehe (7).

1 MGH, Legum sectio IV, Constitutiones tomus I, S. 244 ff.
2 Urbar der Grafschaft Baden, abgedruckt in Argovia, Band 3, S. 190 f.
3 Inspektionsberichte finden sich in grösserer Zahl im StAZH, A 83; Beispiele hat Otto Vollenweider S. 165 + 172 ff. abgedruckt.
4 E. A. III/1, S. 439 + 442.
5 E. A. VI/2, S. 1969.
6 StAAa, Band 451, S. 17−20.
7 Argovia, Band 3, S. 215 f.

Das Ideal einer freien Flussfahrt dürfte dort zuerst eingeschränkt worden sein, wo *natürliche Hindernisse* den ruhigen Wasserlauf unterbrachen, in unserer Gegend also bei den grossen Stromschnellen des Rheins. Der oberste dieser sogenannten "Laufen" befindet sich bis heute beim gleichnamigen Schloss unterhalb Schaffhausen. Im aargauischen Bereich sind diese Hindernisse wegen der Stauung des Rheins nicht mehr sichtbar; es handelte sich vor allem um den kleinen Laufen bei Koblenz, um den grossen bei Laufenburg und um einige weniger bedeutsame Stromschnellen bei Beuggen (zwischen Säckingen und Rheinfelden). Der Rheinfall bei Schaffhausen war absolut unpassierbar; die Waren mussten daher bei der städtischen Schifflände umgeladen und von den Karrern, einer besondern Berufsvereinigung, zum Schlösschen Wörth gebracht werden, von wo die Weiterfahrt wieder auf dem Wasser erfolgte (8). Die Hindernisse bei Koblenz, Laufenburg und Beuggen liessen sich nur durch besonders erfahrene, ortskundige Schiffleute bewältigen. Diesen gelang es schon früh, ihre Tätigkeit zu einem Monopol auszubauen: In Koblenz besorgte ausschliesslich die Gesellschaft der "Stüdler" die Durchfahrt durch die sehr schmale Schiffsrinne (3—5 m), wobei die Waren von kleinen Schiffen auf dem Land transportiert werden mussten (9). Der Rheinfall bei Laufenburg war auch für Schiffleute nicht befahrbar. Die Zunft der Karrer brachte dort sämtliche Frachten auf Wagen vom obern zum untern Landeplatz, während wenigstens 30 "Laufenknechte ' die Schiffe an zwei langen Seilen befestigten und von beiden Ufern aus zwischen den Stromschnellen hindurch manövrierten. Dieses "Hinunterseilen" erforderte aussergewöhnliche Übung und Geschicklichkeit, so dass hier die natürlichen Hindernisse ebenfalls ein Monopol entstehen liessen. Ähnlich verhielt es sich für die Stromschnellen bei Beuggen, wo die zur "Rheingenossenschaft" zusammengeschlossenen Fischer der Strecke Säckingen—Hüningen (bei Basel) die Schiffahrt beherrschten (10). Die Monopole der genannten Organisationen wurden im Mittelalter nicht als hemmende, sondern die freie Schiffahrt fördernde Faktoren empfunden; dies illustriert z. B. die Vorschrift, nach welcher der Rat von Zürich seinen Schiffleuten die Fahrt über Säckingen hinaus nur gestattete, wenn sie von dort einen Steuermann mitnahmen (11).

Zu diesen natürlichen Hindernissen kamen solche fiskalischer Natur, nämlich die *Zoll- und Geleitsabgaben* (12). Diese entsprachen ursprünglich gewissen Leistungen für die Sicherheit der Passanten und Waren und für die erleichterte Durchfahrt der Schiffe. Sie entwickelten sich aber immer mehr zu blossen finan-

8 Albert Steinegger S. 98.
9 vgl. dazu die Arbeit von Fritz Siegfried.
10 zu den Laufenknechten und Rheingenossen vgl. die grundlegende Arbeit von J. Vetter (mit vielen Quellen).
11 Zentralbibliothek Zürich, Mscr. J 129, S. 1 ff. + 12 ff.
12 Übersichten über die Zölle an den grossen Flüssen der Schweiz bietet Arnold Härry I/230 ff. II/175 ff. + 202 ff. + 252 ff.

ziellen Abgaben. Ähnlich verhielt es sich bei den noch zu erwähnenden Stapelrechten einzelner Städte.

Abgesehen von diesen Einschränkungen blieben die Flüsse lange Zeit durchgehend befahrbar. Tatsächlich fuhren die Zürcher und Basler Schiffer im 12. und 13. Jahrhundert bis nach Koblenz am Niederrhein (13), die Luzerner bis Strassburg, Mainz und Köln (14). Auch aargauische Schiffleute konnten die Flüsse somit frei benützen.

*

Aus früher erwähnten Gründen erfahren wir aus den Quellen nur wenig über die Schiffahrt, und dies bis ins 19. Jahrhundert. Am besten sind wir über dieses Gewerbe in den *Städten* informiert, weil sich dort im 14. Jahrhundert spezielle *Schifferzünfte und -vereinigungen* bildeten (15). Aus den betreffenden Verordnungen erfahren wir vor allem Vorschriften über deren innere Organisation sowie die Rechte und Pflichten gegenüber Stadt und Bürgerschaft. Konkret handelt es sich um Bestimmungen über die Zahl der Fahrberechtigten und ihrer Knechte, das Verhältnis zwischen Meistern und Gesellen, deren Ausbildung, den Ausgleich der Einkünfte, über Zunftvermögen, Zunftrechnung und Zunfthaus; dass die Stadt in erster Linie ihre eigenen finanziellen Interessen wahren wollte, zeigt sich im breiten Raum, den die Bestimmungen über den Abfahrtszoll einnahmen. Daneben setzte sie sich auch für die Belange der Schiffsbenützer ein, und zwar durch Festsetzung der Tarife für Personen und Waren, durch Vorschriften über die Häufigkeit der Fahrten (Fahrzwang), über die Ausrüstung und Qualität der Schiffe (regelmässige Inspektionen) sowie über die Haftung der Zünfter bei Schäden durch Unfälle oder Nachlässigkeit; ein besonderes Problem stellte der Verkauf der Schiffe nach vollendeter Talfahrt dar, da dieselben nur selten über weite Strecken zurückgeführt wurden.

Dass die Städte die gegebenen Ausgangspunkte und Ziele der Schiffahrt bildeten, leuchtet ein: Der mittelalterliche Verkehr vollzog sich ja in erster Linie zwischen diesen kleinern und grössern Handelszentren. Einigen war es auch gelungen, ein Stapelrecht durchzusetzen, welches die Kaufleute zwang, die Waren vor der Weiterfahrt den dortigen Bürgern zum Verkauf anzubieten (16). Die natürliche Lage am Ausfluss eines Sees machte manche Stadt zu einem Umschlagsplatz, wo die Waren auf andere Schiffstypen umgeladen werden mussten

13 Otto Vollenweider S. 27; Paul Koelner S. 3.
14 Fritz Glauser S. 22.
15 vgl. dazu K. Howald S. 271 ff. (Bern); Roland Walther Huber S. 60 ff. (Zürich); Otto Vollenweider S. 48 ff. (Zürich); F. Haas-Zumbühl S. 67 ff. (Luzern); Arnold Härry I/124 ff. (Schaffhausen); Paul Koelner S. 14 ff. (Basel).
16 Erich Bayer S. 463.

(z. B. Zürich und Luzern); in Schaffhausen zeitigte der Rheinfall eine ähnliche Wirkung. An allen drei Orten teilten sich die Schiffleute daher in solche des "obern" und des "niedern Wassers" auf.

Es braucht uns deshalb nicht zu verwundern, dass die Städte den grossräumigen Schiffsverkehr im Mittelalter beherrschten. Dieses Übergewicht bedeutet aber nicht, dass sie die gesamte Schiffahrt monopolisiert und ausschliessliche Rechte auf gewissen Flussstrecken beansprucht hätten. Das Monopol der Schifferzünfte in bezug auf die Ausübung ihres Berufs galt nur gegenüber den eigenen Mitbürgern, nicht aber gegenüber jedermann. Vor dem 17. Jahrhundert lassen sich kaum Vorschriften finden, welche Ansprüche auf alleinige Benützung der Wasserwege nachweisen würden. Somit ist zu vermuten, dass die Bewohner der Uferdörfer am lokalen Verkehr massgeblich beteiligt waren. Die Idee der Flüsse als freien Reichsstrassen blieb in der Eidgenossenschaft bis weit nach 1600 lebendig (17).

Als Ausnahme ist an dieser Stelle Basel zu nennen. Die älteste Schifferordnung von 1354 hatte zwar noch ausdrücklich festgelegt, dass die dortigen Zunftgenossen nicht berechtigt seien, irgend jemandem die freie Rheinfahrt zu verwehren; ein Meister sollte nur jene Güter abführen, welche ihm freiwillig zum Transport übergeben würden (18). Im Zeitalter der wirtschaftlichen und politischen Hochblüte (Konzil von Basel) machten sich aber starke Monopolbestrebungen bemerkbar. Ab 1430 mussten fremde Schiffe wenigstens einen Basler Steuermann bis Breisach oder Strassburg mitnehmen. Die Auseinandersetzungen mit den letztgenannten Städten erfüllten die folgenden Jahrzehnte und dauerten zum Teil bis ins 18. Jahrhundert an. Gegenüber den Schiffleuten des Hochrheins und dessen Zuflüssen Aare, Reuss und Limmat gelang es Basel dagegen, das Monopol so durchzusetzen, dass die Fahrten aus den übrigen eidgenössischen Städten fast durchwegs am Rheinknie endeten (19).

Die Errichtung der Stromherrschaft über eine bestimmte Strecke des Rheins durch Basel passt zweifellos in die allgemeine Entwicklung des 15. Jahrhunderts. Mit der Entstehung der Territorialstaaten verloren die Flüsse ihren verbindenden Charakter. Indem man die Flussmitte häufig zu Landesgrenzen erklärte, wurde

17 Diese Auffassung widerspricht derjenigen von Fritz Glauser, welcher eine Monopolisierung durch die Zünfte seit dem 15. Jahrhundert vermutet; diese Monopole seien seit etwa 1600 durch auswärtige Schiffer von Kleinstädten und Uferdörfern durchlöchert worden. Wie unten zu zeigen sein wird, vertrete ich dagegen die Meinung, dass die Schiffahrt bis zu diesem Zeitpunkt frei gewesen und erst durch den Niedergang solche Monopolisierungsversuche durch die Städte unternommen wurden. Bei dieser Gelegenheit danke ich Herrn Dr. Fritz Glauser, Luzern, für verschiedene Hinweise und sein Manuskript "Stadt und Fluss zwischen Alpen und Rhein".
18 Paul Koelner S. 15.
19 Paul Koelner S. 16–54.

das trennende Element betont. Die Landesherren dehnten anderseits ihre Hoheitsansprüche auch auf die durch ihren Herrschaftsbereich fliessenden Gewässer aus und zerstückelten auf diese Weise die ehemals freien Reichsstrassen. Darunter litt natürlich die weiträumige Schiffahrt, die langfristig zur Bedeutungslosigkeit absinken sollte.

In der Eidgenossenschaft verlief die Entwicklung – vom Ausnahmefall Basel abgesehen – umgekehrt. Zuerst verlor hier die freie Schiffahrt an Bedeutung, dann versuchten die Städte im 17. und beginnenden 18. Jahrhundert, ihre in Bedrängnis geratenen Zünfter durch die Einschränkung fremder Schiffleute zu "retten". Diese Behauptung gilt es nun zu begründen (20):

Ein allgemeiner *Rückgang der Schiffahrt* scheint in der Schweiz um 1500 eingesetzt zu haben. In Zürich hatte der Rat schon 1461 beschlossen, die Schiffmeister bis auf 16 aussterben zu lassen; 1516 reduzierte er sie weiter auf 8 Meister und 4 Knechte, 1543 auf 6 Meister und 2 Knechte, wobei es bis zur Aufhebung der Zunft 1798 blieb (21). In Basel schrumpfte die Zahl von 3 Dutzend 1430 auf 8 Meister (+ 2 Steuerleute + 4 Knechte) im Jahre 1598 (22). Die Luzerner Reusstransporte florierten länger; noch 1573 waren sie offensichtlich überfordert, den anfallenden Verkehr zu bewältigen, so dass sie der Rat verpflichten musste, wöchentlich wenigstens drei Schiffe abzufertigen; dann scheint hier ebenfalls der Umschlag erfolgt zu sein: ab 1632 setzten die Klagen über die Konkurrenz durch die Landfuhrleute ein (23). Auch in Bern konnte nach der Blüte im 15. und 16. Jahrhundert in der Schiffleute-Gesellschaft "kein rechtes Leben mehr aufkommen" (24).

Der Rückgang des Flussverkehrs schritt bis zu dessen gänzlichen Erlöschen im 19. Jahrhundert unaufhaltsam fort. Die Basler führten zwischen 1747 und 1754 nie mehr als sieben (!) Schiffe jährlich rheinabwärts (25). Die Berner Schiffleute erklärten 1702, ihr Handwerk sei in einen "schlechten und abgängigen Zustand geraten"; 1761 klagten sie, bald nicht mehr im Stande zu sein, ihr Brot zu verdienen (26). In Zürich jammerten die jungen Schiffer schon 1667, auf der Limmat sei nichts mehr zu verdienen und sie müssten mit Weib und Kindern Mangel leiden; 1769 baten sie den Rat um Massnahmen für die Wiederherstellung der "in merklichen Verfall geratenen Basler Fahrt" (27). Auch in Luzern hiess es

20 vgl. oben Anmerkung 17.
21 Quellen zur Zürcher Wirtschaftsgeschichte II/1; Zentralbibliothek Zürich, Mscr. J 129, S. 1 + 9 / T 139.2 / T 446.1.
22 Paul Koelner S. 16 + 58.
23 StALU, Akten Archiv 1, Fach 7, Schachtel 903, Fasc. Reussschiffahrt; Arnold Härry II/187.
24 K. Howald S. 321.
25 Paul Koelner S. 66.
26 RQ Bern I/VIII 1, S. 266 + 271.
27 Zentralbibliothek Zürich, Mscr. G 233, Fasc. 2 + J 129, S. 233 ff.

seit 1739, die Niederwässler-Schiffahrt sei seit einiger Zeit in "gänzliche Zerrüttung und Abgang geraten" (28).

Ein ganzes Bündel von Ursachen scheint zu dieser Entwicklung beigetragen zu haben. Bedeutsam war sicher der allmähliche Niedergang der Zurzacher Messen (29). Dann nahmen die örtlichen Behinderungen auf den ehemals "freien Reichsstrassen" zu: Stapelrechte wurden rücksichtslos ausgenützt, alte Zölle erhöht, neue eingeführt. So erhob Baden seit 1694 eine Geleitsabgabe von allen flussaufwärts fahrenden Schiffen, obwohl Zürich auf ein kaiserliches Privileg hinweisen konnte, wonach diese Stadt von derlei Abgaben bis "in den Rin und den Rin gantz ab" befreit sei (30). Ebenso forderte Bern seit 1721 bei Stilli einen Zoll von allen Schiffen, welche aareaufwärts kamen und in die Limmat einfahren wollten; die Stadt Brugg behauptete nämlich, ihr Brückenzoll werde durch diese Schiffleute "umgangen"; in der diplomatischen Auseinandersetzung berief sich Bern auf den längst vergessenen Zoll zu Freudenau, welcher 1355 (!) mit dem Fahr an Königsfelden übergegangen sei (31). – Mit der Verbesserung der Strassen nahm seit dem 17. Jahrhundert die Konkurrenz der Landfuhrleute zu: Entsprechende Klagen aus Luzern haben wir bereits erwähnt; 1695 gerieten die Zürcher Schiffer mit ihrem Mitbürger Salomon Bürkli in Konflikt, weil dieser eine regelmässige Landfuhr nach Basel eingerichtet hatte (32). – Wesentliche Schuld am Rückgang des Flussverkehrs trugen aber die städtischen Schifferzünfte selbst. Seit dem 16. Jahrhundert ziehen sich die Beschwerden der Kaufleute über deren nachlässige Bedienung wie ein roter Faden durch die Akten aller genannten Flussstädte. Es handelt sich dabei um Klagen über langsame Spedition, Bevorzugung gewisser Händler, wochenlanges Liegenlassen der Güter, unsorgfältige Behandlung und Verderbung der Waren. So reklamierten z. B. 1572 und 1573 zwei Basler Kaufleute beim Luzerner Rat, die dortigen "Niederwässerer" würden nicht termingerecht liefern, so dass die Waren oft zu spät auf Messen und Märkten anlangten und sie (die Beschwerdeführer) dadurch "grossen Schaden und Nachteil an Ehre und Gut" erlitten; die Güter seien zwischen Luzern und Basel oft länger unterwegs als "von Mailand über die Berge nach Luzern" (33)! Besonders aus den Quellen des 17. Jahrhunderts gewinnt man den Eindruck, das Interesse der städtischen Schiffleute wie auch ihrer Obrigkeiten habe nachge-

28 StALU, Akten Archiv I, Fach 7, Schachtel 903, Fasc. Reussschiffahrt.
29 Walter Bodmer S. 52 + 73 f.
30 Otto Vollenweider S. 164 f.
31 E. A. Bd. 7/1, S. 232, 240, 245 f., 253, 363 f.; Akten dazu im StAZH, B. VIII 178, Heft 8/179, Heft 1, 4, 5, 6.
32 Zentralbibliothek Zürich, Mscr. J 129, S. 331 ff.
33 StALU, Akten Archiv 1, Fach 7, Schachtel 903, Fasc. Reussschiffahrt; teilweise abgedruckt bei Arnold Härry II/186 f.; ähnliche Klagen über die Basler Schiffleute siehe bei Paul Koelner S. 60 f.

lassen. Dieses Gewerbe hatte offensichtlich an Attraktivität für Stadtbürger verloren. Augenfällig wird dies, wenn wir die ausserordentlichen Bemühungen um speditive Leistungen im Basel des 15. Jahrhunderts mit dem unbeweglich hartnäckigen, sturen und neuerungsfeindlichen Verhalten der dortigen Zünfter vom 17. bis 19. Jahrhundert vergleichen (34). Der Niedergang hatte z. B. in Bern 1679 einen Grad erreicht, welcher die Regierung veranlasste, unter Umgehung der Zunft einem Stadtbürger eine Schiffahrtskonzession zu erteilen; dieser sollte einen regelmässigen wöchentlichen Kurs von Yverdon bis in die untere Aare einrichten; die alte Schiffergesellschaft war dazu offensichtlich nicht mehr imstande (35).

In dieser Zeit, da das zünftische Gewerbe derart darniederlag, fuhren vermutlich mehr und mehr ländliche Schiffer auch in die Städte und bildeten — zusammen mit den Landfuhrleuten — eine immer stärkere Konkurrenz. Wie wir noch sehen werden, setzten sich damals auch die Bergfahrten (gegen die Strömung) durch. Solchen Bedrohungen von aussen suchten die städtischen Regierungen im 17. Jahrhundert dadurch einen Riegel zu schieben, dass sie ihren eigenen Schiffleuten ausschliessliche Rechte verschafften, um diesen die Existenz zu sichern. Eine erste Stufe bildete die alleinige Befugnis, in der Stadt Waren aufzuladen und wegzuführen, eine zweite das totale Privileg, die Schiffahrt innerhalb des eigenen Territoriums zu betreiben. Dabei ist nochmals festzuhalten, dass jeweils nicht ein altes rechtliches Monopol "aufgefrischt", sondern neues Recht geschaffen wurde. Bis zu diesen Eingriffen galt überall — mit Ausnahme Basels — die freie Schiffahrt.

Als erste der hier untersuchten Städte versuchte Schaffhausen, ein solches *Monopol* aufzubauen. 1601 beschwerten sich die Eglisauer erstmals beim dortigen Rat, sie würden daran gehindert, die in Schaffhausen gekauften Güter wie bisher in eigenen Schiffen zu transportieren. 1610 liess die Regierung den Zolleinnehmer zu Wörth ausdrücklich schwören, keine fremden Schiffleute von Eglisau oder andern Orten Waren im Laufen einladen und wegführen zu lassen, sondern solches den von der Obrigkeit hiezu bestellten Schiffmeistern vorzubehalten. Gegen diese Massnahmen setzte sich Zürich energisch zur Wehr, grenzte doch sein Territorium ebenfalls an den Rhein. Die Auseinandersetzungen mit beidseitigen Schikanen und Pressionen dauerten ein ganzes Jahrhundert. Zürichs stärkste Waffe bildete die Drohung, die Waren in Stein am Rhein umzuladen, auf dem Landweg nach Ellikon zu bringen und von dort auf dem Wasser weiterzuführen; so würde Schaffhausen umgangen (36). Bis 1700 scheint sich das Pro-

---

34 Paul Koelner S. 16 ff. + 55 ff.
35 RQ Bern I/VIII 1, S. 269 f.
36 vgl. dazu Albert Wild, Eglisau S. 222 ff., Emil Stauber, Laufen S. 121 ff., Arnold Härry I/124 ff., welche alle in ihren Aussagen vage und unpräzis bleiben; am fundiertesten erweist sich dagegen Albert Steinegger, Neuhausen S. 101 ff.

blem insofern verlagert zu haben, als die städtischen Schiffermeister gar nicht mehr bereit waren, die anstrengende Arbeit auf dem Fluss mit eigener Hand auszuführen. Sie sahen sich eher in der Rolle von Speditoren, welche Schiffleute mit dem Transport von Leuten und Waren beauftragten. So kam 1711 eine Kehrordnung zustande, nach welcher die Schiffer von Eglisau mit 14, jene von Neuhausen mit 3 und jene von Nohl mit 4 Fahrzeugen zu je drei Mann mit der Abführung von Personen und Gütern betraut wurden. Die Organisation blieb weiterhin in den Händen der Schiffmeister von Schaffhausen, welche auch den Lohn auszahlten (37). Zürich verpflichtete sich dagegen, den "Ellikerweg" nicht für den Transitverkehr zu gebrauchen. Über die Entschädigung und besonders deren Währung kam es in der Folge zu weitern Spannungen, die 1787 in einem Streik der Eglisauer Schiffer gipfelten (38). Die Funktionsteilung zwischen Schaffhauser Schiffmeistern als Speditoren und Schiffleuten aus einigen Ufergemeinden blieb bis weit ins 19. Jahrhundert bestehen, wie auch eine erneuerte Kehrordnung von 1839 aufzeigt (39).

Luzern soll seine Niederwasserschiffer erstmals um 1620 vor der Konkurrenz auswärtiger Reussfahrer in Schutz genommen haben (40). In der Verordnung von 1739 wird ausführlich umschrieben, dass "Fremde, so Waren in den Weidlingen die Reuss hinaufführen", nicht befugt seien, ihre Schiffe für Gegenfuhren zu beladen, sofern die Luzerner Berufsgenossen selbst fahren wollten. Sollte es sich aber für diese nicht lohnen, durften die Auswärtigen zwar Personen und Waren mitnehmen, mussten ihnen aber die Hälfte des Fahrpreises abliefern. Die Haftung verblieb dafür den Luzerner "Niederwässlern", ebenso die Pflicht, die Reuss offen zu halten (41). Die Auseinandersetzungen mit den Landfuhrleuten, welche im 17. Jahrhundert einen regelmässigen Wochenkurs nach Basel eingerichtet hatten, versuchte der Rat mit dem Privileg für die Schiffer zu lösen, Reis und Bergkristalle (sog. "Strahlen") allein aus Luzern abführen zu dürfen. Wegen der Saumseligkeit überredeten die Händler die Fuhrleute immer wieder, trotzdem diese Massengüter auf der Achse zu transportieren (42).

In Bern genossen die städtischen Schiffer seit 1632 das Privileg, ihr "Bernerschiff" namentlich vor Fahrten an die Zurzacher Messen zuerst zu laden; was danach übrig blieb, fiel der freien Schiffahrt zu (43). Erst als die Regierung 1679 dem Nichtzünfter Jakob Ruprecht die erwähnte Wochenfuhr von Yverdon in den Unteraargau für zwölf Jahre verlieh, verbot sie allen Uferbewohnern ihres Terri-

---

37 Die Kehrordnung ist bei Arnold Härry I/200 abgedruckt.
38 Albert Wild S. 227 ff.
39 abgedruckt bei Arnold Härry I/202.
40 F Haas-Zumbühl S. 73.
41 StALU, Akten Archiv 1, Fach 7, Schachtel 903, Fasc. Reussschiffahrt; abgedruckt bei Arnold Härry II/267 ff.
42 StALU vgl. Anmerkung 41; dazu auch Arnold Härry II/187 f.
43 K. Howald S. 275.

toriums "bis nach Aarburg und weiters hinab" irgendwelche Güter zu transportieren; nur für die alte Schiffergesellschaft Yverdon galt diese Einschränkung nicht. 1702 ging diese Konzession versuchsweise an die städtischen Schiffleute, welche sie dann definitiv an sich ziehen konnten (44). Die Zunft war aber nach wie vor nicht in der Lage, das ausschliessliche Recht selbst wahrzunehmen. Sie löste das Problem, indem sie einzelnen Uferbewohnern die Konzession weiterverlieh. So kam 1716 ein Vertrag für die Strecke Brugg-Solothurn-Büren zustande, nach welchem die Fuhren in der Kehr zwei Schiffmeistern von Aarburg und je einem von Olten, Rupperswil und Aarau übergeben wurden. Diese verpflichteten sich dafür, der Schifferzunft der Hauptstadt für jeden Zentner aareauf- oder abwärts geführter Ware einen halben Batzen zu bezahlen (45).

Auf der Limmat war die Schiffahrt noch zu Beginn des 18. Jahrhunderts frei. Die Privilegien der Schiffleutezunft von Zürich sollten diese gegenüber ihren Mitbürgern bevorzugen. So wurde 1528 zwei Zürchern verboten, Waren wegzuführen, weil sie nicht zur Zunft gehörten (46). 1643 gebot man den dortigen Schiffmeistern, Berufsgenossen aus der Stadt für Hilfeleistungen anzufordern und keine fremden Knechte aus Wipkingen oder Höngg anzustellen (47). Auswärtige Schiffleute, besonders aus Vogelsang und Stilli, brachten aber unbestritten Waren in die Stadt und führten auch solche weg. Noch 1701 trug der Rat ausdrücklich keine Bedenken, wenn die "Vogelsänger" auch etwa einen ehrlichen Bürger mit sich nahmen (48). Im gleichen Jahr stellte die Zunft den Missbrauch ab, dass einzelne Meister "hinderrucks" Lohn von Personen verlangten, welche auf Vogelsanger Schiffen fortfuhren (49). Dennoch klagte sie "wider die Stillemer und Vogelsänger", welche in Zürich und Wipkingen ungescheut Güter aufladen und bis zu 30 Personen einschiffen würden (50). Diese Beschwerden fielen in den gleichen Zeitraum, da sich die Zünfter auch von den Landfuhrleuten konkurrenziert sahen; während der erwähnte Salomon Bürkli regelmässig nach Basel fahre, müssten sie oft zwei bis drei Wochen warten, bis sie Güter für eine Fuhr zusammenbrächten (51). Unter solchen Umständen erregten die erfolgreichen Schiffleute aus dem Aargau den Neid der Zünfter. Besonders deren Samstagsfahrten nach Baden stachen ihnen in die Augen, weil sie ihnen selbst wegen des folgenden Sonntags verboten waren. 1716 setzten sie durch, dass der Rat den "Vogelsängern" bei Verlust der Schiffe untersagte, an Samstagen Fuhren nach Zürich zu bringen; ein Jahr später präzisierte er, ein Schiffmann aus Vogelsang,

44 RQ Bern I/VIII 1, S. 269–273.
45 StABE, Band B VII 95, S. 283, 298 f., 324–327.
46 Zentralbibliothek Zürich, Mscr. G 233, Fasc. 1.
47 Zentralbibliothek Zürich, Mscr. J 129, S. 201 ff.
48 StAZH, Katalog 453 (26. 1. 1701).
49 Zentralbibliothek Zürich, Archiv der Schiffleutenzunft, Band 12, S. 103 f. + 144 f.
50 Zentralbibliothek Zürich, Archiv der Schiffleutenzunft, Band 12, S. 165 f.
51 Zentralbibliothek Zürich, Mscr. J 129, S. 331 ff. + G 233/1.

der am Freitag in der Stadt ankomme, müsse entweder am selben Tag wieder abfahren oder bis Montag dort warten (52). Trotzdem dauerte der Streit an. Die Schiffleute von Stilli und Vogelsang vermochten nämlich einleuchtend nachzuweisen, dass sie mit den für Italien bestimmten Waren, welche mittwochs in Laufenburg ankamen und donnerstags umgeladen wurden, nicht vor Samstag in Zürich sein könnten; wenn sie dann aber nicht anlegen durften, blieben die Güter eine Woche lang liegen, weil das Meisterschiff auf dem See sonntags wegfuhr. Die Zürcher Berufsgenossen stellten hierauf die unhaltbare Behauptung auf, die Aargauer könnten die Aufwährtsfahrt bis Freitag schaffen, würden aber bewusst bummeln, um ihnen am Samstag mit Gegenfuhren Schaden zuzufügen (53). Nach Einholung eines Gutachtens der Oberwasserschiffer (!) beschloss der Rat – der unaufhörlichen Streitereien müde – am 14. 2. 1722 die "Vogelsänger" (und Stillemer) dürften zwar samstags anlegen und ausladen, aber weder an Samstagen noch an einem andern Tag der Woche Personen oder Waren abführen (54). Erst mit diesem Schritt erhielt die Schiffleutezunft Zürich ein Privileg gegenüber allen fremden Schiffern. Über den weitern Verlauf berichten uns die Quellen nichts mehr. Die Schiffleute aus Vogelsang und Stilli gaben aber sicher nicht nach. Da sie für die mühsamen Bergfahrten nur niedrige Taxen verlangten, waren sie auf Gegenfuhren für die leichtere Talfahrt angewiesen. Sie dürften auch von der Zürcher Salzdirektion einige Unterstützung erhalten haben, unterboten sie doch, wie wir sehen werden, die Landfuhrleute bei den Salztransporten. Die städtischen und ländlichen Schiffer einigten sich später dahingehend, dass die letztern zwar Güter und Personen nach Zürcher Tarif abführen durften, der Zunft dafür aber die Hälfte des Lohns entrichten mussten (55). Eine ähnliche Regelung haben wir bereits für Luzern festgestellt.

Zusammengefasst haben diese Darlegungen gezeigt, dass der Flussverkehr im Mittelalter sehr rege war und faktisch – nicht juristisch – von den Städten beherrscht wurde, zumal zwischen den grossen Wirtschaftszentren. Die Flüsse galten als freie Reichsstrassen und standen daher auch den kleinstädtischen und dörflichen Uferbewohnern, besonders für den Lokalverkehr, offen. Erst nachdem die Schiffahrt allmählich abgenommen hatte, griff die Obrigkeit im 17. und beginnenden 18. Jahrhundert zugunsten der bedrängten Schifferzünfte ein. Die fördernden Massnahmen bestanden einerseits in Vergleichen mit den Landfuhrleuten, anderseits im Ausschluss fremder Schiffer oder in deren Eingliederung in die städtische Organisation, wobei die eigenen Schiffmeister die Funktion von Spediteuren übernahmen. Erst im neuzeitlichen Polizeistaat wurde ein Schiffahrtsmonopol durchgesetzt. Bei dessen Begründung wies man keine "alten Rechte"

52 StAZH, Katalog 453 (12. 8. 1716 / 7. 8. 1717).
53 Zentralbibliothek Zürich, Archiv der Schiffleutenzunft, Band 11, S. 163–171.
54 StAZH, Katalog 454 (14. 2. 1722) + A 82.4.
55 StAAa, Band 1104, S. 945–948.

vor; das Argument, der einheimische Berufszweig müsse gestützt werden, reichte aus.

Alle diese zünftischen Vorrechte fielen der *Helvetik* zum Opfer. Aare, Reuss und Limmat wurden für die Schiffahrt wieder frei. Die Versuche, im 19. Jahrhundert alte Privilegien zu restaurieren, scheiterten in diesem Bereich. Dagegen bestanden die durch natürliche Hindernisse im Rhein bedingten Monopole an den grossen Stromschnellen weiter. Die "Stüdler" zu Koblenz, die Laufenknechte und die Rheingenossen konnten ihre Ausschliesslichkeitsrechte halten, weil sie — nach staatlicher Auffassung — durch ihre Dienste und Kenntnisse der Örtlichkeiten die freie Rheinschiffahrt eher förderten. Erst in der zweiten Hälfte des 19. Jahrhunderts wurden sie als verfassungswidrig erklärt; doch hatten sie schon zuvor durch die Konkurrenz der Eisenbahnen den Todesstoss erhalten (56).

56 vgl. dazu Arnold Härry I/196 f.; Felix Brogle S. 26 ff.; Fritz Siegfried S. 227 f.

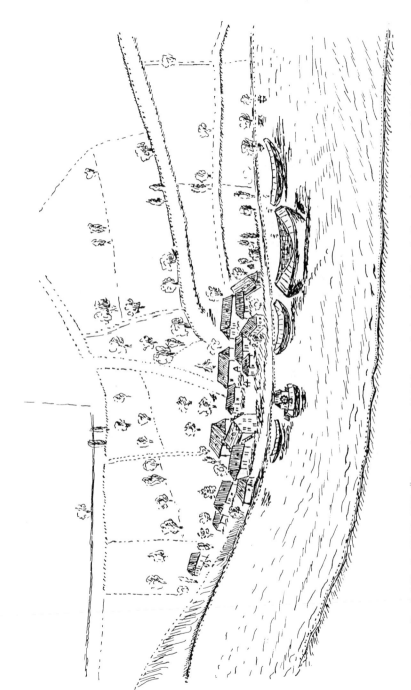

Das Schifferdorf Stilli 1705: Älteste erhaltene Abbildung nach einem Atlas über die Berner Landesgrenze (StA Bern).

2. Die Schiffahrt in Stilli

In diesem Kapitel soll das Schiffergewerbe der Bewohner einzelner Uferdörfer untersucht werden. Im Vordergrund steht die Frage, welche Möglichkeiten den ländlichen Schiffern trotz der Monopolisierung durch die Städte noch blieben. Dies wird uns zu den konkreten Problemen ländlicher Schiffahrt und ihrer Träger führen. Im Zentrum der Ausführungen soll wieder Stilli stehen, doch sollen andere Schifferdörfer wie Vogelsang und Koblenz sowie das Städtchen Klingnau einbezogen werden. Laufenburg fällt hier ausser Betracht, weil die dortigen Laufenknechte sich auf die Ausübung ihrer Vorrechte beschränkten.

Das Schiffergewerbe in Stilli ist vermutlich erst in der zweiten Hälfte des 17. Jahrhunderts intensiviert worden. Solange die Bevölkerungszahl unter 100 lag, fanden die meisten Einwohner Arbeit auf der Fähre; auch traf es auf die einzelne Haushaltung mehr Land als später. Erst mit dem Ausschluss ganzer Familienzweige vom Fahrrecht und mit der stärkern Verteilung des Bodens wurde die Längsschiffahrt als Ersatz lebensnotwendig.

Dennoch haben einzelne Stillemer die Zeit der freien Schiffahrt noch erlebt. So ertrank Hans Stilli 1668/69 in Bern (1), was zehn Jahre später, nach Erteilung der ausschliesslichen Konzession an Jakob Ruprecht, nicht mehr möglich gewesen wäre. Auf der Limmat richtete sich das Privileg für die Zürcher Schiffleutezunft von 1722 gerade gegen die blühende Konkurrenz der "Vogelsänger" und Stillemer, welche ihre rechtlichen Möglichkeiten so weit wie möglich ausnützten. Die städtischen Monopole des 17. und 18. Jahrhunderts schränkten den Flussbereich für Stilli empfindlich ein. Die völlig freie Schiffahrt bestand nur noch zwischen Brugg und Laufenburg: Der Rhein oberhalb der Aaremündung wurde von den Meistern in Schaffhausen und ihren Schiffleuten von Neuhausen, Nohl und Eglisau beherrscht; zwischen Laufenburg und Basel besassen die Laufenknechte und Rheingenossen das Recht, Steuerleute zu stellen. Die Aare oberhalb Brugg stand der Schiffleutegesellschaft Bern und ihren Schiffern aus Olten, Aarburg, Aarau und Rupperswil zu. Limmat und Reuss standen grundsätzlich offen, doch besassen die Schiffmeister von Zürich und Luzern Privilegien in bezug auf das Beladen und Abführen von Schiffen aus ihren Städten. So konzentrierte sich der Tätigkeitsbereich der Stillemer auf die Strecke Brugg-Laufenburg sowie auf Reuss und Limmat; Fahrten aareaufwärts bis Aarburg und rheinabwärts bis Basel oder gar Rotterdam waren vor 1800 sehr selten, kamen aber doch vereinzelt vor. Die Befreiung der Flusswege durch die Helvetische Revolution brachte dann eine gewaltige Ausdehnung; die Stillemer bewegten sich nun frei auf den genannten Flüssen; dennoch blieb das Gebiet Brugg-Laufenburg ihr "Hausbereich".

---

1 GA Rüfenach, Taufbuch 13. 6. 1669.

a) Die Salzfuhren

Wir haben schon anfangs darauf hingewiesen, dass die Längsschiffahrt schwer zu fassen ist, weil sie fast ausschliesslich privat organisiert war und die entsprechenden Quellen verloren gegangen sind. Eine Ausnahme bilden die Salzfuhren. Sie eignen sich als Einstieg in dieses Thema, weil sie uns in mancherlei Probleme der Schifffahrt einführen.

In den meisten eidgenössischen Orten übernahm in der Neuzeit der Staat die Versorgung des Volkes mit Salz, ja er baute sie allmählich zu einem eigentlichen Monopol aus (2). Die Regierungen bzw. deren Salzdirektionen schlossen Lieferungsverträge mit den Salinen, liessen durch Spediteure den Transport durchführen und organisierten die Verteilung und den Verkauf des Salzes. Da die schweizerischen Salzlager am Rhein noch nicht entdeckt und jene bei Bex nur unzureichend waren, musste dieses lebensnotwendige Gut aus dem Ausland importiert werden. Die Eidgenossenschaft befand sich dadurch in ständiger Abhängigkeit, was sich oft politisch auswirkte.

Die *Salztransporte* erfolgten häufig auf dem Wasser. Das Salz, welches Bern im Tirol (Hall) und in Bayern einkaufte, wurde von Lindau bis Schaffhausen, dann vom Rheinfall bis Koblenz und von hier aareaufwärts geführt. Salz für Zürich kam zum Teil aus Burgund und Lothringen; der Weg verlief von Basel her auf dem Rhein bis Waldshut und von da auf Aare und Limmat an den Bestimmungsort. Auch für Luzern wurde Salz reussaufwärts gebracht.

Bei diesen Salztransporten erhielten auch die Schiffleute von Stilli Arbeit und Verdienst. Wir wissen allerdings nicht, seit wann sie sich in diesem Gewerbe betätigten. Erstmals hören wir 1696 davon, als die Berner Tagsatzungsgesandten in Baden entschieden, die Koblenzer und Stillemer sollten sich gleichmässig in diese Fuhren teilen (3). Dabei handelte es sich um die von den Schiffleuten aus Neuhausen, Nohl und Eglisau bis Koblenz übernommenen Mengen, welche von dort nach Brugg ins Salzhaus zu bringen waren. Der genannte Entscheid von 1696 wurde 1709 bestätigt und blieb bis 1790 in Kraft, als ein formeller Vertrag zwischen der Salzdirektion in Bern und den betreffenden Schiffern abgeschlossen wurde (4). Die Aufteilung von je 100 Fässern erfolgte nun nach einem neuen Schlüssel:

2 vgl. dazu die Arbeiten von Bruno Fritzsche, Paul Guggisberg, Margrit Hauser-Kündig und
   Ernst Waldmeyer.
3 StAAa, Bände 1260 + 2783/Fasc. III,
4 StAAa, Band 1121, S. 265–268.

Stilli	50 Fässer
Koblenz	44 Fässer
Vogelsang	6 Fässer
	100 Fässer

Um speditive Lieferungen zu garantieren, verpflichteten sich die "Weidling-fahrer" von Stilli, auch bei anderweitigem grossem Arbeitsanfall täglich wenigstens 6 Schiffe zum Transport von 36 Fässern zu stellen. Bei Versäumnissen, Beschädigungen und Unfällen hafteten alle Beteiligten eines Dorfes gemeinsam. – Die Regelung von 1790 galt nur bis zur Helvetik. 1798 legte das helvetische Finanzministerium einen neuen Schlüssel fest, der sich nicht nach alten Vorrechten, sondern nach den vorhandenen Fahrzeugen richtete. Von 300 Fässern erhielten nun Koblenz und Stilli noch je ein Drittel bzw. 100, Klingnau ein Sechstel bzw. 50 sowie Döttingen und Vogelsang je ein Zwölftel bzw. 25 (5). Unter Androhung des Verlusts der Konzession wurden diese verpflichtet, auch "in Zeiten, wo viele Güter-Waren oder Früchte in Koblenz lägen" der Salzfuhr den Vorzug zu geben. Nach der Gründung des Kantons Aargau schlossen die bernische und die aargauische Regierung, bzw. deren "Salzfaktoren" ähnliche Fuhrverträge, meist beschränkt auf sechs Jahre. Die Verpflichtungen blieben sich ungefähr gleich, nur wurden die Vorschriften über saumselige Schiffer durch die Androhung von Bussen zugunsten der Gemeindearmenkasse verschärft (6).

Trotz klarer Bestimmungen kam es häufig zu Reibereien zwischen den Schiffleuten der beauftragten Gemeinden. So beklagten sich die Stillemer 1709, die Koblenzer würden mehr als die Hälfte der Salzfässer führen. 1710 beschwerte sich der Obervogt von Schenkenberg beim Landvogt zu Baden, die Schiffer von Klingnau würden jene von Stilli bei ihren Salztransporten behindern; offenbar fühlten sich die erstern übergangen und rächten sich nun auf ihre Weise. Auch zwischen Koblenz und Klingnau herrschte häufig Streit. Die Faktoren (Spediteure) wohnten nämlich in Koblenz und standen daher unter ständigem Druck ihrer Mitbürger. 1718 konnten die Klingnauer ihre Benachteiligung vor Gericht nachweisen, worauf ihnen Koblenz Schadenersatz leisten musste. Bei dieser Gelegenheit berichteten die als Zeugen vorgeladenen Schiffleute von Stilli, sie würden oft von den Faktoren zu Transporten gerufen; wenn sie aber in Koblenz ankämen, seien die Güter schon abgeführt (7)! – Umgekehrt traten die "Weidlingfah-

---

5 abgedruckt bei Fritz Siegfried, S. 242 ff.
6 Solche Salzfuhrverträge finden sich z. B. bei Fritz Siegfried S. 244 f. (1810) und im Besitz von Frau E. Baldinger-Baumann, Stilli (1831); vgl. dazu auch GA Stilli, Protokolle der Gemeindeversammlungen, Band 1, S. 74 + 95 (1837/38), S. 209 f. (1842), Band 2, S. 144 f. (1856).
7 StAAa, Band 2783, Fasc. III/XV/XVIII.

rer" aller Gemeinden geschlossen auf, wenn es galt, gemeinsame Interessen z. B. gegenüber den Faktoren oder gegen Flussbehinderungen wahrzunehmen (8).

Die *Menge des transportierten Berner Salzes* kennen wir aus den Abrechungen der Salzdirektion genau (9). Der folgende Auszug gibt die Anzahl der pro Jahr geführten Fässer wieder:

	Tiroler Salz	Bayrisches Salz	Total
1709/10	1 512	6 520	8 032
1720/21	1 104	1 722	2 826
1729/30	–	200	200
1739/40	1 039	3 830	4 869
1750/51	1 558	2 584	4 142
1760/61	1 200	–	1 200
1769/70	5 902	1 000	6 902
1780/81	2 852	3 800	6 652
1790	5 000	7 849	12 849

Auffällig an diesen Zahlen sind die grossen Schwankungen; diese nahmen aber nicht nur von Jahrzehnt zu Jahrzehnt derartige Ausmasse an, sondern auch von Jahr zu Jahr. Zwischen 1780 und 1787 bewegten sich die Werte zwischen 15781 und 2809 Fässern. Die Ursache für diese Unterschiede liegt vermutlich in der Tatsache, dass Bern von mehreren Lieferanten Salz bezog.

Für das Jahr 1707 kennen wir zudem die genaue Zahl der an der Kehr beteiligten Schiffleute, nämlich 28. Die Stillemer führten 1709/10 die Hälfte von 8032 Fässern, also 4016. Auf jeden Weidling luden sie 6 Fässer, folglich hatten sie in diesem Jahr 670 Fuhren. Da immer zwei Meister gemeinsam in einer Kehr zusammengeschlossen waren, traf es in diesem Jahr auf jeden 48 Fahrten, also eine Beschäftigung für 48 Tage. Unter gleichen Voraussetzungen fand ein Schiffmann 1720/21 nur an 17 Tagen Arbeit in der Salzfuhr Koblenz-Brugg.

Die Schiffleute von Stilli begnügten sich aber nicht mit dem Transport des Berner Salzes. Sie versuchten auch, mit den Faktoren Zürichs und Luzerns ins Geschäft zu kommen. 1744 gelang es 7 Meistern, mit dem Spediteur Dominico Brentano von Laufenburg einen Vertrag abzuschliessen, welcher ihnen die Fuhren aller für Zürich bestimmten Salzfässer aus Lothringen übertrug, und zwar von der Jüppe (gegenüber Waldshut) bis nach Zürich (10). 1762 schloss die Gemeinde Stilli mit "Speditor" Frölich aus Brugg eine Vereinbarung, nach welcher die dortigen Schiffer alles Lothringer Salz nach Luzern führen sollten, ebenso das

8 z. B. GA Stilli, Protokoll der Gemeindeversammlungen, Band 2, S. 72; StAAa, Akten Baudirektion: Wasserbau Reuss I.
9 StABE, B V 421 ff.
10 StAAa, Band 1304, S. 37–43.

Burgunder Salz nach Zürich, letzteres allerdings mit einer von der Zürcher Salzdirektion bestimmten Einschränkung zugunsten der Schiffleute von Vogelsang, welche wöchentlich zwei Weidlinge vorweg beladen durften (11). Die Stillemer versuchten in der Folge durch mannigfache Verhandlungen und Gesuche, ihre Berufsgenossen aus dem Vogelsang aus dieser privilegierten Stellung zu verdrängen und für sich selbst ein diesbezügliches Monopol zu erreichen. Ihr Hauptargument, die Bedienungspflicht des Fahrs, war natürlich nicht stichhaltig, und die "Gnädigen Herren" in Bern lehnten ein solches Vorrecht prompt ab. Immerhin empfahlen sie dem Spediteur, die Stillemer als bernische Untertanen gegenüber ihren Konkurrenten aus der Grafschaft Baden nach Möglichkeit zu begünstigen (12).

Neid und Streit trieben aber nicht nur zwischen den Schiffleuten der verschiedenen Gemeinden ihre Blüten, sondern auch innerhalb des Dorfes Stilli selbst. "Zank und Misshelligkeiten" verursachten sogar ein Unglück, indem Weidlinge umgestossen wurden, weil jeder vor dem andern laden und wegfahren wollte. Hierauf baten die 28 beteiligten Männer den Obervogt, ihnen eine formelle *Ordnung für die bernischen Salzfuhren* aufzustellen, was am 13. April 1707 auch geschah. Darin wurde bestimmt, dass die Schiffer in einer bestimmten Reihenfolge ihre Arbeit verrichten sollten. Diese "Kehr" entsprach derjenigen der Nachtwache im Dorf, die ebenfalls von sämtlichen Haushaltungen abwechslungsweise geleistet werden musste. Berechtigt war also jeder Bürger, auch wenn er keinen eigenen Weidling besass. Den letztern mussten die übrigen ein Schiff zur Verfügung stellen, und zwar wiederum in der "Kehr"; der Eigentümer fuhr jeweils als Geselle mit. Im übrigen spannten immer zwei Berechtigte auf einem Weidling zusammen, wobei − gemäss einer Ergänzung von 1713 − jeder drei Salzfässer, insgesamt also sechs, laden durfte. Bei hohem Wasserstand brauchte es noch einen dritten Mann als Hilfskraft. Wer genügend Familienangehörige hatte, konnte auch ohne Partner fahren, musste sich aber mit fünf Fässern begnügen. Offenbar fuhren auch Frauen mit, denn ein Punkt bestimmte ausdrücklich, dass der Lohn so zu teilen sei, "dass einer Mannsperson doppelt so viel davon werde als einer Weibsperson". Entschuldigt Abwesende (wegen Fähredienst oder "obrigkeitlicher Geschäfte") konnten ihre Tour nachholen; andere Verhinderungen hatten den Verlust der betreffenden "Kehr" zur Folge; Stellvertretung oder Verpachtung der eigenen Berechtigung waren unzulässig. In Koblenz sollten jeweils alle Weidlinge gemeinsam starten und geschlossen nach Brugg fahren. In Notfällen mussten sie sich unverzüglich zu Hilfe eilen. Jeder Teilhaber hatte für allfällige Schäden durch Ungeschicklichkeit oder Unglück Bürgen zu stellen (13).

11 StAAa, Band 1306, S. 47−51.
12 StAAa, Band 1104, S. 937−968.
13 StAAa, Band 1260, S. 21−23 (stellenweise unleserlich).
    Das vollständige Original der Schiffleute befindet sich im Besitz von Frau Clara Hirt-Bührer, Brugg (jetzt im Gemeindearchiv Stilli).

Verstösse gegen diese Ordnung wurden mit einer Busse von 10 Pfund geahndet. Zum Aufseher setzte der Obervogt den Kirchmeier Heinrich Lehner ein. An einem ausserordentlichen Gerichtstag zeigte derselbe tatsächlich vier Männer wegen Übertretungen an (14).

Trotz der recht genauen Vorschriften wurde immer wieder versucht, einzelne Mitbürger von der Salzfuhr auszuschliessen. Zu einem Prozess kam es 1732–35 zwischen der Gemeinde und Heinrich Hirt. Dieser war nämlich zu seinem Schwiegervater nach Vogelsang übersiedelt, wollte sich aber weiterhin an der Salzfuhr beteiligen. Da er ausdrücklich zusagte, alle Pflichten eines ortsansässigen Bürgers, insbesondere Tag- und Nachtwachen, Steuern, Abgaben und Haltung des Zuchtstiers, zu erfüllen, schützte ihn der Obervogt in seinem Anspruch zweimal (15). Ungefähr zur gleichen Zeit machten sich Bestrebungen Einzelner bemerkbar, sich auf Kosten anderer Dorfgenossen Vorrechte in den Salzfuhren zuzuschanzen. Der Obervogt hielt dagegen "bey dem dürren Buchstaben" der Ordnung von 1707 fest. Bei dieser Gelegenheit erfahren wir, dass die Stillemer damals auch Salz von Brugg aareaufwärts transportierten, mussten sie doch ermahnt werden, sich hierin "ämsig und geflissen" zu erzeigen (16).

Die spätere Salzfuhrordnung von 1790 bestätigte ausdrücklich, dass "zu allen Zeiten jeder Burger die Freiheit und das Recht habe", sich in diesem Gewerbe zu betätigen. Allerdings richtete sich die Kehr nicht mehr nach den Haushaltungen, sondern nach den eingeschriebenen Teilhabern. Um zu verhindern, dass einzelne Schiffleute andere Güter bevorzugten und das Salz liegen liessen, wurde für den Fall, dass einer seine "Kehr" versäumte, eine Busse von 10 Batzen zuhanden der "Weidlingfahrer-Büchse" festgelegt (17). Die Gemeindeversammlung von Stilli erhöhte diesen Betrag 1830 auf 15 Batzen und bedrohte diejenigen, welche die Fuhren dreimal versäumten mit dem Ausschluss aus diesem Gewerbe. Zwei Monate später setzte die Gemeinde die Bussen sogar auf 2 Franken (= 20 Batzen) fest (18).

Diese Strafen zeigen deutlich, dass es die Schiffleute mit der Erfüllung ihrer Pflichten nicht immer genau nahmen. Wenn sie private Aufträge erhielten oder wenn dringende Feldarbeiten warteten, liessen sie das Salz liegen, bis eine flaue Zeit folgte. Die Klagen der zuständigen Instanzen nahmen ab 1780 zu. Die Ermahnungen der Gemeindeammänner an die Salzfuhrleute ziehen sich wie ein roter Faden durch die Protokolle des 19. Jahrhunderts (19).

14 StAAa, Band 1260, loses Blatt (unnumeriert).
15 StAAa, Band 1230 (4. 2. 1732 + 12. 11. 1735).
16 Salzfuhrordnung im Original (vgl. oben Anmerkung 13).
17 StAAa, Band 1121, S. 265–268.
18 GA Stilli, Protokoll der Gemeindeversammlungen, Band 1, S. 69.
19 StABE, B. V 297 (S. 166) + 298 (S. 64); StAAa, Band 1311, S. 32–34; GA Stilli, Protokoll der Gemeindeversammlungen, Band 1, S. 124, 169, 176, 201, Band 2, S. 1 + 3; Protokoll der Gemeinderechnungen, Band 1, S. 1 + 69.

Aus der letzten Bemerkung geht hervor, dass sich die lokalen Behörden sehr um die Salztransporte kümmerten. Dieses Gewerbe war in Stilli und Koblenz tatsächlich seit jeher eine *Angelegenheit der ganzen Gemeinde*. Die Dorfmeier und übrigen Vorgesetzten − nach 1803 Gemeindeammann und Gemeinderäte − überwachten die Einhaltung der Vorschriften, führten die Verhandlungen und unterzeichneten die Verträge. Die Gemeinde schrieb auch eine einfache, aber obligatorische Versicherung gegen Unglücksfälle vor, weil alle Schiffleute bei Zahlungsunfähigkeit eines einzelnen Genossen solidarisch hafteten. Ein erster Beschluss in dieser Richtung datierte vom 3. Februar 1749; seither erhob die Gemeinde von jeder Fuhr, unabhängig von Transportgut und Ziel, 1 Batzen (20). Dieser sogenannte "Koblenzbatzen" hatte auch den Charakter einer Einkommenssteuer, geht doch aus einem Prozess von 1795 hervor, dass diejenigen, welche sich an den Fuhren nicht beteiligten, eine jährliche Pauschalabgabe von 10 Batzen erlegten (21). Die Einnahmen aus diesem Koblenzbatzen betrugen z B. 1821 Fr. 5.80, 1819/20 zusammen Fr. 11.−. Daraus wurden Taglöhne für Verhandlungen der Behörden, Beiträge an Prozesskosten und andere Verwaltungsauslagen gedeckt (22). Der Versicherungscharakter des Koblenzbatzens verlor sich allmählich aus dem Bewusstsein der Schiffleute. Als jedoch den Gebrüdern Baumann, Weidligmachers, 1845 Salz nass wurde und dadurch ein Schaden von Fr. 23.− erwuchs, verlangten sie einen Beitrag aus dieser bald hundertjährigen Abgabe. Die Ortsbürger mussten eine Kommission einsetzen, welche die alten Dokumente studierte. Auf deren Bericht hin wurde den betreffenden Schiffleuten ein Drittel der Schadenssumme vergütet (23). − 1857 stellte die "Schiffergesellschaft Stilli" das Gesuch an die Gemeinde, eine Schuld von Fr. 49.50 an die Salzspeditoren Gassler in Koblenz zu übernehmen; die genannte Forderung bezog sich auf Mehrfrachten, welche wegen der Vernachlässigung der Salzfuhren durch die Stillemer "Weidlingfahrer" entstanden waren. Die Ortsbürger wollten aber fortan mit der Schiffahrt nichts mehr zu tun haben; sie erklärten, diese Fuhren bildeten ein privates Geschäft, welches die Öffentlichkeit nicht berühre; konsequenterweise verzichteten sie ab sofort auf den Koblenzbatzen (24). Dieser Beschluss spiegelt den Niedergang der Längsschiffahrt auf das deutlichste wieder; die Gemeinde zog sich von ihrem Engagement für die Flussgewerbe zurück, nachdem die Vorarbeiten für den Bau der Eisenbahnlinie Turgi-Waldshut soeben abgeschlossen waren und die Ausführung bevorstand.

20 StAAa, Band 1235, S. 430−433.
21 StAAa, Band 1255, S. 214 f. + 270 f.
22 GA Stilli, Gemeinderechnungen, Band 1; Protokoll der Gemeindeversammlungen, Band 1, S. 153.
23 GA Stilli, Protokoll der Gemeindeversammlungen, Band I, S. 247−250 + 262 f.
24 GA Stilli, Protokoll der Gemeindeversammlungen, Band II, S. 159−161; Protokoll des Gemeinderates, Band III, S. 284.

b) Güter- und Personentransporte

Über die Fuhren von Menschen und Waren erhalten wir fast nur aus Prozessen genauere Angaben. Im grossen und ganzen handelte es sich um Gelegenheitsaufträge, die zwischen Händlern und Schiffleuten privat und individuell vereinbart und ausgeführt wurden und keinen schriftlichen Niederschlag fanden.

Aber auch von den Streitigkeiten hören wir erst seit dem Ausbau der Verwaltung auf Schenkenberg um 1660/70. Bereits 1679 enthält das Gerichtsbuch eine Auseinandersetzung zwischen dem Schiffmann Hans Baumann und dem Weissgerber Rudolf Falk aus Baden; Baumann hatte Wein ins vorderösterreichische Dogern gebracht, aber die Gegenfuhr von 200 Fellen für den Gerber nicht ausgeführt; so waren die Felle liegen geblieben und verdorben. Der Obervogt verurteilte den Schiffer wegen Nichteinhaltung eines Vertrags zu einer Busse von 31 Gulden; dagegen lehnte er eine Schadenersatzleistung an den Weissgerber ab (25). Solche Beispiele ziehen sich durch die Gerichtsprotokolle bis weit ins 19. Jahrhundert. Meist waren die Auseinandersetzungen bedeutend komplizierter, weil bei Warenverlusten prinzipiell der Verkäufer haftete, in zweiter Linie die Speditionsfirmen und erst zuletzt die Schiffer (26).

Als *Transportgüter* nennen die Quellen (neben dem Salz) Getreide, Reis, Bergkristalle, Eisen, Wolle und Baumwolle, auch Öl, Tabak, Kaffee, Fischschmalz, Spezereien, Seife und Farbstoffe (Indigo). Reis und Bergkristalle übernahmen die Stillemer meist als Gegenfuhr in Luzern; Eisen stammte aus dem rechtsrheinischen Albbruck), während Bohnerz aus dem Bezirk Brugg dorthin zur Verhüttung geführt wurde (27). Genauen Aufschluss erhalten wir aus der teilweise erhaltenen Buchhaltung des Heinrich Baumann, Weidlingmacher (1777–1858), welcher zusammen mit seinen fünf Söhnen während Jahrzehnten eine regelmässige Freitagsfuhr zwischen Zürich und Laufenburg unterhielt. Mit Ausnahme von Reis finden wir wieder dieselben Transportgüter vor. Die Abrechnungen vermitteln einen Eindruck von der Vielfalt der Waren, die ein- und ausgeladen wurden; neben den genannten spielte Alteisen eine grosse Rolle; man transportierte alles, was übergeben wurde: Zieger, Käse, Butter, dürre Schnitze, Kartoffeln, Würste, Wein und Schnaps, dann Bürsten, Besen, Nägel, Feilen, Sensen, Glas, Schiefertafeln, Kerzen, Kleider, Möbelstücke, aber auch Kälber und Schweine (28). Die Güter, welche nicht offen transportiert werden konnten, waren in Fässern, Säcken und Ballen und Kisten verpackt, wobei die Fässer am

25 StAAa, Band 1378, S. 53 ff.
26 Ein anschauliches Beispiel enthält das Protokoll des Bezirksgerichts Brugg, Band 9, S. 297–305 (im StAAa).
27 StAAa, Bände 1224 + 1230 (27. 11. 1730).
28 Depositum des Verfassers im GA Stilli.

besten vor Feuchtigkeit schützten. Insgesamt ist festzustellen, dass man den Schiffleuten vor allem Massengüter übergab; ein Tagsatzungsbericht von 1723 formulierte, es würden "bekanntermassen nur schlechte und schwere Waren dem Wasser anvertraut, die kostlichern aber über Land geführt" (29).

Der *Transport von Personen* stand demgegenüber weit zurück. In Zürich war es zwar üblich, den Weg zu den Bädern nach Baden auf der Limmat einzuschlagen. David Hess schilderte uns eine solche "Badenfahrt" auf reizvolle Weise (30). Diese Transporte blieben aber meist den zünftischen Schiffern der Stadt vorbehalten. Die letztern setzten bekanntlich gerade dieser Personenfuhren wegen das Monopol beim Rat durch. Auch die Buchhaltung der "Weidligmacher" Baumann enthält nur vereinzelt Posten wie "1 Mann bis Waldshut" oder "1 Jungfer mit Coffer" (31). Noch 1843 kam Hans Ulrich Baumann mit den Zürcher Behörden in Konflikt, weil er mit 55 Maurern aus dem Bregenzer Wald einen Vertrag abgeschlossen hatte, sie nach Basel zu führen. Er musste sogar vor Bezirksgericht erscheinen, ehe der aargauische Regierungsrat einschritt und die Zürcher daran erinnerte, dass derartige Ausschliesslichkeitsrechte seit bald 50 Jahren abgeschafft seien (32). Verschiedene Unfälle zeigen schon für das 18. Jahrhundert, dass die Stillemer auch Personen von Brugg aus aareabwärts führten. Die mündliche Überlieferung weiss sogar zu berichten, dass gelegentlich ganze Gruppen von Auswanderern bis Rotterdam transportiert wurden (33). 1824 kam es auch zu einem Prozess Heinrich Lehners und dreier Schiffleute aus Mumpf gegen Speditor Frey, für welchen sie Schweizer, welche nach Brasilien übersiedelten, bis Holland geführt hatten, der ihnen nun aber den Lohn nicht auszahlen wollte (34).

Neben den Gelegenheitsfuhren versuchten die Stillemer, mit einzelnen Spediteuren *feste Verträge* abzuschliessen. 1744 erzielten z. B. sieben Schiffleute jene Vereinbarung mit Dominico Brentano in Laufenburg, nach welcher sie neben dem Lothringer Salz auch sämtliche Kaufmannsgüter von der Jüppe (gegenüber Waldshut) nach Zürich führen konnten. Sie verpflichteten sich, stets mit 15 Weidlingen abrufbar zu sein und auch im Winter, bei niedrigem Wasserstand, zu fahren – notfalls mit weniger Fracht (35). 1762 traf die Gemeinde mit Spediteur Frölich, Brugg, eine Abmachung, wonach die dortigen Schiffer mit 12 Weidlingen alle seine Waren von Brugg nach Koblenz und – besonders während der Zurzacher Messen – zurück führten (36).

29 StAZH, B VIII 179, Heft 1.
30 David Hess, Die Badenfahrt, S. 7–17.
31 Depositum des Verfassers im GA Stilli.
32 StAAa, Regierungsratsprotokoll 3. 4./10. 4./1. 5. 1839; StAZH, O 113.1/3.
33 Bericht von Marie Zimmermann-Lehner. Vgl. auch Brugger Neujahrsblätter 1996, S. 52.
34 StAAa, Protokoll des Bezirksgerichts Brugg, Band 18, S. 18.
35 StAAa, Band 1304, S. 37–43.
36 StAAa, Band 1104, S. 953–956.

Ausserdem hatten die Stillemer 1710/15 ein *Teilmonopol* durchgesetzt. Fortan durften sie, zusammen mit Koblenz und Klingnau, einen Drittel der von Schaffhausen in Koblenz ankommenden Waren aareaufwärts weitertransportieren (37). Der Versuch Stillis, 1763 ein weiteres Vorrecht auf der untern Aare zu erlangen, scheiterte bekanntlich an der Weigerung der Berner Regierung. Alle diese zunftähnlichen Privilegien wurden natürlich durch die Helvetische Revolution 1798 aufgehoben und galten fortan nicht mehr.

c) Der Salzfuhrprozess 1757/58

An dieser Stelle müssen wir kurz auf den grossen Skandal in der Geschichte Stillis eingesehen. Ein Salzfuhrprozess machte das Aaredorf 1757 mit einem Schlag weit über die Grenzen der Republik Bern hinaus bekannt, und viele, ja selbst Chronisten, wussten nichts anderes über diese Gemeinde, als was damals als Sensation in aller Leute Mund war (38). Die "Gnädigen Herren" trugen durch eine aufwendige Untersuchung und spektakuläre Urteile das ihre dazu bei. Für uns ist dieser Prozess vor allem von Bedeutung, weil ein etwa 350 Seiten starkes Verhörprotokoll ein anschauliches Bild über die mannigfachen Probleme im damaligen Stilli vermittelt (39).

Im Herbst 1757 erhielt der Obervogt des Amts Schenkenberg auf unbekanntem Wege — die Stillemer verdächtigten den Pfarrer von Rein (40) — Hinweise auf einen illegalen Salzhandel der dortigen Schiffleute, wobei die Vermutung bestand, diese hätten das verkaufte Salz aus den ihnen zum Transport übergebenen Fässern gestohlen. Die Regierung erteilte hierauf dem Vogt den Auftrag, der Angelegenheit sorgfältig auf den Grund zu gehen. Dieser sah sich einer sehr heiklen Aufgabe gegenübergestellt; er versuchte aber, sie mit grosser Gewissenhaftigkeit zu lösen: Zwischen Ende November 1757 und Mitte Januar 1758 führte er mit insgesamt 64 Personen 128 Verhöre durch; es handelte sich dabei um 28 Männer und 10 Frauen aus Stilli, sowie 26 Zeugen aus den umliegenden Dörfern. Im ganzen setzte er 20 Männer und 5 Frauen in Untersuchungshaft; da der Schwarze Turm zu Brugg gar nicht so viele Gefangene zu fassen vermochte, musste der Obervogt gelegentlich Häftlinge nach Hause entlassen, um neue einsperren zu können. Was die Untersuchung fast unmöglich machte, war die ge-

---

37 StAAa, Band 1104, S. 945—948 + Band 2783/Fasc. III.
38 vgl. z. B. Burgerbibliothek Bern, Mss. Hist. Helv. XIV 57, S. 513.
39 StAAa, Band 1224.
40 StAAa, Band 1103, S. 749—751.

schlossene Front der Einwohner von Stilli. Jeder Befragte erklärte, er wisse von nichts, habe nie von Unregelmässigkeiten gehört und kenne niemanden, dem so etwas zuzutrauen wäre. Tatsache war aber, dass ein grosser Teil der dortigen Bevölkerung in diese Affäre verwickelt war: Schiffleute "erleichterten" schlecht verschlossene Fässlein um etwas Salz, andere erhielten von der Beute "Schweigegeld"; arme Witwen hausierten mit dem Diebesgut in der Umgebung; Ehefrauen, Schwestern und Töchter verspannen die aus den Ballen gezupfte Baumwolle und verkauften das Garn zu günstigem Preis. Die Verschwiegenheit der Stillemer konnte der Obervogt nur durch die Befragung allfälliger Käufer aus der Nachbarschaft durchbrechen. Hier fanden sich tatsächlich einige Belastungszeugen; besonders der Korbmacher Jakob Senn aus Villigen gefiel sich in dieser Rolle; er erschien sogar zweimal ungerufen vor dem Obervogt, um Männer und Frauen von Stilli mit sehr vagen Vermutungen reihenweise schwer zu verdächtigen. Diese verhielten sich im grossen und ganzen recht geschickt: sie gaben den Salzhandel, und damit den Verstoss gegen das obrigkeitliche Monopol, ohne weiteres zu, hielten aber bis zum Beweis des Gegenteils an der Behauptung fest, dieses gekauft oder an Lohnes statt erhalten zu haben. Das Ergebnis der gross angelegten Untersuchung erwies sich denn auch als recht mager; lediglich durch die lange Haft waren einige Stillemer mürbe geworden und hatten einige kleine Diebstähle zugegeben.

Das Urteil der "Gnädigen Herren" erfolgte am 14. März 1758. Es fiel − in Anbetracht der wenigen Beweise und Geständnisse − verhältnismässig milde aus, wurde aber wie ein Volksschauspiel öffentlich vollzogen. Vier Schiffleute wurden mit zwei Jahren Kettenhaft bestraft; fünf eher ältere Männer mussten zu Stilli auf dem Platz zwischen Taverne und Fahr vom Mittag bis Sonnenuntergang am Pranger stehen; elf weitere, eher jüngere, wurden in einem Umzug unter militärischer Begleitung von Brugg nach Stilli und dort unter Trommelschlag im Dorf herum geführt; fünf von ihnen mussten die "Geige" (ein Schandeisen, in welches beide Hände eingeklemmt waren) um den Hals tragen. Männer und Frauen, welche mit dem Diebsgut Handel getrieben hatten, wurden mit ein- bis dreitägiger Gefangenschaft bestraft. Zum Abschluss des beschriebenen Schauspiels versammelte der Obervogt alle Verurteilten und alle, welche Diebsgut gekauft hatten, und hielt ihnen eine scharfe "Zensur", in welcher er ihnen ihr schändliches Treiben vor Augen führte, das Missfallen der Regierung ausdrückte und sie vor fernern Vergehen warnte.

Die "Gnädigen Herren" scheinen aber doch vom Elend der Schiffleute, welches aus dem Verhörprotokoll hervorging, beeindruckt gewesen zu sein. Von tatsächlicher Milde zeugte ihr Beschluss über die Gerichtskosten: jeder, der es vermöge, solle seinen Teil abtragen; die Auslagen für die Unvermögenden aber wurden der Staatskasse belastet. Die Regierung wollte offenbar die Not der Verurteilten nicht durch weitere Verschuldung vergrössern.

Über die Klinge springen aber musste der mächtige Amtsuntervogt und Bärenwirt Kaspar Finsterwald. Es gelang ihm nicht, sein Mitwissen zu verheimlichen und sich mit angeschlagener Gesundheit zu entschuldigen. So verlor er Amt und Würde (41).

d) Die wirtschaftliche und soziale Bedeutung der Längsschiffahrt

Der Schifferberuf war aussergewöhnlich hart. Besonders die *Fahrten gegen die Flussrichtung* dürften zu den anstrengendsten Arbeiten überhaupt gehört haben. David Hess berichtet uns in seiner "Badenfahrt" darüber:

> "Wir begegnen einigen Nachen, welche von den Schiffern mühsam stromaufwärts gestossen werden, weil die Beschaffenheit der Ufer die Veranstaltung von Reckwegen unmöglich macht. Die armen Leute schwitzen und stöhnen bey ihrem sauern Geschäft. Wenn sie drey Ruderlängen vorwärtsgestrebt haben, reisst sie das Wasser wieder um zwey rückwärts. Sie sind gestern in zwey Stunden nach Baden gefahren; jetzt brauchen sie bey grossem Wasser wenigstens achtzehn Stunden, um sich wieder nach Zürich hinauf zu arbeiten (42)".

Aus den Verhören des Salzfuhrprozesses vernehmen wir, dass die Schiffleute für den Transport des Berner Salzes Koblenz-Brugg morgens 2 Uhr in Stilli wegfuhren, in Koblenz aufluden und dann nachmittags 2–3 Uhr in Brugg anlangten (43). Diese Aussage deckt sich mit der mündlichen Überlieferung aus dem 19. Jahrhundert, welche eine reine Fahrzeit Koblenz-Brugg von sechs Stunden angibt. Für die Strecke Waldshut-Zürich brauchten die Schiffer drei Tage, wobei sie in Stilli und beim Kloster Fahr übernachteten. Auch die Basler Fuhren von Laufenburg bis Zürich schafften sie in drei Tagen: am Donnerstag wurde geladen, die erste Nacht verbrachte man zuhause in Stilli bzw. Vogelsang, am Freitag reichte es bis Dietikon, Schlieren oder höchstens bis Höngg, weshalb sie erst am Samstag in der Stadt ankamen (45). Die Angaben verstehen sich für normalen Wasserstand und für eine Besatzung von drei Mann je Schiff. Die "Weidligmacher" Baumann scheinen ihre wöchentliche Freitagsfuhr in zwei Tagen und bloss zu zweit je Fahrzeug bewältigt zu haben. Aufwärts luden sie aber nur wenig Ballast; ausserdem kehrten sie regelmässig in Baden oder Wettingen, in Oetwil, beim

41 StAAa, Band 1223 (Urteil vom 14. 3. 1758).
42 David Hess, Die Badenfahrt S. 15 f.
43 StAAa, Band 1224, S. 153 ff.
44 Edmund Froelich, S. 15 f.
45 Zentralbibliothek Zürich, Archiv der Schiffleutenzunft, Band 11, S. 163 ff.

Kloster Fahr, in Wipkingen und in Zürich ein. Die Transporte erfolgten vor allem flussabwärts, wobei sie Zwischenhalte mit Imbiss dort einschalteten, wo sie Waren abzuladen hatten. Von Laufenburg aus liessen sie die Weidlinge durch andere Fuhrleute heimführen; sie selbst wanderten über den Rotberg zurück und stiegen meistens im "Hirschen" zu Villigen ein letztes Mal ab (46).

Die Aufwärtsfahrten erfolgten mit Ruder und Stachel – in einheimischer Sprache: mit "Riemen und Schalten" –, wobei man sich oft auch an den Ufergebüschen hinaufschleppte. Entgegen den Angaben von Hess bestanden, zumindest streckenweise, Leinpfade, so dass man die Schiffe an Seilen vom Ufer aus "hinaufrecken" konnte. Dies war an Aare, Reuss und Limmat – im Gegensatz zu Rhein und Donau – nicht durchgehend möglich, weil man mit der durch die Strömung geschaffenen Schiffsrinne häufig die Flusseite wechseln musste. Dennoch lassen sich solche Reckwege eindeutig nachweisen: Der Rat von Bern schrieb 1616 den Landvögten und Städten bis Brugg vor, "die pörter ze rumen", damit die Schiffslasten *wiederum* bis Nidau mit geringern Kosten und Hindernissen als bisher gezogen werden könnten (47). 1774 verlangte die bernische Salzdirektion eine Verbesserung des Schiffsweges zwischen Brugg und Wangen (48). 1839 waren es die Schiffmeister zwischen Aarburg und Biberstein, welche über den schlechten Zustand der Schiffszieherwege klagten; sie erinnerten die Regierung daran, dass sie Zölle bezahlten, weshalb der Kanton auch dafür zu sorgen habe, dass diese Wege in Ordnung gebracht würden. Schon zwei Jahre vorher hatten die Schiffergesellschaften von Koblenz, Stilli, Döttingen, Klingnau und Eien ähnlich argumentiert und darauf hingewiesen, dass die Sträucher an den Ufern bei Hochwasser die Bergfahrt beinahe verunmöglichten und die Ursache der meisten Unfälle darstellten. Der Regierungsrat vertrat die Ansicht, es sei Sache der Landbesitzer, diese Wege in Stand zu stellen, weshalb er die Bezirksämter anwies, entsprechende Anordnungen zu treffen (49). Der Reuss entlang war es wohl am schwierigsten, Leinpfade zu errichten, weil dieser Fluss die Richtung am häufigsten wechselte und zum Teil unbegehbare Ufer aufwies; dennoch zeigten sich auch hier entsprechende Bestrebungen, wünschte doch Luzern 1686 einen Fussweg in der grossen Reusskurve bei Windisch (50). Auch an der Limmat war das Recken allgemein üblich: 1751 klagten einige Besitzer von Ufergrundstücken, die ländlichen Limmatschiffer würden widerrechtlich ihre Parzellen betreten, Gras zerstampfen und junge Bäume gewaltsam ausreissen, wogegen sich die Schiffleute auf "alte Übung" beriefen (51). Diese Tradition

46 Depositum des Verfassers im GA Stilli.
47 RQ Bern I/VIII 1, S. 257.
48 StABE, B V 297, S. 2.
49 StAAa, Regierungsakten F No. 13/2 (1840); GA Stilli, Protokoll der Gemeindeversammlungen, Band 1, S. 220.
50 StAAa, Band 451, S. 17–20.
51 StAZH, A 149.2.

scheint aber doch nicht so weit zurückzugehen: Anlässlich des erwähnten Streits wegen des Zolls zu Stilli erklärten die Vertreter Berns 1723, "das Obsichstossen der Waren (sei) eine neue und erst seit vierzig Jahren so stark aufgekommene Sach" (52). Als die Fabrikanten Solivo und Wild 1835 ihre Spinnerei in Baden (heute EW Aue) bauten, versperrten sie den alten Leinpfad, weshalb die Regierung ihnen in der Konzession auferlegte, ausser einer Schleuse noch Seile und Ketten anzubringen, damit sich die Schiffe trotzdem hinaufziehen liessen (53). – Am Rhein waren die Uferwege in ganz anderem Ausmass ausgebaut, so dass man die Fahrzeuge durchgehend von der Aaremündung bis zum Rheinfall recken konnte, und zwar mit Pferden wie an der Donau. Für die Niederwasserschiffer von Schaffhausen besorgten dies schon 1587 "von altersher" die Schiffleute von Koblenz; letztere stellten diesen Dienst damals ein, weil ihnen bei hohem Wasserstand mehrere Rosse zu Grunde gegangen waren (54).

Obwohl wir somit die Ausübung von Bergfahrten nachgewiesen haben, galten sie – jedenfalls im Spätmittelalter – nur mit Einschränkungen als rentabel. Damals war es vielmehr üblich, die Schiffe nach vollendeter Talfahrt zu veräussern. So sind mehrere Verträge über Schiffsverkäufe aus dem 15. Jahrhundert bekannt, z. B. zwischen Zürich und einem Wilhelm Specker von Schaffhausen in bezug auf alle Fahrzeuge, welche in Baden, Klingnau und Waldshut gelöscht würden, oder zwischen den Schiffleuten von Zürich, Bern, Luzern, Schaffhausen, Laufenburg, Rhina, Murg und Säckingen, welche unter sich Minimalpreise festlegten; die letztgenannte Vereinbarung richtete sich offensichtlich gegen Basel, wo die Preise regelmässig gedrückt wurden (55). Aus Stilli wissen wir für das 19. Jahrhundert, dass Schiffleute, welche bis Holland fuhren, ihre Boote dort ebenfalls verkauften und zu Fuss zurückkehrten (56). – Da die nur einmalige Benützung der Schiffe einen grossen Holzverbrauch verursachte, schritten verschiedene Regierungen gegen diese Exporte ein. 1637 bestimmte der Berner Rat, im eigenen Land gebaute Schiffe dürften nur bis Aarau oder Brugg geführt und müssten dann wieder hinaufgezogen werden. 1672 gebot er dem Hofmeister zu Königsfelden, jedes Schiff bei Altenburg anzuhalten und, wenn es kein Ausfuhr-

52 StAZH, B VIII 179/Heft 1; E. A. Bd. 7/1, S. 245.
53 StAAa, F No. 18/13 (1835), F No. 13/27 (1840), B No. 2/60 (1848), Akten Baudirektion: Wasserbau Limmat 1827–1865 (1839 + 1853).
54 Arnold Härry I/204 f.; vgl. dazu Fritz Glauser S. 52 und Karl Schib S. 347; zur "Gegenschiffahrt" auf der Donau siehe Ernst Neweklowsky I/291 ff. und Bilder Nrn. 3, 81–87.
55 Beispiele für Schiffsverkaufsverträge siehe Quellen zur Zürcher Zunftgeschichte, Band I, Nr. 128; Quellen zur Zürcher Wirtschaftsgeschichte, Band I, Nrn. 1020, 1089, 1091; ebenso J. Vetter S. 128; vgl. dazu auch Otto Vollenweider S. 62 ff; Paul Koelner S. 25 ff.
56 Bericht von Frau Marie Zimmermann-Lehner.

patent besitze, zu konfiszieren (57). Ähnliche Verbote erliessen die Räte von Luzern und Freiburg (58).

*

Zur ungewöhnlichen Härte des Schifferberufs kamen die grossen *Gefahren* auf dem Wasser. Die Flüsse, damals weder gestaut noch verbaut, änderten die Richtung des Wasserlaufs viel häufiger; sie überschwemmten öfters, bildeten neue Flussarme und Giessen, rissen ganze Uferstreifen weg und liessen das Material anderswo liegen. Dadurch änderte sich auch der Schiffsweg dauernd. Ausserdem schwankte der Wasserstand stark. Dies alles erforderte eine genaue Kenntnis der Flüsse und der Regeln der Strömung. Neben Örtlichkeiten, die immer schwierig zu befahren waren, wie Strudel ("Waagen"), Furten, grosse Felsblöcke (etwa der "Wirtel" bei Beznau) mussten die Schiffer vor allem neu entstandene Sandbänke und Inseln ("Griene") sorgfältig beobachten. Abgesehen von den geschilderten "Laufen" bei Koblenz und Laufenburg galten in unserer Gegend der "Würenloser Kessel" (59), die Limmatschleife bei Wettingen, die Aareschlucht bei Brugg und die Stromschnellen bei Altenburg als besonders schwierig. Um die beiden letztgenannten Stellen zu umgehen, legte Bern 1722 zwischen Altenburg und Schinznach-Bad eine zusätzliche Schifflände in der "Schindellegi" an; die Salzfässer wurden fortan auf Fuhrwerken um das Städtchen Brugg herum transportiert (60). Als gefährlichsten Fluss ingesamt bezeichneten die Stillemer die Reuss (61).

Die Sicherheit der Fahrten erforderten neben der genauen Kenntnis des Flusslaufs auch gute Schiffe und eine rasche Reaktionsfähigkeit. Beides fehlte gelegentlich, sei es durch Vernachlässigung der Fahrzeuge, sei es durch Betrunkenheit des Steuermanns. Die Chroniken wissen daher von vielen schweren Unfällen zu berichten: So soll 1480 ein Schiff mit Söldnern aus französischen Diensten bei Wangen an einen Brückenpfeiler gestossen sein, wobei gegen 100 Personen ertranken (62). 1513 sank ein von Solothurn nach Zurzach fahrendes Schiff mit Menschen und Gütern bei der "Kalten Herberge" zu Altenburg (63). Verschiedene anschauliche Berichte erzählen uns von der Tragödie auf einem morschen Brugger Zurzachschiff, welches am Verenatag 1626, unter dem Motto "Je mehr Menschen, desto mehr Batzen", mit etwa 200 Passagieren beladen, schon beim

---

57 Arnold Härry II/173 f. + 264 f.
58 Fritz Glauser S. 21 f.
59 vgl. dazu die Schilderung von David Hess S. 13–15.
60 Samuel Heuberger, Bad Schinznach S. 103.
61 Edmund Froelich S. 15 + 16.
62 Gotthold Appenzeller S. 169 f.
63 StABrugg, Chronik von Sigmund Fry S. 154.

Abstossen entzweibrach und als Wrack erst unterhalb Stilli geborgen werden konnte; allein aus Brugg fanden damals über 50 Einwohner den Tod (64).

Schiffleute aus Stilli waren nie in derart grosse Katastrophen verwickelt. Dennoch ist uns eine ganze Reihe von Unglücksfällen überliefert, bei welchen eine oder mehrere Personen den Tod fanden. Wir geben im folgenden einige typische Schilderungen aus dem Totenbuch von Rein (65) wieder:

- 26. 9. 1752: Heinrich Müller, ein junger Ehemann, 31 1/2 Jahre alt.

"Ist ertrunken, da er mit einem geladenen Weidling mit seinem Schwäher und Bruder von Zurzach kommend bei Gippingen von einem Port zum andern hinüberfahren wollen, der Weidling aber hart an dem Port angefahren, hinten über den Weidling hinausgeworfen worden, und weil es tief war, nicht mehr zu retten gewesen. Er hinterliess ein schwanger Eheweib samt 2 kleinen Kindern."

- 12. 12. 1752: Ursula Wächter, Ehefrau des Heinrich Lehner, 24 Jahre alt.

"Ist am Brugger Markt abends zwischen Tag und Nacht elendiglich ertrunken. Ihr Ehemann hat sie nebst 7 andern Personen aus dem Siggenthal in einem kleinen Weidling von Brugg die Aare hinuntergeführt und bei dem untern Auslauf der Limmat die Siggenthaler ausladen wollen. Hat der überladene Weidling von denen in denselben eingeschlagenen Wasserfällen sich gewälzt und umgeschlagen, dass alle in das Wasser verschüttet wurden, welche der schnelle Strom, ungeacht sy nit mehr fern vom Land gewesen, doch wieder in die Aare hinausgeführt, dass neben obigem Weib noch 5 Personen aus dem Siggenthal ertrunken, der Schiffmann ist aber nebst zwei andern davon kommen, welche sich an dem Weidling halten können."

- 18. 9. 1775: Heinrich Finsterwald, Mörsels, ledig, 23 Jahre alt, und Heinrich Finsterwald, Mosi, ein erst seit dem August verheirateter Ehemann.

"Das Unglück trug sich folgender Gestalt zu: Sie wollten nach Luzern fahren, hatten Kaufmannsgüter im Schiff. Als sie die Reuss hinauffuhren, fuhren sie bei Berli (Perlen), eine Stunde hieher Luzern, auf einen Grienhaufen, auf welchem sie stecken blieben, sich los arbeiteten; allein das Schiff überschlug, und sie fielen ins Wasser. Ein dritter, namens Caspar Finsterwald konnte entrinnen."

- 14. 1. 1782: Johannes Finsterwald, lediger Sohn des Hinterwirts von Stilli, 40 Jahre alt.

"ertrunken. Er hatte nebst seinem Gefährten in Brugg so tapfer gesoffen, dass sie toll und voll abgefahren, und beim Vogelsang fiel er aus dem Schiff."

- 20. 7. 1848: Heinrich Müller, Raucher, Zinsels, Ehemann und Vater von 5 Kindern, 54 Jahre alt.

64 Eine etwas blumige Wiedergabe findet sich in den Brugger Neujahrsblättern 1893, S. 23–31; zum 350. Jahrestag vgl. die Berichte im Badener und Brugger Tagblatt vom 1. September 1976.
65 im GA Rüfenach.

"den 20. Juli fuhr er die Aare hinunter im Weidlig, um, wie er sagte, Wände zu hauen, und ward nicht mehr gesehen. Der Weidling wurde in der Beznau geländet."

Die Reihe solcher Beispiele liesse sich bis in die Gegenwart weiterführen. Man müsste aber auch von den Hinterbliebenen erzählen, von den Witwen und Waisen, welche nur allzu oft während Jahrzehnten die materielle Hilfe der Gemeinde beanspruchen mussten. Auf diese Probleme werden wir in spätern Kapiteln zurückkommen.

Die Not der Verunglückten war oft schon gross, auch wenn niemand ertrank. Vom Erwerb eines neuen Weidlings abgesehen, mussten die Schiffleute oft auch für den Verlust der Transportgüter aufkommen, und dies konnte eine Existenz lebenslang ruinieren. Auch von solchen Fällen berichten uns die Quellen:

Am 5. Januar 1781 verunglückten Kaspar und Johannes Finsterwald unweit von Zürich mit einem neuen Kahn, welcher zertrümmert wurde, wobei die Last mit Eisen versank, während die Schiffer ihr Leben retten konnten. Als sie danach vom Rat der Stadt Zürich zur Rechenschaft gezogen wurden, schrieb der Obervogt von Schenkenberg der dortigen Regierung einen mitleiderregenden Brief, in welchem er die armseligen Lebensverhältnisse der beiden schilderte und um grosse Milde bat (66).

In einem andern Fall richteten zwei Schiffmeister, mit Unterstützung des Gemeinderates, eine Bittschrift an die aargauische Regierung. Sie wollten am 28. Juli 1817 170 Säcke Reis von Luzern nach Basel transportieren, fuhren aber auf ein zufolge Überschwemmung in die Schiffsrinne verschobenes Wuhr. Obwohl der Weidling barst, gelang es ihnen, Schiff und Ladung auf eine Insel zu retten. Dennoch wurden 110 Säcke völlig durchnässt und übelriechend, so dass trotz aller Trocknungsversuche ein Teil verdarb. Die Eigentümerfirma forderte Ersatz in der Höhe von 5250 Fr.; mit den Unkosten entstand ein Schaden von 5700 Fr., was eine Riesensumme darstellte, wenn wir bedenken, dass die beiden in Häusern wohnten, welche auf 500 Fr. geschätzt waren (67). Der Kleine Rat lehnte aber jeglichen Beitrag ab, da der Kanton keine Schuld an diesem Unfall trage (68). Wir erfahren nicht, wie sich die Schiffleute mit ihren Auftraggebern einigten.

Ein Beispiel aus dem 18. Jahrhunderts mag uns die Finanzierung eines solches Verlusts illustrieren:

Hans Jakob Baumann, genannt "Burgunder", ein in den Chorgerichtsbüchern häufig wegen liederlichen Lebenswandels gescholtener Mann, hatte einen sogenannten "Nördlinger Ballen" verloren. Der geschädigte Händler, Caspar Anton Dorer aus Baden, forderte 160 Gulden. Da kein Bargeld vorhanden war, verschrieb ihm Baumann einen Gültbrief in dieser Höhe und zwar auf sein Wohnhaus samt Scheune und 3 Jucharten Land. Diese Liegenschaften wurden auf 330 Gulden geschätzt, wobei aber bereits eine Schuld von 150 Gulden darauf haftete, so dass der Verschuldungsgrad nun 94 % ausmachte! So wurde der greise

66 StAZH, A 241.11.
67 StAAa, Archiv des Bezirkamts Brugg, Lagerbuch Stilli 1809.
68 StAAa, Regierungsratsakten IA No. 10/19 (1817).

Schiffmann, der einst mehr Land und sogar einen Fahranteil besessen hatte, am Ende seines Lebens auf Almosen angewiesen. Solche Erfahrungen machten aber seinen Söhnen keinen Eindruck. Auch sie mussten mehrmals für Schäden aufkommen, welche nur auf Sorglosigkeit, Unachtsamkeit, ja Verwahrlosung zurückgingen (69).

Derartige Fälle selbstverschuldeten Unglücks dürfen aber nicht darüber hinwegtäuschen, dass es die Schiffleute auch bei grösster Anstrengung kaum auf einen grünen Zweig bringen konnten. Wir werden im Kapitel über die sozialen Verhältnisse in Stilli sehen, dass sich die Unterschicht zum grössten Teil von diesem Gewerbe ernährte. Ähnliche Feststellungen machte Fritz Glauser auch für die städtischen Schiffleute; er weist nach, dass nur diejenigen Aufstiegschancen hatten, welche die Schiffahrt mit Handel verbanden (70). Bei Schaffhausen haben wir bereits gezeigt, dass sich die dortigen Schiffer zu Spediteuren aufschwangen.

*

An dieser Stelle müssen wir nun nach dem *Lohn* für die harte Arbeit des Schiffmanns fragen. Verschiedene Verträge geben uns die Ansätze je Salzfass, Ballen oder Zentner bekannt; so lauteten die Salztarife:

1763	Brugg – Zürich	(2 Tage)	20	Batzen je Fass
	Brugg – Luzern	?	45	Batzen je Fass
1791	Koblenz – Brugg	(1 Tag)	7 1/2	Batzen je Fass

Für 1763 können wir z. B. folgende Berechnung anstellen: Üblicherweise transportierten drei Männer sechs Salzfässer in einem Weidling. Die Bruttoeinnahmen betrugen demnach für die Strecke Brugg-Zürich 6 x 20 Batzen = 120 Batzen oder 8 Gulden. Davon gingen 3 Batzen für den Zoll zu Baden, der Koblenzbatzen nach Stilli sowie der Lohn für den Knecht von 1 Gulden ab. Aus dem Rest von etwa 100 Batzen (oder 6 2/3 Gulden) waren die Verpflegung der Mannschaft und der Unterhalt des Kahns zu bestreiten. So blieb jedem Meister vielleicht ein Taglohn von 1 Gulden.

Für andere Güter bezahlten die Spediteure den Schiffleuten 1744 von Waldshut nach Zürich 4 1/2 Batzen je Zentner, 1763 von Koblenz nach Brugg 1 1/3 Batzen, für die Talfahrt 3/4 Batzen. Bei einer Ladung von 50 Zentnern erhielten sie demnach für eine Tagesleistung Koblenz-Brugg 66 2/3 Batzen (71).

Die beiden Beispiele zeigen gleich die ganze Problematik solcher Berechnungen auf. Die Grösse der Salzfässer variierte zwischen 5 und 10 Zentnern (72). Die durchschnittliche und die maximale Belastung unserer Flussweidlinge sind kaum bekannt. Über den Lohn für einen Schiffsknecht besitzen wir für das 18. Jahr-

69 StAAa, Bände 1228 (27. 6. 1718/8. 7. 1721), 1229 (12. 2. 1724/16. 1. 1730), 1383 (23. 11. 1718).
70 Fritz Glauser S. 20.
71 Die Angaben stammen aus StAAa, Bände 1104 (S. 945–956) und 1304 (S. 37–43).
72 Bruno Fritzsche S. 124, 129, 130; Paul Guggisberg S. 69.

hundert nur eine einzige Angabe (73). Ebenso fehlen uns Anhaltspunkte zu den Auslagen für Verpflegung und Unterkunft. Zudem müsste man auch wissen, in welchem Verhältnis Gegenfuhren und Leerfahrten zueinander standen.

Trotz der ungenauen Lohnangaben gewinnt man den Eindruck, die Schiffleute hätten an den Transporten privater Güter mehr verdient als an denjenigen des obrigkeitlichen Salzes. Daher rührten auch die häufigen Klagen über Vernachlässigung der letztern. In den Augen der Schiffer stellte das Monopol der Salzfuhren eher eine sichere Verdienstquelle für auftragsarme Perioden dar, womit ihre privaten Interessen mit denjenigen einer ausgeglichenen Salzversorgung des Volkes kollidierten. Die unregelmässigen Aufträge stellten denn auch eine der negativsten Seiten des Schifferberufs dar. Herrschte in den Zeiten der Zurzacher Messen Hochbetrieb, so lag die Längsschiffahrt besonders im Winter darnieder.

Zum Mangel an Quellen für zuverlässige Berechnungen der Rendite im 18. Jahrhundert kommt ein Problem, das schon die damaligen Schiffleute nicht zu bewältigen vermochten: die *verwirrende Vielfalt von Währungen,* welche zu einem beträchtlichen Teil die Vergehen des Salzfuhrprozesses verursachten. Das betreffende Verhörprotokoll spiegelte die ganze Not des "Mangels an gutem Geld" wieder. Amtsuntervogt Finsterwald erklärte damals, die Fuhrleute würden mit "miserabler Münze" bezahlt. Heinrich Finsterwald, Wildschütz, berichtete, er könne kein Berner Geld verlangen; wo er bezahlt werde, müsse er dortige Währung annehmen. Besonders gehäuft traten die Klagen über Spediteur Brentano in Laufenburg auf, welcher die Abhängigkeit der Schiffleute von seinen regelmässigen Aufträgen dadurch ausnütze, dass er ihnen schlechte Reichsmünze gebe, obschon er selbst gutes Zürcher Geld erhalte; wenn sie ihn um bessere Währung anhielten, weise er sie mit "schnöden und spöttischen Worten" ab. Bezahle er sie aber einmal in Gold, so schlage er einen so hohen Preis an, dass sie beim Umwechseln in Berner Geld grosse Verluste erlitten (74). – Solche Klagen hören wir aber nicht nur aus Stilli, sondern aus dem ganzen Grenzbereich des Rheingebiets. So beharrten die Schaffhauser Meister darauf, die Schiffleute zur Hälfte mit Reichsmünze zu bezahlen, und meinten, sie könnten diese ja in Schaffhausen ausgeben! Solches Verhalten stellte eine der wichtigsten Ursachen für den erwähnten Schifferstreik zu Eglisau dar (75). – Im 19. Jahrhundert wurde das Währungsproblem allmählich vereinfacht und gelöst.

*

Für die Spätzeit ist uns aber doch eine Quelle erhalten geblieben, die uns einige Aufschlüsse über die Rendite der Längsschiffahrt gibt, nämlich die schon er-

73 StAAa, Band 1224 (S. 118–120).
74 StAAa, Band 1224 (S. 71–75, 131 f., 198–201, 237–246).
75 Albert Wild S. 228–230.

wähnte *Buchhaltung der "Weidligmacher" Baumann* (76), welche wöchentlich
einmal Waren und Personen zwischen Zürich und Laufenburg transportierten. Es
handelt sich um 22 schmale Heftchen aus den Jahren 1843–1851, in welche
meistens der betagte Vater sorgfältig alle Posten auf der Einnahmen- und Ausgabenseite verzeichnet hat. Jedes Heft enthält acht bis zehn Arbeitstage, insgesamt deren 168, so dass wir annehmen können, knapp die Hälfte der Buchhaltung dieses Zeitraumes sei uns erhalten geblieben. Diese wertvolle Quelle vermittelt uns mannigfache Einblicke in die internen Verhältnisse eines kleinen Schiff-
fahrtsunternehmens. Ausser den schon erwähnten Angaben über Transportgüter
und Zwischenstationen erhalten wir Daten über Preise und Löhne, über Spesen,
Umsatzschwankungen und Rendite:

Vor dem Eisenbahnbau fuhren die Schiffleute Baumann mit absoluter Regelmässigkeit jeden Donnerstag/Freitag nach Zürich. Aufwärts nahmen sie nur wenige Zentner Ware oder etwa ein Kalb mit, meistens erst von einem Vorort bis in
die Stadt selbst. Abwärts dagegen transportieren sie so viel als möglich, wobei sie
an jedem beliebigen Ort zwischen Zürich und Laufenburg anhielten, um Güter
auf- oder abzuladen.

Die Frachtkosten richteten sich nach Gewicht und Distanz: Für einen Zentner (ca. 50 kg) Baumwolle von Zürich nach Waldshut bezahlte man 1843 5 Batzen (1/2 Franken), von Turgi bis Hauenstein 1846 6 Batzen, von Baden bis Stilli
35 Rappen. Der Transport eines Kalbes Zürich-Wettingen oder Baden kostete 5,
bis Brugg 6 Batzen. Personen bezahlten von Zürich bis Dietikon je 20 Rappen,
bis Laufenburg 60–70 Rappen. Aufwärtsfuhren waren etwas teurer; der höchste
Ansatz (vermutlich Stilli-Zürich) lag bei 1 Franken pro Zentner. Bei Steinfuhren
Zürich-Laufenburg betrug der Tarif pauschal 26 Fr. je Schiff. Aus solchen Angaben können wir gelegentlich die Lademengen berechnen: bei einem grossen
Auftrag 1843 luden sie z. B. 43 Zentner Baumwolle auf jeden Weidling, also
etwas über 2 Tonnen; Roheisenbarren führten sie bis zu 95 Zentner (also fast 5 t)
pro Schiff. Die Höchstzahl an Passagieren lag bei 57 Bregenzer Maurern!

Grundsätzlich fuhren die Schiffleute alle Donnerstage bei jedem Wasserstand
und Wetter wenigstens mit *einem* Weidling. Die Einnahmen variierten dabei von
Fahrt zu Fahrt je nach Zahl der Aufträge. Dennoch zeigten sich auch deutliche
saisonale Schwankungen: Im Jahresablauf liess sich für die Monate Januar und
Februar ein Tiefstand feststellen, der bereits im April von einer eigentlichen
Hochsaison abgelöst wurde; in der Folge erwiesen sich die Einnahmen im Mai,
Juni, September, Oktober und Dezember als relativ hoch, im Juli, August und
November als etwas niedriger. – Vermutlich meldeten die Auftraggeber die
Frachten vorher an, so dass die Schiffleute wussten, mit wie vielen Weidlingen sie
abfahren mussten. Die "Unternehmer" selbst besassen deren zwei; bei Mehr-

---

76 Depositum des Verfassers im GA Stilli.

bedarf stellten sie weitere Schiffer aus Stilli samt Gefährt an. – Vor der Konkurrenz durch die Eisenbahn betrug der durchschnittliche Umsatz pro Woche 35–40 Fr.; im Februar lag er bei 23 Fr., im April aber bei 68 Fr. Die Einnahmen überstiegen nur selten die Hundertergrenze, so z. B. am 17. April 1846, als die Schiffleute neben 24 Zentner Nägeln, Eisen, Butter und Garn, 2 Säcken Kartoffeln, 2 "Burdi" Besen, 1 Pack Feilen, 1 Sack Bohnen und 4 Kälbern noch insgesamt 174 Bregenzer Maurer in vier Weidlingen transportierten, so dass der Umsatz 136.65 Fr. erreichte. Es gab aber auch Tage mit Einnahmen von nur 14 Fr.

Die Ausgaben der einzelnen Fahrten setzten sich vor allem aus den Löhnen, Zöllen und Kosten für Verpflegung und Unterkunft zusammen. Der Knechtslohn betrug 1843 für eine Bergfahrt nach Zürich und zurück bis Stilli 3.50 Fr., bis Brugg 4 Fr., bis Döttingen 3.90 Fr. und bis Laufenburg 4.50 Fr. Wenn Schiffleute mit eigenem Weidling angestellt werden mussten, erhielten diese 1 Fr. mehr. Oft konnten die Meister das Transportgut in Stilli auf ein einziges Boot umladen, die Knechte entlassen und allein aare- und rheinabwärts fahren. Die genannten Entschädigungen für zweitägige Schiffahrten dürfen als recht gut bezeichnet werden; wenn wir sie zu Vergleichszwecken auf neue schweizerische Währung umrechnen, erhalten wir für die Strecke Stilli-Zürich-Laufenburg einen Taglohn von ungefähr 3.20 Fr. Zur gleichen Zeit kam in Stilli ein Handwerker auf 1.70 Fr., ein Bauernknecht auf etwa 1 Fr. In den Baumwollspinnereien verdiente damals ein Hilfsarbeiter 1.25 Fr., ein Vorarbeiter 1.60 Fr. (77). Unter allen Branchen kam einzig der Buchdrucker auf eine gleichwertige Entlöhnung. Zu berücksichtigen ist ausserdem, dass der "Schiffsunternehmer" auch noch die gesamten Auslagen für Verpflegung und Unterkunft übernahm, was pro Mann und Arbeitstag zusätzlich etwa 2.50 Fr. ausmachte. Die ausserordentlich hohen Löhne lassen sich nur durch die Härte der Arbeit, besonders bei den Bergfahrten, erklären. Eine solche körperliche Leistung konnte ein Mann vermutlich gar nicht alle Tage vollbringen. – Neben seinen Schiffleuten musste der "Unternehmer" immer wieder Gelegenheitsarbeiter anheuern, welche beim Auf- und Abladen der Waren mithalfen und sich damit einige Batzen verdienten. Ausserdem waren auch immer wieder Trinkgelder fällig; so erhielten der "Amtsdiener" und der "Gardist" in Waldshut (ausser dem Zoll) regelmässig 4–5 Batzen Durchgangszölle mussten damals in Baden, Döttingen und Waldshut entrichtet werden. – Die folgende Aufstellung zeigt die verschiedenen Ausgabenposten und deren Anteil an den Gesamteinnahmen von 15 Fahrten zwischen dem 22. September und dem 22. Dezember 1843:

77 Erich Gruner S. 126 ff. Für Stilli: Protokoll des Gemeinderates 1851 im GA Stilli.

Einnahmen		710.95	=	100,0 %
Ausgaben:	Verpflegung und Unterkunft	200.90	=	28,3 %
	Zoll	71.50	=	10,0 %
	Löhne, Trinkgelder u. a.	269.95	=	38,0 %
	Heimführung der Weidlinge	32.20	=	4,5 %
Gewinn		136.40	=	19,2 %

Trotz der vielen Auslagen liess sich also aus diesen Wochenfuhren noch ein Gewinn erzielen. Defizitfahrten kamen zwar auch vor, aber selten. Meistens erhielt der greise Vater einen Überschuss, aus welchem er allerdings die Kosten für neue Weidlinge zu bestreiten hatte; diese wurden in seiner eigenen Werkstätte gebaut. Vor dem Eisenbahnbau lassen sich im Durchschnitt folgende Posten pro Woche berechnen:

Einnahmen	45.60	=	100 %
Ausgaben	35.10	=	77 %
Gewinn	10.50	=	23 %

Grosse Aufträge liessen die Gewinnmarge meistens beträchtlich sinken. Wenn fremde Weidlinge gemietet und auswärtige Schiffer beigezogen werden mussten, stiegen die Spesen stark an. Auch die erwähnten Steinfuhren mit dem Pauschalansatz von 26 Fr. je Weidling waren kaum kostendeckend. Dennoch führten die "Unternehmer" auch unrentable Aufträge aus, um ihre Kunden zufriedenzustellen. Anderseits liessen sie gelegentlich fremde Berufsgenossen Waren auf ihre Rechnung transportieren und verdienten dabei ohne grosse Eigenleistung. So bezahlten sie dem Schiffsmann Meier, Kappelerhof, im November 1843 15.60 Fr. für eine Fuhr von 52 Zentnern Baumwolle, nahmen dafür selbst aber 26 Fr. ein!

Die Konkurrenzierung durch die Eisenbahn sollte aber auch dieses blühende Kleinunternehmen wenige Jahre darauf ruinieren. Wir werden in einem spätern Abschnitt darauf zurückkommen.

*

Das optimistisch wirkende Beispiel der "Weidlingmacher" Baumann aus den 1840er-Jahren darf aber nicht darüber hinwegtäuschen, dass die Längsschiffahrt ein typisches Gewerbe der Unterschicht darstellte. Im Gegensatz zu dieser Familie, die weiteres Einkommen aus Schiffbau und Landwirtschaft erzielte, mussten viele Arme ihr Leben ausschliesslich aus dieser Verdienstquelle fristen. Wie schon ausgeführt stellte dieser Beruf wegen der unregelmässigen Aufträge, der grosse Gefahren und der schlechten Wechselkurse eine unsichere Existenzgrundlage dar. Nach mündlicher Überlieferung in Stilli machten den Schiffern zudem "eine Menge Wirtshäuser am langen Weg ... oft mehr zu schaffen als die schlimmsten Strudel" (78)! Der Landvogt von Eglisau schätzte sogar, vom Gesamtverdienst von 5000–6000 Gulden würden die dortigen Schiffleute kaum 600 heimbringen (79)!

Aber auch ohne diese Ausgaben in Gasthäusern reichten die ordentlichen Einnahmen zum Lebensunterhalt nicht aus. Schon beim Bericht über den Salzfuhrprozess 1757/58 haben wir erfahren, dass die Schiffleute von Stilli durch verbotenen Salzhandel und den Verkauf gestohlenen Transportguts einen Zusatzerwerb anstrebten. Die Nöte dieser Bevölkerungsgruppe wurden in den Verhören eindrücklich geschildert. Wir müssen hier aber jenen Missbräuchen weitere illegale Einkommensquellen hinzufügen. Allen voran stand der *Schmuggel* von Getreide. Je nach Ernte und Vorräten erliess die Berner Regierung Bestimmungen über die Ausfuhr von Korn (80). Diese reichten von der Erhebung eines Zolls (Geleit) über Einschränkungen zugunsten der Miteidgenossen bis zur gänzlichen Ausfuhrsperre. Die untere Aare bildete bis 1798 die Grenze zwischen der Republik Bern und der Grafschaft Baden und verlockte dadurch zum Schmuggeln. Der Zollkommissär von Brugg schrieb 1742 dazu, böswilligen Leuten in Lauffohr und Stilli falle es leicht, Getreide auszuführen; es sei unmöglich, solche Frachten anzuhalten und zu konfiszieren, da es sich um erfahrene Schiffleute handle, welche Gott und die Obrigkeit nicht fürchteten; weil sie in der Nacht oder am frühen Morgen abführen, könnten sie unbemerkt in die Limmat oder Reuss gelangen, und so sei es schwierig, sie dabei zu ertappen. Vor der Abfassung dieser Klage war es dem Zollkommissär ausnahmsweise gelungen, dem Müller Heinrich Finsterwald in Lauffohr die Ausfuhr von 32 Mütt, dem Getreidehändler Heinrich Baumann aus Stilli sogar eine solche von 95 Mütt Kernen nachzuweisen. Da er diese aber nicht hatte beschlagnahmen können, mussten die beiden dem Staat den halben Wert des Ausfuhrguts in bar bezahlen. Für Baumann machte das 47 1/2 x 6, also 285 Gulden; dazu kam eine Busse von 100 Gulden (81). – Ähnliches ereignete sich schon 1725, doch handelte es sich damals nur um den Zoll, da der Export nach Zürich nicht gesperrt war. Die Schiffleute redeten sich allerdings heraus; sie hätten geglaubt, diese Abgaben seien schon entrichtet worden, weshalb sie mit der nachträglichen Bezahlung derselben und der Deckung der entstandenen Unkosten günstig wegkamen (82). – Während der Hungersnot 1770/71 muss dieses Geschäft besonders geblüht haben. Ertappt wurden sie jedoch nur einmal, als der Guntenmüller Hans Heinrich Kern aus Villigen morgens um zwei Uhr 10 Mütt Kernen und 3 Säcke Mehl an die Mündung des Kom-

78 Edmund Froelich S. 18.
79 Albert Wild S. 229.
80 RQ Bern I/VIII 1, S. 68 ff.
81 StAAa, Band 1231 (4. 6. 1742).
82 StAAa, Band 1229 (17. 11. 1725).

metbachs unterhalb Stilli bringen und sie von zwei Schiffleuten über die Aare führen liess. Interessanterweise wurde nur Kern mit einer saftigen Busse von 260 Pfund bestraft, während die Schiffer lediglich als Zeugen antreten mussten (83).

Die Schiffleute gerieten aber nicht nur mit den Zollbehörden in Konflikt, sondern auch mit Pfarrer und *Chorgericht.* Wie die Fehren und Fischer arbeiteten sie gelegentlich an Sonn- und Feiertagen. Im Chorgerichtsprotokoll lesen wir unter dem 21. Februar 1745, viele zu Stilli seien es gewohnt, den Sonntag anders zu gebrauchen, als es von Gott angeordnet sei. Während des ganzen 18. Jahrhunderts mussten sich die dortigen Schiffer immer wieder vor diesem Sittengericht verantworten. 1738 waren es z. B. 12 Männer, welche am Bettag Getreide nach Zürich geführt hatten, was diese damit entschuldigten, sie wären sonst nicht rechtzeitig zum Markt gekommen; als Strafe erhielt jeder eine Busse von 5 Batzen oder eine Stunde Gefangenschaft. Schlimmer erging es Johannes Finsterwald, der "Pfaff" genannt, welcher für eine Kornfuhr nach Mellingen 3 Pfund Busse bezahlen musste. 1788 büsste das Chorgericht fünf Männer, welche an einem Sonntag sogar Salz von Koblenz nach Brugg geführt hatten; dieser Betrag wurde ihnen dann allerdings erlassen und durch einen Verweis des Obervogts ersetzt (84).

Nach 1798 kamen Sonntagsfahrer nicht mehr vor das Sittengericht. Auch über Schmuggel und andere Unregelmässigkeiten enthalten die Quellen keine Angaben mehr; die Aare hatte ja auch ihren Charakter als Grenzfluss verloren. Das 19. Jahrhundert kündigte ohnehin den allmählichen Niedergang der Flussgewerbe an. Mit diesen neuen Sorgen der Schiffleute wollen wir uns im nächsten Abschnitt befassen.

83 StAAa, Band 1273 (23. 4. 1771).
84 GA Rüfenach, Chorgerichtsprotokolle (z. B. 17. 12. 1702, 16. 8. 1711, 9. 11. 1738, 21. 2. 1745, 17. 10. 1762, 18. 1. 1784, 5. 10. 1788).

3. Der Niedergang der Längsschiffahrt

Zu Beginn dieser Ausführungen haben wir die grossen Flüsse für das Mittelalter als "freie Reichsstrassen" charakterisiert. Dieser Begriff beinhaltet die Vorrangstellung der Längs- und Querschiffahrt vor allen andern Nutzungen der Flüsse. In diesem Sinne konnte Hans Birkinger 1453 als Inhaber des "offenen Landfahrs Stilli" mit Recht ein "gerumpt far", d. h. die Entfernung der vielen Fache (feste Fangvorrichtungen) Königsfeldens verlangen. Umgekehrt legte das Kloster in derselben Urkunde fest, dass die dortige Mühle bei Verlegung der Fähren weichen müsse (1). Im grössern Rahmen haben wir von den "Flussvogteien" Zürichs und Luzerns über die Limmat bzw. die Reuss gehört, mit welcher das Recht verbunden war, diese Flüsse zu inspizieren, um die freie Schiffahrt sicherzustellen. Das Urbar der Grafschaft Baden legte in diesem Sinne fest, dass die Limmat auf einer Breite von mindestens 36 Schuh (10.80 m) und in der Reuss wenigstens das mittlere Drittel bis auf den Grund offen stehen müssten. Die Bedeutung, welche man den Flüssen als freien Reichsstrassen beimass, beweisen die hohen Ansätze für Bussen, welche das genannte Urbar vorsah: bis zu 20 Pfund in der Reuss und 2 Mark Silber (auch etwa 20 Pfund) in der Limmat (2).

Von diesem Vorrang der Schiffahrt gab es allerdings auch Ausnahmen. Im Hochrhein war die Fischerei so wichtig, dass zu ihrem Schutz gewisse Beschränkungen eingeführt wurden. Die Fischer behaupteten nämlich, die Schiffe würden den Laich zerstören und die Fische vertreiben. Aus diesem Grunde wurde im Rhein zwischen den Einmündungen des Herdernbaches und der Aare ein teilweises Schiffahrtsverbot erlassen (3). Bei Laufenburg durften "von Alters her", spätestens seit 1810, nur dienstags und mittwochs Flosse durch den Laufen gelassen werden ((4). Auch zugunsten von Mühlen wurde die Schiffahrt gelegentlich behindert. So setzte z. B. das Städtchen Bremgarten seit dem 15. Jahrhundert durch, dass es die Reuss mit einem Fallbaum schwellen durfte, um die Wasserkraft für gewerbliche Zwecke zu nutzen (5).

Allgemein ist festzustellen, dass bei den Auseinandersetzungen zwischen konkurrierenden Flussrechten dasjenige bevorzugt wurde, für welches ein höheres allgemeines Interesse glaubhaft zu machen gelang. In den meisten Fällen mussten Fischerei und Wasserkraftnutzung der Längsschiffahrt und den Fähren weichen, weil der öffentliche Verkehr gegenüber Einzelinteressen überwog. In dieser

1 UKgf. 665.
2 Argovia, Band 3, S. 190 + 215.
3 Hans Viktor Gaugler, 1. Teil, § 6; Arnold Härry II/131.
4 J. Vetter S. 106; Felix Brogle S. 29 ff.
5 Arnold Härry II/196 ff.

Beziehung brachte das 19. Jahrhundert eine totale Umwälzung: Der Vorrang der Wasserkraft setzte sich durch.

Bis weit in die Neuzeit wurden die an den grossen Flüssen stehenden Mühlen von kleinen Seitenbächen angetrieben (z. B. Mülligen, Brunnenmühle bei Brugg) (6). Nur das System der Schiffmühlen erlaubte eine direkte Nutzung der Kraft breiter Ströme. Schwellbäume mit dem gleichen Zweck (z. B. Bremgarten) waren eher selten. Eigentliche Flussverbauungen mit kleinen Wehren kamen bei uns erst in der zweiten Hälfte des 18. Jahrhunderts auf, so die Walke und Bleiche (später Giesserei) beim Friedhof von Brugg, eine Messerschmiede und Sägerei am gegenüberliegenden "Strängli", eine Öle und Strumpfwalke im Windischer Unterdorf und die Gipsmühlen zwischen Mülligen und Windisch (7). Die dazu gehörenden Wuhrbauten reichten nicht weit in den Fluss hinaus und mussten so angelegt sein, dass sie die Schiffahrt nicht beeinträchtigten.

Erst die grossen *Spinnereien* des 19. Jahrhunderts erforderten Wasserwerke, welche die ganze Flussbreite (oder wenigstens den grössten Teil davon) verbauten und daher einschneidende Hindernisse für die Schiffahrt darstellten. Bei der Erteilung entsprechender Konzessionen zeigte sich, dass sich das Kräfteverhältnis stark verschoben hatte. Auf der einen Seite stand die alte Längsschiffahrt, deren Bedeutung stetig sank; auf der andern Seite erblickten viele in den neu gegründeten Grossfabriken die Zeichen der wirtschaftlichen Zukunft im allgemeinen, Arbeitsplätze für Hunderte im speziellen. Das "öffentliche Interesse" verlagerte sich. Die Politiker waren gewillt, die Industrie kräftig zu fördern, wobei sie allerdings auch die alten Flussgewerbe wenigstens teilweise schützten. Die Auseinandersetzungen zwischen den Vertretern beider Seiten liessen auch im Aargau nicht auf sich warten:

1827 erteilte die aargauische Regierung den Gebrüdern Bebié eine Wasserradkonzession für die geplante Spinnerei in Turgi. Ein Jahr später erhielt der "Spinnerkönig" Heinrich Kunz eine solche für Windisch (8). In beiden Fällen erhoben nur die benachbarten Müller Einsprache; die Schiffleute erkannten die ihrem Gewerbe drohende Gefahr nicht. Bei Bebié war schon mit der Konzession die Verpflichtung zum Bau einer Kammerschleuse verbunden; man hatte die Schiffer mit dem Argument überzeugt, die dadurch entstehende Verzögerung beim Abwärtsfahren werde durch eine Zeitersparnis bei der Aufwärtsfahrt wettgemacht. Heinrich Kunz hatte sogar versprochen, den vorgesehenen Kanal sofort eingehen zu lassen, falls die Schiffahrt behindert würde und sich keine andere Lösung finden lasse (9)!

6 vgl. dazu den Abschnitt über die Mühle Stilli.
7 StAAa, Band 462, S. 1, 5, 10, 14, 19, 22, 43.
8 StAAa, Regierungsratsakten F No. 18, Conzessionen, Band L (Nrn. 23 + 31).
9 Die Quellen zu diesem ganzen Abschnitt finden sich im StAAa, Regierungsratsakten F No. 18 + F No. 13, sowie in den Akten der Baudirektion (Dossiers: Wasserbau Reuss/ Limmat); ebenso StALU, Akten 27/102 C (Fasc. Schiffahrt auf der Reuss 1801–1841).

Die Schiffleute sollten bald böse Erfahrungen mit den Fabrikbesitzern machen. Schon 1830/31 stellten sie fest, dass die Flussverbauungen nicht nach Vorschrift ausgeführt wurden. Die Gebrüder Bebié verlängerten einerseits das Wuhr, um auch bei niedrigem Wasserstand genügend Wasser zuführen zu können; anderseits liessen sie sich mit der Einrichtung der Schleuse reichlich Zeit. Den Schiffmeistern Baumann aus Stilli war dadurch bereits zweimal ein Weidling beschädigt und dabei Baumwolle und Reis durchnässt worden; ausserdem befürchteten sie, im Winter während dreier Monate überhaupt nicht fahren zu können. Vermutlich wurde dieses Problem hierauf gelöst.

Als schwierigerer Widerpart sollte sich Heinrich Kunz entpuppen. Von seinen schönen Versprechungen war bald nichts mehr zu spüren. Konzessionswidrig liess er die Wuhre von beiden Flusseiten her verlängern, um deren Ende mit einem Schwellbaum zu verbinden und dadurch die Reuss ganz abzusperren. Nachdem die Regierung einen Baustopp erlassen hatte, verdoppelte Kunz die Zahl der Arbeiter, um das Werk möglichst rasch zu vollenden. Als der Flussinspektor den Bau einer Schleuse verlangte, verstand es Kunz während Jahren, deren Errichtung mit Ausreden über ungünstigen Wasserstand, mit formalen Einsprüchen und mit einer Petition an den Grossen Rat hinauszuziehen. Mittlerweilen organisierten sich die Schiffleute von Luzern bis Koblenz und bedrängten den Kleinen Rat unaufhörlich mit Beschwerden. Auch die Luzerner Regierung schaltete sich ein. Die ganze Angelegenheit war aber über einen blossen Interessenkonflikt zwischen Kunz und den Schiffern hinausgewachsen zur Auflehnung eines widerspenstigen Unternehmers gegen den Rechtsstaat. In der Folge verurteilte ihn ein Gericht wegen tätlichem Widerstand gegen staatliche Anordnungen zu einer achttägigen Gefängnisstrafe (10). Kunz war danach bereit, die verlangte Schleuse zu bauen.

Durch solche Erfahrungen gewitzigt, erhoben die Schiffleute inskünftig gegen alle geplanten Wasserwerke Einsprache, um das Bestmögliche zu ihren Gunsten herauszuholen. Aber auch die kantonale Verwaltung prüfte entsprechende Gesuche sorgfältiger. Schon der folgende Fall zeigte, wie notwendig dies war: 1835 reichten die Fabrikanten Solivo und Wild ihre Pläne für eine Spinnerei in der Aue bei Baden (heute EW) ein. Sofort taten sich die Schiffmeister Körner aus Zürich mit den Gebrüdern Baumann, Weidligmachers, aus Stilli zusammen und machten klar, dass das vorgesehene Werk genau in den Schiffsweg zu liegen käme; sie forderten daher Massnahmen, welche Sicherheit und Gefahrlosigkeit für ihre Passagiere und Transportgüter garantierten. Die kantonale Baukommission verlangte in ihrem Gutachten eine Schleuse und weitere kleine Vorrichtungen; die Fabrikanten sollten die Wasserkraft erst nutzen dürfen, wenn alle Konzessionsauflagen erfüllt wären. Solivo und Wild erklärten diese als unannehmbar; als die Baukommission jedoch an ihrer Meinung festhielt, drohten sie, ihre Pläne fallen zu lassen, mobilisierten aber gleichzeitig die Behörden der umliegenden Gemein-

10 Brugger Neujahrsblätter 1929, S. 50.

den, welche mit einer Petitition an die Regierung gelangten. Man einigte sich dann auf einen Kompromiss, welchen die beiden Industriellen aber auch nicht einhielten. Auf eine Klage der Schiffleute schrieb die Baukommission: "Wenn hier nicht ernsthaft eingeschritten und die Herren Solivo und Wild nicht zur Handhabung der Konzessionsbestimmungen angehalten werden, so erwächst hieraus ein gleiches Geschäft wie wegen der Wuhrbauten des Herrn Kunz in Windisch". Trotzdem waren die Flussfahrer an dieser Stelle weiterhin allen erdenklichen Schikanen ausgesetzt, was sogar Interventionen des Zürcher Regierungsrates nötig machte.

Wir wollen es bei diesen Beispielen bewenden lassen. Die gleichen Probleme wiederholten sich endlos. Die Schiffleute führten einen dauernden Kampf gegen die zunehmende Zahl von Fabrikanten. Sie wurden geradezu Spezialisten in der Abfassung von Einsprachen, Beschwerden und Rekursen und in der Handhabung der zu ihren Gunsten lautenden Argumente. Letztlich aber standen sie auf verlorenem Posten; die Längsschiffahrt war nicht zu retten.

Die Position der Industriellen gegenüber den Schiffern wurde vor allem deshalb immer stärker, weil der Umfang des Flussverkehrs auch unabhängig von den erwähnten baulichen Hindernissen je länger desto spärlicher wurde. Der Ausbau des Strassen- und Eisenbahnnetzes bekräftigte das Argument der Fabrikanten, der ungehinderte Wasserweg liege nicht mehr im allgemeinen Interesse, sondern stelle das private Anliegen einer verschwindenden, unbedeutenden Zahl von Schiffleuten (und Fischern) dar.

*

Über die *Konkurrenz der Landfuhrleute* hatten sich die Luzerner und Zürcher Niederwasserschiffer bekanntlich schon im 17. Jahrhundert beklagt. Die Furcht vor diesen neuen Rivalen war damals aber noch unbegründet. Die ländlichen Schiffleute vermochten sie nämlich noch lange zu unterbieten, sogar bei den arbeitsintensiven Bergfahrten! Dies belegen z. B. Verträge zwischen der bernischen Salzdirektion und den Salzspediteuren Hunziker in Aarau. Bei der Festsetzung der Preise je Fass für die Strecke Koblenz-Aarburg wurden die Transporte auf dem Land stets von jenen auf dem Wasser auseinandergehalten. Dabei lassen sich folgende Unterschiede feststellen:

	Transport zu Wasser		zu Land	
1695	32	Batzen	33	Batzen
1707	28 1/2		30	
1713	28 3/4		31 1/2	
1719	28 1/2		31	
1733	28 1/2		31	

Die Konkurrenzfähigkeit der Schiffleute dürfte durch die geringeren Unkosten zu erklären sein. Ankauf und Unterhalt der Pferde sowie die kurze Lebensdauer der Fuhrwerke (zufolge der schlechten Strassen) verteuerten die Land-transporte. Zwischen Koblenz und Brugg erfolgten vermutlich alle diese Fuhren auf dem Wasser; von Brugg bis Aarburg spedierte man schon 1733 2/3 bis 3/4 auf dem Landweg (11).

Nach 1760 lässt sich in unserem Lande eine allgemeine Tendenz zur Verbes-serung der Hauptstrassen feststellen. Als Beleg seien für den Aargau (12) fol-gende Strecken erwähnt:

Zürich – Baden (linkes Limmattal)	1764/65
Zurzach – Stilli	1768/69
Bözbergstrasse	1775–78
Baden – Windisch	1780
Baden – Siggenthal – Zurzach	1783

Ähnliche Bestrebungen zeigten sich auch im vorderösterreichischen Rhein-tal (13). Dadurch nahm das Landfuhrwesen zwischen 1760 und 1850 einen ge-waltigen Aufschwung. Wir werden diese Entwicklung am Beispiel der Fuhrhalter Baumann in Stilli verfolgen können.

Es war aber danach die *Eisenbahn,* welche der Längsschiffahrt den Untergang bereitete. Die Eröffnung der "Spanisch-Brötli-Bahn" zwischen Zürich und Baden durfte als erstes Alarmzeichen gewertet werden. Es tönt in diesem Zusammen-hang wie Ironie, dass die ersten vier Lokomotiven die Namen "Aare", "Reuss", "Limmat" und "Rhein" erhielten (14). Der rasche Ausbau des Bahnnetzes im Mittelland und der Anschluss an die Badische Bahn (Turgi-Waldshut) brachte das herkömmliche Transportsystem zum Erliegen. Mit der Auffindung der Salzlager am Rhein und der Förderung der dortigen Salinen hörte die Längsschiffahrt zu bestehen auf. Zwischen dem 1. Juni 1848 und dem 1. Juni 1851 fuhren nur noch 19 Schiffe durch den Laufenburger Laufen (15). 1858 löste sich die Stüd-lergesellschaft Koblenz mangels Arbeit auf (16). 1861 schrieb Schiffmeister Körner aus Zürich, er betreibe die Schiffahrt noch, obgleich diese durch die Eisenbahnverbindungen einen "bedeutenden Stoss" erhalten habe (17). 1876 aber lesen wir in einem Verhandlungsprotokoll zwischen der Schweiz und Ba-den: "Die Schiffahrt auf dem Rhein bis Laufenburg ist als völlig erloschen zu betrachten" (18).

Diesen Niedergang können wir auch in Stilli verfolgen. So zeigt die Buchhal-tung des Heinrich Baumann, Weidligmachers, den raschen Zerfall seines "Spedi-

11 StABE, B V 282 (S. 10–15), 286 (S. 58–59, 252ᵛ f.), 287 (S 15, 252 ff.).
12 StAAa, Bände 1106, 2764, 2770, 2771, 2968; Gottlieb Binder S. 231.
13 Karl Schib, Laufenburg, S. 256.
14 Gottlieb Binder S. 233.
15 J. Vetter S. 104.
16 Fritz Siegfried S. 228.
17 StAAa, Akten Baudirektion: Wasserbau Limmat 1827/65.
18 Albert Steinegger, S. 111.

tionsgeschäfts" auf. Einen abrupten Bruch bewirkte schon die erwähnte Eröffnung der "Spanisch-Brötli-Bahn" Zürich-Baden im August 1847. Umsatz und Gewinne sanken sofort:

	Einnahmen	Gewinne pro Wochenfuhr		
September 1843 – Juli 1847	45.60 Fr.	10.50 Fr.	=	23 %
August 1847 – September 1848	34.50 Fr.	7.50 Fr.	=	22 %
November 1848 – März 1851	22.30 Fr.	1.50 Fr.	=	7 %

In der dritten Periode nahmen die Defizitfahrten immer mehr zu. Im letzten der erhaltenen Heftchen dieser Buchhaltung schlossen fünf von sieben Speditionen mit einem Ausgabenüberschuss ab. Wie lange diese Freitagsfuhren noch bestanden, wissen wir nicht. Sicher schlug ihnen spätestens 1859 durch die Bahnlinie Turgi-Waldshut die letzte Stunde.

Für ganz Stilli spiegeln die Steuerbücher diesen Rückgang am deutlichsten wieder (19). Die folgende Tabelle gibt an, wie viele Männer in den betreffenden Jahren Einkommen aus der Längsschiffahrt versteuerten:

	Schiffahrt	Flösserei	Zusammen
1856	26	13	39
1865	9	1	10
1872	1	1	2
1886	0	4	4
1890	2	2	4
1902	2	0	2

Die Zahlen zeigen klar, dass dieses alte Flussgewerbe zwischen 1856 und 1872 völlig zusammenbrach. Nachdem der Verkehr bei Laufenburg schon um die Jahrhundertmitte am Erliegen war, ist zu vermuten, dass sich die grosse Zahl der Stillemer Schiffer 1856 vor allem auf die Salzfuhren Koblenz-Brugg abstützte. Im Kapitel über die Entwicklung der Einwohnerzahlen werden wir sehen, dass dem starken Rückgang der Längsschiffahrt in den 1850er-Jahren ein grosser Auswanderungsschub aus Stilli entsprach. Die Schiffart um 1900 bestand vor allem im Transport von Steinen vom Steinbruch Lauffohr nach der Beznau zum Bau des dortigen Kraftwerks und des Stauwehrs (20).

19 Steuerbücher im GA Stilli.
20 Auskunft von Frau Elisabeth Lehner-Finsterwald.

4. Die Flösserei

In Stilli machen wir die merkwürdige Feststellung, dass der Verkehr auf den Fähren und die Transporte auf Schiffen seit dem 18. Jahrhundert langfristig zurückgingen, dass aber dennoch die Einwohnerzahlen der Gemeinde bis 1850 stiegen. Dieser scheinbare Widerspruch dürfte auf den Aufschwung der Flösserei zurückzuführen sein. Wir wollen uns daher noch mit diesem besondern Zweig der Längsschiffahrt beschäftigen. Im Gegensatz zu andern Flussgewerben bestehen über die Flösserei in der Schweiz einige neuere Untersuchungen (1). Die mündliche Überlieferung über die Flösser von Stilli wurde sogar schriftlich in zwei Aufsätzen niedergeschrieben (2). Wir können uns daher kurz fassen und stützen uns im folgenden ausschliesslich auf die erwähnte gedruckte Literatur:

Heinrich Grossmann hat die Flösserei auf einzelnen Schweizer Flüssen bis ins Hoch-, ja ins Frühmittelalter zurückverfolgen können. Die Mengen der transportierten Stämme hielten sich aber bis um 1800 in einem beschränkten Rahmen, da die meisten eidgenössischen Orte die Ausfuhr begrenzten oder sogar verboten. Die Nachfrage nach Holz aus der Schweiz und dem Schwarzwald war lange Zeit eher bescheiden. Seit der Mitte des 18. Jahrhunderts zeigen aber die strengen Waldordnungen der Kaiserin Maria Theresia, wie gross der Holzbedarf Hollands geworden war, so dass der stark angestiegene Export um die Eigenversorgung Vorderösterreichs bangen liess. Im 19. Jahrhundert bildeten sich dann kapitalkräftige Holzhandelsgesellschaften, welche die Ausfuhr nach Frankreich und den Niederlanden in grossem Stil betrieben und den Schiffleuten unserer Gegend neue Einnahmequellen eröffneten.

Analog zur Schiffahrt war auch die Flösserei nach 1800 von zünftischen Vorrechten befreit und stand grundsätzlich jedermann offen. Wegen der früher erwähnten Stromschnellen gelang es den Laufenknechten zu Laufenburg und den Rheingenossen zwischen Säckingen und Rheinfelden jedoch, ihre Monopolstellung bis 1879 zu halten. Oberhalb Laufenburg mussten die Flösse nämlich aufgelöst und die Stämme einzeln hinuntergelassen werden. Unterhalb des "Laufens" fingen die dortigen Schiffer diese Hölzer mit Geschicklichkeit und Gewandtheit auf und fügten die Stämme des gleichen Eigentümers wieder zusam-

1 Felix Brogle, Die Flösserei der oberrheinischen Gebiete Laufenburg-Basel; Heinrich Grossmann, Flösserei und Holzhandel aus den Schweizer Bergen bis zum Ende des 19. Jahrhunderts; ausserdem J. Vetter, Schiffahrt, Flötzerei und Fischerei auf dem Oberrhein (Schaffhausen-Basel).
2 Edmund Froelich, Von den Schiffleuten und Flössern in Stilli; Ludvig Schröder-Speck, Der letzte Flösser von Stilli.

men. Für die Strecke Säckingen-Basel setzte die Rheingenossenschaft sogar eine ausschliessliche Flösserberechtigung durch, welche allen Angriffen der Holzhändler standzuhalten vermochte (3).

Die Flösser von Stilli waren daher im wesentlichen auf den Holztransport bis Laufenburg verwiesen. Die ältesten Nachkommen wissen zwar zu berichten, dass ihre Vorfahren des 18. und 19. Jahrhunderts gelegentlich ebenfalls bis Rotterdam oder durch die Kanäle Frankreichs bis Paris fuhren, vielleicht als Gehilfen (4). Im übrigen vermochten die Stillemer auch in diesem Erwerbszeig ihren "Hausbereich" zwischen Stilli und Laufenburg zu wahren. Fremde Flösser brachten bis zu 85 Flösse ins Aaredorf, so dass die Stillemer die Fahrt nach Laufenburg zweimal am Tag machen mussten; den Rückgang zu Fuss nahmen sie jeweils auf dem bis heute so genannten "Flösserweg" über den Rotberg, wobei sie ihre Geräte (Stachel, Äxte, Seile) auf dem Rücken trugen und in Einerkolonne hintereinander marschierten (5). Flösse aus den Kantonen Bern und Solothurn übernahmen Männer aus Stilli z. T. schon in Aarburg, solche aus dem Sihltal in Zürich. Ganze Gruppen von Stillemern zogen häufig gemeinsam bis Hergiswil, wo sie die Tannen aus Unterwalden zu Flössen zusammenbanden, dann bis zu sieben Flösse aneinanderhängten, auf diese Weise über den Vierwaldstättersee nach Luzern ruderten und von dort einzeln reussabwärts fuhren; für die Strecke Luzern-Stilli benötigten sie einen Tag (7).

Zu technischen Fragen der Flösserei lassen wir alt Ammann Baumann aus Stilli berichten:

"Der einzelne Floss bestand aus drei bis vier Lagen von Stämmen, welche 4 Meter breit übereinander gelagert und je nach der Länge der Tannen bis 40 Meter lang waren. Vorn am Floss befand sich ein Ruder, und hinten zwei, mit denen das schwere Fahrzeug gesteuert wurde. Die oberste Balkenlage ragte aus dem Wasser, aber in den Stromschnellen tauchte oft der ganze Floss in das Wasser, so dass nur ein Paar bis über die Oberschenkel reichende Stiefel vor Nässe zu schützen vermochten. Es war nun die grosse Kunst, die ungefüge Holzmasse durch all die Krümmungen, durch die engen Stellen, an Felsen und Brücken

---

3 vgl. dazu Felix Brogle S. 26–29, 38–40, 54–80. Die verschiedenen Flosskehrordnungen sind bei J. Vetter abgedruckt.

4 Berichte von Elisabeth Lehner-Finsterwald und Marie Zimmermann-Lehner; vgl. dazu auch Edmund Froelich S. 16–18, Ludvig Schröder-Speck S. 39, Brugger Tagblatt 14. 1. 1943 "Zum Tod des letzten Flössers".

5 Erzählungen der in Anmerkung 4 genannten Frauen, ebenso von Frau Emilie Erb-Autenheimer und Herrn Oskar Widmer; vgl. dazu Ludvig Schröder-Speck S. 39: Die lebendige Erinnerung an den "Flösserweg" in Hottwil hat jüngst ihren sichtbaren Ausdruck im Treppenhausschmuck des dortigen Schulhauses erhalten; vgl. dazu Brugger Neujahrsblätter 1970, S. 81 f.

6 Edmund Froelich S. 16 f.

7 Heinrich Grossmann S. 45; Brugger Tagblatt 14. 1. 1943 "Zum Tod des letzten Flössers".

hindurchzusteuern; dies ist mit einem Floss bedeutend schwieriger als mit einem Boot, weil der Floss nicht grössere Geschwindigkeit besitzt als das Wasser. Oft genug kamen Missgeschicke vor, die stets gefährlich waren. So war die Durchfahrt von Brugg besonders gefürchtet. Es konnte vorkommen, dass ein Floss auf die Felsen stiess, dann quer sich in die Aare stellte und die nachfolgenden Flösse mit voller Wucht auf den gestrandeten Floss auffuhren. Solcher Wirrwarr war nur durch das Zerhauen der Bänder zu lösen, was nur mit gewaltiger Anstrengung möglich war. Berüchtigt waren auch die Stellen bei Wettingen und bei der Eisenbahnbrücke von Koblenz."

Floss, von drei Flössern bedient.

8 aufgezeichnet von Edmund Froelich S. 17 f.

Über die Menge des geflössten Holzes besitzen wir aus dem 19. Jahrhundert einige Angaben für die Strecke Säckingen-Basel: Die Rheingenossen führten zwischen 1823 und 1835 jährlich 500–700 Flösse; bis 1841 stieg ihre Zahl auf über 2000, bis 1847 sogar auf 2500. In den 1850er-Jahren erreichten sie Rekordwerte: 1856 waren es 4251! Dann ging auch die Flösserei zurück.

Die entscheidende Ursache für den Niedergang dieses Gewerbes bildete sicher – neben dem Ausbau des Strassennetzes – die Eisenbahn. Dieses neue Transportmittel erübrigte das besondere Zubereiten der Stämme (samt Materialverlust), das Risiko von Schadenersatzforderungen an Ufergeländen und Brückenpfeilern; die Qualitätseinbusse des Holzes durch den Wassertransport und die Abhängigkeit vom Wasserstand fielen ebenfalls dahin. Ein Vergleich der Kosten ist sehr schwierig; sicher zogen Kleinhändler, welche keine ganzen Eisenbahnladungen zusammenbrachten, den Wasserweg vor. Für den Rückgang der Flösserei war sicher auch die Abnahme des Brennholzbedarfs entscheidend, besonders durch die Umstellung auf Steinkohle, welche Staat und Industrie förderten.

Nach 1856 (Eröffnung der badischen Bahnlinie Waldshut-Basel) nahm die Zahl der transportierten Flösse allmählich ab. Zehn Jahre später waren es nur noch etwa 1000. Eine schweizerisch-badische Kommission berichtete 1876, vor drei Jahren habe das letzte Floss die Strecke Neuhausen-Koblenz passiert. Der Verkehr von der Aare und vom Schwarzwald her nahm ebenfalls ab: 1882–85 zählte man in Basel jährlich 600–800 Flösse, 1893 waren es noch 123, 1894 105 und 1895 82. Bei den Kraftwerken Rheinfelden (Eröffnung 1898) und Augst-Wyhlen (1912) setzten die Flösser noch die Einrichtung eines Flosspasses durch, bei Laufenburg (ebenfalls 1912) nicht mehr. Das Werk Ryburg-Schwörstadt versetzte der Flösserei den endgültigen Todesstoss; 1927 erreichte das allerletzte Floss Basel (9). In Stilli war dieses Kapitel schon vor der Jahrhundertwende abgeschlossen worden (10).

9 Felix Brogle S. 82–89; Heinrich Grossmann S. 12.
10 GA Stilli, Steuerbücher ab 1890; mündliche Überlieferung.

III. DIE FISCHEREI

Anders als in den Kapiteln über Fähren und Längsschiffahrt wollen wir bei der Darstellung der Fischerei den umgekehrten Weg einschlagen: Wir werden zuerst die spezielle Geschichte der Fischenzen von Stilli schildern und danach vor diesem Hintergrund auf die grundsätzlichen Probleme der Fischerei in Aare, Reuss und Limmat eingehen. Das Beispiel der Berechtigungen von Stilli ist derart vielfältig, dass es sich für eine Verallgemeinerung besonders gut eignet.

Die Fischerfamilie Lehner vom Stamm Joggen am Aareufer oberhalb der Stiller Mühle
(Aufnahme von 1904).

1. Die Fischereirechte von Stilli

Die Fischereirechte, welche noch heute als "Stillemer Fischenzen" bezeichnet werden, erstrecken sich seit dem Spätmittelalter in der Aare vom Schmidberg (südlich Böttstein) bis zur Goppenbrunnenmühle (bei Brugg) und in der Reuss von der Einmündung in die Aare bis zur Tugfluh (unterhalb Mellingen). Mit Ausnahme des obern Teils in der Reuss (vom Stauwehr der Spinnerei in Windisch bis zur Tugfluh), welchen die Fischer von Stilli 1919 dem Staat verkauft haben, bestehen diese Berechtigungen bis in die Gegenwart. Im Grundbuch der Gemeinden Brugg (ehemals Lauffohr) und Windisch sind sie wie folgt halbiert (1):

1. Untere Aare-Fischenz: in der Aare vom Schmidberg bis zur Platte Lauffohr (steht allein den Fischern von Stilli zu).
2. Aare-Reuss-Fischenz: in der Aare von der Platte Lauffohr bis zur Goppenbrunnenmühle und in der Reuss von der Mündung bis zur Tugfluh, seit 1919 bis zum Stauwehr der Spinnereien von Heinrich Kunz in Windisch (parallel zur Berechtigung der Fischer von Windisch).

Da die Aare- und die Reussfischenzen ursprünglich getrennt waren, untersuchen wir ihre Entstehung gesondert.

a) Die mittelalterlichen Aarefischenzen

In der ersten Hälfte des 15. Jahrhunderts war nicht genau geklärt, wer zum Fischfang in der Aare berechtigt sei. Folgende Rechtsansprüche wurden geltend gemacht:
— Das *Kloster Murbach* hatte Rudolf von *Habsburg* 1291 zusammen mit dem *Hof Rein* auch eine Fischenz zu Lauffohr verkauft. Sie brachte einen jährlichen Zins von drei Mütt Roggen ein (2).
— Unter den Freiheiten, welche das *Kloster Königsfelden* 1314 von den österreichischen Herzogen Friedrich und Leopold erhielt, fand sich auch das Recht, "daz si auf der Are ainen vischaer haben sullen und auf der Reuse ainen". Die beiden Männer durften auch gemeinsam fischen. — 1428 kauften die Klosterfrauen noch eine Fischenz auf Aare und Reuss, und zwar von einem Heini

1 Grundbuchamt Brugg, Hauptbuch der Gemeinde Windisch VI/1618, Hauptbuch der Gemeinde Lauffohr III/673.
2 H. U. I, S. 95—102.

Müller von Hedingen, welcher dafür dem Leutpriester zu Windisch einen Jahreszins von 12 Schilling hatte bezahlen müssen (3).

– Als das *Burggut zu Freudenau* samt dem Turm 1419 von Lüpold Businger an Hans Freudinger überging, erwähnte der Kaufbrief auch eine "vischentz enhalb und dishalb der Aren". Dieses Fischereirecht gehörte, nach einer Urkunde von 1465, zum säckingischen Lehen (4).

In allen einschlägigen Quellen fehlt eine Angabe über die räumliche Ausdehnung der verschiedenen Ansprüche. Sicher ist nur, dass sie sich in der Gegend von Stilli konkurrenzierten, was zu Konflikten führen musste. Um 1460 übten dort drei Parteien den Fischfang tatsächlich aus:

– In Stilli waren es jene fünf Männer, welche seit 1455 das dortige Fahr als Lehen besassen, nämlich Werna Stilli, Ulrich Lehner, Fridli Müssler, Fridli Haberschär und Hans Birkinger. Werna Stillis Vorfahren oblagen diesem Gewerbe schon seit Jahrzehnten, nahmen sie doch bereits 1424 am grossen Fischertag zu Baden teil, von dem wir später noch hören werden.

– Der Klosterfischer von Königsfelden ging seiner Tätigkeit auch nahe bei Stilli nach. Hans Birkinger beklagte sich nämlich 1453, das Kloster besitze auf beiden Flusseiten ein Fach (feste Fangvorrichtung) und habe in den letzten Jahren noch weitere errichtet, die den Flusslauf derart beeinflussten, dass er den Betrieb der Fähre nicht habe aufnehmen können (5).

– Ausserdem fischten die Freudenauer "Burgherren" Uli und Hensli Ebi von Kirchdorf, welche den ehemals Busingerschen Besitz von Freudinger erworben hatten.

Zu endlosen Streitigkeiten kam es vor allem zwischen den Brüdern Ebi und den Fischern von Stilli, welche ihnen jede Fischereiberechtigung absprachen und für sich das ausschliessliche Recht hiezu beanspruchten. Der ständigen Auseinandersetzungen müde, schlossen die beiden Parteien auf Vermittlung eines Schiedsgerichts einen Vertrag: Uli und Hensli Ebi verkauften den Stillemern das Burggut zu Freudenau, wobei das umstrittene Fischereirecht in diesem Handel enthalten sein sollte. Der Schlichtungsversuch scheiterte jedoch an der Freudenauer Hofverfassung, welche den Gerichtsgenossen für säckingische Güter ein Vorkaufsrecht zusprach. Die Fischer von Stilli gehörten diesem Hofverband nicht an, wohl aber Königsfelden als Besitzer des Fahrs. Das Kloster, welches seinen Machtbereich in diesem Raum ohnehin ausdehnen wollte, nahm dieses Vorrecht wahr und zog den Kauf an sich.

Am 21. Mai 1465 kam es vor dem Freudenauer Dinggericht unter der Eschen im Roost zum ersten grossen Prozess (6). Vor Hans Weber, der im Namen der

3 RQ Königsfelden, S. 11; StAAa, Band 450, S. 685.
4 UKgf. 526 + 732.
5 UKgf. 665.
6 UKgf. 732.

Äbtissin von Säckingen Recht sprach, erschienen Uli Ebi von Kirchdorf, Werna Stilli und Ulrich Lehner von Stilli sowie der Hofmeister und zwei weitere Vertreter der Klosterfrauen von Königsfelden, ausserdem die Landvögte von Baden und Schenkenberg, die Schultheissen von Brugg und Aarau und der Untervogt von Siggenthal. Zweck der Verhandlungen bildete die öffentliche Verschreibung des Burggutes samt Fischenzen von den Brüdern Ebi auf das Kloster Königsfelden. Als Preis waren 24 Gulden vereinbart und bezahlt worden. Gegen die gleichzeitige Übertragung der Fischereirechte legten die Vertreter aus Stilli Einspruch ein, indem sie erklärten, sie und ihre Genossen seien seit jeher allein berechtigt, in der Aare zu fischen. Zur Begründung wiesen sie auf den jährlichen Herrschaftszins hin, welchen sie nach Schenkenberg entrichten mussten; die Brüder Ebi könnten folglich nicht etwas verkaufen, das sie gar nicht besässen. Diese legten jedoch drei Urkunden von 1419 und 1421 vor, von denen die erste den Verkauf der Burggüter an Freudinger betraf und in welcher die "vischentz enthalb und dishalb der Aren" ausdrücklich erwähnt wurde. Da die Stillemer kein schriftliches Zeugnis für ihren Anspruch erbringen und nur auf den Zins nach Schenkenberg verweisen konnten, entschied das Gericht zugunsten des Klosters und vollzog die Übertragung der Fischenz auf Königsfelden.

Einmal mehr gaben sich die prozessfreudigen Männer von Stilli mit dem Gerichtsurteil nicht zufrieden. Sie stritten weiter, jetzt mit Königsfelden, und erzwangen bereits am 12. April 1466 einen Schiedsspruch (7). Der Schultheiss von Brugg und der Vogt von Schenkenberg einigten die Parteien auf folgenden Kompromiss: Das Kloster blieb formal Eigentümer der umstrittenen Fischenzen, gab sie jedoch zusammen mit den Burggütern den fünf Fehren als Erblehen. Das Fischereirecht wurde samt den 54 Jucharten Land mit dem Fahr vereinigt. die Fährmänner zahlten fortan 2 Pfund mehr, also 16 Pfund Zins, und dabei blieb es bis zur Zinsablösung im 19. Jahrhundert. Die Fischer und Fehren von Stilli hatten sich erneut gegen das mächtige Kloster durchgesetzt.

In der Rückschau mag es interessant sein, nach mehr als 500 Jahren zu fragen, ob das Freudenauer Gericht von 1465 richtig entschieden habe. Wir werden diesen Prozess hier nochmals aufrollen, weil er uns einige interessante Einblicke in das Werden eines noch heute bestehenden Fischereirechts bietet. Dazu stellen wir folgende Überlegungen an:

Die *Fischer von Stilli* wiesen zurecht auf den Herrschaftszins hin, welchen sie jährlich nach Schenkenberg bezahlten mussten. Im Verzeichnis der Einkünfte von 1503 und in der "Rechtsame der Herrschaft Schenkenberg" von 1540 lesen wir folgenden Abschnitt:

> "So dan falt der herschaft jerlich von den fischeren zuo Stille vierzechen hofrecht, thuot ein hofrecht dry schillig vier pfennig, bringt zwey pfund sechs schillig acht pfennig, ghoert einem vogt."

7 UKgf. 739.

Diesen Zins hatten die Berner 1460 unverändert übernommen, denn er erschien in gleicher Höhe bereits in den Rechnungsbüchern, welche Marquard von Baldegg für die Jahre 1453–1456 hinterlassen hatte (8).

Den Fischern fehlte aber jenes "gar alte bermentin urberrödelin", welches in Bern lag und Teile des Habsburger Urbars von 1306, unter anderm über das Amt Bözberg und den Hof Rein enthielt. Dort war unter Lauffohr bereits jene Fischenz erwähnt, welche einen Naturalzins von 3 Mütt Roggen einbrachte (9). Es ist nun der Beweis zu erbringen, dass die ursprünglich murbachische Fischenz zu Lauffohr (1306) identisch mit derjenigen von Stilli (1465) war. Dafür mögen drei Belege genügen:

– Der Naturalzins von 3 Mütt Roggen entsprach um 1440 ungefähr dem Geldzins von 2 Pfund 6 Schilling 8 Pfennig (10).

– Der Zins der Fischer von 1465 wurde in "Hofrechten" berechnet. Dieser Begriff weist auf den Murbacher "Hof" Rein hin.

– Das stärkste Indiz für die Identität der beiden Rechte bildet die Tatsache, dass sich die Grenzpunkte der Fischenzen von Stilli noch heute mit jenen des einstigen Herrschaftsbezirks des Abtes von Murbach decken. Das "Fischwasser" Stillis reicht wie der Hof Rein vom Schmidberg bis zur Goppenbrunnenmühle (11).

Die Feststellung, dass die Fischereiberechtigung der Männer von Stilli auf jene des Klosters Murbach zurückgeht, gibt uns einen wertvollen Hinweis auf deren Entstehung: Die Fischenzen gehörten zu den gleichen königlichen Ansprüchen (Regalien) wie das ausschliessliche Recht auf Jagd, Aufgebot, Festungsbau und herrenloses Gut (Wälder). Das Fischereirecht von Stilli könnte dem Kloster Murbach über dessen Reichsunmittelbarkeit (Immunität) zugekommen sein, wahrscheinlich wie die übrigen Flussnutzungen (Mühlen, 1/4 Fahr). Die Fischenz war daher nicht mit einzelnen Grundstücken verbunden, sondern bereits im 13. Jahrhundert ein selbständiges Hoheitsrecht, welches durch Verkauf, Verpfändung und Eroberung von Murbach über die Habsburger an die Herren von Schenkenberg und an Bern gelangte. (Die genau gleiche Situation finden wir bei den Fischerei- und Fahrberechtigungen des Murbacherhofs Lunkhofen (12).)

Die *Fischenz von Freudenau* war von ganz anderer Art. In allen Urkunden, welche diese erwähnten, war sie untrennbar mit den dortigen Burggütern verbunden und konnte nicht als selbständiges Recht veräussert werden. Der Geltungsbereich dieser Berechtigung ist schwierig zu ermitteln. Die Quellen sagen nur, dass sie "enhalb und dishalb der Aren" galt. Eng ausgelegt bedeutet diese Um-

8 RQ Schenkenberg, S. 18 + 55; StAAa, Band 1100.
9 StAAa, Band 1151, S. 116.
10 Umrechnung gemäss Jean Jacques Siegrist, Hallwil, S. 517.
11 Siehe oben Seite 2/3.
12 Adolf Rohr, Murbacherhöfe, S. 53.

schreibung ein blosses Fangrecht von beiden Ufern aus (mittels Freiangel und Fangvorrichtungen, die vom Land aus bedient werden konnten). Nach weiter, vermutlich zutreffender Interpretation erstreckte sie sich auf die ganze Breite der Aare. Damit ist aber die Länge der Fischenz noch nicht festgestellt: erst eine Notiz von 1619 erwähnt (13), sie reiche "als weyt das fhar gadt", was vom Schmidberg bis zur Brücke von Brugg bedeuten würde. Vermutlich handelte es sich hier jedoch um eine Verwechslung des Schreibers; für eine Verbindung der beiden Rechte fehlt vor 1466 jeder Anhaltspunkt, weil das Fahr im Gegensatz zur Fischenz nie mit dem Turm verbunden war. Die Berechtigung der Burginhaber, Fische zu fangen, dürfte sich viel eher auf die Nähe ihres Wohnsitzes beschränkt haben. Vielleicht reichte sie sogar nur so weit, als das Grundstück an die Aare grenzte (also etwa 500 Meter).

Die *Fischereirechte Königsfeldens* stammten, wie schon erwähnt, aus einem Geschenk der österreichischen Herzoge sowie aus einem Kauf von Heini Müller von Hedingen – Die Bürger der *Stadt Brugg* waren *nicht berechtigt,* in der Aare zu fischen!

Zusammengefasst lassen die vorgebrachten Überlegungen auf folgende *Entwicklung* schliessen: Im 13. Jahrhundert stand die alleinige Berechtigung, zwischen Schmidberg und Brunnenmühle zu fischen, dem Kloster Murbach zu. Aus diesem Grunde war es den Habsburgern nicht möglich, dem Städtchen Brugg bei dessen Gründung (vor 1232) und bei der Verleihung des Stadtrechts (1284) ein Fischereirecht zuzusprechen. Erst 1291 erwarb Rudolf von Habsburg zusammen mit dem Hof Rein auch dessen Fischenz. Seine Nachkommen spalteten sie in der Folge auf:

– 1314 erhielt Königsfelden das Privileg eines Fischers.
– Ein Teilrecht verliehen sie zusammen mit dem Turm Freudenau.
– Auf unbekanntem Wege gelangte Heini Müller von Hedingen zu einer weitern Berechtigung, die er seinerseits 1428 dem Kloster Königsfelden verkaufte.
– Im übrigen ging die Fischenz mit dem Amt Bözberg an die Inhaber der Herrschaft Schenkenberg über, welche sie den fünf Männern von Stilli als Erblehen für einen jährlichen Zins von 14 "Hofrechten" ausgaben.

Mit modernen Begriffen könnten wir das Verhältnis der vier Ansprüche wie folgt umschreiben: Der Herrschaft Schenkenberg (und damit den Fischern von Stilli) stand die alleinige Berechtigung zu, in dem beschriebenen Flussstück Fische zu fangen. Auf diesem Besitz lasteten jedoch gleichsam als Dienstbarkeiten (Servitute) drei beschränkte, aber konkurrierende Fischereirechte zugunsten des Klosters Königsfelden, des Burgherrn von Freudenau und des Heini Müller von Hedingen.

---

13 StAAa, Band 450, S. 531.

Zu den eingangs geschilderten *Prozessen zwischen Königsfelden und den Fischern von Stilli* drängen sich nun folgende Bemerkungen auf: Das Kloster hatte 1465 von den Brüdern Ebi lediglich die Freudenauer Burgfischenz erworben, keinesfalls aber ein ausschliessliches Recht. Erst durch den Schiedsspruch von 1466 gelangte Königsfelden zufolge eines gerichtlichen Missverständnisses in den Besitz der ganzen Berechtigung. Bern, als Inhaber der Herrschaft Schenkenberg, verlor damals unwissentlich seinen Hauptanteil und begnügte sich fortan mit dem Jahreszins. Es entbehrt somit nicht einer gewissen Ironie, dass ausgerechnet der Obervogt von Schenkenberg massgeblich am Schiedsspruch beteiligt war; dies lässt sich darauf zurückführen, dass Peter von Wingarten sein Amt erst angetreten und Bern seine 1460 eroberten Rechte noch nicht schriftlich festgehalten hatte. Inskünftig erneuerte allein der klösterliche Hofmeister die Lehenbriefe. Er nahm den Ehrschatz ein und vertrat die Stillemer an den grossen Fischerversammlungen. Die ganze Aarefischenz zwischen Schmidberg und Goppenbrunnenmühle war damit ein selbständiger Bestandteil der Grundherrschaft Königsfelden geworden.

b) Die mittelalterlichen Reussfischenzen

Auch in der untersten Reuss befand sich die Fischereiberechtigung zu Beginn des 14. Jahrhunderts in den Händen der Habsburger. Das Urbar von 1306 enthielt im Abschnitt über das Eigenamt den Rückvermerk, die Fischenz von Windisch müsse erst noch zu einem bestimmten Zins ausgeliehen werden (14). Auch diese wurde nachher in verschiedene Teilrechte aufgesplittert, welche das Kloster Königsfelden im Laufe der Zeit wieder zusammenfügte:
— 1314 erhielt das Stift das oft erwähnte Privileg, einen Mann in der Reuss fischen zu lassen (15).
— 1428 kaufte es dem Heini Müller von Hedingen jene Fischenz auf Aare und Reuss ab, von welcher der Leutpriester von Windisch jährlich 12 Schilling erhielt (16).
— 1469 erwarb das Kloster das Schloss Habsburg samt verschiedenen Rechten, wozu eine Fischenz mit zwei Fachen (festen Fangvorrichtungen) gehörte (17).
Ob noch weitere Splitterrechte an Königsfelden gelangten, wissen wir nicht. Auf jeden Fall vereinigte das Kloster am Ende des 15. Jahrhunderts alle mögli-

---

14 H. U. I, S. 134, Anmerkung 3.
15 RQ Königsfelden, S. 11.
16 StAAa, Band 450, S. 685.
17 StAAa, Band 467, S. 7^v; Band 468, S. 15 + 17.

chen Berechtigungen und war seither allein befugt, in der Reuss zwischen der Tugfluh und der Mündung in die Aare zu fischen (18).

c) Die Aufteilung der mittelalterlichen Aare- und Reussfischenzen

Trotz der Zusammenlegung aller Teilfischenzen im untersuchten Flussgebiet hatte Königsfelden nicht alle Ursachen zu Streitigkeiten zu beseitigen vermocht: noch immer konnten sich die Fischer des Klosters und jene von Stilli in die Haare geraten. Zwischen 1469 und 1490 muss die Äbtissin jene einschneidende, aber klare Lösung getroffen haben, von der uns keine Urkunde und keine Aktennotiz berichtet: 1490 stehen wir vor der Tatsache, dass die klösterlichen Fischereigewässer zweigeteilt waren; die Grenze lag bei der Platte Lauffohr. Die Klosterfischer fuhren aareabwärts nur noch bis zu diesem Punkt, während der untere Teil den Männern von Stilli allein zustand. Königsfelden hatte damit den Fischereibezirk Stillis verkleinert, dafür den dortigen Fischern ausschliesslich zugesprochen. Als weiteres Entgegenkommen dürfen wir werten, dass die Äbtissin einen Mann aus Stilli, nämlich Heman Müssler als zusätzlichen Klosterfischer annahm; aus dessen Anteil entstand in der Folge das obere Stillemer Recht auf Aare und Reuss, welches sich neben der Berechtigung der Fischer von Windisch bis zum heutigen Tat erhalten hat (19).

d) Die neugebildete "untere Aarefischenz" (Schmidberg-Platte Lauffohr)

Der Schiedsspruch von 1466 hatte das Fischerei- und das Fahrrecht von Stilli "untrennbar" vereinigt. Die Urkunden bestimmten klar, die beiden Lehen seien als eins zu betrachten und die Lehenmänner könnten das eine Recht nicht ohne das andere aufgeben (20).

Im Bewusstsein der Einwohner von Stilli dagegen waren die genannten Berechtigungen nicht in Real- sondern nur in Personalunion verbunden. Die von ihnen seit jeher bestrittene Freudenauer Fischenz anerkannten sie nie. Als sich die Bevölkerung des Dorfes vermehrte, sobald also Fischer und Fehren nicht mehr dieselben fünf Männer waren, fielen die beiden Nutzungsrechte wieder in ihre ursprünglichen Elemente auseinander (21), welche noch zu Beginn unseres Jahrhunderts klar zu erkennen waren:

18 StAAa, Band 450, S. 685.
19 StAAa, Bände 467 (S. 7^V), 468 (S. 15/16), 449 (S. 732/33).
20 UKgf. 739.
21 StAAa, Band 623, S. 864–901.

– Die Fehren bedienten den Flussübergang und bebauten die Burggüter. Sie bezahlten die 1466 vereinbarten 16 Pfund jährlich nach Königsfelden, leiteten von ihrem Fahranteil jedoch nie eine Fischereiberechtigung ab.

– Die Fischer nutzten ihr Recht zwischen der Platte und dem Schmidberg und entrichteten jährlich den alten "Hofrecht"-Zins von 2 Pfund 6 Schilling 8 Pfennig nach Schenkenberg. Sie beanspruchten aber nie einen Teil der Burggüter. Dafür gehörte ihnen jene Aareinsel oberhalb Stilli, welche noch heute "Fischergrien" heisst, ausschliesslich.

Diese eigenmächtige Trennung von Fahr und Fischereiberechtigung kam erst 1740 aus, als Bern bereinigte Mannlehenverzeichnisse erstellen liess. Der Hofmeister stand damals vor vollendeten Tatsachen. Da er eine Urkunde von 1619 falsch deutete, führte er die beiden Rechte getrennt auf, was formal im Widerspruch zum Schiedsgericht von 1466 stand, aber den ursprünglichen Verhältnissen vor jenen Prozessen entsprach (22).

e) Die neugebildete "Aare-Reuss-Fischenz"

Dieses obere "Fischwasser" reichte (seit der Teilung) in der Aare von der Platte bei Lauffohr bis zur Brunnenmühle und in der Reuss bis zur Tugfluh. Das Königsfelder Zinsbuch von 1499 gibt uns erstmals genauen Aufschluss darüber. Es trennte noch die "Weid zu Windisch" (Zins 10 Pfund) von der "Vischentz, die zu Habsburg hört" (5 Pfund), weil die letztere erst seit 1469 im Besitz des Klosters war. Die beiden Rechte waren aber bereits miteinander verschmolzen und den drei Klosterfischern Stefan Kempf, Heini Siegrist (eigentlich Geissler) und Heman Mussler für 15 Pfund Jahreszins gemeinsam ausgeliehen (23).

Die Quellen der folgenden Zeit könnten leicht verwirren, weil manche Leute von Windisch noch im 16. Jahrhundert mehrmals den Familiennamen wechselten. Um 1518 waren es vier gleichberechtigte Klosterfischer, nämlich Hans Geissler (ein Nachkomme Heini Siegrists), Claus Grimm (später Hofman, welcher kurz vorher von Gebenstorf zugezogen war), Uli im Lind (eigentlich Humbel) von Birmenstorf sowie Hans Vogt von Stilli (24). Die vier Männer teilten sich in den Zins von 15 Pfund, so dass jeder jährlich 3 Pfund 15 Schilling entrichten musste; dabei blieb es bis zur Ablösung im 19. Jahrhundert (25).

1518 starb Hans Vogt. Sein Bruder Conrad bat die Klosterfrauen, ihm das hinterlassene Lehen zusammen mit Hans Lehner und Hans Buman, auch von

22 StAAa, Band 616, S. 162.
23 StAAa, Band 468, S. 15–18.
24 StAAa, Band 460, S. 216.
25 StAAa, Rechnungen der Domainen-Verwaltung von Königsfelden 1836–1850, Jahrgang 1838, S. 1 (Nr. 6) + 5 (Nr. 169).

Stilli, alle drei als "ein Mann geachtet", zu übergeben. Damit setzte dessen Zersplitterung unter Königsfelden ein (26).

Die Fischenzen entwickelten sich schon bald zu selbständigen Privatrechten, über welche das Kloster nur noch eine gewisse Oberhoheit beanspruchte. So verkaufte Hans Geissler 1520 seinen Anteil an Hans Mäder (26).

Die Besitzesverhältnisse der obern Fischenz machten in der Folge eine merkwürdige Veränderung durch: Noch 1518 wurde bestimmt, die vier Lehenmänner sollten gemeinsam fischen und den Ertrag teilen. Doch schon bald scheinen sich die Fischer von Windisch und jene von Stilli entfremdet zu haben. Die Windischer bezahlten z. B. die drei Viertel des Jahreszinses miteinander, die Stillemer entrichteten ihren Anteil gesondert. In den Zinsbüchern von Königsfelden wurden nur noch zwei Posten eingetragen, je einer von Windisch und Stilli (27). Die genannte Entwicklung wurde zu Beginn des 17. Jahrhunderts dadurch gefördert, dass die Nachkommen des Claus Grimm (alias Hofmann) alle drei Windischer Anteile in ihrer Hand vereinigten (28). Immer mehr konstituierten sich die Fischer von Windisch als eigene, selbständige Rechtsgemeinschaft. Dies lässt sich besonders durch folgende Tatsachen belegen, die wir später eingehend behandeln werden:

— Sie besassen gemeinsam eine Insel in der Reuss, den sogenannten Meienrieslischachen.

— Sie verliehen dem jeweiligen Besitzer der Mühle von Mülligen ein beschränktes Fischereirecht als Erblehen.

— Spätestens seit der Mitte des 17. Jahrhunderts nutzten sie miteinander das Fach bei der Tüfelsbrugg.

Von all diesen Rechtsbeziehungen waren die Teilhaber von Stilli ausgeschlossen. Im Laufe der Zeit verlor sich dadurch das Bewusstsein, dass die Fischer von Windisch und Stilli eigentlich ein und dasselbe Recht nutzten. Es entstanden zwei parallele Fischenzen auf der gleichen Flussstrecke, nämlich das Windischer und das obere Stillemer Recht. Sie galten als gleichberechtigt nebeneinander, obschon die Lehenmänner von Windisch einen dreimal höhern Zins bezahlten. Im Grundbuch der Gemeinde Windisch wurden daher auf zwei verschiedenen Blättern je ein halbes Fischereirecht eingetragen. Diese ganze Entwicklung hatte zur Folge, dass die heutigen Inhaber der Fischenzen die Erträge aus den Fischerkarten halbieren.

Eine Veränderung im Besitzstand der Aare-Reuss-Fischenz trat 1919 ein, als die Besitzer des obern Stillemer Rechts ihren Anteil auf der Reuss vom Stauwehr Windisch an aufwärts bis zur Tugfluh dem Kanton Aargau verkauften (29). Seit-

---

26 StAAa, Band 460, S. 216/17.
27 StAAa, Bände 545 (S. 140 ff.), 603, 644–649.
28 StAAa, Bände 545 (S. 140 ff.), 603, 644–649.
29 Grundbuchamt Brugg, Hauptbuch der Gemeinde Windisch VI/1617 + 1618, Beleg zu Blatt 590 des Grundbuchs Windisch; StAAa, Akten des Regierungsrates F No. 3 (1919).

her bestehen in diesem Abschnitt die Fischenzen von Windisch und jene des Staates parallel.

f) Die Grenzpunkte

Die Entstehung von Grenzen gehört zu den interessantesten Problemen der mittelalterlichen Rechtsgeschichte. Mit den "Fischereimarken" hat sich die Forschung bisher kaum beschäftigt, weshalb wir hier möglichst kurz auf jene der Fischenzen von Stilli eingehen:

Die *obere Grenze in der Aare* war seit jeher eindeutig und unbestritten. Der Lehenbrief von 1538 umschrieb sie mit folgenden Worten:

> "Und vacht an dieselbige vischentz namlich underhalb der bruck zu Bruck und ob der bruck zu Brucken uffhin, alls wyt die statt Bruck gat." (30).

Am linken Ufer lag dieser Punkt bei der (Goppen-)Brunnenmühle, wie auch die Anerkennungsurkunde des Regierungsrates von 1865 bestätigte (31). Die genaue Grenze bildete das Weglein, welches zwischen Mühle und Scheune an die Aare führte (32). An dieser Stelle trafen folgende Bereiche zusammen: die mittelalterlichen Pfarreien (und Zehntbezirke) Rein und Umiken, die Niedergerichte Brugg und Umiken, die Blutsgerichtskreise Brugg und Schenkenberg; bis hierher hatte auch der alte Herrschaftsbereich des murbachischen Hofs Rein gereicht. Seitdem die Vorstadt 1528 zur Pfarrei Brugg geschlagen, die Gerichtsbezirke 1798 aufgehoben und die Fischereigrenze um einige Meter verschoben wurden, ferner seit die Stadt Brugg im letzten Jahrhundert ihren Gemeindebann auf Kosten Umikens etwas vergrösserte, erinnert heute nichts mehr an diesen weit ins Hochmittelalter zurückreichenden Grenzpunkt.

Am rechten Ufer befindet sich die "Fischermark" bcim sogenannten *"Volloch"*, an der Stelle also, *wo der Süssbach in die Aare einmündet.* Hier stiess Brugg einst als Gerichtskreis mit dem Eigenamt, als Pfarrei mit Windisch sowie (bis 1900) als Gemeinde mit Altenburg zusammen (33). Diese Grenze muss neuer sein als jene bei Goppenbrunnen, weil sie erst nach der Gründung Bruggs entstanden sein kann.

Da das Volloch etwas oberhalb der Brunnenmühle liegt, überquerte diese Fischergrenze die Aare ursprünglich schräg. Dies ist durch den heutigen Grundbucheintrag insofern korrigiert, als die Einmündung des Süssbachs als einziger Grenzpunkt gilt.

---

30 StABE, Unteres Spruchbuch J, S. 354.
31 StAAa, Regierungsratsprotokoll vom 27. 12. 1865; dazu Akten F No. 5, Fasc. 44, 45, 47.
32 RQ Schenkenberg, S. 227; RQ Brugg, S. 58.
33 UKgf. 1015.

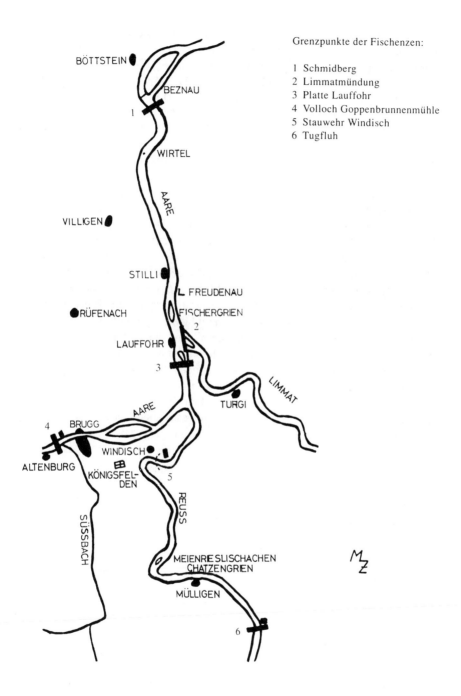

Grenzpunkte der Fischenzen:

1 Schmidberg
2 Limmatmündung
3 Platte Lauffohr
4 Volloch Goppenbrunnenmühle
5 Stauwehr Windisch
6 Tugfluh

Grenzen der Fischenzen von Stilli.

Die *untere Grenze in der Aare* ist die komplizierteste. Seit dem 13. Jahrhundert wird sie mit "Grundlosen" oder "Schmidberg" umschrieben. Die Bezeichnung *"Grundlosen"* erscheint zwischen 1284 und 1350 und verschwindet nachher, so dass sie nicht genau zu lokalisieren ist (34). *"Schmidberg"* dagegen heisst ein Ausläufer des Rotbergs, welcher nördlich des Dorfs Böttstein in der Gegend des Stauwehrs Beznau an die Aare stösst. Dieser Schmidberg bildet keine Grenz*linie*, sondern viel eher einen Grenz*bereich*, welcher etwa 1 km breit ist. Die Ungenauigkeit ist vermutlich darauf zurückzuführen, dass jenes Gebiet, wie der übrige Rotberg erst spät, d. h. im 13. oder zu Beginn des 14. Jahrhunderts gerodet und urbargemacht wurde. Im Hochmittelalter genügte die Umschreibung "Schmidberg" durchaus, in der Neuzeit kam es deswegen zu vielen Streitigkeiten (35). In diesem Bereich trafen nämlich nicht nur die Pfarreien Leuggern und Rein sowie die Gemeinden Böttstein und Villigen (ehemals Niedergerichte Böttstein und Stilli) zusammen; bis hierher erstreckte sich auch der erweiterte Friedkreis der Stadt Brugg (d. h. die Brugger Bürger durften bis Grundlosen ihr Vieh zur Weide treiben), hier endeten der Fahrbezirk und das Fischereirecht von Stilli sowie der Herrschaftskreis des Hofs Rein. Doch nicht genug damit, hier stiessen schon 1306 die habsburgischen Ämter Bözberg und Waldshut zusammen, zwischen 1415 und 1460 Österreich und die Eidgenossenschaft und seither die Gebiete der "Stadt und Republik Bern" und die Grafschaft Baden. Nach langen Auseinandersetzungen einigten sich Bern und die übrigen sieben eidgenössischen Orte in politischer Beziehung auf einen eindeutigen Grenzpunkt, nämlich den sagenumwobenen *"Wirtel"*: diesen Granitfindling in der Aare soll die Riesenfrau auf Besserstein einst zum Spinnen gebraucht, jedoch in einer Aufwallung von Eifersucht auf die Flussnixe in die Aare geschleudert haben (36). Findlinge dienten seit uralter Zeit häufig als Grenzzeichen (37), der Wirtel trat erstmals 1585 in dieser Funktion auf. In einer Beschreibung von 1600 hiess es wörtlich:

"die march facht an in der Arren im lŏffen under Fillingen im *Wirtten* am Stral in der Ouw und gat in K(l)opfbrunnen" (38).

Die Berner hatten offensichtlich schon früher an Gebiet verloren, denn der umstrittene Schmidberg lag nun ganz im Gemeindebann von Böttstein in der Grafschaft Baden. Die zitierte Grenze galt auch für die Pfarrei und den Zehntbezirk Rein. Nur die Fischer von Stilli anerkannten sie nicht; sie gingen, unterstützt

34 RQ Brugg, S. 12; RQ Schenkenberg, S. 151; RQ Grafschaft Baden, Äussere Ämter, S. 252.
35 StAAa, Urk. Böttstein 31; Urk. Bistum Konstanz 16; Band 3006, S. 208–210; Band 3090, Fasc. I/2; UB Brugg, Nrn. 198–201, 205, 211–213, 215; Marquard Herrgott, Genealogia diplomatica, Band 3, S. 475 ff.
36 Ernst Ludwig Rochholz, Schweizersagen S. 223 ff.; K. Killer, "Der Wirtel", Erzählung; J. J. Reithard, "Der Wirtel", Gedicht.
37 Karl Siegfried Bader, Die Gemarkungsgrenze.
38 StAAa, Bände 2773 (Fasc. 1 + 9), 2772 (Fasc. 3), 1102 (S. 817 ff./865); RQ Schenkenberg, S. 265–269.

durch Königsfelden, ihrem Gewerbe weiterhin bis zum Schmidberg nach,wobei sie die Einmündung des Schmidbergbachs (75 Meter unterhalb des heutigen Stauwehrs) als untersten Punkt bezeichneten. Da aber der Schlossherr von Böttstein, die Johanniterkommende Leuggern und die Fischer von Klingnau den Wirtel als obere Grenze ihrer Fischereirechte beanspruchten, kam es zu Konflikten, besonders mit Böttstein (39). Die angefochtene Flussstrecke mass immerhin etwa 1100 Meter. 1660 verurteilte der eidgenössische Landvogt den Kaspar Buman, weil er "in badischem Territorium ein Fach wider alle Gebühr" gesetzt habe (40). Die Stillemer liessen sich jedoch nicht beirren. So hören wir, dass 1776, wiederum ein Kaspar Buman gebüsst wurde, weil er in der Nähe des Schmidbergs gefischt habe. Zeitweise löste man den Streit auch friedlich, indem der Gerichtsherr von Böttstein einigen Fischern von Stilli seine ganze Berechtigung verpachtete, wobei das umstrittene Flussstück auch enthalten war (so von 1727–1742 dem Joggli Finsterwald und in den 1840er-Jahren dem Caspar und Jakob Baumann sowie dem Kaspar Lehner (41) – Die politische Grenze zwischen Böttstein und Villigen muss seit dem 19. Jahrhundert nochmals geändert worden sein (42); sie verläuft heute vom Klopfbrunnen rechtwinklig zur Aare hinunter (quer durch die dortigen Parzellen). Der Wirtel, welcher seit der Höherstauung der Aare durch das Kraftwerk Beznau unter dem Wasserspiegel liegt, befindet sich nun etwa 100 Meter innerhalb des Gemeindebanns von Villigen (43). – Bei der Bereinigung der Privatfischenzen verfestigte der Regierungsrat den Grenzkonflikt, indem er das Stillemer Recht bis zum Schmidbergbach hinunter anerkannte, die Klingnauer und Böttsteiner Berechtigung aber bis zur Bezirksgrenze Zurzach-Brugg herauf. Da der Staat im Laufe der Zeit die Fischenz von Leuggern (durch Übernahme der Kommende) und jene der Fischer von Klingnau (1891 durch Kauf) an sich gebracht hatte, drängte der kantonale Fischereiaufseher auf eine Entflechtung der unübersichtlichen Verhältnisse. 1920 kam ein Kompromiss zustande: Die umstrittene Flussstrecke wurde zwischen dem Staat und den Fischern von Stilli aufgeteilt; die Fischertafel, welche im Grundbuch des Bezirks Brugg eingetragen ist, steht seither genau 210 Meter oberhalb des Stauwehrs Beznau (44). Die Stillemer hatten sich damit weitgehend durchgesetzt. Ihre Berechtigung reicht bis heute auf einer Strecke von etwa 800 Metern in den Bezirk Zurzach (ehemals Grafschaft Baden) hinein, allerdings nur in der rechten Flusshälfte ausschliesslich, auf der linken Seite wird es noch immer vom Böttsteiner Schlossrecht, welches erst 1934 an den Staat überging, konkurrenziert. Das ge-

39 StAAa, Band 2895, S. 16 ff.
40 StAAa, Band 2897, Fasc. 4.
41 StAAa, Regierungsakten F No. 5/145 (1862).
42 mündliche Auskunft von Herrn Oskar Widmer, Villigen.
43 Grundbuchamt Brugg, Katasterplan der Gemeinde Villigen.
44 StAAa, Akten Finanz: Fischerei 1920; Grundbuchamt Brugg, Hauptbuch der Gemeinde Lauffohr III/673.

wonnene Flussstück von der ursprünglichen Grenze beim Wirtel bis zur heutigen "Fischermark" misst immerhin fast 1 km.

Über die *obere Grenze in der Reuss* bestehen gedruckte Prozessakten aus den Jahren 1917/18 (45). Zwischen der Ortsbürgergemeinde Mellingen und den Fischern von Stilli war es zu Streitigkeiten über die gegenseitige Abgrenzung ihrer beiden Rechte gekommen. Die Parteien konnten sich über die Lage der *"Tugfluh"* nicht einigen. Im Lehenbrief der Königsfelder Klosterfischer von 1538 hiess es "der Rüss nach bis an Duchflu gen Mellingen" und im Urbar Königsfeldens von 1680 "biss zu der grossen Fluh bey Mellingen über". In einer Urkunde von Mellingen dagegen stand, die Fischenz beginne "bey der statt und hinabgange in Linden an die Tugfluh", und im Lehenbuch von 1660 hatte eine spätere Hand hinzugefügt, "bis zum Markstein oder Lindbach, wo der Bach in die Reuss fällt, so die Lindmüli tribt". Die umstrittene Strecke mass etwa 4 km. In einem Gutachten wies Walther Merz nach, dass sich die Tugfluh tatsächlich bei der Lindmühle befinden musste und die Lehenbriefe der Fischer von Windisch und Stilli lediglich die Richtung "gegen Mellingen" angaben. Damit stimmte auch der örtliche Befund überein, indem reussabwärts unterhalb Mellingen nur bei der Lindmühle eine Tug- (= Tuffstein)-Fluh bestand, welche sich vor ihrem Abbau (zur Gewinnung von Baumaterial) als gut sichtbares Grenzzeichen eignete. Dieses Ergebnis könnte heute durch Quellen, welche Merz nicht zur Verfügung standen, erhärtet werden.

Über die historische Entstehung der Grenze bei der Tugfluh kann nichts ausgesagt werden. Dieser Punkt liegt auf keiner andern Gemarkungslinie öffentlich-rechtlicher Art. Möglicherweise deutet der natürliche "Markstein" auf eine uralte Scheidung zweier Interessensphären hin. – Nachdem Mellingen den erwähnten Prozess wegen der Tugfluh gewonnen hatte, lohnte es sich für die Fischer von Stilli nicht mehr, ihr Gewerbe im obern Abschnitt der Reuss auszuüben. Seit dem Bau der Staumauer der Spinnerei Kunz mussten sie die schweren Weidlinge jedesmal in mühsamer Arbeit auf dem Land in den obern Flussteil hinaufbringen. Daher verkauften sie, wie schon früher erwähnt, ihren Anteil oberhalb des Stauwehrs Windisch dem Kanton Aargau.

Der Grenzpunkt *zwischen den beiden Stillemer Fischenzen* wird mit *"Platte"* Lauffohr umschrieben. Der Flurname stammt von den grossen Felsen, welche bei der untern Mühle aus dem Wasser ragen. Die Fischermark liegt einige hundert Meter oberhalb der genannten Steinplatten, und zwar, nach Angabe der alten Fischer, an der Stelle, von wo aus man über die Aare hinweg in der Ferne die Kirchturmspitze von Kirchdorf erblickt. Heute wird der Punkt durch eine Fischereigrenztafel auf der linken und durch den Mast einer Starkstromleitung auf der rechten Seite bezeichnet (46). Diese Grenze ist vermutlich erst bei der Bereinigung der Königsfelder Fischenzen am Ende des 15. Jahrhunderts auf künstliche Weise entstanden und hat daher keinen sonstigen historischen Bezug.

45 Vierteljahresschrift für aargauische Rechtsprechung, 1918, S. 110–131.
46 Grundbuchamt Brugg, Hauptbuch der Gemeinde Lauffohr III/673.

Seit einem halben Jahrtausend bestehen Uneinigkeiten zwischen den Fischern von Stilli und jenen der untersten *Limmat* über die Abgrenzung ihrer Rechte. Das Dorf Stilli liegt lediglich 1—2 km von den Einmündungen dieses Flusses in die Aare entfernt, weshalb die dortigen Bewohner immer wieder versuchten, auch gegen Baden hinauf zu fahren, um ihrem "Weidwerk" zu obliegen. Die Fischer von Zürich und aus der Grafschaft Baden beanspruchten aber die Limmat für sich. In ihren Beschwerden erklärten sie, die Stillemer arbeiteten mit so wirksamen Netzarten, dass dieser Fluss an Fischen gänzlich "eröde". Der Streit kam 1474 erstmals vor die eidgenössische Tagsatzung, welche die Fischer von Stilli anwies, in der Aare zu bleiben, "wie sy das von alter harpracht haben". 1490 hatte sich die gleiche Instanz wieder mit diesem Problem zu beschäftigen; die Männer aus Stilli erklärten, das Verbot von 1474 sei hinter ihrem Rücken zustande gekommen; ausserdem gehöre Bern auch zu den acht Orten und habe demnach ebenso gut Anteil an der Limmat. Doch der Entscheid von 1474 wurde bestätigt, den Limmatfischern dagegen befahl man, auch nicht in die Aare zu fahren (47). Im Bereich der Mündung kam es aber weiterhin zu Übergriffen; die dortigen Inseln veränderten sich durch die Flussströmung, besonders bei Hochwasser, ständig, und so wollten die Stillemer oft nicht genau sehen, was noch zur Limmat und was schon zur Aare gehörte! 1626 hören wir z. B., dass die Fischer von Stilli am Limmatspitz ein Fach geschlagen hätten, was ihnen die Tagsatzung erneut verwehrte (48). Im Jahre 1896 kam es zu einem Prozess zwischen dem Aarefischer David Baumann und der Firma Wunderly, Zollinger u. Cie. (heute B. A. G.) als Besitzerin der untersten Limmatfischenz, weil Baumann in der Limmat gefischt hatte. Das aargauische Obergericht wies sämtliche Ansprüche des Klägers ab. — 1927 versuchte die aargauische Finanzdirektion eine gütliche Verständigung zu erreichen (49). Eine solche kam für den nördlichen Seitenarm (altes Limmatbett) nicht zustande, wohl aber für den Hauptfluss. Definitive Grenztafeln setzten die benachbarten Fischenzbesitzer erst 1975, und zwar aufgrund persönlicher Einigung (50).

*

Insgesamt bieten uns die fünf Fischmarken Einblick in das breite Spektrum möglicher Entstehungsarten. Es reicht vom uralten, eindeutigen "Grenzpunkt" (Brunnenmühle) über den oft umstrittenen "Grenzbereich" (Schmidberg) bis zur neu vereinbarten Abgrenzung (Limmat) und vom natürlichen Grenzzeichen (Tugfluh) bis zur spät geschaffenen, künstlichen Aufteilung (Platte).

*

Nachdem uns das Beispiel von Stilli in die besondere Entstehung und Entwicklung der dortigen Fischenzen eingeführt hat, sollen im folgenden Kapitel einige Probleme dieses Gewerbes untersucht werden.

47 Argovia, Band 3, S. 191; C. Ziegler, Bericht ... S. 53 ff.
48 Eidgenössische Abschiede, Band 5/2, S. 1672.
49 StAAa, Akten Finanz: Fischerei 1927.
50 Mitteilung von Herrn Jakob Lehner-Schröder, Stilli.

2. Die Ausübung der Fischerei in Aare, Reuss und Limmat

Im Gegensatz zum Fährenrecht gibt es über die Fischereiberechtigungen unge-
zählte Untersuchungen. Da Privatfischenzen bis zum heutigen Tag bestehen, bilden sie häufige Ursache von Prozessen. Durch vielerlei Gutachten bekamen die
Rechtshistoriker Gelegenheit, die allgemeine Entwicklung des Fischereirechts
darzustellen und diese an konkreten Beispielen nachzuprüfen. Ausserdem bestehen einige zuverlässige Dissertationen, welche sämtlichen Fischereiberechtigungen
einer bestimmten Flussstrecke oder eines geographischen Raumes nachgehen (1).
Diese Arbeiten beschränken sich allerdings meist auf aktuelle, rein rechtliche
Fragestellungen wie den juristischen Charakter einer Berechtigung (regal oder
grundherrschaftlich), das Verhältnis von Privat- und Staatsfischenzen, die Freianglerei oder Schädigungen durch Kraftwerkbauten. Historische Probleme wie
die mittelalterlichen Fischermeyen, alte Fangarten, Fischsorten, Erträge, polizeiliche Vorschriften verschiedenster Instanzen, die soziale und wirtschaftliche Lage
der Fischer sowie ihr Verhältnis untereinander werden meist vernachlässigt.

Es sei nun versucht, einige Fragen anhand der Quellen über die Fischenzen in
den Unterläufen der Aare, Reuss und Limmat systematisch zu erläutern und zu
beantworten. Einleitend sollen vorerst alltägliche Probleme des Fischfangs und
die zugehörigen Fachausdrücke erörtert werden.

a) Fanggeräte, Fischsorten, Fangerträge und Absatzmärkte

Schon in vorchristlichen Jahrhunderten erfanden die Fischer mannigfaltige *Fanggeräte;* dies beweisen die vielen Funde aus der Bronzezeit (2). Auch in den hier
bearbeiteten Regionen und Epochen standen dem erfahrenen Fischer verschiedene Geräte zur Verfügung, die er je nach Wasserstand und Wetter, bei klarem
oder trübem Wasser und für bestimmte Fischsorten einsetzen konnte. Beim Versuch, diese historisch zu erfassen, stellt sich das Problem, dass die schriftlichen
Quellen meist nur die verbotenen Fangarten nennen. Als solche zählte z. B. die

---

1 vgl. die im Literaturverzeichnis aufgeführten Arbeiten von Theodor von Liebenau,
   J. Vetter, Fritz Fleiner, Paul Leuthard, Hans Viktor Gaugler und Richard Bühler, ferner
   die Rechtsgutachten von Walther Merz, Hektor Ammann, Hermann Rennefahrt/Paul
   Kläui und E. Ruck. Ausserdem neu: Max Baumann, Fischer am Hochrhein, Aarau 1984.
2 vgl. dazu z. B. Walter Drack, Illustrierte Geschichte der Schweiz, S. 43.

143

Fischerordnung von 1598 Sägen, Watten, Streifzipfel, Leuen- und Wurstgarn auf, wobei schwierig zu ergründen ist, worum es sich dabei handelte. Auch in der heutigen Gesetzgebung gilt der Grundsatz, dass alle Geräte erlaubt sind, die nicht ausdrücklich untersagt werden. Dennoch geben uns einige Quellen Aufschluss über die verwendeten Fangarten; für die nachstehenden Ausführungen stützen wir uns vor allem auf eine Urkunde von 1606, auf eine kantonale Umfrage von 1868 und auf mündliche Überlieferung (3).

Vom Ufer aus wurde zu allen Zeiten mit der *fliegenden Angel* gefischt, und zwar in vielen Variationen mit Rute, Zapfen, Blei und Angel, mit lebendem Köder, Spinner und Löffel. Bei trübem Wasser kamen *Gnepfen* und *Bähren* zum Einsatz, auf einen Rahmen befestigte, sackförmige Netze, welche man an einer langen Stange, ebenfalls vom Land aus, in den Fluss tauchte. An untiefen Stellen wurden ausserdem *Reusen* ("Rüsche") gerichtet; dabei handelte es sich um Weidenkörbe (heute aus Draht), in welche die Fische wohl hineinschwimmen, dann aber nicht mehr entweichen konnten. Diese Reusen mussten von Zeit zu Zeit "gehoben" und geleert werden.

Auch bei der Fischerei auf offenem Fluss, also vom Weidling aus, gab (und gibt) es Methoden, bei welchen das Fanggerät vorerst gerichtet, danach regelmässig kontrolliert und der Ertrag eingebracht wird. Dazu gehören vor allem die *Stellnetze*, welche gewöhnlich abends gesetzt und morgens eingeholt werden. Ausserdem setzten die Fischer *Schnüre*, an welche sie zahlreiche kleine Schnürchen mit Angeln und lebendem Köder (meist Groppen) befestigten. Hier verdienen auch die oft umstrittenen *Lachs-Garnfallen* Erwähnung. Steinmann vergleicht sie mit einem "Zigarrenetui, das durch eine Feder zum Zusammenschnappen gebracht werden kann"; ein junger männlicher Lachs wurde dort angebunden und lockte die Weibchen zur Begattung, die Männchen als Nebenbuhler an; bei Berührung eines Eisenstabs klappte die Garnfalle zusammen. Diese stellte das ergiebigste und wohl daher auch am meisten angefeindete Fanggerät der Lachsfischerei dar. Die Fischer von Stilli setzten sich denn auch mehrmals in heftigen Auseinandersetzungen in der Schweizerischen Fischerei-Zeitung gegen ein Verbot derselben ein (4).

3 StAAa, Akten der Finanzdirektion: Fischerei 1868 + 1927; mündliche Auskünfte von Marie Zimmermann-Lehner, Villigen, und Ernst Baumann, Fischer, Stilli. – Verschiedene Geräte sind im Fischereimuseum Zug ausgestellt. – An Literatur wurden die Abhandlungen von J. Vetter, A. Seligo, Hans-Rüdiger Fluck und Paul Steinmann, Lachsfischerei, beigezogen.
4 Paul Steinmann, Lachsfischerei, S. 20 f.; Schweizerische Fischerei-Zeitung 1893, S. 29 f. + 64 f., 1895, S. 29–31.

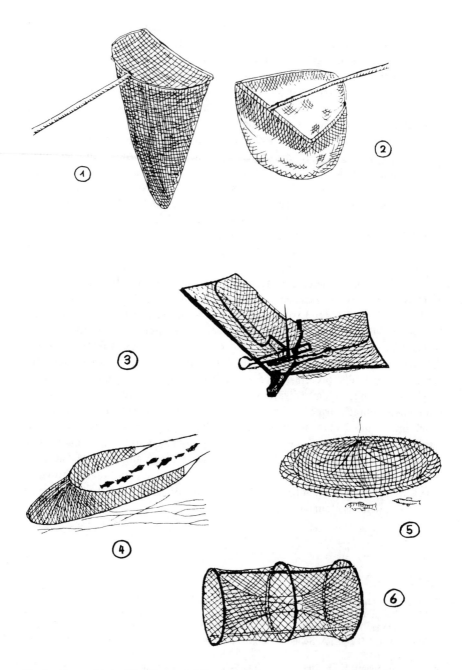

Häufige Fanggeräte der Flussfischerei: 1/2 – Bähren. 3 – Lachsfalle. 4 – Zuggarn. 5 – Spreit-garn. 6 – Reuse. (Nach Paul Aeschbacher, Hans-Rüdiger Fluck und Arthur Seligo)

Neben diesen "selbsttätigen" Geräten wurden vor allem *"Garne"* verwendet. Nach alemannischem Sprachgebrauch besteht der Unterschied zwischen Garnen und Netzen besonders darin, dass Garne gezogen, Netze aber gestellt wurden. In unsern Flüssen standen vornehmlich zwei verschiedene Arten im Gebrauch, einerseits die kegelförmigen *Spreitgarne,* welche allein vom Weidling aus bedient werden konnten, anderseits die *Zug-, Schlepp- und Langgarne* sowie die *Spiegelgarne,* welche sowohl auf dem Weidling als auch auf dem Land Personal erforderten. Die Arbeitsweise mit einer Zuggarnart sei an einem Beispiel kurz erläutert: Das etwa 40 m lange und 3 1/2 m hohe *Lachsgarn* hatte eine Maschenweite von 6 cm; unten waren die insgesamt 40 kg schweren Bleikugeln an einem sehr dicken Hanfseil befestigt; oben sorgten Korkschwimmer dafür, dass das Garn straff blieb. Zwei Gehilfen hielten das eine Ende am Land; zwei andere Fischer fuhren mit dem Weidling auf den Fluss hinaus, liessen das Garn allmählich "ablaufen" und kehrten in einem grossen Bogen ans Ufer zurück. Da sich die beiden Gehilfen mittlerweile ebenfalls flussabwärts bewegten, umschloss das Garn nun einen kreisförmigen Abschnitt des Flusses, aus welchem die Lachse nicht entweichen konnten, weil die Bleikugeln auf dem Grund auflagen. Das Garn konnte nun behutsam eingezogen und die "Beute" eingebracht werden (5).

Sämtliche Garne und Netze wurden – besonders in Winterarbeit – eigenhändig aus Hanfschnüren gestrickt und geflickt. Man erzählt sich, die Fischer hätten die Netze am Stubenfenster befestigt und über den Tisch zur warmen Ofenbank gezogen, wo sich besonders bequem arbeiten liess; aus diesem Grunde würden die Fischerhäuser besonders grosse Stuben aufweisen. – Die heutigen Garne bestehen fast durchwegs aus Nylon, welches das Wasser abstösst und daher viel leichter ist.

Als letztes ist noch das *"Zünden und Stechen"* zu erwähnen. In einem schmiedeisernen Leuchtkorb verbrannten die Fischer Holz und zündeten damit, bei klarem Wasser, den Grund ab. Entdeckten sie einen stehenden Lachs oder Hecht, warfen sie mit viel Geschick einen *Gehren* mit sechs Zinken und Widerhaken auf das Tier und zogen es ein. Diese Methode wurde gesetzlich verboten, da der Fisch verletzt wird und bei Entkommen elend eingeht. – Ebenso ist auch das *"Eisen"* bei zugefrorenem Fluss nicht mehr gebräuchlich.

Bei sämtlichen bisher genannten Fangmethoden sucht der Fischer seine Beute auf. Er setzt die Geräte jeweils dort ein, wo er sich am meisten Erfolg verspricht. Daneben gab es früher auch *feste Fangvorrichtungen:* Am Rhein waren es vor allem die *Salmenwagen,* wo die Lachse in grossen Netzen von kleinen Häuschen aus, welche auf Pfählen im Wasser standen, gefangen wurden. An diese Wagen erinnern heute noch die Fischergalgen (Galgenbähren), welche seit etwa 1890 an

---

5 Schilderung von Ernst Baumann, Fischer, Stilli; vgl. dazu auch Paul Steinmann, Lachsfischerei, S. 22.

beiden Rheinufern bei Basel aufgekommen sind (6). – In Aare, Reuss und Limmat bevorzugte man *Fache* als ständige Fangvorrichtungen. Dabei handelt es sich um "Fischwehre", also eigentliche Flussverbauungen. Das Fach war ein Gehege, bestehend aus zwei Pfahlreihen, welche mit Rutengeflechten ("Fach"-werk) abgedichtet wurden. Diese Wände standen in spitzem oder rechtem Winkel zueinander, mit der Öffnung nach unten. Die aufwärtsschwimmenden Fische liessen sich durch das immer enger werdende Fach in eine Reuse leiten, welche im Scheitelpunkt der Pfahlreihen angebracht war und ein Entkommen verunmöglichte. Der Fischer brauchte nur von Zeit zu Zeit die Reuse zu heben, um die Beute zu behändigen (7). Mehrere Fache konnten in einer Zickzackreihe so aneinandergebaut werden, dass das halbe Flussbett "überfacht" war, was dann die Schiffer bei der Durchfahrt behinderte.

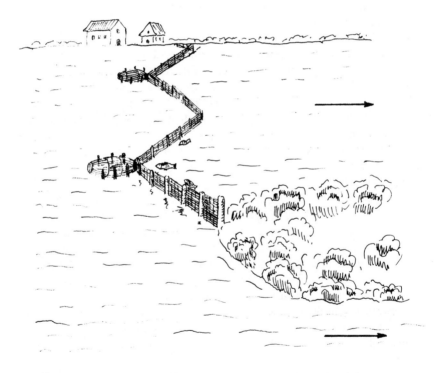

Fachverbauungen in einem Seitenarm der Limmat bei Vogelsang, 17. Jhd. (StAZH A 83)

6 Paul Steinmann, Lachsfischerei, S. 13 ff.; Eugen A. Meier, S. 112 ff.
7 Schweizerisches Idiotikon, Band 1, Sp. 638 ff.; Hans-Rüdiger Fluck, S. 344 ff.

Bei den *Fischarten* (8) begnügen wir uns vorläufig mit einer Aufzählung. Die Quellen der ganzen Neuzeit nennen uns als Edelfische Äschen und Forellen (beides Salmoniden) und Hechte, als Ruchfische Barben, Alet, Nasen und Hasel. Wenig erwähnt (weil erst im 20. Jahrhundert zahlreich) werden der Egli, viele Weissfischarten, die Karpfen, Brachsmen und Schleien. Für die Berufsfischer an erster Stelle stand aber der Lachs, welcher wie Aal und Maifisch (Alzeln) zu den grossen Wanderfischen (Salzwasser-Süsswasser) gehörte, wozu allerdings der letztgenannte die Stromschnellen zu Laufenburg nicht zu überwinden vermochte. Der Lachs (vom 21. Dezember bis 21. Juni wurde er Salm genannt) stellte das "Brot der Fischer" dar. Nach ihm unterschied man im Rhein die Gross- von der Kleinfischerei, wobei die erstere allein den Lachsfang, die letztere alle übrigen Fischsorten meinte. Die Bedeutung des Lachses war derart überragend, dass sein Verschwinden, wie wir noch sehen werden, der Fischerei als hauptberuflicher Tätigkeit den Todesstoss versetzte.

Die *Fangerträge* des einzelnen Fischers für frühere Zeiten sind fast unmöglich feststellbar. Die Angabe der drei Hauptfischer von Stilli (1868), sie würden zusammen jährlich etwa 10 Zentner (= 500 kg) fangen, scheint mir zu niedrig. Einen genauern Eindruck dürften folgende Zusammenstellungen aus dem 20. Jahrhundert vermitteln, wobei zu berücksichtigen ist, dass der Lachs nicht mehr dabei war. Anlässlich einer Schadenersatzforderung wegen der Schliessung von Schleusen in der obern Aare ergab der Expertenbericht folgende Resultate:

Fangertrag	1917	1918	1919
Gebrüder Lehner, Stilli	2 267 kg	2 256 kg	1 827 kg
Gebrüder Baumann, Brugg	1 937 kg	1 392 kg	1 479 kg
Familie Schärer, Biberstein	1 256 kg	895 kg	1 188 kg

Ein Gutachten aus dem Jahre 1937 schätzte den jährlichen Fischertrag in der Aare zwischen Brugg und Aarau auf 500 kg pro km, auf die ganze Strecke also auf 10 000 kg (9). Grobe Anhaltspunkte bieten heute die in den Rechenschaftsberichten der aargauischen Regierung jeweils abgedruckten Zusammenzüge der Fischereistatistik.

Auch über den *Absatzmarkt* sind wir nur durch einige Hinweise informiert. In bernischer Zeit stellte sicher die Verwaltung in Königsfelden einen der Hauptabnehmer dar; neben dem Einkauf für den Eigenbedarf sandte der Hofmeister alljährlich bis zu 500 kg gesalzenen Salm im Wert von durchschnittlich

---

8 vgl. dazu z. B. RQ Bern, Band 9/1, S. 446 ff.; StAAa, Band 545 (S. 140 ff) + Akten der Finanzdirektion: Fischerei 1868; J. Vetter, S. 11–13; Paul Steinmann, Die Bedingungen der Fischerei im Hochrhein, S. 16–55; Rechenschaftsberichte des aargauischen Regierungsrates.

9 StAAa, Akten der Finanzdirektion: Fischerei 1868 + 1919; Archiv des schweizerischen Bundesgerichts, Lausanne, Dossier A.23'407.

100 Pfund nach Bern. Im 19. und beginnenden 20. Jahrhundert lieferten die Fischer ihre Beute verschiedenen Fischhändlern nach Zürich, in die Kurhotels nach Baden und den Juden nach Endingen und Lengnau. Die Fische wurden meist lebend (mit Ausnahme des Lachses) in Fässlein überbracht, und zwar mit dem Leiterwagen und per Eisenbahn; eine Begleitperson war nötig, um die Tiere regelmässig mit frischem Wasser zu versorgen (10). – Im übrigen assen natürlich auch die Einwohner von Stilli und Umgebung oft Fisch. Ebenso dürften die Fischspezialitäten der dortigen Wirtschaften eine lange Tradition aufweisen; der grosse Zustrom auswärtiger Gäste ist aber erst neuern Datums.

b) Die allgemeine Entwicklung des germanischen Fischereirechts

Die alten germanischen Gesetzbücher (Schwabenspiegel, Sachsenspiegel) sprachen *jedem Volksgenossen* die Freiheit zu, in den Flüssen Fische zu fangen (11). Diesem Recht jedes Einzelnen kam derselbe Charakter zu wie der gemeinsamen Nutzung der Wiesen und Wälder (Allmend).

Dem freien Fischfang von jedermann stellte aber schon früh der *König* seinen Anspruch auf jegliche Nutzung der fliessenden Gewässer gegenüber. Hermann Rennefahrt hat schon für das 9. bis 11. Jahrhundert kaiserliche Verleihungen ausschliesslicher Fischereiberechtigungen an Fürsten und Klöster, später auch an Städte nachgewiesen (12). Das roncalische Gesetz von 1158 sprach dem König den Nutzen aus dem Fischfang (piscationum redditus) ausdrücklich zu (13). Doch gerade damals ging die Macht des Reichsoberhaupts zum Teil an die *Grundherrschaften* über, und diese beanspruchten in unsern Gegenden dieses königliche Recht für sich. Die mittelalterlichen Quellen des Aargaus weisen denn auch Klöster wie Säckingen und Murbach oder hochadelige Familien wie die Habsburger als Besitzer der Fischenzen nach. Das allgemeine Volksrecht auf freien Fischfang war weitgehend verdrängt.

---

10 StAAa, Bände 471 ff.; mündliche Berichte von Ernst Baumann und Elisabeth Lehner-Finsterwald, Stilli, und Marie Zimmermann-Lehner, Villigen.
11 vgl. Hans Viktor Gaugler, S. 5 ff.; Fritz Fleiner, S. 42 ff.
12 Hermann Rennefahrt, Rechtsgutachten betr. Aare-Reuss-Fischenz.
13 MGH, Legum sectio IV, Constitutiones tomus I, S. 244 ff.

c) Die Aufteilung der Flüsse unter die Fischereiberechtigten

Die grossen Fischereibezirke in Aare, Reuss und Limmat

Die spätmittelalterlichen Quellen lassen deutlich erkennen, dass die Flüsse des untern Aargaus ursprünglich in Abschnitte von grosszügiger Länge (10–20 km) aufgeteilt waren, für welche je eine einzige Fischereiberechtigung galt:

– Über den *untersten Aarebezirk* von der *Einmündung in den Rhein* (Twerreta) hinauf bis zum *Schmidberg* verfügten im 13. Jahrhundert die Freiherren von Klingen, welche der Johanniterkommende Leuggern gestatteten, auf der ganzen Strecke einen Fischer zu halten. Im übrigen ging der untere Teil dieses Abschnitts an den Bischof von Konstanz (Grenzpunkt Einmündung der Surb), der obere an die acht alten Orte. Beide verliehen ihre Anteile an die Fischer von Klingnau. Hier fällt auf, dass sich der Bereich der Fischerei mit jenem des Fahrs deckte, welches bekanntlich nach 1320 Reichslehen war, so dass wir auf königlichen Ursprung schliessen können (14).

– Die Fischenz vom *Schmidberg* bis zur *Goppenbrunnenmühle* (Volloch) bildete einst, wie schon ausgeführt, einen Bestandteil des Hofes Rein und könnte daher von der königlichen Verleihung der Immunität an das Kloster Murbach abgeleitet sein.

– Die über 20 km lange Strecke von der *Brunnenmühle* bis zur aargauisch-solothurnischen Grenze bei der *Wöschnau* (oberhalb Aarau) hat sich bis zum heutigen Tag als ein einziges "Fischwasser" erhalten. Es stand im 15. Jahrhundert einigen Fischern von Umiken, Auenstein, Biberstein, Möriken und Aarau zu. Im Laufe der Zeiten kauften drei Familien zu Auenstein und Biberstein die Rechte an diesem Flussgebiet zusammen (15). Merkwürdigerweise findet sich in den Quellen kein Hinweis auf eine Instanz, welche die Oberhoheit darüber beansprucht hätte. Ebensowenig ist bekannt, dass die Berechtigten jemandem einen Zins hätten bezahlen müssen, so dass wir geradezu "freie Fischenzen" annehmen können, welche deren Inhaber in früher Zeit gleich Klöstern und weltlichen Grundherren erworben hatten!

– Für die Teilstücke in der *Reuss,* nämlich *Aaremündung–Tugfluh* (nachmals Fischenz von Königsfelden) *-Göslikon* (jetzige Fischenz von Mellingen) *-Hermetschwil* (heute Bremgarten zugehörig) sind österreichische Verleihungen und Zinsen in den Stein zu Baden nachgewiesen, so dass für das 13./14. Jahrhundert habsburgischer Besitz zu vermuten ist (16). Den genann-

---

14 StAAa, Urk. Böttstein 31; Urk. Bistum Konstanz 16; Band 3006, S. 208 ff.; Band 2904, S. 29 ff.; RQ Klingnau S. 237 f. + 284.
15 UB Aarau, Nrn. 491 + 492; StABE, Untere Spruchbücher JJ, S. 327 ff.; B VII 411, S. 442 ff.; StAAa, Regierungsakten F No. 5 (1865), Fasc. 2 + 3.
16 vgl. Paul Leuthard, S. 43 ff. + 58 ff.

ten Strecken schliesst sich die Fischenz des Kelleramtes an, welche auf den Murbacher Hof Lunkhofen zurückgeht und (analog Rein) genau die Länge dieser Grundherrschaft einnimt.

— Über den untersten Abschnitt der *Limmat,* also von *Baden* bis zur *Einmündung in die Aare* (9,5 km) enthält das Urbar der Grafschaft Baden (1488) folgenden Satz:

"Die Lindmag von der brugg ze Baden bis in Lindmagspitz wirt fürgeben, sy solle fry sin, und vischet menclich darin, als es dann ytzund geprucht wirt, mit vachen und andrem, und prucht die herrschaft dhein gerechtigkeit da (17)."

Sämtliche mir bekannten Geschichtsschreiber übernehmen dieses Abschnitt ohne weiteres und behaupten ebenfalls, in der Limmat habe jedermann unbeschränkt fischen dürfen und die Obrigkeit habe keine Kompetenz darüber beansprucht. Offenbar übersehen alle das Wort "fürgeben" und beachten nicht, dass es sich um eine blosse Behauptung der Befragten handelte. Eine solch totale Fischereifreiheit gab es im Spätmittelalter nicht mehr; sie wäre auch undenkbar, weil sich z. B. das Kloster Wettingen und die Stadt Zürich gegen eine (dadurch unvermeidliche) Ausbeutung der Limmat gewehrt hätten. Tatsächlich spricht denn auch das Urbar von 1683 die Fischereihoheit den acht alten Orten zu, und wie anderswo verliehen diese einzelne Fischenzen an Lehenmänner der Uferdörfer (Vogelsang, Rieden), in deren Besitz sie sich zum Teil heute noch befinden. Von der angeblichen Volksfreiheit blieb ein beschränktes Recht auf Fischfang vom Ufer aus, welches für die Ortseinwohner von Baden (zwischen den beiden Brücken) und von Ennetbaden (von der obern Brücke bis zur Müssegg) noch heute anerkannt ist (18).

Die Aufsplitterung der alten Fischenzen in Teilrechte

In der an historischen Quellen reichen Zeit des 15. und 16. Jahrhunderts bestand in keinem der obgenannten grossen Flussbezirke nur eine Fischereiberechtigung, welche ausschliesslich ein und demselben Besitzer zugestanden hätte. Die ursprünglichen Rechte waren auf mannigfache Weise aufgesplittert:

— Bisherige Fischereigewässer wurden *in kleinere Abschnitte unterteilt,* so bekanntlich die Fischenz des Hofes Rein, deren untere zwei Drittel (Platte-Schmidberg) an die Lehenmänner von Stilli, das obere Drittel zusammen mit dem untersten Teil der Reuss an die Klosterfischer von Königsfelden gelangten.

17 Argovia, Band 3, S. 190.
18 StAAa, Bände 2274 (S. 161), 2572 (S. 14/15), 2573 (S. 134, 141, 153, 156), 2592 (S. 90–92), 2781 (Fasc. III), 2783 (Fasc. 13), 2786. StAAa, Regierungsakten F No. 5 (1865), Fasc. 19 + 22.

- Ganz selten hatten sich uralte *Allmendrechte* erhalten: die Johanniterkommende Leuggern anerkannte ausdrücklich, dass ihre Fischenz an "einer kleinen, den Bauern zu Full gehörenden Stelle" unterbrochen sei (19).
- Vereinzelt entstanden auch neue Fälle von *Gemeinbrauch:* Die Bürger von Mellingen und Bremgarten durften innerhalb der Stadtmauern mit der fliegenden Angel vom Ufer aus Fische fangen (20).
- Der Inhaber eines ganzen Fischereibezirks konnte jemandem gestatten, einen *einzelnen Mann* in seinen Gewässern fischen zu lassen: 1277 gab Walther von Klingen der Johanniterkommende Leuggern dieses Recht (21), dasselbe räumten 1314 bekanntlich die Herzoge von Österreich dem Kloster Königsfelden ein.
- *Angrenzende Grundstücke* erwarben oft, sei es durch Gewohnheit oder Verleihung, eine Fischereiberechtigung: Mit dem ursprünglichen Stammsitz der Habsburger in Altenburg war eine Fischenz verbunden, welche sich in der Aare vom Volloch bis zum sogenannten "Schwarzen Brunnen" erstreckte (22) und zusammen mit dem Schloss Habsburg 1469 an Königsfelden gelangte. In Birrenlauf (Schinznach-Bad) beanspruchte der Eigentümer einer Liegenschaft das Fischereirecht "vom Badwuhr bis zu den Felsen unterhalb des abgetragenen Hauses in Holderbank" (23). Zu dieser Art Teilfischenzen gehörte auch das Schlossrecht von Böttstein, welches sich auf die Länge der Gerichtsherrschaft (heutiger Gemeindebann) sowie auf die linke Flusshälfte beschränkte. — Ebenso besass der jeweilige Besitzer der Mühle in Mülligen eine Berechtigung in der Reuss, und zwar vom Katzengrien (bei der obern Gipsmühle) bis zur Tugfluh. Im Urbar von 1680 heisst es, die Frau Obristin May, Herrin zu Rued und Schöftland, übe dieses Recht erblehensweise aus. Interessant ist die Tatsache, dass nicht Königsfelden als Lehensherr für diese Strecke galt, sondern die drei Klosterfischer von Windisch, welche der Junker Wolfgang von Mülinen (in Umkehrung des sozialen Rangs) schon 1654 um Bestätigung dieses Rechts ersucht hatte! Die genannten Fischer nahmen auch den jährlichen Zins von 1 Pfund ein (24).
- Die Fischereiberechtigung konnte aber auch qualitativ aufgesplittert werden. Im Rhein trennte man in ertragreichen Gegenden die *Gross-* von der *Kleinfischerei*, wobei — wie schon erwähnt — der Grossfischerei der Fang der wertvollen Lachse vorbehalten war. Im gleichen Zusammenhang kannte man oft noch eine *zeitliche Aufteilung,* indem Inhaber der Grossfischenzen wäh-

---

19 Eidgenössische Abschiede, Band 6/1, S. 1297.
20 Paul Leuthard, S. 43 ff. + 58 ff.
21 StAAa, Band 3006, S. 208; Marquard Herrgott, Band III, S. 475 f.
22 UB Aarau, Nrn. 491 + 492; StAAa, Königsfelder Lehenverzeichnisse.
23 StAAa, Regierungsakten F No. 5 (1865), Fasc. 39—42.
24 StAAa, Bände 563 (S. 127) + 686 (29. 9. 1654).

rend der Hauptzeit des Lachsfangs im November (Allerheiligen bis St. Andreastag) ausschliesslich fischereiberechtigt waren (25). — Eine solche Unterscheidung von Gross- und Kleinfischerei gab es in den Seitenflüssen des Rheins, also auch in Stilli, nicht. Je weniger intensiv dieses Gewerbe betrieben wurde, desto weniger differenzierten sich die Rechtsformen.

— Bedeutsame Splitterrechte bildeten die an bestimmte *feste Fangvorrichtungen* geknüpften Fischenzen. Dabei handelt es sich um jene im ersten Kapitel beschriebenen *Salmenwagen* (26) und *Fache*. Erwies sich ein solches Fach über grössere Zeiträume hinweg als besonders ertragreich, konnte es sich zu einem selbständigen Recht entwickeln, welches gesondert von den übrigen Fischereiberechtigungen verliehen, vererbt oder verkauft werden konnte. In der untersten Reuss sind uns zwei solche Sonderrechte bekannt, das "Fach Habsburg" und das "Fach bei der Tüfelsbrugg'. Wir werden im Abschnitt über die konkurrierenden Fischenzen näher auf sie ein gehen.

Die erneute Zusammenfassung der Teilrechte

Im 15. Jahrhundert setzte die Gegenbewegung ein: Städte und Klöster kauften die zersplitterten Fischenzen zusammen und versuchten, wieder geschlossene Fischereibezirke zu bilden. Laufenburg erwarb sämtliche Salmenwagen unterhalb der Stadt bis nach Säckingen. Den Städtchen Mellingen und Bremgarten gelang es ebenfalls, Teilberechtigungen auf grössern Flussstrecken zusammenzufügen (27). Im gleichen Sinn verstehen wir die Bemühungen Königsfeldens, auf Aare und Reuss eine eigentliche Klosterfischenz zu erhalten und auf entferntere Flussbereiche (Stilli, Altenburg) wenigstens Einfluss zu gewinnen. Fischereirechte brachten den Städten Einnahmen und einzelnen Bürgern Verdienst. Für Mönche und Nonnen bildete ihr Besitz geradezu eine Notwendigkeit, waren sie doch während der zahlreichen Festtage (Advent, vor Ostern, Fronfasten) auf Fische als Hauptnahrung angewiesen.

Konkurrierende Fischenzen

Obschon es gelang, manche Splitterrechte wieder zusammenzufassen, blieben oft verschiedene Berechtigungen innerhalb grösserer Flussbezirke nebeneinander be-

---

25 Hans Viktor Gaugler, S. 146–148.
26 Paul Steinmann, Lachsfischerei, S. 29, 59–63.
27 Hans Viktor Gaugler, S. 42–58; Paul Leuthard, S. 43 ff. + 58 ff.

stehen und konkurrenzierten sich: Auf der Aare, zwischen Brugg und Aarau, mussten die "gemeinen Fischer" von Auenstein und Biberstein ihr Fischwasser auf kürzern Strecken mit jenen von Altenburg und Birrenlauf teilen. Das Schlossrecht von Böttstein konkurrierte auf seiner ganzen Länge mit demjenigen der Fischer von Klingnau und der Johanniterkommende Leuggern, zwischen der Gemeindegrenze und dem Schmidberg mit der untern Aarefischenz von Stilli. Die Pächter der Fischereigewässer von Mellingen und Bremgarten mussten innerhalb der jeweiligen Stadtbezirke die Freianglerei der Bürger dulden. Die Fischer von Windisch bewilligten sogar selbst dem jeweiligen Inhaber der Mühle von Mülligen ein beschränktes Fischereirecht innerhalb ihres eigenen Bereichs. Seitdem der Kanton Aargau 1919 die Berechtigung der Stillemer vom Stauwehr Windisch an aufwärts erworben hat, konkurriert dieses Recht des Staates auf der betreffenden Strecke mit demjenigen der Fischer von Windisch.

An dieser Stelle müssen wir auf die beiden *Fache* eingehen, welche die Fischenzen der klösterlichen Lehensleute von Windisch und Stilli in der Reuss einschränkten. Diese festen Fangvorrichtungen, welche natürlich an besonders ertragreichen Flussstellen standen, hatte Königsfelden 1469 zusammen mit dem Schloss Habsburg gekauft. Sie brachten jährlich je 5 Pfund ein. Das *"Fach Habsburg"* war schon 1490 mit der Aare-Reuss-Fischenz vereinigt und den Klosterfischern zu gleichen Teilen übertragen (28). Das *"Fach bei der Tüfelsbrugg"* blieb selbständig. 1499 verlieh es Königsfelden dem Windischer Siegristen Heini Geissler, 1509 dessen Sohn Hans, jeweils für 5 Pfund. Von 1511 an nutzte es Uli Humbel (auch Uli im Lind genannt) von Birmenstorf. Die jährliche Abgabe betrug nun 5 Pfund 6 Schilling. Es war ein Erblehen, welches die Verpflichtung enthielt, die Fische jeweils vor allen andern Interessenten dem Kloster zu einem vorgeschriebenen Preis anzubieten. Gegen das Ende des Jahrhunderts häuften sich die Klagen, Hans Humbel (Ulis Sohn) halte die Lehensbedingungen nicht ein; er habe seit 20 Jahren keine Fische mehr ins Kloster geliefert. Als auch mehrmalige Ermahnungen nichts fruchteten, gelangte der Hofmeister 1584 vor das Gericht des Eigenamts und beantragte, Humbel das Lehen zu entziehen. Die Gerichtsässen entschieden nach dem Willen des bernischen Beamten und erklärten das Lehen für verwirkt. Schultheiss und Rat von Bern bestätigten diesen Entscheid und gingen auch auf das Gesuch der Räte von Brugg nicht ein, das Fach Hans Humbels Sohn Oswald, welcher ihr Bürger und Vater einer grossen Kinderschar sei, zu verleihen. Zweifellos spielte der niedrige Zins von 5 Pfund 6 Schilling bei diesen Beschlüssen eine wichtige Rolle. Das Fach bei der Tüfelsbrugg galt als besonders gewinnbringend. Nun konnte es der Hofmeister von Jahr zu Jahr verpachten und erhielt jeweils 15 Pfund, also ebenso viel wie für die ganze übrige Aare-Reuss-Fischenz zusammen. Spätestens seit der Mitte des 17. Jahrhunderts nutzten es jeweils die drei Windischer Fischer gemeinsam, so dass es mit der Zeit

28 StAAa, Band 467, S. 7ᵛ,

faktisch mit der übrigen Windischer Berechtigung verschmolz (29). Die Fischer von Stilli hatten jedoch nie Anteil an diesem Fach, weshalb es für sie bis zu dessen Aufhebung ein konkurrierendes Recht darstellte.

d) Inhalt und Umfang der Fischereiberechtigungen

Nutzungsrechte

Das Verzeichnis der Habsburger und Königsfelder Mannlehen von 1784/85 umschreibt Umfang und Inhalt des untern Aarerechts folgendermassen:

"Die *Fischezen* erstrekt sich von der sogenannten Blatten bey Lauffohr hinweg bis an den sogeheissenen Schmittberg bey Böttstein und *besteht in dem Recht,* in dem Flusse überhaubt, Aare genennt, und zwar in dem Bezirk zwischen obiger Blatten und dem Schmittberg *allerley Fische zu fangen,* . . .." (30).

Kleine Fischereiberechtigungen waren häufig an den Besitz einer Liegenschaft geknüpft, so bekanntlich die Fischenz von Böttstein an das dortige Schloss oder jene von Mülligen an die Mühle. Die Fischfangrechte auf grössern Flussstrecken waren aber durchwegs selbständig (wie die Fähren). Als Erblehen entglitten sie den Grundherrschaften seit dem Spätmittelalter und wurden Privatbesitz der Fischer, natürlich unter Wahrung der Oberhoheit des Lehensherrn. So verkaufte Ita Hopf schon 1419 dem Heinrich Fricker und dem Hans Gebur ihre Fischenz zu Altenburg samt zwei Fachen (31). Bei Erbschaften konnten die Berechtigungen unter mehrere Söhne aufgeteilt werden, wodurch sich die Zahl der Fischer vergrösserte, der Ertrag für den einzelnen aber sank. Dem Lehensherrn blieben nur Zins und Ehrschatz sowie die Befugnis, Polizeivorschriften zu erlassen, sofern der ursprüngliche Vertrag keine weitern Auflagen enthielt.

Auf die Tatsache, dass häufig mit einzelnen Fischenzen die Nutzung von Grundstücken verbunden war, werden wir später zurückkommen.

Ausschliesslichkeit

So zersplittert eine Fischenz auch immer sein mochte, die Summe sämtlicher Teilrechte ergab die ausschliessliche Berechtigung ihrer Inhaber, in der betreffen-

---

29 StAAa, Bände 450 (S. 347–360), 460 (S. 225), 468 (S. 17); UKgf. 870/876.
30 StAAa, Band 623, S. 892.
31 UKgf. 518.

den Flussstrecke Fische zu fangen. Diese Ausschliesslichkeit richtete sich einerseits gegen die Fischer benachbarter Bezirke, anderseits gegen alle übrigen Personen, ungeachtet der Tatsache, ob sie am gleichen Gewässer wohnten oder nicht.

1. Die *Ausschliesslichkeit gegenüber benachbarten Fischern:* Die Unterteilung der Flüsse in einzelne Fischereibezirke hatte den Sinn, deren Eigentümer gegen Übergriffe der Nachbarn zu schützen. Eindeutige Grenzen schufen Klarheit; so ist uns beispielsweise nichts bekannt von Streitigkeiten zwischen den Fischern oberhalb und unterhalb der Brunnenmühle. Wo die Gemarkungen unklar umschrieben waren – meist in wenig besiedelten Gebieten – kam es zu Auseinandersetzungen, wie zwischen den Fischern von Stilli und jenen der Limmat oder dem Schlossherrn von Böttstein wegen des Schmidbergs oder zwischen den Königsfelder Klosterfischern und der Stadt Mellingen wegen der Tugfluh.

2. Bedeutsamer war die *Ausschliesslichkeit gegenüber jedermann.* Es lag im Wesen der Privatfischenz, dass sie der Allgemeinheit die Berechtigung absprachen, Fische zu fangen. Das persönliche Eigentum hatte sich gegen die alte Allmendfreiheit durchgesetzt. Auch die Freianglerei vom Ufer aus war verboten (32). Gewohnheitsrechte, wie dasjenige der Bauern von Full an der untersten Aare, waren höchst selten. Dadurch war den vielen armen Bewohnern der Uferdörfer verwehrt, die kargen Mahlzeiten mit selbst gefangenen Fischen zu bereichern. Anlässlich der Bauernunruhen forderten auch die Untertanen des Amts Schenkenberg 1525,

> "das alles gewild in holtz fäld luft wasser, nider und hoch, so got dem menschen zuo guotem erschaffen, sölle fry und unverpoten ze vachen und ze schiessen sin."

Die "Gnädigen Herren" in Bern schützten aber die Inhaber der Fischenzen als deren rechtmässige Eigentümer (33). Damit bestätigten sie einen Beschluss von 1516, als die Klosterfrauen von Königsfelden sich beklagt hatten, "wie innen an iren bäch und vischetzen hindrung und intrag beschäche" (34).

Besonders hart wirkte sich die Ausschliesslichkeit für die Stadt *Brugg* aus, deren Bürger nicht einmal innerhalb der eigenen Mauern fischen durften. Zur Zeit ihrer Entstehung im 13. Jahrhundert hatte sich die betreffende Fischenz im Besitz des Klosters Murbach befunden. Nach deren Erwerb verpassten es die Habsburger offensichtlich, dem Städtchen wenigstens ein Teilrecht zu verleihen (wie etwa Bremgarten, Mellingen und Königsfelden). Die Brugger Bürger fanden sich damit nicht ab und setzten widerrechtlich das ganze Jahr hindurch Netze. Diese Übergriffe gingen vor allem zu Lasten der Klosterfischer, welche die Äbtissin 1517 aufforderten, diese Schädigung gänzlich abzustellen; andernfalls, so

---

32 vgl. dazu den Aufsatz von Fritz Fleiner.
33 RQ Schenkenberg, S. 31 + 35.
34 StABE, obere Spruchbücher, Band X, S. 267.

drohten sie, würden sie das Lehen aufgeben, was die Nonnen und Mönche in ihrer Selbstversorgung gefährdet hätte. Auf ihre Bitte reisten zwei Gesandte des Rats von Bern zu einem Augenschein nach Brugg. Die Rechtslage war eindeutig: sie rieten den Beklagten, das Kloster nicht mehr zu schädigen, anderseits empfahlen sie der Äbtissin, den Stadtbürgern aus Grosszügigkeit eine oder zwei Gnepfen zu gestatten. Dieses völlig freiwillige Zugeständnis konnte jederzeit widerrufen werden, so dass sich kein Rechtsanspruch daraus ableiten liess (analog der heutigen Erlaubnis der Fischenzbesitzer, die Schulkinder von Stilli, soweit das Dorf reicht, mit zwei Ruten angeln zu lassen). Die Boten der Stadt baten das Kloster noch, etliche geeignete Bürger unter seine Fischer aufzunehmen, wozu sich die Äbtissin jedoch alle Freiheit vorbehielt. Brugg kam denn in der Folge auch nie zu eigenen Fischern (35).

Beschränkungen

1. *Lehensrechtliche Verpflichtungen:* Ein Grundherr, welcher eine Fischereiberechtigung zu Lehen gab, war natürlich frei, den Lehenmann in der Ausübung seines Gewerbes einzuschränken oder ihm besondere Verpflichtungen aufzuerlegen. Diese "Dienstbarkeiten" blieben auch bestehen, als der Besitz der Fischenz sich im Laufe der Zeit zugunsten der Fischer verschob.

Zu diesen Verpflichtungen gehörte in erster Linie der festgelegte *Jahreszins.* Für die Inhaber der Aare-Reuss-Fischenz betrug er zusammen 15 Pfund, wovon 11 Pfund 5 Schilling auf die drei Windischer und 3 Pfund 15 Schilling auf den Stillemer entfielen; dazu kamen die 15 Pfund für das Fach bei der Tüfelsbrugg. In der untern Aare war die paradoxe Situation entstanden, dass die Fischer von Stilli ihren Zins von 2 Pfund 6 Schilling 8 Pfennig nach Schenkenberg bezahlten, während die Fehren 2 Pfund nach Königsfelden lieferten, ohne jedoch zu fischen; den Ehrschatz bei Handänderungen entrichteten wiederum die Fischer, aber nach Königsfelden! Die Fischer von Vogelsang hatten einen Naturalzins abzugeben, nämlich 10 Pfund Lachs an den Landvogt zu Baden und je 5 Pfund für den Landschreiber und den Untervogt. Ausserdem waren sie verpflichtet, die zum Verkauf bestimmten Fische zuerst im Landvogteischloss, dann in der Kanzlei zu einem festgelegten Preis anzubieten, bevor sie diese an Drittpersonen veräusserten (36). Im gleichen Sinne war auch den Fischern von Klingnau befohlen, den Ertrag ihrer Arbeit nur im eigenen Städtchen feilzubieten; für jede "Ausfuhr" brauchte es die Bewilligungen des bischöflichen Obervogts und des Stadtrates. Ausserdem stifteten diese Fischer in jedem Frühjahr den städtischen Behörden das "Groppenmahl", wozu der Vogt jeweils den Wein spendete (37).

35 StAAa, Band 460, S. 215.
36 StAAa, Band 2573, S. 153.
37 RQ Klingnau, S. 284; Otto Mittler, Klingnau, S. 178 f.

Der Erblehenbrief zum Fach bei der Tüfelsbrugg (1511) auferlegte Uli Humbel, dasselbe in gutem Zustand zu halten; ausserdem sollte er, wie schon erwähnt, die gefangenen Fische zuerst dem Kloster zu einem mässigen Preis anbieten und erst nachher anderwärts verkaufen (38). Diese Bestimmung galt vermutlich auch für die Aare-Reuss-Fischer, obwohl sie im Lehenbrief von 1538 nicht ausdrücklich erwähnt wurde. Dafür enthielt das Bodenzinsurbar von 1615 eine diesbezügliche Regelung: Der Hofmeister beklagte sich darüber, dass die Lehenmänner nicht nur meistens ihre Beute auswärts feilböten, sondern dass sie ihm die Fische zu einem solch teuren Preis offerierten, welchen sie nachher an andern Orten auch nicht erzielten. Um diesen Unregelmässigkeiten zu begegnen und den Anspruch des Klosters zu bekräftigen, erliess er einen neuen Tarif: 9 Zoll lange Äschen, Forellen und Hechte galten 1/2 Batzen, grössere dieser Arten sowie "Bratfische" (= Lachse) je nach Gewicht. Barben, Alet und Nasen durften nicht teurer als 1 Luzerner Schilling sein. 1660 galt 1 Pfund Lachs zwischen Ostern und Jakobi 4 Batzen, in der übrigen Zeit die Hälfte (39). Königsfelden bestand also auch nach der Aufhebung des Klosters auf seinem Vorrecht. Wir haben schon gehört, dass der Hofmeister nicht nur Fische für die eigene Haushaltung brauchte, sondern ganze Fässer mit gesalzenem Salm nach Bern sandte (40). Kaufte Königsfelden die angebotenen Fische einmal nicht, durften die Fischer diese anderswo absetzen, und zwar zu dem Preis, den sie zu erzielen vermochten; diese Bestimmung brachte klar zum Ausdruck, dass die von der Regierung in Bern erlassenen Fischtarife im untern Aargau nicht galten (41). Vermutlich konnte das Kloster das beschriebene Vorkaufsrecht nur bei den Lehensleuten der Aare-Reuss-Fischenz geltend machen, nicht aber beim untern Stillemer Recht; auch ist nichts davon bekannt, dass die Fischer von Stilli zu Lieferungen nach Schenkenberg verpflichtet worden wären.

In diesem Zusammenhang taucht natürlich die Frage auf, wie viele Fische das Kloster jährlich überhaupt brauchte bzw. ob die Lieferungen der eigenen Lehenfischer ausreichten. Königsfelden war besonders wegen der zahlreichen Fasttage auf eigene Fischenzen erpicht. Über seinen Fischverbrauch gibt uns nur eine einzige detaillierte Abrechnung Aufschluss, nämlich aus dem Jahr 1499/1500 (Herbst bis Herbst). Im ganzen bezog das Kloster Fische im Geldwert von 119 Pfund. Dieser Betrag wurde wie folgt gedeckt:

30 % aus den ordentlichen Lehenszinsen der Fischenzen von Stilli und Windisch
    sowie des Fahrs Stilli
15 % aus Nachzahlungen verfallener Zinse früherer Jahre
25 % durch Kauf von den Fischern von Stilli und Windisch
30 % durch Kauf von auswärtigen Fischern (aus Baden und Zürich)

38 UKgf. 876.
39 StAAa, Bände 545 (S. 140 ff.) + 563 (S. 129).
40 StAAa, Bände 471 ff.
41 RQ Bern, Band IX/2 (Regalien), S. 457.

Die Lehensleute beglichen ihre Zinsschulden also durch Fischlieferungen. Leider geben uns diese Abrechnungen weder über die Menge noch über die Fischsorten Aufschluss. Doch zeigen sie wenigstens, dass sich der Erwerb der Teilfischenzen insofern gelohnt hatte, als das Kloster seinen Fischverbrauch zu mehr als zwei Dritteln durch die eigenen Lehenfischer, natürlich zu ermässigten Preisen decken konnte (42).

2. *Einschränkungen wegen des Flusslaufs:* In früheren Zeiten änderten die Flüsse ihre Stossrichtung häufig. Bei Hochwasser überschwemmten sie auch in unserer Gegend das umliegende Land, schwemmten grosse Erdmassen fort, bildeten neue Seitenarme oder wechselten gar das Flussbett. Die Gemeinde Gebenstorf zwischen Limmat, Reuss und Aare wurde von diesen Veränderungen besonders betroffen. Immer wieder weigerten sich die dortigen Bewohner, Zinsen für überschwemmtes oder gar weggespültes Land zu bezahlen. Diese Zerstörungen durch Naturgewalt wurden durch die Fache noch kräftig gefördert. Solche Flussverbauungen beeinflussten die Strömung stark. 1509 klagten die Gebenstorfer gegen das Kloster Königsfelden und dessen Fischer, dass deren Fache bei ihren Feldern jährlich beträchtlichen Schaden anrichteten. Der Landvogt von Baden fällte darauf folgenden Entscheid: Königsfelden durfte die beiden bisherigen Fache behalten, aber nicht vergrössern. Weitere Flussverbauungen und ein "Landfächli" auf der rechten Seite mussten entfernt werden. Den Klosterfischern war verboten, am rechten Ufer neue Fache anzubringen. Durch dieses Urteil wurde also selbst das Kloster Königsfelden in seinen Flussrechten beschnitten (43).

3. *Verordnungen der Fischermeyen:* Im Mittelalter war der Fischfang für die dazu Berechtigten unbeschränkt. Die Grundherren und ihre Lehenmänner suchten aus ihren Flussbezirken soviel als möglich herauszuholen, so dass der "Weidgang" in Ausbeutung, ja "Raubbau" ausartete. Die Zersplitterung des Deutschen Reiches in kleinste Herrschaften förderte diese Entwicklung. Es fand sich keine Autorität, welche diesem Unwesen hätte Einhalt gebieten können. Die Folgen liessen nicht auf sich warten: der Fischbestand ging zurück. Da griffen die in ihrer Existenz bedrohten Fischer zur Selbsthilfe: spätestens im 14. Jahrhundert kam es zu den grossen und zugleich grossartigen, alle politischen Gegensätze und sozialen Unterschiede überwindenden Fischerversammlungen, den Fischermeyen. Merkwürdigerweise hat sich die bisherige Forschung darauf beschränkt, auf diese bedeutsame Institution hinzuweisen, sie aber nie systematisch untersucht. Wir wollen hier ihre Entwicklung, Einzugsgebiete und Abmachungen wenigstens stichwortartig andeuten.

42 StAAa, Band 468, S. 15–18, 83, 84, 89.
43 UKgf. 650, 659, 870.

Die früheste Fischerversammlung ist uns durch das Lied des Fischers Haspel aus Gottlieben überliefert. Dieser rief alle seine Berufsgenossen vom Bodensee, von der Thur und vom Rhein bis zur Aaremündung (Klingnau) zu Hilfe (44).

Der erste Meyenbrief stammt von 1397: In Baden trafen sich damals die Fischer des Rheins (zwischen den beiden Laufen von Schaffhausen und Laufenburg) mit jenen des heutigen Mittellandes. Als entfernteste Herkunftsorte finden wir Rapperswil (Limmat-Zürichsee), Luzern (Reuss), Biel (Aare-Berner Seeland) und Zell am Untersee. Es galt, sich erst einmal zu einer Organisation zu konstituieren. Die gefassten Beschlüsse betrafen daher ausschliesslich Ort und Teilnehmer künftiger Versammlungen, freies Geleit, Bezahlung der Kosten, gerichtliche Kompetenzen und gesellige Anlässe (Mahlzeiten, Tanz, Musik) (45).

1424 trafen sich die Fischer erneut in Baden, und zwar aus einem Umkreis, welcher dann während langer Zeit beibehalten wurde. Es kamen 72 Weidgesellen, welche direkt voneinander abhängig waren, nämlich wiederum jene vom Rhein (zwischen Schaffhausen und Laufenburg) und dessen Zuflüssen Aare (Stilli, Auenstein, Biberstein, Möriken, Aarau), Reuss (Mellingen, Bremgarten, Luzern) und Limmat (Baden). Als erste polizeiliche Vorschriften beschlossen sie eine Schonzeit für die Äschen ("all jar vom rogensamen uff bis an sant Michaelstag") und eine Mindestlänge der Barben von 10 cm. Wer diese Bestimmungen verletzte, bezahlte 8 Pfund Busse, wovon 5 Pfund dem betreffenden Landesherrn, der Rest aber den Fischergenossen zufielen. Von diesen Verpflichtungen waren jene Teilnehmer befreit, deren Fürsten diese Ordnung ablehnten. Einsichtige Regierungen erkannten aber den Nutzen solcher Selbstbeschränkungen: so beeilten sich Schultheiss und Rat der Stadt Bern, die Abmachungen der Fischer zu bestätigen und zu ergänzen. Die Weidgesellen erneuerten die Beschlüsse 1465 in Luzern, und diesmal sicherte auch die Tagsatzung der eidgenössischen Orte ihren Schutz zu (46).

Vom 16. Jahrhundert an tagten jeweils zwei verschiedene Meyengerichte. Das untere umfasste weiterhin die Fischer vom Rhein oberhalb Laufenburgs, dazu jene der untern Aare, Reuss und Limmat. Daneben konstituierte sich aber ein Fischertag der drei Orte Bern, Freiburg und Solothurn, welcher die Gewässer bis zum Bieler-, Murten- und Thunersee umfasste. In der Aare bildete offensichtlich die Brunnenmühle die Grenze zwischen den beiden Einzugsgebieten, vertrat doch der Hofmeister von Königsfelden die Klosterfischenzen jeweils in Zurzach oder Koblenz, während die Fischer von Biberstein und Aarau 1510 am Meyen in Freiburg und 1524 in Bern teilnahmen. Die Bestimmungen wurden immer differenzierter: sie betrafen neben dem Schutz des Laichs durch Schonzeiten und der Mindestlänge der Fische auch einzelne Fanggeräte, welche entweder ganz ver-

44 Theodor von Liebenau, Geschichte der Fischerei, S. 84 f.
45 RQ Bern, Band IX/2 (Regalien), S. 438.
46 RQ Grafschaft Lenzburg, S. 177 f.; RQ Bern, IX/2, S. 441 ff.

boten oder in ihrer Ausführung (z. B. Weite der Netzmaschen) vorgeschrieben wurden. Zur Vermeidung übertriebener Ausbeutung und Konkurrenz erliessen sie auch Vorschriften über die Grösse und den Abstand der einzelnen Fache, ja diese wurden im untern Einzugsgebiet sogar untersagt, ausser in der Limmat und dort, wo sie zinspflichtig waren oder sich schriftlich als besondere Berechtigungen ausweisen konnten (47).

Alle Vorschriften der Meyenbriefe wurden letzten Endes nur eingehalten, wenn die Staatsgewalt sie durchsetzte. So erliess Bern 1605/06 ein Mandat an sämtliche Amtsleute, die "den Wassern nach gesessen", welches die strikte Befolgung dieser Ordnung befahl. Im Gegensatz dazu mussten sich die Fischer der Grafschaft Baden in Limmat und Reuss diesen Regelungen nicht unterziehen, weshalb Bern auch die Lehenmänner aus Stilli von der Schonzeit für Forellen befreien musste (48).

Der Charakter der Fischermeyen veränderte sich denn auch immer mehr: zufolge des Ausbaus der Verwaltung nahmen später die Regierungen und Lehensherren an diesen Versammlungen teil, während die Fischer selbst daheim auf die neuen Verfügungen warten mussten! Diese Entwicklung fand in der modernen Fischereigesetzgebung ihre konsequente Fortsetzung.

4. *Einschränkungen durch die Kirche:* Die Meyenbriefe, besonders jene des Rheingebiets, verboten das Fischen an Sonn- und Feiertagen bei hoher Strafe; einzig der saisonbedingte Lachs- und Nasenfang war bewilligt. Die Fischer von Stilli scherten sich — ebenso wie die Fehren — wenig um solche Vorschriften. So musste sich das Chorgericht zu Rein immer wieder mit ihren "Fehltritten" befassen: 1711 verwarnte es sämtliche Anteilhaber, weil diese an Sonntagen regelmässig ihrem Gewerbe nachgehen würden; diese versprachen, solches inskünftig zu unterlassen. Doch schon drei Jahre später wurde der Chorrichter zu Stilli beauftragt, die Fischer zu rügen; er solle ihnen anzeigen, dass sie nur dann an einem Sonntagabend die Reusen heben dürften, wenn im Sommer das Wasser plötzlich steige und ihre Geräte dadurch gefährdet würden. Die Sonntagsfischerei scheint sich trotz aller Verwarnungen dennoch allgemein eingebürgert zu haben (49)!

5. *Einschränkungen "von Reichs wegen":* Bekanntlich galten die schiffbaren Flüsse im Mittelalter als freie Reichsstrassen; sie waren gleichsam exterritorial. Ihre hälftige Aufteilung unter die angrenzenden Territorien war im Mittelalter undenkbar. Offiziell unterstanden sie spätestens seit 1158 der Oberheit des deutschen Königs (50). Im Spätmittelalter fand auch in dieser Beziehung eine

47 Hans Viktor Gaugler, S. 149 ff.; J. Vetter, S. 207; RQ Bern IX/2, S. 446 ff. + 450 ff.
48 StAAa, Bände 1104 (S. 919–922) + 1116 (S. 295 f.).
49 GA Rüfenach, Protokolle des Chorgerichts Rein.
50 MGH, Legum sectio IV, Constitutions tomus I, S. 244 ff.

Unterteilung der Flüsse statt. Die Hoheit über die einzelnen Abschnitte ging als Vogtei auf lokale Mächte über, in unserem Gebiet auf die Städte Zürich und Luzern. Zürich wurde im Badener Urbar von 1488 die Aufsicht über die Limmat und die unterste Aare "von Reichs wegen" zugesprochen (51). Luzern bezeichnete sich noch 1684 als Reichsvogt über die Reuss bis zu ihrer Einmündung in die Aare (52). Die Hauptaufgabe der beiden Städte bestand darin, die Flüsse als freie Reichsstrassen offen zu halten und dadurch Schiffahrt und Fischweg zu garantieren. Die konkreten Auswirkungen werden wir im Abschnitt über die Konkurrenz zwischen den verschiedenen Flussrechten näher beleuchten.

e) Die Fischer

Fischerfamilien: Besitzverhältnisse und soziale Lage

Bei den Fragen, welche die Fischer selbst und ihre Anteile sowie die soziale Stellung betreffen, müssen wir uns im wesentlichen auf Stilli beschränken, da nur die dortigen Verhältnisse im Detail abgeklärt wurden.

Wir haben im ersten Teil gesehen, dass in den Anfängen Stillis, also im 15. Jahrhundert, sämtliche Männer dieses Dorfes an der Fischenz zwischen Brunnenmühle und Schmidberg beteiligt waren. Dort wurde erwähnt, dass Fahr und Fischerei von den Einwohnern als getrennte Berechtigungen betrachtet und auch behandelt wurden, obschon Königsfelden beide Lehen 1466 ausdrücklich vereinigt hatte. Schon 1606 waren Fehren und Fischer nicht mehr identisch. Zwar beteiligten sich noch sämtliche Geschlechter von Stilli an den Fischenzen, aber nicht mehr alle dort lebenden Männer durften das Gewerbe tatsächlich ausüben (53). Man hatte offensichtlich bereits bei den ersten Erbteilungen damit begonnen, Fähre- und Fischerrecht verschiedenen Söhnen zuzuweisen. Von den zweiten stammten dann jene typischen Fischerfamilien ab, die wir bis ins 19. Jahrhundert, zum Teil bis heute verfolgen können.

Die untere Aarefischenz (Platte Lauffohr-Schmidberg) teilte man schon früh in drei, später in sechs Hauptteile auf, von denen sich aber jeder auf die ganze Flussstrecke bezog. Auch hier scheint man sich bemüht zu haben, keine allzu grosse *Zersplitterung* zuzulassen. Während des ganzen 17. Jahrhunderts dürften die Anteilhaber die Zahl von acht nicht überschritten haben. 1740 waren es

51 Argovia, Band 3, S. 190 f.
52 Eidgenössische Abschiede, Band 6/2, S. 1969.
53 StAAa, Akten der Finanzdirektion: Fischerei 1927 (Abschrift der Urkunde von 1606).

12 Berechtigte, die zwischen 1/6 und einem ganzen Hauptteil besassen. Um 1800 gehörte diese Fischenz 16 Anteilhabern. Bis ungefähr 1880 verdoppelte sich ihre Zahl nochmals auf 31; die Grösse des Anteils schwankte nun zwischen 1/24 und 7/12, wobei die kleinsten Berechtigungen natürlich nicht als Existenzgrundlage ausreichten (54).

Wir stellen also eine ganz ähnliche Entwicklung fest wie beim Fahrrecht. Materiell besser gestellte Väter vererbten ihren Teil nur einem Sohn, während ein solcher in ärmern Familien auf mehrere männliche Nachkommen zerstückelt wurde. Dagegen blieben die Fischereirechte fast ausschliesslich in den Mannesstämmen; ein Übergang auf Schwiegersöhne war selten; nur wegen der Aussicht, einmal eine solche Berechtigung zu erben, wurde also kaum eine Fischerstochter geheiratet! Häufig finden wir jedoch Kaufverträge über Fischereianteile, wobei die Preise bedeutend niedriger waren als beim Fahr. So galt die ganze Fischenz 1784/85 2400, das Fahrrecht aber 5400 Gulden (55).

Ganz andere Verhältnisse treffen wir in der untersten Aare an: Die Fischer Häfeli von Klingnau besassen ein eigentliches *Familienstatut*. Dieses Geschlecht hatte während Jahrhunderten die Fischenzen zwischen dem Schmidberg und der Aaremündung inne, und zwar auf zwölf Männer verteilt. Diese liessen sich in den Lehenbriefen von den acht alten Orten bestätigen, die Anteile müssten allezeit beim "Häfelischen Stamm und Namen bleiben" und dürften weder durch Erbschaft, Heirat oder Verkauf an jemanden ausserhalb des Geschlechts gelangen. Erbe sei stets der nächste männliche Verwandte. Diese Regelung wurde auch im 19. Jahrhundert konsequent gehandhabt; als die Fischenz 1891 kaufsweise an den Staat überging, bestand die Fischergesellschaft Klingnau noch immer ausschliesslich aus zwölf Gliedern der Familie Häfeli (56).

Die *Berufstradition* war auch bei den Fischern von Stilli sehr stark. Wir können mit Gewissheit nachweisen, dass in einzelnen Familien sechs bis acht Generationen dieser Tätigkeit oblagen, wobei es vermutlich nur der schlechten Quellenlage zuzuschreiben ist, dass die Kontinuität nicht über das Jahr 1700 zurückzuverfolgen ist. Für den Stamm "Buzen" des Geschlechts Baumann gelingt dieser Nachweis bis ins beginnende 16. Jahrhundert; den Brüdern Jakob und Kaspar Baumann gelang es vor 1800, 1 3/4 Hauptteile zu vereinigen, was fast 30 % der ganzen Fischenz ausmachte; der von ihnen abstammende Zweig "Majoren" setzt die Fischertradition bis in die Gegenwart fort!

54 Die genauen Besitzverhältnisse wurden aus folgenden Quellen ausfindig gemacht; UKgf. 732 + 739; StAAa, Bände 616, 620, 623, 1112, 1208, 1210, 1375–1399; GA Stilli, Fertigungsprotokolle.
55 StAAa, Band 1210, S. 867 ff.
56 StAAa, Urk. Grafschaft Baden Nr. 184.

Im obern Stillemer Recht, in der Aare-Reuss-Fischenz stellen wir ähnliche Verhältnisse fest (57). Bekanntlich bestand diese Berechtigung parallel zu jener der Fischer von Windisch. Die Zersplitterung war hier zu keiner Zeit so gross. In Windisch überwog im 17. und 18. Jahrhundert die Familie Hofmann, die sich 100 Jahr früher noch Grimm genannt hatte; sie wurde um 1830 ganz vom Geschlecht der Rauber abgelöst; seit 1924 befindet sich mehr als die Hälfte im Besitz der Familie Schatzmann, "Fischerstube". Auch die Anteile der Stillemer wurden weniger zerstückelt: Das Fischen in diesen entferntern Flussgegenden lohnte sich nur für jene Männer, die gut ausgerüstet waren und diesen Beruf hauptamtlich ausübten. Um 1800 besassen acht Fischer aus drei Familien die drei Hauptanteile, wovon die Müller (Kuters) insgesamt einen ganzen, die Lehner (Oelers und Krezen/Saris) 2/3 und wiederum die Baumann (Buzen) 1 1/3 beanspruchten. Gegen 1880 waren es aber auch hier 15 Anteilhaber.

Die *wirtschaftliche Situation* der Fischer war alles andere als gut. Dieses Gewerbe scheint noch im letzten Jahrhundert nur eine magere Existenz geboten zu haben. In den Armenrechnungen finden wir immer wieder Sätze wie den folgenden: "Er und sein Sohn nähren sich kümmerlich mit der Fischerei, die aber nicht gar bedeutend ist." Bei Jakob Baumann, Boppelis, heisst es 1848 kurz "Fischer, kein Vermögen, geringer Verdienst". Die hauptberuflichen Fischerfamilien waren regelmässig auf öffentliche Unterstützung angewiesen, und zwar während Jahrzehnten und über Generationen hinweg (58). Viele suchten in der Schiffahrt oder in einem armseligen Handwerk einen Zusatzverdienst, wodurch das Überleben knapp gesichert werden konnte. Bei Krankheit oder Unfall drohte unweigerlich die Armengenössigkeit. Hier treffen wir auf einen wesentlichen Unterschied zum Fahrrecht, welches auch etwas abwarf, wenn man selbst nicht mitarbeiten konnte. So braucht uns nicht zu wundern, dass die reichern Leute in Stilli keine Fischenzen erwarben.

Eine *wesentliche Verbesserung der Lage* trat erst gegen Ende des letzten Jahrhunderts ein: Nach 1870, vor allem aber zwischen 1885 und 1892 kauften zwei Brüderpaare, nämlich David und Kaspar Baumann, Majoren, sowie Hans Jakob und Hans Heinrich Lehner, Joggen, sämtliche Splitterteile sowohl des untern als auch des obern Stillemer Rechts zusammen. Die tatsächliche Grösse jeder Berechtigung war oft kaum noch festzustellen, bezogen sich doch die angegebenen Bruchzahlen teils auf die ganze Fischenz, teils auf einen oder sechs Hauptteile. 1893 war es so weit, dass die vier Fischer untereinander ihre Ansprüche so ausgleichen konnten, dass danach jeder 1 1/2 Hauptteile besass. Der Anteil des David Baumann gelangte 1903 ebenfalls in den Besitz der übrigen

57 zu den Besitzverhältnissen auf der Aare-Reuss-Fischenz vgl. StAAa, Bände 449, 460, 468, 521, 529, 530, 541, 545, 602, 603, 644 ff., 686; GA Stilli und Windisch, Fertigungsprotokolle.
58 GA Rüfenach und Stilli, Armenrechnungen des 19. Jahrhunderts.

drei, so dass seither das untere Aarerecht aus drei Dritteln besteht, welche sich noch heute im Eigentum der Nachkommen Lehner und Baumann befinden (59). — Auch den Stillemer Anteil an der Aare-Reuss-Fischenz brachten die genannten Fischer an sich, allerdings in ungleicher Grösse: Kaspar Baumann erwarb 4/12, sein Bruder David 3/12, Hans Jakob und Hans Heinrich Lehner die verbleibenden 5/12. Die Berechtigung der Nachkommen des David Baumann ging 1955 auch an die übrigen Miteigentümer über (60).

Somit befanden sich die oberen und die unteren Stillemer Fischenzen seit 1892 im Besitz von nur vier Männern. Während Kaspar und David Baumann aus einer Familie stammten, welche seit 400 Jahren dieses Gewerbe ausübte, waren die Gebrüder Lehner aus eigener Wahl und Initiative hauptberuflich Fischer geworden; zwar hatten auch ihre weit zurückliegenden Vorfahren gefischt, doch waren die entsprechenden Anteile später an einen andern Zweig des Geschlechtes gelangt.

Die vier Fischer begnügten sich aber nicht mit dem Erwerb der alten Fischenzen von Stilli. Sie nahmen jede Gelegenheit wahr, sich auch an den benachbarten Flussbezirken zu beteiligen. Schon für das 18. Jahrhundert ist der Pachtvertrag eines Joggli Finsterwald mit dem Schlossherrn zu Böttstein über dessen Fischenz bekannt, ebenso für die 1840er-Jahre. 1887 pachteten Hans Jakob und Hans Heinrich Lehner die Staatsfischenz im Reinerbach, 1889 auch jene in der untersten Aare, wozu 1891 noch das ehemals Häfeli'sche Lehen zwischen dem Schmidberg und der Surbmündung kam. Solche Pachtverhältnisse waren aber naturgemäss zeitlich beschränkt (61).

Daneben erwarben sie aber auch weitere Privatrechte zu Eigentum. Von 1875 bis 1880 besass Hans Jakob Lehner einen Anteil der untersten Limmatfischenz von der Einmündung in die Aare bis hinauf zur gedeckten Brücke in Baden. Im übrigen richteten die Fischer von Stilli ihr Augenmerk auf jenen über 20 km langen Aarebezirk zwischen der Brunnenmühle und der Kantonsgrenze oberhalb Aarau. 1881 erwarb Kaspar Lehner, Joggen, der Vater der uns bekannten Brüder, einen Achtel der ganzen, bisher nach Auenstein und Biberstein gehörenden Fischenz. In der gleichen Zeit kauften auch Kaspar und David Baumann je einen Achtel. Da aber auf dieser Strecke zwei kleinere konkurrierende Rechte bestanden, brachte Kaspar noch einen Zwölftel der Altenburger Fischenz an sich, während David jene zu Birrenlauf erstand (62). Damit hatten die Fischer von

59 GA Stilli, Fertigungsprotokolle 1870–1893, 1903; Grundbuchamt Brugg, GB Lauffohr, Band III, Blatt 673 (altes Blatt 323).
60 Grundbuchamt Brugg, GB Windisch, Band VI, Blätter 1617 + 1618 (alte Blätter 60, 92, 589–592).
61 StAAa, Regierungsakten F No. 5 (1862–1871), Fasc. 145 (Böttstein); Akten der Finanzdirektion: Fischerei 1887, 1889, 1891.
62 StAAa, Regierungsakten F No. 3, 1875–1907.

Stilli auch auf dieser Strecke ein gewichtiges Wort mitzureden; wir werden noch davon hören. Für sie ergab es gerade eine Tagesleistung, wenn sie die Weidlinge auf dem Fuhrwerk nach der Wöschnau brachten und von dort mit den Netzen aareabwärts bis zu ihrem Dorf fuhren.

Das Fischergewerbe in Stilli war damit auf eine breitere Grundlage gestellt. Die neu geordneten Besitzverhältnisse und der grössere Flussbereich ermöglichten eine intensive und ertragreiche Nutzung der Berechtigungen. Nun lohnte sich die Anschaffung besserer Fanggeräte ebenso wie die Transportkosten nach Baden und Zürich. Jetzt zahlte sich auch eine gewisse Pflege des Fischbestandes aus; sämtliche Fischer von Stilli richteten eigene Fischzuchtanstalten ein und erhielten dafür Beiträge des Bundes (63). An der schweizerischen Fischereiausstellung von 1894 in Zürich zeigte der Limmatfischer Robert Küng aus Baden künstlich aufgezogene Lachsbastarde, welche die erwünschten Eigenschaftes des Lachses und der Forelle in sich vereinigten. Die Gebrüder Lehner aus Stilli dagegen präsentierten selbstgefertigte Zugnetze und Spreitgarne; ausserdem boten sie Stricknadeln und Modelle zum Stricken von Netzen aus eigener Produktion zum Verkauf an (64).

Dass der Fischfang seit der Zusammenfassung der Splitterrechte eine menschenwürdige Existenz zu bieten vermochte, zeigt sich auch daran, dass die Fischer nun unter den Steuerzahlern figurierten. Dennoch übten alle einen Nebenerwerb aus, sei es als Küfer, Kübler oder Maurer (65).

Fischer und Landwirtschaft

Die Tatsache, dass die Fischer durchwegs zu den ärmern Schichten gehörten, bedeutete vor allem, dass sie nur sehr wenig oder gar kein Land besassen. Ein eigener Pflanzplatz und etwas Wald gehörten aber zum Lebensnotwendigen.

Nun zeigen uns die Quellen, dass mit den Fischerlehen häufig die Nutzung kleiner Grundstücke verbunden war. Hier stechen wor allem jene *Inseln* hervor, welche angeschwemmt oder durch Seitenarme und Altwässer (Giessen) gebildet wurden. Solche *"Reisgründe"* oder *"Griene"* entstanden und verschwanden durch den unregelmässigen Lauf der Flüsse in grosser Zahl. Da Schwemmland nach alter Rechtsauffassung als herrenloses Gut dem Landesherrn bzw. dem Inhaber der Flusshoheit zustand und dieser häufig auch die Fischereiberechtigung verlieh, durften die Fischer solche Inseln innerhalb ihres Flussbereichs nutzen.

63 Rechenschaftsberichte des aargauischen Regierungsrates, z. B. 1913, S. 15.
64 Katalog der Fischereiausstellung, S. 45 + 135.
65 GA Stilli, Steuerregister.

So war mit dem Häfeli'schen Lehen stets ein Ansatz (Kiesbank) in der untersten Aare verbunden, wie sie dort vor der Bildung des Stausees zahlreich vorkamen (66). — Den Lehenmännern von Stilli gehörte seit jeher das "Fischergrien", jene langgestreckte Insel, welche oberhalb des Dorfes in der linken Flusshälfte liegt. Sie wurde 1784 auf 5 Jucharten geschätzt, war im letzten Jahrhundert zeitweilig in zwei oder drei Stücke zerteilt und reicht heute, zufolge ständiger Anschwemmungen, bis in den Gemeindebann von Brugg (ehemals Lauffohr) hinauf. Das Grundbruch gibt die Grösse des Fischergriens mit 3.63 ha an; die Insel ist also innerhalb von knapp 200 Jahren auf das Doppelte gewachsen. Die Fischer unterteilten sie früher im Verhältnis ihrer Anteile an der Fischenz in kleine Äckerlein. Heute gehört sie den Nordostschweizerischen Kraftwerken, denen sie vom Bundesgericht 1931 für rund 19 000 Fr. zugesprochen wurde. Seither ist sie im untern Teil mit Nadel- und Laubbäumen bewachsen und nimmt flussaufwärts immer mehr den Charakter eines Auenwaldes an (67). — Die Fischer von Windisch besassen den sogenannten Meienrieslischachen in der Reuss; er misst heute 1,4 ha und gehört nun jener Familie mit dem grössten Anteil am Windischer Fischereirecht (68).

Die Anteilhaber an der obern Stillemer Fischenz (Aare-Reuss) scheinen gewohnheitsrechtlich auch jene "Griene" genutzt zu haben, welche sich oberhalb der Einmündung der Limmat immer wieder bildeten. Als im 18. Jahrhundert bei Lauffohr eine besonders grosse Insel angeschwemmt wurde, liessen sich die genannten Fischer dieselbe 1740 von Säckelmeister und Vennern zu Bern mit einem Erblehenbrief und gegen einen Zins von 2 Pfund formell zusprechen. Gegen diese Verleihung liefen aber sogleich die Stadt Brugg und die Gemeinde Lauffohr Sturm; bei der fraglichen Insel handle es sich nämlich um Land, das von ihrem Eigentum abgerissen worden sei; zudem liege der Zwischenraum bei niedrigem Wasserstand trocken, und das Eindringen der Aare könne durch ein kleines Wehr verhindert werden. Obwohl der Hofmeister von Königsfelden den Einsprechern Recht gab, hörten die Stillemer nicht auf, dort Holz zu schlagen, bis die "Gnädigen Herren" in Bern 1758 den Lehenbrief aufhoben (69).

Auch im 19. Jahrhundert nutzten die Fischer jene "Schachen", welche gelegentlich oberhalb der Platte entstanden, bei Hochwasser aber wieder weggespült wurden. 1839 hatten sich einmal mehr gegenüber Lauffohr und bei der Au zwei Inseln von der Grösse einer Juchart gebildet. Die Aare-Reuss-Fischer aus Stilli stellten nun in zwei Petitionen das Gesuch, die Regierung möge ihnen dieselben

---

66 StAAa, Band 2573, S. 159.
67 StAAa, Band 623, S. 892; Michaeliskarte; Siegfriedkarte, Blatt 36, "Stilli" 1878; Grundbuchamt Brugg, GB Stilli, Blatt 214; GB Brugg, Blatt 2110; Belege 1931/1058 + 1939/545; Archiv des schweizerischen Bundesgerichts, Lausanne, Dossier B. No. 26'675.
68 Grundbuchamt Brugg, GB Windisch, Blatt 59.
69 StAAa, Band 450, S. 941—957.

verpachten, wobei sie einerseits mit altem Gewohnheitsrecht, anderseits mit der Holzarmut ihrer Wohngemeinde argumentierten. Die Finanzkommission unterstützte das Begehren, weil damit das willkürliche Holzen unterbunden werde. Nach einem Prozess gegen die Gemeinde Gebenstorf, welche diese Schachen eigentümlich beanspruchte, schloss der Regierungsrat mit den Bittstellern einen Pachtvertrag ab, welcher einen genauen Nutzungsplan enthielt. Die Pächter mussten Erlen und Birken pflanzen und durften erst nach sechs Jahren jeweils Holz für einige hundert Reiswellen und etliche "Knebel" schlagen. Nach Ablauf der Pachtzeit waren die Inseln auf 6 Jucharten "angewachsen", weshalb die Fischer dieselben nur gegen einen erhöhten Pachtzins nochals auf 18 Jahre erhielten (70). Im Gegensatz zum Fischergrien wurden hier keine Kartoffeln und kein Gemüse geplant; doch dürfte diese Nutzung die Holznot der Fischer behoben haben.

Das Verhältnis der Fischer untereinander

Bei den Fehren haben wir festgestellt, dass die gemeinsamen Interessen, der gemeinsame Betrieb und Unterhalt sowie die gemeinsamen Gefahren die Miteigentümer zu einer so engen Schicksalsgemeinschaft verbanden, dass sie Meinungsverschiedenheiten und Konflikte untereinander bereinigten und nicht vor Gericht gingen. Bei den Fischern war das genaue Gegenteil der Fall: Jeder Berechtigte sah in allen übrigen Mitbesitzern in erster Linie Konkurrenten; Neid und Missgunst trugen ihre Früchte; jeder fischte gegen jeden. Die Folge war, dass Gerichte und Behörden sich häufig mit Zwisten unter den Fischern zu beschäftigen hatten.

Am naheliegendsten waren Konflikte zwischen Eigentümern verschiedener Fischenzen, welche sich innerhalb derselben Flussstrecke konkurrenzierten. Schon zwei Urkunden von 1456 berichten uns über einen langwierigen Prozess zwischen den Inhabern des Altenburger Rechts und jenen, welche im ganzen Abschnitt zwischen der Süssbachmündung und der Wöschnau fischten (71). Hier waren besonders in unserem Jahrhundert Auseinandersetzungen häufig, und zwar zwischen den letzten Privatfischern und den Pächtern jener Anteile, welche der Staat erworben hatte. Meistens handelte es sich um Klagen der Angelfischer gegen die Garnfischer, denen sie vorwarfen, ihre Berechtigung zu übernutzen. Um derlei Konflikte zu lösen und eine Ausbeutung zu verhindern, erliessen

70 StAAa, Regierungsakten F No. 3 (1840), Fasc. 114; F No. 1 (1862), Fasc. 79; Akten der Finanzdirektion: Fischerei 1860.
71 UB Aarau, Nrn. 491 + 492.

Finanzdirektion und Regierungsrat jeweils Vorschriften, was dem Staat mehrfach Prozesse vor Bundesgericht eintrug (72).

Ebenso häufig waren Streitigkeiten zwischen den Miteigentümern ein und derselben Berechtigung. Schon 1518 sah sich die Äbtissin von Königsfelden veranlasst, die Beziehungen ihrer Lehenmänner auf Aare und Reuss durch folgende Vorschriften zu regeln:

1. Die Klosterfischer mussten den Ertrag der Fache unter sich teilen.   ·
2. Bei Hochwasser sollten sie gemeinsam Garne ziehen. Würde dies ein einzelner ohne Wissen der andern tun, müsste er 3 Pfund Busse bezahlen und zudem die Beute mit seinen Mitfischern teilen.
3. Bei zugefrorenem Fluss mussten sie ebenfalls gemeinsam "isen".
4. Lachse und Salme waren auf jeden Fall zu teilen (73).

Die Fischer von Stilli lösten solche Probleme 1603 durch eine Dreiteilung der Strecke Platte Lauffohr—Schmidberg. Man wollte in der Nutzung der Teilstücke jährlich abwechseln. Die Fache waren schon vorher den einzelnen Fischern zugewiesen worden. Bereits nach drei Jahren wollten sich drei Miteigentümer nicht mehr an die Vereinbarung halten; sie wurden aber durch das Gericht Stilli hiezu verpflichtet (74).

Im 19. Jahrhundert begannen sich die Konflikte zu mehren. 1823 gelangten die Aare-Reuss-Fischer nacheinander an die Finanzdirektion und an die Gerichte, um sich gegen den Mitteilhaber Jakob Baumann, Kirchmeier-Boppeli, zu wehren; dieser besitze nur 1/20 des ganzen Lehens, begnüge sich aber nicht damit, jeden Tag zu fischen; neuestens habe er sich sogar mit zwei Limmatfischern zusammengetan und übernutze gemeinsam mit diesen und mit Hilfe der neu erfundenen Lachsfallen Aare und Reuss derart, "dass die Rechtsbesitzer bei aller Mühe gleichsam blosse Zuschauer des Treibens und Ausbeutens dieser Frevler wurden"" (75).

Umgekehrt klagten 50 Jahre später die Nachkommen der gleichen Limmatfischer den Hans Jakob Lehner, Joggen, ein, welcher einen Anteil an der untersten Limmatfischenz erworben hatte, womit "sich ein vollständiges Raubfischen eingeschlichen" habe (76). Wir lesen in der Beschwerde:

72 Prozess Hediger gegen Schärer: Vierteljahresschrift für aargauische Rechtssprechung 1931, S. 84 ff.
Prozess Schärer gegen Sportfischergesellschaft Aarau: Urteil des Bezirksgerichts Aarau, 17. 2.,1932.
Prozess Hediger gegen Kanton Aargau: Archiv des Bundesgerichts, Dossier B.20'891 (19. 7. 1922).
Prozess Schärer gegen Kanton Aargau: Archiv des Bundesgerichts, Dossier A.23'407 (2. 7. 1937).
73 StAAa, Band 460, S. 216.
74 Abschrift im StAAa, Akten der Finanzdirektion: Fischerei 1927.
75 StAAa, Akten der Finanzdirektion: Flüsse und Schiffahrt: Windisch 1805—1837; Protokoll des Bezirksgerichts Brugg, Band 17, S. 452.
76 StAAa, Akten der Finanzdirektion: Fischerei 1876.

"Derselbe lässt nämlich sein persönlicher Recht durch seinen Vater und durch seine Brüder . . . in einer Weise ausüben, so dass in dieser Fischenzen von einer Forterhaltung der Fische keine Rede mehr sein kann, indem dieselben eben nichts anderes arbeiten wollen als fischen und letzteres ihre einzige Beschäftigung ist."

In Stilli selbst lag der Keim zu häufigen Auseinandersetzungen in der starken Zersplitterung des untern Aare-Rechts. Zwar versuchte man auch hier, die Beziehungen über eine "Fischergesellschaft" zu regeln. So beschlossen die 30 Teilhaber an einer Versammlung z. B., dass diejenigen Fischer, welche das Gewerbe tatsächlich ausübten, den übrigen Miteigentümern einen Drittel der gefangenen Fische überlassen müssten. Im Gegensatz zur Praxis bei den Fehren unterzogen sich einige dem Mehrheitsbeschluss nicht und verweigerten die genannte Ablieferung mit der Begründung, sie hätten gegen den entsprechenden Antrag gestimmt. Auch eine Klage beim Bezirksgericht vermochte dieselben nicht zur Solidarität zu bewegen (77).

Aber auch nach der Zusammenlegung der vielen Anteile herrschte zwischen den Fischerfamilien in Stilli nicht immer Eintracht. So beschwerte sich Kaspar Baumann schon 1878 über Hans Jakob Lehner sowohl vor Bezirksgericht als auch bei der Finanzdirektion, dieser brauche Garnfallen und andere unerlaubte Fanggeräte; er wünsche, dass Lehner endlich das Gesetz kenne (78)!

Selbst unter Brüdern waren Misshelligkeiten nicht selten. So erhob David Baumann 1882 zusammen mit andern Besitzern der obern Aarefischenz Einspruch gegen einen Pachtvertrag zwischen Samuel Schärli, Biberstein, und Kaspar Baumann, Stilli (79). – David verliess 1894 sogar sein Heimatdorf und übersiedelte nach Brugg, wo seine Söhne die Fischerei noch während Jahrzehnten ausübten.

Der letzte Schlag eines Teilhabers gegen seine Mitberechtigten war immer derselbe: Der Fischer, welcher sein Gewerbe aufgeben wollte, bot seinen Anteil nicht etwa seinen Berufsgenossen an, sondern heimlich einem Käufer, in welchem man bisher einen gemeinsamen Gegner der Privatfischenzen gesehen hatte, nämlich entweder dem Staat oder einer Fabrik, welche wegen der Wasserkraftnutzung den Weg der Fische hemmte! – Der Eintrag einer Fischenz im Grundbuch sichert nun allerdings den Miteigentümern ein Vorkaufsrecht, von welchem denn auch regelmässig Gebrauch gemacht wird. Dieser Tatsache verdanken die Stillemer Fischenzen, dass sie ihren Privatcharakter bis heute bewahren konnten (80).

---

77 StAAa, Akten der Finanzdirektion: Fischerei 1864; Protokoll des Bezirksgerichts Brugg, Band 65, Nr. 49.
78 StAAa, Protokoll des Bezirksgerichts Brugg, Band 64, Nrn. 90 + 844; Akten der Finanzdirektion: Fischerei 1878.
79 StAAa, Akten der Finanzdirektion: Fischerei, 1882, vgl. auch 1880.
80 StAAa, Regierungsakten F No. 3 (1875, 1880, 1904, 1919).

Wir haben diese eher unerfreulichen Beziehungen zwischen den Fischern herausgearbeitet, weil sie sich so grundlegend von denjenigen zwischen den Fehren (und auch den Schiffleuten) unterscheiden. Selbstverständlich fanden sich die Anteilhaber immer dann zu einer geschlossenen Front zusammen, wenn sie sich in ihren Rechten gefährdet fühlten, vor allem gegen staatliche Eingriffe und gegen Schädigungen durch die Industrie. Die Tatsache, dass Garn- und Netzfischerei seit einigen Jahrzehnten nicht mehr so intensiv betrieben werden, hat das Konkurrenzdenken verebben lassen. Heute stehen die gemeinsamen Probleme im Vordergrund.

3. Die Fischerei in den letzten hundert Jahren

Vor allem zwei Faktoren haben die Fischerei seit etwa 1860 nachhaltig beein-
flusst und verändert: Auf der einen Seite hat der Staat mit Hilfe von Gesetz,
Verwaltung und Gericht in diesen Zweig der Wirtschaft eingegriffen; mit dem
Ziel einer möglichst einheitlichen Befischung der Flüsse und einer sachgerechten
Pflege des Fischbestandes hat er sehr vieles reglementiert, was früher "frei" war.
Auf der andern Seite hat eine sich stark ausbreitende Industrie die grossen
Flüsse für ihren Bedarf nutzbar gemacht, und zwar durch die Gewinnung von
Elektrizität, durch die mühelose Ableitung ihrer Abfälle und neuestens durch die
Entnahme von Kühlwasser.

Die dadurch bedingten Strukturveränderungen verliefen für das Fischergewerbe äusserst schmerzvoll. Die Geschichte der Fischerei zwischen 1850 und
1950 wurde von einer ununterbrochenen Kette von Konflikten geprägt: Streitigkeiten zwischen den Fischern selbst, Widerstände gegen die Eingriffe des Staates,
Prozesse gegen die Schädigungen durch die Industrie. Das grundlegende Motiv zu
dieser "Kriegsgeschichte" bildete der Existenzkampf der Fischer als Berufsstand.

a) Die Auseinandersetzungen mit dem Staat um Anerkennung, Umfang und Inhalt der privaten Fischenzen

Das Hauptproblem für die Inhaber von Fischenzen reduzierte sich im 19. Jahrhundert auf die Frage, ob der Staat ihre jahrhundertealten, ausschliesslichen
Rechte anerkenne oder nicht. Bis heute steht der Auffassung vom Privateigen-
tum der Fischereiberechtigungen eine andere gegenüber, welche jeder Einzelperson
(nach germanischem Sprachgebrauch jedem Volks- oder Stammesgenossen) das
Recht auf Fischfang zuspricht. Wir haben bereits darauf hingewiesen, dass diese
Ansicht durch Bestimmungen in den alten deutschen Rechtsbüchern des
13. Jahrhunderts untermauert werden kann und dass auch die Bewohner des
Amts Schenkenberg — anlässlich der Bauernunruhen von 1525 — die allgemeine
Fischereifreiheit forderten. Solange die "Gnädigen Herren" von Bern im Aargau
regierten, waren diese Privatrechte in ihrer ganzen Ausschliesslichkeit geschützt.

In der *Helvetik* brach man jedoch mit dieser Tradition. Der freie Fischfang
bildete eines der Symbole für Freiheit und Gleichheit aller Individuen; alle Einschränkungen zugunsten einer kleinen Gruppe galten als "feudal" und widerspra-
chen zudem der Handels- und Gewerbefreiheit.

Schon am 9. Mai 1798 gab das Helvetische Direktorium das Fischen in Teichen und Flüssen frei, allerdings mit der Einschränkung, dass dadurch niemandem an Gütern oder anderm Eigentum Schaden zugefügt werde. Sofort scheint ein Raubbau an unsern Flüssen eingesetzt zu haben, so dass die Fischer von Stilli und Windisch schon am folgenden 21. Juni gemeinsam eine Bittschrift an die Direktoren richteten, in welcher sie Schutz für ihr Eigentum anriefen und auf die Gefahr totaler Verarmung hinwiesen. Die Regierung entsprach diesem Gesuch sehr rasch, aber nur für so lange, "bis das Gesetz darüber anders entschieden haben wird". Dennoch blieben die Fischer in der Ausübung ihres Gewerbes gehemmt, da ihnen die französischen Truppen Weidlinge und Fanggeräte entwendeten und zum Teil zerstörten. Die Verwaltungskommission des jungen Kantons Aargau erliess ihnen daher die Lehenszinse für die Jahre 1798 und 1799 (1).

1803 übernahm die neue Regierung die Rechte der früheren Lehensherren und Inhaber der Staatsgewalt. Die privaten Fischenzen bestanden unbestritten weiter, während die öffentlichen dem Kanton Einnahmen in Form von Pachtzinsen einbrachten. Gesetzliche Regelungen fehlten gänzlich; der Fischfang war freier als je zuvor, da die alten Einschränkungen der Fischermeyen und Mandate nicht mehr galten. Die dadurch entstandene Lücke brachte das Bezirksgericht Brugg 1823 in die grösste Verlegenheit, als Jakob Baumann, Kirchmeier-Boppeli, von den Miteigentümern der Übernutzung und des Gebrauchs unerlaubter Fanggeräte bezichtigt wurde. Da jegliche Rechtsnorm fehlte, mussten die Richter auf das Gewohnheitsrecht der Königsfelder Lehenfischer abstellen. Sie empfahlen den Fischenzbesitzern daher, ein eigenes, geschriebenes Reglement zu entwerfen und dieses dann obrigkeitlich genehmigen zu lassen (2).

Eine erste gesetzliche Erfassung der Flüsse erfolgte erst 1859 im Rahmen des Baugesetzes. Im Abschnitt über die öffentlichen Gewässer (§§ 79–106) bezeichnet es diese als öffentliches Gut, deren Nutzung jedermann zustehe. Die Ausübung der Fischerei beansprucht der Staat, "soweit er darin nicht durch erweisliche Privatberechtigungen beschränkt ist". In diesem Zusatz ist die Anerkennung der Privatfischenzen grundsätzlich ausgesprochen. – Bereits 1862 erliess der Grosse Rat das *"Gesetz über die Ausübung der Fischerei"*, welches in seinen wesentlichen Zügen noch heute in Kraft ist. Es regelt in erster Linie die Verpachtung der Staatsfischenzen, das Strafmass bei Fischfang ohne Patent, die Überwachung der Fischerei sowie – als wichtige Neuerung – die Förderung der künstlichen Fischzucht (3).

1 Bundesarchiv Bern, Band 1091, S. 193 f. + 231 f.; Actensammlung aus der Zeit der Helvetischen Republik I/894 + 931; StAAa Regierungsakten F No. 3 (1803–1813), Fasc. 10; vgl. auch Fritz Fleiner, S. 48.
2 StAAa, Bezirksgericht Brugg, Band 17, S. 452 f.
3 Aargauische Gesetzessammlung, Band I, S. 159–191, 226–230.

1875 schaltete sich auch der Bund ein mit einem Gesetz über die Fischerei, welches 1888 revidiert wurde (4). Dieses steht ganz in der Tradition der Meyenbriefe: auch hier werden die verbotenen Fanggeräte, die Kleinstmasse der Netzmaschen, die Schonfristen in den Laichzeiten und die Mindestlängen für die einzelnen Fischarten bezeichnet. Schon Artikel 2 betrifft die ständigen Fangvorrichtungen (Fischwehre, Fache, Sperrnetze), welche sich höchstens über die halbe Breite des Flusses erstrecken dürfen. Neu sind Vorschriften über die Fischwege bei Wasserwerken und über die Schädigung der Fischgewässer durch Fabrikabgänge. Neu ist ebenfalls die aktive Unterstützung von Bestrebungen zur Hebung des Fischbestandes durch Bundesbeiträge und die Subventionen für Entlöhnungen der kantonalen Fischereiaufseher.

Für internationale Gewässer waren natürlich besondere Vereinbarungen notwendig. Als der Kanton Aargau 1808 seine Beziehungen zum Grossherzogtum Baden regelte, enthielt der betreffende Staatsvertrag auch Bestimmungen über die Fischerei am Rhein; im wesentlichen wurden der Meyenbrief von 1767 sowie die Verfügungen von 1438, 1521 und 1567 bestätigt! (5) – Von 1874 an war der Bund für den Abschluss derartiger Abmachungen zuständig. Unter anderem schloss er 1885 einen Staatsvertrag mit Deutschland und den Niederlanden über die Lachsfischerei im Rhein, zwei Jahre später eine allgemeine Übereinkunft mit Baden und Elsass-Lothringen über den Fischfang im Rhein und seinen Zuflüssen (einschliesslich des Bodensees) und kurz darauf auch ähnliche Vereinbarungen mit Frankreich und Italien über die Fischerei in den Grenzgewässern (6).

Die in den verschiedenen Gesetzen umschriebene Fischerei-Kompetenz des Staates enthält nach Fritz Fleiner (7) zwei Elemente: Einerseits teilen sich Bund und Kanton in die *Fischereihoheit,* die ihnen gestattet, polizeiliche Vorschriften zu erlassen, um die Ausübung des Fischfangs zu regeln und die Erhaltung des Fischbestandes in den Gewässern zu sichern. An diese Anordnungen haben sich alle Fischer zu halten, seien es nun Pächter, Freiangler oder eben Inhaber von Privatfischenzen. Neben dieser Fischerhoheit besitzt der Kanton die *Fischereigerechtsame,* welche ihm einräumt, das Fischereirecht zu seinem Vorteil zu nutzen, indem er z. B. die Flüsse in Reviere einteilt und diese verpachtet. Da im Aargau die Privatfischenzen ausdrücklich anerkannt sind, erstreckt sich hier die Fischereigerechtsame nur auf jene Flussstrecken, deren Fischereirechte sich nicht ausschliesslich in Privatbesitz befinden. Die entsprechenden Vorschriften des Staates gelten für die Privatfischer nicht; es steht diesen aber frei, ihrerseits Anordnungen zu treffen, sofern sie die polizeilichen Befugnisse von Bund und Kanton berücksichtigen.

4 Eidgenössische Gesetzessammlung, neue Folge, Band II, S. 90 ff.; vgl. dazu auch Fischereigesetzgebung des Bundes und der Kantone, S. 5–16, 40–48.
5 Theodor von Liebenau, Fischerei, S. 190.
6 Fischereigesetzgebung des Bundes und der Kantone, S. 79–241.
7 Fritz Fleiner, S. 50.

Nachdem das aargauische Fischereigesetz 1862 in Kraft getreten und damit
der Entscheid zugunsten des Fortbestandes der Privatfischenzen ausgefallen war,
leitete der Regierungsrat das Verfahren zu deren *Anerkennung* ein. Sämtliche
Inhaber solcher Rechte mussten schriftliche Unterlagen einreichen, welche den
rechtmässigen Besitz nachwiesen; wo solche fehlten, genügte auch das Zeugnis
alter Männer, welche bestätigten, dass die Gesuchsteller oder deren Vorgänger
seit Menschengedenken die Fischerei betrieben hatten. Die Regierung zeigte sich
sehr grosszügig. Von den 174 Eingaben wurden nur ganz wenige abgelehnt. Für
die Ausdehnung der einzelnen Berechtigungen übernahm sie die oft ungenau
umschriebenen Grenzen, womit sie schwierig abzuklärende Probleme der freiwilligen oder gerichtlichen Lösung der folgenden hundert Jahre überliess. Bei diesem Anlass wurden auch Ansprüche anerkannt, die vorher während Jahrhunderten in zahlreichen Prozessen bestritten waren, so z. B. das Schlossrecht zu
Böttstein. Die Fischer von Auenstein und Biberstein besassen nur unzureichende
Urkunden, vor allem für die Flussbereiche bei ihren Dörfern; dank des Zeugnisses
ihrer Gemeinderäte sowie von 28 Männern aus der Gegend zwischen Brugg und
Aarau konnte ihre Fischenz für die ganze Strecke Wöschnau-Brunnenmühle belegt werden. Dagegen fiel es den Fischern von Stilli und Windisch leicht, Urkunden über ihre Rechte beizubringen; bekanntlich hatten sie schon im 15. und
16. Jahrundert Prozesse geführt, die schriftlich aufgezeichnet worden waren (8).

Seit dem Spätmittelalter galten die Fischenzen als verkäufliche, vererbbare
und auch pfändbare Objekte. Handänderungen waren schon unter der Herrschaft
Berns öffentlich verurkundet und in die Gerichtsbücher eingetragen worden. Im
19. Jahrhundert wurden solche Besitzerwechsel in die Fertigungsprotokolle der
Gemeinden eingeschrieben. Erst das *Zivilgesetzbuch* vom 1. 1. 1913 schaffte aber
die Grundlage für eine klare Regelung: In Artikel 655 zählt das ZGB neben den
Liegenschaften und Bergwerken auch die "selbständigen und dauernden Rechte"
zu den Grundstücken. Die Artikel 779—781 verstehen darunter Baurechte, Quel-
lenrechte und "andere Dienstbarkeiten". Die ehehaften Fischenzen werden zur
letztgenannten Gruppe gezählt. Dies hat für ihre Behandlung im *Grundbuch*
folgende Konsequenzen: Jede private Fischereiberechtigung hat den Charakter eines Servituts, welches auf einem öffentlichen Gewässer haftet; sie
muss daher als Dienstbarkeit auf sämtlichen betroffenen Flussparzellen eingetragen werden. Die Eigentümer können zusätzlich verlangen, dass ihre Fischenzen
als selbständige und dauernde Rechte auf eigene Blätter ins Grundbuch aufgenommen werden (Art. 943 ZGB). Von dieser Möglichkeit haben sie in unserer
Gegend durchwegs Gebrauch gemacht, weil sie ihre Berechtigungen dadurch als
"Grundstücke" in den Verkehr bringen können (9).

Die Eintragung im Grundbuch sichert jede private Fischereiberechtigung in
ihrem grundsätzlichen Fortbestand und garantiert sie dem Inhaber wie jedes

8 StAAa, Regierungsakten F No. 5c; Akten der Finanzdirektion: Fischerei 1862 ff.
9 Vierteljahresschrift für aargauische Rechtssprechung, 1913, Nr. 42.

andere Eigentum. Anderseits sind dem Staat gewisse Kompetenzen eingeräumt, Umfang und Inhalt dieser Rechte zu umschreiben und auch zu beschränken. Die aufgezählten gesetzlichen Bestimmungen liessen aber viele Einzelprobleme offen, was früher oder später zu Konflikten führen musste. Auf die wichtigsten Punkte soll in der Folge eingegangen werden.

Auf die Grenzstreitigkeiten wegen der *räumlichen Ausdehnung* haben wir schon hingewiesen. Daneben blieb aber noch die Frage offen, ob sich ein Fischereirecht auf alle Teile eines bestimmten Flussbereichs erstrecke, ob z. B. *Seitenarme* und *Fabrikanäle* dazugehörten oder nicht. Hier drang grundsätzlich die Meinung durch, dass der Fischfang überall gestattet sei, wo Wasser aus öffentlichen Gewässern fliesse. Sämtliche Seitenarme und Altwasser (sogenannte Giessen) gelten als Teile des Flussbetts, sofern Fische bei hohem Wasserstand dorthin gelangen können. Weniger eindeutig war die Sachlage bei Fabrikkanälen, deren Bett sich im Besitz des Industriellen befand. Die Fischer stellten sich immer auf den Standpunkt, ihnen stehe die Fischereiberechtigung auch in privaten Wasserläufen zu, sofern diese vom Wasser eines öffentlichen Flusses gespeist wurden. Die Regierung teilte diese Meinung und sprach z. B. den Aarefischern zwischen Wöschnau und Brunnenmühle den Fischfang in drei, später fünf Kanälen ausdrücklich zu (10). Ebenso dürfen die Aare-Reuss-Fischer im langen Kanal der Spinnereien von Heinrich Kunz unterhalb Windisch ihrem Gewerbe nachgehen. Als letztes Problem blieb noch ungeklärt, ob ihnen dieses Recht ausschliesslich zustehe oder ob der Fabrikant ebenfalls im eigenen Kanal fischen dürfe. Das aargauische Obergericht verneinte 1926 eine solche Berechtigung zugunsten der Kanaleigentümer; ebenso lehnte der Grosse Rat das Gesuch des "Verbandes ehehafter aargauischer Wasserwerkbesitzer" ab, der Staat möge auf sein "vermeintliches" Recht an diesen Kanälen verzichten (11).

1915 brach ein heftiger Streit zwischen einzelnen Fischern der Strecke Wöschnau-Brunnenmühle und dem Staat aus, als der Regierungsrat eine Halbinsel der Jura-Cementfabriken zum *Naturschutzgebiet* erklärte und das Fischen im dortigen Tümpel verbot. Dieser war ursprünglich Teil eines Giessens gewesen, dann aber durch einen Damm abgetrennt worden. Eine beschränkte Verbindung mit der Aare blieb durch eine Röhre bestehen. Die Fischer wehrten sich nun dagegen, dass der Staat einem Grossindustriellen etwas schenke, was ihnen gehöre, und sie beharrten auf ihrem Anspruch, im fraglichen Tümpel zu fischen. Das Bundesgericht wies ihre Klage jedoch ab; der Staat garantiere das persönliche Eigentum nur insoweit, als es dem öffentlichen Wohl nicht widerspreche; die Bestrebungen des Naturschutzes beträfen jedoch ein höheres Gut, das unbedingt

---

10 StAAa, Regierungsakten F No. 3/21 (1876).
11 Vierteljahresschrift für aargauische Rechtssprechung, 1927, S. 13; StAAa, Akten der Finanzdirektion: Fischerei 1927.

zu schützen sei. Die Frage, ob der Staat schadenersatzpflichtig sei, liess das Bundesgericht ausdrücklich offen (12).

Zu Komplikationen kam es bekanntlich seit jeher auf jenen Flussstrecken, wo verschiedene Fischenzen sich gegenseitig konkurrenzieren. Eine ähnliche Situation entstand dort, wo der Staat einen Anteil eines Fischereirechts erwarb und nun gegenüber den andern Beteiligten als Miteigentümer auftreten konnte. Für solche Fälle, wo *Staats- und Privatfischenzen* zusammenfielen, hatte der Regierungsrat die gesetzliche Kompetenz, spezielle Regelungen zu erlassen, welche von der Vollziehungsverordnung zum Bundesgesetz betreffend die Fischerei abwichen (13). Als Paradebeispiel sei die obere Aarefischenz (Wöschnau-Süssbach) genannt (14):

Von den acht Hauptteilen an dieser grossen Flussstrecke waren bis 1912 je drei an den Kanton und an die Fischer von Stilli gelangt, während die übrigen zwei der Wirtsfamilie Schärer-Peter in Biberstein und einem Arzt in Wildegg (später Gottfried Hediger, Rupperswil) gehörten. Daneben bestanden immer noch die Fischenzen von Altenburg und Birrenlauf. Nun beklagte sich die Finanzdirektion, die Verhältnisse bei der Ausübung dieser zehn konkurrierenden Rechte seien unhaltbar geworden. "Es sei keine Ordnung mehr, jeder mache, was ihm beliebe. Einzelne Rechtsbesitzer geben zu viel Karten aus, verpachten ihr Recht und fischen nebst dem Pächter gleichwohl etc. Wenn nicht Einhalt geboten werde, arte die Fischerei in ein Raubsystem aus. Alle Versuche, Ordnung in den Wirrwarr zu bringen, seien gescheitert".

Hierauf erliess der Regierungsrat, gegen den Willen einer Minderheit von Anteilhabern, für die Jahre 1913/14 versuchsweise eine Fischereiordnung. Darin verbot er die weitere Zersplitterung der einzelnen Rechte und beschränkte die Zahl auszugebender Anglerkarten auf neun je Anteil. Ausserdem verpflichtete er jeden Besitzer oder Pächter eines Achtels, jährlich 10 000 junge Forellen auszusetzen. Dass die Verordnung gegen die ertragreichere Netz- bzw. Garnfischerei gerichtet war, zeigen folgende Vorschriften: Jeder zu 1/8 Berechtigte, welcher Netze benützte, durfte nur mit einem einzigen Weidling fischen und zu seiner Unterstützung höchstens drei Gehilfen mitnehmen; ausserdem durften sie nur diesen je eine Anglerkarte aushändigen. – 1915 setzte die Regierung die Fischereiordnung auf unbeschränkte Zeit in Kraft, diesmal unter Zustimmung aller Miteigentümer.

Bis 1919 brachte der Staat die Altenburger Fischenz und insgesamt sechs Achtel der ganzen Berechtigung Wöschnau-Brugg in seinen Besitz. Durch eine Revision der Verordnung schränkte er die Netzfischerei, welche durch die Anteilhaber Schärer und Hediger sowie einen Staatspächter ausgeübt wurde, noch wei-

---

12 StAAa, Regierungsakten F No. 3/1916; Entscheidungen des schweizerischen Bundesgerichts 1916, S. 195–208.
13 vgl. dazu Baugesetz § 81; Vollziehungsverordnung (1913) § 7.
14 für die folgenden Ausführungen vgl. Bundesgerichtsarchiv Lausanne, Dossiers B.20'891 (Gottfried Hediger c/ Kanton Aargau) und A.23'407 (Ernst Schärer c/ Staat Aargau); Vierteljahrsschrift für aargauische Rechtsprechung 1931, S. 84–87; StAAa, Regierungsakten F No. 3 und Akten der Finanzdirektion: Fischerei (1912, 1915, 1920, 1934, 1937).

ter zugunsten der Angelfischerei ein: Fortan waren nur noch zwei Gehilfen gestattet; ausserdem sollten die drei Netzfischer in einer Kehrordnung lediglich jeden achten Tag vom Weidling aus fischen, in der übrigen Zeit lediglich mit Angel und Schöpfbähren vom Ufer aus; es stand ihnen als Alternative frei, die ganze Aarestrecke unter sich in Abschnitte zu teilen, so dass dann jeder in seinem Bereich nach Belieben fischen könnte. Eine solche Vereinbarung kam allerdings nicht zustande; die vorgesehene Kehrordnung war kaum durchsetzbar, weshalb die Finanzdirektion von sich aus, also rechtswidrig, eine Dreiteilung der Aare vornahm und je einen Abschnitt von 5 1/2 bis 7 1/2 km den drei Netzfischern zuwies. Gegen diese Verfügung, sowie gegen die Verordnung von 1920 überhaupt, klagte der Berufsfischer Gottfried Hediger den Kanton beim Bundesgericht ein; er bezifferte den jährlichen Verdienstausfall auf etwa 4 000 Fr. Die Regierung versuchte, Hediger Übernutzung nachzuweisen; er fahre jeden Morgen mit Ross und Weidling nach Aarau und fische von dort aus bis Rupperswil und nachmittags bis Birrenlauf oder Brugg. Dies habe er 1919/1920 an mehr Tagen betrieben als die übrigen Mitbesitzer und Pächter zusammen. – Der Streit wurde jedoch nicht bis zum Ende durchgefochten, da der Staat den Achtel Hedigers in einem Vergleich erwarb und ihm seine Strecke bis 1929 verpachtete. Dadurch blieb der Konflikt ungelöst und schwelte weiter. Immerhin hob die Finanzdirektion 1924 die erwähnte Dreiteilung auf, da sie nicht durch Vereinbarung der Berechtigten zustande gekommen und dadurch rechtswidrig war. Fortan war den drei Netzfischern frei, ihrem Erwerb nach Belieben auf der ganzen Strecke nachzugehen. Die Kehrordnung von 1920 blieb formell in Kraft, wurde aber, auch nach Auffassung der Finanzdirektion, "faktisch nicht gehandhabt".

Ab 1922 besass der Kanton sämtliche Teilfischenzen zwischen Brugg und Wöschnau, mit Ausnahme des Achtels der Familie Schärer, welche in ihrer Wirtschaft zur "Aarfähre" in Biberstein Fischspezialitäten anbot. Der Staat verpachtete seine Anteile der Sportfischereigesellschaft Aarau, welche 75 Anglerkarten ausgeben durfte, während Ernst Schärer sein Recht nach wie vor mit dem Netz ausübte.

1929 brach der Streit wieder aus. Die Sportfischer beschwerten sich über Schärer, er mache von seinem Anteil übermässigen Gebrauch und füge ihnen dadurch Schaden zu. Der Finanzdirektion gelang es nicht, die Parteien gütlich zu einigen. Daher verfügte sie 1931 eine erneute Dreiteilung der ganzen Strecke und gestattete Schärer, in jeder Stufe einmal pro Woche zu fischen. Ein beidseitiger Rekurs an den Regierungsrat wurde verschleppt, da erst abgeklärt werden musste, ob dessen Beurteilung überhaupt in seine Kompetenz falle oder durch die Gerichte entschieden werden müsse. Nachdem die Regierung als zuständig erklärt worden war, holte sie ein Gutachten eines Sachverständigen ein. Dieser schlug vor, Schärer an zwei Tagen pro Woche in jedem Abschnitt fischen zu lassen. Eine solche Regelung würde "ihm ohne Zweifel erlauben, den ihm zukommenden Achtel am Fischertrag der ganzen Strecke zu erbeuten". "Würde Schärer sein Recht uneingeschränkt ausnützen (durch tägliches Befischen der ganzen Flussstrecke), so wäre er zweifellos in der Lage, mehr als 1/8 der gesamten jährlichen Fischproduktion des Gewässers ihm zu entnehmen". Der Fischertrag wurde damals auf 500 kg pro Jahr und Kilometer Aare geschätzt, was auf 20 km (Brugg-Wöschnau) 10 000 kg ausmachte. Die Familie Schärer wies 1512 kg aus, was etwas mehr als einen Achtel darstellte, während die Sportfischergesellschaft durchschnittlich nur 1179,6 kg fing. (Die Fangmenge der Freiangler stand hier nicht zur Diskussion). Die Statistik zeigte so oder so, dass die

178

berufliche Netzfischerei intensiver war als die Fangarten der Sportfischer vom Ufer aus. – Der Regierungsrat folgte den Anträgen des Experten und setzte auf den 1. April 1937 die vierte Fischereiordnung für diese Flussstrecke fest. Einen Rekurs von Ernst Schärer lehnte das Bundesgericht im gleichen Jahr ab. Das Regulativ war damit endgültig in Kraft gesetzt. Jeder weitere Anlass zu derlei Konflikten wurde erst 1969 aus der Welt geschafft, als die Erben Ernst Schärers ihren Achtel dem Kanton verkauften. Seither ist der Staat für die obere Aarefischenz allein zuständig.

*

Die längste Kette von Prozessen, welche die Privatfischer geführt haben, fehlt in den bisherigen Darlegungen: der *Kampf gegen die Freianglerei* (15). Es handelt sich dabei um das Fischen mit der "fliegenden Angel", worunter man heute "die von Hand geführte Fischrute mit Schnur, einer einfachen Angel mit oder ohne Kork und untergetauchtem Köder" versteht (16). Von der bisher genannten Angelfischerei unterscheidet sie sich durch das Verbot von Löffel, Spinner, Köderfischchen usw. Während die ausgedehntere Angelfischerei beschränkt war – auf der obern Aare z. B. auf 78 Angler – stand das Fischen mit der fliegenden Angel grundsätzlich jedermann frei.

Die Streitfrage drehte sich nun darum, ob die Eigentümer von Privatfischenzen auf ihren Flussstrecken diese Freianglerei zu dulden hatten oder ob sie nur in Staatsfischenzen offen stehe. Der umstrittene Satz im Fischereigesetz (§ 9.3) lautete:

"Der Gebrauch der fliegenden Angel in dem Hallwilersee, dem Rhein, der Aare, der Reuss und der Limmat ist auch dem Nichtpächter gestattet" (17).

Über die Interpretation dieses Satzes scheinen beim Erlass des Gesetzes 1862 keine Meinungsverschiedenheiten bestanden zu haben (18). Erst 1889 kam eine Diskussion in Gang, als der Regierungsrat in der Vollziehungsverordnung zum Bundesgesetz betr. die Fischerei in § 6 sämtlichen Schweizerbürgern sowie den ausländischen Niedergelassenen und Aufenthaltern das Fischen mit der fliegenden Angel in den genannten Gewässern bewilligte. Damals stellte der aargauische Fischereiverein das Begehren, es sei interpretationsweise zu erklären, dass sich die Bestimmungen über die Freianglerei nur auf das Gebiet der Staatsfischenzen bezögen, während die privaten Rechte davon nicht berührt würden. Er ging dabei

15 vgl. dazu die grundsätzlichen Überlegungen von Fritz Fleiner, Das Freianglerrecht im Aargau.
16 Vollziehungsverordnung zum Bundesgesetz betr. Fischerei, § 21.
17 Fischereigesetz, § 9.3.
18 zu diesem Abschnitt sowie zum Prozess Jakob Meier gegen den Staat Aargau vgl. Entscheidungen des schweizerischen Bundesgerichts, 1920, 46. Band, II. Band, S. 293–311; Abschriften verschiedener Akten zu diesem Prozess befinden sich im Besitz der Familie Baumann-Crosio, Stilli/Unterbözberg.

vom Hinweis aus, dass die §§ 2–11 des Fischereigesetzes ausschliesslich die Verpachtung der staatlichen Berechtigungen betrafen; der Gesetzgeber, welcher die Privatfischenzen ausdrücklich anerkannte, habe dieselben nicht in § 9.3 beiläufig derart einschränken wollen. Weder der Regierungsrat noch die grossrätliche Kommission folgten diesem Argument; sie interpretierten den umstrittenen Satz absolut, d. h. ohne den Stellenwert innerhalb des Gesetzes zu berücksichtigen; demnach hätten die Privatfischer 1862 Einsprache erheben müssen, jetzt sei es zu spät und sie müssten sich nun die Freianglerei auf ihren Strecken gefallen lassen. In diesem Sinn wurde die Vollziehungsverordnung verabschiedet. – Als das Fischen mit der fliegenden Angel zu Beginn des 20. Jahrhunderts Ausmasse annahm, welche in ein "Raubsystem" auszuarten drohten, wurde das Freianglerrecht 1913 auf Personen, welche im Kanton niedergelassen waren, eingeschränkt; die Frage, ob dieses auch die Privatfischenzen betreffe, galt als endgültig abgeklärt und bildete keinen Diskussionspunkt.

Nach dem Erlass der umstrittenen Vollziehungsverordnung von 1890 sollten 20 Jahre vergehen, bis ein einzelner Fischer den Kampf gegen den Kanton aufnahm, mit dem Ziel, ihn zu zwingen, die Freianglerei innerhalb seiner Privatfischenz zu verbieten:

1910 erstattete Jakob Meier von Reussegg (Gemeinde Sins) Strafanzeige gegen einen Freiangler, welcher in der dem Kläger zustehenden Flussstrecke gefischt hatte. Der Staatsanwalt stellte das Verfahren jedoch ein, da es sich um einen Streit zivilrechtlicher Natur handle. Hierauf erwirkte Meier ein amtliches Verbot des Angelfischens innerhalb seiner Privatfischenz. Auf Einsprache des Gemeinderats von Meienberg hoben zuerst das Bezirksgericht Muri, dann das aargauische Obergericht dieses Verbot auf; beide Instanzen stützten sich auf die Interpretation des Fischereigesetzes, wie sie durch Regierungsrat und Parlament 1890 festgehalten worden war.

1918 klagte Jakob Meier den Staat Aargau vor Bundesgericht ein: der Staat habe u. a. zu anerkennen, dass seine Fischereiberechtigung in der Reuss ausschliesslicher Natur und die fragliche Strecke der freien Angelfischerei entzogen sei. Der Kläger konnte mit einem Gutachten von Prof. Fritz Fleiner aufwarten, welcher nachwies, dass die betreffende Fischenz im Mittelalter als grundherrliche Nutzung der Herrschaft Rüssegg entstanden war; sie sei als Privatrecht begründet worden, als solches erhalten geblieben und schliesse die Freianglerei aus. – Das Bundesgericht folgte dieser Argumentation und führte präzisierend aus: "Solche aus grundherrschaftlichen Verhältnissen hervorgegangenen Nutzungsrechte sind aber ihrer Natur nach ausschliessliche und stehen dem Gemeinbrauch, in dessen Beseitigung sie ja gerade entstanden sind, entgegen". Dem Staat gelang es nicht nachzuweisen, "dass in früheren Zeiten die Angelfischerei in der betreffenden Reussstrecke von jedermann frei ausgeübt worden wäre". – Das Bundesgericht bestätigte auch die Auffassung, der umstrittene § 9.3 des Fischereigesetzes könne sich von seiner Stellung und vom Zusammenhang her nur auf die verpachteten Staatsfischenzen beziehen; die Interpretation von Regierung und Grossem Rat sowie die entsprechenden Vorschriften der Vollziehungsverordnung widersprächen dem Gesetz und seien daher rechtswidrig. Aus diesen Gründen wurde die Fischenz Jakob Meiers als ausschliesslich anerkannt und die aargauischen

Behörden "verpflichtet, bei der Aufstellung von Bewilligungen zur Freianglerei das erwähnte Gebiet auszunehmen". Dagegen lehnte das Gericht eine Schadenersatzpflicht des Staates ab.

Die Niederlage des Kantons gegen Jakob Meier rief eine Welle ähnlicher Begehren anderer Fischenzbesitzer hervor. Schon 1921 durften die Ortsbürgergemeinden Mellingen, Bremgarten und Aarburg ebenso wie Meier in Reussegg anstelle des Staates eigene Freianglerkarten abgeben und deren Erlös behalten (19). Die Fischer von Stilli liessen sich für die Strecke Platte Lauffohr-Schmidberg sofort ein Gutachten von Walther Merz ausarbeiten, in welchem dieser aufgrund der Schiedssprüche von 1465/66 feststellte, dass die fragliche Fischenz ein Bestandteil des ehemaligen Burggutes Freudenau gewesen sei (20). Demgegenüber wurde im ersten Teil dieser Arbeit nachgewiesen, dass der Schiedsspruch 1465 auf einem Irrtum beruhte, da die fragliche Berechtigung einen Bestandteil des murbachischen Hofs Rein gebildet hatte (21). Die Schlüsse von Walther Merz sind daher in dieser Beziehung unrichtig, doch ändert dies nichts am grundherrschaftlichen und ausschliesslichen Charakter jener Fischenz. 1922 anerkannte die Finanzdirektion, dass die staatlichen Freianglerkarten auf dieser Strecke ungültig seien. Diese Angelegenheit war damit ein für alle Male erledigt.

Anders erging es nachträglich der Ortsbürgergemeinde Mellingen (22). Das Obergericht sprach ihrer Fischenz die Ausschliesslichkeit ab, da das freie Anglerrecht in allen Urkunden seit dem Mittelalter gewährleistet gewesen sei.

Die Eigentümer der Aare-Reuss-Fischenz (Platte Lauffohr-Brunnenmühle bzw. Tugfluh) mussten nicht weniger als 30 Jahre lang prozessieren, bis das Verbot der Freianglerei endgültig ausgesprochen war:

Die betreffende Berechtigung war als ehehaft ins Grundbuch eingetragen worden. Gestützt darauf erwirkten die Inhaber 1922 ein Verbot, auf jenem Flussgebiet mit der fliegenden Angel zu fischen. Eine Einsprache des Anglerbunds Baden und des zu diesem Zweck erst gegründeten Anglervereins Brugg wies der Gerichtspräsident von Brugg ab (23). Ein Jahr später büsste derselbe einige Personen wegen widerrechtlicher Freianglerei in der Aare. Die Verurteilten führten dagegen Beschwerde, da der Gerichtspräsident nicht befugt sei, ein solches Verbot zu erlassen, und daher seine Kompetenz überschritten habe; sowohl das Bezirks- wie das Obergericht lehnten den Rekurs ab (24). Da der Angelsport immer mehr zunahm und das erwähnte Verbot sich nur auf die im Bezirk Brugg gelegenen Flussteile erstrecken konnte, erwirkten die Aare-Reuss-Fischer 1931

19 Rechenschaftsbericht des aargauischen Regierungsrats 1921, S. 64.
20 StAAa, Akten der Finanzdirektion: Fischerei 1922; einzelne Exemplare des Rechtsgutachtens von Walther Merz besitzen u. a. Ernst Baumann, Fischer, Stilli, sowie Familie Baumann-Crosio, Stilli/Unterbözberg.
21 vgl. oben Seite 128 ff.
22 Paul Leuthard, S. 100 f.
23 StAAa, Akten der Finanzdirektion: Fischerei 1931 (Abschrift des Entscheids des Gerichtspräsidenten).
24 Vierteljahresschrift für aargauische Rechtssprechung, 1926, S. 176–178.

auch ein solches vom Gerichtspräsidium Baden. Der dagegen erhobene Rechts-vorschlag einiger Freiangler wurde durch das dortige Bezirksgericht abgewiesen, vom Obergericht aber merkwürdigerweise gutgeheissen; das Eigentum der Fi-schenzbesitzer könne gegenüber der Freianglerei nicht mehr geschützt werden; diese hätten sofort gegen die Störer einschreiten müssen; infolge der tatsächli-chen Ausübung des Freianglerrechts "seit Jahrzehnten" sei ein Gemeinbrauch entstanden (25). Das gleiche Obergericht sollte allerdings 20 Jahre später feststel-len, die zitierte Ausübung "seit Jahrzehnten" finde in den dazugehörigen Akten des Bezirksgerichts "keinerlei Rückhalt".

Im Zusammenhang mit der Bereinigung des Grundbuchs des Bezirks Brugg sollten auch die Aare-Reuss-Fischenzen der Windischer und Stillemer Inhaber geklärt werden. Dabei wurden 1941 folgende "besondere Bestimmungen" ver-einbart:

1. "Die vorbeschriebenen Fischenzrechte sind ausschliesslich, mit Ausnahme beim Windischerrecht vom Stauwehr Windisch bis zur Tugfluh bei der Lind-mühle Birmenstorf, wo die andere Hälfte der Fischenz dem Staat Aargau zusteht."

2. "Im ausschliesslichen Gebiet der vorbeschriebenen Privatfischenzen haben die staatlichen Freiangler-Karten keine Gültigkeit. Dagegen sind die Fischenz-inhaber berechtigt, im Verhältnis ihrer Berechtigung Fischerkarten nach staat-lichem Formular abzugeben."

Nach Einsprachen des Angelfischervereins Brugg und des Anglerbundes Baden setzte das Grundbuchamt den Fischenzbesitzern 1947 eine Frist, um die behaup-tete Ausschliesslichkeit ihrer Berechtigungen gerichtlich geltend zu machen. Diese reichten die Klage denn auch prompt ein (26) und liessen von Hektor Ammann, dem damaligen Staatsarchivar, ein Gutachten ausarbeiten, welches die grundherrschaftliche Herkunft der Aare-Reuss-Fischenz nachwies,. Das Bezirks-gericht ordnete seinerseits eine Expertise durch Hermann Rennefahrt und Paul Kläui an, welche zum gleichen Ergebnis kam. Hierauf schloss sich die richterliche Instanz jener früher dargelegten Interpretation des altumstrittenen Artikels 9.3 des Fischereigesetzes an, für die sich das Bundesgericht im Fall Jakob Meier entschieden hatte. In Abweichung zur engen Auslegung der aargauischen Ver-waltungspraxis kam das Bezirksgericht zum Schluss, "dass die Unterscheidung der Privatfischenzen nach ihrem Ursprung aus Grundherrschaft oder Regal für die Frage der Ausschliesslichkeit nicht von Bedeutung sei, indem alle zu selbstän-digem Recht ausgeschiedenen Fischenzen als ausschliesslich zu betrachten seien, soweit nicht Ausnahmen nachweisbar sind". − Die Beweislast lag somit bei den Anglervereinen. Diesen gelang es jedoch weder vor Bezirks- noch vor Oberge-richt, irgendeinen Anhaltspunkt dafür beizubringen, dass sich auf der fraglichen Strecke ein Rest der germanischen Fischerfreiheit aller Volksgenossen bis in die Gegenwart erhalten hätte. Ebensowenig vermochten 83 Bescheinigungen von Freianglern glaubhaft zu machen, dass hier "seit unvordenklichen Zeiten", d. h. seit mehreren Generationen jedermann mit der fliegenden Angel habe fischen

---

25 Vierteljahresschrift für aargauische Rechtssprechung, 1933, S. 107−110.

26 Archiv des Bezirksgerichts Brugg, Deb. Kto. A No. 2737, 1947 No. 3364; das Urteil des Obergerichts ist teilweise abgedruckt in: Aargauische Gerichts- und Verwaltungsentschei-de 1952, S. 21−47; sämtliche Akten der Fischenzinhaber befinden sich bei Dr. iur. Yolanda Verena van den Bergh-Lewin, Baden.

können. Beide Gerichtsinstanzen verwarfen ebenfalls die Ansicht, die Freianglerei sei im Aargau durch Gewohnheitsrecht auch in Privatfischenzen entstanden,
da sowohl die Gerichts- wie die Verwaltungspraxis seit dem Prozess Meier, Reussegg, geändert habe. Als letztes verwarfen sie auch die Möglichkeit der Ersitzung
eines Freianglerrechts, da ein solches zwar von bestimmten Einzelpersonen, nie
aber als Gemeinbrauch ersessen werden könne.

Nach den Niederlagen vor Bezirks- und Obergericht gaben die Anglervereine auf.
Die Fischenzbesitzer aber hatten nach einem drei Jahrzehnte dauernden Kampf
erreicht, dass ihre Berechtigungen als ausschliesslich anerkannt werden, was auch
im Grundbuch verankert ist.

*

Die Zahl der Inhaber von privaten Fischereirechten nimmt stetig ab. Von den
172 anerkannten Fischenzen von 1862/65 bestanden 30 Jahre später noch 168;
bis 1963 waren sie aber auf 87 zusammengeschrumpft.

Berechtigungen, welche die Freianglerei ausschliessen, haben sich nur sieben
erhalten, nämlich jene bisher erwähnten Fischenzen von Stilli und Windisch, von
Mellingen (bestritten), Bremgarten und Reussegg, dazu das oberste Aarerecht bei
Aarburg und im Rhein von der Aaremündung bis zum Koblenzer Laufen (mittlere Falle) (27).

Die Ursache für das allmähliche Verschwinden der uralten ehehaften Berechtigungen liegt im Bestreben des Kantons, diese bei jeder sich bietenden Gelegenheit an sich zu ziehen. Dies konnte einerseits durch Usurpation geschehen, wenn
der Staat für sich ein Fischereirecht beanspruchte, das ihm gar nicht zustand.
Hans Viktor Gaugler hat einen solchen Fall für den Rhein bei Koblenz nachgewiesen, wo sich der Aargau ein Parallelrecht anmasse, welches er verpachte, was
juristisch völlig unhaltbar sei (28). Dies ist aber eine Ausnahme; sonst pflegt die
Finanzdirektion aufgrund freiwilliger Vereinbarungen, private Fischenzen zu
erwerben. Wie wir am Beispiel der obern Aare dargelegt haben, kann der Staat
über die allgemeinen polizeilichen Vorschriften hinaus die Ausübung des Fischfangs regeln, sobald er an einer ursprünglich privaten Strecke auch nur in geringem Ausmass beteiligt ist. Ausserdem steht dann auch die Freianglerei jedermann
offen.

Wir wollen nun verfolgen, auf welche Weise die *Fischenzen in der Aare* teilweise *in staatlichen Besitz* gelangten: Die Strecke zwischen der Kantonsgrenze
bei Wöschnau und der Einmündung in den Rhein war bekanntlich in drei grosse
Abschnitte unterteilt, deren Grenzpunkte bei der Brunnenmühle (Süssbachmün-

27 Rechenschaftsberichte des aargauischen Regierungsrates 1865 (S. 101), 1892 (S. 119),
   1963 (S. 198); Freianglerkarte des Kantons Aargau, S,2.
28 Hans Viktor Gaugler, S. 89 ff.

dung) und beim Schmidberg lagen. Beim Anerkennungsverfahren in den 1860er-Jahren stellte sich heraus, dass sich dieser ganze Bereich in privaten Händen befand, mit zwei Ausnahmen in der untersten Aare, wo der Staat zwei Teilrechte besass, welche von der Johanniterkommende Leuggern und von einem bischöflich-konstanzischen Lehen herrührten. 1891 gelang es der Finanzdirektion, jene Fischenz zwischen dem Schmidberg und· der Surbmündung zu erwerben, welche seit Jahrhunderten im Besitz der Familie Häfeli gewesen war. Erst 1934 konnte sie auch das "Schlossrecht" von Böttstein kaufen. Für das erstgenannte hatte der Kanton 1000 Fr. bezahlt, für das letztere, viel kleinere, jedoch 6000 Fr. Seither ist die unterste Fischenz ausschliesslich staatliches Eigentum (29). − Auf der obern Aare, also zwischen Süssbachmündung und Wöschnau bestanden bekanntlich acht Anteile auf der ganzen Strecke, dazu die Teilfischenzen von Altenburg und Birrenlauf. Hier bemühte sich die Verwaltung in Aarau während über 80 Jahren mit zäher Beharrlichkeit, ein Recht nach dem andern für den Kanton zu erwerben − schliesslich mit Erfolg. Der erste Achtel kostete 1888 noch ganze 400 Fr., zwei weitere kamen 1906 und 1912 hinzu, das zweite bereits für 4000 Fr. Die früher dargelegten Beschränkungen durch die speziell für diese Strecke verfügten Fischerei-Ordnungen veranlassten die Besitzer des einst königsfeldischen Fischerlehens zu Altenburg, ihre Anteile dem Staat für insgesamt 6000 Fr. zu übergeben; einzelne hatten ohnehin nicht mehr selbst gefischt, sondern ihre Berechtigungen verpachtet. Die Flussverbauungen durch die Kraftwerke Brugg, Wildegg und Rupperswil erschwerten den Fischern von Stilli die Betreibung ihres Handwerks derart, dass auch sie dem Kanton 1919/20 ihre drei Achtel für je 12 500 Fr. überliessen. − Durch bundesgerichtlichen Vergleich ging, wie erwähnt, 1922 der Achtel des Gottfried Hediger ebenfalls an den Staat über, und zwar bereits für 15 500 Fr. Obschon im gleichen Jahr auch das kleine Recht zu Birrenlauf in kantonalen Besitz gelangt war, blieb der Achtel der Familie Schärer als einziger Anteil innerhalb dieses Flussbereichs weiterhin privat; Ernst Schärer brauchte die selbst gefangenen Fische bekanntlich für seine Wirtschaft zur "Aarfähre" in Biberstein. Er war daher nicht bereit, auf seine Berechtigung zu verzichten, was dann zu den häufigen Streitigkeiten und Prozessen führte. Erst anlässlich der Liquidation der Erbschaft Schärer benützte die Finanzdirektion die Gelegenheit, das letzte Teilrecht in ihre Hände zu bekommen (30). Der Wert dieses Achtels war mittlerweilen auf 52 500 Fr. angestiegen!

Schon mehrmals war öffentlich angeregt worden, der Kanton möge doch sämtliche noch bestehenden Privatfischenzen aufkaufen, wenn nötig auf dem

29 StAAa, Akten der Finanzdirektion: Fischerei 1891, 1934.
30 StAAa, Regierungsakten F No. 3 (1888, 1906, 1912); Akten der Finanzdirektion: Fischerei 1915, 1918−1922; Grundbuch der Gemeinde Aarau, GB-Blatt 1101. Pachtverträge und Prozessakten zur Altenburger Fischenz besitzt noch Hans Süess-Häfliger in Möhlin.

Weg der Expropriation. Als finanzielles Argument führten die Befürworter vor allem die beträchtlichen Pachtzinsen, welche die Staatsfischerei abwarf, ins Feld. Solche Stimmen wurden vor allem nach dem Bundesgerichtsentscheid in Sachen Jakob Meier, Reussegg, aus Kreisen des Fischereivereins laut. Der Regierungsrat lehnte jedoch z. B. 1923 ein solches Unterfangen ab, da es "eine solch hohe Summe erfordern würde, dass sie der Staat in den nächsten Jahren nicht aufbringen könnte". Er wies auch darauf hin, dass immer noch eine beträchtliche Anzahl von Inhabern solcher Rechte ihren Lebensunterhalt daraus bestritten (31). Die Finanzdirektion schreckte wohl auch vor den zu erwartenden aufwendigen Enteignungsprozessen gegen hartnäckige Fischer zurück!

Dennoch läuft die allgemeine Entwicklung zugunsten des Staates. Der Rückgang der Berufsfischer und die Erschwerungen durch Kraftwerke und Abwasser veranlassen viele, ihre Berechtigungen abzutreten. Dazu kommt der schon erwähnte Umstand, dass viele Fischer ihre Anteile eher dem Staat als ihren Berufsgenossen zum Kauf anbieten.

Im Bereich jener Aarefischenz, die einst zum murbachischen Hof Rein gehörte hatte, sind bisher alle Bemühungen des Staates gescheitert. Die ganze Strecke zwischen Brunnenmühle und Schmidberg befindet sich seit wenigstens 750 Jahren in "Privatbesitz" und hat dadurch bis zum heutigen Tag ihren ausschliesslichen Charakter bewahrt.

b) Fischerei und Industrialisierung

Es ist unbestritten, dass der Ertrag des Fischfangs seit der zweiten Hälfte des 19. Jahrhunderts zurückging. Besonders die Wanderfische, wie Lachs, Nase und Maifisch, verloren ihre Bedeutung als eines der Hauptnahrungsmittel der Bewohner längs der grossen Gewässer. Der Überfluss hatte vorher zeitweise solche Ausmasse angenommen, dass sich die Dienstboten in den Rheinstädten ausbedungen haben sollen, nicht mehr als zweimal wöchentlich Lachs vorgesetzt zu erhalten. Noch im letzten Jahrhundert wurden Nasen gelegentlich als Schweinefutter und zum Düngen der Kartoffelfelder verwendet (32).

Für den *Rückgang des Fischbestandes* können *verschiedene Ursachen* genannt werden: Die Verschmutzung der Flüsse durch die Abwässer der Haushaltungen und der Fabriken beeinträchtigt die natürliche Vermehrung der Edelfische, da der Laich abstirbt; auch leidet die Qualität des Fischfleisches, besonders dessen Geschack, unter dem unreinen Wasser. – Durch die Flusskorrektionen werden Altwässer, Giessen und kleine Seitenarme trocken gelegt sowie die Ufer verbaut.

---

31 StAAa, Regierungsakten F No. 3 (1923).
32 Paul Steinmann, Bedingungen der Fischerei, S. 3–9.

Dadurch sind vielen Fischarten die Laichgebiete und Lebensräume entzogen; der Jungbrut fehlen die geschützten Stellen; die Angelfischer verlieren geeignete Fangplätze. – Verschiedentlich haben grosse Epidemien (Schuppensträubung, Furunkulose, Lachs- und Barbenpest) den Fischbestand schwer geschädigt. – Nicht zu vergessen sind auch die immer raffinierteren Fangmethoden, die zu einer Übernutzung führen können (33).

Die bisher aufgezählten Faktoren kann man (mit Ausnahme der Epidemien) durch geeignete Gesetzesvorschriften und Staatsverträge wenigstens mildern. So haben die Kläranlagen bereits einen gewissen Erfolg in bezug auf die Wasserqualität gezeigt; zudem soll in zukünftigen Prozessen wegen Verschmutzung die Beweislast auf die potentiellen Verunreiniger übertragen werden. Den Verlust der natürlichen Laichplätze gleichen die vom Bund geförderten künstlichen Fischzuchtanstalten aus, und gegen die Raubfischerei stehen dem Staat bekanntlich ausreichende Polizeibefugnisse zu.

Wir haben aber jenen industriellen Eingriff noch nicht erwähnt, welcher die Berufsfischerei im ersten Viertel unseres Jahrhunderts im Lebensnerv getroffen hat: *der Bau der grossen Kraftwerke*. Wir meinen jene totalen Abriegelungen der Flüsse durch Stauwehre, welche hinter sich einen grossen Stausee entstehen lassen. Sie unterbinden den freien Zug der Wanderfische: dem ausgewachsenen Lachs, welcher vom Meer her aufwärts schwimmt, schneiden sie den Zugang zu den Laichplätzen in den Oberläufen unserer Flüsse ab; dem jungen Aal versperren sie den Weg in unsere Süsswassergebiete, dem alten die "Talfahrt" zu den Laichregionen in fernen Meeren. – Die Kraftwerke verändern aber auch den Charakter unserer Flüsse; die maximale Ausnützung des Gefälles durch die gewaltigen Wehre lässt die Ströme zu einer Folge stufenförmig aneinandergereihter Staubecken werden; 1953 waren im Rhein nur noch die Abschnitte bei Säckingen und Koblenz, in der Aare bei Brugg-Lauffohr ungestaut. Die neuen, schwächeren Strömungsverhältnisse üben einen grossen Einfluss auf die verschiedenen Fischgattungen aus: Sie fördern Hecht und Egli, vor allem auch minderwertige Weissfische (Laugeli, Rotaugen, Brachsmen, Schleien, Karpfen), welche in den verschmutzten Gewässern eine Nahrung finden, auf die sie sich gut haben umstellen können; dagegen haben viele Edelfische stark abgenommen, so die Forelle und die Äsche, welche fliessendes, sauerstoffreiches Wasser brauchen und deren Hauptnahrung (z.B. Groppen) nicht mehr zu finden ist. – Die schwache Strömung beeinträchtigt die Fischerei aber auch in technischer Hinsicht, indem altüberlieferte Fanggeräte untauglich wurden, was eine Umstellung auf neue Fangmethoden erforderte (34). Ausserdem machten die Wehre den Durchgang mit den Weidlingen so beschwerlich, dass die Fischer von Stilli schon 1919/20

33 Paul Steinmann, Bedingungen der Fischerei, S. 9–15.
34 Hans Stauffer, S. 391 ff.; Paul Steinmann, Fische, S. 168 ff.; Hans Viktor Gaugler (Maschinenschrift) § 8.

ihre Berechtigungen oberhalb der Brunnenmühle und der Spinnerei Windisch aufgaben.

In den Gesetzen zur Fischerei und zur Nutzbarmachung der Wasserkräfte erliess der Bund verschiedene Vorschriften zugunsten der Fischwanderung. So müssen Schutzvorrichtungen erstellt werden, welche verhindern, dass die Fische in die Triebwerke geraten; auch ist eine minimale Wassermenge in den Unterwasserkanälen zu garantieren und das plötzliche Absenken des Wasserspiegels zu vermeiden (35). Von besonderer Bedeutung ist die Pflicht zur *Erstellung von Fischwegen,* welche das Aufsteigen der Fische bei den Wehren ermöglichen sollen. Die genannten Massnahmen dürfen aber dort unterbleiben, "wo die daraus für die Benützung des Wassers entstehenden Hemmnisse oder die Kosten unverhältnismässig gross sind". Deutlicher drückte sich der aargauische Regierungsrat aus, wenn er schrieb, die Finanzdirektion bemühe sich zwar, Schädigungen der Fischerei möglichst einzuschränken; eine gänzliche Beseitigung oder Vermeidung derselben lasse sich jedoch nicht durchführen, "man würde mit den gewerblichen Interessen zu stark in Kollision geraten" (36).

Im ersten Viertel unseres Jahrhunderts verband der Regierungsrat mit der Konzession für ein Kraftwerk regelmässig die Verpflichtung, Fischtreppen zu erstellen. Zu den ältesten gehören jene zu Beznau, wo je eine beim Maschinenhaus und beim Wehr angebracht wurden. Sie enttäuschten aber die Hoffnungen, welche man auf sie setzte: seit dem Tag der Betriebsaufnahme in Beznau gelangte kein einziger Lachs mehr in die Gewässer oberhalb des Stauwehrs. Das bedeutete mit einem Schlag das Ende eines Zweiges der Fischerei, welcher besonders ertragreich gewesen war und einen wesentlichen Bestandteil der Existenzgrundlage vieler Fischer gebildet hatte. Dies galt nicht nur für die hier besonders untersuchten Flussstrecken, sondern für das ganze Einzugsgebiet der Aare; denn bis nach Zürich, Luzern und Bern hinauf gab es keine Lachse mehr. Für die Flussregionen unterhalb Beznau bedeutete dies umgekehrt, dass ein grosser Teil der Schweiz für Laichplätze ausfiel, worunter wiederum der Nachwuchs von Junglachsen empfindlich litt. — Im Hochrhein war die Lage der Lachsfischerei noch besser. Das 1898 erbaute Kraftwerk Rheinfelden beeinträchtigte diese dank geringer Stauhöhe und günstig angelegter Fischpässe nicht. Dagegen wirkte sich das Werk Augst-Wyhlen negativ aus, indem die Lachse die dort angebrachten Fischtreppen auch nicht benützten. Da sich die gesuchten Fische nun unterhalb des Wehrs ansammelten, kam es dort zu Massenfängen, welche den jährlichen Pachtzins für die Fischer zu Augst von 50 Fr. auf 6 500 Fr. hinaufjagten. In der Folge gelang es dann, mit Hilfe der dortigen Schleuse beträchtliche Mengen von Lachsen in die obere Rheinstrecke zu befördern. Dort sollte aber das Kraftwerk

35 Bundesgesetz betr. die Fischerei (1888), Art. 6/7; dazu Vollziehungsverordnung (1889), Art. 7.
36 Rechenschaftsbericht des aargauischen Regierungsrates 1899 (S. 14).

Laufenburg den Fischen 1915 ein unüberwindliches Hindernis entgegensetzen; man hatte sich das Gefälle der Stromschnellen zunutze gemacht und so eine Wehrhöhe von 12 m erreicht. Die Fischtreppen, welche für einen Betrag von 362 000 Fr. gebaut wurden, vermochten ihren Zweck nur ungenügend zu erfüllen; die Lachse kamen nicht weiter. 20 Jahre später sollte ihnen das Kraftwerk Kembs unterhalb Basel den Zugang in schweizerische Gewässer endgültig versperren (37). Die genannten Fischwege waren aber nicht völlig nutzlos. Mit Ausnahme des Lachses benützen sie fast alle übrigen Gattungen, besonders die kleinern, aber auch der Aal. Eine genaue Untersuchung über den Fischaufstieg im Rhein und in der Aare ergab im April bis Juli 1934, dass bei Laufenburg jeden Tag durchschnittlich 777 Fische beide Fischtreppen passierten; bei Beznau waren es lediglich 94, wobei damals allerdings gerade das Kraftwerk Klingnau gebaut wurde (38). Der ansehnliche Erfolg dieser Einrichtungen zeigt sich auch im Umstand, dass der Bund gesetzlich vorschreiben musste, innerhalb bestimmter Entfernungen dürfe oberhalb und unterhalb der Treppen nicht gefischt werden (39).

Dennoch wurde immer wieder die Frage aufgeworfen, ob sich die grossen Investitionen der Kraftwerke lohnten. Der schweizerische Wasserwirtschafts-Verband, welcher 1917 eine Untersuchung über alle künstlichen Fischwege des Landes veröffentlichte, verneinte diese Frage (40). Aufgrund der Erfahrungen der Finanzdirektion schloss sich der aargauische Regierungsrat den Folgerungen dieser Studie an; er tendiere eher darauf, von den Kraftwerken Barbeträge zu erhalten, um daraus die künstliche Fischzucht zu fördern, wobei man anstelle der bisherigen Wander- eher die Standfische fördern solle (41). Diese Möglichkeit realisierte man z. B. beim Zürcher Limmatwerk in Wettingen, wo man auf Fischtreppen gänzlich verzichtete, da erfolgreiche Modelle für die Stauhöhe von 21 m fehlten. Die Konzession wurde daher mit der Verpflichtung verknüpft, jährlich 15 000 Forellen-Sömmerlinge oder 300 000 Jungbrut einzusetzen. In gleicher Weise hatte die Regierung schon 1911 die Firma Heinrich Kunz verpflichtet, der Reuss oberhalb ihres Stauwehrs in Windisch jedes Jahr 50 000 "Forellensetzlinge" zuzuführen (42).

Weder künstliche Fischwege noch Fischbrutanstalten liessen die früheren Erträge der Fischerei wieder erreichen. Besonders der Lachsfang war endgültig

37 Rechenschaftsberichte des aargauischen Regierungsrates, z. B. 1903 (S.,15), 1909 (S. 16), 1911 (S. 16), 1912 (S. 16), 1915 (S. 25), 1916 (S. 224 f.), 1919 (S. 250), 1932 (S. 186); Paul Steinmann, Bedingungen der Fischerei, S. 28 ff.
38 Paul Steinmann, Über den Fischaufstieg ...
39 vgl. oben Anmerkung 35.
40 A. Härry, Die Fischwege.
41 StAAa, Regierungsakten F No. 3 (1917).
42 Rechenschaftsberichte des aargauischen Regierungsrates 1929 (S. 127), 1911 (S. 16).

verloren. Neben der Verschmutzung der Gewässer und der Dampfschiffahrt bildeten zweifellos die Kraftwerke mit ihren Abschrankungen die Hauptursache. Nach geltenden Rechtsvorstellungen waren diese *für den zugefügten Schaden ersatzpflichtig.* Grundsätzlich konnte der Mindererlös jedes Jahr geschätzt und danach die Entschädigung festgelegt werden. Bis 1929 verwies der Staat die Pächter seiner Fischenzen auf diesen Weg, was zu fortwährenden Prozessen führte; seither können die Kraftwerke nicht mehr belangt werden, was zu einem Ausfall an Pachtzinsen führte, weshalb der Staat nun seinerseits auf diese zurückgreift (43). Mit den Besitzern von Privatfischenzen mussten lauter Einzelverträge abgeschlossen werden. So bezahlte die Stadt Brugg den Inhabern des obern Aarerechts (Süssbach-Wöschnau) zwischen 1919 und 1924 je Achtel und Jahr 140 Fr. für den Schaden, welchen das dortige Elektrizitätswerk verursachte (44). Häufiger waren jedoch pauschale Abfindungen, welche die privaten Fischer "für alle Zeiten" entschädigen sollten, wofür dann ein Servitut im Grundbuch eingetragen wurde. So erhielten die Limmatfischer (Baden bis Grenze Ober-/Untersiggenthal) von der Electricitäts-Gesellschaft Baden 3000 Fr. Schadenersatz für das dortige Gas- und Wasserwerk. – Die AG Motor in Baden bezahlte den Aare-Reuss-Fischern Rauber von Windisch 700 Fr. für das Kraftwerk Beznau, dem David Baumann für seine sämtlichen Berechtigungen zwischen Lauffohr und Wöschnau 1250 Fr. Derselbe David Baumann verkaufte gleichzeitig der AG Motor seinen Viertel an der Aarefischenz Lauffohr-Schmidberg, womit diese ein empfindliches Druckmittel gegenüber den andern drei Miteigentümern besass; in der Folge kam es zwischen den Parteien zu einer Vereinbarung, in welcher die AG Motor den drei Fischern den genannten Viertel abtrat und jedem zusätzlich 2500 Fr. ausrichtete. Vom Kraftwerk Laufenburg erhielten dieselben 1920 ganze 500 Fr. (45)!

Die im Grundbuch eingetragenen Dienstbarkeiten reichten aber nicht aus, um Ansprüche abzuwehren, welche durch einmalige Schäden zufolge nachlässiger oder falscher Bedienung der Wasserwerke entstanden. Wir greifen hier einen besonders instruktiven Prozess heraus: Als die Aare im Sommer 1918 nur wenig Wasser führte, schlossen die oberhalb Aarau gelegenen Kraftwerke ihre Schleusen ganz, so dass der Wasserstand unterhalb Aarau stark absank und grosse Teile des Flussbetts trockengelegt wurden. Dies führte zu einer Katastrophe für die Fischerei, indem ein grosser Teil des Fischbestandes und des Laichs zugrundegingen. Auf Initiative der Finanzdirektion taten sich für einmal der Kanton und die Privatfischenzbesitzer zwischen Aarau und Stilli zusammen, um die Kraft-

43 Rechenschaftsbericht des aargauischen Regierungsrates 1932 (S. 187).
44 StAAa, Akten der Finanzdirektion: Fischerei 1925.
45 Grundbuchamt Baden, D enstbarkeits-Anmeldung Baden Nr. 467; Grundbuchamt Brugg, Eintragungs-Beleg 1924/Nr. 1186 + 1955/Nr. 268; StAAa, Regierungsakten F No. 3 (1904).

werke Aarau, Olten-Gösgen und Nidau für den verschuldeten Schaden zu belangen. Ein Expertenbericht schätzte denselben auf 15 000 Fr., wovon ein Drittel der Schleusenregulierung Nidau, der Rest den Werken Aarau und Olten zu belasten sei. Die Vergleichsverhandlungen dauerten nahezu 20 Jahre, so dass am Schluss die Prozesskosten mehr als die Hälfte der erzielten Entschädigung aufgebraucht hatten (46).

An sich gab es für die Kraftwerke einen einzigen Weg, solche Auseinandersetzungen für immer zu verhindern: wenn es ihnen nämlich gelang, die Fischereirechte im betreffenden Flussgebiet selbst zu erwerben. Das war jeweils dann möglich, wenn der Überdruss bei den Fischern so gross wurde, dass ihnen die Aufgabe ihres Berufes nichts mehr ausmachte. Das Kraftwerk Augst-Wyhlen verpasste 1910 eine solche Chance, als ihm sämtliche Privatfischenzen zwischen Schaffhausen und Basel für 380 000 Fr. angeboten wurden. Das Kraftwerk Laufenburg bezahlte wenige Jahre später allein für die Berechtigungen der dortigen zwei Städte 360 000 Fr. (47). So blieb nur noch die Möglichkeit, eine Berechtigung nach der andern in mühsamen Verhandlungen zu erwerben: Die Spinnereien von Heinrich Kunz brachten 1877 1/24 der Aare-Reuss-Fischenz in ihren Besitz; seither sind sie bei sämtlichen Entscheidungen über dieselbe mitbeteiligt. Die gleiche Firma, welcher im letzten Jahrhundert auch die Spinnerei Limmattal in Vogelsang (heute BAG) gehörte, kaufte dort mehrere Anteile der untersten Limmatfischenz (Brücke Baden-Einmündung Aare) zusammen; auf derselben Strecke war sonst nur noch die Familie Widmer in Rieden fischereiberechtigt, so dass folgende Ausscheidung gelang: die beiden Parteien teilten ihr "Fischwasser" bei der Grenze zwischen Ober- und Untersiggenthal; seither besitzt die Fabrik im Vogelsang das gesamte Fischereirecht unterhalb des genannten Punktes, wozu sogar der Stroppelkanal der Konkurrenzfirma gehörte, während die Fischenz im Fabrikkanal der Familie Bebié zu Turgi derselben abgetreten wurde (48). – Von der AG Motor in Baden haben wir schon erwähnt, dass sie 1902 David Baumanns Viertel am untern Aarerecht erwarb und sich dadurch eine gute Verhandlungsposition gegenüber den übrigen drei Fischern verschaffte; das gleiche Unternehmen kaufte 1903 auch einen Achtel der obern Aarefischenz (Brugg-Wöschnau), welcher später unter gewissen Bedingungen an den Staat gelangte. Im Rhein brachte das Kraftwerk Laufenburg unter Vermittlung des Kantons allmählich sämtliche Privatfischenzen an sich und trat diese danach gegen eine Verzichterklärung auf künftige Schadenersatzforderungen dem Staat ab (49).

46 Rechenschaftsberichte des aargauischen Regierungsrates, z. B. 1919 (S,250), 1928 (S.,186); StAAa Akten der Finanzdirektion: Fischerei 1918 ff.

47 A. Härry, Die Fischwege S. 28.

48 Grundbuchamt Brugg, GB Windisch, Beleg zu Blatt 589; StAAa, Akten der Finanzdirektion: Fischerei 1878, 1880, 1881; Grundbuchamt Baden, GB Obersiggenthal, Blatt 1999/GB Gebenstorf, Blatt 1921.

49 StAAa, Regierungsakten F No. 3 (1903 + 1909).

So haben die Elektrizitätswerke zur Verstaatlichung der Fischerei, aber auch zum Aussterben des Fischerberufes beigetragen.

*

Die *Verschmutzung der Flüsse* durch Kanalisationen und Abwasser nahm seit 1850 immer gefährlichere Ausmasse an. Der Regierungsrat berichtete 1916: "Diese Verunreinigung der Fischgewässer schadet unserer Fischerei bald mehr als die Wasserwerkanlagen", und resigniert fügte er hinzu, Abhilfe sei schwierig, "da eine andere Ableitung oder Unschädlichmachung der Abfallstoffe sehr grosse Kosten erfordern würde". Immerhin lässt sich eine starke Änderung in der Haltung der massgeblichen Instanzen feststellen. Vom 1890 ausgesprochenen Grundsatz der Regierung, "dass der Fischerei wegen unsere Industrie nicht gehindert oder geschädigt werden darf", bis zum heute allgemein verbreiteten Problembewusstsein des Umweltschutzes ist doch ein sehr weiter Weg (50). Die Gesetzgebung und die Gerichtspraxis folgen dieser Entwicklung jeweils einen Schritt hintennach, doch sind die Bemühungen und auch gewisse Erfolge unverkennbar.

*

Ein ganz neuartiger Eingriff in unsere Gewässer erfolgt seit wenigen Jahren durch die Entnahme von *Kühlwasser für die Atomkraftwerke,* was zu einer *Erwärmung der Flüsse* führt. Die Konsequenzen für das biologische Gleichgewicht der Lebewesen sind noch nicht endgültig absehbar. Immerhin erteilt der Bundesrat gegenwärtig keine derartigen Bewilligungen mehr.

Da die Atomkraftwerke Beznau innerhalb der hier untersuchten Flussgebiete liegen, sollen hier noch einige Ergebnisse des Gutachtens wiedergegeben werden, welches die Eidgenössische Anstalt für Wasserversorgung, Abwasserreinigung und Gewässerschutz der ETH 1974 verfasste (51): Temperaturmessungen an vier Tagen zwischen Herbst 1971 und Herbst 1972 ergaben eine Erwärmung von bis zu $9,6^{\circ}$ C; die Extremwerte betrugen im Dezember 1971 $5,5-14,2^{\circ}$, im September 1972 $16,0-25,6^{\circ}$C. Selbstverständlich kühlt sich das Wasser allmählich wieder ab. In Anglerkreisen sprach sich bald herum, dass die Erträge im Bereich der Kühlwasserausläufe um ein vielfaches höher seien (bis zu 50 kg pro Fischer und Tag), weshalb sich die Freiangler reihenweise um diese Einmündung scharten.

50 Rechenschaftsberichte des aargauischen Regierungsrates, z. B. 1868 (S. 103), 1890 (S. 116), 1899 (S. 14), 1916 (S. 224), 1919 (S. 250 f.), 1922 (S. 65), 1925 (S. 124 f.), 1932 (S. 188); vgl. dazu auch Paul Leuthard, S. 146 ff.
51 W. Geiger, Gutachten über die räumliche und zeitliche Begrenzung eines Fischereiverbots bei den Kühlwassereinläufen der Atomkraftwerke Beznau I und Beznau II.

Genauere Untersuchungen ergaben, dass sich vor allem Ruchfische (besonders Barben und Nasen), aber keine Edelfische, im erwärmten Wasser tummelten; diese waren ausserdem vorzeitig geschlechtsreif, weshalb sich die Laichzeiten vorverschoben. Die Expertise kam zum Schluss, die Angel- und Netzfischerei sei während der Laichzeit der Barben auf einer genau bezeichneten Strecke zu untersagen. Diese Schonfrist dauert je nach Witterung, natürlicher Temperatur und Wasserführung zwei bis sechs Monate, sicher in den Monaten Mai und Juni. Seither legt der kantonale Fischereiaufseher den Beginn und das Ende der Verbotszeit alljährlich nach Anhörung der dortigen Pächter fest.

c) Die Fischerei heute

Die Probleme um Verschmutzung und Erwärmung der Flüsse haben uns bereits in die Gegenwart geführt. Zum Schluss sollen hier noch einige praktische Aspekte der heutigen Fischerei erwähnt werden.

Die rechtliche Situation haben wir ausreichend erläutert. Im wesentlichen sind noch immer die Fischereigesetze von Kanton (1862) und Bund (1888) in Kraft, werden aber durch Verordnungen laufend den jeweiligen Gegebenheiten angepasst (52). So arbeitet die aargauische Finanzdirektion gegenwärtig eine neue Vollziehungsverordnung zum betreffenden Bundesgesetz aus.

Allgemeinverbindliche Vorschriften kann der Staat bekanntlich nur in flusspolizeilicher Hinsicht machen. Dazu gehören auch der Kampf gegen die Vergiftung der Gewässer, die Förderung der Fischzuchtanstalten und die Führung der Fischfangstatistik (53). Alle übrigen kantonalen Bestimmungen betreffen nur die Staatsfischenzen.

Der Kanton versteigert jeweils seine Fischereigewässer auf acht Jahre, letztmals 1969. Es handelt sich dabei um insgesamt 140 Reviere, von denen nur 26 auf Aare, Reuss, Limmat und Rhein entfallen; alle übrigen betreffen grössere und kleinere Bäche. Die Pachtzinsen brachten 1974 211 390 Fr. ein, wozu noch etwa 90 000 Fr. für Freiangler- und Zusatzkarten kamen. Für jedes einzelne Revier setzt der Kanton den Pflichteinsatz von Jungfischen und "Brütlingen" (Forellen

---

52 Aargauische Gesetzessammlung:
   I/226 ff. + 329 ff.; II/50 ff.; IV/477 ff.; V/203 f.; V/205 f.; VI/305 f.; VII/343 f.
   Bereinigte Sammlung der Bundesgesetze und Verordnungen 1848–1947: IX/564 ff. + 573 ff.
53 vgl. dazu die gedruckten Rechenschaftsberichte des Regierungsrates des Kantons Aargau, z. B. 1974, S. 184 f.

und Hechte) sowie die maximale Anzahl der Gast- und Gehilfenkarten fest (54). Zur Wahrung der öffentlichen Interessen bestehen ein Amt für Fischerei und Jagd sowie ein Fischereiaufseher, welcher zugleich Adjunkt des Gewässerschutzamtes ist. Im übrigen hat der Kanton eine ständige Fischereikommission eingesetzt, in welcher sowohl die Verwaltung als auch alle Interessengruppen (Fischereiverband, See-, Sport- und Berufsfischer, Freiangler, Privatfischenzbesitzer) vertreten sind (55).

Die Eigentümer ausschliesslicher Privatfischenzen sind nur an die Polizeivorschriften gebunden; im übrigen können sie ihre Berechtigungen frei nutzen. Für sie gelten keine Einschränkungen in bezug auf die Anzahl der Patente und deren Preis; sie sind auch nicht verpflichtet, Jungfische einzusetzen. Innerhalb des gesetzlichen Rahmens können sie ihren Pächtern zusätzliche Auflagen oder aber grössere Konzessionen als in den Staatsrevieren machen. So geben die Besitzer der untern Aarefischenz (Platte Lauffohr-Stauwehr Beznau) eigene Fischerkarten aus; sie unterscheiden nicht zwischen Freianglern und Angelfischern, sondern erlauben jedem Fischereigast, gleichzeitig mit zwei Ruten zu fischen; es ist dort sogar möglich, das Patent nur für einen Tag zu erwerben. Der Fischfang mit Netz und Reuse ist dagegen allein den Eigentümern vorbehalten. Da auch die privaten Fischenzbesitzer eine Übernutzung vermeiden wollen, legen sie wie der Staat, aber in eigener Kompetenz, eine Höchstzahl auszugebender Bewilligungen fest. Ebenso setzen sie freiwillig Jungfische ein (56). – Seit Beginn der geschilderten Freianglerprozesse besteht ein loser "Verein aargauischer Fischenzrechtsbesitzer"; er dient der Wahrung gemeinsamer Interessen gegenüber dem Staat und den Sportfischern.

Die Freiangler und Pächter der Staatsreviere haben sich in 30 Vereinen organisiert, die ihrerseits im Aargauischen Fischereiverband zusammengeschlossen sind. Dieser sieht seine Aufgaben vor allem im Gewässerschutz, in der Hege und Pflege der Fischbestände und in der Zusammenarbeit mit den kantonalen Instanzen. Die Berufsfischer sind ihm nicht mehr angeschlossen. Es handelt sich also um eine Organisation der Hobbyfischer, die naturgemäss in Opposition zu den Inhabern ausschliesslicher Privatfischenzen steht. Letztlich strebt der Fischereiverband auch ein sozialpolitisches Ziel an; er will eine Form der "Freizeitgestaltung des einfachen Mannes" fördern (57).

---

54 vgl. die gedruckten Steigerungsbedingungen für die Neuverpachtung der aargauischen Staatsfischenzen (Pachtperiode 1. Oktober 1969 bis 30. September 1977).
55 Mitteilung des Amts für Fischerei und Jagd, Aarau.
56 Mitteilung von Herrn Jakob Lehner-Schröder, Stilli.
57 Mitteilung des Präsidenten Werner Bähler, Wettingen.

IV. DIE GOLDWÄSCHEREI

Nach Fährebetrieben, Längsschiffahrt und Fischerei ist noch auf ein viertes Flussgewerbe, die Goldwäscherei, einzugehen, allerdings mehr der Vollständigkeit als deren wirtschaftlichen Bedeutung halber.

Über die Gewinnung von Gold aus den schweizerischen Flüssen gibt es bisher erst wenige wissenschaftliche Untersuchungen. Aus der Zeit, da bei uns noch Gold gewaschen wurde, sind nur die Forschungen von Casimir Moesch erwähnenswert; glücklicherweise betreffen sie aber gerade den Aargau (1). Aus den 1920er-Jahren stammt eine ganze Reihe fundierter Arbeiten, als erste jene von Hans Walter über die Goldgewinnung in der Innerschweiz (besonders Luzern), dann allgemeinere von Paul Niggli/J. Strohl sowie von L. Rütimeyer und in deren Gefolge ein Aufsatz über die Goldwäscherei im Bezirk Brugg von Otto Ammann (2). Nachher scheint das Interesse für dieses Gewerbe wieder erlahmt zu sein. Erst in neuester Zeit bieten uns die gründlichen Untersuchungen von Katharina Schmid wesentliche Ergänzungen von der naturwissenschaftlichen Seite her (3). – Die mündliche Überlieferung alter Bürger von Stilli lässt uns in bezug auf die Goldwäscherei völlig im Stich, Man weiss zwar, *dass* sie dort tatsächlich ausgeübt worden war; sie war aber offenbar so bedeutungslos gewesen, dass man schon um 1880 nicht einmal mehr davon erzählte (4). Ein Goldwäscherstuhl soll sich noch im 20. Jahrhundert in einem alten Haus in Stilli befunden haben; doch ist er seit spätestens 1953 verschwunden (5). Wir müssen uns daher bei den folgenden Ausführungen auf die erwähnte Literatur beschränken.

*

Der Schotter von Aare und Reuss enthält ganz feine Goldplättchen, welche 0,05–1,0 mm gross und etwa 0,1 mm dick sind. (Im Gegensatz zu den Funden in Kalifornien oder Südafrika handelt es sich also nicht um Klümpchen, "Nuggets".) Diese Plättchen kommen im Sandstein oder im Bindemittel der Nagelfluh vor, und zwar im luzernischen Napfgebiet, woher sie durch die grosse und kleine Emme in die Aare und Reuss geschwemmt werden. Der Goldinhalt unserer Flüsse ist denn auch entsprechend gering. Die nachstehenden Ergebnisse verschiedener Untersuchungen vermögen davon einen Eindruck zu vermitteln (6):

1 Casimir Moesch, Der Aargauer Jura, S. 253 f.
2 Die genauen Angaben finden sich im Literaturverzeichnis.
3 Katharina Schmid, Über den Goldgehalt der Flüsse.
4 mündliche Befragungen von Frau Elisabeth Lehner-Finsterwald, Marie Zimmermann-Lehner und Emilie Erb-Autenheimer.
5 Mitteilung von Herrn Rudolf Vogt, Lehrer, Stilli.
6 Katharina Schmid S. 152; Telefongespräch vom 4. 6. 1976.

| Schotter des luzernischen Napfgebietes 1972 | 0,449–0,628 g pro t |
| Aare- und Reuss-Schotter 1941 | 0,04 –0,160 g pro t |

Aareschotter bei Umiken (mit schlechtem
Goldwaschstuhl) 1867   0,003 g pro t

Im Gegensatz dazu stellte man z. B. im Ballarat (Australien) folgende Mengen fest (7):

	1887	1890
in losen Sanden und Kiesen	2,63 g	2,15 g
in verkitteten Schichten	33,66 g (!)	3,63 g

Trotz der geringen Goldvorkommen wuschen schon die Helvetier das gesuchte Edelmetall aus unsern Flüssen und schufen daraus prächtige Kunstwerke (8). Am Ende des 11. Jahrhunderts bezahlte das Kloster Muri dem Papst für besondern Schutz jährlich ein Goldstück, welches vermutlich in Muri selbst geschlagen wurde, da damals "keine einzige Münzstätte in Westeuropa Goldmünzen prägte" (9). Den Rohstoff dazu erhielt das Kloster von einigen freien Bauern, die ihren Jahreszins in ungemünztem Gold entrichteten, welches sie wahrscheinlich aus der Reuss wuschen. Auch das Chorherrenstift Beromünster und das Fraumünster in Zürich bezogen Goldzinsen von Bauern aus jener Gegend.

Die Goldhaltigkeit von Aare, Reuss und Rhein war im 15. Jahrhundert allgemein bekannt. Der Geograph Albrecht von Bonstetten nannte die Reuss 1479 einen "Goldfluss". Enea Silvio Piccolomini, der spätere Papst Pius II., schrieb schon 1464, der Rhein führe Goldsand. Von Peter Tafur, einem spanischen Edelmann aus Sevilla, ist sogar eine genaue Beschreibung der Goldwäscherei zwischen Basel und Strassburg aus den Jahren 1478/79 erhalten (10).

Wie wir in frühern Kapiteln sahen, standen alle Flussnutzungen den Obrigkeiten zu, und so versuchten die Landesherren schon früh, auch diese Form der Ausbeutung des fliessenden Wassers finanziell nutzbar zu machen: 1469 bewilligte der Rat von Aarau einem Jost Röttelin die Goldwäscherei in den städtischen Aareschächen gegen einen Zins von 1 Gulden (11). 1470 verlieh die Luzerner Regierung ihrem Stadtschreiber ein "Goldwerk" als Erblehen. Seit 1523 enthielten die luzernischen Staatsrechnungen regelmässig einen Einnahmeposten "Emmengold". 1567 beschloss der Rat sogar, alles gewaschene Gold müsse der Obrigkeit gegen angemessene Entschädigung abgeliefert werden. Im übrigen erfolgte im 16./17. Jahrhundert eine staatliche Förderung dieses Gewerbes, einerseits durch Natural- und Geldprämien, anderseits durch besondern Schutz gegenüber den Uferbesitzern und fremden Goldwäschern. Auswärtige Interessenten wurden

7 Paul Niggli/J. Strohl S. 327.
8 L. Rütimeyer S. 35–37.
9 Hans Walter S. 20 ff.
10 Hans Walter S. 28; L. Rütimeyer S. 41.
11 Walther Merz, Aarau S. 212.

nur gefördert, wenn sie neue, ertragreichere Ausbeutungsmethoden versprachen (12).

In den Akten der "Gnädigen Herren" von Bern erscheint das Thema "Goldwäscherei" viel seltener. Die Regierung sprach zwar dem Landvogt von Schenkenberg ausdrücklich das Recht zu, das "Golden" in der Aare "an den Grienen" zu verleihen (13). 1686 kam es zu einem Streit zwischen David Schmid von Villnachern und dem damaligen Obervogt, welcher einen Drittel des Ertrages forderte, weshalb der Goldwäscher seine Beute "hinderrucks" verkaufte (14). 1707 stritten sich zwei Untertanen von Veltheim mit ihrem Gerichtsherrn zu Wildenstein, dem sie das Recht, ihnen die Goldwäscherei zu verbieten, absprachen. Als dieser aber nachweisen konnte, dass er die Herrschaft "mit Grund und Grat, ob Erd und under Erd" gekauft hatte, verzichtete die Berner Regierung auf ihren Anspruch im Bereich von Wildenstein (15).

Auch im Kanton Aargau musste sich die Regierung nur selten mit der Goldwäscherei befassen. 1823 suchte Postdirektor Dolder um das Privileg nach, in der Aare mit Maschinen Gold waschen zu dürfen; dabei wünschte er ein ausschliessliches Recht, weil die betreffenden Maschinen nicht abgeschirmt und daher leicht nachgeahmt werden könnten. Der Regierungsrat vertrat aber die Auffassung, derartige Privilegien würden der Gewerbefreiheit widersprechen, und lehnte das Gesuch ab (16). — 1834 beklagten sich zwei Goldwäscher aus Leuggern über den Gemeinderat von Gippingen, dieser verbiete ihnen ihr Gewerbe entlang dem dortigen Gemeindebann; ausserdem baten auch sie um eine ausschliessliche Berechtigung zwischen Döttingen und der Einmündung in den Rhein. Der Bezirksamtmann berichtete auf Anfrage, der Grund für ein teilweises Verbot sei der folgende: "Wegen dem überhandnehmenden Goldwaschen in der Aare an Stellen, welche von den Salzfehren stromaufwärts benutzt werden müssen, ist von Koblenzer Schiffleuten schon hin und wieder geklagt worden", Die Regierung hielt an ihrer grundsätzlichen Ansicht fest, "dass die Goldwäscherei als ein freies Gewerbe betrieben werden dürfe"; es dürften allerdings weder der Schiffahrt noch den Uferbewohnern Nachteile erwachsen. Ausserdem verbot er Goldwäschern aus dem Grossherzogtum Baden die Tätigkeit in aargauischen Gewässern (17).

*

12 Hans Walter S. 29–63.
13 RQ Schenkenberg, S. 18 + 56.
14 StAAa, Band 1102, S. 373.
15 StAAa, Band 1103, S. 879–888.
16 StAAa, Regierungsakten F No. 18/37 (1824).
17 StAAa, Regierungsakten F No. 8/27 (1834).

Es dürfte nun interessieren, wie denn der Goldwäscher vorging, wenn er die winzigen Goldplättchen aus den grossen Kies- und Sandmassen herauspräparieren wollte. Die Technik blieb während wenigstens 2000 Jahren dieselbe; ein Bericht des griechischen Geographen Strabo aus vorschristlicher Zeit deckt sich mit Beobachtungen an der kleinen Emme im letzten Jahrhundert. Im Aargau diente dazu der Goldwäscherstuhl, welcher hier abgebildet ist. Otto Amman beschreibt den Vorgang folgendermassen:

"Auf drei oder vier Beinen ist ein zirka 1 1/2 m langes, 60 cm breites, auf den Längsseiten von Leisten eingefasstes Brett befestigt, das eine schiefe Ebene darstellt. Auf der Oberseite ist das Brett von einem groben Flanelltuch überzogen, dem sog. "Nördligerblätz". Auf dem höheren Teil des Brettes steht das "Goldwäscherhürdli", das einem Weidenkorb ähnlich ist.

Der Stuhl wurde ans Wasser gestellt, da, wo bei Hochwasser eine neue Sandbank angeschwemmt oder das alte Flussbett angerissen worden war. Mit einer Schaufel prüfte der Goldwäscher den Sand, indem er eine Schaufel voll im Wasser hin- und herschwenkte. Wenn ein brauner Sand zurückblieb, in welchem einzelne Goldflimmerchen entdeckt werden konnten, so war man am rechten Ort, und die Arbeit begann. An einem Stuhl arbeiteten gewöhnlich zwei Personen.

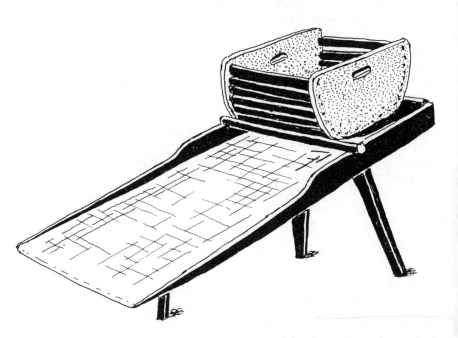

Goldwäscherstuhl aus Umiken (Museum für Volkskunde, Basel)

Mit einer Wurfschaufel wurden Kies und Sand in das Hürdli geschöpft, und dann goss man Wasser nach, bis der Sand durchgewaschen war. Das leichtere Material, der Schleimsand, wurde über das Tuch weggeschwemmt, der Goldsand und die Goldblättchen blieben zum Teil auf dem Tuch hängen. Wenn der "Nördligerblätz" gefüllt war, wie man sich ausdrückte, was nach Waschen von etwa 10 Kubikfuss der Fall war, so wurde er in einem daneben stehenden Zuber oder Kessel ausgewaschen, und die Arbeit wiederholte sich halbe Tage, tagelang, je nach Umständen.

Am Abend wurde der Ertrag im Zuber nach Hause getragen. Dort kamen Sand und Wasser in eine flache, grosse Platte. Dazu wurde etwas Quecksilber gegossen und dann mit der blossen Hand längere Zeit umgerührt. Dadurch wurde das vorhandene Gold amalgamiert, d. h. mit dem Quecksilber legiert, verbunden. Den Sand schwemmte man weg, so dass im Becken schliesslich nur noch die beiden Metalle übrig blieben. Dieser Rest kam in einen Beutel. Der wurde von Hand oder mit einer flachen Zange zusammengedrückt und so das überschüssige Quecksilber in Tröpfchen durch die Poren gepresst, ähnlich wie man den Saft aus den Beeren gewinnt. Das Gold, welches sich mit dem Quecksilber verbunden hatte, blieb als grösseres oder kleineres Kügelchen im Beutel zurück.

Nun handelte es sich noch darum, aus diesem Kügelchen das Quecksilber zu entfernen, um das reine Gold zu bekommen. Dies geschah in der Weise, dass man das Kügelchen in einem eisernen Löffel oder in einem kleinen Tiegel über dem Herd erhitzte. Das Quecksilber verdampfte und das Gold blieb als schwärzliche Masse zurück und wurde nach Aarau, Lenzburg oder Baden dem Goldschmid verkauft.

Der schwerere, gelbbraune Sand, sog. Goldwäschersand, wurde ebenfalls gewonnen und, bevor man die Löschblätter hatte, als Schreibsand in Kanzleien oder Geschäfte verkauft" (18).

Die wirtschaftliche Bedeutung der Goldwäscherei aus unsern Flüssen war, wie schon erwähnt, gering. Für den Kanton Luzern berechnete Hans Walter die Gesamtmenge des während 300 Jahren abgelieferten Goldes auf ganze 31,4 kg. In Kalifornien und Australien wurden gelegentlich einzelne Goldklumpen dieses Gewichts gefunden (19)! Der Verdienst unserer Goldwäscher war dementsprechend klein; die Angaben schwankten zwischen 1 Fr. und 2.50 Fr. je Stuhl (2 Mann) und Tag, wobei die Erträge nach einem Hochwasser stiegen, zumal wenn der Goldwäscher mit etwas Glück eine besonders günstige Stelle entdeckt hatte (20). Volkswirtschaftlich fiel dieses Gewerbe aber nie ins Gewicht. In den Steuerregistern von Stilli fehlen entsprechende Posten. Von einem Goldwäscher aus Umiken ist der Ausspruch überliefert, er sei zufrieden, wenn er seinen Tabak verdiene. Auch in der übrigen Bevölkerung betrachtete man diese Tätigkeit als brotloses Gewerbe; man lachte über die Goldwäscher, wenn sie mit ihren Sandkesseln durch das Dorf liefen. Die von Otto Ammann erwähnten Goldwäscherfamilien in Stilli (Lehner, Schälis, und Müller, Burgunders) gehörten denn auch

18 Otto Ammann S. 40/42.
19 Hans Walter S. 83.
20 Otto Ammann S. 43.

zu den Landarmen, welche hofften, auf diese Weise Geld zum Kauf von Brot zu verdienen (21).

Die von Walter errechneten Mengen Luzerner Goldes zeigen starke Schwankungen, die von der Konjunktur abhingen. Vor allem in den Krisenjahren 1771 und 1816/17 stieg sowohl die Zahl der Goldwäscher als auch die gewonnene Goldmenge auf ein mehrfaches (22). Die Faszination des Edelmetalls übte offensichtlich in Zeiten bitterster Not eine besondere Wirkung aus.

Im Zeitalter der Industrialisierung verschwand auch dieses Flussgewerbe. Zwischen 1834 und 1839, also in den Jahren grosser Bevölkerungszunahme und kurz vor den ersten Abwanderungswellen, erlebte die Goldwäscherei einen letzten Höhepunkt. Zwischen Olten und Klingnau standen damals 40 Goldwaschstühle, davon allein 15 in Umiken (23). Dann setzte ein rascher Niedergang ein. Die Kinder der Goldwäscher gingen in die Fabriken. Die flimmernden Goldplättchen im Sand von Aare und Reuss hatten ihre Anziehungskraft verloren.

21 Otto Ammann S. 35 + 44 f.
22 Hans Walter S. 58.
23 Casimir Moesch S. 253.

Stilli von Süden aus gesehen (Aufnahme um 1970).

V. STILLI 1450–1900:
STRUKTUR DER BEVÖLKERUNG, WIRTSCHAFT UND SOZIALEN SCHICHTUNG EINES FLUSSDORFES

Nach den ausführlichen Kapiteln über die Entwicklung und Ausformung der einzelnen Flussgewerbe soll nun noch versucht werden, anhand von Stilli die Verflechtung der verschiedenen Zweige und ihre wirtschaftlich-soziale Bedeutung in einer konkreten Dorfgemeinschaft darzulegen. Es soll gezeigt werden, wie eine Gemeinde, welche zur Bedienung einer Fähre gegründet und mit weitern Flussrechten ausgestattet worden war, mit diesen Flussgewerben auf Gedeih und Verderben verknüpft war, wie sie parallel zu jenen einen Aufschwung im 17. und 18. Jahrhundert nahm, wie sich ihre Bevölkerung dabei beruflich und sozial differenzierte und wie der Zusammenbruch des Flussverkehrs im 19. Jahrhundert auch die Existenz dieser Bewohner grösstenteils zerstörte.

Im Unterschied zu den vorangehenden Darlegungen werden wir uns jetzt ausschliesslich auf Stilli beschränken. Dies hat zwei Gründe: Einerseits findet sich im Aargau keine andere Gemeinde, die sich während so langer Zeit so einseitig auf die Flüsse als Lebensgrundlage abstützte. Anderseits hat diese Untersuchung derart umfassende, detaillierte und aufwendige Quellenarbeiten erfordert, dass sie für allfällige weitere Flussiedlungen in nützlicher Frist gar nicht erbracht werden könnten.

Die Quellenlage ist für die Zeit zwischen 1450 und 1650 eine völlig andere als für die spätern 250 Jahre. Auf das urkundenreiche 15. Jahrhundert (für Stilli besonders 1450–1470) folgt eine Epoche, in welche wir nur durch wenige Einzelnachrichten etwas Einblick erhalten; in der Hauptsache handelt es sich um die Feuerstättenzählungen von 1566 und 1653, die Lehensverzeichnisse zum Fahr und einige Bodenzinsbücher. Vermutlich wurde um 1660 die Obervogtei Schenkenberg reorganisiert; von diesem Zeitpunkt an finden wir nämlich die Protokolle des Gerichts Stilli, die Audienz- und weitere Manuale des Obervogts sowie die Chorgerichtsbücher von Rein (1). Leider sind die dortigen Tauf-, Ehe- und Totenbücher erst ab 1701 vollständig erhalten. Für das 19. Jahrhundert birgt das Staatsarchiv in Aarau umfangreiche kantonale Akten und ausserdem die Bestände des Bezirksamts und des Bezirksgerichts Brugg. Im Gemeindearchiv Stilli geben Bürgerregister, Protokolle des Gemeinderats und der Gemeindeversammlungen, Fertigungsbücher, Häuser-, Liegenschafts- und Steuerverzeichnisse detaillierte Aufschlüsse.

1 StABE, B II/249, Nr. 37; RQ Schenkenberg, S. 72; StAAa, Bände 534, 541, 551, 612–616, 1151–1153, 1226–1336, 1375–1399; Chorgerichtsprotokolle im GA Rüfenach.

Grundlage der folgenden Ausführung bilden zwei zu diesem Zweck erarbeitete Karteien: Die eine ist für Einzelpersonen (Männer und ledige Frauen) angelegt und enthält die sporadisch in den genannten Quellen gefundenen Angaben zu Beruf, Besitz, Ämtern, Almosen und sonstigen Lebensverhältnissen. Bei der zweiten handelt es sich um eine Familienkartei mit sämtlichen Zivilstandsdaten der Bürger von Stilli und weiterer Einwohner und mit ihren verwandtschaftlichen Beziehungen.

Die Fülle des gesammelten Materials gestattet uns folgende Einblicke in die Geschichte von Stilli:

— Entwicklung der Einwohnerzahlen: natürliches Wachstum, Heiratsalter und Anzahl der Kinder, Zu- und Abwanderung, Altersaufbau.

— Querschnitte in bestimmten Jahren (1450, 1566, 1653, 1702, 1750, 1800, 1850, 1900): Analyse der Bevölkerungsgruppen und ihrer wirtschaftlichen und sozialen Lage.

— Längsschnitte für die einzelnen Gewerbe, Familien und Schichten in ihrer Veränderung durch die Jahrhunderte. Auf eine familiengeschichtliche Auswertung müssen wir hier weitgehend verzichten, doch kann jedes Geschlecht von Stilli aufgrund der vorhandenen Angaben durch alle Jahrhunderte bis zum ersten Auftreten in diesem Dorf zurückverfolgt werden.

Bevor wir jedoch auf die Bewohner von Stilli eingehen, müssen wir die Entstehung ihres Lebensraums, des Gemeindebanns und seiner Grenzen untersuchen.

1. Der Gemeindebann und seine Entstehung

Das Bild der Landschaft im mittlern Aargau wird vor allem von drei Faktoren geprägt: von den Höhenzügen des Ketten- und Tafeljuras, von den grossflächigen eiszeitlichen Schotterterrassen und von den Flüssen. So ist auch der Raum der alten Kirchgemeinde Rein im wesentlichen von Geissberg, Bruggerberg und den Ausläufern des Bözbergs einerseits und von der Aare anderseits eingerahmt. Dazwischen erstreckt sich eine weite Ebene in verschiedenen Absätzen von Riniken bis zum Schmidberg unterhalb Villigen. Hier liegen Rüfenach und Hinterrein auf deutlich sichtbaren Hochterrassen. Von Remigen her zieht sich eine allmählich breiter werdende Niederterrasse nach Osten bis nach Würenlingen; bei Stilli-

Freudenau fällt sie unvermittelt auf die tiefste Stufe ab; dasselbe zeigt sich bei der Lauffohrer Au (2).

In dieser Landschaft lässt sich der Gemeindebann von Stilli geologisch-geographisch eindeutig beschreiben: Fast zwei Fünftel beansprucht das Aarebett; der fruchtbare Teil gliedert sich in die schmale unterste Niederterrasse und den sich anschliessenden Terrassenhang, welcher bis zur nächsten, 20 m höher gelegenen Stufe ansteigt. Die Flussmitte und die obere Terrassenkante bilden im wesentlichen die natürliche Gemeindegrenze Stillis. Genau die gleiche Situation finden wir beim gegenüberliegenden Burggut von Freudenau. Diese Abgrenzungen sind aus dem Flugzeug besonders eindrücklich zu erkennen, weil der Terrassenhang in seinen Hauptabschnitten (Wasserhalde, Aurain, Wolfetstal) bis zur Einmündung des Endbachs noch heute zum grössten Teil bewaldet ist, während die obere und die untere Ebene als Wiesen und Äcker bebaut werden.

Die Natürlichkeit dieser Grenzen reicht im Fall Stilli noch nicht aus, um deren Entstehung zu erklären. Als Gemeinde ist diese Siedlung bekanntlich erst im 15. Jahrhundert gegründet worden, und man kann sich fragen, auf wessen Kosten dies geschah. Die Nachbargemeinden bestanden schon seit dem Hochmittelalter und hatten längst eindeutige Grenzen zwischeneinander festgelegt. Hatten sie dabei den kleinen Landstreifen an der Aare nicht berücksichtigt, oder schmälerten die Landesherren des 15. Jahrhunderts die Gemeindebänne von Villigen und Lauffohr eigenmächtig? Waren die Ansprüche damals überhaupt eindeutig?

Es soll hier zu zeigen versucht werden, dass die Ritter von Aarburg und Baldegg dieses Gebiet tatsächlich als Niemandsland betrachten und daher ihren Schützlingen von Stilli zuweisen konnten. Dazu mögen folgende Feststellungen dienen:

— Der die Gemeinde westlich umgrenzende Terrassenhang trug alten, von Murbach stammenden *Herrschaftswald;* dazu hatte vermutlich auch die "Wasserhalde" gehört, welche schon sehr früh mit dem Fischereirecht an die Bewohner von Stilli gelangt war (3).

— Die Ebene zwischen der Steig und dem Kommetbach stellte sicher im untern Teil *Schwemmland* dar. Wenn die Aare über die Ufer trat, setzte sie grosse Gebiete unter Wasser; dies konnte man auch beim Hochwasser vom November 1972 feststellen und kam früher häufiger vor. Schwemmland aber galt als herrenloses Gut und gehörte dem Territorialherrn.

— Möglicherweise stand im Mittelalter ein Teil des heute trockenen Gemeindebanns sogar dauernd unter Wasser. Auf diese Vermutung verweist uns der Flurname *"Gängli"*, welcher noch immer für ein grösseres Stück Land unter-

---

2 vgl. dazu die im Literaturverzeichnis angegebenen Darstellungen und geologischen Karten von Casimir Moesch, Fritz Mühlberg, Paul Vosseler und Erich Bugmann.
3 RQ Schenkenberg, S. 149; StABE, Unteres Spruchbuch JJ, S. 168^V-172^V.

halb des Dorfes, zwischen Aurain und "Stillihus", gebräuchlich ist. Die Namenforscher deuten "Gang" übereinstimmend als "Seitenarm eines Flusses", wobei dieser Begriff auch auf das vom Wasser umflossene Land übertragen werden konnte (4). Die Bezeichnung "Gängli" erinnert demnach an einen früheren Zustand, da sich nahe beim Abhang des Aureins ein Giessen, möglicherweise auch nur ein bei Hochwasser regelmässig gefüllter Tümpel befand. Dass der Grundwasserspiegel bei der nahegelegenen Pumpstation nur 5–7 m unter der Oberfläche liegt, könnte unsere Vermutung nur erhärten (5).
– Das eigentliche Dorfgebiet stand allerdings nie unter Wasser. Die Kirche Rein besass dort seit altem ein Widum-Gut, das noch heute so heisst, in den Verzeichnissen des 16. Jahrhunderts jedoch *Oedern"* genannt wurde (6).

Stilli galt folglich im Mittelalter als ödes, unwirtliches, zum Teil von Überschwemmungen heimgesuchtes, kleines Stück Land, das zudem ganz von Herrschaftswald und Aare umgeben war. Es mochte den Herren zu Schenkenberg daher leicht fallen, dieses Gebiet den ersten Männern von Stilli zuzuteilen. Organisatorisch hatten sie das Dorf bereits zur selbständigen Steuergemeinde (7) erhoben; einer solchen musste aber auch ein gewisses Territorium entsprechen.

Eindeutige Grenzen scheinen damals aber noch nicht festgelegt worden zu sein. Selbst Marquard von Baldegg bezeichnete 1458 das Gebiet unterhalb des Dorfes "zwüschen der Ahr und dem Auwenrein" als "in der von Villigen Einung" gelegen (8). Faktisch dürfte sich jedoch schon bald die heutige Gemeindegrenze durchgesetzt zu haben. Der obere Rand des Aurains musste wegen der anstossenden Felder ausgemarcht werden; der Wald selbst kam 1597 in den Besitz der Gemeinde Stilli; die unklaren Verhältnisse bei der Einmündung des Kommetbachs wurden zwischen Stilli und Villigen im gleichen Jahr geregelt (9).

Trotzdem wollten sich die Villiger mit der Selbständigkeit Stillis nie recht befreunden. Die Fehden, welche zwischen den Bewohnern beider Dörfer bis in unser Jahrhundert andauerten, dürften auf die ersten Anfänge Stillis zurückgehen. 1693 kam es zu einem Prozess, der alle Instanzen bis zur Appellationskammer in Bern zweimal durchlief, und zwar wegen der Verteilung von Bodenzinsen im Grenzgebiet Kommet. Massiv ging es 1752 zu und her, nachdem ein gewisser Heinrich Keller aus Villigen einen Markstein am Aurain "untergraben" hatte. Stilli verlangte sofort einen persönlichen Augenschein durch den Obervogt, umso mehr als die Villiger einen Wald zu ihrem Schaden gerodet hatten

4 Richard Müller, Ortsnamenkunde, S. 48; derselbe, Neue Vorarbeiten, S. 27 + 48; M. R.,Buck, Oberdeutsches Flurnamenbuch, S. 78.
5 vgl. dazu auch Nikolaas van Wingen, Beiträge zur Geologie und Hydrologie des Geissbergs bei Villigen.
6 StABrugg, Bände 208 (S. 12) + 211 (Nr. 11).
7 RQ Schenkenberg, S. 72.
8 GA Villigen, Abschrift der Urkunde von 1458.
9 StABE, Unteres Spruchbuch JJ, S. 168^V–172^V.

und laufend die herausgelesenen Steine von den Äckern in den Aurain hinunter-
warfen. Die Vertreter von Villigen versuchten sich mit der Behauptung zu recht-
fertigen, der fragliche Markstein kennzeichne keine Gemeindegrenze, ja "die von
Stilli" würden ohnehin zum Gemeindebann von Villigen gehören! Aufgrund der
Dokumente von 1458 und 1597, ebenso der Begehung an Ort und Stelle, konnte
sich der Obervogt der Argumentation der Villiger nicht anschliessen, sondern
verurteilte sie, weil sie "zu Klagen Anlass gegeben und an gänzlichem Ungrund
und im Fehler erfunden worden" zur Bezahlung sämtlicher Kosten. Nach
300-jährigem "Krieg" konnten die Stillemer fortan endgültig "innerhalb sicherer
Grenzen leben" (10)!

2. Die Bürgerfamilien der ersten Jahrhunderte

Bei der Schilderung der zahlreichen Fähre- und Fischereiprozesse zwischen
1450 und 1470 sind immer wieder die Namen derselben fünf streitbaren Männer
aufgetaucht: Hans Birkinger, Werna Stilli, Ulrich Lehner, Fridli Müsler und Hemmann Haberschär. Ihrer Herkunft und dem Ausbreiten oder Verschwinden ihrer
Nachkommen wollen wir noch etwas nachgehen (11).
    Das "Urgeschlecht" des Dorfes bilden zweifellos die *Stilli.* Als erste haben sie
hier Kirchengüter von Rein im "Widum" und weitern Boden der Herren von
Schenkenberg bebaut. Sie wohnten im "Stillihus", welches als Flurbezeichnung
noch heute gebräuchlich ist. Ihren Namen erhielten sie von ihrem Wohnort, wie
wir in der Einleitung angeführt haben. In einem Luzerner Zinsrodel treffen wir
schon 1323 einen "H. Stillo" an. 1379 amtete ein Lüti Stilli als Zeuge, desglei-
chen 1414 ein Welti Stilli von Stilli. Mehr erfahren wir von den Brüdern "Hans
und Heini die Stillinen von Stilli": Hans war Bürger und Richter zu Brugg und
erlebte dort den Überfall von 1444; Heini blieb in Stilli und wurde der Vater des
obgenannten Werna. Die Nachkommen verstreuten sich nach Klingnau, Rein und

10 Die Akten dieses Prozesses befinden sich im GA Villigen, in Abschriften bei Herrn Oskar
    Widmer, Gemeindeammann, Villigen.
11 Die Daten dieses Kapitels wurden in der genannten Personenkartei aus unzähligen
    Quellenstellen zusammengetragen. Es handelt sich dabei um folgende Quellen: StABE,
    U. P. 7; StABrugg, Bände 136, 208, 211, 288, 398–416; StAAa, Bände 460, 468, 530,
    534, 602, 1100, 1151, 1155, 1221; UKgf., Urk. Schenkenberg, Urk. Leuggern; GA
    Rüfenach, Urbarien von Rein, Tauf-, Ehe- und Totenbücher; UB Brugg + UB Wildegg
    (siehe Namensregister): RQ Schenkenberg, S. 135; QW II/3, S. 149.

wahrscheinlich auch Bözen. In ihrem Herkunftsort sanken sie schon nach wenigen Generationen zur ärmsten Schicht ab und blieben dort bis zu ihrem Wegzug im 19. Jahrhundert.

Fridli *Müsler* und Ulrich *Lehner* kamen als Schwiegersöhne Heini Stillis nach Stilli. Müsler stammte aus Mülligen, Lehner wahrscheinlich aus Villigen. Während die Müsler schon nach der zweiten Generation verschwanden, vermehrten sich die Lehner sehr und zählen noch heute zu den zahlenmässig stärksten Geschlechtern in Stilli.

Haberschär war ein eher seltener Familiennamen in dieser Gegend. 1361 amtete ein Meister Johans als Koch der Königin Agnes von Ungarn in Königsfelden. Hemmanns Familie wohnte in Lauffohr, wo ein Hans Haberschär schon 1431 als Richter fungierte und 1436 unter den Sprechern der Untertanen auftrat, welche gegen ihren Herrn, den Ritter von Aarburg, wegen Fron- und andern Diensten prozessierten. Auch Hemmann wurde rasch Mitglied des Gerichts; Sohn und Enkel bekleideten gar das Amt des Untervogts des ganzen Amts Bözberg. Nach 1516 verschwinden sie aber plötzlich aus den Urkunden.

Als letzter ist noch Hans *Birkinger,* der initiativste der fünf "Dorfgründer", zu nennen. Er kam möglicherweise vom Bözberg, übernahm 1446 das Freudenauer Fahr allein, nach einigen Prozessen gemeinsam mit den übrigen vier Dorfgenossen; selbstverständlich war auch er an der Fischenz beteiligt; daneben baute er eine Schiffmühle und betrieb das umstrittene Wirtshaus. Sein Sohn Conrad trat weniger in Erscheinung und war bereits der letzte seines Namens. Doch scheint dieses Geschlecht nicht ausgestorben zu sein, sondern sich anders genannt zu haben. Die Familie, welche in der ersten Hälfte des 16. Jahrhunderts die Birkingerschen Anteile an Fahr und Fischerei besass, deren Roggenzins nach Schenkenberg entrichtete, Mühle und Wirtschaft betrieb, hiess nun — *Müller!* Die Berufsbezeichnung war zum Familiennamen geworden und hatte den alten völlig verdrängt. Solche Namensänderungen kamen in dieser Zeit — wir mussten schon einmal darauf hinweisen — noch häufig vor. Im Falle der Müller von Stilli hat sich der abgeänderte Name bis in die Gegenwart gehalten.

Die Zahl der ursprünglichen Bürgerfamilien sollte bald vermehrt werden. Schon um 1480 zog Hans *Baumann* (Buman) als Schwiegersohn des Ulrich Lehner in Stilli ein und begründete hier eine grosse Nachkommenschaft. Seine Herkunft ist nicht bekannt; der Familienname kommt zwar auch in Villigen und Remigen vor, doch fehlen urkundliche Nennungen aus dem 15. Jahrhundert.

Sicher aus Villigen wanderte der letzte Stammvater eines grossen Geschlechts ein; es handelte sich um Hans *Finsterwald,* welcher möglicherweise das Erbe der Familie Müsler antrat und wie Baumann von Anfang an als Fehr und Fischer nachgewiesen war.

Nicht näher zu fassen sind verschiedene Männer mit dem in der Umgebung häufigen Namen *Märki.* Sie scheinen am Ende des 16. Jahrhunderts in Stilli recht zahlreich gewesen zu sein, verschwanden aber schon vor 1650 endgültig.

Als letzte Gruppe von Zuwanderern seien jene drei des 17. Jahrhunderts genannt, die Hirt, Gütiger und Strössler.

Um 1608 kaufte Uli *Hirt* von Vorderrein die Taverne von Stilli. Schon die Tatsache dieses Erwerbs weist darauf hin, dass er aus wohlhabender Familie stammte und zur ländlichen Oberschicht gehörte. Sein Sohn Hans wurde denn auch Amtsuntervogt von Schenkenberg. Dieser brachte 1652 die Mühle von Stilli in seinen Besitz und begründete damit eine eigentliche "Müller-Dynastie"; die letzte Müllerstochter ist 1974 gestorben! Das Geschlecht der Hirt besteht jedoch in andern Linien weiter.

Keine glanzvolle Zukunft stand Jakob *Gütiger* (Güetiger) aus Pfäffikon ZH bevor, als er 1618 Anna Märki von Stilli ehelichte. Die Mitgift war dürftig, vielleicht nicht viel mehr als ein Anteil eines ärmlichen Strohhauses. Das Ehepaar Güetiger-Märki wurde zu den Stammeltern eines typischen Unterschichtgeschlechts, dessen Angehörige sich kümmerlich von der Schiffahrt ernährten, nie an Fahr oder Fischerei beteiligt, dafür oft auf Almosen angewiesen waren und sich überhaupt bis zum gänzlichen Aussterben 1933 am Rande der Armengenössigkeit bewegten.

Mehr Glück hatte der 1656/57 geborene Hans *Strössler,* welcher vermutlich als Bauernknecht nach Stilli kam und dort die um 15 Jahre ältere Meisterswitwe Barbara Baumann-Knecht heiratete. Als 42- und 46-jährige Frau gebar sie ihm noch zwei Kinder, darunter den gewünschten Stammhalter. Wir haben bereits gesehen, dass seine Nachkommen, ebenfalls durch Einheiraten, die grössten Fahrrechtsbesitzer wurden, und wir werden noch hören, dass sich dieses Geschlecht bis zum 19. Jahrhundert zum reichsten überhaupt entwickelte. Woher der erste Hans Strössler zugewandert war, wissen wir nicht; dieser Familienname kommt sonst in der Schweiz nirgends vor.

Damit haben wir den ganzen "Strauss" alter Bürgergeschlechter Stillis aufgezählt. Nach Hans Strössler wurde bis weit in unser Jahrhundert hinein nur noch einem einzigen Mann das Bürgerrecht freiwillig erteilt. Der Grund lag darin, dass die eingessenen Familien sich in einer Weise vermehrten, die eine Aufnahme Fremder nicht mehr rechtfertigte. Dieser Zunahme der Bevölkerung wollen wir uns nun im nächsten Abschnitt zuwenden.

3. Die Entwicklung der Einwohnerzahlen

Für die ersten Jahrhunderte können wir die Grösse der Bevölkerung Stillis nur schätzen. Wir kennen die Zahl der Haushaltungen (Feuerstätten) in den Jahren 1460, 1566 und 1653 (12). Wenn wir annehmen, dass in jedem Haushalt durchschnittlich fünf Personen lebten, können wir die ungefähre Einwohnerzahl berechnen. Von 1701 an sind sämtliche Kirchenbücher von Rein lückenlos erhalten (13); mit Hilfe der erwähnten Familienkartei wurden nun die lebenden Personen aufgrund ihrer Geburts- und Sterbedaten einzeln ausgezählt. Fehlerhafte Eintragungen durch die Pfarrherren liessen sich häufig durch Hinweise aus andern Quellen korrigieren. Die berechneten Einwohnerzahlen sind natürlich nicht über jede Kritik erhaben: Die Zählungen gehen davon aus, dass Personen, deren Lebensdaten bekannt sind, immer im Dorf wohnten; vorübergehende Abwesenheit wurde nur berücksichtigt, wenn sie schriftlich erwiesen war. Bei Leuten, von denen wir nur den Tauf- (ev. den Konfirmations-)Tag kennen, wissen wir oft nicht, ob der Todeseintrag vergessen ging oder ob sie weggezogen sind; solche wurden grundsätzlich bis zum 20. Altersjahr gezählt, nachher nicht mehr. Von Mädchen, deren Heirat in Rein eingeschrieben ist, wurde angenommen, dass sie bis zum Eheabschluss in Stilli wohnten. Bei dieser Zählart fehlen bis weit ins 19. Jahrhundert alle auswärtigen Dienstboten und Handwerksgesellen, die hier einige Zeit arbeiteten, ebenso alle Familien, die sich nur vorübergehend in Stilli niederliessen und dabei keine Geburt und keinen Todesfall zu verzeichnen hatten. Es ist jedoch zu vermuten, dass sich die Fehler ausgleichen. Die hier errechneten Zahlen liegen etwas tiefer als das Resultat der einzigen Berner Volkszählung von 1764; leider gibt dort aber der Pfarrer nicht genau an, welche Personen er als anwesend zählt und welche nicht.

Von 1837 an wurden die Ergebnisse der offiziellen Volkszählungen übernommen (14).

*

Für das 15.–17. Jahrhundert sind folgende Angaben bekannt:

1460	5 Haushaltungen	ca. 25 Einwohner
1566	8 Haushaltungen	ca. 40 Einwohner
1653	19 Haushaltungen	ca. 100 Einwohner

12 vgl. oben Anmerkung 1.
13 Diese Kirchenbücher werden gegenwärtig im GA Rüfenach aufbewahrt.
14 Für 1837 und 1850 vgl. die Zählbogen im StAAa; alle übrigen Ergebnisse stammen aus:
   Schweizerische Statistik, Lieferungen 2, 20, 56, 88, 140.

Die Entwicklung der Einwohnerzahlen von Stilli 1702–1900

	1702	1710	1720	1730	1740	1750	1760	1770	1780	1790	1800
Einwohnerzahl	144	160	200	236	232	254	259	258	256	270	293
Zu- oder Abnahme		+ 16	+ 40	+ 36	- 4	+ 22	+ 5	- 1	- 2	+ 14	+ 23
Taufen		60	73	80	95	97	79	81	91	72	94
Todesfälle		45	34	45	91	73	64	71	88	62	68
Geburtenüberschuss		+ 15	+ 39	+ 35	+ 4	+ 24	+ 15	+ 10	+ 3	+ 10	+ 26
Wanderungsbilanz		+ 1	+ 1	+ 1	- 8	- 2	- 10	- 11	- 5	- 4	- 3

	1800	1810	1820	1830	1837	1850	1860	1870	1880	1888	1900
Einwohnerzahl	293	329	359	372	372	392	348	358	359	312	252
Zu- oder Abnahme		+ 36	+ 30	+ 13	0	+ 20	- 44	+ 10	+ 1	- 47	- 60
Taufen		128	111	92	92	195	79	94	128	77	75
Todesfälle		87	71	69	61	131	65	61	98	74	65
Geburtenüberschuss		+ 41	+ 40	+ 23	+ 31	+ 64	+ 14	+ 33	+ 30	+ 3	+ 10
Wanderungsbilanz		- 5	- 10	- 10	- 31	- 39	- 58	- 23	- 29	- 50	- 70

Die Einwohnerzahlen für die Jahrzehnte zwischen 1702 und 1900 lassen sich aus der untenstehenden Kurve herauslesen.

Die Schätzungen für die ersten Jahrhunderte zeigen eine langsame Zunahme zwischen 1460 und 1566, hierauf eine beschleunigte Vermehrung bis 1653, die bis ins 18. Jahrhundert anhält, wobei allfällige Rückschläge (z. B. durch die Pest) zwischen diesen Stichjahren nicht sichtbar werden. Die Kurve weist nach einem Anstieg bis 1730 eine Phase der Stagnation bis 1780 auf; sie steigt dann zu einem Höchststand um 1850 an, sinkt im folgenden Jahrzehnt etwas ab, kann sich bis 1880 halten, um dann sehr rapid abzufallen.

Die Zu- bzw. Abnahme der Bevölkerung ist grundsätzlich von zwei Ursachen abhängig: Die Einwohnerzahl steigt, wenn einerseits mehr Kinder zur Welt kommen als Menschen sterben (natürliches Wachstum) und anderseits mehr Leute ins Dorf ziehen als wegwandern. Die Volkszahl sinkt, wenn die Begräbnisse die Taufen regelmässig übertreffen und wenn der Zuzug Fremder die Abwanderung Einheimischer nicht zu decken vermag. Wenn wir Geburtenüberschuss und Wanderungsbilanz zusammenzählen, erhalten wir die Differenz zwischen zwei Volkszählungen. – Wir wollen nun die Faktoren, welche die Entwicklung von Stilli bedingten, genauer untersuchen und nach ihren wirtschaftlichen und sozialen Ursachen hinterfragen. Als Grundlage dient uns die abgedruckte Tabelle mit den Zahlen über Einwohner, Taufen, Todesfälle und Wanderungsbilanz. Da wir in jedem Jahrzehnt einen Geburtenüberschuss feststellen, müsste die Bevölkerung entsprechend wachsen. In gewissen Zeiten trifft dies zu, in andern übersteigt die massive Abwanderung dieses natürliche Wachstum, so dass die Einwohnerzahlen insgesamt sinken. Diese Zusammenhänge gilt es nun zu klären.

Bevölkerungskurve Stilli 1702–1995

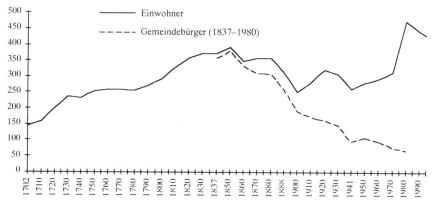

Vgl. dazu die Zahlenreihen in Text und Anhang.

a) Geburt und Tod (15)

Die absoluten Zahlen der *Geburten* zeigen folgendes Bild: sie nehmen bis 1740 zu und stagnieren zwischen 1740 und 1800, ja sie gehen eher zurück. Im 19. Jahrhundert verlaufen sie wellenförmig; geburtenreich sind die Zeiträume 1800–1820, 1837–1850 und 1870–1880; dazwischen liegen jeweils Einbrüche nach 1820, 1850 und 1880. Die Wende um die Mitte des 18. und die Schwankungen im letzten Jahrhundert werden noch augenfälliger, wenn wir die Zahlen der Geburten zu denjenigen der Einwohnerzahlen in Beziehung setzen und ihr mathematisches Verhältnis in Promille ausdrücken. Diese sogenannte Geburtenrate beträgt im Mittel der Jahrzehnte:

1702 – 1739	41,8 ‰	pro Jahr
1740 – 1799	33,0	
1800 – 1819	36,7	
1820 – 1829	25,2	
1830 – 1849	37,6	
1850 – 1869	24,0	
1870 – 1879	35,7	
1880 – 1899	25,5	

Die Unterschiede sind deutlich zu erkennen und verlangen nach einer Begründung: *Bis* 1850 dürften sie sehr stark mit Änderungen im Heiratsalter zusammenhängen. Wer sich später verehelichte, hatte eine kürzere Zeit der Fruchtbarkeit und bekam daher weniger Kinder. Für Stilli belegen das folgende Durchschnittszahlen von Erstheiraten (16):

15 Bei den folgenden bevölkerungsgeschichtlichen Berechnungen zu Geburten, Heiraten und Todesfällen ist zu berücksichtigen, dass die Einwohnerzahlen Stillis zu klein sind, um dem Anspruch auf statistische Signifikanz zu genügen, wofür eine Bevölkerung von etwa 1000 nötig wäre (vgl. dazu die Arbeiten von Jürg Bielmann, Silvio Bucher, Hans-Rudolf Burri und Markus Schürmann). Aus diesem Grunde wurden die Geburten- und Sterberaten für ganze Jahrzehnte berechnet, und zwar nach folgender Formel:

$$\frac{\text{Anzahl Taufen (bzw. Todesfälle) } 1710-1719}{10 \text{ (Jahre) x } \varnothing \text{ Einwohnerzahl } 1710/20} = \frac{73}{10 \text{ x } 180} = 40,6 \text{ ‰.}$$

16 Hier wurden nur Heiraten berücksichtigt, bei denen Braut *und* Bräutigam zum ersten Mal eine Ehe eingingen.

| | Heiratsalter | | Zahl der |
	Mann	Frau	Kinder
1702 – 1739	26,5 Jahre	23,9 Jahre	6,1
1740 – 1799	28,5	26,3	4,6
1800 – 1819	28,4	25,4	5,3
1820 – 1829	31,8	28,0	4,8
1830 – 1849	29,6	27,2	5,4

Der Zusammenhang zwischen dem Heiratsalter der Frau und der von ihr geborenen Kinder ist besonders im 18. Jahrhundert auffallend. Generell kann gesagt werden, dass bei Bräuten unter 24 Jahren die Wahrscheinlichkeit, mehr als sechs Kinder zu haben, gross war; Töchter, welche sich nach dem 27. Geburtstag verehelichten, brachten durchschnittlich weniger als vier Kinder zur Welt. Im 19. Jahrhundert wurde allgemein später geheiratet; doch war die Fruchtbarkeit offensichtlich grösser als vorher, besonders auch bei Spätehen. Naturgemäss ist der Zusammenhang zwischen Heiratsalter und Kinderzahl beim Mann weniger stark; doch lässt er sich bei den abgedruckten Zahlen ebenfalls nicht übersehen.

Die Schwankungen *nach 1850* lassen sich nur noch beschränkt mit dem Heiratsalter erklären. Zwar ging den geburtenreichen 1870er-Jahren eine deutliche Tendenz zu früherer Verehelichung voraus; doch spielte sich der Wert bei den Bräuten um 27 ein, während er bei den Männern bei 31,6 lag und zwischen 1880 und 1887 sogar auf 32,9 stieg. Für den Einbruch nach 1850 aber auch für jenen am Ende des Jahrhunderts drängt sich eine zusätzliche Begründung auf: die Abwanderung junger Leute im heiratsfähigen Alter liess die Zahl der Eheschliessungen ganz ausserordentlich zurückgehen. Diese Bewegung hatte zwar schon in den 1830er-Jahren eingesetzt, sich aber weniger ausgewirkt, weil die Jahrzehnte nach 1800 sehr geburtenreich gewesen waren. Ähnlich müssen wir auch die hohe Zahl von Taufen zwischen 1870 und 1880 deuten: die häufigeren Heiraten lassen sich einerseits auf eine verminderte Abwanderung, anderseits auf die starken Jahrgänge vor 1850 zurückführen.

Dass sowohl das Heiratsalter als auch die Abwanderung besonders beim Mann mit seiner Existenzgrundlage zusammenhing, dürfte unbestritten sein. Auch für Stilli liesse sich durch Zahlen belegen, dass Söhne reicher Väter durchschnittlich viel früher einen eigenen Hausstand gründeten als solche aus Familien, die ständig von der Armengenössigkeit bedroht waren. Vorübergehende Wanderjahre und fremder Kriegsdienst schoben die Verehelichung ebenfalls hinaus. Wir dürfen daher sicher die Behauptung wagen, dass die allgemeine wirtschaftliche Situation in Stilli in der ersten Hälfte des 18. Jahrhunderts – bei kleinerer Gesamtbevölkerung – besser war als später und Frühheiraten erlaubte. Mit zunehmender Einwohnerzahl – vielleicht bei sinkender Bedeutung der Flussgewerbe und langfristigen Konjunkturschwankungen – verengte sich der Nahrungsspielraum, weshalb Ehen erst später eingegangen werden konnten; hier fällt vor allem der Einbruch zwischen 1820 und 1829, nach den Hungerjahren 1816/17, auf. In der zweiten Hälfte des 19. Jahrhunderts wurde die alte wirtschaftliche Basis des Flussdorfes bekanntlich zerstört. Auf die dadurch bedingte massive Abwanderung werden wir noch zurückkommen.

*

Bei der Berechnung des natürlichen Wachstums steht als negativer Posten die *Sterblichkeit,* die sich ebenfalls entweder durch die absolute Anzahl der Todesfälle oder als Sterberate in Promille — bezogen auf die jeweilige Gesamtbevölkerung — ausdrücken lässt (17). Wir werden uns auch hier auf relativ grobe Aussagen beschränken.

Über grosse Zeiträume hinweg zeigt die Sterberate eindeutig sinkende Tendenz, was mit der allmählich steigenden Lebenserwartung zusammenhängt. Die Durchschnitte für die einzelnen Jahrzehnte zeitigen folgendes Ergebnis:

1702 – 1749	29,1 %o pro Jahr
1750 – 1799	27,1
1800 – 1849	23,6
1850 – 1899	21,9

Innerhalb dieser Halbjahrhunderte schwanken die Werte jedoch zum Teil extrem, z. B. 1702–1709 37,0 %o, 1710–1719 18,9 %o. Zwischen den einzelnen Jahren waren die Unterschiede noch viel grösser; so verzeichnete man in Stilli 1705 und 1711 keinen einzigen Todesfall, während man 1709 18 Leichen begrub.

Die Schwankungen in diesem Dorf gehen in erster Linie auf die grossen *Epidemien* zurück. Leider wissen wir über die Pest, die in den Jahren 1667–1669 unsere Gegend zum letzten Mal heimsuchte und in der Kirchgemeinde Rein besonders viele Opfer gefordert haben soll, nichts Genaues, da die Totenbücher fehlen (18). Im 18. Jahrhundert grassierten vor allem Durchfallerkrankungen. Dabei zeigt sich merkwürdigerweise, dass solche Krankheiten, welche in erster Linie Kleinkindern einen frühen Tod brachten, auf einzelne Dörfer beschränkt blieben: Die Sterbebücher von Rein zeigen augenfällig, dass die meisten Epidemien nur in einer Ortschaft grassierten, während die benachbarten Dörfer der gleichen Kirchgemeinde davon verschont wurden; Ausnahmen bildeten die Jahre 1709 (Ruhr) und 1798 (Pocken), als die Gesamtzahlen der Begräbnisse ungefähr auf das dreifache hinaufschnellten. Die Todesursachen sind oft ungenau eingetragen oder mit allgemeinen Begriffen wie "Hitziges Fieber", "Kindswehen",

---

17 Berechnungsformel vgl. oben Anmerkung 14.
18 vgl. dazu StABrugg, Band 457; Brugger Neujahrsblätter 1895, S. 46.

"Hauptweh" umschrieben. Dennoch stellt allein die Häufung von Sterbefällen innerhalb weniger Wochen des Kennzeichen von Epidemien dar. In Stilli wurden die Kinder ungefähr einmal pro Jahrzehnt von einer solchen heimgesucht, was aber den Geburtenüberschuss nicht zu verhindern vermochte. Es brauchte schon zwei oder drei solcher Krankheitswellen innerhalb der gleichen zehn Jahre, bis die Zahl der Todesfälle jene der Taufen beinahe erreichte; schlimme Zeiten waren vor allem die Jahre 1732/37/39 und 1777–79; damals stockte das natürliche Wachstum. Anderseits kannte man zwischen 1710 und 1719 keine solchen Seuchen, weshalb die Sterberate unter 20 ‰ fiel und der Geburtenüberschuss entsprechend höher ausfiel. Im 19. Jahrhundert hatten die Epidemien viel von ihrer frühern Gefährlichkeit verloren; Krankheiten, welche innerhalb kürzester Frist eine überdurchschnittliche Zahl an Opfern forderten, lassen sich in Stilli nicht mehr feststellen.

Überraschen mag die Tatsache, dass die beiden letzten landes- und europaweiten *Hungersnöte* von 1770/71 und 1816/17 in der Kirchgemeinde Rein keine Opfer forderten; die Zahl der Todesfälle war sogar kleiner als sonst. Im Gegensatz zu andern Gebieten des Aargaus und der übrigen Schweiz scheint der Mangel an der untern Aare nicht so katastrophal gewesen zu sein, dass Menschen verhungert wären!

Für Stilli dürfte uns dagegen eine andere, berufsbedingte Todesursache interessieren: das *Ertrinken*. Das nasse Element hat bis heute immer wieder seinen Tribut verlangt. Die tägliche Arbeit auf den Flüssen birgt eine stete Lebensgefahr in sich. Dabei mag erstaunen, dass zahlreiche Männer, die täglich auf dem Wasser waren und seine Tücken genau kannten, ihr Lebtag nicht schwimmen lernten. Im 18. Jahrhundert fanden nachgewiesenermassen 25, zwischen 1800 und 1860 18 Menschen den Tod in den Fluten. Dies entsprach weniger als 4 % aller Sterbefälle dieses Dorfes. Eine solch niedrige Zahl darf uns allerdings nicht über gewisse Konsequenzen hinwegtäuschen: es handelte sich vorwiegend um Männer im erwerbsfähigen Alter, oft um Familienväter, die ihren Lebensunterhalt aus der Schiffahrt verdient hatten und nun Frau und Kinder im Elend, oft gar in Armengenössigkeit zurückliessen; und hier fanden sich vor allem auch jene Fälle, da eine schwangere Gattin nach dem Tode des Mannes noch ein Kind zur Welt brachte.

b) Ab- und Zuwanderung bis 1830

Wie schon angedeutet, bestimmten die Wanderungen – neben dem Geburtenüberschuss – die Entwicklung des Einwohnerbestandes wesentlich mit. Entscheidend ist dabei schliesslich die Wanderungsbilanz, d. h. die Differenz zwischen den zuströmenden Fremden und den wegziehenden Gemeindeangehörigen. Diese Wanderungsbilanz ist ebenfalls auf der Tabelle S. 208 aufgeführt

Bei der *Zuwanderung* von auswärts ist gleich festzuhalten, dass die Gemeinde Stilli zwischen 1680 und 1929 nur einem einzigen Mann das Bürgerrecht freiwillig erteilte: Kurz vor 1800 kam der Schmiedgeselle Jakob Friedrich *Autenheimer* aus dem württembergischen Ochsenburg auf seiner Wanderschaft ins Aaredorf. Ganz nahe beim Fahr, hinter der Taverne, betrieb damals Jakob Finsterwald die Schmiede (heute Haus Werner Grässli). Von zehn Kindern waren dem Meister zwei Töchter geblieben, die beide einen ehemaligen Gesellen ihres Vaters heirateten, die ältere Friedrich Keller in Villigen, die jüngere eben Jakob Friedrich Autenheimer. Das Geschlecht Autenheimer war bisher im schweizerischen Raum unbekannt gewesen, doch sorgte der junge Schmied in Stilli mit elf Kindern für eine grosse Nachkommenschaft. Die Männer von Stilli nahmen ihn 1816 ins Ortsbürgerrecht auf und wählten ihn später sogar in den Gemeinderat. Seine Nachfahren setzten die Handwerkstradition als Schmiede und Wagner bis in unser Jahrhundert fort.

Ausser Autenheimer musste Stilli etwas später noch zwei *Landsassen* ins Bürgerrecht aufnehmen. Die Landsassen bildeten eine Gruppe von ehemals bernischen Untertanen, welche in keiner Gemeinde beheimatet waren. Im 19. Jahrhundert teilte der Regierungsrat diese "heimatlosen Aargauer" den einzelnen Gemeinden zu und bezahlte ihnen, sofern sie selbst dazu nicht imstande waren, das notwendige Einkaufsgeld aus staatlichen Mitteln. Auf Stilli traf es Joseph *Koch* und Johannes *Ryffel.* Koch war Knecht bei Gemeindeammann Strössler und hatte von daher eine persönliche Beziehung zum neuen Heimatdorf. Anders verhielt es sich bei Ryffel, welcher als Maurer in Gränichen wohnte und nie in Stilli gelebt hatte. Als er 1841 in Konkurs geriet und danach auch arbeitsunfähig war, wurde er mit seiner Frau, einer ehemaligen Landsassin, und drei Kindern nach Stilli transportiert und dort notdürftig in der untern Schulstube einquartiert. Nach und nach konnte die Gemeinde zuerst ein Mädchen, später auch die Eltern in der Meyerschen Armenanstalt in Rüfenach unterbringen; der Knabe aber wurde auswärts verkostgeldet und zog dann als armes, krankes Knechtlein von Ort zu Ort, bis er kurz vor seinem Tode 1895 wieder nach Stilli kam. – Diese Landsassenfamilie kontrastiert auffällig zu den früher eingebürgerten Männern, die durchwegs durch Heirat in die künftige Heimatgemeinde gelangt waren, sich hier in den verschiedensten Flussgewerben engagierten und – mit Ausnahme der Güetiger – materiell gut gesichert dastanden (19).

Die nächsten Bürgerrechtserteilungen erfolgten erst nach 1929 an je einen dänischen (Ludvig *Schröder*) und einen deutschen (Eugen *Zimmermann*) sowie

19 GA Stilli, Protokolle des Gemeinderates und der Gemeindeversammlungen.

an sechs italienische Einwohner (Umberto und Domenico *De Min,* Alcide und Otto *Dainese,* Giovanni *Cappello,* Carmelo *Caruso)* und deren Angehörige (20).

*

Die Abschliessung der Altbürger gegenüber Zuzügern ist eine Erscheinung, die sich im 17. und 18. Jahrhundert in unserer Gegend allgemein feststellen lässt. Sie hängt mit der starken Zunahme der Bevölkerung zusammen, weshalb man das Gemeindegut nicht noch mit zusätzlichen Leuten teilen wollte. Dies bedeutet allerdings nicht, dass sich nicht immer wieder auswärtige Familien und Einzelpersonen in Stilli niedergelassen hätten. Solche "Fremde" wurden aber nicht gleichberechtigte Mitbürger, sondern blieben *Hintersassen* ohne Stimmrecht und ohne Anspruch auf das Gemeinde- und Armengut.

In den Kirchenbüchern von Rein lassen sich im Zeitraum zwischen 1600 und 1800 insgesamt 25 solche zurückgesetzte Familien in Stilli feststellen. Herkunft und Beruf sind meist unbekannt. Einzelne stammten aus der nähern Umgebung, andere aus Deutschland. Sie waren weder am Fahr noch an der Fischerei beteiligt und verstanden sich wohl kaum auf die Schiffahrt. Meist besassen sie kein oder nur ganz wenig Land. Es blieb also nur eine handwerkliche Betätigung; einzelne wurden denn auch tatsächlich als Schuhmacher, Schmied oder Strumpfweber bezeichnet. Gewöhnlich zogen sie nach wenigen Jahren weiter; wenn sie ein Mädchen aus Stilli geheiratet hatten, musste dieses seine Heimat verlassen. Von einem einzigen Hintersassen des 18. Jahrhunderts wissen wir, dass er im Aaredorf blieb: Bernhard Staufer aus Birrwil kam um 1750 als Metzgerknecht in die Taverne zu Stilli; 1758 verehelichte er sich mit der aus ärmlichen Verhältnissen stammenden Elisabeth Lehner, Baslers, deren Brüder beide ledig waren; dadurch kam Staufer in den Besitz kleiner Anteile an Fahr und Fischenz sowie von etwas Land, welches zur Fütterung zweier Schweine ausreichte, was alles zusammen eine kümmerliche Existenz ermöglichte; als er das halbe Haus seines Schwiegervaters übernahm, stimmte die Gemeinde nur unter dem ausdrücklichen Vorbehalt zu, dass es ihr trotz des Hausbesitzes jederzeit freistehe, Staufer und sein Weib wegzuweisen; der einzige Sohn Gabriel, der verschiedentlich Kriegsdienst leistete, zog denn auch für immer fort (21).

Die Zuwanderung fremder Familien nahm bis 1830 zusehends ab; aus dem 17. Jahrhundert sind uns 21 bekannt, aus dem 18. nur noch 4. Dieser Rückgang dürfte wiederum mit dem knappen Nahrungsspielraum in Stilli zusammenhängen; Land war keines vorhanden, die Beteiligung an Flussgewerben (von Staufer abgesehen) ausgeschlossen, die Handwerke wurden von Einheimischen als Nebenerwerb betrieben; somit blieb für Fremde keinerlei Existenzmöglichkeit.

20 Einbürgerungen seit 1977: Wilhelm Müller jun. und Hans Ulrich Senn mit Familien sowie Massimiliano Bonanno. Ehrenbürgerrecht an Max Baumann und Wilhelm Müller sen. GA Stilli, Bürger- und Familienregister.
21 StAAa, Band 1396 (10. 5. 1787).

Im übrigen bestand zu allen Zeiten ein gewisser Zu- und Abzug von *Knechten, Mägden* und wandernden *Handwerksburschen,* welche hier vorübergehend arbeiteten. Sie hinterliessen zumeist keine schriftlichen Spuren. Die Sterbebücher nennen etwa den Tod eines verunglückten Arbeiters, einer zugewanderten Bettlerin oder eines auswärtigen Schwiegervaters, welcher bei seiner Tochten in Stilli den Lebensabend verbracht hatte. Vor dem Chorgericht (22) musste gelegentlich auch ein fremder Knecht wegen einer Schlägerei erscheinen, häufiger eine Magd, die von ihrem Herrn oder einem Burschen aus dem Dorf geschwängert worden war und nun Vaterschaftsklage erhob; auf diesem Wege wurde manche Hintersassin durch die Ehe zu einer Bürgerin von Stilli.

Dieser Hinweis führt uns zur zahlenmässig gewichtigsten Gruppe von Zuwanderern, zu den *einheiratenden Frauen.* Die Ehebücher von Rein, schon seit 1558 erhalten geblieben, geben uns folgende Aufschlüsse: Im 16. Jahrhundert war Stilli noch so klein, dass die Jungmänner zwangsläufig auswärts auf Brautschau gehen mussten; zwischen 1560 und 1600 stammten nur 4 der 27 jungen Ehefrauen aus dem eigenen Dorf. Von 1600 bis 1701 änderte sich das Verhältnis auf 41 von 94. In der ersten Hälfte des 18. Jahrhunderts lebten in Stilli mehr junge Männer als Frauen, so dass 61 von 90 Bräuten auswärts geworben werden mussten; auch wenn damals sämtliche Mädchen des Dorfes einen Mann aus Stilli geheiratet hätten, wäre der Bedarf an Ehefrauen nicht gedeckt worden. Nach 1750 glich sich das Verhältnis wieder aus, und zwischen 1800 und 1849 überwogen sogar die einheimischen Bräute leicht mit 58 : 56. Die Heirat einer fremden Frau war nämlich insofern kostspieliger, als der Bräutigam diese mit dem sogenannten "Weibereinzugsgeld" einkaufen musste, einer Abgabe, welche in die dörfliche Armenkasse gelegt wurde; vor allem im 19. Jahrhundert handelte es sich bei fast der Hälfte solcher Heiraten um "Mussehen"! – Die meisten auswärtigen Bräute stammten aus den Nachbardörfern der gleichen Kirchgemeinde, einige aus andern Orten der Herrschaft Schenkenberg, bzw. des Bezirks Brugg, oder auch aus der Grafschaft Baden, besonders aus Vogelsang. Frauen aus nahen deutschen Gebieten kamen im 16. und 17. Jahrhundert ganz vereinzelt, später überhaupt nicht mehr vor. Es fällt auf, dass die Stillemer, welche doch durch die Schiffahrt recht weit fort kamen, keine ausländischen Mädchen heirateten; sie mochten gewiss allerlei Abenteuer in den Städten am Rhein oder in den Hafenvierteln Hollands erlebt haben, eine Frau fürs Leben brachten sie aber nicht heim ins Aaredorf.

*

Bei der *Abwanderung* können wir gleich mit der Gruppe der *Mädchen* weiterfahren. Hier stellt sich insofern ein Quellenproblem, als die Ehebücher von Rein

22 GA Rüfenach, Protokolle des Chorgerichts Rein.

nur diejenigen Heiraten enthalten, die in der dortigen Kirche geschlossen wurden. Von rund einem Viertel aller Frauen des 18. Jahrhunderts ist nur das Taufdatum, bei einigen noch die Konfirmation eingetragen, nachher verschwinden sie aus den Quellen; bei ihnen ist nicht sicher, ob der Todeseintrag vergessen wurde oder ob sie auswärts ihr Glück suchten. Im genannten Viertel sind auch jene Witwen enthalten, die nach dem Tode des Gatten wegzogen. Von den übrigen drei Vierteln verheiratete sich durchschnittlich die eine Hälfte innerhalb des Dorfes, die andere ausserhalb. Auch hier wurden Nachbargemeinden bevorzugt, doch sind auch entferntere Ortschaften nachgewiesen. Von einigen Töchtern ist bekannt, dass sie in Brugg, Bern, Zürich und Glarus in Diensten standen; einzelne wurden dort schwanger, sei es vom eigenen Dienstherrn oder einem Sohn desselben, sei es von einem Handwerksburschen, der sich auch gerade dort aufhielt; diese Mädchen kamen dann verjagt und entehrt zur Niederkunft nach Hause und zogen häufig später samt dem Kind wieder fort. – Für das 19. Jahrhundert stehen uns über die Bürgerregister vollständigere Angaben zur Verfügung. Bis 1850 verehelichten sich 58 Töchter mit einem Mitbürger, 65 nach auswärts, aber immer noch vorwiegend in die nächste Umgebung. Aus der ganzen Zeit sind uns nur sehr wenige Mädchen bekannt, die ledig blieben; entweder waren es Mägde, welche ihr Lebtag der gleichen Familie die Treue hielten, oder Behinderte (Geistesschwache, Epileptische, Taubstumme), die ein Wohnrecht im Elternhaus besassen und hier, von Verwandten geduldet, ein kümmerliches Leben fristeten.

Über die *abwandernden Männer* sind wir genauer informiert. Für das ganze 18. Jahrhundert ist es nur bei vier Ledigen und einem Verheirateten nicht gelungen, das Ziel ausfindig zu machen. Von allen andern lassen sich mehr oder weniger genaue Aussagen über ihr Schicksal machen. Ein Teil von ihnen hat für immer einen neuen Lebensraum gefunden: So versorgte der Wirt und Amtsuntervogt Kaspar Finsterwald drei seiner sieben Söhne mit Mühlen und Land in Lauffohr und Remigen. Heinrich Hirt zog 1731 mit Frau und drei Kindern zum Schwiegervater nach Vogelsang; seine vielen Nachkommen sind seit dem letzten Jahrhundert Doppelbürger von Gebenstorf und Stilli. Der "Weidligmacher" Jakob Baumann fand 1766 mit seiner grossen Familie eine Existenz in Auenstein, wo er das obrigkeitliche Fahr zur Bedienung übernahm; von seinen Nachfahren erhielten die besser gestellten das dortige Bürgerrecht, während die übrigen häufig noch nach Generationen der Ursprungsgemeinde als Armengenössige oder Unterstützungsbedürftige zur Last fielen. Die wenigen Handwerksburschen aus Stilli kamen im 18. Jahrhundert durchwegs von der Wanderschaft zurück; die einzige Ausnahme bildete der Metzger Heinrich Baumann, der in Altenburg einheiraten konnte; im weitern ist ein Heinrich Stilli bekannt, welcher ins Elsass auswanderte (23).

---

23 GA Rüfenach, eingebundenes Heft im Kirchenrechnungsbuch 1617–1628.

Im 18. Jahrhundert zogen insgesamt 28 Männer aus Stilli in *fremde Kriegs-dienste,* und zwar nach Piemont, Frankreich oder Holland. 14 kehrten nach einigen Jahren in ihre Heimat zurück, verheirateten sich und beteiligten sich an den Flussgewerben. Von sechs kam die Todesnachricht aus fernen Landen, wobei Hans Heinrich Lehner, Ronis, (1742–1779) ein Vermögen hinterliess, für das es sich lohnte, dass zwei Brüder in die Niederlande reisten, um die hochwillkom-mene Hinterlassenschaft zu übernehmen. Andere liessen sich nach Ablauf der Dienstzeit auswärts nieder, so Jakob Güetiger in Neuenburg, sein gleichnamiger Neffe in Genf und Hans Caspar Lehner, der "Holländer", in Mellikon am Rhein. Von den fünf restlichen Reisläufern verlor sich die Spur. Einige der genannten Söldner desertierten nach kürzerer oder längerer Zeit und kehrten wieder heim. Andere nahmen nach Ablauf des Vertrags den Abschied und liessen sich in ein feindliches Heer anwerben. Wieder andere hielten ihrer Truppe während Jahr-zehnten die Treue; so diente Friedrich Müller von 1694 bis 1716, zuletzt als Sergeant, in Holland; Heinrich Stilli, Korporal, figurierte während über 30 Jahren in den Mannschaftslisten der gleichen Kompanie in Frankreich; fast so lange stand Wachtmeister Heinrich Güetiger in französischen Diensten, und er wäre wohl dort geblieben, hätte die Berner Regierung das Regiment nicht aufgelöst; das Staatsarchiv Aarau bewahrt noch seinen Entlassungsbrief auf sowie eine Abrechnung, nach welcher Güetiger bis zu seinem Tod eine überdurchschnittlich hohe Pension von jährlich 219 französischen Pfund bezog (24).

Es kam auch vor, dass Stillemer in der Fremde eine bessere Zukunft erhofften und später, oft mit einer grossen Familie, an ihren Jugendort zurückkehrten, dabei handelte es sich also nur um *vorübergehende Wanderungen.* So zog der Weber Heinrich Baumann, Burgunders, nach Ammerschwil, von dort wieder nach Stilli, dann nach Othmarsingen und Lauffohr und nachher erneut, jetzt mit sieben Kindern, zurück. Sein Neffe Johannes, genannt "Wälder", lebte in Uerkheim, heiratete dort die Mutter seines ausserehelichen Sohnes, kam dann nach Stilli zurück, wo seine Frau noch einem Knaben das Leben schenkte; hierauf verliess er Heimatdorf und Familie und verschwand. Heinrich Baumann, Forster, gelangte nach dem Tode seines Vaters zu einem Stiefvater nach Ober-flachs, kaufte mit dem ererbten Vermögen ein Gütlein in Windisch, später in Lauffohr, wo er sich als Strumpfweber betätigte; er hatte aber offenbar kein Glück, und so erschien er wieder in Stilli, wo Frau und Kinder nach seinem Ableben auf öffentliche Unterstützung angewiesen waren (25). Aber auch die angesehene Vogtsfamilie Finsterwald hatte einen solchen "Wandervogel"; der Vater hatte den Sohn Johannes das Metzgerhandwerk erlernen lassen und ihm,

24 StAAa, Militärakten Frankreich, Dossier "Gütiguer Jean Henry de Rein"; StABE, B II b Fremder Kriegsdienst: Holland, Sardinien, Frankreich.

25 StAAa, Bände 1231 (5. 12. 1743), 1394 (30. 12. 1776 + 24. 4. 1777), 1395 (13. 12. 1781); GA Rüfenach, Armenrechnungen Rein.

als er im Alter von 17 1/2 Jahren heiratete, eine Wirtschaft in Tegerfelden gekauft; schon bald aber betrieb er im Sonnenberg bei Lauffohr eine unerlaubte Metzgerei und geriet deswegen mit der Stadt Brugg in Konflikt; darauf erwarb er den "Bären" auf dem Stalden (Bözberg); wieder einige Jahre später treffen wir ihn in Gebenstorf an. Um 1770 kam er, mit Frau und sieben Kindern, nach Stilli zurück, wo ihm seine einflussreichen Brüder ein Haus bauten und in Bern eine Ausnahmebewilligung für eine Metzgerei erwirkten (26).

Zu Beginn des 19. Jahrhunderts verlief die Abwanderung im bisherigen Rahmen. Nur noch vier Männer zogen in Kriegsdienste; der eine starb als Invalider bei Neapel, während sein Bruder in Samarang auf Java umkam; die übrigen zwei kehrten nach Jahren zum Leidwesen der Gemeinde völlig verkommen zurück. Ein Schreiner, ein Kutscher und ein Bäcker liessen sich für immer in Yverdon, Bern und Zürich nieder. Erst von 1830 an sollte sich der Abwanderungsstrom merklich verstärken; wir werden im nächsten Kapitel darauf zurückkommen.

Zusammenfassend kann festgestellt werden, dass sowohl die Abwanderung der Frauen wie auch diejenige der Männer aus Stilli bis 1830 eher gering war. Sie bremste die Zunahme der Bevölkerung nur unmerklich; der Zuzug auswärtiger Ehefrauen und die Rückkehr ganzer Familien bewirkten nahezu einen Ausgleich. Der Wanderungsverlust des 18. Jahrhunderts betrug denn auch nur 38 Personen. — An der ganzen Wanderbewegung waren die Frauen viel stärker beteiligt; ihnen fiel die Einbusse des angestammten Bürgerrechts leichter; da sie durch die Heirat ein neues erhielten. Junge Männer dagegen zögerten sicher länger, bis sie sich zum Wegzug entschlossen; politische und wirtschaftliche Rechte besassen sie nur in der eigenen Heimatgemeinde; auswärts waren sie blosse Hintersassen, denen zwar alle Pflichten vom Wohnort aufgebürdet wurden, die dort aber keine Rechte besassen. Die Gründe für die Abwanderung waren daher fast ausschliesslich wirtschaftlicher Natur; die Not trieb sie zu diesem Schritt; so stammte mehr als die Hälfte der Söldner aus armengenössigen Familien. Eine Ausnahme bildeten lediglich die Söhne des Amtsuntervogts Kaspar Finsterwald, für die Stilli zu klein war, als dass der Vater alle sieben im eigenen Dorf hätte standesgemäss ausstatten können; für sie bildete nicht eine Notlage, sondern der Expansionsdrang die Ursache ihres Wegzugs. In seltenen Fällen konnten auch persönliche Umstände ausschlaggebend sein, sei es dass die verwitwete Mutter sich nach auswärts wieder verehelichte, sei es dass ein junger Mann der Heirat eines von ihm geschwängerten Mädchens durch fremden Kriegsdienst entgehen wollte.

26 StAAa, Bände 1104 (S. 841–900), 1263 (6. 11. 1754 + 20. 1. 1755), 1394 (12. 12. 1777).

c) Die verstärkte Abwanderung ab 1830

Hatte bisher das natürliche Wachstum, resultierend aus Geburt und Tod, die Entwicklung der Einwohnerzahlen von Stilli vorwiegend beeinflusst, so wurde die Wanderbewegung im 19. Jahrhundert immer mehr zum entscheidenden Faktor. Die Abwanderung nahm hier so grosse Ausmasse an, dass die Zahl der ansässigen Ortsbürger von 379 im Jahre 1850 auf genau die Hälfte, nämlich auf 190 um 1900 zusammenschrumpfte (27). Genauere Aufschlüsse mag die folgende Tabelle vermitteln. Die aufgeführten Zahlen umfassen lediglich die definitiv, also auf Lebzeiten, aus dem Heimatort weggezogenen Ortsbürger; vorübergehende Abwesenheit zu Ausbildung oder auswärtiger Arbeit sind nicht berücksichtigt. Man beachte, dass auch hier die Zählungen der Jahre 1837 und 1888 ungleich lange Zeiträume schaffen; um diese auszugleichen, wurde die jährliche Zahl der Auswanderer in Prozent der in Stilli wohnenden Ortsbürger (gemäss letzter Volkszählung) ausgedrückt und als "Abwanderungsrate" in die hinterste Kolonne aufgenommen:

Zeitraum	Männer	Frauen	total	Abwanderungsrate pro Jahr
1800 – 09	4	22	26	0,9 %
1810 – 19	5	13	18	0,5 %
1820 – 29	4	19	23	0,6 %
1830 – 36	23	15	38	1,5 %
1837 – 49	20	37	57	1,2 %
1850 – 59	38	21	59	1,6 %
1860 – 69	29	26	55	1,7 %
1870 – 79	41	16	57	1,8 %
1880 – 87	65	18	83	3,3 %
1888 – 99	35	39	74	2,4 %

Diese Zahlenreihen sprechen für sich, besonders bei den Männern in den letzten Jahrzehnten. Über ein Viertel der Ortsbürger von 1880 hat bis 1887 die Heimatgemeinde verlassen; mehr als 28 % derjenigen von 1888 zogen bis zur Zählung von 1900 fort.

Wenn wir hier ebenfalls untersuchen, aus welchen Schichten sich diese Abwanderer rekrutierten, treffen wir wiederum einige Wohlhabende an, die im eigenen Dorf zu wenig Entwicklungsmöglichkeiten sahen. So zog der Wirtssohn Friedrich Wilhelm Finsterwald nach Lauffohr, um das dortige Gasthaus zum "Ster-

---

27 Das Material zu diesem Kapitel stammt vorwiegend aus sporadischen Angaben in Gemeinderats- und Gemeindeversammlungsprotokollen, Armenrechnungen, Bürgerregistern und Fertigungsprotokollen im GA Stilli (alle mit Personenregistern versehen).

nen" zu übernehmen; in die gleiche Nachbargemeinde übersiedelte der Cigarren-
fabrikant Samuel Baumann, um einen eigenen Betrieb zu übernehmen; und Johann Samuel Baumann, Sohn des grössten Landbesitzers von Stilli, erhielt einen
eigenen Bauernhof in Brunegg. Alle drei waren vermöglich oder stammten aus
wohlhabendem Hause – sie waren übrigens nahe verwandt. Ihr Motiv des Wegzugs bildete die Ausnahme; dahinter stand nicht materielle Not. – Die grosse
Mehrzahl aber *musste* auswandern. Für sie war kein Platz mehr im Jugendort.
Die Bevölkerung nahm zu, die Verdienstmöglichkeiten gingen zurück. Diese Tatsache betraf die mittlern und untern Schichten in gleichem Masse. Eine Familie
mit mehreren Söhnen hatte sich noch zu Beginn des 19. Jahrhunderts bemüht,
allen eine Existenz im eigenen Dorf zu sichern; unter Umständen hatte man mit
einer Verheiratung zuwarten und einen niedrigern Lebensstandard in Kauf nehmen müssen; aber es lebten doch alle im Dorf. Nach 1830 blieb meistens nur
noch ein Sohn im elterlichen Haus zurück; die andern Brüder suchten und fanden
auswärts einen Erwerb. Bei den ärmsten Familien zogen nun oft überhaupt alle
weg, wodurch ganze Stämme aus dem Dorfbild verschwanden.

Die grösste Gruppe der Abwanderer bildeten die ledigen Einzelpersonen, die
in jungen Jahren auf die Suche nach einem Ort mit bessern Erwerbsmöglichkeiten gingen, sich dann dort eine Existenz aufbauten und heirateten. Es kam aber
auch vor, dass Familienväter in vorgerücktem Alter sich entschlossen, Haus, Land
und Flussrechte zu verkaufen und mit Frau und Kindern fortzuziehen. Ein solcher Schritt hatte viel weiter reichende Konsequenzen und wurde wohl jahrelang
erwogen, bis die äussern Umstände so drängten, dass der Entscheid gefällt werden musste. Überlicherweise kam dies nach 1830 in jedem Jahrzehnt ein- bis
zweimal vor; in den 1880er-Jahren zählen wir aber neun Familien, die Stilli
verliessen, weshalb der Wanderungsverlust damals besonders gross war.

Die abgedruckte Tabelle zeigt, dass die *Abwanderung der männlichen Bevölkerung* erst nach 1830 in grösserem Ausmass einsetzte. Für diese auffallende
Wende mussten zwei Voraussetzungen erfüllt sein: Einerseits ging, wie wir gesehen haben, die Einträglichkeit der alten Flussgewerbe zurück, vor allem durch
den allmählichen Bedeutungsverlust der Zurzacher Messen und durch das Aufkommen der Eisenbahn; gleichzeitig steuerte die Bevölkerungskurve ihrem Höhepunkt von 1850 zu. Anderseits boten sich offenbar auswärts bessere Erwerbsmöglichkeiten an. Diese bestimmten denn auch die *Ziele* dieser Wanderbewegung:

Die Hälfte der jungen Männer blieb im Aargau, ein beträchtlicher Teil sogar
im Bezirk Brugg. Ausserhalb übte der Kanton Zürich die weitaus grösste Anziehungskraft aus, gefolgt von Bern. Vereinzelte zogen in die Ostschweiz, in die
Kantone Solothurn und Basel sowie ins Welschland. Einige Handwerksburschen
liessen sich im Ausland nieder, so der Schreiner Heinrich Strössler, Chorrichters,
in Berlin, der Mühlenmacher Johann Wilhelm Finsterwald, Chibis, in Buggensegel
nördlich von Meersburg und der Schneider Hans Hirt, Hänis, nach Aufenthalten

in Nizza und Paris bis zu seinem Tod in London. Auf die Auswanderung nach Amerika werden wir im folgenden Kapitel eingehen.

In der Schweiz treffen wir nur wenige Stillemer in Städten an. Erstaunlicherweise blieb die Mehrzahl in Dörfern, die ebenfalls eine rückläufige Bevölkerung aufwiesen und daher mit ähnlichen Problemen zu kämpfen hatten wie Stilli. Die meisten waren aber Handwerker, und für solche bot sich anscheinend noch vielerorts Gelegenheit, eine Anstellung zu finden oder einen eigenen Betrieb aufzubauen. In dieser Beziehung fällt auf, dass man in Stilli die Aussichtslosigkeit des Schiffergewerbes schon früh erkannt hatte, weshalb immer mehr Väter ihre Söhne in eine Berufslehre schickten. Die Einsicht, der jungen Generation Alternativen zur dörflichen Tradition bieten zu müssen, setzte sich in breiten Kreisen durch. Dies zeigte sich eindrücklich bei den ausserehelichen Knaben, für welche die Armenkasse voll aufkommen musste: die Gemeindeversammlung beschloss regelmässig, auch das Lehrgeld für diese zu übernehmen. So kam es, dass sich nur wenige Stillemer auswärts als Dienstknechte verdingen mussten, und höchstens 20 % der Wegziehenden gelangten als Arbeiter in Fabriken, um an Spinn- und Webmaschinen ein kümmerliches und eintöniges Leben zu verbringen. Diese Tatsache muss überraschen; denn eine Berufslehre war mit beträchtlichen finanziellen Kosten verbunden, und es ist anzunehmen, dass mancher Familienvater ein Stück Land dafür verkaufen oder Geld aufnehmen musste. Diese bemerkenswerte Bereitschaft bedarf einer Erklärung, welche vielleicht in einer traditionellen Mentalität der Stillemer gefunden werden kann:

Als Schiffleute, Fehren und Fischer übten diese Leute einen relativ freien, unabhängigen Beruf aus. Ihre Arbeitsverhältnisse waren individuell oder genossenschaftlich organisiert, nicht aber hierarchisch. Materielle Abhängigkeiten kannten sie in erster Linie als Schuldner von Kapitalien, jedoch nicht als Arbeitnehmer. Wenn immer möglich umgingen sie die Taglöhnerei oder behielten sie den Frauen vor. Im Gegensatz zu andern Dörfern waren hier auch die Angehörigen der Unterschicht keine Tauner, welche um Lohn auf den Feldern der Grossbauern werkten. Diese Schiffer fühlten sich trotz aller Nöte als Selbständigerwerbende. Die durch Jahrhunderte geprägte Mentalität bewirkte offensichtlich, dass die Väter es vorzogen, ihre Söhne unter materiellen Opfern ein Handwerk lernen zu lassen, als sie in die Fabrik zu schicken. Dies mag auch erklären, weshalb die spätern Cigarrenfabrikanten fast alle männlichen Arbeiter von auswärts holen mussten, pikanterweise zur selben Zeit, da die jungen Stillemer scharenweise das Dorf verliessen und in Gemeinden zogen, die ihrerseits den Nachwuchs für die Fabriken stellten!

Einen weiteren Grund für die positive Einstellung zur Berufslehre mögen gerade die genannten ausserehelichen Knaben geboten haben, für welche der Gemeinderat stets die Bewilligung des Lehrgelds mit dem Argument durchsetzte, man wolle verhindern, dass diese später wieder der Gemeinde zur Last fallen könnten. Die Familienväter wollten wohl deshalb ihre eigenen Söhne nicht hinter diesen ärmsten, vaterlosen Geschöpfen zurückgestellt sehen.

So könnte das Erlernen eines Berufes derart selbstverständlich geworden sein, dass auch uneinsichtige Väter geradezu unter sozialen Druck gerieten, wenn sie ihre Buben in die Fabrik schicken wollten. Die Einstellung zur Fabrikarbeit scheint in Stilli schon besonders früh negativ gewesen zu sein. 1830 z. B. erklärten die Fehren in einer Eingabe (allerdings aus eigenem Interesse), der Besuch der Spinnerei Turgi durch Kinder sei der Moralität und Gesundheit der rüstigen Jugend abträglich (28).

Ausserdem erlebten alle Stillemer Familien die traurigen Folgen der Fabrikarbeit hautnah: Immer wieder wurden Nachkommen von im 18. Jahrhundert abgewanderten Bürgern polizeilich in die Heimatgemeinde gebracht; da Stilli nur ein geringes Armengut besass, wurden diese traurigen, heruntergekommenen Gestalten in der "Kehr" von Haus zu Haus zur Beherbergung und zur Versorgung mit Speise und Trank herumgeschickt. Gewiss handelte es sich dabei um Extremfälle, aber sie dürften ihre Wirkung auf Gross und Klein nicht verfehlt haben.

Die geschilderte Mentalität bezog sich freilich nur auf die Burschen. Den Mädchen war nur ausnahmsweise Gelegenheit geboten, den Beruf einer Schneiderin zu erlernen; vereinzelte konnten einen Kurs für Hebammen oder Arbeitslehrerinnen besuchen. Im übrigen kannte man hier keine Hemmungen, Mädchen in die Fabrik zu schicken; auch in der örtlichen Cigarrenindustrie herrschte kein Mangel an Arbeiterinnen. Dadurch gelangten viele junge Frauen in jene Lebensverhältnisse, die man den Männern ersparen wollte. Häufig heirateten sie einen Arbeitskollegen und gerieten so in das Fabrikarbeiterelend jener Zeit. Die aufgewecktern Mädchen zogen allerdings "in die Fremde", nahmen Dauer- oder Saisonstellen in Haushalten und im Gastgewerbe an oder halfen als Pflegerinnen bei Frauen im Kranken- oder Wochenbett aus. So haben oft die Töchter mit ihrem Lohn zur Bestreitung des Lehrgelds ihrer Brüder beigetragen. – Insgesamt hat die Frauenwanderung in der zweiten Hälfte des 19. Jahrhunderts stagniert (vgl. Tabelle). Dennoch ehelichten von 106 Mädchen lediglich 35 einen Mitbürger ihres Dorfes, während alle übrigen sich auswärts verheirateten. Noch immer blieb mehr als die Hälfte in der nächsten Umgebung der Bezirke Brugg und Baden, sogar über drei Viertel im Kanton Aargau, der Rest vorwiegend im Kanton Zürich. Umgekehrt nahmen sich im gleichen Zeitraum 58 Stillemer eine auswärtige Braut.

*

Bevor wir auf das spezielle Thema der Amerikawanderung eingehen, wollen wir nochmals mit einigen Zahlen die Folgen des Massenauszugs aus dem Aaredorf veranschaulichen. Die folgende Reihe betrifft den Bestand der in Stilli wohnhaf-

---

28 StAAa, Regierungsakten F No. 18, Band Q, Aareüberfahrt bei Lauffohr, Schreiben vom 29. 5. 1830.

ten Ortsbürger und zeigt sowohl den generellen Rückgang als auch die grossen Abwanderungsschübe nach 1850 und nach 1880:

1850	379	Ortsbürger in Stilli
1860	333	
1870	309	
1880	308	
1888	259	
1900	190	

Von den insgesamt 541 Ortsbürgern, welche 1900 in der Schweiz lebten, wohnten demnach nur noch 35 % im Heimatdorf; weitere 36 % hatten sich in andern aargauischen Gemeinden niedergelassen, während sich die restlichen 29 % über die ganze Schweiz verstreut hatten.

*

Der Kontakt der abgewanderten Stillemer mit ihren Angehörigen "daheim" blieb in der ersten Generation gewöhnlich erhalten und wurde auch gepflegt. Man besuchte sich, nahm Kinder in die Ferien, stand Pate, bezog Obst und Kartoffeln und freute sich über ein besonders schönes Stück Fleisch aus der "Hausmetzgete"; man traf sich bei Familienanlässen, besonders an Hochzeiten und Beerdigungen. Noch heute hört man gelegentlich von jener grossen Autenheimer-Tagung in den 1890er-Jahren erzählen, zu welcher Professor Friedrich Autenheimer seine zahlreiche Verwandtschaft nach Winterthur einlud. Der letztgenannte ist überhaupt ein Beispiel für lebenslängliche Dankbarkeit dafür, dass ihm seine ältern Brüder und Schwäger das Studium ermöglicht hatten; immer wieder leistete er Darlehen und Bürgschaften und kümmerte sich vor allem um die gute Schul- und Berufsausbildung seiner Nichten und Neffen; noch als alter Mann erklärte er sich bereit, für einen verwaisten Grossneffen finanziell voll aufzukommen (29).

d) Die Auswanderung nach Nordamerika

Die überseeische Auswanderung aus dem Kanton Aargau ist erst kürzlich in einer fundierten Arbeit untersucht worden (30). Die verschiedenen Auswanderungs-

29 Briefe bei Frl. Elsi Schlatter, Umiken, und Stadtbibliothek Winterthur; Bericht von Frau Emilie Erb-Autenheimer, Aarau.
30 Berthold Wessendorf, Die überseeische Auswanderung aus dem Kanton Aargau im 19. Jahrhundert.

phasen und ihre Ursachen sind dort eindrücklich dargestellt. Hier kann es daher nur darum gehen, den "Auszug" nach Amerika aus Stilli im Detail zu betrachten und im Zusammenhang mit der Entwicklung dieses Dorfes zu zeigen.

Als Grundlage der folgenden Ausführungen mögen einige quantitative Angaben dienen (31):

| | in Stilli aufgewachsen | | | auswärts auf- | |
	Einzelpersonen	in Familien	total	gewachsen	total
1810	1	–	1	–	1
1848/49	2	4	6	3	9
1853 – 58	10	8	18	2	20
1862 – 68	7	4	11	9	20
1871 – 79	4	–	4	–	4
1881 – 83	1	3	4	5	9
	25	19	44	19	63

Bei diesen Zahlen handelt es sich um Minimaldaten, da nur jene Personen erfasst wurden, von denen sicher feststeht, dass sie ausgewandert sind. Die auswärts aufgewachsenen Bürger haben zwar nicht die Einwohnerzahl von Stilli entlastet, wohl aber die Armenkasse ihrer Heimatgemeinde. Die grössten Auswanderungsziffern zwischen 1848 und 1858 entsprechen der allgemeinen Bewegung im Aargau, ebenso liegt der maximale Anteil von 5 % der Wohnbevölkerung beim kantonalen Durchschnitt.

Betrachten wir nun die einzelnen Auswanderer genauer: Auffällig ist auch hier die grosse Zahl von Einzelpersonen. Bei den Familien handelt es sich nur in zwei Fällen um vollständige, also mit Mann, Frau und Kindern; einmal reist sogar die 62-jährige Schwiegermutter mit. Im übrigen betrifft es die Witwe eines ertrunkenen Schiffers mit fünf Kindern, zwei Witwer mit erwachsenen Söhnen oder junge Mütter mit ihrem ausserehelichen Säugling.

Mit ganz wenigen Ausnahmen stammten die Auswanderer aus der ärmsten Schicht. Auffallende Häufungen fanden sich bei Familien, die während Generationen auf öffentliche Unterstützung angewiesen waren und daher in der Dorfgemeinschaft eigentliche Randgruppen bildeten. So "starben" ganze Familienzweige in der Schweiz aus; z. B. zogen zwei Kinder, zwei erwachsene Enkel, eine Nichte und eine Schwägerin des Hans Heinrich Baumann, Wälders, nacheinander nach Amerika; zwei Söhne, eine Tochter und eine aussereheliche Enkelin des Kaspar Baumann, Forsters, versuchten ebenfalls, dem Elend in der Heimat auf diesem Wege zu entkommen; und die Familie Hirt, Welschen, zählte gar zwölf Auswanderer.

---

31 Diese Tabelle wurde aus vielen Einzeldaten zusammengetragen, besonders aus den Bürgerregistern und den Protokollen von Gemeinderats- und Gemeindeversammlungen Stilli.

Die beruflichen Voraussetzungen reichten vom Hilfsarbeiter, vom Bauernknecht und von der Dienstmagd über den gelernten Maler, Schreiner und Schneider bis zum falliten Cigarrenfabrikanten, welcher sich dem materiellen Scherben-
haufen durch heimliche Flucht nach Amerika zu entziehen suchte. Unter ihnen
waren viele, die sich zuerst in der Schweiz eine Existenz aufbauen wollten, dabei
scheiterten und erst später die Gelegenheit auszuwandern ergriffen; daher lassen
sich auch alle Altersstufen feststellen, vom 15-jährigen Schneiderlehrling bis zum
57-jährigen Fabrikarbeiter, welcher seine Ehefrau auf diese Weise los wird und
der Sorge der Heimatgemeinde zurücklässt.

Der sozialen Herkunft entsprechend sah die finanzielle Lage der meisten Auswanderer nicht rosig aus. Relativ gut hatten es diejenigen, welche in Stilli einen
Hausteil und etwas Land besassen, Hab und Gut verkaufen und sich dadurch
über das Reisegeld hinaus etwas Startkapital in Amerika erübrigten. Nur äusserst
selten waren jene Auswanderer, die es sich leisten konnten, vorher abzureisen
und erst nach einiger Zeit die Angehörigen in der Schweiz zu beauftragen, ihren
Besitz zu veräussern und den Erlös in die Neue Welt zu schicken.

In einem einzelnen Fall sind wir über die Finanzierung einer solchen Auswanderung genau orientiert, nämlich bei der später noch zu erwähnenden Verena Vogt
aus Villigen, welche in Amerika Kaspar Hirt von Stilli heiratete: Von ihrer Anwartschaft im Betrage von Fr. 820 bezog sie vor der Wegfahrt Fr. 352 voraus,
nämlich Fr. 90 für Barchent, Kölsch und weitern Stoff zu Bett-, Küchen- und
Leibwäsche sowie für Kleider, Fr. 52 als Sackgeld und Fr. 210 für die Reise bis
New York. Für die Ausrichtung dieses Betrages musste der Vater ein Darlehen
aus dem Gemeindearmenfonds Villigen aufnehmen (32).

Die meisten Auswanderungswilligen besassen aber kaum das Geld für Überfahrt und Verpflegung. Hier half gelegentlich die Gemeinde nach, die auf diese
Weise potentielle Armengenössige abzuschieben trachtete. Gewöhnlich handelte
es sich um Fehlbeträge zwischen Fr. 20 und 200. Die offizielle Initiative ging in
Stilli meistens vom Ausreisewilligen aus, welcher die Gemeindeversammlung um
eine "Beisteuer" ersuchte. Eine solche wurde mehrmals verweigert, da sie das
kärgliche Budget von Stilli gesprengt hätte. Nur selten drängte der Gemeinderat so
wie bei jenem Hans Hirt, Welschen, den er nach jahrzehntelangen Schwierigkeiten
vor die Alternative Zwangserziehungsanstalt oder Auswanderung stellte (33).

Über Erfolg oder Misserfolg in Amerika ist uns nur wenig bekannt. Der Kontakt über das "Grosse Wasser" blieb zwar in der ersten Generation meistens
aufrecht erhalten; darauf weist uns z. B. die Tatsache hin, dass immer wieder
Geschwister und andere Angehörige nach einigen Jahren zu ihren Verwandten in
Amerika zogen. Gelegentlich sah sich auch der Gemeinderat veranlasst, mit den
fernen Mitbürgern in Kontakt zu treten. Meist ging es um Hinterlassenschaften in
der Schweiz, weshalb die Erbberechtigten jenseits des Ozeans oder deren Tod

32 GA Villigen, Fertigungsprotokoll Band 7, S. 173 ff.
33 GA Stilli, Protokoll der Gemeindeversammlungen, Band 4, S. 243.

festgestellt werden mussten. Von Erbschaften eines "reichen Onkels in Amerika" dagegen berichten unsere Quellen nichts. Einzig der in Bern aufgewachsene Johann Jakob Baumann, Wälders, welcher 1867 in San Francisco starb, hinterliess seinem armengenössigen Bruder in Stilli eine Barschaft von Fr. 238.25 (34). Vereinzelt versuchte der Gemeinderat auch aktiv, Hilfe aus Amerika zu erhalten. 1877 fragte er den bei New Orleans lebenden, 1848 ausgewanderten Samuel Baumann, Harders, an, ob er bereit wäre, seine in ärmlichsten Verhältnissen lebende Mutter zu unterstützen. In seiner Antwort wies dieser auf neuliche Überschwemmungen des Mississippi und seine dadurch entstandene prekäre Lage hin, erklärte sich aber dennoch bereit, wenigstens die Brotschulden der Mutter im Betrage von Fr. 240 zu übernehmen. – Geradezu rührend ist die Geschichte jenes Hans Heinrich Lehner, welcher als drittes von fünf ausserehelichen Kinder der Margaritha Lehner, Schaggen, geboren, im Armenhaus zu Rüfenach aufgewachsen und als 15-jähriger Schneiderlehrling mit seinem Meister nach Amerika ausgewandert war; 17 Jahre später meldete er sich schriftlich beim Gemeinderat Stilli als Mr. John Henry Lehner aus Chicago, um das ebenfalls aussereheliche Töchterchen seiner verstorbenen Schwester dem Stiefvater zu entreissen und auf eigene Kosten zu sich nach Amerika reisen zu lassen (35).

Rückkehrer gab es nur selten; wer fast mittellos in Amerika ankam, musste zuerst einiges ersparen, bis er sich eine Reise nach Europa leisten konnte. Eine solche Ausnahme bildete der oben genannte Hans Jakob Baumann, Wälders, welcher sich ein Jahr vor seinem Tode für kurze Zeit in der Schweiz aufhielt. Von Johannes Baumann, Weidligmachers, berichtet die Familientradition ebenfalls, er sei in Amerika gewesen; die Fotos zeigen ihn denn auch als "vigilanten" Herrn mit moderner Kleidung, amerikanischem Bart und in solch weltmännischer Haltung, dass sich sein Bruder daneben beinahe als bäurischer Tölpel ausnahm (36); bei seinem frühen Tode hinterliess er allerdings nicht mehr als sein väterliches Erbteil. Von der armseligen Familie Baumann, Forsters, starben zwei auf ihrer Farm bei Fremont in Ohio, während der jüngste, Jakob, nach Jahrzehnten mit einem Vermögen von etwa 8000 Fr. ins Jugenddorf zurückkehrte; hier kaufte er ein Haus, liess sich von der Schwägerin den Haushalt besorgen und verbrachte, von seinen Mitbürgern liebevoll "Forster-Jack" genannt, einen behaglichen Lebensabend (37).

Was aber ist aus allen andern geworden? – Nur von den wenigsten ist die Todesnachricht ins Aaredorf gelangt. Ein einziger Vater, der schon erwähnte Samuel Baumann, Harders, meldete die auf hoher See erfolgte Geburt eines Sohnes, welchen er, in hoffnungsvoller Euphorie, nach dem Namen des Schiffs

34 StAAa, Protokoll des Regierungsrates 10,1. 1868.
35 Akten im GA Stilli.
36 im Besitz des Verfassers.
37 Mitteilung von Frau Elisabeth Lehner-Finsterwald, Stilli.

"James Conner" nannte (38)! Im übrigen fehlen jegliche Nachrichten über erfüllte oder enttäuschte Hoffungen, über das Schicksal der ersten und der folgenden Generation.

Nur eine einzige, dafür umso eindrücklichere Ausnahme ist zu erwähnen, nämlich die Müllersfamilie Hirt, mit dem Zunamen "Gütterlis", welche seit 1848 (!) den Kontakt unter sich in Amerika und mit den entfernten Verwandten in der Schweiz begeistert aufrecht erhält. Bei ihren Vorfahren hatte es sich allerdings nicht um Auswanderer gehandelt, wie sie für Stilli typisch waren, stammten sie doch nicht aus armengenössigen Kreisen, sondern eher aus der obern Mittelschicht. Dennoch sei hier abschliessend einiges aus der amerikanischen Familientradition berichtet, wie sie in einer 1971 verfassten Chronik (39) niedergeschrieben ist:

Kaspar Hirt (1820–1881) wanderte im März 1848 nach Amerika aus. Die Überlieferung weiss zu erzählen, dass er nach einem kurzen Aufenthalt bei Fremont im Staat Ohio, vom Goldrausch gepackt, nach Kalifornien gezogen sei, von dort nach Australien, wieder nach den USA und zurück in die Schweiz. Im Oktober 1854 sei er erneut über den Ozean gefahren, diesmal mit einem Bruder und einer Gruppe aus Villigen, aus welcher er kurz nach der Ankunft in Philadelphia Verena Fanny Vogt geheiratet habe. Beide Familien liessen sich bei Sandusky/Ohio, nahe beim Erie-See, nieder und bauten nebeneinander Farmen auf. Verena Hirt-Vogt brachte eine Tochter und acht Söhne zur Welt, von denen der älteste, John Henry, 1875/76 zur ärztlichen Behandlung in der Schweiz weilte. Sie müssen dort zu grossem Reichtum gelangt sein, schätzte man doch allein die Güter des Sohnes Samuel auf 600 acres (ca. 240 ha) Land samt prächtigem Herrensitz. Vater Kaspar selbst besuchte seine Heimat 1878 ein letztes Mal.

Der gute Kontakt mit den Angehörigen in Stilli bewirkte wohl, dass auch zwei Neffen in die Vereinigten Staaten zogen: Von ihnen lebte Johann Caspar während Jahrzehnten in Chicago. Sein Bruder Karl soll sogar mehrmals in Amerika gewesen sein, dort Schulen besucht und in Fremont eine Kneipe betrieben haben; er kehrte aber immer wieder in die Schweiz zurück und übte hier den angestammten Beruf eines Müller aus.

Von Karls Kinder zog es zwei zu Beginn dieses Jahrhunderts ebenfalls über das grosse Wasser. Glücklicherweise sind uns einige Briefe erhalten geblieben, in welchen sie die Aufnahme bei ihren Verwandten anschaulich schildern: Die Familie des erwähnten Onkels Johann Caspar in Chicago wies den jungen Fritz derart schroff ab, dass er fluchtartig nach Kalifornien zog, wo er fast 60 Jahre lang blieb; der Kontakt mit dem Zweig in Chicago ging daher völlig verloren. Dagegen wurden er und seine Schwester Marie bei den entfernten Vettern und Basen in Sandusky, also den Nachkommen des ersten Auswandererpaares Hirt-Vogt, mit grosser Herzlichkeit empfangen. Marie blieb sogar zeitlebens dort und heiratete Charles Kistler, einen Neffen obiger Verena Hirt-Vogt (40).

38 GA Stilli, Bürgerregister I.
39 Ein Exemplar befindet sich im Besitz von Frau Heidi Gautschi-Widmer, Pfeffikon LU, eine Kopie beim Verfasser.
40 Die Briefe befinden sich im Besitz von Frl. Elsi Schlatter, Umiken.

Auf diese Weise blieb die Verbundenheit in Amerika und mit der Schweiz von Generation zu Generation erhalten. Verschiedene Heiraten festigten das Band unter den ursprünglichen Auswandererfamilien. Die Nachkommen Kaspar Hirts — sie sind bis 1971 auf etwa 450 angewachsen — treffen sich noch heute auf Familientagungen. Als besondere Kleinodien hüten sie seine Einbürgerungsurkunde, ein Bild seiner Farm und — eine Foto von Alt-Stilli mit Fähre und Elternhaus. Anlässlich ihrer Tagung von 1966 sangen sie erstmals einen "Hirt Anniversary Song". Die ersten zwei Strophen sowie die letzte wollen wir dem Leser nicht vorenthalten (41):

1. Many years ago far over the sea
   Lived a man in Old Stilli, (ee)
   He decided to roam and left his home
   For a brand new country (ee)

2. He settled here und he settled there,
   Then back across the sea,
   Until he found his stamping ground
   Right here in this county (ee).

6. Now once a year we gather here,
   To keep up with "Our Clan"
   To greet the view — respect the few
   Who have gone to the "Promised Land".

Nach jeder Strophe folgte der Refrain

Hirt, Hirt, Hirt, we say
Is a name that's here to stay
Hirt, Hirt, now sing it loud
On our "Anniversary Day"

Stammvater Kaspar Hirt verkörpert für seine Nachfahren alle wünschenswerten Eigenschaften eines amerikanischen Pioniers schweizerischer Abstammung: Wohlstand durch harte Arbeit und Fleiss, demokratische Gesinnung, religiöse und politische Aktivität. Als Gatte und Vater eine grossen Familie sei er im wörtlichen Sinn des Namens ein guter "Hirt" gewesen!

41 im Besitz von Herrn Dr. Ernst Horlacher-Beck, Aarau.

Stammtafel der ausgewanderten Angehörigen der Familie Hirt

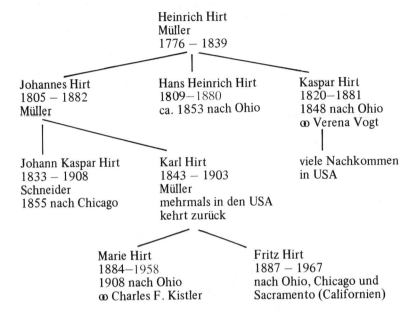

Heinrich Hirt
Müller
1776 — 1839

Johannes Hirt
1805 — 1882
Müller

Hans Heinrich Hirt
1809—1880
ca. 1853 nach Ohio

Kaspar Hirt
1820—1881
1848 nach Ohio
∞ Verena Vogt

Johann Kaspar Hirt
1833 — 1908
Schneider
1855 nach Chicago

Karl Hirt
1843 — 1903
Müller
mehrmals in den USA
kehrt zurück

viele Nachkommen
in USA

Marie Hirt
1884—1958
1908 nach Ohio
∞ Charles F. Kistler

Fritz Hirt
1887 — 1967
nach Ohio, Chicago und
Sacramento (Californien)

e) Die Zunahme der Niedergelassenen nach 1830

Der massiven Abwanderung von Ortsbürgern stand eine allerdings geringere Gegenbewegung durch den Zuzug Fremder gegenüber (42). In einem früheren Abschnitt haben wir bereits festgestellt, dass die einheiratenden Frauen eine zahlenmässig starke Gruppe solcher Zuwanderer darstellte; diese nahm nach 1830 ebenfalls eher zu und ist hier nicht weiter zu erörtern. Hier soll die Rede von jenen
Fremden sein, die in Stilli ihren Lebensunterhalt verdienen wollten, sei es allein
oder mit Frau und Kindern. Für das 17. Jahrhundert haben wir gesehen, dass
eine beträchtliche Zahl fremder Familien hier für jeweils einige Jahre Wohnsitz
genommen hatte, während sie in der Folge bis 1830 stark zurückgingen. Von
jenem Zeitpunkt an nahm der Zuzug von Nichtbürgern allmählich, aber unablässig zu. Dies lässt sich nicht allein mit dem Recht der freien Niederlasssung

---

42 Die Daten zu diesem Kapitel stammen aus den Fremdenkontrollen, Steuerregistern und
Verzeichnissen der Stimmberechtigten im GA Stilli, sowie aus den Kirchenbüchern (ab
1830) im GA Rüfenach.

erklären; eine wirtschaftliche Basis gehörte unumgänglich dazu, und da keine
Fremden zu den traditionellen Flussgewerben zugelassen wurden, musste Stilli
entweder "Marktlücken" oder neue Arbeitsgelegenheiten aufweisen. Dies gilt es
im folgenden zu untersuchen.

Vorerst soll wiederum eine Tabelle die zahlenmässige Entwicklung aufgrund
der offiziellen Volkszählungen (43) wiedergeben:

Jahr	Einwohner	Ortsbürger	Aargauer	Schweizer	Ausländer
1837	372	359 = 96,5 %	8 = 2,2 %	5 = 1,3 %	0
1850	392	371 = 94,6 %	18 = 4,6 %	3 = 0,8 %	0
1860	348	333 = 95,7 %	13 = 3,7 %	0	2 = 0,6 %
1870	358	309 = 86,3 %	25 = 7,0 %	19 = 5,3 %	5 = 1,4 %
1880	359	308 = 85,8 %	30 = 8,4 %	16 = 4,5 %	5 = 1,4 %
1888	312	259 = 83,0 %	29 = 9,3 %	17 = 5,4 %	7 = 2,2 %
1900	252	190 = 75,4 %	39 = 15,5 %	19 = 7,5 %	4 = 1,6 %

Diese Zusammenstellung zeigt, dass die absolute Zahl der Niedergelassenen
und Aufenthalter sowie ihr relativer Anteil an der Gesamtbevölkerung nach 1860
zunahm. Sie lässt auch erkennen, dass der Zuzug Fremder die Abwanderung der
Einheimischen nicht auszugleichen, aber doch den Rückgang der Einwohnerzahlen zu bremsen vermochte. Die abgedruckten Zahlen geben aber nur statische
Querschnitte einzelner Stichtage wieder, welcher die dahinter stehenden Wander-
bewegungen nicht aufzudecken vermögen. Es soll nun versucht werden, diesem
dynamischen Prozess etwas auf die Spur zu kommen. Da im 19. Jahrhundert
noch keine Einwohnerkontrolle geführt wurde, müssen wir uns auf einige Stimm-
bürgerlisten, auf Steuerbücher und auf die Verzeichnisse der Kantonsfremden
(Ausserkantonale und Ausländer) abstützen (44). Der inneraargauische Anteil an
dieser Wanderung kann daher nur unvollständig erfasst werden.

Von 1850 bis 1899 erteilte der Gemeinderat von Stilli folgende Anzahl Auf-
enthaltsbewilligungen an Einzelpersonen:

	Ausserkantonale	Ausländer	Total
1850 – 59	4	4	8
1860 – 69	8	19	27
1870 – 79	25	15	40
1880 – 89	22	15	37
1890 – 99	11	5	16

Von den Ausserkantonalen machten die Berner und Zürcher mehr als die
Hälfte aus, gefolgt von Waadtländern, Luzernern, Thurgauern und Schaffhau-
sern. Bei den Ausländern stammte ein Grossteil aus dem nahen Grossherzogtum

43 vgl. dazu oben Anmerkung 14.
44 im GA Stilli sowie im StAAa, Bezirksamt Brugg.

Baden und aus Württemberg, aber auch aus entferntern deutschen Gebieten wie dem Elsass, Rheinland und Hessen; daneben waren überraschend viele Italiener und Tiroler dabei. Wie frühere Verzeichnisse des Bezirksamts Brugg zeigen, können wir bis 1860 mit einer durchschnittlichen Zahl von zehn Aufenthaltsbewilligungan an Kantonsfremde pro Jahrzehnt rechnen. Ausser einigen Knechten und Dienstmägden handelte es sich dabei fast ausschliesslich um Schneider-, Schmied- und Schustergesellen, welche bei einem Meister in Stilli während einiger Wochen, Monate oder etwas langer arbeiteten, um dann weiterzuziehen. Der erste grössere Schub erfolgte 1862/63, als im Zusammenhang mit dem Neubau der Kirche Rein zuerst italienische Steinhauer, dann eine ganze Gruppe Maurer aus dem württembergischen Dorf Wehingen in Stilli Unterkunft fanden. Mit dem allmählichen Aufkommen der Tabakindustrie kamen schon bald die ersten Cigarrenmacher ins Dorf; zwischen 1870 und 1890 sollten sie dann mehr als die Hälfte dieser Kantonsfremden stellen.

Wenn wir bedenken, dass die bisherigen Ausführungen nur Ausserkantonale und Ausländer betrafen, dass aber die Aargauer aus andern Gemeinden einen doppelt so grossen Anteil an den Nichtbürgern ausmachten, können wir uns erst vorstellen, welch reges Kommen und Gehen zum täglichen Geschehen gehörte. Im grossen und ganzen handelte es sich um unverheiratete, junge Leute; bei den Ausserkantonalen betrug das durchschnittliche Alter 26 Jahre, wobei nur ein Viertel mehr als 30-jährig war; der Anteil der Männer betrug hier über 90 %, bei den Aargauern vermutlich weniger. Wie die Handwerker blieben auch die meisten Cigarrenmacher nur einige Monate im Dorf, zum Teil sogar nur wenige Tage. So entstand keine persönliche Bindung , und nur eine sehr kleine Gruppe liess sich dauernd in Stilli nieder. Auf diese soll noch etwas näher eingegangen werden.

Ein Hauptmotiv, im Aaredorf sesshaft zu werden, war die Heirat eines einheimischen Mädchens. Schon zwischen 1830 und 1841 gründeten fünf Auswärtige auf diese Weise hier eine Familie; darunter befanden sich je ein Zimmermann, Maurer, Säger und Mühlenmacher, also Bauhandwerker, wie es solche in Stilli bisher nicht gegeben hatte und die hier und in der Umgebung Arbeit fanden. Meistens blieben sie nach der Hochzeit einige Jahre und zogen dann wieder fort. Einzig Heinrich Läuchli und Johannes Hinden, beide von Remigen, blieben bis zu ihrem Lebensende, nicht zuletzt wohl, weil sie über die Frau in den Besitz eines Hauses gelangt waren. Auch in der zweiten Hälfte des 19. Jahrhunderts, als Zu- und Abwanderung viel reger wurden, stieg der Reiz, sich hier definitiv niederzulassen, nicht. Ausnahmen bildeten lediglich der Lumpensammler Rudolf Brugger, der Cigarrenmacher Jakob Munz aus dem Thurgau, Friedrich Eichenberger von Beinwil und Samuel Zimmermann von Oberflachs sowie der Schmied Jakob Bosshard von Zäziwil BE. Von ihnen blieb nur bei den Familien Munz und Bosshard mehr als eine Generation.

Bei sämtlichen Zuwanderern handelte es sich um vermögenslose Leute. Ihr einziger Besitz bestand aus einigen Kleidern, Wäsche und sonstigen Habseligkeiten, bei Verheirateten noch aus Mobiliar und Küchengeschirr. Sie konnten kein Land und kein Haus kaufen, geschweige denn Anteile an Fahr und Fischerei. Alle wohnten in Miete bei Einheimischen, und zwar in jenen Wohnungen, die zufolge der Abwanderung der Stillemer zur Verfügung standen. Nur Hinden, Läuchli und Brugger erwarben sich ein primitives Strohhaus, die erstern durch Erbschaft. Heinrich Läuchli baute 1869/70 ein eigenes Haus, das sich bis heute im Besitz seiner Nachkommen (Gottfried Erb) befindet.

Die wirtschaftliche und soziale Bedeutung dieser Zuzüger blieb gering. Ihre Steuerkraft fiel lediglich durch ihr bescheidenes Einkommen etwas ins Gewicht. Auch der Anteil der Niedergelassenen an der Zahl der Stimmberechtigten war unbedeutend. Der politische Einfluss blieb noch lange bei der alten Führungsschicht. Es sollte bis 1929 dauern, bis erstmals ein Nichtbürger in den Gemeinderat gewählt wurde, nämlich der mit einer einheimischen Frau verheiratete Hans Christen, der es später sogar zum Gemeindeammann brachte.

Im Sozialgefüge Stillis reihten sich die Zuzüger des 19. Jahrhunderts somit in der Unterschicht ein. Sie lösten dadurch die abgewanderten Randgruppen zum Teil ab.

f) Bilanz

Aufgrund der bisherigen Ergebnisse entwickelte sich die Bevölkerung Stillis zwischen 1700 und 1900 in zwei Phasen, welche sich im Zeitraum 1830/50 ablösten. In den ersten 130 Jahren stiegen die Einwohnerzahlen ungefähr entsprechend dem natürlichen Wachstum. Nach 1830 begann sich eine zunehmende Abwanderung von Ortsbürgern bemerkbar zu machen, was in der zweiten Hälfte des 19. Jahrhunderts zu einem starken Rückgang der Bevölkerung führte.

Das *natürliche Wachstum* beruhte auf dem Zahlenverhältnis von Geburts- und Todesfällen. Die Geburtsrate hing einerseits von der Anzahl junger Leute im heiratsfähigen Alter ab, anderseits von der Kinderzahl pro Ehe, welche sehr stark vom Heiratsalter bestimmt wurde. Die Sterberate nahm langfristig zufolge höherer Lebenserwartung ab; kurzfristig schwankte sie in Stilli zufolge von Epidemien, nicht aber durch Hungersnöte; der Ertrinkungstod fiel quantitativ wenig ins Gewicht, zeitigte aber in Einzelfällen Konsequenzen sozialer Art.

Als *Wanderungsverlust* haben wir die Differenz zwischen den wegziehenden Ortsbürgern und den zuziehenden Fremden bezeichnet. Die Abwanderung im 18. Jahrhundert war mangels anderwärtiger Verdienstmöglichkeiten vor allem auf Solddienst und Einheiraten beschränkt; sie war daher bei den Frauen stärker. Offenbar vermochten die Flussgewerbe die damalige Einwohnervermehrung in Stilli zu verkraften. Als jedoch die traditonellen wirtschaftlichen Grundlagen zu wanken begannen, setzte ein allmählich massiver werdender Wegzug der jungen Generation ein. Dabei fiel auf, dass die Mehrzahl eine Berufslehre abgeschlossen hatte. Die Abwanderung betraf zu allen Zeiten alle sozialen Gruppen; unter den Söldnern und später unter den Amerikafahrern überwogen jedoch die Angehörigen der ärmsten Schicht. Die vorübergehende Wanderbewegung mit späterer Rückkehr haben wir nur flüchtig berührt. Lediglich endgültig Wegziehende verschafften den Zurückgebliebenen wirklich Luft. Dabei ist aber nicht zu übersehen, dass es nur sehr wenigen gelang, ein anderes Bürgerrecht zu erwerben; so blieb immer die Möglichkeit offen, dass sie oder ihre Nachkommen auf die Unterstützung durch die Heimatgemeinde angewiesen wurden.

Die Zuwanderung Ortsfremder wurde seit dem Ende des 17. Jahrhunderts in Stilli gebremst, indem man keine Bürgerrechte mehr erteilte und die Flussgewerbe nur Einheimischen zugänglich machte. Abgesehen von Mägden und Handwerksgesellen ging der Zuzug Auswärtiger bis 1830 praktisch auf Null zurück. Damals zeigte sich hier eine "Marktlücke" auf dem Gebiet der Bauhandwerker. Nach 1870 schuf die einheimische Cigarrenindustrie Arbeitsplätze für Fremde; ihr Aufenthalt war aber meistens von kurzer Dauer, nur wenige liessen sich hier für längere Zeit nieder. Im 19. Jahrhundert vermochten sie noch in keiner Weise die Abwanderung der Einheimischen auszugleichen, obwohl ihre Zahl stetig zunahm.

Somit hat sich gezeigt, dass sowohl das natürliche Wachstum als auch die Wanderbewegung sehr stark wirtschaftlich und sozial bedingt waren. Wir wollen nun versuchen, den Verlauf der Bevölkerungskurve von Stilli etwas eingehender zu interpretieren.

Die geringe Zunahme zwischen 1460 und 1566 von 5 auf 8 Haushaltungen hängt sicher mit der noch beweglichen Gesellschaft zusammen, die z. B. eine Wanderung in die Stadt samt Erwerb des vollen Bürgerrechts ermöglichte. Diese Gesellschaft begann sich dann aber in Städten und Dörfern gegen Fremde abzuschliessen, so dass mehr Männer gezwungen waren, sich in ihrem Herkunftsort eine Existenz aufzubauen. In Stilli nahm die Zahl der Heiraten stark zu; schon zwischen 1560 und 1610 waren es 31, in den folgenden 50 Jahren 55; dadurch stieg auch die absolute Zahl der Geburten. Die Bevölkerung wuchs auf 19 Haushaltungen 1653 und auf fast 30 zu Beginn des 18. Jahrhunderts. Da hier die Sterbebücher einsetzen, können die Ursachen der folgenden Entwicklung genauer erfasst werden:

Die Geburtenrate war bis 1750 sehr hoch (über 40 %o). Sie wirkte sich aber auf die Einwohnerzahl nur bis 1730 stark aus, solange nämlich die Sterberate (besonders 1710—29) niedrig war. In den 1730er-Jahren senkten drei Epidemien das natürliche Wachstum auf beinahe Null; zudem verstärkte sich die männliche

Auswanderung, so dass bis 1740 ein leichter Bevölkerungsrückgang festzustellen war. Bis zur Mitte des Jahrhunderts ergab sich wieder eine Zunahme, welche analog dem Geburtenüberschuss verlief. Dann stagnierte die Einwohnerzahl für 30 Jahre; das natürliche Wachstum, welches zufolge niedrigerer Geburtenrate ohnehin gering war, wurde durch die Abwanderung junger Burschen und Mädchen ausgeglichen. Nach 1780 blieben neben der Geburtenrate auch die Zahlen der Todesfälle und der männlichen Abwanderer klein, so dass die Bevölkerung allmählich wieder zunehmen konnte. Am Anfang des 19. Jahrhunderts wurden viele Kinder getauft, während nur wenige Erwachsene fortzogen. Nach der Hungersnot von 1816/17 zeichnete sich die erste Krise ab: das durchschnittliche Heiratsalter stieg, die Geburtenrate sank; da die Sterberate jedoch klein und die Abwanderung gering war, wirkte sich diese Geburtenkrise erst nach 1830 aus, als innerhalb von sieben Jahren 38 Personen Stilli verliessen, was eine erste Stagnation der Bevölkerung zur Folge hatte. Trotz anhaltender Abwanderung stieg sie danach nochmals wegen einer ausserordentlich hohen Geburtenrate; die Ursache dafür lag in den starken Jahrgängen 1800–1820, welche in dieser Zeit heirateten. In der Mitte des letzten Jahrhunderts wies Stilli die höchste Einwohnerzahl auf, wobei allerdings der Anteil der Kinder ungewöhnlich gross war. Danach machte sich jedoch der starke Wegzug von Ortsbürgern in einem Rückgang bis 1900 bemerkbar. Dieser konnte zwischen 1860 und 1880 durch eine vermehrte Zuwanderung Fremder und durch eine erhöhte Geburtenrate gebremst werden; diesmal wirkten sich die starken Jahrgänge 1837–1850 aus. Nach 1880 sanken aber die Zahlen der Taufen und der (ausserkantonalen) Zuzüger parallel zu einer maximalen Abwanderungsziffer der Einheimischen.

Mit 252 Einwohnern war Stilli im Jahre 1900 auf dem Stand von 1750, mit 190 Ortsbürgern gar auf jenem von 1720. Im 20. Jahrhundert stiegen die Zahlen wieder an, zuerst sehr langsam, nach 1970 aber sprunghaft. So dauerte es bis 1973, bis der Höhepunkt von 1850 wieder erreicht war (45).

45 Mitteilung von Herrn Willy Müller, Gemeindeschreiber, Stilli.

Alt- und Neu-Stilli: Am Ufer Häuser aus dem 16.–19. Jahrhundert, im Hintergrund
moderne Wohnblöcke aus der Zeit nach 1970.

4. Vom Einzelhof zur Dorfsiedlung

In einem gewissen Verhältnis zur steigenden Bevölkerung musste auch die Zahl der Wohnungen und Häuser zunehmen. Mochte noch zu Beginn des 15. Jahrhunderts ein einziges Wohngebäude, das "Stillihus", ausgereicht haben, brauchte es 1850 deren 43, um die fast 400 Menschen unterzubringen.

Die allmähliche Entstehung des heutigen Dorfgebildes lässt sich bis 1800 nur bruchstückhaft und vage rekonstruieren. Liegenschaften, welche durch Erbgang den Besitzer wechselten, mussten nämlich nicht öffentlich verschrieben werden; daher tauchten Häuser, die während Generationen im Eigentum der gleichen Familie blieben, nur sehr vereinzelt in den Quellen auf. Einige Aufschlüsse vermitteln uns dagegen die Schuld- und Bodenzinsbücher, Gerichtsprotokolle und Testamente. Ab 1809 sind die "Lagerbücher" (Häuserverzeichnisse) für die Feuerversicherung lückenlos erhalten geblieben. Diese ermöglichten es, wie bei den Personen, eine Häuserkartei anzulegen, in welche auch die Hinweise aus frühern Jahrhunderten aufgenommen wurden. Daraus soll nun versucht werden, das äusserliche Wachstum des Dorfes nachzuzeichnen.

In Stilli fallen noch heute einige sehr alte Häuser auf, welche einen ähnlichen Stil aufweisen und durchwegs aus dem 16. Jahrhundert stammen dürften: Mitten im Dorf erhebt sich das sogenannte "Schloss" (heute David Lehner) mit der Jahreszahl 1536. Etwas jünger sind die beiden Doppelhäuser, welche nördlich an das Restaurant "Schifflände" anschliessen, in letzter Zeit aber grösstenteils stark umgebaut wurden; ein Türbogen trägt noch die Inschrift 1567 F B (Fridli Bumann). Einen ähnlichen Stil hat das unterste Haus des alten Dorfteils bewahrt (heute De Min/Flury) (1). Zum gleichen Typ dürfte auch das Haus Grässli neben dem Schulhaus gehören, in welchem im 18./19. Jahrhundert eine Schmiede untergebracht war; vermutlich handelt es sich hier um die älteste Taverne Stillis, welche kurz nach 1550 erbaut worden war (2). Wahrscheinlich stammte auch das 1972 abgerissene Lehnerhaus (heute Fabrikgebäude SUMA) aus jener Zeit; der Balken über der untern Türe trug zwar die Jahreszahl 1803, die aber nachgewiesenermassen an eine Renovation erinnerte.

Alle genannten Häuser unterscheiden sich grundlegend vom typisch aargauischen Dreisässenhaus mit Wohnteil, Scheune und Stall. Sie bestehen aus Stein und besassen seit jeher ein Ziegeldach; sie sind durchwegs zwei- bis dreistöckig und wirken verhältnismässig schmal und hoch; die dazu passenden spätgotischen Rechteckfenster sowie die Stich- und Rundbogentüren blieben leider nur vereinzelt erhalten; Scheunen fehlten ursprünglich, zum Teil wurden später solche angebaut. Es handelte sich somit nicht um Bauern- sondern um blosse Wohn-

---

1 vgl. dazu: Die Kunstdenkmäler des Kantons Aargau, Band 2, S. 411.
2 Bern in seinen Ratsmanualen I/S. 145.

häuser der damaligen Fehren und Fischer. Sie erinnern uns an eine Zeit relativer Hochkonjunktur, wie sie im 16. Jahrhundert in deutschen Landen allgemein verbreitet war und in unserer Gegend in den blühenden Zurzacher Messen einen sichtbaren Ausdruck fand. Damals konnte man sich in Stilli solche solide und schöne Bauten leisten, weil die Einnahmen aus dem Fahr nur wenigen Anteilhabern zugutekamen. In den folgenden 200 Jahren musste man dann fast ausschliesslich mit schlichten, einstöckigen, strohbedeckten Holz- und Riegelhäusern vorliebnehmen.

Es dürfte auffallen, dass diese ältesten Häuser in beträchtlicher Entfernung voneinander stehen. Die lose Anordnung entsprach durchaus mittelalterlicher Besiedlungsweise. Das Dorfgebiet war nämlich in Hofstätten eingeteilt, welche man einzäunte und dadurch als absolut persönliches Eigentum und als besondern "Friedkreis" charakterisierte. Im Innern dieser Hofstätten war ausreichend Platz für Gebäude, Gemüse- und Obstgärten sowie für kleine Wiesen und Äcker vorhanden, welche den Rechten der Gemeinde, also der Dreizelgenordnung und dem Weidgang, entzogen blieben (3). Stilli besass demnach keinen ursprünglichen Siedlungskern, sondern mehrere "Stammhäuser", um die sich mit der zunehmenden Bevölkerung immer neue Häuser gruppierten, bis – eigentlich erst um 1850 – das heutige Bild des alten Dorfteils entstanden war.

Die Hofstätten des 16. Jahrhunderts lassen sich über die Haustypen und einige Zinsbücher ziemlich gut erschliessen (4). Dabei dürfen wir nicht vergessen, dass Stilli 1566 erst acht Haushaltungen zählte, die dann allerdings bald zunahmen. – Zuoberst im Dorf befanden sich zwei Hofstätten, die eine in der jetzigen Liegenschaft SUMA, die andere beim Schulhaus. Daran schloss sich ein Heimwesen an, dessen Wohnhaus ungefähr beim heutigen Kindergarten stand. Gegen die Aare grenzte der Hof des genannten Fridli Bumann. Der Erbauer des "Schlosses" bevorzugte offenbar die äusserste Ecke seiner Hofstatt für den Hausbau und war dafür sehr nahe an der Strasse. Die "Urzelle" Stillis, das eigentliche "Stillihus", stand zuunterst, vermutlich sogar ausserhalb der heutigen Bauzone, in jener Wiese, die noch heute diesen Namen trägt; hier soll der Besitzer eines Landstücks vor Jahrzehnten auf Mauerreste gestossen sein (5). Dieses Gebäude wurde wohl schon im 16. Jahrhundert verlassen und durch das Haus De Min/ Flury ersetzt; bis hierher bezeichnet das Grundbuch noch heute sämtliche Parzellen mit "Stillihus".

Die einsetzende Zunahme der Einwohnerzahl erforderte die Schaffung weitern Wohnraums; die alten Hofstätten mussten aufgeteilt werden. Dies geschah

3 vgl. dazu Karl Siegfried Bader, Das mittelalterliche Dorf, I/21 ff. + 52 ff., III/54 ff.
4 StABE, U. P. 7 + 9; StAAa, Bände 1100 (S. 10/11), 1155 (S. 7/8), 1151 (S. 224), 1153 (S. 295/96), 1161, 1167 (S. 77); StABrugg, Bände 276 (Nrn. 143–151), 383–389 (Nrn. 93 + 94).
5 Mitteilung von Frau Elisabeth Lehner-Finsterwald, Stilli.

auf zwei Arten: Man konnte die bestehenden Häuser "halbieren", und zwar entweder der Länge nach, also in der Richtung des Dachfirsts, oder quer zum First; beide Varianten sind noch heute im Schiffländeblock deutlich zu erkennen; jede Partie besass die Hälfte jedes Geschosses und das halbe Dach. Ein Vater konnte aber auch – z. B. in der alten Schmiede hinter dem Schulhaus – dem einen Sohn den untern, dem andern den obern Stock zuweisen. Sowohl im "Schloss" als auch im Haus De Min/Flury halbierte man auch noch die Stockwerke, so dass schliesslich vier Familien im gleichen Gebäude leben mussten.

Die Unterteilung bestehender Gebäude reichte natürlich nicht aus. Es mussten zusätzliche Häuser innerhalb der alten Hofstätten errichtet werden. Ein geradezu klassisches Beispiel liefert die oberste, ehemals Birkinger-Müller'sche Hofstatt an der Steig. Diese Liegenschaft übernahm um 1600 Hans Baumann, einer der Söhne jenes im Türbogen neben der Schifflände verewigten Fridli Bumann. 1608 belastete er sein neues Heimwesen mit einem auf 200 Pfund lautenden Gültbrief der Stad Brugg. Das Unterpfand beschrieb er als "Sässhaus samt Baumgarten und Ackerland in einer Einhegi, stosst an die Landstrass, usshin ans Holz, neben an die Aare". Vermutlich handelte es sich dabei um das erwähnte, 1972 abgebrochene Lehnerhaus. Unter seinem Sohn Kaspar blieb die Hofstatt noch als Einheit erhalten, für die Enkel Hans, genannt "Buz" (*1627), und Hans Heinrich (*1630) musste sie jedoch halbiert werden. Schon in der folgenden Generation erfolgte eine erneute Teilung, so dass nun vier Häuser die Begründung von vier Stämmen dieses Geschlechtes ermöglichten: oben wohnten die Söhne des Hans Baumann, nämlich Kaspar (der Buzen-Kirchmeier) und Hans Jakob (das Buzenbüebli), unten die Nachkommen des Hans Heinrich, nämlich im Stammhaus der junge Hans Heinrich (genannt Schwedi) und in einem zusätzlichen Gebäude Hans Jakob (der erste Öler). Mit der Vierteilung der Hofstatt war auch der alte Gültbrief der Stadt Brugg geviertelt worden, so dass fortan jeder Stamm den Zins für je 50 Pfund aufzubringen hatte (6). Da diese Familie aber sehr fruchtbar war – sämtliche heute lebenden Namensträger stammen ursprünglich von dieser Hofstatt – mussten immer neue Häuser errichtet, angebaut und geteilt werden: 1850 lebten hier 36 Personen in 8 Haushaltungen; 24 davon hiessen immer noch Baumann.

Ähnliche Verhältnisse treffen wir beim "Schloss" an. Leider ist gerade dieses älteste Gebäude Stillis in den Quellen vor 1800 nicht fassbar, so dass wir die Teilung der Hofstatt und die Erbauung zusätzlicher Häuser nicht von den Ursprüngen her verfolgen können. Das Ergebnis zu Beginn des 19. Jahrhunderts ist dennoch deutlich: Das "Schloss" muss alten Besitz des Geschlechts Lehner, und zwar des Stamms "Ronis" darstellen; dazu gehörte noch ein kleines Strohhaus westlich davon, also im Garten der Familie Lehner-Strössler. Der andere Stamm

---

6 StABrugg, Bände 383–389 (Nrn. 93 + 94); StAAa, Lagerbücher und Bevölkerungstabellen Stilli.

der Lehner, nämlich die "Hälis" wohnten auf der andern Seite, d. h. in den heutigen Liegenschaften Zimmermann und Finsterwald, Stüssis; es handelte sich um zwei Strohhäuser mit zum Teil kompliziertesten Eigentumsverhältnissen. In den genannten Wohngebäuden wohnten 1810 64 Personen (in 13 Haushaltungen), von denen noch immer 54 Lehner hiessen.

Ein letztes Beispiel bietet uns die Taverne zum "Bären". Die Familie Finsterwald, welche die Wirtschaft seit etwa 1685 betrieb, vermehrte sich in einer Art und Weise, dass nicht sämtliche Nachkommen "standesgemäss" mit Mühlen, Schmieden, Flussrechten und Bauernhöfen ausgestattet werden konnten. So errichtete man nach und nach verschiedene Strohhäuser innerhalb des ursprünglichen Baumgartens. Aus noch früherer Zeit erhob sich dazu an der Landstrasse (neben der Liegenschaft Strössler) noch das Doppelhaus samt Scheune der Müllerfamilien Hirt. Auf dem heutigen Schulareal standen daher 1809 der "Bären", die vor einigen Jahren abgebrochene Scheune, das erwähnte Haus Hirt und dazu noch zwei Strohhäuser samt Scheunen und ein kleines Holzhaus. Dazu kamen nördlich davon die heutige Liegenschaft Dainese, die alte Schmiede (jetzt W. Grässli) und ein Strohhaus, welches einer Familie Finsterwald aus dem Stamm "Häuslis" gehörte. Mit Ausnahme der Hirt hiessen hier alle Bewohner Finsterwald, wobei sämtliche den ersten Wirt dieses Namens zu ihrem direkten Vorfahren zählten. Bei dieser Gruppierung der Bauten muss damals das soziale Gefälle besonders augenfällig geworden sein: Hier duckten sich lauter einstöckige, meist strohbedeckte Holzhütten, und mitten drin erhob sich neben der hohen Schmiede die geradezu prunkvolle Taverne; arme und reiche Verwandte wohnten hier dicht gedrängt nebeneinander. Dies dürfte denn auch den Wirt Johannes Finsterwald (1798–1870) gestört haben, besonders nachdem er um 1823 ein noch schöneres Gasthaus mit Säulenhalle in klassizistischem Stil (heute Schulhaus) erbaut hatte. Er begann nun, im Dorf verschiedene Häuser zu kaufen oder selbst zu errichten, und überredete dann seine Nachbarn, in diese andern Gebäude überzusiedeln und ihm dafür ihre alten, primitiven Hütten beim "Bären" tauschweise zu überlassen (7). Diese brach er dann ab und schuf so jenen grosszügig weiten, mit Tannen und Kastanienbäumen bepflanzten "Park", der den Proportionen von Taverne und Scheune entsprach. Die verbleibenden Nachbarhäuser waren durchwegs schöne zweistöckige und ziegelbedeckte Steinbauten, die sich auch vornehmern Durchreisenden zeigen durften!

---

7 StAAa, Band 1488 (Anstösser des Gasthauses und der Ökonomiegebäude); GA Stilli, Fertigungsprotokolle, Bände 1a (S. 155 + 157), 1b (S. 156), 1c (S. 11 + 13), 3 (S. 161).

Diese Ausführungen dürften gezeigt haben, dass noch um 1800 die Angehörigen einzelner Geschlechter örtlich konzentriert beisammen lebten: Oben an der Steig hiessen die Bewohner vorwiegend Baumann, rund um den "Bären" Finsterwald und beim "Schloss" Lehner; das neue "Stillihus" (heute De Min/Flury) und die zugehörige Scheune (heute Märki) befanden sich im ausschliesslichen Besitz verschiedener Zweige des Geschlechts Müller.

Die Zunahme der Bevölkerung veranlasste aber schon im 17./18. Jahrhundert den Bau von Häusern in einiger Entfernung von den geschilderten alten Siedlungszentren. Zuerst dürfte jene Zeile beidseits der Querstrasse zwischen "Schloss" und Aurein (Häliweg) entstanden sein. Ab 1770 stellte die Gemeinde von ihrem eigenen Land an der hintern Dorfstrasse zur Verfügung; dort erbauten die Bürger auch ihr erstes Schul- und Gemeindehaus (heute F. Büchli), 1818 das zweite Schulhaus (jetzt Siegenthaler-Inderwildi).

Über die Qualität der Gebäude zu Beginn des 19. Jahrhunderts vermittelt uns das Lagerbuch (Assekuranz- Kataster) von 1806/09 Aufschluss. Die folgende Tabelle gibt die darin beschriebenen Haustypen wieder:

41 Wohnhäuser	*einstöckig*		*mehrstöckig*	
	Holzbau	*Steinbau*	*Holzbau*	*Steinbau*
Strohdach	21	0	0	0
Ziegeldach	6	1	3	10

Das Dorfbild als ganzes machte damals also einen ärmlichen Eindruck: 2/3 aller Wohngebäude waren einstöckig und aus Holz gebaut, die Hälfte noch mit Stroh bedeckt; dazu kamen noch 5 freistehende Scheunen und Schöpfe.

Der weitern Zunahme der Bevölkerung entsprechend entwickelte sich auch die Bautätigkeit:

1810–1829	5 neue Wohnhäuser
1830–1849	10
1850–1869	1
1870–1889	1
1890–1909	3

In der ersten Hälfte des letzten Jahrhunderts wurden die ehemaligen Hofstätten fast völlig überbaut (8). Erst damals entstand — mitten durch die alten Baumgärten — die heutige Hauptstrasse mit der Häuserreihe Baumann-Crosio bis "Frohsinn". Alle nach 1800 erstellten Neubauten waren durchwegs Stein- oder Riegelhäuser mit Ziegeldächern, meist auch zweistöckig und mit angebauter Scheune. Aus den 1820er-Jahren stammt ausser dem "Bären" auch jener zweite klassizistische Bau, welcher durch seinen exponierten Standort in der Strassen-

8 StAAa, Bezirksamt Brugg, Lagerbücher Stilli.

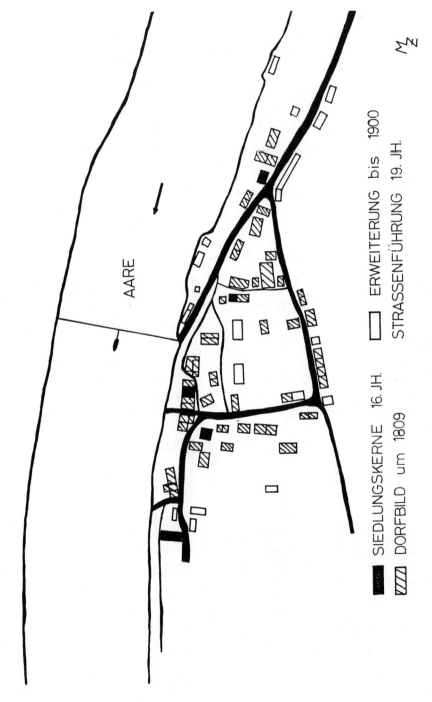

AARE

SIEDLUNGSKERNE 16. JH.

ERWEITERUNG bis 1900

STRASSENFÜHRUNG 19. JH.

DORFBILD um 1809

1. Die Entwicklung des Dorfbildes 16.–19. Jahrhundert.

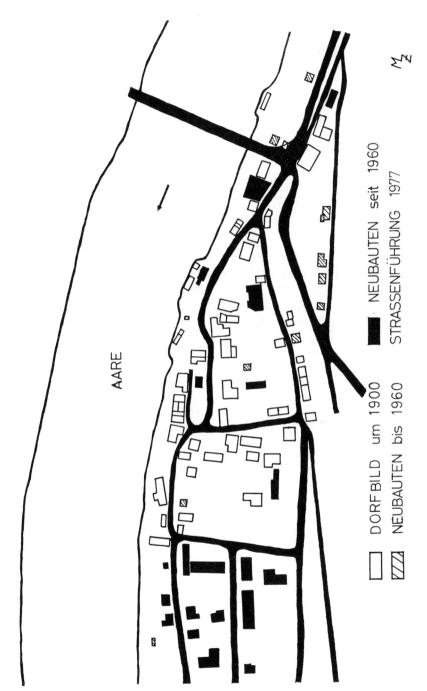

AARE

DORFBILD um 1900

NEUBAUTEN bis 1960

NEUBAUTEN seit 1960

STRASSENFÜHRUNG 1977

2. Die Entwicklung des Dorfbildes im 20. Jahrhundert (bis 1977)

gabelung gleichsam die "Visitenkarte" Stillis darstellte (heute im Besitz von Familie Baldinger-Baumann) (9).

Mit der starken Abwanderung in der zweiten Hälfte des 19. Jahrhunderts wurde auch die Bautätigkeit praktisch eingestellt. Man beschränkte sich darauf, die bestehenden Häuser auszubessern. So wurden zwischen 1861 und 1893 sechs Strohdächer auf Ziegel umgedeckt. Um 1900 besassen aber noch immer sechs weitere Häuser eine "weiche" Bedachung, welche die Besitzer in der Folge ebenfalls durch eine "harte" ersetzten. Ein grosser Teil der 1809 genannten Holzhäuser war aber abgebrochen worden. So ist vom alten Typ der einstöckigen, strohbedeckten Wohngebäuden kein einziges in ursprünglicher Form und Grösse erhalten geblieben. Von den damaligen Steinbauten stehen dagegen noch heute deren zehn, zwei weitere sind erst in letzter Zeit verschwunden.

*

Die angestellten Untersuchungen haben somit gezeigt, dass Stilli innerhalb von vier Jahrhunderten allmählich aus der Streusiedlung einiger Hofstätten zu einem Dorf zusammengewachsen ist. Die Entwicklung des alten Dorfteils wurde um 1850 abgeschlossen und hat sein Aussehen bis heute nur unbedeutend verändert. Dagegen ist seit 1960 unterhalb desselben ein neues, modernes, aber leider planlos gebautes Neuquartier entstanden.

9 vgl. dazu auch: Die Kunstdenkmäler des Kantons Aargau, Band 2, S. 411.

5. Die wirtschaftlichen Existenzgrundlagen

Flussgewerbe, Handwerk und Landwirtschaft bildeten die drei Säulen, auf denen die Erwerbsmöglichkeiten der Stillemer beruhten. Im folgenden soll eine Gewichtung der drei Sparten versucht werden. Es ist leider nicht möglich, sie in aussagekräftigen Zahlen zu fassen und etwa ihren Anteil in Prozenten des Gesamteinkommens auszudrücken; immerhin sei auf die im Anhang veröffentlichte Zusammenstellung der Steuereinkommen von 1856, aber auch auf die dazu gehörende Kritik derselben hingewiesen. Anderseits können wir aber mit Hilfe unserer Personenkartei die Tätigkeitsfelder jedes einzelnen Mannes von Stilli feststellen und deren vielfältige Kombinationen auszählen.

Die Gesamtergebnisse sind in der folgenden Tabelle abgedruckt. Die Totalzahl umfasst sämtliche Haushaltvorstände sowie die unverheirateten Männer zwischen 20 und 60 Jahren, jedoch ausschliesslich die Ortsbürger. Die Angaben über Fehren und Fischer sind die sichersten, weil sie über die Lehensverzeichnisse und Gerichtsbücher gut erschlossen werden können. Dagegen sind die in der Schifffahrt Tätigen nur sporadisch in einiger Vollständigkeit bekannt, nämlich über den Salzfuhrvertrag 1707, die Akten zum grossen Schifferprozess 1756, die Volkszählung 1850 und die Steuerbücher ab 1856 (1). Die hinterste Kolonne umfasst Müller, Schiffbauer, Wirte, Handwerker und Händler, 1900 auch Fabrikanten und Fabrikarbeiter.

Die Beteiligung der erwachsenen Bürger von Stilli an Fluss- und anderen Gewerben

	Total Männer	Fehren	Fischer	Schiffer	kein Flussgewerbe	andere Gewerbe
um 1460	5	5	5	?	0	1
1566	8	5–7	5–8	?	?	1
1653	19	9	8–10	?	?	3
1702–07	33	14	10–14	29	1	5
1750/56	56	21	18	34	8	14
1794/1800	66	26	18	?	?	18
1850/56	86	45	29	45	14	35
1900	68	28	6	2	29	44

1 Die Quellen dazu sind in den betreffenden Kapiteln über die Fehren, Schiffleute und Fischer angegeben.

a) Die Flussgewerbe

Die verschiedenen Arten von Flussberufen haben wir in den entsprechenden Kapiteln bereits ausführlich beschrieben. Hier geht es nur darum, die Kombinationen untereinander und mit flussfremden Tätigkeiten herauszuarbeiten. Die Tabelle zeigt, dass im 15. und 16. Jahrhundert sämtliche Männer am Fahr- und Fischereirecht beteiligt waren; wenn wir uns zudem an den Personalaufwand der Fähre erinnern, können wir ermessen, wieviel Zeit jeder Mann nur zu deren Bedienung brauchte. Später stellen wir ähnliche Verhältnisse bei der Schiffahrt fest: noch 1707 unterzeichneten 29 von 33 Erwerbstätigen den Salzfuhrvertrag. Eine vermehrte Spezialisierung setzte eigentlich erst im 18. Jahrhundert ein; die Zunahme der Einwohner erforderte einerseits eine weitgehende Trennung von Fährebetrieb und Fischerei, anderseits ein Ausweichen auf handwerkliche Tätigkeiten.

Die abgedruckten Zahlen führen uns die Bedeutung der Flussgewerbe deutlich vor Augen. Noch 1850 waren über 80 % aller einheimischen Männer mindestens in einer der drei Sparten tätig. Von den restlichen 14 stammten nur 11 aus alteingesessenen Familien; es handelte sich entweder um reiche Bauern und Händler oder um schwächliche Naturen, die den körperlichen Anstrengungen auf dem Wasser nicht gewachsen waren.

Gewisse Kombinationen von Flussberufen waren besitzrechtlich beschränkt: Fahr und Fischerei stellten persönliches Eigentum der Beteiligten dar. Die Längsschiffahrt dagegen war allgemein zugänglich; es gab daher stets einige Männer, die sich nur in letzterer betätigen konnten. Anderseits lag die Zahl derjenigen, die in sämtlichen drei Sparten arbeiteten, unter 10 %. Die vielfältigste Gruppe bildeten die Fischer, von denen über 2/3 auch Schiffer waren und etliche einen Anteil am Fahr besassen. Mit einer Ausnahme führten 1707 alle Fehren Salz aareaufwärts, 1756 waren es noch 2/3, 1850 ungefähr die Hälfte. Die soziale Differenzierung wird nirgends so deutlich wie hier: Die vermöglicheren Schichten zogen sich von der Schiffahrt zurück, behielten aber die rentable Fahrberechtigung; ärmere Gruppen dagegen, also die Fischer, einige Handwerker und natürlich jene, welche nur von der Schiffahrt lebten, blieben weiterhin auf die anstrengendsten Arbeiten angewiesen. Diese Erscheinung geht auch deutlich aus der im Anhang abgedruckten Liste der Steuereinkommen von 1856 hervor, und wir werden uns damit im Kapitel über die soziale Schichtung noch näher zu befassen haben.

In den Zahlen von 1900 wird der Rückgang der Flussgewerbe unübersehbar. Die Schiffahrt war zu völliger Bedeutungslosigkeit abgesunken. Die Fischereirechte befanden sich im Besitz weniger Einzelpersonen, boten diesen aber eine ausreichende Existenz. Weniger drastisch wirken die Verhältnisse beim Fahr; die

Monopolstellung dieser Überfahrt machte sich bis zuletzt bemerkbar; auch hatten die bevorstehende Aufhebung und die unsichere Entschädigung eine gewisse Stabilisierung der Anteile zur Folge, da deren Wert unklar war (2). Auf der andern Seite hatte die Zahl derjenigen, welche sich völlig von jeglichem Flussgewerbe gelöst hatten, stark zugenommen und umfasste nun über 40 % aller Männer. Nur wenige Jahre später sollten nur noch drei Fischerfamilien und die Schiffbauer ihren Lebensunterhalt aus den Flussberufen bestreiten.

b) Handwerk, Gewerbe, Handel und Industrie

Taverne und Mühle prägten das Dorfbild von Stilli seit den Anfängen im 15. Jahrhundert. Weitere Gewerbe und Handwerke brauchte man hier lange Zeit nicht; die Bevölkerung war noch zu klein; Fahr und Fischerei boten ausreichenden Erwerb; ausserordentliche Bedürfnisse konnten im nahen Brugg gedeckt werden. Mit der steigenden Bevölkerung hören wir um 1650 vom ersten Küfer und von einem Schuster; daneben übten zugewanderte Hintersässen solche Tätigkeiten aus. Erst im 18. Jahrhundert bezeichneten sich einzelne Einheimische als Schmiede, Metzger, Weber, Strumpfweber, Öler, "Weidligmacher" und Kornhändler. 1780 fand sich der erste Schneider. Das Baugewerbe drang erst nach 1830, wiederum durch fremde Zuzüger, in die Gemeinde ein.

Die Tabelle macht die zunehmende Bedeutung handwerklich-gewerblicher Berufe im Flussdorf augenfällig. Zu Beginn des 18. Jahrhunderts noch unter 20 %, stieg ihr Anteil auf 27 % um 1800 und über 40 % bis 1850. Stets war aber die Mehrzahl dieser Gruppe auch auf dem Wasser tätig. Dies änderte sich erst mit der Aufhebung des Fahrs nach 1900.

Im folgenden sollen nun die einzelnen Sparten in ihrer Entwicklung und Bedeutung etwas gewürdigt werden.

Das Gasthaus zum "Bären"

Der Ursprung der Taverne zu Stilli liegt in jener spannungsgeladenen Zeit zwischen dem Alten Zürichkrieg (1444) und der Eroberung Schenkenbergs durch

---

2 vgl. dazu die Ausführungen im Kapitel über den Entschädigungsprozess der Fähregesellschaft Stilli gegen den Staat Aargau.

die Berner (1460). Es war vermutlich um 1455, als Marquard von Baldegg dem initiativen Hans Birkinger gestattete, bei der Ländestelle der Fähre ein Wirtshaus zu erbauen. Die Opposition liess nicht auf sich warten: Die Stadt Brugg beanspruchte für sich das Vorrecht, im Umkreis einer Bannmeile dürfe keine Taverne betrieben werden. Von diesem Privileg wurde einzig jene am Fahr Windisch nicht betroffen, vermutlich weil sie älter als das Städtchen selbst war. Nachdem 1444 auch das Stadtarchiv samt den wertvollen Urkunden zerstört worden war, konnte der schriftliche Beweis für dieses Vorrecht nicht mehr erbracht werden.

In einem grossen Prozess, welchen Marquard von Baldegg und die Stadt Brugg von 1456 an gegeneinander führten, kam auch die Taverne von Stilli zur Sprache. Die beiden Parteien riefen den Rat von Zürich als Schiedsrichter an. In den Klageschriften stiessen mittelalterliche und neuzeitliche Argumente gegeneinander: Die Brugger pochten auf ihr überliefertes Privileg, welches den Ritter von Baldegg in seinem Bestreben, einen geschlossenen kleinen Territorialstaat mit klaren Grenzen zu bilden, behindern musste. Der Herr von Schenkenberg vertrat die Meinung, er könne in seinem Gebiet so viele Tavernen haben, als er wolle; anderseits rede er der Stadt Brugg bei der Anzahl ihrer Herbergen auch nicht drein. Pathetisch fügte er in einem Schreiben hinzu, "auf den Strassen des heiligen römischen Reiches wandeln und reiten viele auf und ab, welche eine Taverne brauchen"; daher sei eine solche am Fahr zu Stilli notwendig (3). – Die Eroberung der Herrschaft Schenkenberg durch Bern unterbrach den Prozess 1460. Der Rat von Zürich hatte aber schon vorher einen Vergleich vorgeschlagen, welchen die Berner sechs Jahre später übernahmen: Brugg wurde grundsätzlich in seinem Privileg bestätigt; doch durfte Birkinger vorbeireisende Fussgänger und Reiter mit Speise und Trank sowie mit Futter für die Pferde versehen und diesen ein Nachtlager anbieten; dasselbe galt auch den Nachbarn gegenüber (4).

Dieser Kompromiss, welcher im Schenkenberger Urbar von 1540 bestätigt wurde, schuf einen breiten Spielraum für die Interpretation (5). Er verursachte einen jahrhundertelangen Streit, da Brugg immer wieder gegen die Wirte von Stilli und Windisch Klage führte. Die Stadt erreichte 1571 sogar, dass die Regierung jede Übertretung mit eienr Busse von 10 Pfund bedrohte (6). 1628 figurierte der Bären auf der Liste der obrigkeitlich zugelassenen Weinschenken des Amts Schenkenberg (7). 1637 klagte Brugg wiederum, die Wirte von Windisch und Stilli würden "in ihrem alten wäsen" fortfahren und die Stadt dadurch stark schädigen. Der damalige Wirt Uli Hirt, der zur ländlichen Oberschicht gehörte und offenbar gute Beziehungen zu Bern unterhielt, muss 1639 auf irgendeinem Weg ein eigentliches Tavernenrecht erreicht haben, das aber zufolge sofortiger Intervention durch den Rat zu Brugg von den "Gnädigen Herren" wieder

---

3 StABrugg, Band 458 a; StAAa, Band 1102, S. 1–91.
4 RQ Brugg, S. 50.
5 StAAa, Band 1151, S. 71.
6 StABE, Unteres Spruchbuch Z, S. 32 ff.
7 StAAa, Band 1103, S. 845 + Band 1116, S. 532 ff.

aufgehoben wurde. Hirt aber wirtete weiter, weshalb der Brugger Schultheiss drei Wochen lang die Zahl der Übernachtungen im Haus des unerwünschten Konkurrenten auskundschaften liess, um dann wieder nach Bern zu gelangen. Das eingereichte Beweismaterial genügte, um den fehlbaren "Hotelier" zu einer Entschädigung von 30 Gulden zu verurteilen. Es war aber offensichtlich nicht möglich, das alte Monopol Bruggs mit den objektiven Interessen der Passanten zu vereinbaren, weshalb Hirt im gleichen Entscheid doch wieder gestattet wurde, bei Gefahr "reitende und fussgehende Personen", aber auch Fuhrleute und Lastwägen zu beherbergen (8).

Das Ausschliesslichkeitsrecht der "Prophetenstadt" entsprach aber je länger je weniger den Erfordernissen der Zeit. 1747 gelang es Kaspar Finsterwald, vielleicht dank seiner Stellung als Amtsuntervogt von Schenkenberg, ein eigentliches Tavernenrecht zu erhalten; damit war die Bewilligung verknüpft, die Gaststätte mit einem Wirtshausschild zu kennzeichnen. Merkwürdigerweise opponierte Brugg selbst auf die offizielle Bekanntmachung hin nicht (9). Erst ein Vierteljahrhundert später glaubte der dortige Rat, das Versäumte noch nachholen zu müssen; wider besseres Wissen behauptete er, die Konzession sei "hinderrucks" erteilt worden und sei daher zu annullieren. Es fiel dem Bärenwirt leicht, die Haltlosigkeit dieser Argumentation nachzuweisen. Die Seckelschreiberei in Bern kam in ihrem Gutachten zum Schluss, die Stadt Brugg könne nur auf dem ordentlichen Gerichtswege versuchen, ihre Interessen geltend zu machen. Darauf scheint diese dann doch verzichtet zu haben (10).

Was die Bärenwirte für sich beanspruchten, wollten sie aber den Nachbargemeinden Stillis nicht zugestehen. So erreichte derselbe Kaspar Finsterwald 1756, dass er in seiner Eigenschaft als Amtsuntervogt die Wirtschaft in Remigen schliessen konnte. Sein gleichnamiger Enkel erhob noch 1793 Einsprache gegen die Eröffnung einer Taverne im selben Dorf, und zwar mit Erfolg (11). Den Betrieb einer Pinte (Weinschenke) in Villigen vermochten die Finsterwald offenbar nicht zu verhindern. – Aber auch im eigenen Dorf duldeten sie keine Konkurrenz. So liess Amtsuntervogt und Bärenwirt Hans Hirt schon 1671 einen Jogli Finsterwald für den "Frevel", wider Verbot gewirtet zu haben, verurteilen (12).

Die Helvetische Revolution räumte dann auch mit diesen Privilegien auf. Jede Gemeinde erhielt wenigstens eine eigene Pintwirtschaft, in der Getränke ausgeschenkt werden durften, so auch die Nachbardörfer Stillis.

In Stilli selbst vermochten die Bärenwirte ihr Monopol noch bis über die Mitte des 19. Jahrhunderts zu behalten; einzig von 1830 bis 1837 wurde dem damali-

---

8 StABE, U.P. Band 10, Nr. 122; StAAa, Band 1834 (S. 105–109) + Band 1836 (S. 108–111).
9 StABE, Unteres Spruchbuch LLL, S. 292 f.
10 StAAa, Band 1836, S. 108–119.
11 StAAa, Bände 1109 (Nrn. 12 + 14) und 1118 (S. 423).
12 StAAa, Band 1377, S. 144.

gen Gemeindeammann die Führung einer Landweinschenke gestattet; diese Konzession erlosch aber mit dessen Konkurs und wurde trotz aller Bemühungen nicht auf den Sohn übertragen (13). Daneben bestanden gelegentlich Eigengewächswirtschaften, aber nur so lange, bis der selbstgepflanzte Wein aufgebraucht war.

*

Die *Eigentümer* des "Bären" sind lückenlos bekannt. Der erste Wirt war der genannte Hans Birkinger, einer der "Pioniere" aus Stillis Anfängen. Das Gasthaus blieb bis zu Beginn des 17. Jahrhunderts im Besitz seiner Nachkommen, welche sich später, wie schon ausgeführt, "Müller" nannten. 1608 kaufte es jener Uli Hirt, der in der Folge die Prozesse gegen die Stadt Brugg austrug (14). Sein Sohn Hans Hirt vereinigte als erster die Führung dieser Wirtschaft mit der Funktion des Amtsuntervogts von Schenkenberg; er gehörte sicher zu den reichsten Männern der ganzen Herrschaft. Da er jedoch beide erwachsenen Söhne überlebte, die Enkel aber bei seinem Tode noch minderjährig waren, verloren die Nachkommen diese Schlüsselstellung. Amt und Wirtshaus gelangten um 1684 an Hirts Schwestersohn Heinrich Finsterwald, dessen Nachkommen die Gaststätte über sechs Generationen bis zu ihrer Schliessung im Jahre 1876 betrieben und zugleich wichtige Ämter bekleideten.

Das *Wirtshaus* von Stilli stand schon in Birkinger'scher Zeit im obern Teil des Dorfes, nahe beim Fahr. In der Mitte des 16. Jahrhunderts errichtete Hans Müller eine neues Gebäude, für welches ihm die Regierung 1556 das "Ehrenwappen" schenkte (15). Von den heute noch stehenden alten Häusern kommt eigentlich nur jenes hinter dem jetzigen Schulhaus (jetzt W. Grässli) in Frage; seine Lage innerhalb der Hofstatt der Familie Müller und über dem Fahr sowie die doppelte Unterkellerung bieten einige Anhaltspunkte dafür. – Gegen Ende des 17. Jahrhunderts dürfte dann Amtsuntervogt Heinrich Finsterwald an der Stelle des heutigen Schulhauses eine neue, prachtvoller ausgestattete Wirtschaft erbaut haben. Die älteste Zeichnung von Stilli (1705) zeigt sie mit einem imposanten Treppengiebel; Abraham Schellhammer, der 1728 die ganze Berner Landschaft bereiste, bezeichnete sie als "ansehenliches Wirtshus" (16). Vielleicht im Zusammenhang mit der Umwandlung in eine Taverne wurden starke Veränderungen vorgenommen, so dass sich der Bären um 1820 so präsentierte, wie ihn eine Ofenkachel aus dem abgebrochenen Lehnerhaus an der Steig wiedergibt: noch immer blickte

13 StAAa, Regierungsratsprotokolle 1830 (S. 403), 1833 (S. 205, 276, 650), 1834 (S. 262), 1837; Regierungsakten F No. 10 (1837).
14 StAAa, Band 1221.
15 Bern in seinen Ratsmanualen, Band 1, S. 145.
16 StABE, Atlas Band 2, S. 32/33; Burgerbibliothek Bern, Mss. Hist. Helv. XIV/77, S. 1371.

die Front gegen die Aare, während im hintern, westlichen Teil die Stallungen untergebracht waren 1804 erbaute Kaspar Finsterwald an der Stelle der heutigen Turnhalle ein neues Ökonomiegebäude mit korbbogigen Toren, diagonalen Holzvergitterungen und einem reich ausgestattenen Schlussstein. 1823 wurde die heute als Schul- und Gemeindehaus dienende Taverne errichtet; es handelt sich dabei um einen klassizistischen Würfelbau mit drei Geschossen und einer Säulenhalle. Sie galt als das "stattlichste und schönste Landgasthaus weit und breit". Nachdem es dem Wirt gelungen war, die primitiven Nachbarhäuser zusammenzukaufen und abzubrechen, entstand hier ein Garten, der zusammen mit der Taverne und der rechtwinklig dazu stehenden Scheune eine grosszügig angelegte, eindrückliche und stilistisch geschlossene Gruppe bildete (17).

Der ehemalige Gasthof zum "Bären", Stilli (erbaut 1823; heute Schul- und Gemeindehaus).

17 Die Kunstdenkmäler des Kantons Aargau, Band 2, S. 408–410; Brugger Neujahrsblätter 1925, S. 29/30; StAAa, Lagerbuch der Gemeinde Stilli 1809, Nrn. 8 + 9.

Über den eigentlichen *Betrieb* dieses Gasthauses wissen wir nur wenig. Das Protokoll des Chorgerichts gewährt uns zwar einige Einblicke in Episoden, welche die Obrigkeit veranlassten einzuschreiten; es berichtet uns von "Überhöcklern", von unbewilligten Tanzanlässen, von Beschimpfungen und Schlägereien und von einer jungen, schwermütigen Wirtin, die sich täglich derart betrank, dass ihr Mann die Gaststätte einem Bruder übergeben musste; Jakob Baumann, genannt "Wälder", erhielt 1774 gar zwölf Prügelschläge, und zwar auf dem Platz vor dem Wirtshaus, weil er sich dort so ungebührlich benommen habe (18). Der reguläre Alltag mit Umsatz, Zahl und Herkunft der Gäste entzieht sich unserer Kenntnis weitgehend. Einzig für den Mai 1640 sind die Übernachtungen bekannt, da der Rat von Brugg, wie erwähnt, heimliche Zählungen vornehmen liess: es handelte sich damals um zwei bis fünf Fuhrwerke pro Nacht, wozu die Fuhrleute, Warenträger und bis zu 25 Pferde kamen (19). Ausserdem sind uns genaue Aufzeichnungen über die Einnahmen zwischen dem 26. Oktober und dem 19. November 1779 erhalten geblieben; in diesen 25 Tagen betrug der Umsatz über 800 Gl., was pro Tag ungefähr dem Wert einer Kuh, pro Monat den Stockgeldauszahlungen der ganzen Fähregesellschaft für ei volles Jahr entsprach! Wenn wir auch nicht wissen, ob die Einnahmen dieses kurzen Zeitabschnitts eine durchschnittliche Höhe wiedergeben, vermitteln sie uns doch einen Eindruck von der Einträglichkeit dieser Taverne (20).

Einige Inventare vermitteln uns Hinweise über die *innere Ausstattung:* Die drei Wirtsstuben von 1779 enthielten insgesamt 11 Tische, 35 Stabellen und 3 Bänke; in 8 Kammern standen 16 Betten, wovon die meisten "zweischläfig", d. h. für zwei Personen vorgesehen, und mit Stohsäcken versehen waren. An Wein wurde Schinznacher und Villiger verschiedener Jahrgänge, an Schnäpsen Obsttrester, Kräuter und Kirsch ausgeschenkt (20). Das Brot stammte aus der eigenen Backstube, das Schweinefleisch aus der eigenen Mast; sicher wurden auch Fische angeboten, je nach Saison und Fängen Hecht, Egli, Barbe, Aal und Lachs. – Das heute noch erhaltene Tavernengebäude enthielt etwa doppelt so viel Raum. Über der Wirtsstube war nun Platz für einen Tanz-, darüber für einen weiteren Saal. Im ganzen Haus standen 32 Tische, 11 Bänke und über 100 Stühle, in einzelnen Räumen ausserdem noch sechs Kanapees sowie ein Piano. Die Zahl der Schlafstellen dagegen blieb gleich (21).

Nach kurzer Zeit sollte sich bereits herausstellen, dass dieses neue Gasthaus überdimensioniert war. Um die Jahrhundertwende ging der Umsatz rapid zurück (22):

---

18 GA Rüfenach, Chorgerichtsprotokolle, z. B. 18. 1. 1663, 18. 5. 1704, 30. 12. 1742, 4. 9. 1774.
19 StAAa, Band 1834, S. 105–109.
20 StAAa, Band 1488.
21 GA Stilli, Inventare 1870 (Johannes Finsterwald).
22 vgl. dazu die vollständige Zahlenreihe auf Seite 64.

Das Ende der Zurzacher Messen und das Aufkommen der Eisenbahn verursachten eine Abnahme des Durchgangsverkehrs; die Frequenz durch die einheimische Bevölkerung liess wegen der schlechten Konjunkturlage nach. Der Regierungsrat ermässigte nach und nach die Gebühren von 272 auf 75 Fr. Dieser Rückgang war aber nicht nur durch äussere Ursachen bedingt; offenbar liessen auch Bedienung und Qualität der Getränke zu wünschen übrig. Der Wirt Johann Finsterwald erklärte selbst, die Landwirtschaft bilde nun seine wichtigste Einnahmenquelle. Der daheim gebliebene Sohn war im Begriff, ein Getreidegeschäft aufzubauen, die unverheiratete Tochter für den Wirteberuf nicht unbedingt geeignet. So entschlossen sich die Erben Finsterwalds 1876 — nach dem Tode der Mutter —, die Pforten der über 400 Jahre alten Taverne für immer zu schliessen.

*

Mittlerweilen waren aber *neue Gaststätten* entstanden. Schon 1864 hatte der Regierungsrat dem Müller Heinrich Strössler gestattet, in seinem Hause (heute Konsum) eine Pinte zu eröffnen. Die Einsprachen des Bärenwirts waren erfolglos geblieben, da die ehemalige Untervogts-"Dynastie" ihren politischen Einfluss verloren hatte und nicht einmal mehr die uneingeschränkte Unterstützung durch den örtlichen Gemeinderat besass. Nach der Schliessung des "Bärens" durfte Strössler seinen Betrieb zu einer Speisewirtschaft erweitern. Dieses Patent ging 1887/89 auf die Familie Lehner, Krämers, im Nachbarhaus über, womit der heutige "Frohsinn" seinen Anfang nahm.

1875 erhielt auch Samuel Müller, Kuters, die Bewilligung für eine Pinte, 1881 für eine Speisewirtschaft im Gebäude der heutigen "Schifflände".

Die jüngste Gaststätte von Stilli, statt "Wirtschaft" etwas vornehmer (!) "Restaurant" genannt, ist die "Aarebrücke". Wie der Name sagt, wurde sie im Zusammenhang mit dem Bau eines festen Aareübergangs eröffnet, und zwar 1901 durch den Schiffbauer Heinrich Baumann (23).

Mit ihren Fischspezialitäten pflegen die drei genannten Wirtschaften noch eine letzte Tradition, die an die alten Existenzgrundlagen des Flussdorfes Stilli erinnert. Schon im alten "Bären" und später in der "Schifflände" hatte man den Durchreisenden sowie den Badener Kurgästen auf ihren Rundfahrten Fischgerichte angeboten. In unserm Jahrhundert haben vor allem die vielen, während des 2. Weltkriegs hier einquartierten Soldaten den Ruf dieser "Fischbeizen" im Lande verbreitet.

23 StAAa, Regierungsratsprotokolle vom 10. 2. 1864, 6. 10. 1875, 20. 4. 1878, 11. 3. 1881, 3. 11. 1887, 3. 5. 1889, 7. 6. 1901.

Die Mühle

Spätestens seit dem 13. Jahrhundert standen in der Aare bei Freudenau-Roost zwei Mühlen, welche zum Murbacherhof Rein gehörten. Mit allen dortigen Gütern gelangten sie 1291 in den Besitz der Habsburger und von diesen, zusammen mit dem Fahr, an die Familie von Lufar, 1355 an Königsfelden (24). In der ersten Hälfte des 15. Jahrhunderts stand noch eine davon unterhalb des Dorfes Lauffohr.

1447 zimmerte Hans Birkinger eine Mühle in Stilli. Bei seinem Streit mit Königsfelden wegen des Fahrs beklagte er sich 1453, er habe diese bisher nie gebrauchen können; sie hätte ihm sonst einen wöchentlichen Verdienst von 1 Mütt Kernen abgeworfen. Vor dem Schiedsgericht behauptete Birkinger, er habe 1446 zusammen mit dem Fahr auch ein Mühlenrecht empfangen. Der Hofmeister bestritt dies energisch und erklärte, es handle sich bloss um eine List des Fehren, welcher glaube, durch Schlauheit zu einer Mühle zu kommen; bei der Verleihung des Fahrs sei davon überhaupt nicht die Rede gewesen. Hans Birkinger berief sich dagegen auf drei prominente Zeugen, nämlich den frühern Hofmeister von Königsfelden, den Schultheissen von Brugg und den Besitzer der Habsburg, Junker Peter von Grifensee. Offensichtlich war 1446 kein Lehenbrief ausgestellt worden, weshalb es zu solch widersprüchlichen Aussagen kommen konnte. Vermutlich war Birkinger im Recht; das Schiedsgericht einigte die Parteien nämlich auf folgende Vereinbarung:
1. Hans Birkinger erhielt die Mühlestatt zu einem jährlichen Zins von 1 Mütt Kernen.
2. Mühle und Fahr sollten lehensrechtlich für immer zusammengehören.
3. Der Lehenmann konnte die Mühle bei Änderung des Wasserlaufs verschieben.
4. Die Mühle durfte auf keinen Fall das freie Landfahr Stilli behindern.
Dieser Entscheid blieb durch die folgenden Jahrhunderte in Kraft. In den Güterverzeichnissen Königsfeldens wurde die Mühle Stilli jeweils als Teil des dortigen Fahrlehens aufgeführt (25).

*

Im Kapitel über die ältesten Bürgerfamilien haben wir gesehen, dass sich Birkingers Nachkommen derart mit ihrer Tätigkeit identifizierten, dass sie sich fortan (und bis heute) "Müller" nannten (26). Die Mühle gehörte ihnen aber längstens bis in die Mitte des 17. Jahrhunderts. 1652 war sie im Besitz eines Hans Jakob

24 HU I, S. 95–102; HU II, S. 123.
25 UKgf. 665; auszugsweise abgedruckt im UB Brugg, Nr. 120.
26 siehe oben Seite 205.

Lehner in Lauffohr (27). Damals erwarb sie Hans Hirt, der Wirt und spätere Amtsuntervogt zu Stilli. Seither betrieb die Familie Hirt diese Mühle, und zwar über neun Generationen bis zu ihrer Aufhebung. Ein angewanderter Zweig setzte die Familientradition in der Gipsmühle Vogelsang und in der Reussmühle bei Gebenstorf, ein anderer in der untern Mühle Schinznach forrt.

Die Besitzverhältnisse in Stilli können wir sehr genau verfolgen: Noch im 17. Jahrhundert wurde sie unter zwei Enkel von Hans Hirt halbiert, wobei es dem einen 1714 gelang, die andere Hälfte auch an sich zu bringen. Von dessen drei Söhnen erhielt der jüngste einen Hauptteil am Fahr, während die beiden ältern die Mühle wiederum teilten. Fortan führten zwei Hauptlinien dieses Geschlechts die Mühle gemeinsam, die "Welschen" und die "Gütterli". Im 19. Jahrhundert verkaufte Kaspar Hirt, Welschen, seinen Anteil an Hans Heinrich Finsterwald, den Sohn des Bärenwirts; von diesem ging sie 1850 an den mächtigen Wirt und Ammann Heinrich Strössler. Erst nach dessen Tod 1882 gelang es Friedrich Hirt, Gütterlis, auch diese Hälfte an Hirt'schen Besitz zurückzuführen und das ganze Mühlenrecht wieder zu vereinigen (28).

Die Müller erfreuten sich in früheren Zeiten eines grossen Ansehens; sie gehörten stets zu den Reichen in den Dörfern. Darum dürfte seinerzeit Hans Hirt die Mühle zu Stilli erworben haben; so versorgte später auch der Amtsuntervogt Kaspar Finsterwald zwei seiner Söhne mit den Mühlen zu Lauffohr und zu Remigen. Die Müller wohnten denn auch regelmässig in besonders vornehmen Häusern; die alten Mühlen von Villigen, Remigen und Lauffohr fallen noch heute durch ihren spätgotischen Stil auf; die erst kürzlich erfolgten Renovationen der Mühle zu Mülligen und der Brunnenmühle bei Brugg haben deren ursprüngliche Pracht wieder sichtbar werden lassen (29). Demgegenüber wohnten die Hirt − zumal im 17. und 18. Jahrhundert − eher bescheiden. Ihr Doppelhaus war zwar ebenfalls aus Stein gebaut und mit Ziegeln bedeckt, doch bestand es nur aus einem Stock; zwischen dem "Bären" und dem heutigen Haus Strössler gelegen, musste es anlässlich einer Strassenkorrektur von 1770 in den jetzigen Schulplatz versetzt werden. Erst als der Bärenwirt Johannes Finsterwald nach dem Bau der prächtigen Taverne seinen Garten erweitern wollte, veranlasste er Heinrich Hirt, Gütterlis, sein altes Haus mit einem neuen Haus (heute Baumann-Crosio) zu vertauschen, um nachher das alte Gebäude abzubrechen und nur noch den Keller für seine Weinvorräte beizubehalten (30).

27 StABrugg, Band 383, Nrn. 93/94; StAAa, Band 685 (1. 3. 1652); E. A. 4/1 d, S. 662 + 685; Bern in seinen Ratsmanualen, Band 2, S. 26 + 29.
28 StAAa, Bände 1382 (5. 3. 1714) + 1396 (11. 3. 1785); GA Stilli, Lagerbücher und Fertigungsprotokolle; StAZH, B. IX 6, fol. 95f.
29 vgl. dazu Die Kunstdenkmäler des Kantons Aargau, Band II, S. 356, 366, 383, 450.
30 StAAa, Lagerbücher Stilli 1809 + 1829; GA Stilli, Fertigungsprotokolle.

Die Schiffmühle von Stilli 1821 (nach einer Zeichnung in der Graphischen Sammlung der Zentralbibliothek Zürich).

Die bescheidenere Stellung der Müller von Stilli mochte damit zusammenhängen, dass die Nachbargemeinden im Laufe der Zeit ihre eigenen Mühlen erhielten. Die Stillemer selbst, die stärker auf Flussgewerbe als auf Landwirtschaft ausgerichtet waren, brachten wohl nicht allzuviel Korn zum Mahlen. Die dortigen Müller wurden denn auch 1762 als "arme Leute" bezeichnet (31).

*

Die meisten Getreidemühlen wurden, selbst wenn sie an einem grossen Fluss standen, von einem kleinen Seitenbach angetrieben; als Beispiele seien wiederum die Brunnenmühle ausserhalb Brugg, die Lindmühle bei Birmenstorf und die Mühle zu Mülligen erwähnt. Mahlwerke, die ihre Energie direkt vom Fluss bezogen, erforderten kostspielige Wehrbauten, wie sie für die Gipsverarbeitung in der Reuss zwischen Windisch und Mülligen um 1800 erstellt wurden. In Stilli dagegen bestand eine Schiffmühle, wie sie in der untersten Aare auch für Gippingen (1399) und für Brugg (ab 1466) nachgewiesen sind (32). Mühlen dieser Art boten bedeutende Vorteile: sie passten sich leicht dem Wasserstand an, konnten ohne grosse Kosten verschoben werden und ersparten, wie schon ausgeführt, teure Flussverbauungen.

31 StAAa, Band 1104, S. 1241.
32 StAAa, Urk. Leuggern Nrn. 179; Max Banholzer, Brugg, S. 90.

Von der Stillemer Schiffmühle sind drei Abbildungen erhalten geblieben: Der Atlas über die bernische Landesgrenze von 1705 und die Ofenkachel von 1833 zeigen sie — etwas undeutlich — vom gegenüberliegenden Ufer aus. Dagegen bewahrt die Zentralbibliothek Zürich eine besonders reizvolle Zeichnung aus dem Jahre 1821 auf. Die damalige Mühle bestand aus zwei Schiffen, zwischen denen sich das Rad drehte. Auf dem einen stand das hölzerne, strohbedeckte Mühlenhaus, in welchem sich das Mahlwerk befand. Die ganze Einrichtung war mit Seilen, Ankern und Pfählen fest verbunden (33).

Dass eine solche Mühle durch Hochwasser und Schwemmholz dauernd gefährdet war, versteht sich. Zwei besonders schwere Unglücksfälle sind uns überliefert: Als der Wasserstand in der Nacht zum 5. Juli 1762 innerhalb weniger Stunden gewaltig stieg, sanken beide Schiffe; dann rissen alle Befestigungen, und die Müller "mussten mit Tränen ihrem Unglück nachschauen". Die Männer, welche das Wrack in acht Weidlingen verfolgten, konnten nur mit äusserster Anstrengung nach zwei Stunden das Ufer wieder erreichen und so ihr Leben retten. Der Schaden wurde auf 1000 Pfund geschätzt. Für den Wiederaufbau schenkten die Nachbarn den Müllern das Holz, während die "Gnädigen Herren" in Bern einen Geldbetrag von 60 Kronen (= etwa 210 Pfund) spendeten (34). — Am 20. Oktober 1833 riss bei der Spinnerei Bebié in Turgi zufolge Nachlässigkeit ein Holzfloss los; mit grosser Wucht prallte es auf die Stillemer Mühle, zertrümmerte das äussere Schiff und beschädigte das Hausschiff so stark, dass es sank. Da ganz neue Schiffe hätten gebaut werden müssen, suchten die beiden Müller bei der Regierung um die Erlaubnis nach, eine feste Mühle auf eichenen Pfählen am Ufer aufrichten zu dürfen. Die kantonale Baukommission empfahl ihnen, im Fluss, neun Fuss von der Hausmauer entfernt, fünf Pfähle einzurammen und diese mit starken Brettern zu verschalen, so dass ein Kanal gebildet werde. Damals entstand jene Mühle, welche auf alten Fotos zu erkennen ist, hart an der Aare, unterhalb der heutigen Post (35).

6 Jahrzehnte später bereitete die geplante Stauung der Aare für das Kraftwerk Beznau diesem Gewerbe ein Ende. Ende 1896 verkaufte der letzte Müller, Friedrich Hirt, Gütterlis, seine ehehafte Wasserkraft (etwa 14,34 PS) dem Inhaber der Beznauer Konzession (36). Damit hatte die Mühle von Stilli nach genau 450-jährigem Betrieb zu bestehen aufgehört.

33 StABE, Atlas 2, S.,32/33; Die Kunstdenkmäler des Kantons Aargau, Band II, S. 410 unten; Zentralbibliothek Zürich, Graphische Sammlung, Burgen Aargau: Freudenau.
34 StAAa, Band 1104, S. 1241–1258.
35 StAAa, Regierungsakten F No. 18/23 (1835).
36 GA Stilli, Fertigungsprotokoll I/102.

Die Schmieden

Wie der Betrieb eines Wirtshauses oder einer Mühle bedurften auch die Schmieden besonderer obrigkeitlicher Bewilligungen. Ihre Zahl war beschränkt. Solche Berechtigungen stellten daher persönlichen Besitz dar und konnten nur durch Kauf oder Erbschaft erworben werden. Dieses Handwerk gehörte zu den "vornehmern" und dessen Ausübung galt offensichtlich auch für Söhne von Amtsuntervögten als standesgemäss.

Die Errichtung einer Schmiede in Stilli drängte sich wegen des starken Durchgangsverkehrs geradezu auf. Als erster einheimischer Meister begegnet uns zu Beginn des 18. Jahrhunderts Fridli Finsterwald (1683–1755), Sohn des Untervogts Heinrich. Seine Werkstatt muss in der Gegend der heutigen "Schifflände"-Terrasse gestanden haben. Zwei seiner Söhne führten den Betrieb weiter; ob diese Halbierung ihre Existenz nicht mehr sicherte oder ob es den beiden an Einsatz und Tüchtigkeit fehlte, wissen wir nicht; jedenfalls waren ihre Witwen sehr arm, und das Haus stürzte ihnen über dem Kopf zusammen (37).

Der Misserfolg der zwei Schmiedsöhne könnte auch mit einer unerwarteten Konkurrenz im Dorf zusammenhängen. Ihr Onkel, der spätere Amtsuntervogt Kaspar Finsterwald hatte schon 1737 das Schmiederecht von Remigen gekauft und offenbar auf Stilli übertragen lassen. Einer seiner sieben Söhne wurde ebenfalls Schmied und erhielt vom Vater jenes Haus hinter dem "Bären", von dem wir vermuten, es handle sich um die ehemalige Gaststätte (heute Werner Grässli). Hier, unmittelbar beim Fahrübergang, blieb die Werkstätte etwa hundert Jahre lang, zuerst im Besitz des jungen Kaspar Finsterwald, dann dessen Sohn Jakob; um 1800 ging sie an den zugewanderten Tochtermann Friedrich Autenheimer über. Sein ältester Sohn Jakob Autenheimer erbaute 1840 die neue Schmiede neben der ebenfalls neuen Mühle; diese beiden Gebäude haben das Dorfbild Stillis lange Zeit geprägt (38).

Nach der Aufhebung des Fahrs stand die Schmiede von Stilli abseits der Durchgangsstrasse, und schon wenige Jahrzehnte später ging sie endgültig ein.

Der Schiffbau

Die "Weidligmacher" gehörten während 200 Jahren zu den typischen Handwerkern des Flussdorfes Stilli. Auch dieses Gewerbe blieb über sechs Generatio-

---

37 StAAa, Bände 1390 (23. 4. 1760, 10. 12. 1762), 1395 (15. 5. 1783), 1397 (23. 4. 1788).
38 StAAa, Lagerbücher Stilli 1809 + 1829.

nen in derselben Familie. Der Begründer der "Dynastie" war Jakob Baumann (1702–1778), einer der fünf Söhne des angesehenen Kirchmeiers, Richters und Chorrichters Kaspar Baumann, Buzen. Von ihm setzte sich die Tradition fort, von den Urenkeln an in zwei Linien, welche den Betrieb unter der Bezeichnung "Gebrüder Baumann" weiterführten. Seit 1832 diente ihnen jene Weidlinghütte als Werkstätte, von der ein Teil noch heute an der Aare oberhalb der Brücke steht (39).

Ausnahmsweise sind wir über diesen Gewerbszweig bedeutend besser informiert als über alle anderen; die Tochter des letzten Schiffbauers bewahrt nämlich noch zwei "Hausbücher" ihrer Vorfahren auf (40). Sie betreffen die Zeiträume 1831–1843 und 1884–1888 und geben uns Aufschluss über Produktion, Schiffsarten, Preise und Zahlungsmodalitäten, Käuferkreis und Ausgaben für Holz. In den vollen elf Jahren 1832/42 bauten die "Weidligmacher" insgesamt 482 Schiffe; die jährliche Produktion schwankte zwischen 29 und 64. Rund ein Drittel bildeten grosse Transportweidlinge, die zwischen 66 und 76 Franken (alter Währung) kosteten; bei den übrigen handelte es sich um kleinere Fischerboote und Personenfähren, deren Preise sich meist um 20–30 Franken bewegten. Die Transportschiffe waren durchschnittlich 16–17 m lang, 80 cm breit und 60 cm hoch; bei den Fischerbooten lauteten die entsprechenden Masse 10 m x 60 cm x 35 cm. Nahezu die Hälfte aller grossen und ein Fünftel der kleinen Boote wurden für das einheimische Flussgewerbe gebaut. Ein gutes Drittel der Gesamtproduktion gelangte in andere aargauische Ortschaften, besonders nach Döttingen, Koblenz und Laufenburg, nach Vogelsang und Rieden, nach Windisch, Biberstein und bis Aarburg. Ein Viertel aller Aufträge kam aus dem Kanton Zürich, teils aus verschiedenen Limmatdörfern, teils von den ehemals zünftischen Schiffsmeistern Körner aus der Stadt. Insgesamt 41 Schiffe wurden in diesen elf Jahren nach Deutschland exportiert, meist nach Dogern, Waldshut, Hauenstein und Kleinlaufenburg. Aus Deutschland stammte auch das meiste Holz, und zwar aus dem Schwarzwald. Hauptlieferant war ein Konrad Jehle aus Immenaich in der Umgebung von St. Blasien; dieser brachte die Stämme bis Waldshut, wo sie von den "Weidligmachern" abgeholt wurden. – Der jährliche Umsatz schwankte zwischen 1116 und 2465 Franken (alter Währung) und betrug im Durchschnitt 1720 Fr. Davon gingen über 60 % oder 1067 Fr. für Holz ab, ausserdem einiges für weitere Materialien und Werkzeuge. Für Löhne dürften etwa 600 Fr. übrig geblieben sein. Wenn wir berücksichtigen, dass die gleiche Familie die wöchentliche Schiffahrt Zürich-Laufenburg (Donnerstag-Freitag) betrieb, ergeben sich etwa 200 Arbeitstage pro Jahr. Bei einem Taglohn von 1 Fr. reichten die 600 Fr. für drei Arbeitskräfte aus; das entsprach dem Vater Heinrich Baumann (1777–1858) und seinen Söhnen Jakob und Hans.

39 StAAa, Lagerbuch Stilli 1829.
40 im Besitz von Frau Elise Härri-Baumann, Steig, Stilli.

Dass die Produktion mit dem Rückgang des Flussverkehrs nicht gesteigert werden konnte, versteht sich von selbst. Dennoch bauten die "Weidligmacher" auch nach 1880 noch an die 50 Schiffe jährlich. Dies war nur dank der Ausweitung des Kundenkreises möglich. Der Bedarf aus dem eigenen Dorf fiel nicht mehr ins Gewicht; innert vier Jahren konnten hier noch sechs Fischerboote und ein Transportweidling abgesetzt werden. Zwei Drittel aller Schiffe gingen nun in andere Ufergemeinden des Kantons; der Waffenplatz Brugg allein bezog jährlich zehn Pontons für die militärische Ausbildung der dortigen Truppen. In dieser Zeit scheint auch der Wassersport bereits eine gewisse Bedeutung erreicht zu haben; darauf weisen die Bestellungen der Rheinklubs Basel und Birsfelden, des Limmatklubs Zürich, der Wasserfahrvereine Bremgarten, Aarau und Olten sowie des Pontonierfahrvereins Luzern hin. Der private Kundenkreis war im übrigen durch Gemeinden und Fabriken weitgehend ersetzt. Nicht zu vergessen sind die Seilfähren, auf welche sich die Gebrüder Baumann spezialisierten; diese machten in den 1880er-Jahren einen Anteil von rund 20 % des Umsatzes aus. Eugen A. Meier nennt sie denn auch geradezu die "Hofbaumeister der Basler Fähren" (41).

An der Steig in Stilli: Haus **Härri** (ehemals Familie Baumann, Weidligmachers).

41 Eugen A. Meier, z'Basel a mym Rhy, S. 65.

Der Schiffbau scheint im 19. Jahrhundert ziemlich gut rentiert zu haben. Das zeigen die Wohnverhältnisse der "Weidligmacher" am augenfälligsten. Der erwähnte Heinrich Baumann hatte noch in der Hälfte eines recht primitiven einstöckigen und strohbedeckten Hauses gelebt. Von seinen Söhnen erbauten zwei das schöne Haus unterhalb der Brücke, ein dritter die spätere Wirtschaft zur "Aarebrücke", während zwei jenes für damalige Zeiten präsentable Haus Nr. 9 an der Steig erwarben, welches im Erdgeschoss mit einem wundervoll bemalten Ofen ausgestattet war und erst vor wenigen Jahren der Verbreiterung der Strasse und einem hässlichen Fabrikbau weichen musste (42). Der Sohn des einen, wieder ein "Weidligmacher", zog später in das Haus oberhalb der "Aarebrücke", wo heute noch die erwähnten Geschäftsbücher aufbewahrt werden (43).

Weitere Handwerke und Gewerbe

Während des 18. Jahrhunderts betätigten sich verschiedene Angehörige des Geschlechts Baumann (Stamm "Schwedis") als *Metzger*. Dabei handelte es sich um Lohnmetzger, welche die Tiere im Haus der Eigentümer schlachteten. Sie waren nicht berechtigt, eine eigene Bank zu führen und Fleisch zu verkaufen. Die Metzgermeister der Stadt Brugg besassen nämlich ein Monopol ("Schalrecht"), welches auch für das Amt Schenkenberg galt (44). – 1754 begann deshalb eine lange Kette von Prozessen zwischen dem Brugger Metzgerhandwerk und Johannes Finsterwald, dem Sohn des Amtsuntervogts und Wirts zu Stilli. Dieser hatte in der Herrschaft Lenzburg eine Lehre gemacht und sich als Meister eingekauft, allerdings unter der auffälligen Bedingung, den Beruf dort nie auszuüben! Stattdessen liess er sich im Sonnenberg, also nahe vor den Stadtmauern Bruggs, nieder und begann dort, nach Belieben zu schlachten und Fleisch zu verkaufen. Trotz zweimaliger Bitte lehnte der Rat zu Bern eine entsprechende Bewilligung ab (45). Finsterwald betrieb in der Folge die Wirtschaft auf dem Stalden, nachher in Gebenstorf. 1770 kehrte er nach Stilli zurück; seine mächtigen Brüder, der Wirt Gabriel Finsterwald und der Amtsuntervogt Hans Jakob Finsterwald bestrebten sich nun, ihm eine neue Existenz zu schaffen. Der Streit mit den städtischen Metzgern begann erneut; doch diesmal schützte Bern das Privileg der Brugger nicht mehr bedingungslos; die Argumente Finsterwalds und der Einfluss seiner Brüder und der Gerichtssässen waren stärker. Die "Gnädigen Herren"

42 GA Stilli, Lagerbücher und Fertigungsprotokolle.
43 mündliche Überlieferung von Frau Rosina Baumann-Finsterwald.
44 RQ Brugg, S. 266.
45 StAAa, Bände 1263 (6. 11. 1754 + 20. 1. 1755), 1103 (S. 929–932), 1233 (S. 605–608).

schlossen sich der Meinung an, Stilli liege an einer stark befahrenen Strasse, die Taverne brauche ständig frisches Fleisch und der Weg nach Brugg sei nicht zumutbar; so bewilligten sie ihm auf Lebzeiten das Schalrecht mit der Auflage, nicht in der Umgebung zu "körbeln" (hausieren); ausserdem sollte er die Zunge jedes geschlachteten Tieres dem Obervogt abliefern (46). Mittlerweile hatte Finsterwald auch erreicht, dass ihm seine Mitbürger ein Stück Gemeindeland im Aurein "schenkten", auf dem ihm die Brüder die erste Metzgerei (47) erbauten (heute Küferei Schneider). Um die Beschränkung des Schalrechts auf seine Lebzeiten kümmerte er sich wenig; er liess auch seine beiden Söhne dasselbe Handwerk erlernen und verdankte es der Helvetischen Revolution, welche alle Privilegien aufhob und Handels- und Gewerbefreiheit einführte, dass seine Nachkommen die Metzgertradition bis in unser Jahrhundert fortsetzen konnten. Um 1840 baute dann der Enkel Kaspar Finsterwald die "neue Metzg" unmittelbar neben der alten (48).

Ein ähnliches Privileg scheint Brugg auch für seine *Bäcker* beansprucht zu haben, allerdings ohne schriftlichen Nachweis wie beim Fleischverkauf. Andrerseits ist sicher, dass alle Tavernenwirte für die Verpflegung der eigenen Gäste Brot backen durften. Das Gutachten zum erwähnten Schalrecht weist darauf hin, dass der Gemeinde Stilli 1770 auf Anhalten der Vorgesetzten und mit Unterstützung der Nachbardörfer ein "Bekerecht zum Behelf der Durchreisenden" erteilt worden sei, und zwar gegen die Opposition der Stadt Brugg (49). Um diese Berechtigung stritten sich in der Folge der jeweilige Bärenwirt und ein Jakob Lehner, genannt "Krebs", während 20 Jahren. Der letztere nahm für sich in Anspruch, besonders für arme Leute und auf Kredit wohlfeileres Brot zu backen; er wurde offensichtlich von breiten Kreisen in Stilli und auch von einzelnen Vorgesetzten unterstützt und ermuntert. Die Wirte, als nahe Verwandte der Amtsuntervögte, erwirkten mindestens siebenmal eine Verurteilung Lehners, zweimal zu einer Busse von 12, einmal sogar zu 20 Pfund, was diesen aber nicht hinderte, sein Gewerbe weiterhin zu betreiben (50). Die Helvetik schaffte auch diesen Konflikt durch die Ausrufung der Handelsfreiheit aus der Welt. Die Auseinandersetzung zeigt aber doch sehr klar, wie die einflussreiche Untervogtssippe Finsterwald mit diametral entgegengesetzten Argumenten einerseits einen missliebigen Konkurrenten verfolgte, anderseits einem der ihren ein Fleischverkaufsprivileg verschaffte.

46 StAAa, Band 1104, S. 841–900.
47 StAAa, Band 1394 (12. 12. 1777).
48 GA Stilli, Lagerbuch 1829.
49 StAAa, Band 1104, S. 893 ff.
50 StAAa, Bände 1243 (S..206 f.), 1244 (S.,77–79 + 88–92), 1245 (S. 221–223, 235–251), 1250 (S. 311–315), 1251 (S. 404–408); vgl. auch Band 1108 (Nr. 9).

Ein weiteres bewilligungspflichtiges Gewerbe stellte die Verarbeitung von Nusskernen, Mohn und Raps zu Speiseöl dar. Eine solche *Öle* betrieben Hans Jakob Baumann, Schwedis, und sein Sohn Heinrich in Lauffohr. Schon 1739 verkaufte der letztere seine Öltrotte dem dortigen Müller Hans Jakob Finsterwald (51). Baumann scheint sein Gewerbe später in Stilli ausgeübt zu haben, ebenso sein Schwiegersohn Kaspar Lehner und dessen Nachkommen. Die ganze Ölereinrichtung stand nämlich, obschon nicht mehr gebraucht, bis 1895 in der Stube des Ölerhauses, und zwar bis zu dessen Abbruch (heute Haus Josef Sidler) (52).

Von den übrigen Handwerken wissen wir nur wenig. Von einem *Kübler* und *Küfer,* Kaspar Baumann Weidligmachers (1852–1883), ist zwar noch das Einnahmenbuch seiner letzten drei Lebensjahre erhalten geblieben (53); es zeigt uns die Arbeitskapazität eines Einmannbetriebs, welcher jährlich zwischen 320 und 380 Gelten, Eimer, Kübel, Zuber, Melkgeschirre u. a. produzierte und diese entweder daheim einzeln oder etwa zehnmal pro Jahr auf den Märkten zu Brugg und Bremgarten absetzte. Zusammen mit den Flickarbeiten verzeichnete er einen – vermutlich abgerundeten – Umsatz von 590 bis 760 Fr., was bei einem Materialanteil von 50 % und einem Taglohn von 2 Fr. höchstens eine Halbzeitbeschäftigung darstellte, die durch Beteiligung am Fährebetrieb, Mitarbeit beim Schiffbau des Bruders und etwas Landwirtschaft ergänzt wurde.

Schuhmacher und *Schneider* bildeten – zumal im 19. Jahrhundert – ein Handwerk armer Leute. Besonders die Schneider nahmen in einer Weise zu, dass deren Arbeit unmöglich jedem einzelnen eine ausreichende Existenz bieten konnte. Diese "Vermehrung" rührte einerseits daher, dass die Gemeinde fast alle unehelichen Knaben und Waisen, welche sie erhalten musste, dieses Handwerk erlernen liess; anderseits begründete Johannes Finsterwald, genannt "Stüssi" (1779–1848), eine eigentliche Schneider-"Dynastie", deren Tradition erst in der Gegenwart ausklingt; allein im 19. Jahrhunderts brachte diese Familie zehn Schneider hervor (54).

Die *Heimindustrie* mit Spinnerei und Weberei war in Stilli nur wenig vertreten. Hierin unterschied sich dieses Dorf stark von der umliegenden Gegend. Landvogt Tscharner schätzte die Zahl der in Handwerk und Heimindustrie tätigen Hausväter des Amts Schenkenberg 1771 auf ein Drittel, während sich zwei Drittel von der Landwirtschaft ernährten; die zahllosen spinnenden Frauen und Kinder waren nicht eingerechnet (55). Villigen wies im 18. Jahrhundert ein organisiertes Weberhandwerk auf (56). Die Verzeichnisse des bernischen Commer-

51 StAAa, Band 1386 (25. 11. 1739).
52 Mitteilung von Frau Marie Zimmermann-Lehner.
53 im Besitz von Frau Elise Härri-Baumann, Steig, Stilli.
54 GA Stilli, Bürgerregister und Steuerbücher.
55 Niklaus Emanuel von Tscharner, S. 197.
56 StAAa, Band 1384 (1. 4. 1729).

cienrats zeigen, dass dieser Zweig im Gebiet zwischen Bözberg und Aare vor allem nach 1770 einen Aufschwung nahm. 1782/83 wurden hier 332 Spinner, 163 Spuler und 131 Weber beschäftigt, welche 13 565 Tücher anfertigten. Den Höchststand der Produktion erreichte man 1786/87 mit 21 968 Tüchern; darauf erfolgte ein abrupter Zusammenbruch (57). Auch die Bevölkerungstabellen des Bezirks Brugg von 1850 enthalten noch Heimarbeiter, wenn auch in geringerer Zahl: Auf dem Birrfeld und in Veltheim lebten viele Familien von der Stroh-flechterei; im Gebiet zwischen Bözberg und Aare, stach besonders Mönthal mit 70 Webern hervor (58). – Die Quellen über Stilli nennen zwar auch vereinzelte Baumwoll-, Leinen-, Strumpf- und Bildweber, ebenso arme Witwen, welche am Spinnrad ihren Fleiss demonstrieren konnten, um sich öffentlicher Almosen würdig zu erweisen. Dies vermag jedoch den Eindruck nicht zu verwischen, dass die Männer von Stilli die Arbeit auf dem Wasser bevorzugten und die feuchten Webkeller scheuten. Wir werden später zeigen, dass jene untern Bevölkerungs-schichten, welche im 18. und 19. Jahrhundert überall stark zunahmen und sich der Heimindustrie zuwandten, in Stilli in den Flussgewerben eine Ausweichmög-lichkeit besassen.

Neben dem Transport auf dem Wasser blühte in Stilli stets auch die *Fuhr-halterei.* Dieser Zweig wurde vor allem von den Müllern betrieben, welche ohne-hin ständig zwei bis drei Pferde halten mussten. In der ersten Hälfte des 19. Jahr-hunderts zog auch Johannes Baumann, Mocken (1788–1860), ein solches Ge-schäft auf, offenbar mit grossem Erfolg. Sein für die Jahre 1832–1840 erhal-tenes Hausbuch (59) weist einen Umsatz auf, der zwischen 5460 und 7270 Fr. schwankte, also etwa gleich gross war wie derjenige der ganzen Fähregesellschaft Stilli. Die Auslagen für Pferde, Wagen, Zölle und Löhne lagen aber bedeutend höher, was sich entsprechend auf den Reingewinn auswirkte. Trotzdem war es Baumann möglich, seinen Bodenbesitz während Jahrzehnten derart zu vergrös-sern, dass er sich nach dem Aufkommen der Eisenbahn auf die Landwirtschaft beschränken konnte.

Der Handel

Gewerbsmässiger Handel wurde von Stillemern nur wenig betrieben. So baute z. B. Hans Heinrich Baumann, Höngger (1705–1777), ein Bruder des ersten "Weidligmachers", ein blühendes Geschäft mit *Getreide* auf. 1765 löste er einen Gültbrief von 200 Gulden ab, weil er sich "inbezug auf zeitliche Mittel in sehr guten Umständen befinde und mit seinem Fruchthandel viel gewinne" (60).

57 StABE, B V/8 + 9.
58 StAAa, Bevölkerungstabellen 1850, Bezirk Brugg.
59 im Besitz von Frau E. Baldinger-Baumann.
60 StAAa, Band 1391 (18. 3. 1765).

Über diese Geschäfte klagte der Zollkommissär zu Brugg allerdings schon 1742, Baumann bereichere sich durch verbotenen Getreideexport nach der Grafschaft Baden und nach Zürich; er nütze die Geschicklichkeit der Schiffleute aus, bei Nacht und in kürzester Zeit Frachten reuss- und limmataufwärts zu transportieren, so dass eine Konfisaktion unmöglich sei; diesmal aber gelang es ihm, dem Händler die Ausfuhr von 95 Mütt Kernen nachzuweisen, weshalb dieser schwer gebüsst wurde (61). Sohn und Enkel führten das Geschäft fort. Johann Heinrich Baumann (1818–1897) schreibt in seinem Lebensrückblick (62) über den Vater:

"Der Getreidehandel rief ihn fast täglich von zu Hause weg. Viele Jahre war er alle Dienstage auf dem Fruchtmarkt in Rheinfelden und alle Samstage in Solothurn. So viel mir bekannt, machte er mit diesem Handel im ganzen keine guten Geschäfte."

Tatsächlich geriet dieser 1836 in den Konkurs (63).

Erfolgreicher war zweifellos der Sohn des letzten Bärenwirts, Samuel Finsterwald, welcher nach dem Besuch der Bezirksschule eine gute kaufmännische Ausbildung in der Laufenmühle bei Tiengen erhalten hatte. Nach Stilli zurückgekehrt, begann er einen Getriedehandel, von dem er 1872 ein für Stilli aussergewöhnliches Einkommen von 3 000 Fr. und 1886 ein Kapital von 30 000 Fr. (ohne den ererbten Haus- und Landbesitz) versteuerte. Bei seinem Tod hinterliess er neben den Liegenschaften (im Wert von 40 000 Fr.) ein Vermögen von 115 000 Fr. (64).

Im übrigen ist uns nur noch ein *Baumwollhändler* bekannt, nämlich David Lehner (1738–1779). Das Inventar, welches bei dessen Tode aufgenommen wurde, gewährt uns einen Einblick (65). Das Lager war zwar bereits auf 123 Pfund Garn und 32 Pfund unversponnene Baumwolle zusammengeschmolzen. Die Einkäufe hatte er teils in Zürich und im Schwarzwald, mehrheitlich aber in Lenzburg getätigt. Merkwürdigerweise fanden sich seine Schuldner, also die Käufer, vorwiegend in kleinen Dörfer des See- und Wynentals; die Frauen von Stilli kauften ausserdem pfundweise ein. Leider kennen wir die Einstandspreise nicht, so dass wir keine Gewinne berechnen können. Die Geschäftsbücher waren zudem so nachlässig geführt, dass viele Kunden die Forderungen nach seinem Tode bestritten; den sechs minderjährigen Kindern blieb dadurch aus diesem Handel nichts.

Unter den auswärtigen Händlern, welche in Stilli Geschäfte tätigten, ragten natürlich die *Juden* von Lengnau und Endingen heraus. Diese deckten vor allem den Bedarf an Vieh und liehen gelegentlich auch Bargeld. Die Beziehungen scheinen sich in sehr geordneten Bahnen bewegt zu haben; Streitigkeiten kamen vor,

---

61 StAAa, Band 1231 (4. 6. 1742).
62 Original im Besitz von Frau Emmy Gamper-Gamper, Aarau; Abschrift beim Verfasser.
63 Aargauisches Kantonsblatt 1836.
64 GA Stilli, Steuerbücher und Inventarienprotokoll II/502 ff.
65 StAAa, Band 1489.

wenn ein Partner den andern übervorteilen wollte; die Urteile der Obervögte von Schenkenberg zeigen, dass solches von beiden Seiten versucht wurde (66).

Die handwerklich-gewerblichen Berufe in Stilli lassen sich in fluss- und verkehrsnahe sowie in dorfinterne Tätigkeiten einteilen: Müller und Öler nutzten die Wasserkraft; Wirt, Schmied und Wagner profitierten vom regen Durchgangsverkehr über das Fahr; die "Weidligmacher" schliesslich hatten ihre Produktion auf die Schiffleute von nah und fern ausgerichtet. Auf der andern Seite standen jene Handwerker, welche in erster Linie für den Verbraucher im Dorf selbst arbeiteten, also Bäcker und Metzger, Schneider, Schuster, Weber, Strumpfweber, dann ab 1830 auch Maurer, Säger und Zimmermann.

Mit Ausnahme von Wirtschaft, Mühle und Schmiede vermochten diese Gewerbe keine ausreichende Existenz zu bieten. Die meisten Handwerker beteiligten sich an einem oder mehreren Flussgewerben. Noch 1850 arbeiteten mehr als 2/3 aller alteingesessenen Gewerbetreibenden daneben auf dem Wasser, die meisten als Schiffer und Flösser, einzelne auch als Fehren oder Fischer.

Die Zigarrenindustrie

Die Wirtschaft Stillis wurde bis über die Mitte des 19. Jahrhunderts hinaus von Flussgewerbe, Handwerk und bäuerlicher Arbeit geprägt. Auf eine Umfrage der aargauischen Regierung über die Löhne antwortete der Gemeinderat, hier gebe es keine Fabrikarbeiter (67). Noch im Steuerregister von 1856 fehlten jegliche Einnahmen aus Tätigkeiten in irgendeiner Industrie.

Diese Situation änderte sich, als die Gebrüder Rudolf und Johann Ulrich Büchler zusammen mit August Gebhardt um 1852 in Lauffohr eine Zigarrenfabrik eröffneten. Die aargauische Tabakindustrie, welche später, besonders im Wynental, als Ersatz für die rückläufige Produktion von Baumwolltüchern eine sehr grosse Rolle spielen sollte, steckte damals noch in den ersten Anfängen. In den 1840er-Jahren hatten Samuel Weber in Menziken und J. J. Eichenberger in Beinwil in bescheidenem Ausmass mit der Fabrikation von Zigarren begonnen. 1850/53 kamen die Firmen Heinrich Hediger Söhne sowie Gautschi & Hauri, beide in Reinach, dazu (68).

Die Lauffohrer Fabrikanten gehörten also eindeutig zu den Pionieren in dieser Branche. Wo sie sich ihre Fachkenntnisse erworben hatten, wissen wir nicht. Kurz nach 1850 kauften sie das damals nördlichste Haus in Lauffohr (heute

---

66 z. B. StAAa, Bände 1233 (S. 62 f.), 1238 (S. 17 f.), 1273 (11. 3. 1771), 1279 (25. 4. 1774).
67 Protokoll des Gemeinderats Stilli 1851.
68 vgl. dazu die Arbeit von Werner Werder, S. 3, 25, 34 ff.

Familie Müller-Fehlmann) und bauten dort ihren eigenen Betrieb auf. Anstelle von August Gebhardt trat 1860 Armin Straub in das junge Geschäft ein (69). Der Erfolg scheint anfänglich nicht ausgeblieben zu sein. Anfangs 1863 beschäftigten sie bereits 13 männliche und 32 weibliche Arbeitskräfte, von denen vier Burschen und 15 Töchter aus Stilli stammten; am Ende des Jahres kamen noch zwei schulentlassene Knaben und drei Mädchen aus dem gleichen Dorf dazu. Unter ihnen befanden sich die nachmaligen "Tabakindustriellen" von Stilli, zum Teil als Zigarrenmacher, zum Teil als Lehrlinge (70).

Die ehemalige Zigarrenfabrik Baumann, Hirt & Cie., später Daniel Hirt.

69 Aargauisches Ragionenbuch 1857 ff.; Aargauisches Versicherungsamt, Archiv, Lagerbuch Stilli 1850.
70 StAAa, Bezirksamt Brugg, Fabrikbüchli 1.

Nach der Firmentradition war es 1865, als Daniel Hirt und Samuel Baumann ihren Betrieb in Stilli gründeten (71). Die Anfänge dürften ebenfalls bescheiden gewesen sein; möglicherweise begannen sie in einem ihrer Elternhäuser. Um 1870 schlossen sie sich mit Hans Jakob Strössler zu einer Kollektivgesellschaft zusammen und führten die Firma fortan unter der Bezeichnung "Baumann, Hirt & Cie." weiter. Im genannten Jahr zählte die Belegschaft 23 Arbeiter, anfangs 1872 bereits 34, 1879 gar 52. 1874 wurde sie ins aargauische Ragionenbuch aufgenommen. Die Bedeutung der Lehrfirma Gebr. Büchler & Straub in Lauffohr ging dagegen unablässig zurück; dies zeigen die Zahlen der Arbeitskräfte, welche von 45 (1863) auf 37 (1870) und auf 30 (1879) sanken (72). Die Associierung mit Hans Jakob Strössler ermöglichte den Bezug eigens hierzu eingerichteter Räumlichkeiten im heutigen Restaurant "Frohsinn". Doch auch diese Lokalitäten waren bald zu klein, so dass sich die jungen Unternehmer 1876 entschlossen, ein neu erbautes Bauernhaus zu kaufen. Die Scheune wandelten sie in eine eigentliche Fabrik um, in welcher das Erdgeschoss die Trocken-, Pack- und Lagerräume sowie das Büro enthielt, während der obere Stock der Produktion vorbehalten blieb (heute Popkornfabrik). Im Wohntrakt wurden drei Wohnungen eingerichtet, zwei für die beiden Gründerfamilien, eine vermutlich für die auswärtigen Arbeiter; Strössler blieb im "Frohsinn" (73).

Mittlerweile war in Stilli Konkurrenz entstanden. Um 1872 gründeten David Lehner, Schälis, und die Brüder Kaspar und Samuel Müller die Firma Lehner und Müller. Fabrikationsgebäude bildete ein von Samuel Müller hiezu erworbenes Wohnhaus (heute Familie Kaiser-Munz). Über dieses Unternehmen ist uns nur wenig bekannt. Die treibende Kraft war wohl David Lehner, während sich die zwei Mitteilhaber — der eine Bäcker und Gemeindeschreiber, der andere "Schifflände"-Wirt — vermutlich eine gute Anlage des von ihnen eingebrachten Kapitals versprachen. Die Finanzierung erfolgte ausserdem durch zwei Darlehen des Vaters Andreas Lehner (2000 Fr.) und des Notars Geissberger in Brugg (10 000 Fr.), wobei die Brüder Müller für letzteres Bürgschaft leisteten. Deren Hoffnungen wurden aber enttäuscht. Die Schulden blieben unverzinst. Die Firma musste 1878 liquidiert werden, allerdings ohne Konkurs. Die beiden Bürgen und Mitteilhaber liessen sich von David Lehner mit einem Schuldschein von 4000 Fr. abfinden; als Sicherheit stellte er seinen Anteil an dem zu erwartenden väterlichen Erbe, welcher aber höchstens 1450 Fr. ausmachte. Dass bei diesem Geschäft verschiedene Verpflichtungen und Transaktionen verschleiert und ver-

71 Briefkopf der Firma (im Besitz von Frau Clara Hirt-Bührer, Brugg); Führer durch Brugg & Umgebung (Inserat).

72 StAAa, Volkszählung 1870 + Bezirksamt Brugg, Fabrikbüchli 2; Bundesarchiv Bern, Fabrikstatistik 1879.

73 StAAa, Bezirksamt Brugg, Lagerbuch Stilli 1875; GA Stilli, Fertigungsprotokoll Band V, S. 189; Schilderung von Frau Elisabeth Lehner-Finsterwald.

heimlicht wurden, kam erst viel später aus, als die drei Partner zufolge Tod, Konkurs und Verschollenheit jeder Haftung entgangen waren (74).

David Lehner hatte aber bereits 1878 eine neue Firma gegründet, nun mit Jakob Lehner, Fidelis. Diese figurierte sogleich im Ragionenbuch unter dem Namen "Lehner & Cie". Sie beschäftigte 1879 drei Männer und sieben Frauen. Daneben stellte David Lehner noch zwei Arbeiter und vier Arbeiterinnen auf separate Rechnung an. Die wirtschaftliche Tragfähigkeit war jedoch unzureichend. Bereits im Oktober 1880 gerieten Lehner & Cie. in Konkurs. David Lehner wurde der Boden zu heiss, und er verschwand bei Nacht und Nebel nach Amerika. Frau und Kind reisten im folgenden Jahr nach. Jakob Lehner gelang es, den persönlichen Konkurs rückgängig zu machen; fortan arbeitete er für die Firma Baumann, Hirt & Cie. (75).

Ausser den genannten Unternehmern versuchten noch weitere Zigarrenmacher ihr Glück als selbständige Unternehmer, möglicherweise im Einmannbetrieb. So bezeichnen einzelne Quellen Kaspar Finsterwald, Krusen, und Abraham Lehner, Goggis, als "Fabrikanten". Der erstere wandte sich in der Folge wieder der Flösserei zu, während der zweitgenannte in jungen Jahren starb. In der gleichen Zeit begann Heinrich Finsterwald, Chibis, in Neuhausen am Rheinfall mit der Herstellung von Zigarren. In Bern vertrieb Hans Jakob Baumann, Weidligmachers, als "Zigarren-Negotiant" neben eigenen Produkten auch solche von Baumann, Hirt & Cie., und zwar vorwiegend an Wirte (76).

Diese Gründerwelle der ersten Generation verebbte noch vor 1880. Die Kleinbetriebe scheiterten, und sogar die Lehrfirma in Lauffohr entging dem Konkurs nach über 20-jährigem Bestehen nur knapp mit einem Nachlassvertrag zu 40 %. Lediglich Baumann, Hirt & Cie. brachten sich über die Runden. Die Beschäftigungszahlen gingen aber auch hier zurück, und dies zu einer Zeit, da die Tabakindustrie im Wynental eine Blütezeit erlebte (77). Vermutlich kam es deshalb zu Spannungen zwischen den Teilhabern, was 1886 zur Auflösung des Partnerverhältnisses führte. Daniel Hirt übernahm die Fabrik in Stilli samt Liegenschaften und Marken. Samuel Baumann erwarb, zusammen mit seinem Sohn, das Unternehmen in Lauffohr, welches nach der Liquidation von Büchler & Straub wieder etwas Auftrieb erhalten hatte. Als einziger blieb Hans Jakob Strössler auf der Strecke; der gleichzeitige Tod seiner Frau (und Mutter von vier Kindern) und

74 GA Stilli, Fertigungsprotokoll V/225; Inventarienprotokoll 1877; Gemeinderatsakten 1889; Steuerregister 1872.
75 Aargauisches Ragionenbuch 1878–1880; Amtsblatt des Kantons Aargau 1880/81; Bundesarchiv Bern, Fabrikstatistik 1879 (mit Nachträgen).
76 GA Stilli, Steuer- und Sterberegister, Inventarien.
77 Werner Werder, S. 73 ff.

schwere gesundheitliche Störungen führten ihn noch 1886 in Verzweiflung und Freitod (78).

Nachdem um die Jahrhundertwende auch Samuel Baumann, Sohn, den Betrieb in Lauffohr aufgegeben hatte, blieb nur noch Daniel Hirt übrig. Die Zahl der Arbeitskräfte blieb aber gegenüber den 1870er-Jahren weit zurück. 1888 beschäftigte er noch 24–37, 1901/11 23–29 Personen. 1907 übergab er das Geschäft seinen Söhnen Daniel und Hans Hirt, welche es unter der Bezeichnung "Hirt Söhne" weiterführten. Um 1940 schied Daniel Hirt jun. aus; etwa zehn Jahre später liquidierte sein Bruder die Firma. Da die Produktionsweise auf der Stufe ausschliesslicher Handarbeit geblieben war, konnte sie mit den stark mechanisierten Fabriken im ursprünglichen "Stumpenland" (Wynental) nicht mehr konkurrieren (79).

*

Wir wollen uns nun die Gruppe der *Fabrikanten* etwas näher ansehen, und zwar in bezug auf ihre Herkunft, Aufstieg und finanziellen Erfolg (80). Ausser Strössler stammten alle aus äusserst bescheidenen Verhältnissen. Ihre Väter erwarben sich den Lebensunterhalt als Schiffer und Flösser, je einer zusätzlich mit Fruchthandel und einer Wagnerei; zwei waren am Fahr beteiligt. Von David Lehners Familie ist auch bekannt, dass sie sich mit der Goldwäscherei beschäftigte. Sie gehörten also jener Sozialgruppe an – wir werden sie später als untere Mittelschicht bezeichnen –, die sich knapp über Wasser halten konnte, ohne je auf öffentliche Unterstützung angewiesen zu sein. Die einzige Ausnahme bildete Hans Jakob Strössler; sein Vater war Wirt und Müller, der grösste Landbesitzer, ja der reichste Mann in Stilli überhaupt. Im Bestreben, seinen vier Söhnen einen standesgemässen Lebensunterhalt zu sichern, förderte er den Eintritt Hans Jakobs in die Firma Baumann & Hirt und erweiterte deren finanziellen Spielraum durch eine beträchtliche Einkaufssumme. Der junge Strössler war also von Anfang an Fabrikant. Im Gegensatz dazu hatten Daniel Hirt, Samuel Baumann und alle anderen Firmengründer ihre "Karriere" als Lehrlinge und Zigarrenmacher bei den Gebrüdern Büchler und Straub begonnen und erst später den Sprung in eine bescheidene Selbständigkeit gewagt. Ihre Einkommenssituation lässt sich anhand der Steuerangaben – mit allen Vorbehalten – grob verfolgen:

---

78 Aargauisches Ragionenbuch 1876–1896; Schweiz. Handelsamtsblatt 1886; S,116, 124, 302, 440; GA Stilli, Fertigungsprotokoll VI/221; Gemeinderatsakten 1886; StAAa, Bezirksamt Brugg, Lagerbücher Stilli.
79 Bundesarchiv Bern, Fabrikstatistiken 1888–1911; Mitteilungen von Frau Clara Hirt-Bührer, Brugg.
80 Die folgenden Ausführungen basieren vor allem auf den Steuerbüchern im GA Stilli.

	Samuel Baumann	Daniel Hirt	Hans Jakob Strössler	David Lehner	Jakob Lehner	Kaspar Finsterwald
1863	50	50			40	
1864		100			100	
1865	600	600			140	
1872	1 000	1 200	1 200	450		
1876				600		650
1877					600	
1879	1 200	1 200	1 200	600	500	
1883	1 155	1 465				
1886		1 450				
1898		1 800				
1903		3 900	(zusammen mit 1 Sohn)			

Diese Zahlen veranschaulichen den deutlichen Anstieg der Einkommen nach der Gründung eines eigenen Geschäfts. Gut erkennbar ist auch die verbesserte Lage der Teilhaber von Baumann, Hirt & Cie. nach dem Eintritt Strösslers, ebenso der erfolgreichere Geschäftsgang dieser Firma gegenüber den Fabrikanten Lehner. Die Daten über das Vermögen von Daniel Hirt zeigen dessen Aufstieg noch klarer auf; sie zeigen aber auch, dass das Einkommen in der obigen Tabelle zu niedrig eingeschätzt war.

	Firma Baumann, Hirt & Cie.	Daniel Hirt
1871	5 000	
1872	12 000	300
1879	22 002	10 000
1881		12 000
1883	25 774	
1884		34 594
1886		77 744
1898		89 673
1904		100 175

Bereits 1886 war Daniel Hirt der zweitreichste Mann in Stilli, 1904 versteuerte er sogar das höchste Einkommen. Zu diesem Erfolg trugen sicher auch die Vermögen seiner beiden Ehefrauen bei: die erste war eine Schwester seines Compagnons Strössler, die zweite stammte aus der Müllerfamilie Schwarz zu Mülligen. Auch den andern Teilhabern öffnete der wirtschaftliche Aufstieg den Weg zu finanziell günstigen Heiraten: Samuel Baumann, Sohn, ehelichte eine Enkelin des letzten Bärenwirts, Hans Jakob Strössler, eine geborene Christ aus altem vermöglichem Basler Geschlecht. Seine Schwester Elisabeth Strössler gelangte durch ihren Gatten Rudolf Hediger sogar in die oberste "Stumpen-Aristokratie" des

Wynentals. Demgegenüber hatten die gescheiterten Fabrikanten Lehner durch ihre Heiraten mit zwei Wickelmacherinnen keine zusätzlichen Startkapitalien erhalten (81).

Der ökonomische Erfolg zeitigte natürlich auch seine Auswirkungen auf Lebensstil, Wohnsituation und Stellung im Dorf. So lebte die Familie Hirt nach 1886 allein in jenem Haus, das ursprünglich für drei Wohnungen vorgesehen war. Man konnte sich nun ein Dienstmädchen leisten, und die Söhne besuchten die Bezirksschule. Vater Hirt baute seinem ältern Sohn nach 1906 jenes als "Villa" bezeichnete Haus an der hintern Dorfstrasse, welches durch Stil und Ausmasse das Bild von Alt-Stilli empfindlicher stört als die ausserhalb des Siedlungskern neuerstellten Blöcke. Der Juniorchef pflegte denn auch vornehmer mit "Daniel Hirt, fils" zu unterschreiben. – Der geschilderte Aufstieg bewirkte auch eine gewisse Distanz zwischen den Unternehmerfamilien und der übrigen Bevölkerung. Äusserlich zeigte sich dies vor allem in der Einführung des "Sie" (statt "Ihr" oder "Du") sowie im Verlust des angestammten Zunamens. Während man Baumanns Schwester Salome weiterhin "Ammes Sale", Hirts Bruder David "Häni-Vid" und dessen Frau "Häni-Viddene" nannte (83), sprach man nun vom "Fabrikanten Baumann" und vom "Herrn Hirt". Die Lohnabhängigkeit der Arbeiter und eine gewisse Anerkennung durch die Mitbürger mochten zu dieser Differenzierung geführt haben.

Die wirtschaftliche Stellung öffnete aber nur bedingt den Weg zu politischen Ehren. Daniel Hirt brachte es lediglich zum Gemeinderatssuppleanten (Ersatzmitglied) und wurde in dieser Funktion nach 25 Jahren sogar abgewählt. Mehr Erfolg hatte Samuel Baumann, dessen Grossväter allerdings schon Ammänner in Stilli bzw. Lauffohr gewesen waren. 1868 wurde auch er Gemeinderatssuppleant, 1876 aber Gemeinderat, und von 1880 bis zu seinem Wegzug 1886 wirkte er als Gemeindeammann (84).

Zu diesen Feststellungen ist allerdings zu bemerken, dass man die ökonomische Macht der Fabrikanten von Stilli nicht überschätzen darf. Ihr Geschäft war und blieb ein Kleinbetrieb, der nie wesentlich über die Grösse von 1870 hinauswuchs. Zum Vergleich sei nur die Firma Hediger Söhne in Reinach erwähnt, die den Bestand der Belegschaft von 25 im Jahre 1863 auf 358 zwei Jahrzehnte später steigerte (85).

*

81 GA Stilli, Bürgerregister und zugehörige Akten.
82 GA Stilli, Inventarien, Band 2, S. 29–52.
83 Weiteres über diese Zunamen ist in einem separaten Artikel des Verfassers in den Brugger Neujahrsblättern 1964 zu erfahren.
84 GA Stilli, Protokolle der Gemeindeversammlung.
85 Werner Werder S. 75.

Nach den Fabrikanten wollen wir uns nun der andern, grössern Gruppe innerhalb der Tabakindustrie zuwenden: den *Arbeitern.*

Wie schon erwähnt, bewegte sich die Zahl der Arbeitskräfte der Hirt'schen Firma in Normalzeiten zwischen 20 und 30. Einzig in den 1870/80er-Jahren stieg sie darüber hinaus, wobei die Statistik von 1879 mit insgesamt 68 Beschäftigten (in drei Unternehmen) einen absoluten Höhepunkt anzeigt. Üblicherweise überwogen die Arbeiterinnen stark; nur im Jahre 1872, aus welchem uns ein genaues Verzeichnis erhalten blieb, waren mehr Männer als Frauen angestellt. Sonst betrug das durchschnittliche Verhältnis bis mindestens 1911 ungefähr 2 : 3.

Die Altersstruktur wies in den Anfängen ein starkes Übergewicht der jungen Jahrgänge auf. Von sämtlichen 93 Arbeitskräften des Zeitraums 1872–75 waren 29 % weniger als 16, 24 % zwischen 16 und 18, 36 % zwischen 18 und 30 und nur 11 % über 30 Jahre alt. Das Verhältnis verschob sich bis 1879 insofern, als nun nur noch 15 % weniger als 18 Jahre zählten; 1895 waren es wieder 31 %, 1911 25 %. Mit dem Niedergang der auf Handarbeit beruhenden Tabakindustrie veränderte sich die Altersstruktur immer mehr zugunsten alter, langjähriger Arbeiterinnen. Diese Verschiebung beruhte auf einer Funktionsverlagerung der Fabrikarbeit in dieser Branche. In den Anfängen hatte diese nur einen willkommenen Verdienst für Schulentlassene geboten, der aber keine eigenständige Existenz ermöglichte. 1863 hatte das Durchschnittsalter der bei Büchler & Straub angestellten Stillemer bei 19 Jahren gelegen. Bei Baumann, Hirt & Cie. betrug es 1872–75 bei den einheimischen Mädchen sogar nur 18,4, bei den Burschen 19,0. Die von auswärts zugezogenen Arbeitskräfte waren dagegen etwas älter. Die Kantonsfremden zählten vor 1881 im Durchschnitt 25,4, nachher sogar 28,2 Jahre; dabei handelte es sich um Leute, welche das Zigarrenmachen hauptberuflich ausübten (86).

Für die jungen Stillemer bildete die Fabrikarbeit vor allem eine Übergangsbeschäftigung, bevor sie in die "Fremde" gehen konnten. Es war nämlich üblich, dass Achtklässler sich in den schulfreien Stunden bei Baumann, Hirt & Cie. an den "Ernst des Lebens" gewöhnten. Da sie im darauf folgenden Jahr den Konfirmandenunterricht in Rein besuchen mussten, waren sie an das Elternhaus gebunden und überbrückten diese Zeit mit Hilfsarbeiten in der Zigarrenfabrik; dabei hätten sie sich, so erzählt man noch heute, gerade das Konfirmandengewand verdienen können (87)!

Bereits im Kapitel über die Abwanderung haben wir darauf hingewiesen, dass die Väter von Stilli ihre Söhne fast durchwegs in eine Berufslehre schickten. Aus diesem Grunde stammten 1872/75 nur 28 % der Arbeiter bei Baumann,

86 Bundesarchiv Bern, Fabrikstatistiken 1879, 1888, 1895, 1901, 1911; StAAa, Bezirksamt Brugg, Fabrikbüchli 1 + 2; GA Stilli, Fremdenkontrolle.
87 Bericht von Frau Elisabeth Lehner-Finsterwald.

Hirt & Cie. aus dem eigenen Dorf. Mehr als die Hälfte kam aus andern aargauischen Gemeinden; es handelte sich vor allem um Pendler aus der Nachbarschaft, aber auch um Fachleute aus dem "Stumpenland", von Menziken, Burg und Reinach. Der Rest setzte sich vorwiegend aus ausserkantonalen Schweizern und einigen Deutschen zusammen. Das niedrige Durchschnittsalter der einheimischen Arbeitskräfte zeigt nochmals auf, dass die meisten nachher aus Stilli wegzogen. Bei den Auswärtigen handelte es sich meist um wandernde Zigarrenmacher, welche von Fabrik zu Fabrik zogen und zum Teil mehrmals nach Stilli kamen. Dadurch wechselte die Zusammensetzung der Belegschaft dauernd, und nur wenige Arbeiter bildeten im Laufe der Zeit einen festen Stock (88).

Innerhalb der Fabrik gab es eine gewisse Arbeitsteilung, welche unterschiedliche Fertigkeiten voraussetzte. Bei der Herstellung von Stumpen und Zigarren mussten zuerst die Um- und Deckblätter aus den Tabakblättern herausgeschnitten werden. Hierauf entfernten die Zurüsterinnen die Blattrippen, welche zu Rauchtabak gemahlen wurden. Die Wickelmacherinnen rollten dann die Blatteile in einem "Umblatt" zu einem "Wickel" zusammen. Die qualifizierteste Arbeit vollbrachten die eigentlichen Zigarrenmacher, welche den Wickel in ein makelloses, mit Weizenleim befeuchtetes "Deckblatt" einrollten. Nachdem der Packer (oder besondere Abschneider) die Zigarren auf die gleiche Länge zugeschnitten hatte, packten die Zigarrenmacher dieselben eigenhändig in die von den Naglern zusammengehefteten Kistchen ein. Die Stumpen dagegen wickelten die Packer selbst in ein Papier ein. Die Fertigprodukte wurden zuletzt mit den Markenetiketten, "Nelka", "Flora", "Bresil", "Ophelia" und wie sie alle hiessen, versehen.

Entsprechend der unterschiedlichen Qualifikation für die einzelnen Arbeitsgänge ergab sich geradezu eine Schichtung innerhalb der Belegschaft. Anfangs 1872 setzte sich diese "Hierarchie" bei Baumann, Hirt & Cie. so zusammen: Zuunterst waren die vier Zurüsterinnen oder Ausripperinnen, es folgten zehn weibliche und ein männlicher Wickelmacher, während die angesehenste Arbeit von den zwölf Zigarrenmachern ausgeführt wurden. Irgendwo dazwischen müssen wir uns den Kistlinagler, Verbändler und Packer, sowie zwei Tabak- und zwei Zigarrenabschneider denken. Über dem ganzen Saal stand der Aufseher, während Jahrzehnten der schon erwähnte David Hirt ("Häni-Vid"), Bruder des einen Firmengründers. Es fällt auf, dass das Ausrippen und Wickelmachen in dieser Zeit fast ausschliesslich Frauen zugewiesen, während die Fertigstellung den Männern vorbehalten blieb. Bei den Zurüsterinnen handelte es sich vorwiegend um jene Mädchen zwischen dem achten Schuljahr und der Konfirmation. Später konnten auch tüchtige Frauen zu Zigarrenmacherinnen "aufsteigen". Die Lehrlinge mussten sich wohl die Techniken sämtlicher Arbeitsgänge aneignen.

So lange diese Firma von drei Teilhabern geleitet wurde, besorgten sie die Büroarbeit und den Aussendienst vom Einkauf des Rohmaterials bis zum Ver-

88 vgl. oben Anmerkung 86.

kauf der Produkte selbst. Nach 1886 beschäftigte Daniel Hirt jeweils je einen kaufmännischen Angestellten und einen Lehrjungen sowie einen Vertreter (89). Die verschiedenen Funktionen wurden auch unterschiedlich entlöhnt. Im Arbeitssaal richtete sich der Lohn nach der Leistung, erfolgte also im Akkord. Für 1 Pfund ausgerippte Tabakblätter erhielt die Zurüsterin um 1895 3 Rappen. Eine Frau, die damals während eines Winters in der Fabrik als Naglerin arbeitete, erzählte, sie habe pro Kistchen für sämtliche Arbeitsgänge vom Nageln des Rahmens über das Einbrennen der Marke bis zum Aufkleben der Stoffbänder und Papieretiketten ebenfalls 3 Rappen verdient; so kam sie auf einen Lohn von 7–8 Fr. in 14 Tagen; als sie danach in einem Kurhaus eine Saisonstelle antrat, erhielt sie, nebst Kosten und Logis, 25 Fr. Monatslohn, dazu noch die Trinkgelder. Da aber viele Mädchen es vorzogen, daheim zu bleiben, und in den umliegenden Dörfern genügend Arbeitskräfte vorhanden waren, mussten die Ansätze nicht erhöht werden.

Einen ungefähren Eindruck von den Unterschieden in Geschicklichkeit und Arbeitstempo vermitteln uns die Steuerregister. Mutter Finsterwald, Haschtlis, und ihre Tochter erzielten 1892 zusammen einen Jahreslohn von nur 200 Fr., Witwe Eichenberger verdiente allein so viel, während es Elisabeth Baumann, Majoren, sogar auf 300 Fr. brachte, was bei einer Frau allerdings die Spitzenklasse darstellte. Ein fleissiger Zigarrenmacher konnte 500 Fr. erreichen. – Die Löhne scheinen seit der Hochblüte in den 1870er-Jahren trotz verteuerter Lebenskosten bis um die Jahrhundertwende nicht wesentlich angestiegen zu sein, was im Wynental zur Bildung einer breit abgestützten Gewerkschaft und bereits 1889 zu einem erfolgreichen Tabakarbeiterstreik geführt hatte (90). Da diese Bewegung keine Auswirkungen auf das entfernte Stilli zeitigte, konnte Daniel Hirt lange Zeit die höchste vom eidgenössischen Fabrikgesetz zugelassene Arbeitszeit von 65 Stunden beibehalten. Noch am Anfang dieses Jahrhunderts dauerte diese täglich von 7 Uhr morgens bis 7 Uhr (samstags bis 6 Uhr), bei einer Mittagszeit zwischen 11 und 12 (91).

Die niedrige Entlöhnung ermöglichte nur eine äussert bescheidene Lebensführung. Die Tabakarbeiter mussten mit dem geringen Bargeld für Wohnungsmiete, Nahrung und Kleidung aufkommen. Den Auswärtigen brachten Angehörige jeden Tag das Mittagessen, zum Teil weit her; die Fähre durften sie dazu unentgeltlich benutzen (92). Bei Familien arbeiteten meistens beide Ehepartner. Die geringe Zahl der 1872 genannten Zurüsterinnen lassen vermuten, dass die Kinder zuhause Tabakblätter ausrippten, was später auch nicht gegen das Fabrikgesetz

89 StAAa, Bezirksamt Brugg, Fabrikbüchli 2; GA Stilli, Steuerregister; Schilderungen von Frau Elisabeth Lehner-Finsterwald.
90 Werner Werder, S. 92 ff.
91 Bundesarchiv Bern, Fabrikstatistiken 1895, 1901, 1911.
92 Archiv der Fähregesellschaft Stilli, Protokoll S. 11.

verstiess (93). Einige hatten vielleicht Gelegenheit, eine "Bünt" zu pachten, um eigenes Gemüse und Kartoffeln anzupflanzen. Der geringe Lohn erlaubte es nicht, Ersparnisse anzulegen, um ein eigenes Stück Land oder gar einen Hausteil zu erwerben. So lebten sie in Miete, und zwar in jenen Wohnungen, die durch die Abwanderung der jungen Stillemer frei geworden waren; in den Anfängen bewohnten unverheiratete Zigarrenmacher sogar Zimmer im obersten Stock der Fabrik (94).

Sowohl die Fabrikanten als auch der Gemeinderat scheinen die Probleme erkannt zu haben, welche sich aus der mangelnden Selbstversorgung ergaben. Dass die Zigarrenarbeiter der Teuerung im besonderem Mass ausgesetzt waren, zeigt uns die Liste der 1883 verteilten Lebensmittel, welche zu einem grossen Teil dieser Bevölkerungsgruppe zugute kamen. In diesem Zusammenhang ist wohl die Gründung des "Consumvereins Stilli" im Dezember 1885 zu verstehen. Als einzigen Zweck nannten die Statuten "den An- und Verkauf guter und billiger Lebens- und Kleidungsmittel". Die Verflechtung dieser Genossenschaft mit den Industriellen und den Lokalbehörden ist unübersehbar: Präsident war Hans Jakob Strössler, während ein Bruder Samuel Baumanns neben dem Vizeammann und einem weiteren Mitglied des Gemeinderates im Vorstand sass; und Daniel Hirts Bruder, der Aufseher David Hirt (bzw. dessen Frau), führte anfänglich den Laden (95)!

Diese Bemühungen konnten nicht verhindern, dass man auch in Stilli ein Fabrikarbeiterelend kannte. Ein Beispiel überlieferte uns der in Brugg erschienene freisinnige "Aargauische Hausfreund". Er berichtete 1880 von einem Zigarrenmacher, welcher seinen Arbeitgebern nach und nach etwa 800 Zigarren und 70 Pfund Tabak im Gesamtwert von 59 Fr. entwendet und verkauft habe und nun "des Verbrechens des Diebstahls schuldig erklärt und zu einer Zuchthausstrafe von sechs Monaten" usw. verurteilt worden sei. Das Blatt zeigte unverhohlenes Verständnis für die Notlage, bezeichnete es den Bestraften doch ausdrücklich als "bisher gutbeleumdeten Mann, welcher sich unter den drückendsten Armutsverhältnissen schliesslich vom Wege der Ehrlichkeit verirrt" habe (96).

Wir verstehen nun, weshalb die Stillemer ihr Leben nicht in der Fabrik zubringen wollten. Die alten Schiffer und Fehren brachte man ohnehin nicht 11 Stunden lang in einen geschlossenen Saal zu einer gleichförmigen Arbeit. Den Jungen ersparte man dieses Schicksal durch eine aussichtsreichere Berufslehre. Die Arbeiterverzeichnisse von 1863/65 (Büchler & Straub) und 1872/75 (Baumann, Hirt & Cie.) zeigen denn auch deutlich, dass nur arme Familien ihre

---

93 zum Fabrikgesetz vgl. Schweizerische Arbeiterbewegung S. 89 ff.
94 GA Stilli, Fremdenkontrolle.
95 GA Stilli, Gemeinderatsprotokoll VI/350 f.; Schweiz. Handelsamtsblatt Januar/Februar 1886.
96 Aargauischer Hausfreund 10. 1. 1880.

Söhne und Töchter in die Fabrik schickten, und auch diese nur vorübergehend. Die gelernten Zigarrenmacher aus diesem Dorf aber versuchten durchwegs, sich selbständig zu machen, wobei es allerdings meistens beim Versuch blieb.

*

Die vorstehenden Ausführungen dürften mit aller Deutlichkeit gezeigt haben, dass es der Tabakindustrie nicht gelang, die durch den Niedergang der Flussgewerbe freigewordenen Arbeitskräfte zu gewinnen und dadurch die Abwanderung aufzuhalten. Sie hat vielmehr von überall her entwurzelte, unstete, besitzlose Leute angelockt, die sich für einige Zeit hier anstellen liessen und dann weiterzogen, ohne eine tiefere Beziehung zum Dorf und seiner angestammten Bevölkerung gefunden zu haben.

c) Die Landwirtschaft

Neben den Fluss- und andern Gewerben spielte die Landwirtschaft in Stilli zu allen Zeiten eine nicht zu unterschätzende Rolle. Einerseits diente sie einer gewissen Selbstversorgung mit Gemüse, Getreide (später auch Kartoffeln), Milch und Fleisch. Anderseits bot der Grund und Boden fast die einzige Möglichkeit, Geld anzulegen. Ausserdem wird das folgende Kapitel auch zeigen, dass das Eigentum an Land einen Hinweis auf die soziale Stellung einer Familie innerhalb des Dorfes gibt.

In Stilli verrichteten — dies sei vorweggenommen — vor allem zwei völlig verschiedene Gruppen landwirtschaftliche Arbeit: zum einen jene wenigen "Vollbauern", die genügend Boden besassen, um sich eigene Ochsen halten zu können; zum andern die Frauen aus den mittlern und untern Schichten, deren Männer den Flussgewerben nachgingen; in diesen Kreisen galt die Landarbeit als unmännlich; man überliess sie den Schwachen, also vor allem den Kindern, Gebrechlichen, Greisen und eben den "Weibern" (1).

Bei diesem Erwerbszweig stellte natürlich der Mangel an Boden innerhalb des eigenen Gemeindebanns das Hauptproblem Stillis dar. Die 45 Jucharten Acker- und Wiesland und der fast gleich grosse Wald reichten bei weitem nicht aus, um ein Dorf von mehreren hundert Einwohnern mit den benötigten Ackerprodukten, mit Viehfutter und mit Holz zu versorgen. Daher besassen die Stillemer seit den ersten Anfängen Grund und Boden in den umliegenden Gemeinden des Kirchspiels Rein; die Agrargeschichte Stillis war daher eng mit jener der Nachbardörfer verknüpft. — Bevor wir auf die speziellen örtlichen Verhältnisse eingehen, müssen wir die Formen der Bodennutzung erläutern, wie sie in diesem nördlichsten Gebiet des Berner Aargaus allgemein üblich waren.

Dreizelgenwirtschaft, Rebbau und Waldnutzung

In weiten Gebieten des schweizerischen Mittellandes war über Jahrhunderte eine Form des Ackerbaus üblich, welche mit dem Begriff der "Dreifelderwirtschaft" bezeichnet wird. Es handelte sich dabei um eine dreijährige Fruchtfolge, welche auf der gleichen Ackerparzelle im ersten Jahr den Anbau von Winterweizen (oder Dinkel) und im zweiten denjenigen von Sommergetreide (Hafer, Roggen, Gerste) vorsah, während sie im dritten Jahr viermal gepflügt wurde, sonst aber brach lag, um sich wieder zu "erholen". Dieser Fruchtwechsel sollte eine Übernutzung des

---

1 mündliche Überlieferung in Stilli; vgl. auch Edmund Froelich, S. 15.

Bodens verhindern. Jeder einzelstehende Bauernhof besass daher drei "Felder", welche, je um ein Jahr verschoben, nach der beschriebenen Ordnung kultiviert wurden. In einer Dorfsiedlung erforderte diese Bebauungsweise eine besondere Organisation: Hier teilte die Gemeinde die gesamte Ackerflur in drei "Zelgen" ein, die dann in der dargelegten Fruchtfolge zu bebauen waren. Jeder Bauer besass in jeder Zelg Anteile. Da innerhalb dieser Zelgen keine Wege zu den einzelnen Parzellen führten, musste der Anbau gemeinsam erfolgen; die Termine für Pflügen, Säen und Ernten wurden gemeinsam festgelegt, ebenso die Getreidesorte; zwischen Aussaat und Ernte war die Zelg "geschlossen", d. h. kein Eigentümer durfte sein Land betreten. Umgekehrt stand die Zelg nach eingebrachter Frucht jedermann offen; das Vieh aller Dorfgenossen durfte dann ungehindert das Unkraut auf den Stoppelfeldern und auf der Brache abweiden. Damit war die Verfügungsgewalt des einzelnen Bauern über seinen eigenen Grund und Boden durch die Gemeinde stark eingeschränkt; er musste sich den Beschlüssen der Gesamtheit aller Bauern fügen und hatte ihr Weiderecht auf seinen Parzellen zu dulden. Diese kollektive Form des Dreifeldersystems wird "Dreizelgenwirtschaft" genannt.

, Obwohl gerade im Aargau der Ackerbau vorherrschte, musste auch hier eine Mindestzahl an Vieh gehalten werden. Neben der Versorgung mit Milch, Wolle und Fleisch dienten vor allem Rind und Pferd als Zugtiere. Diese wurden nur nachts und bei grosser Kälte in den Ställen gehalten; tagsüber trieb sie der Dorfhirt zur Fütterung auf die "Weide", und zwar auf die erwähnten Stoppel- und Brachfelder, in die Wälder und auf die Allmend (das unverteilte Gemeindeland). Da die dort gefundene Nahrung nicht genügte, brauchte es noch eigentliches Wiesland. Dabei rechnete man in Ackerbaugebieten mit einem Grössenverhältnis von 1 : 3 zwischen Matten und Getreidefeldern; das daraus gewonnene Heu reichte erfahrungsgemäss gerade aus, um die Zugtiere für den Ackerbau zu ernähren.

Auch im *Gebiet zwischen Bözberg und Aare* erfolgte die Landwirtschaft nach dem System der drei Zelgen. Die Quellen vermitteln allerdings nur spärlichen Aufschluss darüber. Die alten Bodenzinsverzeichnisse sprechen z. B. bei Remigen von einer "Bülzelg", einer Ackerzelg "gegen Rüfenach" und einer "Hofacherzelg". In Villigen hiess die erste Zelg "Neuzelg", die zweite "Erbsland", die dritte "Niederhard"; diese Bezeichnungen sind bis heute als Flurnamen erhalten geblieben. Ebenso erinnern die "obere, mittlere und untere Zelg" an die Tatsache, dass die Villiger im 16. Jahrhundert grosse Teile des Herrschaftswaldes auf dem Geissberg gerodet und in eigenständiger Dreizelgenwirtschaft beackert hatten (2). — Den Weidgang auf Brach- und Stoppelfeldern übte jede Gemeinde innerhalb ihres eigenen Banns aus, wobei Rein, Lauffohr und Rüfenach als eine

---

2 StAAa, Bände 1151 (S. 175–177, 181/82) + 1498; vgl. auch Oskar Howald, S. 223, und Siegfriedkarte, Blatt 36.

einzige Steuergemeinde "gemeinweidig" waren (3). Als zusätzliche Belastung wirkte sich hier die Berechtigung der Stadt Brugg aus, mit grossem und kleinem Vieh ebenfalls auf alle Weiden innerhalb der Kirchgemeinde Rein zu "fahren", und zwar bis zum Schmidberg hinunter (4). Allmenden bestanden in dieser Gegend kaum; die ganze Flur befand sich in Privatbesitz (5). – Vieh hielt man auch hier nicht mehr, als der Ackerbau unumgänglich erforderte. Soweit möglich verwendete man Ochsen als Zugtiere, im Notfall auch Kühe. Pferde waren recht selten, ebenso Schafe; Ziegen bildeten die "Kuh des armen Mannes"; Schweine wurden in fast jeder Haushaltung gemästet (6). – Neben dem Getreidebau waren, besonders in Remigen und Villigen, die Weinkulturen von grosser Bedeutung. Nach Tscharner wurden die Rebberge hier als "das kostbarste und von dem Volk beliebteste Land wohl gearbeitet und gebaut" (7). Im Gegensatz zur übrigen Flur erfolgte diese Kultur nicht kollektiv, sondern individuell. Dank ihrer Arbeitsintensität bot sie in regelmässigen Zeitabschnitten auch zahlreichen Taglöhnern Verdienst. – Ausser dem Rebgelände bildeten die Bünten und Gärten Landstücke, die vom allgemeinen Weidgang befreit waren und daher eingehegt und von den Eigentümern gesondert genutzt werden konnten. Hier pflanzte die Bäuerin Hanf und Flachs für die Spinnerei, "Lewat" (Raps) für die Gewinnung von Öl, sowie Bohnen, Erbsen, Rüben, Kürbisse, Wassermelonen, Mangold und Spinat (8).

Einen wichtigen Bereich des Kulturlandes stellte der Wald dar. Seine Bedeutung erkennen wir vor allem aus der Tatsache, dass noch heute das Gebiet der mittelalterlichen Pfarrei Rein zur Hälfte bewaldet ist. Zu Beginn des 14. Jahrhunderts beanspruchte Habsburg (als Nachfolger des Klosters Murbach) alle "Hölzer", welche nicht zugunsten der Dorfgemeinden ausgemarcht waren, als Herrschaftswälder (9). Dasselbe tat anschliessend der Rat von Bern. Trotzdem scheinen die Villiger zu Beginn des 16. Jahrhunderts grosse Teile des Geissbergs und des Rotbergs gerodet und im Dreizelgenturnus bebaut zu haben. Die Berner Regierung verlieh ihnen dieses "Neuland" erst nachträglich. Ebenso wurden die verbliebenen Staatswälder nach Belieben geschlagen. Da die Gemeinden grossen Holzmangel nachweisen konnten, verliehen ihnen die "Gnädigen Herren" 1597 weitere Waldstücke und behielten sich selbst nur einen beschränkten Anteil

---

3 StAAa, Band 1231 (31. 1. 1746).
4 RQ Brugg, S. 47/48; UB Brugg, Nrn. 198–201, 205, 211–213, 215.
5 StABE, B III/208, S. 95 ff.
6 StABE, B VI/475–479, 482; Niklaus Emanuel von Tscharner S. 85 ff.
7 Niklaus Emanuel von Tscharner S. 166 ff.
8 Niklaus Emanuel von Tscharner S. 169 f.
9 HU I/102–107; StAAa, Band 1152, S. 1 ff.

vor (10). So kam es, dass noch heute folgende Verteilung des Waldbesitzes (11) besteht:

Ortsbürgergemeinden	699,87 ha	=	56,2 %
Staat Aargau (ehemals Bern)	14,66 ha	=	1,2 %
Private	531,52 ha	=	42,6 %
Total	1 246,05 ha	=	100,0 %

Diese Waldungen befanden sich im 18. Jahrhundert in sehr schlechtem Zustand. Landvogt Tscharner klagte, sie seien zugrunde gerichtet, da die Einwohner weder vom Anbau von Jungholz noch von der Nutzung etwas verstünden. Sie müssten geradezu mit Gewalt zu deren Besorgung gezwungen werden. Bauholz war daher selten und teuer; für Einzäunungen und Brennholz nahm man Gebüsche (12). Die Bemühungen verschiedener Obervögte, den Waldbestand zu sanieren, mussten umso mehr scheitern, als die Bewohner ihr Vieh ja auch in den Wäldern zur Weide trieben, weshalb junge Bäume nie richtig gedeihen konnten. Dieser Weidgang musste sich in den "Hölzern" von Lauffohr, Rein und Rüfenach am verderblichsten auswirken, standen diese doch ausser den eigenen Tieren auch denjenigen aus Riniken, Villigen, Stilli und Brugg offen (13).

*

Die geschilderten Formen der Bewirtschaftung mit ihren Kombinationen von individueller und kollektiver Nutzung hielten sich grundsätzlich bis ins 19. Jahrhundert. Die Ökonomische Gesellschaft in Bern, zu deren eifrigsten Mitgliedern der erwähnte Landvogt Tscharner gehörte, bemühte sich zwar schon seit 1759 um eine Verbesserung der Bodennutzung. Möglichkeiten dazu sah sie vor allem in der Aufhebung des Weidgangs, im Anbau von Klee, in der Stallfütterung des Viehs und der dadurch ermöglichten Düngung des Landes (14). Tatsächlich durchbrach man die strenge Dreizelgenordnung im Amt Schenkenberg schon früh. So beschränkten die Gemeinden den Weidgang zugunsten des Anbaus von Kartoffeln auf den Brachfeldern, was besonders durch die Hungersnot von 1770/71 mächtig gefördert wurde (15). Der Rat von Bern bewilligte 1771 die

10 StAAa, Bände 1151 (S. 140), 1152 (S. 1 ff.), 1153 (S. 304^V), 1498. StABE, Unteres Spruchbuch JJ, S. 168^V ff.).
11 Grundbuchamt Brugg, Flurbücher der Gemeinden Villigen, Stilli, Lauffohr, Brugg (linkes Ufer), Remigen, Rüfenach.
12 Niklaus Emanuel von Tscharner S. 114 ff.
13 StAAa, Band 1213.
14 vgl. dazu die Schriftenreihe "Abhandlungen und Beobachtungen durch die ökonomische Gesellschaft zu Bern gesammelt", Bern 1760 ff.
15 StABE, B VI 80, Brief Tscharners vom 20. 2. 1772.

Einhegung (Einzäunung) einzelner Parzellen und damit deren Befreiung von der kollektiven Nutzung, selbstverständlich gegen Entschädigung an die betreffende Gemeinde (16). Diese Neuerungen setzten sich nur langsam durch. Immerhin war der Weidgang in Villigen 1822 auf die "Ampfleten" beschränkt. Der Flurzwang bestand aber weiterhin, beschloss doch die dortige Gemeindeversammlung noch in den 1820er-Jahren regelmässig den Beginn von Aussaat und Ernte (17). Diese Ordnung musste denn auch aufrecht erhalten werden, solange der Zehnten eingezogen wurde. Erst deren Loskauf ermöglichte den Übergang zu individuelleren und intensiveren Anbaumethoden. Die ganze Entwicklung dürfte aber erst um 1860 abgeschlossen worden sein (18).

Rechtliche Sonderregelungen für Stilli

Die bisherigen Ausführungen über die Betriebsweise der Landwirtschaft gelten auch für den Gemeindebann und die Bewohner von Stilli. Trotz der starken Zerstückelung – allein die 27 Jucharten zehntpflichtigen Bodens befanden sich 1844 im Besitz von 79 Eigentümern (19) – und trotz der geringen Ausmasse wurde auch hier das wenige Ackerland unterhalb des Dorfes in drei Zelgen unterteilt. Vermutlich waren sie mit den Gebieten Widum, Stillihus/Gängli und Stalden identisch; darauf verweisen die schmalen Parzellenstreifen und die alten Flurwege, welche noch heute direkt vom Aurein zur Aare führen (20). Im "Winkel" (beim heutigen Scheibenstand) lagen die Bünten, und die bei Hochwasser regelmässig überschwemmte "Kommetmatt" lieferte das Gras. Im 15. Jahrhundert reichte das kultivierte Land wohl noch nicht so weit aareabwärts; die Äcker befanden sich bei den Hofstätten; das Widum bildete die Matten, weshalb die dortigen Besitzer bis 1844 einen fixierten Heuzehnten (21) entrichten mussten, obwohl längst Getreide angepflanzt wurde. Bei den Häusern pflegte man die "Kraut- und Baumgärten". Die Wälder (Aurein und Wasserhalde) sowie die Brachfelder standen selbstverständlich der Gemeinweide offen.

Je mehr die Bevölkerung Stillis zunahm, desto weniger fiel das spärliche Ackerland innerhalb des eigenen Banns für die Selbstversorgung ins Gewicht. Aufgrund der Zehntberechnungen von 1844 können wir grob schätzen, dass die durchschnittliche Getreide- und Kartoffelernte nur etwa einen Zehntel des ge-

16 RQ Schenkenberg S. 110 ff.
17 GA Villigen, Protokolle der Gemeindeversammlungen, Bände I/II.
18 GA Stilli + Villigen: Bodenzins- und Zehntloskaufakten.
19 StAAa, Akten Finanz, Bodenzinse: Stilli 1844–1862.
20 vgl. dazu auch GA Stilli, Fertigungsprotokoll 1 a, S. 75 ff.
21 vgl. oben Anmerkung 19.

samten Bedarfs zu decken vermochte (22). Im gleichen Rahmen dürfte sich auch der Anteil für das Viehfutter bewegt haben. So ist einleuchtend, dass die Stillemer in grossem Ausmass auf Land im Bann der Nachbargemeinden angewiesen waren.

Da das Erbrecht der Herrschaft Schenkenberg die Realteilung der liegenden Güter unter alle Erben (23) vorsah, hatte hier schon immer ein reger Handel mit grossen und kleinen Grundstücken stattgefunden. Dieser ging über die Gemeindegrenzen hinaus, so dass auch die Stillemer im ganzen Raum des Kirchspiels Rein Land durch Kauf oder Erbschaft erwerben konnten. Dass sie sich bei dessen Bebauung der Zelgenordnung der betreffenden Gemeinden unterziehen mussten, versteht sich von selbst.

*

Im vorangehenden Kapitel haben wir darauf hingewiesen, dass dem *Weidgang* in Wäldern und auf Stoppelfeldern für die Fütterung des Viehs eine grosse Bedeutung zukam. Üblicherweise galt diese Gemeinweide — entsprechend dem Wortlaut — nur für die eigene Gemeinde. Die kleine Fläche von Stilli reichte aber offensichtlich schon in der Mitte des 15. Jahrhunderts nicht aus, um die Tiere der dortigen fünf Familien zu ernähren. Diesem Problem trugen bereits die "Gründer" dieses Dorfes, die Ritter von Aarburg und Baldegg, mit einem besonderen Privileg Rechnung:

Am 24. Juli 1458 entschied Marquardt von Baldegg den ersten von vielen Prozessen und Streitigkeiten zwischen Stilli und Villigen (24). Darin räumte er den Stillemern ein, ihr Vieh "allweg und zu allen Jahren und allenthalben in alle Zelgen" zu treiben, wo die Bewohner von Villigen, Rein und Lauffohr das Weiderecht besassen. Da Rein und Lauffohr mit Rüfenach gemeinweidig war, galt das Vorrecht auch für jenen Gemeindebann (25). Vermutlich hatten die Villiger hinter dem Dorf und im Vorhard neue Zelgen gebildet, auf welche der Hirt von Stilli die Tiere auch trieb, wenn sie angesät und daher geschlossen waren. Dies stellte der Landesherr natürlich ab, bot ihnen aber genau umschriebenen Ersatz. — Um die gleiche Zeit müssen die Stillemer auch die Bewilligung erhalten haben, ihr Vieh in den Wäldern der ganzen Kirchgemeinde weiden zu lassen.

22 StAAa, Akten Finanz, Bodenzinse: Stilli 1844—1862.
23 RQ Schenkenberg, S. 47 ff.
24 Von dieser Urkunde besteht nur noch eine beglaubigte Abschrift aus dem Jahre 1752, welche Herr Oskar Widmer, derzeit Gemeindeammann in Villigen, zusammen mit anderen wertvollen Dokumenten vor einigen Jahren entdeckt und vor Vernichtung bewahrt hat. Sie befindet sich jetzt im GA Villigen.
25 StAAa, Band 1231 (31. 1. 1746).

Diese Privilegien Marquardts von Baldegg blieben bis ins 19. Jahrhundert in Kraft. Sie waren ursprünglich zugunsten von fünf Familien geschaffen worden, kamen aber im Laufe der Zeit einer Bevölkerung von über 300 Personen zugute. Dadurch fühlten sich die Nachbargemeinden geschädigt; es musste zu erneuten Reibereien kommen, vor allem mit den südlichen Nachbarn, welche auch von den Weiderechten der Stadt Brugg besonders betroffen waren. Im Herbst 1683 kam es zu einem Prozess, nachdem einige Lauffohrer die Schweine von Stilli, welche zur Eichelmast auf den Reinerberg getrieben werden sollten, zurückgejagt hatten. Die Stillemer beharrten auf ihrem Recht, ihre Schweine jede dritte Woche in den Wäldern von Lauffohr–Rein–Rüfenach fressen zu lassen. Der Obervogt bestätigte dieses, beschränkte es aber auf ein bis zwei Tiere pro Haushaltung, je nachdem ob der Bauer ein eigenes Ochsengespann führte oder nicht; ausserdem verpflichtete er sie, bei Bepflanzung des Waldes mit Buchen und Eichen jede dritte zu übernehmen, wofür ihnen aber kein Recht auf Bau- oder Brennholz zustand (26). – 1729 beschwerten sich die Vorgesetzten von Lauffohr, die Stillemer führten bald jeden Tag ganze Haufen von Schweinen, Schafen, und Ziegen auf ihre Stoppelfelder; diese würden dem Lauffohrer Vieh das Futter gleichsam von den Mäulern wegfressen, so dass dieses bald Hungers sterben müsse! Ausserdem würden die Hirten aus Trotz mit Hörnern und Geschrei vor Anbruch des Tages durch ihr Dörflein ziehen. Die rechtliche Lage der Lauffohrer, welche eben erst einen langwierigen Weidfahrtsprozess gegen Brugg verloren hatten, blieb aussichtslos, da die Stillemer unbestreitbar seit urdenklichen Zeiten "mitweidig" waren. Der Landvogt wies sie jedoch an, nicht zu übertreiben und inskünftig nur noch montags und freitags nach Lauffohr zu kommen (27).

*

Marquardt von Baldegg hatte seinen "Schützlingen" aber noch weitere Erleichterungen für ihre Landwirtschaft gewährt. Im Staatsarchiv Aarau befindet sich nämlich die sehr schlechte Abschrift (28) einer "Freyung deren von Stilli, darum sie dem Fahr zu warten schuldig sind". An der Echtheit dieses Dokuments ist nicht zu zweifeln; einerseits besassen die Stillemer noch im 18. Jahrhundert ein Original, welches sie bei ihren häufigen Prozessen jeweils ins Feld führten, anderseits ergänzt es inhaltlich die schon erwähnte Urkunde über den Weidgang. Wie diese stammte es aus dem Jahr 1458 und befreite die Begünstigten von der Amtssteuer auf jenem Grund und Boden, welcher zum Fischereirecht gehörte. Bei der fraglichen Steuer handelte es sich um eine Kollektivabgabe der Untertanen an die Herrschaft; unter Bern betrug sie für das ganze Amt 100 (später 93)

26 StAAa, Band 1378 (S. 181, 186, 191).
27 StAAa, Band 1229 (8. 8. 1729).
28 StAAa, Band 1111 (Fasc. 1).

Gulden; jede Gemeinde hatte einen Teil zu bestreiten, dessen Höhe sich nach der Einwohnerzahl richtete und vom Grundbesitz erhoben wurde. Dazu schreibt die erwähnte "Freyung": "Doch dieweil sie (d. h. die Stillemer) nit mit Holz und Feld wie die andern Landsässen versehen sind, sollen sie in Steuren desto bescheidentlicher gehalten werden." Marquardt von Baldegg setzte diese pauschal auf 4 Pfund (= 2 Gulden) fest, und dabei blieb es bis 1798 (29)! Für Liegenschaften auf dem Gebiet anderer Gemeinden sollten sie allerdings steuerpflichtig sein wie alle andern Untertanen (30). – Im 18. Jahrhundert versuchten die Stillemer, mit Hilfe dieser "Freyung" verschiedene alte und neue Steuern und Leistungen zu umgehen. Wir werden darauf im Kapitel über die Gemeinde Stilli zurückkommen.

Die landwirtschaftliche Betätigung in Stilli

Die bisherigen Ausführungen haben gezeigt, dass der bäuerlichen Entwicklung der Einwohner Stillis von der rechtlichen Seite her keine Grenzen gesetzt waren, und dies trotz des winzigen Gemeindebanns. Da der Boden bei Erbschaften geteilt wurde und die Parzellen auch an Käufer ausserhalb der Gemeinde veräussert werden konnten, waren die Stillemer gegenüber den Bauern der Nachbardörfer nicht benachteiligt, und zwar umso weniger als sie ihr Vieh ja in deren Wäldern und Stoppelfeldern zur Weide treiben durften.

Es ist nun zu untersuchen, ob die Schiffleute von Stilli diese Möglichkeiten auch wahrnahmen. In welchem Ausmass haben sie tatsächlich Landwirtschaft betrieben? Welchen Stellenwert nahmen Selbstversorgung und allfällige Überschussproduktion neben Flussgewerben und Handwerken ein? War Stilli ein Bauerndorf? – Zur Beantwortung dieser Fragen stehen uns in erster Linie die Protokolle des Gerichts Stilli ab 1667, die bernischen Viehtabellen 1789–1797, die kantonalen und eidgenössischen Viehzählungen des 19. Jahrhunderts und die Steuerregister der Gemeinde Stilli zur Verfügung.

Den besten Einblick vermittelt uns das Liegenschaftsverzeichnis von 1859, welches für jeden Grundeigentümer auf einer eigenen Seite sämtliche Parzellen mit Grösse, Schatzung, Schulden und Bebauungsart enthält (31). Den 75 Bodenbesitzern von Stilli gehörte damals zusammen folgendes Land zur Bewirtschaftung:

29 StAAa, Band 1119 (S. 209 f.).
30 vgl. dazu auch die unter Anmerkung 24 genannte Urkunde im GA Villigen.
31 GA Stilli, Liegenschaftenverzeichnis 1859.

Kulturart	Parzellenzahl	Fläche	Schatzung
Garten	75	315,31 a	15 135.66 Fr.
Bünten	33	112,61 a	4 175.62 Fr.
Acker	674	7 518,44 a	276 180.28 Fr.
Mattland	230	3 234,43 a	126 241.65 Fr.
Reben	118	699,48 a	22 997.77 Fr.
Wald	320	3 475,97 a	43 699.41 Fr.
Total	1 450	15 356,24 a	488 430.39 Fr.

Die einzelnen Parzellen waren von unterschiedlicher Grösse. Beim Ackerland massen sie im Durchschnitt 11,15 a, bei den Wiesen 14,06 a, bei den Gärten und Bünten aber nur 4,20 bzw. 3,41 a. Sie lagen seit jeher stark verstreut im Gebiet der ganzen Kirchgemeinde. Schon im 15. Jahrhundert hatte Heini Stilli eine Matte im Itele zwischen Remigen und Oberbözberg besessen (32). Die Arbeitswege waren daher auch in der Landwirtschaft zum Teil sehr weit. Da die Aare bis 1798 die Berner Landesgrenze bildete, griff der Besitz der Stillemer nicht über den Fluss, abgesehen natürlich vom ehemaligen Burggut zu Freudenau. Erst im 19. Jahrhundert erwarben sie auch Boden im Gemeindebann von Untersiggenthal und Würenlingen, sowie von Böttstein und Leuggern. Auf die Bemühungen der Fischer, die laufend neu gebildete Aareschachen zur Bewirtschaftung zu erhalten, haben wir schon früher hingewiesen.

Erfahrungsgemäss mussten Acker- und Wiesland wenigstens im Verhältnis 3 : 1 stehen, damit das für den Feldbau benötigte Vieh ausreichend mit Heu und Gras ernährt werden konnte. Aus der obigen Tabelle von 1859 können wir das Verhältnis von 3 : 1,29 berechnen, was uns vermuten lässt, einzelne Bauern von Stilli hätten noch etwas Viehzucht betrieben. Für das Jahr 1861 gab der Gemeinderat die Zahl der Kühe mit 72 an, wozu noch 6 Rinder und sicher 20 Ochsen kamen. Um diese rund 100 Haupt Grossvieh zu füttern, reichten aber die 3234 a (oder rund 90 Jucharten) Wiesland bei weitem nicht aus. Es ist daher anzunehmen, dass nur ein Teil davon überwintert wurde. Schon Landvogt von Tscharner hatte 1771 geklagt, seine Bauern seien gezwungen, den Viehbestand im Herbst bei niedrigen Preisen zu verkleinern und im Frühjahr wieder teuer zu ergänzen. Oft gehörten einzelne Tiere jüdischen Händlern aus dem nahen Lengnau und Endingen (33).

Die abgedruckten Zahlen von 1859 verdecken natürlich die ungleiche Verteilung des Bodenbesitzes. Zwischen der alten Jungfer, welche ein einziges, knapp 4 a umfassenden Äckerchen besass, und jener Familie, die sich rühmte, von ihrem Haus in Stilli bis zur Kirche nach Rein auf eigenem Boden gehen zu

---

32 StAAa, UKgf. 661, 662, 680, 681, 709.
33 Niklaus Emanuel von Tscharner S. 185 f.

können, bestanden gewaltige Unterschiede. Von den 75 Grundeigentümern versteuerten allein die drei grössten zusammen 26,5 % des Gesamtwertes. Die ersten zehn besassen mehr als die Hälfte, nämlich 52,6 % des bewirtschafteten Landes; auf die folgenden zehn traf es noch 16,5 %, während sich die übrigen 55 in die verbleibenden 30,9 % teilten. Der ärmste Viertel, also die 20 kleinsten Bodenbesitzer, mussten sich zusammen mit 3,1 % des Gesamtwerts begnügen. Die völlig Besitzlosen sind dabei nicht einmal berücksichtigt!

Da in dieser Untersuchung die Flussgewerbe im Mittelpunkt stehen, interessiert uns bei der Landwirtschaft vor allem ihr Verhältnis zu den andern Erwerbszweigen in Stilli. Die zentralen Fragen lauten demnach: Konnten die Stillemer ihren elementaren Nahrungsbedarf durch Selbstversorgung decken? Wer produzierte mit Überschuss? Wie viele Hausväter mussten Getreide und Kartoffeln mit Bargeld bezahlen?

Wir wollen den Versuch wagen, diese Fragen wenigstens annäherungsweise zu beantworten. Vorerst ist abzuschätzen, wieviel Getreide und Kartoffeln eine Person brauchte, um leben zu können. Danach muss bestimmt werden, wie viel Land nötig war, um die berechnete Menge in Normaljahren hervorzubringen. Diese Flächen können dann mit den im Liegenschaftsverzeichnis von 1859 angegebenen Massen verglichen werden.

Partie im Unterdorf Stilli: Haus Finsterwald/Märki (ursprünglich strohbedeckt; nach 1860 baute Samuel Finsterwald, Stüssis, (1806–1886) vier Wohnungen für seine vier Söhne ein; die Scheune erhielt zusätzlich drei Anteile samt Ställen, die zum heutigen Haus Flury/ De Min gehörten).

Für die Berechnung des Nahrungsbedarfs gehen wir von der heute üblichen Annahme aus, dass jede Person durchschnittlich 2800 kcal pro Tag, also rund 1 Mio kcal pro Jahr, braucht. Im weitern setzen wir voraus, dass die einfachste Ernährung aus Kartoffeln, Brot und Hafer- oder Gerstenbrei bestand. Dass dies für Stilli tatsächlich zutraf, werden wir im Kapitel über die Lebensverhältnisse der verschiedenen Schichten zeigen (33a). − Bei der Schätzung der Ernten in Normaljahren benützen wir die aus der Mitte des letzten Jahrhunderts überlieferten Angaben, wonach die Hektarerträge für Weizen und Roggen bei 12 q, für Kartoffeln bei 80 q lagen (34). − Wenn wir ferner berücksichtigen, dass 1859 Flurzwang und Weidgang aufgehoben waren und die Äcker nun in freiem Dreijahresrhythmus mit Weizen, Roggen/Gerste/Hafer und Kartoffeln angepflanzt wurden, ergibt sich folgende Rechnung (35):

Weizen:	1 Juchart	432 kg	1 598 400 kcal
Roggen:	1 Juchart	432 kg	1 537 200 kcal
Kartoffeln	1 Juchart	2 880 kg	1 958 400 kcal
Total	3 Jucharten		5 094 000 kcal
	1 Juchart		1 698 000 kcal

Zu berücksichtigen ist ferner, dass von diesem Ertrag das Saatgut abgezogen werden musste. Anderseits ergänzte der intensiver bebaute Garten den Speisezettel; dazu kamen Beeren, Nüsse, Pilze und anderes Sammelgut. Wir schätzen daher die für jedes Individuum erforderliche Ackerfläche auf 20 a, für alle 350 Einwohner von Stilli auf 7000 a. Da die von sämtlichen Besitzern dieses Dorfes bewirtschafteten Äcker eine Ausdehnung von 7518 a besassen, konnte sich die ganze Bevölkerung der Gemeinde in Normaljahren selbst mit Getreide und Kartoffeln versorgen.

Wir haben aber bereits erwähnt, dass die Bodenverteilung extreme Unterschiede aufwies. Wenige Familien besassen ein mehrfaches des genannten Mindestbedarfs, während andere sich nur teilweise selbst versorgen konnten. Für eine genauere Berechnung musste zuerst − aufgrund der früher erwähnten Bevölkerungskartei − die Personenzahl jeder Haushaltung herausgesucht werden, um daraus den theoretischen Landbedarf zu ermitteln. Diesen galt es, mit dem tatsächlichen Besitz an Äckern zu vergleichen; das Verhältnis zwischen den beiden Grössen wurde dann in Prozenten ausgedrückt.

Die Untersuchung zeitigte folgendes Ergebnis:

33a vgl. hinten Seite 320.
34 Hans Brugger, Die schweizerische Landwirtschaft, S. 24−36.
35 Die Kalorienberechnung beruht auf der im Verlag Walther Nöthiger, Schliern-Köniz erschienenen Diät-Tabelle.

Haushaltungen		ernährte Personen	benötigte Fläche zur Selbstversorgung	tatsächlicher Besitz	Verhältnis in %
I	3 = 4 %	12	240 a	1 446 a	über 400 %
II	10 = 13 %	43	860 a	2 337 a	200–400 %
III	13 = 16 %	52	1 040 a	1 321 a	100–200 %
IV	28 = 36 %	122	2 440 a	1 823 a	50–100 %
V	21 = 27 %	107	2 140 a	590 a	1– 50 %
VI	3 = 4 %	14	280 a	–	0 %
	78 = 100 %	350	7 000 a	7 518 a	

Nur ein Drittel aller Haushaltungen produzierte also durchschnittlich genügend Getreide und Kartoffeln für den eigenen Verbrauch. Vermutlich waren aber lediglich die Besitzergruppen I und II (insgesamt 17 %) auf den Verkauf ihrer Produkte ausgerichtet; im grossen und ganzen handelte es sich um jene, welche in der Volkszählung von 1850 als "Landmänner" bezeichnet wurden (36). Schon die Klasse III erzielte nur einen Überschuss, der vielleicht zur Fütterung eines Schweines ausreichte. Unübersehbar ist die Tatsache, dass zwei Drittel aller Familienväter auch in Normaljahren sich und ihre Angehörigen nicht ausreichend mit Früchten von eigenen Äckern ernähren konnten. Sie mussten die fehlende Menge kaufen, und zwar 31 % weit über die Hälfte des Bedarfs. Die Landarmen und Landlosen der Klassen V und VI beschafften sich das notwendige Geld durch Fischerei und Schiffahrt, gelegentlich als Schneider, Schuhmacher oder Weber. Unter ihnen befanden sich jene Hausväter, die alljährlich vom ehemaligen Kloster Königsfelden einen Sack Korn zur Linderung der Not erhielten (37).

Zu den Ergebnissen der obigen Tabelle sind nun aber in verschiedener Hinsicht Ergänzungen anzubringen. Zum einen ist die Verschuldung der Äcker nicht berücksichtigt; diese betrug allerdings auch bei den Klassen III–VI durchschnittlich nur wenig über 10 %; der Zins dafür musste aber doch aus den nichtlandwirtschaftlichen Einkünften bestritten werden, ebenso derjenige für die Häuser, welche bedeutend höher belastet waren. Für die Landeigentümer, die kein eigenes Zugvieh besassen, kam noch die Entschädigung für das Pflügen ihrer Äcker dazu. – Zum andern beruhen diese Berechnungen auf den Erträgen von "Normaljahren". Sobald eine Ernte fehlschlug, geriet auch die III. Klasse in Schwierigkeiten. Besonders krass zeigte sich dies im Hungerjahr 1817: Ende April hatten von den etwa 60 Haushaltungen nur noch 14 kleine Vorräte, meistens Roggen und Kartoffeln. Selbst bei den grössten Landeigentümern reichten die Restbestände kaum noch bis zur Ernte aus. Über 30 Haushaltungen mussten schon seit

36 StAAa, Bevölkerungstabellen 1850: Bezirk Brugg.
37 StAAa, Bezirksamt Brugg, Armenrechnungen.

Neujahr ihre Lebensmittel kaufen, natürlich zu hohen Preisen (38). Der Gemeinderat berichtete sogar, auch für Geld sei nichts mehr zu haben! Da die gleichzeitige Krise in der Baumwollindustrie auch dem Handel zusetzte, lag vermutlich auch die Schiffahrt als Einkommensquelle darnieder. Die Einnahmen an Bargeld gingen zurück, die Zinsen konnten nicht bezahlt werden, die Verschuldung nahm durch die teuren Lebensmittelkäufe zu. Die geschilderte Not wurde zum Teil durch den Besitz von Wiesland etwas gemildert. Allerdings besass ein Drittel aller Eigentümer von Äckern keine Matten. Auch beanspruchten die Angehörigen der obigen Klassen I und II 53 % dieses Bodens für sich. Der Rest dürfte aber doch mancher Familie die Haltung einer Kuh oder einiger Ziegen erlaubt haben. – Ausserdem bebaute mehr als die Hälfte der Haushaltsvorstände noch Rebberge in Villigen und Remigen. Die Landmänner der Klassen I/II beanspruchten "nur" 45 % dieses Reblandes, was sich zugunsten der mittleren Bodenbesitzer auswirkte.

Die bisherigen Ausführungen haben uns die sehr unterschiedlichen Besitzverhältnisse der Bewohner von Stilli aufgedeckt: Einer kleinen Gruppe von Bauern, welche für den Verkauf produzierten, stand die grosse Masse Landarmer gegenüber, die sich auch bei bescheidensten Ansprüchen nicht aus dem eigenen Boden ernähren konnten und diesen Mangel durch Arbeit auf den Flüssen und durch Handwerke ausgleichen mussten.

*

Man kann sich nun fragen, ob diese grossen Unterschiede schon im 18. Jahrhundert bestanden und wie sie sich nach dem Zusammenbruch der alten Flussgewerbe entwickelten. Gehörten immer die gleichen Familien zu den grossen Landbesitzern?

In die Zeit vor 1800 vermag uns das detaillierte Viehverzeichnis (39) von 1794 ein Bild zu vermitteln, das ungefähr demjenigen der Eigentümer von Ackerland von 1859 entspricht: Nur 3 von 61 Haushaltungen besassen Pferde; 10 Bauern hielten sich Ochsen; somit waren nur 13 oder 21 % einigermassen genügend ausgerüstet. Knapp 29 % hatten wenigstens eine Kuh im Stall, 8 % behalfen sich mit Ziegen. Dagegen fehlte 42 % aller Haushaltungen die eigene Milch. Bei der Fleischversorgung sah es etwas besser aus: Knapp drei Viertel konnten wenigstens ein Schwein halten; aber 23 % besassen überhaupt kein Tier.

Wenn wir die Haushaltungen von 1794 im einzelnen untersuchen, sehen wir, dass sich die Pferdehalter aus dem Bärenwirt und den beiden Müllern zusammensetzten; sie brauchten diese für ihr Gewerbe und für Vorspann. Mit den Besitzern

38 StAAa, Bezirksamt Brugg, Verzeichnisse der vorhandenen Naturalien-Vorräthe.
39 StABE, B IV 482.

von Ochsen bildeten sie – bei geringen Ausnahmen – die Vorfahren der Klassen I/II von 1859. Landvogt Tscharner bezeichnete als Vollbauern, wer drei bis vier Ochsen besass (40); zu dieser Gruppe hätten in Stilli nur drei gehört, zu den Halb- und Viertelsbauern noch zusätzliche sieben. – Auch für Stilli konnte die Ziege als "Kuh des armen Mannes" bezeichnet werden; solche befanden sich ausschliesslich im Besitz von Familien, die mehr oder weniger häufig Zuschüsse der Gemeinde bezogen. Zur letztgenannten Gruppe gehörten – mit zwei Ausnahmen – jene, welche überhaupt kein Vieh hielten.

Die Ergebnisse von 1794 und 1859 entsprechen sich völlig: Grossbauern waren selten. Dieselben Gruppen, welche über wenig Ackerland verfügten, besassen auch nur wenig Vieh. Dass sich überhaupt 58 % der Haushaltungen ein Milchtier und 73 % ein Schwein halten konnten, hängt vermutlich mit dem 1794 noch üblichen Weiderecht in Wäldern und auf Stoppelfeldern zusammen.

Die Verteilung des Bodenbesitzes änderte sich auch in der zweiten Hälfte des 19. Jahrhunderts nur unbedeutend. So sank der Anteil der zehn grössten Landeigentümer von 52,6 % im Jahre 1859 allmählich auf 49,5 % 1904. Die besser gestellte Hälfte der Alteingesessenen verfügte durchwegs über 87,8–89,5 % der liegenden Güter, die ärmere folglich nur über wenig mehr als 10 % (41). Daneben nahm allerdings die Zahl der landlosen Niedergelassenen mit der Zuwanderung auswärtiger Zigarrenarbeiter stark zu.

Wenn wir die einzelnen Grossviehbesitzer von 1794 mit den Hausvätern vergleichen, welche 1817 noch über Vorräte verfügten, und diese mit den grössten Landeigentümern zwischen 1859 und 1904, stossen wir immer wieder auf dieselben Familien, etwa die Bärenwirte Finsterwald, die Müller Hirt, den Zweig "Krämers" des Geschlechts Lehner und die verschiedenen Stämme der Strössler. Einzelne starben zwar mangels männlicher Nachkommen aus, doch traten regelmässig Schwiegersöhne diese Erbschaften an. In die Gruppe der grössten Bodenbesitzer gelangte man nur durch Einheirat oder ein besonders einträgliches Gewerbe. So brachte sich Johannes Baumann, Mocken (1788–1861), durch seine Ehe mit einer Bärenwirtstochter und mit einer rentablen Fuhrhalterei in den "3. Rang". Die "Weidligmacher" Baumann erzielten mit ihrem Betrieb ebenfalls Gewinne, welche den Kauf von Grund und Boden ermöglichten, in etwas geringerem Mass auch die Metzger Finsterwald sowie die Schmiede und Wagner Autenheimer. Im übrigen blieb das meiste Land in den Händen der gleichen Gruppe. Von den 20 grössten Bodenbesitzern von 1904 lassen sich noch immer 17 in direkter Linie auf die grössten Viehbesitzer von 1794 zurückführen, 9 sogar im Mannesstamme. Umgekehrt könnte man auch zeigen, dass die gleichen Familien, ja ganze Geschlechter während Jahrhunderten zu jener Mehrheit gehörten, die sich auch bei guten Ernten nur zu einem Bruchteil selbst versorgen

40 Niklaus Emanuel von Tscharner, S. 147.
41 GA Stilli, Steuerbücher 1856–1904.

konnten. Wir werden im Kapitel über die sozialen Schichten darauf zurückkommen.

Die geschilderte Kontinuität bei den wohlhabenden Bauernfamilien besagt nun aber keineswegs, dass feste Güterkomplexe, ja ganze Höfe über Jahrhunderte als geschlossene Besitztümer vererbt worden wären. Da das Schenkenberger Erbrecht die reale Teilung der Hinterlassenschaft unter alle Söhne und Töchter vorsah, veränderte sich die Zusammensetzung des Bodenbesitzes nach jeder Generation vollständig. Dadurch entstand ein merkwürdiger, fast mechanisch ablaufender Lebenszyklus, welcher die reichen Familien immer reicher, die armen immer ärmer werden liess. Es handelte sich um eine Entwicklung, welche sich innerhalb und zwischen den Generationen wellenförmig vollzog. Dieser Ablauf soll hier zuerst modellhaft erläutert und anschliessend mit Beispielen illustriert werden:

Jeder Mann erhielt grundsätzlich den ihm von den Eltern, allenfalls von kinderlosen Verwandten, zufallenden Erbteil, der je nach Geschwisterzahl grösser oder kleiner sein konnte. Dazu kam die Anwartschaft seiner Ehefrau(en). Über den Ertrag aus dem ererbten Boden hinaus bestand die Möglichkeit, durch Flussgewerbe, Handwerk oder Handel zusätzlichen Erwerb zu erzielen. Schematisch vereinfacht verlief die Entwicklung des Vermögens grundsätzlich verschieden, je nachdem ob das Land zur Versorgung seiner Angehörigen ausreichte oder nicht:

Der reichere Bauer konnte das überschüssige Getreide (später auch Kartoffeln) in den Handel bringen. Mit dem Erlös kaufte er, nach Bezahlung der Schuldzinsen, zusätzliche Äcker und Wiesen, womit er wiederum den Ertrag erhöhte. Ebenso legte er das durch alle übrigen Erwerbszweige verdiente Geld in Boden an. Auf diese Weise stieg der Wohlstand im Laufe einer Generation. Bei deren Ablösung wurde der ganze Reichtum unter die Erben aufgestückelt, und es kam dann darauf an, ob es auf den einzelnen so viel traf, dass er sich selbst versorgen konnte. Danach begann der Zyklus der folgenden Generation.

Ganz anders verlief das Leben des Landarmen. Der unzureichende Boden der Eltern musste noch aufgeteilt werden, so dass eine Selbstversorgung von allem Anfang unmöglich war. Ihm bot sich auch kaum Gelegenheit zu einer materiell günstigen Heirat. So musste er das durch Schiffahrt oder Handwerk verdiente Geld für die fehlenden Lebensmittel und die Schuldzinsen aufwenden. Reichte dieses – besonders bei Missernte und Teuerung – nicht aus, so war er gezwungen, sich mehr zu verschulden oder gar Land zu verkaufen. Dadurch stiegen wiederum der Bargeld- oder der Getreidebedarf oder gar beide. In diesen Verhältnissen verminderte sich das Vermögen im Laufe einer Generation eher und wurde durch die folgende Erbteilung noch mehr verkleinert.

So vervielfachte sich im einen Fall der Überfluss, im andern der Mangel. Natürlich wäre dieses Modell stark zu differenzieren. So gab es immer wieder Zeiten einer gewissen Hochkonjunktur, wo die Einnahmen durch die Flussgewerbe höher, die Getreidepreise niedrig waren. In solchen Jahren kauften auch die ärmern Schichten Land und verbesserten dadurch ihre Selbstversorgung. Ebenso gab es, besonders in kinderreichen Familien, nach Phasen hohen Lebensmittelbedarfs auch solche mit stärkerem Geldzufluss, nämlich in den Jahren, da die unverheirateten Söhne und Töchter ihren Verdienst ablieferten. Hier war es dann üblich, dass die Hausväter breiter Schichten bei bevorstehender Heirat einer Tochter einen Acker verkaufen mussten, um diese mit einer bescheidenen Aussteuer auszustatten. Anderseits war auch bei vermöglichen Bauern die wirtschaftliche Situation der folgenden Generation gefährdet, wenn zu viele Erben vorhanden waren und der einzelne Erbteil dann unter jene Schwelle sank, wo durch Überschussproduktion und Zusatzerwerb der Landbesitz erneut gesteigert werden konnte.

Diese etwas abstrakten Ausführungen sollen nun durch ein geeignetes Beispiel (42) veranschaulicht werden: Aus dem Kreis der grossen Landbesitzer drängt sich die Bärenwirtsfamilie Finsterwald geradezu auf.

Heinrich Finsterwald (1640–1695) war sowohl von seinen Eltern – die Mutter war eine Schwester des Amtsuntervogts Hirt – als auch von zwei Ehefrauen her zu beträchtlichen Erbschaften gekommen, was ihm gestattete, um 1684 die Taverne des genannten Onkels zu übernehmen. Das Vermögen konnte in der Folge bis zu seinem Tode anwachsen. Nach diesem Zeitpunkt blieb das Vermögen vorderhand unverteilt, umso mehr als nach dem Schenkenberger Erbrecht der jüngste Sohn das Elternhaus erbte und dieser – der nachmalige Amtsuntervogt Caspar Finsterwald (1691–1764) – erst vier Jahre alt war (43).

Nach der Teilung musste Caspar nebst seiner Mutter vier Brüder und vier Schwestern abfinden, was ihm offenbar dank der hohen Einnahmen aus der Wirtschaft gelang. Nach Abtragung dieser Schulden waren ihm noch viele Jahre vergönnt, um ein neues, grösseres Vermögen anzuhäufen, woraus er neun erwachsenen Kindern eine ausreichende Existenz zu verschaffen vermochte.

Bei seinem jüngsten Sohn Gabriel (1736–1779) begann der geschilderte Zyklus von vorne. 1765 übernahm er alles, was der Vater nicht schon vor seinem Tode verteilt hatte, nämlich den "Bären", die dazugehörigen Gebäude mit Hausrat und Land, zum Auskaufspreis von 5000 Gl. Dadurch verschuldete sich Gabriel Finsterwald ziemlich stark. Seine Lage wurde in den Hungerjahren 1770/71 so prekär, dass er auch die Zinsen nicht mehr bezahlen konnte und daher 13 1/2 Jucharten Grund und Boden für 3550 Gl. verkaufen musste; damit trug er seine Schuldenlast um 3300 Gl. ab; auch nachher vernehmen wir nichts mehr von Erwerbsgeschäften, dagegen von einem Darlehen bei einem Juden in Endingen; ausserdem brachte ihm seine Frau, eine Tochter des Leutnants Märki von Rüfenach, abgesehen von der Aussteuer nichts ein, weil ihn sein Schwiegervater weit überlebte. Bei seinem frühen Tode hinterliess er den zwei minderjährigen Kindern auf der Taverne und 11 1/2 Jucharten Land immer noch eine Belastung von rund 5400 Gl. (44). Die kurze Lebensdauer und die Krise hatten ihm – im

42 Grundlage für die folgenden Ausführungen bilden die Protokolle des Gerichts Stilli (StAAa, Bände 1375–1399), die Fertigungsbücher und Inventarien im GA Stilli sowie die vom Verfasser ausgearbeitete Familienkartei.

43 RQ Schenkenberg, S. 51.

44 StAAa, Band 1488.

Gegensatz zu seinem Vater – nicht erlaubt, sich aus dem Engpass, in den er durch die Auszahlung von acht Geschwistern geraten war, zu befreien, geschweige denn ein neues Vermögen aufzubauen. Dem Vormund der Kinder blieb keine andere Wahl, als rund 10 Jucharten zu einem Preis von 2800 Gl. zu verkaufen, wodurch der Schuldenberg auf die Hälfte abgetragen werden konnte. Nach Abzug dieser Passiven besassen die Kinder noch ein aktives Vermögen von etwa 6700 Gl., bestehend aus den Wirtschaftsgebäuden samt Inventar und dem übrig gebliebenen Boden (45).

Der Zyklus des Sohnes Caspar (1764–1804) begann unter wesentlich bessern Bedingungen: Er hatte lediglich eine Schwester mit 3000 Gl. abzufinden. Danach konnte er mit dem Ertrag aus Land, Fahr und Wirtshaus einen Landkauf nach dem andern tätigen. Ausserdem fielen ihm nun das grossväterliche Erbe und die Anwartschaft seiner Frau, der Tochter des reichen Hirschenwirts Schwarz von Villigen, zu. So konnte er es wagen, 1804 jene prächtige Scheune zu bauen, welche am Platz der heutigen Turnhalle stand. Nach seinem kurz darauf erfolgten Tode übernahm die geschäftstüchtige Witwe das Zepter und führte die Vermehrung des Wohlstandes fort; denn wiederum war der jüngste Sohn Johannes als Erbe des Hauses erst sechs Jahre alt. Nachdem letzterer volljährig geworden war, teilte die Mutter das gross gewordene Vermögen unter ihre vier Kinder auf (46).

Johannes Finsterwald (1798–1870) lud sich 1823 mit der Errichtung der neuen Taverne (heute Schulhaus) grosse Schulden auf. Doch obschon seine Gattin eine vermögliche Tochter aus dem "Schwanen" zu Meisterschwanden war, wollte ihm die erwartete Äufnung des Reichtums nicht gelingen. Da der Durchgangsverkehr abnahm und das Gasthaus nicht mit der nötigen Tüchtigkeit geführt wurde, nahm dessen Ertrag, wie schon erwähnt, rapid ab. Der Schuldenberg blieb bestehen, ja er musste sogar für die Ausbildung der Söhne vergrössert werden. Eine Sanierung gelang erst nach seinem Tode, als der Witwe von seiten ihrer Schwester ein sehr grosses Erbteil zufiel (47).

Als letzter übernahm – wiederum als jüngster Spross – Samuel Finsterwald (1827–1896) den "Bären". Bekanntlich führte er die Taverne nicht weiter, doch baute er einen erfolgreichen Getreidehandel auf, der auch ihn an die dritte Stelle unter den Steuerzahlern Stillis brachte (48).

Dieses ausführliche Beispiel der Wirtsfamilie Finsterwald sollte uns veranschaulichen, wie unter dem bestehenden Erbrecht auch Familien mit grossem Bodenbesitz in jeder Generation Gefahr liefen, Reichtum und Stellung zu verlieren. Als entscheidende Faktoren haben sich Geschwisterzahl, Erbschaften von seiten der Frau, Lebensdauer, persönlicher Einsatz, aber auch konjunkturelle Bedingungen herausgestellt. Die geschilderte Familie konnte ihre dominierende Stellung nur dank des ständigen Geldzuflusses aus der rentablen Taverne halten. Alle übrigen Angehörigen dieses Geschlechts stiegen sozial ab, weil ihnen eine entsprechende Einkommensquelle fehlte. Dieser Abstieg musste zwangsläufig erfolgen, da die

45 Waisenrechnungen im StAAa (Bände 1330–1333)
46 StAAa, Band 1307, S. 158–184. GA Stilli, Fertigungsprotokoll Band 1a, S. 119–124.
47 vgl. oben Seite 253, unten Seite 323.
48 vgl. oben Seite 265.

Erbteile bei acht Kindern so klein wurden, dass bei den gegebenen Erwerbsmöglichkeiten auf dem Wasser auch grosser Fleiss und Tüchtigkeit nicht ausreichten, wieder die Höhe des väterlichen Vermögens zu erreichen. So finden wir unter den Nachkommen des Amtsuntervogts Heinrich Finsterwald schon in der dritten Generation manche, deren Bodenbesitz nicht mehr zur Selbstversorgung ausreichte und die daher auf öffentliche Hilfe angewiesen waren! − Umgekehrt werden wir bei der Familie Strössler sehen, wie kleine Kinderzahlen, eine gezielte Wahl der Ehepartner und eine bewusste Planung der Erbfolgen eine Akkumulation an Land und dadurch einen Aufstieg an die Spitze im Sozialgefüge von Stilli ermöglichten.

Die bisherigen Ausführungen haben sich fast ausschliesslich auf Äcker und Wiesen beschränkt. Im folgenden wollen wir uns auch mit dem *Wald* als ebenfalls wichtigem Kulturland befassen. Hier erwies sich die Situation der Stillemer als besonders prekär, weil sowohl die Herren von Aarburg und Baldegg als auch die Berner Regierung es versäumt hatten, dieses Dorf mit ähnlichen Privilegien wie bei Ackerbau und Viehhaltung auszustatten. Dadurch entstand ein Problem, das während Jahrhunderten kaum zu bewältigen war: der Holzmangel.

In den Anfängen mögen die Wasserhalde und das Fischergrien zusammen mit dem Wald der Fehren im Freudenauer Burggut ausgereicht haben. Als der Bevölkerungszuwachs in der zweiten Hälfte des 16. Jahrhunderts einsetzte, gelang es den Männern von Stilli 1597, anlässlich der letzten Waldverteilung durch Bern, wenigstens den Aurein zu erhalten (49). Es handelte sich dabei um jenen Terrassenhang, dessen obere Kante die westliche Gemeindegrenze bildet und der früher von der Steig bis zum Endbach ganz bewaldet war; der grösste Teil befindet sich noch heute im Besitz der Ortsbürgergemeinde. Die Stillemer bezahlten dafür jährlich 6 Pfund Bodenzins.

Die Einwohnerschaft nahm aber weiter zu und damit der Mangel an Holz, sei es für Bauten, für Zäune und vor allem für die Feuerstellen in den Häusern. Man versuchte zwar, private Waldstücke zu kaufen; doch zeigen uns die 1666 beginnenden Gerichtsbücher, dass es bis 1734 dauerte, bis erstmals ein solcher Erwerb zustandekam. Bis 1797 gelang es dann, insgesamt 28 Jucharten in den Besitz von Familien aus Stilli zu bringen, was bei einem gleichzeitigen Verkauf von 5 Jucharten einen Zuwachs von 25 Jucharten ergab; dazu kamen einige Anteile (sog. "Holzgaben") an der Waldgenossenschaft Iberg bei Riniken (50).

Alle Anstrengungen reichten aber nicht aus, um über 300 Personen in genügendem Ausmass zu versorgen. Den Armen fehlte zudem auch das Geld, um Brennholz zu kaufen. Da aber warme Speisen und eine geheizte Küche zu den elementarsten Bedürfnissen des Menschen gehören, nahm man sich das Holz dort, wo es in Fülle vorhanden war: Schon in den Jahren 1702 und 1708 musste

---

49 StABE, Unteres Spruchbuch JJ, S. 168^V−172^V; vgl. auch StAAa, Band 1152, S. 188.
50 StAAa, Bände 1375−1399.

sich der Obervogt mit "Holzfrevlern" befassen (51). Trotzdem scheint diese Art der "Selbstversorgung" immer mehr überhand genommen zu haben. Vor allem die am gegenüberliegenden Ufer sich ausbreitenden Wälder der Gemeinden Würenlingen und Untersiggenthal, weit entfernt von den Dörfern, bildeten für die flusstüchtigen Schiffleute geeignete Gebiete. Würenlingen beklagte sich 1785 mit heftigen Anschuldigungen bei der Regierung in Bern, diese Diebstähle würden bereits ein Ausmass annehmen, welches einen Holzmangel für die eigene Gemeinde befürchten lasse. Die "Gnädigen Herren" liessen die Angelegenheit prüfen und durch die Seckelschreiberei ein Gutachten ausarbeiten. Darin wurde die Ursache klar erkannt und vorgeschlagen, der Gemeinde Stilli entweder Waldungen oder Land zur Aufforstung zuzuteilen; dann würde der "Holzfrevel" von selbst vermindert (52). Die Regierung sah keine Möglichkeiten, diese Vorschläge zu realisieren. Bern hatte fast alle ehemals murbachisch-habsburgischen Herrschaftswälder schon im 16. Jahrhundert unter die Gemeinden verteilt; Villigen allein hatte auf dem Geissberg und Rotberg an die 900 Jucharten erhalten, neben denen sich die 20 Jucharten Aurein für Stilli bescheiden ausnahmen (53). Eine Neuverteilung am Ende des 18. Jahrhunderts war nicht möglich, obwohl das Missverhältnis offenkundig war, zählte Villigen doch kaum doppelt so viele Einwohner als Stilli. So beschränkte sich Bern darauf, diesen Benachteiligten für Neubauten und dringend notwendige Renovationen einige "Stumpen" Bauholz aus dem noch übrig gebliebenen Staatswald (etwa 30 Jucharten) beizusteuern (54).

Auch während der Helvetik waren die Eingaben von Bürgern aus Stilli voll von Gesuchen um Bau- und Brennholz, zumal die französischen Besatzungstruppen die letzten Vorräte aufgebraucht oder mitgenommen hatten (55). So bildete die Holzarmut ein böses Erbe, das noch den Behörden des 19. Jahrhunderts viel zu schaffen machte. Schon 1808 schilderte der Gemeinderat der Regierung die missliche Lage seiner Bürger, und der Bezirskamtmann fügte hinzu, ohne Hilfe würden diese Leute zu Verbrechern. Den Vorschlag, mittels Holzlieferungen aus Staatswäldern einen Fonds zum Ankauf von Gemeindewaldungen zu äufnen, lehnte die Regierung als unrealistisch ab, ebenso einen Antrag auf Verkauf von 60 Jucharten Staatswald in Leuggern. Da der Gemeinderat das fehlende Brennholz mit 120 Klaftern berechnet hatte, bewilligte der Kleine Rat schliesslich pro Haushaltung jährlich einen Klafter zu verbilligtem Preis (56).

51 StAAa, Bände 1259 (21. 1. 1702) + 1260 (1. 12. 1708).
52 StABE, B VII 426, S. 99–102.
53 StAAa, Band 1498; vgl. auch Band 1213.
54 StAAa, Band 1215.
55 StAAa, z. B. Bände 9106 (Nr. 58), 9120 (Ia Nrn. 12 + 115; Ib Nr. 65), 9121 (IIa Nrn. 64, 65, 96; IIb Nrn. 8, 46, 79), 9123 (IV Nrn. 100, 101; 9. 3. 1803).
56 StAAa, Regierungsakten F No. 9/19 (1808 ff.).

Einzelne Bürger kauften im Laufe des 19. Jahrhunderts weitere private Wald-
parzellen hinzu. Für das Jahr 1859 können wir folgenden Bestand schätzen:

Wasserhalde (alter Besitz)	26 Jucharten
Erwerb 1734–1797	23 Jucharten
Erwerb 1797–1859 (sowie evtl. vor 1666)	48 Jucharten
Besitz von Einzelpersonen 1859	97 Jucharten
Gemeindewald Aurein	20 Jucharten
Fähregesellschaft bei Freudenau	ca. 20 Jucharten
Total Waldbesitz 1859 (57)	137 Jucharten

Das kant. Oberforst- und Bergamt hatte 1809 für 200 Jucharten einen Ertrag von
120 Klaftern Brennholz berechnet. Bei einem angenommenen Bedarf von 2 Klaftern je Haushaltung wären 1859 270 Jucharten nötig gewesen; der tatsächliche
Besitz deckte also gerade die Hälfte.

Betrachten wir aber die Verteilung des privaten Waldbesitzes von 1859 auf
die Haushaltvorstände, ergibt sich folgendes Resultat:

mehr Wald als nötig zur Selbstversorgung	8 Haushaltungen
Selbstversorgung mehr als 1/2 Holzbedarf	9 Haushaltungen
Selbstversorgung weniger als 1/2 Holzbedarf	40 Haushaltungen
kein Waldbesitz	23 Haushaltungen
total	80 Haushaltungen

Das Bild bestätigt die ungleiche Verteilung, die wir schon bei der Flur festgestellt
hatten: Nur 10 % aller Haushaltungen hatten genügend eigenes Holz; diese besassen 52 % des gesamten Privatwaldes. Weitere 10 % konnten sich wenigstens zur
Hälfte selbst versorgen. 50 % mussten mehr als den halben Bedarf hinzukaufen;
und 30 % − es waren auch sonst die ärmsten − waren gezwungen, alles benötigte
Holz mit klingender Münze zu bezahlen. Wie hart sich diese Tatsache auswirkte,
illustriert am besten die Gemeinde Stilli selbst; nicht einmal sie brachte das Geld
auf, um das Holz für die Beheizung der einzigen Schulstube einzukaufen, und
erhielt dieses während Jahrzehnten vom Staat unentgeltlich (58).

So brauchen wir uns nicht darüber zu verwundern, dass die Klagen über
Holzfrevel nicht verstummten. Das Gemeindearchiv Untersiggenthal enthält
noch zwei "Forstfrevelregister" mit den Bussen der erwischten Holzdiebe. Erwartungsgemäss befanden sich darunter zahlreiche Stillemer, zum Teil alte
Frauen, welche etwas dürres Holz gesammelt hatten, zum Teil (von ihren Eltern

---

57 GA Stilli, Liegenschaftsverzeichnis 1859.
58 StAAa, Regierungsratsprotokolle.

geschickte) Kinder, welche gelegentlich auch Stauden und Äste abhieben (59). –
Auch der Gemeinderat von Stilli hatte sich regelmässig mit "Holzfrevlern" zu
beschäftigen, und dies bis gegen das Ende des 19. Jahrhundert!

*

Auf dem geringen Besitz an Land (Wald und Flur) hafteten noch beträchtliche
Lasten. Da waren einmal die aus dem Mittelalter stammenden *Bodenzinsen* auf
die einzelnen Parzellen verteilt; es handelte sich meistens um Naturalabgaben, die
erst im 19. Jahrhundert in Geldzinsen umgerechnet, kapitalisiert und mit Bargeld
abgelöst werden konnten. Dazu kam der *Getreidezehnten;* der Kirchherr von
Rein – im Mittelalter das Kloster Wittichen, später Bern und die Stadt Brugg
zusammen – beanspruchten von den Ernten buchstäblich jede zehnte Garbe.
Diese Verpflichtung bezog sich auch auf die Äcker und Wiesen unterhalb des
Dorfes Stilli, zwischen Aurein und Aare; der Heuzehnten wurde jeweils unter
den Eigentümern der betreffenden Parzellen versteigert; 1719 waren es z. B. 24,
welche zusammen 25 Batzen bezahlten (60). Der Getreidezehnten machte durchschnittlich 3 Stuck aus und fiel zu 2/3 dem Amtsuntervogt, zu 1/3 dem Klein-
weibel zu Brugg als Besoldung zu. Beide Zehnten wurden in den Jahren
1844–1849 abgelöst, 1850 also gelöscht (61).

Zu all diesen alten Grundlasten kam spätestens seit dem 16. Jahrhundert die
Gültbrief- und *Hypothekarverschuldung.* Landvogt von Tscharner vermutete
1771, der Boden sei durchschnittlich zu mehr als 50 % des Verkehrswerts belastet (62). Wir wollen nun versuchen herauszufinden, ob dies auch für Stilli zutraf.

Eingangs sind die beiden Arten von Darlehen zu erklären, die in unserer Gegend
üblich waren: Im 17. Jahrhundert überwogen die Gülten, d. h. auf unbeschränkte
Zeit errichtete Schuldbriefe mit direktem Pfändungsrecht auf genau umschriebene Gebäude, Parzellen, Fahr- und Fischereirechten. Immer mehr setzten sich
aber die Obligationen durch, welche zeitlich beschränkt (aber verlängerbar) und
nur durch Bürgen gesichert waren, wobei die Schuldner allerdings meistens diesen Bürgen Liegenschaften als Sicherheit verschreiben mussten.

Vollständige Angaben über den Verschuldungsgrad besitzen wir erst für die
zweite Hälfte des 19. Jahrhunderts, nämlich durch die Liegenschafts- und Steuerbücher (63). Die Schuldsummen sind dort für Gebäude und Boden getrennt auf-

---

59 StAAa, Regierungsratsprotokolle 1806 (S. 423), 1807 (S. 224), 1815 (S,552).
60 Zehntenzettel im Besitz von Frau Mathilde Buser-Lehner, Ostermundigen; Kopie beim
    Verfasser.
61 StAAa, Akten Finanz: Bodenzinse Stilli 1844–1862.
62 Niklaus Emanuel von Tscharner, S. 130.
63 im GA Stilli.

geführt; doch täuscht diese Aufteilung, weil die Unterpfänder üblicherweise aus Wohnhaus und einzelnen Grundstücken kombiniert waren. Wir betrachten daher im folgenden die gesamte Verschuldung aller Liegenschaften jedes Steuerzahlers, was sich auch insofern vertreten lässt, als die überwiegende Zahl der Besitzer die Geldzinsen aus den Erträgen nichtlandwirtschaftlicher Tätigkeiten aufbringen musste. Die hier abgedruckte Reihe zeigt die Belastung in absoluten Zahlen wie in ihrem Verhältnis zum Schatzungswert:

Jahr	Schatzungswert	Schuldbriefe	Verschuldungsgrad
1859	670 074	85 642 Fr.	12,8 %
1872	802 777	126 765 Fr.	15,8 %
1886	772 260	152 917 Fr.	19,8 %
1904	804 778	102 125 Fr.	12,7 %

Wir stellen demnach eine Zunahme der Verschuldung bis 1886 fest. Diese dürfte einerseits auf den Geldmangel zurückzuführen sein, den der Niedergang der Flussgewerbe und der Loskauf der Zehnten und Bodenzinsen bewirkte. Sie wurde anderseits durch die bis 1872 feststellbaren massiven Bodenkäufe verstärkt; ausserdem mussten viele Häuser in einen bessern Zustand gebracht werden. Der Rückgang des Verschuldungsgrades am Ende des Jahrhunderts lässt sich durch die Liquidation zahlreicher Kleinbetriebe erklären. Wir werden auf diese Besitzesänderungen in einem weitern Abschnitt eingehen. Bei den abgedruckten Zahlen handelt es sich einmal mehr um Durchschnittswerte, welche die grossen Unterschiede zwischen den sozialen Gruppen verwischen. So bezeichneten z. B. die zehn grössten Landbesitzer schon 1859 ihren gesamten Boden als schuldenfrei, und nur vier von ihnen wiesen überhaupt eine Hypothek auf ihrem Wohnhaus auf, wobei auch diese lediglich beim Bärenwirt Finsterwald 10 % des Schatzungswerts überstieg. Ausserdem war bei den meisten Eigentümern nur ein Teil der Parzellen belastet, während die andern völlig zinsfrei waren.

Aber auch bei Berücksichtigung dieser Vorbehalte muss der Verschuldungsgrad als klein bezeichnet werden. Im ganzen Bezirk Brugg betrug er 1872 24,8 %; er stieg bis 1886 auf 25,6 %, bis 1906 sogar auf 39,4 % (64). Dabei lagen auch diese Werte unter den Kantonsmitteln, welche 1886 37,4 % und 1906 46,3 % ausmachten (65)!

Für das 17./18. Jahrhundert fehlen ähnliche Querschnitte durch den gesamten Bodenbesitz. Wir müssen uns daher mit den laufenden Verschreibungen in den Gerichtsbüchern begnügen (66). Diese umfassen aber lediglich die im Handel sich befindlichen Liegenschaften. Den besten Einblick vermitteln uns die Verstei-

64 vgl. dazu die Erhebungen von J. Kistler (im Quellenverzeichnis).
65 Hans Brugger, Aargauische Landwirtschaft, S. 192.
66 StAAa, Bände 1375–1399.

gerungen bei Totalliquidationen zufolge Todesfalls oder Wegzugs. So betrug der Verschuldungsgrad des Hans Jakob Finsterwald, Bürstlis (I) 1751/52 22,9 %, derjenige des Hans Müller, Fürstein 1777 29,1 %; die Güter des nach Vogelsang weggezogenen Heinrich Hirt waren dagegen nur zu 5,4 % belastet. – Wenn bei dringendem Geldbedarf Teilliquidationen vorgenommen wurden, schwankte die Verschuldung enorm; meistens lag sie auch hier unter 30 %; bei Hans Lehner, Baslers, erreichte sie jedoch 1737 die Höhe von 78,6 %, bei der Witwe Barbara Baumann-Käser 1755 gar 80,6 %. Hier müssen wir aber festhalten, dass bei solchen Versteigerungen Gültbriefe und Obligationen auf die veräusserten Parzellen abgewälzt wurden, was für den verbleibenden Bodenbesitz eine zumindest teilweise Entschuldung bewirkte.

Neben solchen Einzelbeispielen, die nur beschränkt repräsentativ sind, können wir die Belastung aller zwischen 1666 und 1797 gehandelten Liegenschaften feststellen. Wir erhalten daraus die folgende Reihe:

1666–1675	14,9 %
1676–1685	12,6 %
1686–1695	21,5 %
1696–1705	17,1 %
1706–1714	11,5 %
1717–1725	18,4 %
1726–1735	20,4 %
1736–1745	33,5 %
1746–1755	35,5 %
1756–1765	26,2 %
1766–1775	39,0 %
1776–1785	27,9 %
1786–1795	19,9 %

Der Anstieg nach 1735 ist augenfällig; gleichzeitig nahm aber auch die Zahl der abgeschlossenen Kaufverträge stark zu. Die hohe Verschuldung im Zeitraum 1736–1755 lässt sich auf den Erwerb stärker belasteter Ländereien von auswärtigen Verkäufern zurückführen, diejenige von 1766/75 auf die Tatsache, dass zahlreiche Stillemer ihre Gültbriefe auf einzelne Parzellen verlagerten und diese zu einer überdurchschnittlichen Verschuldung von 49,8 % abstiessen.

Die zuletzt gemachten Feststellungen zeigen uns mit aller Deutlichkeit die Problematik der obigen Verschuldungsreihe. Diese enthält nur – es sei wiederholt – die Belastung jener Gülten, welche Gegenstand von Kaufverträgen bildeten. Dabei dürften belastete Parzellen übervertreten gewesen sein. Die tatsächliche Verschuldung des gesamten Besitztums, welches sich in den Händen von Bürgern Stillis befand, war sicher niedriger. Darauf weist auch die Feststellung hin, dass im ganzen Zeitraum 1666–1797 die weitaus überwiegende Zahl der Kaufabschlüsse keine Schuldbriefe nennen.

Die einleitend erwähnte Vermutung von Tscharners, der Belastungsgrad habe 50 % des Schatzungswerts des Bodens überstiegen, traf demnach für Stilli nicht zu. Dieser dürfte, wie im 19. Jahrhundert, unter 20 % gelegen haben.

In diesem Zusammenhang mag noch interessieren, wer die *Geldgeber* der Stillemer waren. Auch hier gibt es keine Quellen, welche uns in einem Querschnitt deren Verteilung aufschliessen würden. Die Gerichtsbücher und die Fertigungsprotokolle von Stilli enthalten aber die neu errichteten Schuldbriefe. Diese geben uns Auskunft darüber, wo in jeder Epoche flüssiges Geld für Darlehen erhältlich war. Bis weit ins 19. Jahrhundert hinein standen Stadtbürger, die den Ertrag aus erfolgreicher Arbeit in sichern Briefen auf Grund und Boden anlegten, im Vordergrund. Naheliegend waren natürlich reiche Familien in Brugg, die denn auch im 18. Jahrhundert 30–35 %, zwischen 1835 und 1860 20 %, danach nur noch 10 % des Geldbedarfs in Stilli deckten. Am Ende des 17. Jahrhunderts hatten noch Berner Beamte (Landvögte) und Bürger anderer Nachbarstädte (besonders Aarburg und Baden) überwogen; zu diesen wären auch die Pfarrherren naher Gemeinden zu zählen. Der Geldverkehr war aber auch mit Zürich immer rege; zwischen 1665 und 1700 beteiligten sich dortige Kaufleute und Rentner mit 12 % an diesen Darlehen, im 18. Jahrhundert noch mit 8–10 %, zu Beginn des 19. aber wieder mit 13 %. Seltener waren ursprünglich Geldgeber aus Basel gewesen; doch zwischen 1810 und 1835 engagierten sich einzelne bei angesehenen Männern Stillis mit so grossen Beträgen, dass sie 52 % der ganzen Darlehenssumme dieses Zeitraums erreichten.

Aber auch die ländliche Oberschicht lässt sich als Geldgebergruppe nicht übersehen. Am Ende des 17. Jahrhunderts betrug ihr Anteil 30 %, bis 1740 sogar 39 %, um dann bis auf 6 % zwischen 1810 und 1835 zurückzugehen. Danach holten sie sich wiederum bis auf 32 % auf. Hier waren auch die vermöglichen Stillemer beteiligt, z. B. 1666–1740 mit rund 10 %, 1835–1860 mit 7 %, danach mit 13 %. Im 17./18. Jahrhundert beschränkte sich dieser Kreis auf die Amtsuntervogtsfamilien Finsterwald und Hirt, von denen besonders die erstern ihr Bargeld nach 1740 für die Versorgung der zahlreichen Söhne brauchten, für die Auszahlung der Geschwister selbst auf Darlehen angewiesen waren und daher als Geldgeber ausschieden. Nach 1835 traten neu aufgestiegene Familien an deren Stelle, allen voran die Strössler vom Stamme "Melchers" und Johannes Baumann, Mocken. An vorderster Front stand hier der durch Erbschaften, Mühlebetrieb, Speise- und Landwirtschaft zum reichsten Stillemer avancierte Heinrich Strössler (1818–1882); obwohl er der grösste Bodenbesitzer Stillis war, machte dessen Wert (32 000 Fr.) weniger als ein Fünftel seines 1882 hinterlassenen Vermögens von 165 000 Fr. aus. 73 000 Fr. aber waren in 108 Schuldbriefen auf Liegenschaften in und um Stilli angelegt; die dadurch geschaffenen persönlichen Abhängigkeiten lassen sich nur erahnen (67). – Neben Angehörigen der Oberschicht

67 GA Stilli, Inventarienprotokoll 1882.

liehen zu allen Zeiten Jungfern ihr ausbezahltes Erbteil aus, ebenso Vormünder für die ihnen anvertrauten Schützlinge.

Bisher haben wir nur die alten, traditionellen Geldgeber erwähnt. Diese fast durchwegs vermöglichen Einzelpersonen wurden jedoch allmählich durch öffentliche und private Institute abgelöst. Als Vorläufer können wir vielleicht die nahen Juden von Lengnau und Endingen betrachten, welche nach 1750 begannen, in Stilli Geld auszuleihen; um 1770 beherrschten sie diesen Markt sogar zu 88 %! Dabei überwogen kleine, ungerade Summen, vermutlich Schulden für Waren und Vieh, für welche sich diese Juden Obligationen als Sicherheit ausstellen liessen. Im 19. Jahrhundert zog der Kanton Aargau ein umfangreiches Ausleihgeschäft auf, flossen ihm doch durch die Ablösung der alten Zehnten und Boden zinsen grosse Bargeldmengen zu. Erst spät stossen wir auf Schuldbriefe von Banken, so 1868 auf den ersten der Sparkasse Brugg (heute Aarg. Hypotheken- und Handelsbank). Gegen das Jahrhundertende verdrängte diese, zusammen mit der Aargauischen Bank (jetzt Kantonalbank), immer mehr die privaten Geldgeber. Umgekehrt legten die letzern ihr Vermögen immer mehr in Bankpapieren oder Aktien an. So verfügte schon Heinrich Strössler 1882 über 20 000 Fr. auf verschiedenen Konten der Aargauischen Bank. Samuel Finsterwald, der Sohn des letzten Bärenwirts, genoss in Stilli vielleicht nicht zuletzt deshalb eine so grosse persönliche Wertschätzung, weil er sein liquides Vermögen ausschliesslich in Obligationen von Banken, Eisenbahnen und Hotels anlegte; dadurch brachte er keine Mitbürger in seine materielle Abhängigkeit (68)!

War Stilli ein Bauerndorf?

Nach all diesen Ausführungen über die Art der Bewirtschaftung, die Privilegien für Stilli, die internen Besitzverhältnisse in Flur und Wald sowie die Verschuldung kehren wir nun zu unserer Ausgangsfrage zurück: Welche Rolle spielte die Landwirtschaft als Erwerbszweig der Bevölkerung von Stilli? Bestand ein wesentlicher Unterschied zwischen diesem Dorf und den Nachbargemeinden, welche keinen Zugang zu den Flussgewerben erhielten? Stellte Stilli auch in dieser Beziehung einen Sonderfall dar?

Einen ersten Hinweis vermitteln uns die Gerichtsbücher für das 17./18. und die Steuerregister für das 19. Jahrhundert (69). Sie zeigen uns nämlich, dass der Gesamtinhalt aller Parzellen, welche sich im Besitz von Einwohnern Stillis befanden, ziemlichen Schwankungen unterworfen waren. Es gab Zeiten, in denen

68 GA Stilli, Inventarienprotokoll 1896.
69 StAAa, Bände 1375–1399 (Gerichtsbücher); GA Stilli (Steuerregister).

mehr Boden erworben als verkauft, die bewirtschaftete Fläche also vergrössert wurde. In andern Jahren mussten sie mehr Land veräussern. Auf solche Weise wurde die Basis der Selbstversorgung breiter oder schmaler, und damit auch der Grad des Wohlstandes bzw. Elends. Über diese Schwankungen gibt die folgende Tabelle für die Jahre 1666–1797 (bei einer Lücke 1713–1717) Aufschluss:

Zeitraum	Vermehrung der Gesamtfläche	Verminderung der Gesamtfläche	pro Jahr	Einwohnerzahlen
1666–1675		1 574 Gl.	- 157 Gl.	ca. 100
1676–1685	921 Gl.		+ 92 Gl.	
1686–1690		925 Gl.	- 185 Gl.	
1691–1700	2 613 Gl.		+ 261 Gl.	144
1701–1705		897 Gl.	- 179 Gl.	160
1706–1713	1 610 Gl.		+ 201 Gl.	
1717–1730	3 296 Gl.		+ 235 Gl.	236
1731–1735		539 Gl.	- 108 Gl.	
1736–1750	4 880 Gl.		+ 325 Gl.	254
1751–1770		7 443 Gl.	- 367 Gl.	258
1771–1775	585 Gl.		+ 117 Gl.	256
1776–1785		3 385 Gl.	- 339 Gl.	
1786–1797	4 540 Gl.		+ 379 Gl.	293

Diese Zahlen betreffen den Bargeldverkehr (Verkaufspreis abzüglich Hypothekarschulden) und entsprechen der Differenz zwischen der jeweiligen Kaufs- und Verkaufssumme. Wir haben die Geldbeträge den Flächenangaben vorgezogen, weil die Juchartenpreise je nach Bodenqualität enorme Unterschiede aufwiesen und daher für unsere Zwecke zu wenig aussagekräftig wären. Die abgedruckten Werte enthalten allerdings nur die in den Gerichtsbüchern eingetragenen Geschäfte; die durch Erbgang von auswärtigen Ehefrauen sowie an weggezogene Töchter entstandenen Verschiebungen sind nur selten erfasst. Trotz dieser Ungenauigkeit zeigt die obige Tabelle nur zu deutlich, dass es Epochen gab, in welchen die Stillemer insgesamt über Bargeld verfügten, um Boden zu kaufen, und dass sie in andern Zeiten Land veräussern mussten, um ihren finanziellen Verpflichtungen nachzukommen. Bis in die Mitte des 18. Jahrhunderts überwogen die Landkäufe; 1750 besassen die Einwohner von Stilli für beinahe 10 000 Gulden mehr Land als 1666. In den folgenden 35 Jahren, also bis 1785, mussten sie aber mehr Boden verkaufen, als sie in den acht Jahrzehnten zuvor hinzuerworben hatten. Erst gegen das Ende des Jahrhunderts überwog wiederum die Kaufstätigkeit.

Der Vergleich mit der jeweiligen Bevölkerungsgrösse zeigt eine frappante Übereinstimmung. Hatten sich die Einwohnerzahlen zwischen der Mitte des 17. und des 18. Jahrhunderts von 100 auf 250 erhöht, stagnierten sie anschliessend bis in die 1780er-Jahre, um dann wieder anzusteigen. In einem früheren Kapitel stellten wir um 1740/50 einen bevölkerungsgeschichtlichen Wendepunkt fest: das Heiratsalter stieg damals, die Geburtenraten sanken, und die Abwanderung – besonders zwischen 1750 und 1770 – nahm zu. Wir vermuteten dort, dass sich die wirtschaftliche Gesamtlage in Stilli in der zweiten Hälfte des 18. Jahrhunderts verschlechtert habe, und finden nun eine überraschende Bestätigung. Ein Rückgang der Flussgewerbe muss damals einen grossen Geldbedarf bewirkt und die Stillemer zu massiven Landverkäufen gezwungen haben. Der dadurch verknappte Nahrungsspielraum veranlasste die Bevölkerung zu dem veränderten Verhalten in Heiratsalter, Geburtenzahlen und Wanderung (70).

Für die erste Hälfte des 19. Jahrhunderts ist die Quellenlage weniger günstig. Man könnte zwar die Fertigungsprotokolle aller umliegenden Gemeinden auf den Liegenschaftshandel der Stillemer hin untersuchen; doch würde sich der Aufwand umso weniger lohnen, als diese Bücher meistens nicht durchgehend vorhanden sind. Dafür vermitteln uns die Steuerverzeichnisse einen Eindruck für die Zeit nach 1850. Diese führen nämlich die Schatzungswerte für den Bodenbesitz innerhalb und ausserhalb der Gemeinde getrennt auf. Da das Land im Bann von Stilli fast ausschliesslich den dortigen Einwohnern gehörte, erhalten wir eine feste Grösse, die wir zum Steuerbetrag für Boden in den Nachbargemeinden in Beziehung setzen können. Die entsprechenden Werte lauten:

1859	1 :	4,9
1872	1 :	5,9
1886	1 :	5,8
1904	1 :	5,4

Danach stieg der Landbesitz nach dem ersten Abwanderungsschub und dem Niedergang des Flussverkehrs in den 1850er-Jahren, stagnierte dann (analog der Bevölkerungszahl) bis in die Zeit nach 1880, um parallel zum zweiten Abwanderungsschub leicht zurückzugehen.

*

Die über die Bodenfläche gemachten Feststellungen lassen wir uns nun durch die Viehbestände noch bestätigen. Diese ermöglichen uns ausserdem einen Vergleich mit den übrigen Dörfern der Kirchgemeinde Rein. Wir erhoffen uns davon eine Antwort auf die Frage, ob die bäuerliche Betätigung der Stillemer wesentlich geringer war als diejenige ihrer Nachbarn. Zu diesem Zweck dienen uns die beiden abgedruckten Tabellen über die Entwicklung der Viehbestände, einerseits

70 vgl. oben Seiten 210 ff.

Die Entwicklung der Viehbestände (Die erste Zahl betrifft die Bestände von Stilli, die zweite jene der Gemeinden Lauffohr, Rein, Rüfenach, Villigen und Remigen zusammen)

a) absolute Zahlen

	Pferde	Ochsen	Kühe	Schweine	Rinder	Ziegen	Kälber
1771	8/20	19/199	35/185	25/194		0/57	7/79
1790—1800	10/15	20/208	41/261	66/355		12/82	
1831	18/38	20/179	56/295	82/475			
1861			72		6		
1866	6/33	19/151	63/372	99/495	6/31	11/123	30/179
1876	7/37	16/127	67/376	95/535	4/20	11/151	24/187
1881			69				
1886	7/40	11/153	66/339	78/444	12/80	13/193	30/171
1889			59				
1892			55				
1896	5/48	12/196	47/349	82/535	20/139	17/186	17/234
1901	6/61	14/146	42/341	65/491	14/120	14/150	15/111

b) Anzahl Vieh auf 100 Einwohner

	Pferde	Ochsen	Kühe	Schweine	Rinder	Ziegen	Kälber
1771	3,0/1,6	7,0/16,2	12,9/15,0	9,2/15,8		0/ 4,6	2,6/ 6,4
1790—1800	3,3/1,1	6,7/14,7	13,7/18,5	22,1/25,0		4,0/ 5,8	
1831	5,0/2,3	5,6/11,0	15,6/18,1	22,9/29,2			
1866	1,7/1,7	5,3/ 7,7	17,6/19,1	27,7/25,4	1,7/1,6	3,1/ 6,3	8,4/ 9,2
1876	1,9/2,0	4,5/ 6,8	18,7/20,2	26,5/28,8	1,1/1,1	3,1/ 8,1	6,7/10,1
1886	2,2/2,4	3,5/ 9,0	21,2/19,9	25,0/26,1	3,8/4,7	4,2/11,3	9,6/10,0
1896	2,0/2,9	4,8/11,8	18,7/21,0	32,5/32,2	7,9/8,4	6,7/11,2	6,7/14,1
1901	2,4/3,7	5,6/ 8,8	16,7/20,5	25,8/29,6	5,6/7,2	5,6/ 9,0	6,0/ 6,7

in absoluten Zahlen, anderseits bezogen auf die entsprechende Bevölkerungs-grösse (71).

Absolut stellen wir bis 1831 eine starke Zunahme der Anzahl Kühe fest, danach eine Stagnation bis 1886 und einen massiven Rückgang bis 1901. Dagegen blieb die Zahl der Ochsen während hundert Jahren ungefähr gleich und fiel nach 1870. Gegenüber den Nachbargemeinden war der Pferdebestand in Stilli lange Zeit ungewöhnlich gross; doch wurden diese Tiere weniger für die Landwirtschaft als für Vorspann und Fuhrhalterei verwendet. Nach dem Aufkommen der Eisenbahn ging ihre Zahl spürbar zurück.

Zum Vergleich Stillis mit den Nachbardörfern eignen sich vor allem die Gesamtzahlen des Rindviehs (Ochsen und Kühe), bezogen auf je 100 Einwohner:

	Stilli	übrige Gemeinden	Verhältnis Stilli : übrige Gemeinden
1771	19,9	31,2	64 : 100
1790/1800	20,4	33,2	61 : 100
1831	21,2	29,1	73 : 100
1866	22,9	26,8	85 : 100
1876	23,2	27,0	86 : 100
1886	24,7	28,9	85 : 100
1896	23,5	32,8	72 : 100
1901	22,3	29,3	76 : 100

Für Stilli zeigt sich eine unaufhaltsame Zunahme bis 1886, danach ein Rückgang des relativen Rindviehbestandes. Parallel dazu haben wir oben wenigstens für die Zeiträume 1786/1797 und 1859/72 eine Zunahme, für die letzten Jahrzehnte einen Rückgang des Bodenbesitzes nachgewiesen. Der Vergleich mit den Gemeinden der Umgebung zeigt, dass Stilli in den Zeiten der intakten Flussgewerbe "um ein Drittel weniger landwirtschaftlich orientiert" war als seine Nachbarn. Umgekehrt bedeutet dies, dass die Einwohner dieser Dörfer sich um die Hälfte stärker auf die Landwirtschaft abstützen konnten als die Stillemer. Die letzteren mussten also bedeutend mehr Bargeld durch die Flussgewerbe einnehmen als jene durch Heimarbeit. Auffallend ist ferner der geringe Anteil der Ochsen in Stilli; vielleicht deutet dies auf kleinere Heimwesen hin, was die Kleinbauern nötigte, den Feldbau vermehrt mit Kühen zu betreiben. Anderseits unterscheiden sich die Bestände an Schweinen (mit Ausnahme von 1771) nur geringfügig; bereits bei der Auswertung der Viehtabelle von 1794 haben wir festgestellt, dass jede Familie sich bemühte, wenigstens eine "Sau" zu halten.

71 Die Viehbestände stammen aus folgenden Quellen: Niklaus Emanuel von Tscharner, Tabelle 4 (1771); StABE, B VI 475–479 (1789–1797). StAAa, Statistische Übersicht des Cantons Aargau 1831; Schweizerische Statistik, Lieferungen 9 (1866), 31 (1876), 70 (1886), 116 (1896), 132 (1901); GA Stilli, Verzeichnisse der Viehbesitzer in den Akten des Gemeinderates von 1881, 1886, 1889, 1892.

Zwischen 1866 und 1886 lagen die Werte für Stilli und die Nachbargemeinden mit 85 % viel näher bei jenen der Nachbargemeinden. Dies zeigt uns, dass sich die nach dem Niedergang der Flussgewerbe und der ersten grossen Abwanderungswelle Zurückgebliebenen vermehrt der Landwirtschaft zuwandten, was durch eine stärkere Verschuldung des Bodens möglich war.

Nach 1886 ging der Grossviehbestand in Stilli um nahezu 30 %, in den andern Dörfern aber nur um 10 % zurück. Parallel dazu sank die Zahl der Viehbesitzer innerhalb von 20 Jahren (1881–1901) von 43 auf 28, wobei sechs von Stilli wegzogen, während neun die landwirtschaftliche Tätigkeit zufolge Alter oder Tod (ohne Nachfolger) aufgaben.

Damit stellen wir für das Ende des 19. Jahrhunderts eine Entwicklung fest, die zu derjenigen der Nachbargemeinden entgegengesetzt verlief:

Zahl der Viehbesitzer:	*1886*	*1896*	*1901*
Stilli	40	30	28
Lauffohr, Rein Rüfenach, Remigen, Villigen	245	248	264

Wir vermuteten bereits, dass die Heimwesen in Stilli kleiner waren. Es dürfte daher schwerer gefallen sein, junge Leute zur Übernahme solcher Kleinstbetriebe zu bewegen, umso mehr als diese ja meistens einen Beruf gelernt hatten. In diesem Sinne lässt sich die zweite Abwanderungswelle – im Gegensatz zur ersten – auch als Landflucht deuten.

*

Zusammenfassend lässt sich der stark bäuerliche Einschlag Stillis nicht übersehen, wenn dieser auch nie das Ausmass der Nachbargemeinden erreichte. Besonders interessant ist dabei die Feststellung, dass der Grad landwirtschaftlicher Betätigung schwankte, und zwar entsprechend der wirtschaftlichen Situation im Dorf. Im 18. Jahrhundert nahm der Bodenbesitz in Zeiten florierender Flussgewerbe zu, in Krisenzeiten ab. Für die Epochen nach 1850 haben wir die gegenläufige Entwicklung nachgewiesen: durch den Niedergang der Schiffahrt und Fähre versuchten viele, durch Bodenkäufe auf Landwirtschaft umzustellen, was zunächst zu einer stärkern Verschuldung führte, letztlich die Abwanderung der jungen Generation aber doch nicht aufzuhalten vermochte. Trotzdem hat die bäuerliche Tätigkeit während Jahrhunderten einen wesentlichen Beitrag zum Überleben breiter Bevölkerungsgruppen geleistet, sei es durch Selbstversorgung aus dem eigenen Grund und Boden, sei es durch Gelegenheitsarbeit im Taglohn auf den Gütern reicher Bauern.

Das "Schloss" in Stilli, erbaut 1536 in gotischem Stil, ein typisches Schifferhaus, ursprünglich ohne Scheune, sondern nur mit kleinen Ziegenställen.

6. Die sozialen Verhältnisse

In unsern bisherigen Ausführungen sind wir immer wieder auf soziale Unterschiede innerhalb der Einwohnerschaft des Aaredorfes gestossen, so bei der Stellung von Ortsbürgern und Hintersassen (Niedergelassenen), bei der Teilhabe an Fahr und Fischerei, zuletzt und ganz besonders aber beim Besitz an Ackerland und Wald. Diese Ungleichheiten waren − abgesehen von derjenigen zwischen Bürgern und Fremden − nicht rechtlicher Natur; von der Leibeigenschaft hatten sich die Schenkenberger schon 1484 losgekauft (1); alle Stillemer waren seither rechtlich gleichwertige Untertanen der Stadt Bern.

Dennoch bestanden grosse Unterschiede, die jedermann im Alltag erfuhr. Man sah es äusserlich in Wohnung und Kleidung, in Ernährung und Ausbildung, im Lebenserfolg. Arm und Reich hatte sich an diese Ungleichheit als "normal" und fast selbstverständlich gewöhnt. Wer "oben" war, wusste zwar, dass er sich zeitlebens darum bemühen musste, sich und den Nachkommen den Stand zu sichern. Anderseits fand man sich "unten" damit ab, sich mit wenigem zu begnügen; man schätzte sich glücklich, ein eigenes Dach über dem Kopf und ausreichende Nahrungsmittel zu besitzen, nahm aber resigniert hin, auf der Schattenseite materiellen Glücks zu stehen, bei der Gattenwahl sich mit seinesgleichen zu bescheiden und nicht nach Amt und Würde zu streben. Die unterschiedlichen Lebenschancen galten als "natürlich", ja sogar − mit religiöser Begründung − als "gottgewollt". Die dazu gehörenden Wertvorstellungen waren während vielen Generationen verinnerlicht und das Bewusstsein derart geprägt, dass auch in Stilli breite Kreise die Oberschicht − zwar mit leicht ironischem Unterton − als "Adel" bezeichneten und auch der Gemeindeschreiber z. B. den Bärenwirt bei Güterverschreibungen offiziell mit "Herr" titulierte, während er die übrigen Mitbürger mit dem blossen Namen in den Protokollen verewigte. Ebenso selbstverständlich verzichtete man bei den angesehenen Familien auf die ortsüblichen Zunamen (2); der leicht spöttische Beiklang liess sich nicht mit deren "Würde" vereinbaren. Diese erübrigten sich auch; es mochten nämlich in Stilli hundert Personen Baumann heissen, wenn man von "s Buumes" sprach, war jedermann klar, dass nur *eine* Familie gemeint sein konnte. Aber auch der "Adel" − wer auch immer meinte, sich dazu zählen zu dürfen − war sich seiner Stellung bewusst; man begegnete seinen "gewöhnlichen" Mitbürgern zwar mit freundlichem Wohlwollen, aber doch mit spürbarer Herablassung und auf Distanz.

1 RQ Schenkenberg, S. 15.
2 vgl. dazu auch Max Baumann, Die Zunamen der Bürgerfamilien des Dorfes Stilli.

Es gilt nun die geschilderten Unterschiede etwas genauer unter die Lupe zu nehmen. Worauf beruhten sie letztlich? Als ausschlaggebend bezeichnet die heutige Soziologie Ansehen und Ehre auf der ideellen, Reichtum auf der materiellen Seite, wobei je nach Standpunkt und Vorverständnis des Forschers der eine oder andere Faktor als entscheidend betrachtet wird (3). Aus unsern bisherigen Darlegungen ist deutlich geworden, dass auch in Stilli das Ansehen einer Person sehr stark von ihrem materiellen Besitz abhängig war. Ein Armengenössiger gehörte zweifellos zu den *Ver*achteten, ein reicher Mann zu den *Ge*achteten, unter Umständen wenigstens zu den Gefürchteten. Dennoch liefen Reichtum und Ansehen nicht immer parallel: Einerseits mochten persönliche Charaktereigenschaften bewirken, dass unter gleich Vermöglichen der eine mehr, der andere weniger Wertschätzung genoss; anderseits verursachte die soziale Herkunft eine gewisse zeitliche Verschiebung — etwa von einer Generation — indem auch minderbemittelte Söhne aus dem "Adel" den Glanz ihrer Familie beibehielten, während erfolgreiche Aufsteiger aus untern Schichten Mühe hatten, bei ihren Mitbürgern auch das angestrebte Prestige zu erlangen. — Zum Wesen von Reichtum und Ansehen gehört die Möglichkeit, diese in Einfluss, ja in Macht umzusetzen, und von dieser Möglichkeit wurde meistens Gebrauch gemacht, da sich dadurch vieles zum eigenen Vorteil lenken liess, wodurch Reichtum und Ehre sich noch vermehrten. Einfluss und Macht setzen aber Menschen voraus, die man beeinflussen, über die man Macht ausüben, die man also beherrschen kann. Einfluss und Macht schaffen demnach Herrschafts- und Abhängigkeitsverhältnisse, auf denen die sozialen Unterschiede im wesentlichen beruhen. Diese sollen nun für Stilli untersucht werden.

Ein Zweiklassenmodell, in welchem sich Unternehmer und Lohnabhängige, Besitzbürger und Besitzlose gegenüberstehen, lässt sich auf die vorindustriellen Verhältnisse in Stilli nicht anwenden (4). Die grosse Mehrheit der Einwohner lebte im eigenen Haus und besass etwas Land zu einer beschränkten Selbstversorgung. Die meisten Männer waren als Fehren, Fischer und Schiffleute teils selbständige, teils genossenschaftliche Unternehmer. Allerdings haben wir verschiedentlich auch Lohnabhängigkeit festgestellt, so bei Diensten und Taglöhnern in der Landwirtschaft, bei Handwerksgesellen und bei Schiffsknechten. Dennoch lassen sich die unterschiedlichen Lebensverhältnisse und Lebenschancen einzelner Personen und Gruppen nicht durch den Gegensatz von Lohngebern und Lohnempfängern umschreiben, geschweige denn erklären. Die Lohnabhängigkeit war im Gegenteil eine eher nebensächliche Ursache des Machtgefälles innerhalb der Dorfgemeinschaft von Stilli. Die Herrschaftsverhältnisse beruhten vielmehr

---

3 vgl. dazu Wörterbuch der Soziologie, S. 989–991; Lexikon zur Soziologie, S. 586–593.
4 zur Brauchbarkeit des Zweiklassenmodells vgl. die differenzierte Analyse von Jürgen Kocka, Klassengesellschaft im Krieg 1914–1918.

auf der Verschuldung des Bodens, auf der Abhängigkeit von den Getreideproduzenten (besonders in Zeiten von Teuerung und Geldknappheit) und auf der Unterstützung durch die öffentliche Hand, sowie auf den Kompetenzen der dörflichen und regionalen Ämter und den darauf beruhenden Beziehungen zur übergeordneten politischen Macht.

Anstelle des Begriffs der "Klasse" scheint derjenige der *"Schicht"* der Situation in Stilli angemessener zu sein. Dabei verstehen wir hier nach Jürgen Kocka unter "Schicht" eine *"Vielheit von Personen,* die irgendein erkennbares *soziales Merkmal gemeinsam besitzen* und als Träger dieses Merkmals in gewisser Hinsicht *ähnliche Lebenschancen, Interessen und Haltungen,* vielleicht auch *ähnliche Verhaltensweisen,* aufweisen, *durch die sie sich von Mitgliedern anderer Schichten unterscheiden* (5)".

Aufgrund unserer bisherigen Kenntnisse über Stilli sowie der soeben formulierten Darlegungen müssen wir diese für jede Schicht typischen gemeinsamen Merkmale in den Bereichen von Reichtum und Ansehen suchen. Aus dem Kapitel über die Landwirtschaft wissen wir, dass der Besitz an Grund und Boden sowie an Vieh auch in diesem Flussdorf einen entscheidenden Gradmesser für das Vermögen (und damit die wirtschaftliche Macht) einer Person ergab; dahinter stand die ausreichende Verfügbarkeit an Bargeld, welche erlaubte, entweder zusätzliches Land zur Ausstattung der Nachkommen zu erwerben, oder aber Darlehen gegen Zins auszugeben. Im gleichen Zusammenhang stellten wir fest, dass geringer Landbesitz für die Selbstversorgung mit Nahrung und Holz unzureichend war, weshalb der Geldbedarf zum Kauf der lebensnotwendigen Dinge sowie zur Bezahlung der Schuldzinsen durch Flussgewerbe und Handwerke gedeckt werden musste. – Als Massstab für das Ansehen bietet sich die Besetzung öffentlicher Ämter in bernischer und später in aargauischer Zeit an; auf dörflicher Ebene handelt es sich dabei um die Vorgesetzten oder Dorfmeier in alter, um die Gemeinderäte (und deren Stellvertreter) sowie die Schulpflege in neuerer Zeit; im Bereich der Kirchgemeinde Rein waren es die Chorrichter und Kirchmeier (Verwalter des Kirchengutes) bzw. die Mitglieder der Kirchenpflege, im regionalen Raum die Vertreter im Gericht; als höchstes Amt eines bernischen Untertanen ist dasjenige eines Amtsuntervogts, also des Stellvertreters des Obervogts in der ganzen Herrschaft Schenkenberg, zu erwähnen, als oberste von Bürgern Stillis je erreichte kantonale Würde die Mitgliedschaft im Grossen Rat. Umgekehrt bildete die Armut die Ursache mangelnden Ansehens, ja gänzlicher Verachtung; die öffentliche (teilweise oder vollständige) Unterstützung bildet für uns ein wichtiges Indiz dafür.

Für die Gewichtung dieser Schichtmerkmale und für die Abgrenzung der einzelnen Schichten untereinander hat die bisherige Forschung keine allgemeinen

5 Jürgen Kocka, Theorien in der Sozial- und Gesellschaftsgeschichte.

und anerkannten Richtlinien auszuarbeiten vermocht. Übereinstimmung besteht praktisch nur in der Dreiteilung der Bevölkerung in eine Ober-, Mittel- und Unterschicht. Es ist aber jedem Darsteller völlig überlassen, bestimmte Merkmale einer der drei Schichten zuzuordnen, diese weiter zu unterteilen und Grenzlinien zu ziehen. Dadurch wird verunmöglicht, die Ergebnisse verschiedener Arbeiten über soziale Schichtung zu vergleichen.

Wir sind daher auch bei der Entwicklung eines *Schichtenmodells* für Stilli ganz auf die sich aus dem Quellenmaterial (6) ergebenden Merkmale angewiesen: Zur *Oberschicht* wollen wir jene Bodenbesitzer zählen, die aus ihrem Land eine bedeutende Überschussproduktion erzielten, und zwar auch in Zeiten mit vielen Familienangehörigen und in Jahren mit schlechten Ernten (7). 1859 wären es jene mit mehr als 5 ha Acker- und 2 ha Wiesland (ausreichend für zwei Ochsen und eine Kuh) oder mit insgesamt über 10 ha (samt Weiden, Reben und Wald). Ausserdem gehören diejenigen dazu, welche Kapitalien (Bargeld, Gültbriefe, Obligationen) im Wert von mehr als 1000 Gl. bzw. 10 000 Fr. besassen, sowie die Amtsuntervögte und die Mitglieder des Grossen Rates.

Anderseits rechnen wir alle Hausväter, Witwen und Waisen zur *Unterschicht,* die ihren Lebensunterhalt nicht durch Selbstversorgung und Zusatzverdienst zu decken vermochten und daher auf Zuschüsse der Öffentlichkeit angewiesen waren. Hier können wir folgende Gruppen unterscheiden:

1. die eigentlichen Armengenössigen, welche sich von der Gemeinde voll und ganz unterhalten lassen mussten, meistens ausserehliche Kinder, Rückwanderer und ehemalige Söldner;
2. die Hausarmen, welche während Jahrzehnten regelmässige Kornspenden von Königsfelden und finanzielle Beiträge aus der Armenkasse der Gemeinde benötigten;
3. jene Familien, die sich normalerweise knapp über Wasser halten konnten, aber bei aussergewöhnlichen Ereignissen wir Krankheit, Unfall oder Teuerung gezielter Unterstützung bedurften.

Dass alle drei Gruppen der Unterschicht mangels Ansehen nicht in die Ämter gewählt wurden, versteht sich von selbst.

Als Angehörige der *Mittelschicht* wären jene zu bezeichnen, welche sich in Besitz und Ansehen zwischen den oben beschriebenen Schichten bewegten. Es waren somit alle Familien, die sich auch unter schwierigsten Umständen selbst durchbrachten und nie öffentliche Gaben in Anspruch nehmen mussten. Die

6 Hiezu wurden vor allem die Steuer- und Liegenschaftsverzeichnisse sowie die Armenrechnungen im GA Stilli (und Rüfenach) beigezogen, ebenso meine Personalkartei, in welcher sämtliche Amtsbezeichnungen aufgeführt sind.
7 Es handelt sich also um die im Kapitel "Landwirtschaft" herausgearbeitete Gruppe I (oben Seite 289).

Streuung war hier grösser als bei Unter- und Oberschicht; sie reichte von Leuten, welche nur dank äusserster Anstrengung und privater Zuwendungen dem öffentlichen Almosen entgingen, bis zu recht hablichen Männern, welche durch Beteiligung an den verschiedensten Erwerbszweigen einen bescheidenen Wohlstand erreichten. Es drängt sich daher auf, von einer untern und einer obern Mittelschicht zu sprechen. Zur obern würden wir die Halb- und Viertelsbauern zählen, welche wenigstens einen Ochsen und eine Kuh besassen und deren Getreide- und Kartoffelproduktion in Normaljahren den Selbstbedarf der Haushaltung mühelos deckte. In dieser Gruppe finden wir die Inhaber der Ämter in Dorf und Kirchgemeinde, also die Vorgesetzten, Richter, Chorrichter und Kirchmeier, im 19. Jahrhundert die Mitglieder von Gemeinderat und Schulpflege. Die Grenze zwischen oberer und unterer Mittelschicht war fliessend; bei frühern Darlegungen über den Landbesitz haben wir gesehen, wie sich die ökonomische Situation ein und der selben Person im Laufe des Lebens durch Erbteilungen, Frauengut und Kinderzahl verändern konnte. Dennoch zeigen die Steuerregister von Stilli, dass die fragliche Grenze 1859 bei einem Vermögen von 10 000 Fr., zwischen 1872 und 1903 bei 20 000 Fr. lag. Zum Vergleich diene die Vermögenshöhe der Oberschicht, welche in der zweiten Hälfte des 19. Jahrhunderts die Summe von 50 000 Fr., zu Beginn des 20. gar 100 000 Fr. überschritt.

Es dürfte nun interessieren, wie gross die Anteile der drei Schichten an der Gesamtbevölkerung Stillis waren. Genauere Angaben können wir erst für das 18. und 19. Jahrhundert vermitteln; die Amtsinhaber sind seit 1660, die Almosenempfänger erst ab 1725 bekannt. Dennoch lassen sich die grossen Entwicklungslinien schon für die vorangehende Zeit klar erkennen: Unter den fünf Haushaltungen um 1460/70 zeigten sich nur geringe soziale Ungleichheiten: sämtliche Familien stellten Vertreter im untern Bözberger Gericht; alle waren an Fahr- und Fischereirechten beteiligt; jedem Hausvater gehörte ein Fünftel des 54 Jucharten umfassenden Freudenauer Fehrenlandes, dazu Äcker und Wiesen innerhalb und ausserhalb des Gemeindebanns von Stilli. Zur Oberschicht durfte man zweifellos die Birkinger zählen, die zusätzlich Mühle und Wirtschaft besassen, etwas später auch die Haberscher, welche zwischen 1499 und 1515 den Amtsuntervogt stellten. Die übrigen Familien, also die Stilli und die mit ihnen verschwägerten Lehner und Müsler gehörten aufgrund von Vermögen und Gerichtsbeisitz zur obern Mittelschicht. — Bis 1566 vemehrte sich die Zahl der Feuerstätten lediglich auf acht; die Müller, als Nachkommen der Birkinger, standen nach wie vor oben, dagegen war das Urgeschlecht Stilli durch den Verlust seiner Anteile an Fahr und Fischenzen offensichtlich abgesunken. 90 Jahre später zählte das Dorf etwa 20 Feuerstätten; mittlerweile hatte die zugewanderte Familie Hirt die Müller auf Taverne und Mühle verdrängt, kurz darauf besetzte sie für zwei Jahrzehnte auch das Amt des Untervogts; als arm konnte man aber vermutlich nur zwei Haushaltungen bezeichnen. Für die spätere Zeit mag die folgende Tabelle einigen Aufschluss geben; die Werte für 1707 dürften zugunsten der Mittelschicht etwas verschoben sein.

Haushaltungen	1707	1757	1794	1850	1900
Oberschicht	1 = 3 %	1 = 2 %	1 = 1 %	4 = 5 %	4 = 5 %
Mittelschicht	25 = 76 %	39 = 69 %	40 = 61 %	67 = 78 %	68 = 86 %
Unterschicht	7 = 21 %	16 = 28 %	25 = 38 %	15 = 17 %	7 = 9 %
total	33 = 100 %	56 = 100 %	66 = 100 %	86 = 100 %	79 = 100 %

Diese Zusammenstellung zeitigt einige bemerkenswerte Ergebnisse:

— Die Oberschicht beschränkte sich im 18. Jahrhundert auf die Wirts- und Untervogtsfamilie Finsterwald, welche die Hirt in dieser Stellung abgelöst hatte. Nach 1800 verbreiterte sie sich etwas, da wenigen Männern dank Fuhrhalterei, Handel oder Industrie der entscheidende Aufstieg gelang.

— Die Unterschicht nahm zwischen 1700 und 1800 parallel zum Anwachsen der Bevölkerung zu. Ihr Anteil sank im 19. Jahrhundert durch die Abwanderung. Im Jahr 1900 selbst musste die Gemeinde sogar keinen einzigen Bürger im Dorf unterstützen, dagegen eine beträchtliche Zahl auswärtiger Angehöriger; die Unterschicht war also lediglich "exportiert". Anderseits sind in diesen Zahlen die Zuwanderer nicht eingerechnet; ihr Bevölkerungsanteil machte 1900 bekanntlich 25 % aus; wie wir gesehen haben, gehörten die meisten von ihnen der Unter- bestenfalls der untern Mittelschicht an.

— Der Anteil der Mittelschicht wurde im 18. Jahrhundert zufolge Absinkens in die Unterschicht kleiner; nach 1800 nahm er wieder zu, weil weniger Angehörige dieser Gruppe sich veranlasst sahen wegzuziehen.

Als nächstes stellt sich die Frage, welches die Existenzgrundlagen der einzelnen Schichten waren, wobei im Rahmen unseres Gesamtthemas besonders interessiert, ob bestimmte Flussgewerbe sich Unter-, Mittel- oder Oberschicht zuordnen lassen. Wir haben dieses Problem in den Kapiteln über die einzelnen Sparten jeweils gestreift und wollen nun gesamthaft darauf zurückkommen. Zu diesem Zweck ziehe man auch die im Anhang abgedruckte Einkommenstabelle von 1856 hinzu. Folgende Zusammenhänge sind dabei unübersehbar:

— Fahrbesitz und öffentliche Unterstützung bildeten eine äusserst seltene Kombination. Der ständige Zufluss von Bargeld vermochte offenbar stets die schlimmste Not zu lindern.

— Umgekehrt setzten sich die Fischer vorwiegend aus Leuten der Unterschicht zusammen. 1856 versteuerte nur ein einziger Berechtigter einen Einkommensteil aus dieser Beschäftigung.

— Hausarmen, welche auch an den Fischenzen nicht beteiligt waren, blieb nur die bloss mit dem Besitz eines Weidlings verknüpfte Längsschiffahrt. Vereinzelt lässt sich hier auch die Goldwäscherei nachweisen.

— Angehörige der Unterschicht übten daneben häufig die Berufe von Schneidern, Schuhmachern, Webern, später natürlich von Zigarrenmachern aus. Zwischenhinein arbeiteten sie als Taglöhner bei reichen Bauern; andere, meist unverheiratete, verdingten sich bei diesen als Knechte oder Dienstmägde. Frauen konnten ihren Fleiss durch Spinnen nachweisen. Bedürftigen Männern bot die Gemeinde gelegentlich Arbeit, besonders als Nachtwächter und Strassenwärter, im 18. Jahrhundert auch als Feldhirt oder Schulmeister!

— Dagegen zählten die Metzger, Schreiner, Wagner, Maurer, Küfer und Kübler meistens zur Mittelschicht. Tätigkeiten als "Weidligmacher", Müller, Schmiede und Getreidehändler ermöglichten sogar einen gewissen Wohlstand (obere Mittelschicht).

— Eindeutig zur Oberschicht gehörten durch alle Zeiten hindurch die Bärenwirte. Auch die im 19. Jahrhundert zusätzlich bewilligten Speisewirtschaften scheinen so einträglich gewesen zu sein, dass deren Inhaber durchwegs in die obere Mittelschicht, wenn nicht gar in die Oberschicht aufstiegen. Ähnlich erfolgreich waren auch einzelne Fuhrhalter und jene Zigarrenfabrikanten, welche die Anfangsschwierigkeiten überwunden hatten.

— Anderseits entfernten sich die Angehörigen der Oberschicht immer mehr von den ursprünglichen Tätigkeitsbereichen der Stillemer, nämlich von den Flussgewerben. Die körperlich überaus anstrengende Längsschiffahrt und die mühsame, langwierige und brotlose Fischerei stellten keine standesgemässe Arbeit für den dörflichen "Adel" dar. Lediglich am Fährebetrieb zeigte er ein gewisses Interesse.

— Die Bedeutung des Landbesitzes für die soziale Schichtung braucht hier nicht wiederholt zu werden. Speziell hervorzuheben ist jedoch nochmals die gespaltene Einstellung der Stillemer zur Landarbeit: Der Vollbauer, welcher sich auf Überschussproduktion ausrichten und sich daher genügend Zugvieh und Ackergerät leisten konnte, war stolz auf seine Tätigkeit; der Reiche hielt sich Magd und Knecht, bei Hochbetrieb sogar einen ganzen Stab Taglöhner. Der Landarme dagegen, dessen Äckerlein von Hand bearbeitet werden mussten, blickte mit Verachtung auf dieses Tun, überliess es Frauen, Kindern und Greisen und zog die unregelmässigen Flussgewerbe vor.

Diese stark vereinfacht formulierten Zusammenhänge zwischen Tätigkeitsfeldern und Schichten zeigen in erster Linie Tendenzen in Ober- und Unterschicht auf. Im breiten Feld der Mitte waren fast alle Kombinationen von Flussgewerben, Handwerken und Landarbeit üblich. Beschränkungen bestanden bei den mit Eigentumsrechten verknüpften Bereichen wie Fahr, Fischerei, Taverne, Mühle, Schmiede, Metzgerei und eben Grund und Boden, die übrigen standen jedermann offen. Wer reich genug war, konnte die ihm zusagenden Betätigungen auswählen; alle andern versuchten, durch möglichst vielfältige Arbeit das Beste herauszuholen; wem dies nicht gelang, fiel der Allgemeinheit ganz oder teilweise zur Last.

a) Die Lebenslage

In diesem Kapitel sind verschiedene Bereiche zu untersuchen, die in der Gegenwart unter dem Schlagwort "Lebensqualität" zusammengefasst werden. Dabei wollen wir immer das für jede Schicht Typische besonders herausarbeiten.

Zu den elementaren Lebensbedürfnissen des Menschen gehört sicher das *Wohnen* (8). Hier ist zunächst festzustellen, dass die überwiegende Mehrheit der Haushaltungen von Stilli bis über die Mitte des 19. Jahrhunderts hinaus im eigenen Haus oder Hausteil lebte. Jeder Familienvater suchte als erstes, ein eigenes Heim zu erwerben, und er war auch bestrebt, seinen Söhnen ein solches zu verschaffen. Der Gemeinderat verfolgte die gleiche "Politik": Wenn ein Vater sein Haus einem Sohn übergab, musste dieser sämtlichen Geschwistern das unentgeltliche Wohnrecht bis zu deren Verheiratung garantieren, was bei der Verschreibung als Dienstbarkeit öffentlich verurkundet wurde. Im gleichen Sinn versuchte man bei einem Konkurs, wenigstens die eigene Wohnung zu retten, oft mit Hilfe des geschützten Anteils des Frauenguts. So lebten noch 1859 nur drei Familien unter fremdem Dach. Das Bestreben der Unterschicht, unter allen Umständen das eigene Haus zu behalten, schlägt sich auch in der Tatsache nieder, dass dieses durchschnittlich 80 % des versteuerten Vermögens betrug. Die Verschuldung der Gebäude von Unter- und unterer Mittelschicht machten über 40 % des Schatzungswertes aus, in den obern Schichten jedoch − ohne die hoch belastete Taverne − lediglich 15 %.

Wie aber sahen diese "Eigenheime" aus? − Im Abschnitt über das Dorfbild haben wir schon gezeigt, dass noch 1809 ein grosser Teil der Gebäude einstöckige Holzhäuser mit Strohdächern waren. In diesen lebten vorwiegend die Ärmern. Häufig handelte es sich um verlotterte, verwahrloste Hütten, bei denen der Wind durch die mit Lumpen und Stroh notdürftig verstopften Ritzen pfiff und der Regen durch das morsche Gebälk tropfte. Gelegentlich kam es sogar vor, dass der Dachstuhl über dem Kopf einer alten Witwe zusammenbrach (9). Mit einem Schmunzeln erzählt man sich noch immer jene Episode um das erste Schulhäuslein (heute F. Büchli), wie nämlich eine Kuh den Weg vom Josenboden herunterrannte, den Rank verpasste, auf das Strohdach sprang und krachend in das armselige Stübchen einer alten Jungfer fiel (10). − Sicherer waren jene ältesten, ziegelbedeckten Steinhäuser aus dem 16. Jahrhundert. Bekanntlich wurden sie

8 Quellen zur Wohnsituation: StAAa, Bevölkerungstabellen Stilli (1837 + 1850), Lagerbücher (1809, 1829, 1875); Archiv des kant. Versicherungsamts, Aarau, Lagerbuch Stilli 1850; GA Stilli, Steuerbücher, Fertigungsprotokolle, Inventarien.
9 z. B. StAAa, Band 1397 (23. 4. 1788).
10 Schilderung von Frau Elisabeth Lehner-Finsterwald, Stilli.

häufig über Generationen in der gleichen Familie vererbt und unterteilt; dank ihrer soliden Bauweise überdauerten sie auch den sozialen Niedergang ihrer Bewohner; um 1800 lebten darin nämlich — für uns unerwartet — besonders viele arme Leute, oft eng ineinandergepfercht.

Mit dem letzten Hinweis ist die *Wohnqualität* angesprochen. Typisch für die Unterschicht war der kleine Raum, auf welchem sich viele Personen zusammendrängen mussten. Sehr oft handelte es sich ohnehin nur um Hausteile. Nehmen wir als Beispiel das 1539 erbaute "Schloss": Beide Stockwerke waren in zwei Hälften unterteilt, allerdings bei gemeinsamer Küche. Im Erdgeschoss wohnte 1850 hinten der jung verheiratete Kaspar Lehner, Joggen, mit seiner Frau und dem ältesten Söhnchen sowie zwei Kinder seines Schwagers, vorne Kaspar Lehner, Haschtlis, und dessen verwitwete Schwester mit drei Kindern; im obern Stock hausten vorne die Witwe Anna Barbara Lehner, Saris, mit zwei Buben und einem ledigen Bruder, hinten Jakob Lehner, Schaggen, mit Frau und fünf Kindern, dazu dessen Schwester Margaritha mit zwei ausserehelichen Mädchen; insgesamt waren es 24 Personen! Dieses Beispiel stellte keinen Ausnahmefall dar. Was das enge Zusammensein für Konfliktstoffe bot — vom blossen Neid wegen des bessern Essens über kleinliche Streitigkeiten wegen Aushorchens, Einmischungen und Ruhestörungen, wegen Durchgangs- und Benützungsrechten sowie Unterhaltspflichten bis zu handgreiflichen Auseinandersetzungen — berichten uns die mündliche Überlieferung und vereinzelt die Gerichtsbücher. Dass der Wunsch nach einer familiären Intimsphäre nicht erst eine Erscheinung des 20. Jahrhunderts ist, zeigen schon frühe Klagen bei Obervogt und Chorgericht und deren Schlichtungsversuche. Gewiss konnte das nahe Beieinanderleben auch positive Folgen haben; gegenseitige Unterstützung, Hilfe und Trost kamen ebenso vor. Trotzdem lässt sich feststellen, dass alle, die es sich irgendwie leisten konnten, ein eigenes Haus erwarben.

Bei den vermöglichern Familien war dies selbstverständlich; sie bauten sich geräumige, unverteilte, alleinstehende Wohngebäude. Behäbige Dreisässenhäuser mit Wohntrakt, Scheune und Stall erinnern an die obere Mittelschicht des letzten Jahrhunderts; dazu gehören die Häuser Strössler, Chorrichters, Lehner-Strössler und Härri-Baumann in ursprünglicher Form, sowie — stark umgebaut — der Konsum, der "Frohsinn" und das Haus Samuel Siegenthaler. Die Oberschicht aber errichtete nach 1820 jene stilvollen klassizistischen Gebäude, die noch heute eine Zierde des Dorfes bilden, den alten "Bären" und das Haus Baldinger-Baumann; Fassaden und Eingänge wurden hier bewusst repräsentativ, ja herrschaftlich gestaltet; Scheune, Speicher und Stall standen völlig getrennt vom Wohnhaus.

Das Haus Baldinger (ehemals Baumann), erbaut 1827 in klassizistischem Stil, repräsentiert den Wohnstil der ländlichen Oberschicht im 19. Jahrhundert.

In Stilli war aber nicht nur die äussere Gestalt, die Grösse und Bauweise der Häuser typisch für die verschiedenen Schichten, sondern auch die *Wohnlage.* Die Ober- und die obere Mittelschicht wohnten noch im 19. Jahrhundert auch buch-stäblich oben im Dorf, an der Steig oder in der Umgebung des "Bärens". Hier herrschten die beschriebenen unverteilten Einzelhäuser vor, während von der heutigen "Schifflände" an abwärts jene ineinander verschachtelten Häuserreihen mit kompliziertesten Eigentumsverhältnissen überwogen. Man konnte in Stilli im wahren Sinne des Wortes von oben hinunter schauen, hinunter auf Hinter- und Unterdorf, auf den "Minggis", wie man etwa verächtlich sagte.

Auch die *innere Ausstattung* der Häuser war sehr ungleich (11). Zwischen den alten kaminlosen Strohdachhäusern, in welchen das offene Feuer brannte und der Rauch durch eine Luke im Dach entwich, und dem Haus Baumann (heute Baldinger), in dem jedes Zimmer vom Gang aus mit einem Rund- oder Kachel-ofen erwärmt werden konnte, bestand eine gewaltige Kluft. Dort bestanden die Decken aus verrauchten, ungehobelten Brettern, hier waren sie mit geschmack-

11 Für das 19. Jhd. vgl. dazu die Inventarien im GA Stilli.

vollen Stukkaturen zum Teil reich geschmückt. Die Unterschiede zeigen sich weiter in der Täferung der Wände, im Aufgang der Treppe, in der Verglasung der Fenster. Überhaupt war die Funktion der Räume ganz verschieden: Bis weit in die Mittelschicht hinauf bildete die Küche den Wohnraum, das Zentrum des Hauses; nur in vermöglicheren Kreisen konnte man sich eine Stube leisten, oder gar zwei, die eine für den Alltag, die andere für den Besuch. Auch beim Mobiliar zeigten sich grosse Differenzen: bei den einen Strohsäcke und ein rohes Gestell, auf welchem die wenigen Habseligkeiten Platz fanden, bei den andern prunkvolle Himmelbetten sowie Schränke, Truhen und Koffer, die den Reichtum bargen. Besonders im "Bären" war man sich bewusst, dass man die eigene Stellung nach aussen zur Schau stellen musste: man liess sich auf Ölbildern verewigen, man fuhr mit Chaise oder Rennschlitten (!) aus, und Johannes Finsterwald versprach 1816 bei der Übernahme der Taverne wörtlich, seine Mutter mit Wohnung, Nahrung und Pflege "ihrem Stand gemäss" zu versorgen (12). Der Wert der Inventare schwankte denn auch gemäss Steuereinschätzung 1872 zwischen 200 und 3000 Fr., 1904 zwischen 500 und 5000 Fr., was wohl erklärt, weshalb bei armen Leuten Erbstreitigkeiten um Holzkellen und Drahtkörbe zu lebenslanger Feindschaft unter Geschwistern führen konnten.

Aus den wenigen Angaben, die wir haben, ist zu schliessen, dass man auch in der *Kleidung* in weiten Kreisen bescheiden blieb. Eine alte Frau aus der untern Mittelschicht erzählte, zwei Röcke hätten genügt, der eine für den Werktag, der andere für den Sonntag; Schuhe habe man nur ein Paar besessen, wobei sie verschmitzt hinzufügte, am Sonntag habe man sie dafür gewichst! – Etwas reicher ausgestattet war schon 1779 die Frau des Baumwollhändlers David Lehner gewesen; sie besass immerhin drei schwarze und einen blauen Jupe, acht "Fürtücher", dazu Göller, Hals- und Brusttücher; der Mann trug werktags einen grauen Kittel, darunter eine rote Weste und schwarze Lederhosen, sonntags aber rote Hosen, ein rotes Camisol (Wams) und darüber einen blauen Rock mit rotem Futter und Kragen; im weitern verfügte er über zehn Hemden (13). – Auch in dieser Beziehung müssen die Ungleichheiten zwischen dem in Lumpen gehüllten Armengenössigen und dem Amtsuntervogt in seiner Tracht extrem gewesen sein.

Wohlstand und Armut wurden besonders in der *Ernährung* spürbar. Schon in der äussern Form zeigten sich enorme Differenzen: Zwischen den weissen, linnenen, mit dem Monogramm bestickten Tischtüchern der Bärenwirtstochter, dem silbernen Besteck und dem kostbaren, museumswürdigen Tafelgeschirr einerseits und den irdenen Musschüsseln mit den Holzlöffeln anderseits lag eine ganze Welt der Esskultur. – Was aber kam *auf* den Tisch? Wir sind darüber aus mündlicher Überlieferung und aus "Schleissverträgen", d. h. Naturalrenten für

12 GA Stilli, Fertigungsprotokoll Band 1a, S. 119–124. Die Ölbilder befinden sich bei Familie Gottlieb Finsterwald, zum Sternen, Lauffohr.

13 StAAa, Band 1489, S. 27.

Eltern, welche ihre Güter den Kindern übergeben hatten, informiert. Um einen Eindruck zu vermitteln, sei hier der Jahresverbrauch je einer Witwe aus der Unter- und aus der untern und obern Mittelschicht (14) abgedruckt (1828/38).

	Elisabeth Lehner -Finsterwald	Barbara Baumann -Vogelsang	Anna Autenheimer -Finsterwald
Kernen	6 Viertel	12 Viertel	18 Viertel
Roggen	2 Viertel	–	9 Viertel
Schweinefleisch	–	60 Pfund	135 Pfund
Butter	3 Mass	8 Mass	9 Mass
Schweineschmalz	–	8 Mass	4 1/2 Mass
Öl	1 Mass	4 Mass	4 1/2 Mass
Kartoffeln	10 Körbe	8 Körbe	18 Körbe
Räben/Rüben	–	8 Körbe	9 Körbe
dürres Obst	–	2 Viertel	–
Wein	–	–	1–1 1/2 Saum
Bargeld	10 Fr.	Stockgeld vom Fahr	54 Fr.
Holz	"Brennholz"	1 Klafter	1 Klafter + 50 Reiswellen

Der unterschiedliche Speisezettel wird bei dieser Gegenüberstellung augenfällig. Elisabeth Lehner musste sich mit Brot und Kartoffeln begnügen; das Geld mochte nur knapp für etwas Cichorienkaffee, Salz und Zucker ausreichen. Daneben nahm sich der Tisch der Schmiedewitwe Autenheimer mit 135 Pfund Fleisch und 1 –1 1/2 Saum Wein geradezu fürstlich aus, wobei die Mengen bei Getreide und Kartoffeln von einer Person gar nicht verzehrt werden konnten; offensichtlich war hier die Verpflegung der zahlreichen Nachkommenschaft bei Besuchen in Rechnung gezogen worden. Auffälligerweise fehlt in allen Verträgen die Milch. Die abgedruckten Speisezettel dürften für diese Zeit repräsentativ sein. Kartoffeln als "Geschwellte" am Abend, als "Breusi" (Rösti) am Morgen war im 19. Jahrhundert in breiten Kreisen die Regel; selbstgezogenes Gemüse (Bohnen, Rüben, Räben, Kabis als Sauerkraut) und Dörrfrüchte brachten etwas Abwechslung in die Mahlzeiten; Fleisch erhielt man vom selbstgemästeten Schwein; in Stilli kam gelegentlich Fisch dazu. Die Männer ergänzten die häusliche Ernährung durch Wirtshausbesuche beträchtlich; beim unregelmässigen Arbeitsanfall auf den Flüssen und der verachteten Tätigkeit auf dem Land dürften diese in Stilli überdurchschnittlich häufig gewesen sein.

14 GA Stilli, Fertigungsprotokolle, Bände 1c (S. 152 ff.), 2 (S. 67 ff. + 190 ff.).

Die Angaben über den Jahresverbrauch der drei Witwen soll noch etwas genauer untersucht werden: In bezug auf die Menge lässt sich der Kalorienverbrauch für Frau Lehner auf 1900 kcal pro Tag berechnen, was nach heutigen Massstäben knapp ausreichte, während Frau Autenheimer das ganze Jahr hindurch zwei bis drei Personen erhalten konnte. Zum Nährwert ist festzustellen, dass die Versorgung mit Kohlenhydraten durch die einseitig stärkehaltigen Speisen bei allen drei Frauen ausreichte. Dagegen wurde der Eiweissbedarf der Witwe Lehner mit 85 % nicht ganz gedeckt; völlig ungenügend war die Fettzufuhr, welche nach modernen Vorstellungen nur 27 % der erforderlichen Menge erreichte; kein Wunder bei der gänzlichen Fleischlosigkeit und den 16 g Butter und Öl, mit welchen diese Frau täglich auskommen musste! Die Witwen aus der Mittelschicht waren dank der beträchtlichen Fleischrationen mit Eiweiss und Fett ausreichend versorgt (15).

Die geschilderten Naturalrenten vermitteln zwar ein eindrückliches, aber ein statisches Bild. Sie verdecken die Tatsache, dass die Ernährung sehr stark von den Schwankungen der Ernten und der dadurch bedingten Preise abhing. In Missjahren hungerten auch in Stilli breite Bevölkerungsschichten, wenn auch der Mangel, wie wir früher sahen, nie Ausmasse annahm, dass Menschen hier nach 1700 verhungert wären.

Das Wasser wurde lange Zeit direkt aus der Aare geschöpft. Immer mehr kamen aber private Sodbrunnen auf, welche meist von einigen benachbarten Familien gemeinsam gegraben und unterhalten wurden. Die öffentliche Wasserversorgung über ein allgemeines Leitungsnetz führte die Gemeinde wegen der Stauung der Aare ein; sie ist daher eine Errungenschaft des 20. Jahrhunderts (16).

Die bisherigen Ausführungen haben vor allem die materiellen Folgen der Zugehörigkeit zu einer bestimmten Schicht betont. Wir müssen aber auch die Lebenschancen einer Person, die Möglichkeiten ihrer Selbstverwirklichung untersuchen. Hierher gehört die Zugänglichkeit zu einer der Begabung und Neigung entsprechenden *Ausbildung.* Bekanntlich bestand in Stilli spätestens seit dem frühen 18. Jahrhundert eine Dorfschule; Bern schrieb zudem die allgemeine Schulpflicht auch für die Untertanen vor, so dass jeder Stillemer etwas lesen und schreiben und wohl auch etwas rechnen lernte, was bei den rein geldwirtschaftlich ausgerichteten Flussgewerben ohnehin lebensnotwendig war. Tatsächlich sind auch einige Schriftstücke erhalten geblieben, auf welche Männer aus allen Schichten zumindest ihren Namen hingesetzt hatten. Ebenso gehörten Bibel und andere religiöse Bücher zum selbstverständlichen Bestand jeder Haushal-

15 Die Umrechnung erfolgte aufgrund der Lebensmittel-Tabellen von Souci S. Walter/Hans Bosch.
16 Prozessakten Gemeinde Stilli c. NOK im GA Stilli.

tung (17). Unsere Frage zielt daher vielmehr auf die berufliche und vor allem auf die weitere schulische Ausbildung. In einem früheren Kapitel stellten wir fest, dass es für junge Männer seit dem einsetzenden Niedergang der Flussgewerbe üblich war, einen Beruf zu erlernen. Der Wille der Väter aller Schichten, ihren Söhnen ein Fabriklerleben zu ersparen, ermöglichte der grossen Mehrheit eine gewisse persönliche Entfaltung.

Umgekehrt war dem überwiegenden Teil der Besuch einer höhern Schule unmöglich. Sowohl die Deutsche als auch die Lateinschule in Brugg standen zwar schon im 18. Jahrhundert Söhnen aus der Landschaft offen; die Schülerverzeichnisse enthalten z. B. regelmässig junge Horlacher aus Umiken und Koprio aus Windisch (18). Auch der ursprünglich aus dem "Bären" stammende Johannes Finsterwald (1771–1819) von Lauffohr hat wohl seine Laufbahn zum Arzt in Brugg begonnen. Aus Stilli selbst sind uns erst für das 19. Jahrhundert Latein-bzw. Bezirksschüler bekannt. Dieser Unterricht war damals mit beträchtlichen Kosten verbunden, welche die Eltern allein zu tragen hatten; ausserdem war die Zulassung durch die Brugger Schulordnung von 1809 insofern eingeschränkt, als pro Klasse höchstens sechs bis acht "fremde" Kinder aufgenommen werden durften (19). Von dieser Möglichkeit machten als erste die Tavernenwirte Gebrauch. Schon um 1811/12 besuchte Johann Finsterwald aus dem "Bären" in Stilli zusammen mit seinem Cousin Johann Schwarz aus dem "Hirschen" in Villigen die mittlere oder Provisoreyschule, danach die obere Lateinschule. Drei Söhne Finsterwalds folgten seinem Beispiel: zuerst Johann Rudolf, der danach an der Kantonsschule die Matura bestand, in Zürich, Berlin und Heidelberg Rechts- und Staatswissenschaften studierte und hierauf als Fürsprech und aargauischer Obergerichtsschreiber eine allzu steile Karriere begann, welche ihn in der Armee zum Oberstleutnant, in der Bundesverwaltung zum ersten Sekretär des Militärdepartements führte und darauf in einer selbstverschuldeten Katastrophe endete (20). Seine Brüder erreichten weniger spektakuläre, dafür umso solidere Erfolge, der eine als Sternenwirt in Lauffohr, der andere als Getreidehändler in Stilli. – Der erste Gemeindeammann, Johannes Baumann, Hönggers, ein Mann wachen Geistes, welcher den "Schweizerboten", die erste bedeutende aargauische Zeitung, vom Beginn des Erscheinens an abonniert hatte, schickte nicht nur zwei Knaben nach Brugg, sondern sogar die Tochter Anna in die dortige obere Mädchenschule; es war dies eine Pioniertat, die während des ganzen 19. Jahrhunderts in Stilli keine Nachahmung mehr finden sollte! Von den

17 GA Stilli, Inventarien; StAAa, Bände 1488 + 1489.
18 StABrugg, Band 397.
19 StABrugg, Band G I a/1, S. 183; die Namen von Bezirksschülern aus Stilli finden sich in den Protokollen der Schulpflege Brugg unter der Signatur G I a; zur Entwicklung dieser Schule vgl. Bezirksschule Brugg 1835–1935.
20 Bundesarchiv Bern, Personaldossier Johann Rudolf Finsterwald.

Söhnen bestand Hans Jakob (21) die Maturität in Aarau; er studierte in Jena, Zürich und Tübingen Theologie und wirkte danach während Jahrzehnten als Pfarrer in Brittnau und als Förderer von Schul- und Armenwesen. Sein Bruder Hans Heinrich (22) erwarb im damals berühmten Seminar Küsnacht unter Ignaz Scherr das Lehrerpatent und war später lange Zeit an der Bezirksschule Aarau tätig. — Am gleichen Seminar holte sich auch der Schmiedsohn Friedrich Autenheimer (23) seine Ausbildung; nach Studien an der polytechnischen Schule in Karlsruhe wirkte er als Lehrer an der spätern Oberrealschule Basel und wurde darauf als erster Direktor ans neu gegründete Technikum nach Winterthur berufen. Sein Neffe Johann Caspar Hirt (24) besuchte ebenfalls die Bezirksschule, wanderte später aber nach Chicago aus.

Alle bisher genannten Bezirksschüler stammten aus der obern Mittel- oder aus der Oberschicht. Aber auch diesen Familien fiel es durchwegs schwer, das Geld für die weitern Ausbildungskosten aufzubringen; selbst Bärenwirt Finsterwald musste 1841 ein Darlehen von 2500 Fr. zu diesem Zweck aufnehmen (25); die andern behalfen sich mit Unterstützungen durch erwachsene Geschwister und mit Stipendien. Umso mehr muss schon der Besuch der Bezirksschule den Anstrich gehobener Herkunft vermittelt haben, weshalb der zum reichsten Mann Stillis aufgestiegene Wirt und Müller Heinrich Strössler während Jahren versuchte, zwei seiner Knaben in Brugg unterzubringen, letztlich aber ohne erfolgreichen Abschluss. Die andere Aufsteigerfamilie des 19. Jahrhunderts, die Fuhrhalter Baumann, schickten ihre Söhne nicht ins Prophetenstädtchen, sondern in teure private Pensionate ins Welschland. So verbrachte Johann Baumann, der nachmalige Gemeindeammann von Stilli, die Zeit vom Oktober 1838 bis März 1840 in der Nähe von Neuenburg. Der Vater liess sich diesen Aufenthalt über 1300 Fr. (alter aargauischer Währung) kosten, was umgerechnet 2.60 Fr. pro Tag ausmachte, ein ansehnlicher Betrag, wenn wir bedenken, dass er zur gleichen Zeit einem Taglöhner pro Arbeitstag höchstens 50 Rp. bezahlten musste (26).

Die Bildungsschranke war aber auch für Kinder aus untern Schichten nicht unüberwindbar. Im liberalen Staat besass auch der "arme, aber begabte und

21 Biographisches Lexikon des Kantons Aargau, S. 49; Fritz Lerch, Zwei Pfarrherren von Brittnau; Nachrufe in Aargauer Nachrichten, 16./18./21. 5. 1889; Aargauer Tagblatt, 17./20. 5. 1889; Aargauer Schulblatt, 1. 6. 1889.
22 Johann Heinrich Baumann, Autobiographie; Nachrufe in Aargauer Nachrichten, 2. 10. 1897; Aargauer Tagblatt, 4. 10. 1897
23 Jakob Keller, Friedrich Autenheimer; Max Grütter-Minder, Friedrich Autenheimer.
24 StA Brugg, Bände G I a/5, S. 290 und G I c/6, S. 137.
25 GA Stilli, Fertigungsprotokoll, Band 3, S. 20; StAAa, Akten über die Stipendien, Band 61.
26 Hausbuch Johannes Baumann, 1832–1840, im Besitz von Frau E. Baldinger-Baumann, Stilli.

324

tüchtige" Schiffersohn eine Chance, vorausgesetzt, dass er ein viel stärkeres Durchsetzungsvermögen hatte als sein Altersgenosse aus der Oberschicht. Ein solches Beispiel dürfte Hans Heinrich Lehner, Schwarzen, (1810–1879), gewesen sein (27); er hatte seinem Vater nach Erfüllung der Schulpflicht bei der Arbeit auf dem Fluss geholfen, sich aber in Mussestunden durch Selbststudium weitergebildet; 1827 trat er ins Lehrerseminar ein, wo er sich "durch seltene Fähigkeiten und eisernen Fleiss von allen seinen Mitschülern auszeichnete", so dass er schon nach 2 1/4 Jahren Hilfs- dann Hauptlehrer am gleichen Seminar wurde und diesem auch während beinahe 50 Jahren bis zu seinem Tode die Treue hielt. – In der zweiten Hälfte des 19. Jahrhunderts nahmen weitere Söhne aus ärmsten Verhältnissen ihre Chance wahr: Samuel Finsterwald, Halden-Stüssis (1839–1893), ergriff nach der Bezirksschule die kaufmännische Laufbahn und war später als selbständiger Geschäftsagent in Sissach tätig. David Lehner, Joggen (1850–1915), bildete sich in Brugg, Endingen, Paris und Brüssel zum Kaufmann aus, leitete darauf die Bank in Baden, später eine Strohhutfabrik in Florenz und kehrte 1896 auf die Bankbranche in der Schweiz zurück (28). David Hirt, Hänis (1863–1922) gehörte in der Bezirksschule zu den Auserwählten, welche von den Fabrikanten Fischer als kaufmännische Lehrlinge für die Laufenmühle bei Tiengen/Württemberg bestimmt wurden; dort stieg er dann zum Direktor auf. Ebenso wurde Heinrich Müller, Kuters (1866–1940) Direktor der Banca Popolare in Genua (29). – Gegen das Ende des Jahrhunderts nahm die Zahl der Bezirksschüler aus Stilli zwar nicht wesentlich zu, aber die soziale Herkunft verbreiterte sich noch etwas mehr. Dagegen setzte sich die Einsicht, dass eine bessere schulische und berufliche Ausbildung auch für Mädchen sinnvoll ist, erst nach 1900 durch.

Ganz ähnlich waren auch die *Aufstiegschancen im Militär* je nach Herkunft unterschiedlich. Die flussgewohnten Schiffer wurden erwartungsgemäss bei den Pontonieren eingeteilt, rückten dort aber höchstens bis zum Unteroffizier vor; eine Ausnahme bildete der Mühlenbauer Samuel Finsterwald, Hansheiris, welcher Hauptmann der Génietruppen und als solcher Instruktor wurde (30). Die Söhne der Oberschicht – den Flussgewerben entfremdet – machten bei der Infanterie und Artillerie Karriere. Erstaunlicherweise tritt uns bereits unter der Berner Herrschaft ein Hauptmann entgegen, nämlich Kaspar Finsterwald (1747–1813), der Müllerssohn aus Lauffohr, welcher während mehrerer Jahre den "Bären" zu Stilli führte. Von den Söhnen des schon erwähnten letzten Tavernenwirts brachte es Johann Rudolf Finsterwald zum Oberstleutnant der Artillerie, sein

27 Biographisches Lexikon des Kantons Aargau, S. 488 f. (samt Literaturangaben).
28 Familienchronik (Lehner-)Bennighof, im Besitz von Herrn Max Lehner, Menziken.
29 mündliche Auskünfte von Fräulein Alice Hirt, Brugg; Frau Rosa Widmer-Baumann, Aarau; Herrn Alfredo Müller, Niederrohrdorf.
30 StAAa, Regierungsratsprotokoll, 8. 4. 1867.

Bruder Friedrich Wilhelm, Sternenwirt zu Lauffohr zum Major (und Komman-
danten) der Infanterie und dessen frühverstorbener Sohn Johann Gottlieb zum
Leutnant derselben Waffengattung (31). Analog stiegen auch verschiedene Nachkommen aus der Hirschenwirtsfamilie Schwarz von Villigen zu Hauptleuten und
Obersten auf (32). Der Offiziersrang war demnach ganz klar der Oberschicht
vorbehalten, allerdings nicht rechtlich. Im 19. Jahrhundert gelang es nur zwei
jungen Männern, welche auch im Zivilleben schulisch und beruflich zu den Aufsteigern gehörten, wenigstens Leutnants zu werden: David Lehner, Joggen,
später Direktor in Florenz, und Samuel Baumann, Sohn des gleichnamigen Zigarrenfabrikanten (33).

b) Politische Ehre und Macht

Bereits bei der Erklärung unseres Schichtmodells haben wir die Zugänglichkeit
zu öffentlichen Ämtern als entscheidenden Faktor für das Über- und Untereinander im Schichtgefüge Stillis und für gewisse Abhängigkeitsverhältnisse genannt.
Es drängt sich daher auf, auch diesen Faktor noch etwas näher zu beleuchten.
   Die höchste "Ehre", welche ein Berner Untertan erreichen konnte, war diejenige eines *Amtsuntervogts*. Er vertrat den Obervogt bei Abwesenheit und Un-
abkömmlichkeit, und zwar in sämtlichen Funktionen, sei es in der Rechtssprechung oder in der Verwaltung (34). Im Amt Schenkenberg war er während Jahrhunderten identisch mit dem Untervogt des Gerichts Stilli, zu welchem alle
Dörfer der Kirchgemeinde Rein sowie Mönthal und Riniken gehörten (35). Bedeutung und Ansehen des Amtsuntervogts sind nicht zu unterschätzen; er war
der Mittelsmann zwischen Untertanen und Herrschaft; er trug die Anliegen seiner
Mitbürger dem Landvogt vor und hatte bei diesen wiederum den Standpunkt der
Obrigkeit zu vertreten. Er stellte eine Schlüsselfigur dar, auf deren Loyalität
sowohl Oberbehörden als auch Untertanen zählten, weshalb ihm beträchtliche
Einflussmöglichkeiten und eine relativ starke Machtposition zukamen. Dementsprechend hoch waren auch die Einnahmen aus diesem Amt: Von jeder Haushaltung seines Bereichs erhielt er jährlich ein Viertel Korn oder den entsprechenden

31 StAAa, Regierungsratsprotokoll, 12. 2. 1858, 7. 2. 1862, 22. 9. 1874; Bundesarchiv
    Bern, Bundesratsprotokoll, 24. 3. 1856.
32 Oskar Widmer, Stammtafel Schwarz.
33 StAAa, Regierungsratsprotokoll, 22. 9.,1871; Aargauischer Hausfreund, 15. 12. 1886.
34 Ernst Bucher, S. 120 f.
35 RQ Schenkenberg, S. 72 + 86.

Geldbetrag, im Kirchspiel Rein zusätzlich eine feste Abgabe für jedes Stück Gross- und Kleinvieh; aus dem Ertrag der Amtssteuer fielen ihm zwei Gulden zu; die Obrigkeit entlöhnte ihn jährlich mit zwölf Pfund, alle drei Jahre zusätzlich mit vier Pfund für die Amtstracht; für gewisse Amtshandlungen erhielt er die vorgeschriebenen Gebühren und Taggelder (36). Seitdem der Bärenwirt Hans Hirt um 1661 Amtsuntervogt geworden war, wurden die Gerichtsverhandlungen in seinem Gasthaus abgehalten, und dies bis 1798, was natürlich zum Aufschwung dieser Taverne beitrug.

Einfluss und Reichtum der Amtsuntervögte brachten diese immer wieder in Versuchung, ihre Macht zu ihrem Vorteil zu missbrauchen. Heinrich Pestalozzi hat dies im benachbarten Eigenamt (Birrfeld) erlebt und die daraus resultierenden Missstände im Roman "Lienhard und Gertrud" am Beispiel des Wirts und Untervogts Hummel nachgezeichnet (37). Er weist darin auf, wie Wirtschaft und Amt diesem dank des eingehenden Bargelds ermöglichten, Darlehen auszugeben und die Schuldner danach zu häufigem Wirtshausbesuch zu zwingen und sie dadurch in immer stärkere Abhängigkeit zu bringen. Die sich laufend vergrössernde ökonomische Macht vermochte dieser als Gerichtsvorsitzender und Vertrauter der Obervögte zu festigen. — Pestalozzis Schilderung des Dorftyrannen könnte in etwa auch auf den Bärenwirt Hans Hirt von Stilli übertragen werden. Auch er lieh während seiner über 20-jährigen Amtstätigkeit manchen Kleinbauern Geld und brachte sie so in seine Abhängigkeit. Von der Art, wie er seine Machtposition ausnützte und sich dadurch viele Feindschaften zuzog, legen zahlreiche Ehrverletzungsprozesse Zeugnis ab (38). Unter Hirts Nachfolgern aus der Familie Finsterwald sind keine ähnlichen Klagen bekannt. Sie traten bekanntlich viel weniger als Geldgeber in Erscheinung, da sie das Vermögen zur Ausstattung ihrer zahlreichen Kinder benötigten. Dennoch ist generell festzustellen, dass sie alle von ihrem hohen Amt profitierten, indem ihnen die direkten Kanäle zur Obrigkeit offenstanden und diese ihren Vertrauensleuten einen grössern Freiraum und stärkern Schutz gewährten.

Die geschilderte Grosszügigkeit gegenüber den Amtsuntervögten mochte auch in der Tatsache begründet sein, dass jeweils nur wenige Männer für diese Funktion in Frage kamen. In der Stadt Bern selbst war ja der Kreis der regierenden Geschlechter sehr eingeschränkt, und so bevorzugte man auch bei den Untertanen solche aus der kleinen ländlichen Oberschicht und aus Familien mit "politischer Erfahrung". Dadurch entstanden auch auf der Landschaft — analog zu Bern — "regierungsfähige Geschlechter", welche die hohen Ämter über Generationen innehatten. Die nebenstehende Stammtafel zeigt die verwandtschaftlichen Beziehungen sämtlicher Amtsuntervöge Schenkenbergs seit 1661.

36 RQ Schenkenberg, S. 52 + 58; StAAa, Band 1119, S. 209 ff.
37 Heinrich Pestalozzi, Lienhard und Gertrud, I. Teil.
38 z. B. StAAa, Bände 1376 (S. 3 f., 31, 34, 48 ff.), 1377 (S. 74 + 323), 1378 (S. 179), 1226 (25. 5. 1667); GA Rüfenach, Chorgerichtsprotokoll I (24. 8. 1664).

Die verwandtschaftlichen Beziehungen zwischen den Amtsuntervögten von Schenkenberg 1661–1798

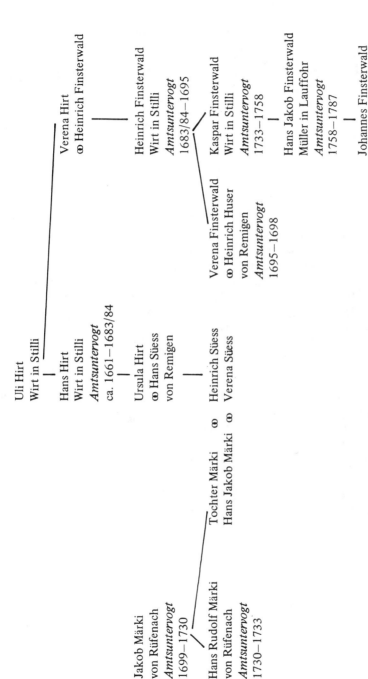

Bis 1695 war das Amt in den Händen der Bärenwirte von Stilli; da beim frühen Tod Heinrich Finsterwalds noch keiner seiner Söhne die Nachfolge antreten konnte, wechselte die Vogtei auf die Familie Märki von Rüfenach über; hier starb Hans Rudolf in der zweiten Generation ebenfalls sehr jung, weshalb das Amt wiederum, und diesmal für immer, auf die Finsterwald zurückging. Die Beharrung der Berner Regierung auf bestimmten Familien zeigte sich am krassesten 1758: nachdem sie Kaspar Finsterwald zufolge des früher erwähnten Salzfuhrprozesses abgesetzt hatte, ernannte sie, ohne zu zögern, dessen Sohn Hans Jakob zum Nachfolger (39).

Es dürfte nicht verwundern, dass auch im 19. Jahrhundert dieselben Familien höhere Ämter bekleideten. Der letzte Amtsuntervogt wurde in der Helvetik Forstaufseher und Kantonsrichter und im jungen Kanton Aargau für beinahe 30 Jahre Mitglied des *Grossen Rates* und des Appellationsgerichts (40). Wie für die Untervögte kann man auch für die aus Stilli stammenden Vertreter im Kantonsparlament eine Stammtafel aufzeichnen. Es treten wieder die gleichen Namen auf wie bei den Abschnitten über höhere Bildung und militärischer Laufbahn, nämlich der letzte Bärenwirt Johann Finsterwald und seine Söhne Johann Rudolf, Samuel und Friedrich Wilhelm (zum "Sternen", Lauffohr), wobei der Enkel des letztern, Hans Finsterwald, noch 1921–1941 im Grossen Rat sass. Dieselben waren auch in sämtlichen aargauischen Verfassungsräten vertreten. Nebst diesen sind zwei Söhne des langjährigen Gemeindeammanns Johannes Baumann, dessen Mutter ebenfalls aus dem Geschlecht Finsterwald stammte, zu erwähnen: Johann Heinrich, Bezirkslehrer in Aarau, und Johann Jakob, Pfarrer in Brittnau. Im ganzen Zeitraum 1803–1953 ist nur zwei Aufsteigern der Sprung ins Kantonsparlament gelungen, dem Wirt und Müller Heinrich Strössler sowie dem Badener Fürsprech Heinrich Lehner, Sohn des erwähnten Seminarlehrers in Wettingen (41).

Innerhalb der Kirchgemeinde Rein, des Gerichts und der politischen Gemeinde Stilli zeigt sich dasselbe Bild, nur auf einer etwas tieferen Ebene, indem hier zusätzlich die obere Mittelschicht zum Zuge kam. Als entscheidend betrachten wir hier zum einen jene regionalen Ämter, in welche Stilli jeweils einen einzigen Vertreter abordnen konnte, nämlich die *Richter, Chorrichter* (Sittenrichter) und die *Kirchmeier* (Kirchengutsverwalter), zum andern die dörflichen Chargen, also *"Geschworene"* oder *"Dorfmeier"*, später *Gemeindeammann, Gemeinderäte* und *Schulpfleger*. Richter, Chorrichter und Kirchmeier sind für das ganze 18. Jahrhundert lückenlos bekannt; die Dorfbeamten tauchen in den Quellen nur bei einzelnen Amtshandlungen und daher sporadisch auf; erst mit dem

39 StAAa, Bände 1123 + 1124.
40 150 Jahre Kanton Aargau im Lichte der Zahlen, S. 170.
41 150 Jahre Kanton Aargau im Lichte der Zahlen, S. 101–152.

Einsetzen der Protokolle der Gemeindeversammlungen erfahren wir die genaue Liste der Gemeinderäte. Sie folgen zur Veranschaulichung nebenan nach Familienstämmen geordnet (42).

Tabelle A *Liste der Beamten zur Zeit der Berner Herrschaft*

	Amtsuntervogt	Richter	Dorfmeier	Chorrichter	Kirchmeier
1. Hans Hirt, Wirt	ca. 1661–1683/84				1664
2. Hans Hirt			X	1742–1770	
3. Hans Heinrich Müller		1685–1723		?–1705–1723	
4. Heinrich Finsterwald, Wirt	1683/84–1695	1671–1684			
5. Hans Finsterwald, Wirts					1706/07
6. Kaspar Finsterwald, Wirt	1733–1758		X		1718/19
7. Heinrich Lehner, Häli		(1710)	X		1700/01
8. Johannes Lehner, Hälis		1763–1797			
9. Kaspar Baumann, Buzen		1723–1741	X	1723–1741	1726/29
10. Heinrich Baumann, Buzen		1742–1763			1742/45
11. Hans Heinrich Strössler			X	1770–1797	1788

Tabelle A zeigt eine überraschend kleine Zahl von "Dorfgewaltigen" vor 1800. Die langen Amtszeiten lassen sich allerdings durch Wahlen auf Lebenszeit erklären. Bei den Ämtern innerhalb der Gemeinde dürfte etwas mehr abgewechselt worden sein; doch auch hier treten bei wichtigen Eingaben und Prozessen immer wieder dieselben Männer als "Vorgesetzte" auf. Im grossen und ganzen sind es auch jene mit reichem Land- und Viehbesitz sowie — mit Ausnahme von A 6, 9, 10 — auch Anteilhaber am Fahr.

Tabelle B weist bei den Ammännern immer noch lange Amtszeiten nach, jedoch bedeutend kürzere bei den Gemeinderäten. Trotzdem blieb die soziale Zusammensetzung der örtlichen Amtsinhaber einseitig: Die überwiegende Mehrheit gehörte der Ober- oder der obern Mittelschicht an. Zur untern Mittelschicht zählten z. B. die aus ärmsten Verhältnissen aufgestiegenen Lehner vom Zweig "Schwarzen" (B 33, 34, 35). Aus der Unterschicht stammten lediglich B 2 und B 29, welche vorübergehend zu einem bescheidenen Wohlstand gelangt waren, beide jedoch in den Konkurs gerieten. — Umgekehrt bekleideten sämtliche Vertreter der Oberschicht in der zweiten Hälfte des letzten Jahrhunderts ein Amt auf

---

42 StAAa, Bände 1123/1124, 1375–1399; GA Stilli, Protokolle der Gemeindeversammlungen; GA Rüfenach, Chorgerichtsprotokolle und Kirchenrechnungen.

Tabelle B *Liste der Beamten seit Gründung des Kantons Aargau (bis 1930)*

		Gemeindeammann	Gemeinderat
1. Johannes Baumann	Buzen-Hönggers	1803–1836	
2. Kaspar Baumann	Buzen-Majoren	1836–1838/1841–1849	1849–1850
3. Heinrich Baumann	Buzen-Weidligmachers		1838–1841
4. Samuel Baumann	Buzen-Hönggers	1880–1886	1876–1880
5. Hans Heinrich Baumann	Buzen-Weidligmachers		1886–1897
6. Hans Heinrich Baumann	Buzen-Weidligmachers		1897–1914
7. Heinrich Lehner	Hälis-Alten		1803–?
8. Jakob Lehner	Hälis-Goggis	1909–1925/1927–	
9. Friedrich Lehner	Hälis-Goggis	1925–1927	
10. Friedrich Lehner	Hälis-Goggis		1930–
11. Kaspar Finsterwald	Wirt		1803–1804
12. Hans Heinrich Finsterwald	Wirts		?–1825–1832/1834–1837
13. Johannes Strössler	Chorrichters		1804–?/1817–1832
14. Hans Jakob Strössler	Chorrichters		1841–1849
15. Heinrich Strössler	Melchers	1849–1851	
16. Samuel Strössler	Chorrichters		1853–1864
17. Hans Heinrich Strössler	Melchers		1864–1868
18. Friedrich Lehner	Krämers		?–1813–?
19. Johannes Lehner	Krämers		1868–1876
20. Jakob Lehner	Krämers		1888–1897
21. Hans Jakob Lehner	Krämers		1925–1929
22. Hans Jakob Finsterwald	Metzger		?–1816
23. Hans Jakob Finsterwald	Metzger	1886–1909	1880–1886
24. Johannes Baumann	Mocken		?–1817–1821–?
25. Friedrich Baumann	Mocken (Kobis)	1838–1841	1833–1838/1841–1853
26. Johannes Baumann	Mocken	1851–1880	
27. Emil Baumann	Mocken		1901–1925
28. Jakob Finsterwald	Häuslis		1832–1833
29. Samuel Finsterwald	Häuslis-Stüssis		1914–1925
30. Friedrich Autenheimer			1832–1834
31. Jakob Autenheimer			1837–1841
32. Johannes Lehner	Schwarzen		1850–1876
33. Friedrich Lehner	Schwarzen		1880–1888
34. Johannes Lehner	Schwarzen		1897–1901
35. Jakob Friedrich Hirt	Gütterlis		1876–1880
36. Bernhard Müller	Manomelis		1925–1930

Gemeinde- und/oder Kantonsebene; eine Ausnahme stellte der Aufsteiger Daniel Hirt, Zigarrenfabrikant, dar, welcher es nie weiter als bis zum Ersatzmitglied des Gemeinderates brachte.

Beide Tabellen decken auch ganz klar auf, wie die politische Macht im Dorf über Generationen bei wenigen Familien lag. Wie weit sie diese Position zu ihren eigenen Gunsten ausgenützt haben, geht aus den schriftlichen Quellen verständlicherweise höchst selten hervor. Immerhin sei z. B. darauf hingewiesen, dass es ihnen 1839 noch einmal gelang, bei der Gemeindeversammlung eine Frondienstordnung durchzudrücken, welche nicht auf das Vermögen abstellte, sondern alle Bürger gleichmässig verpflichtete; erst 1852 wurde sie auf die Grundlage der Vermögenssteuer (Landbesitz) gestellt, wodurch die Leistungen fortan zwischen 1/2 und 9 Tagen schwankten (43)!

c) Standesbewusstsein und innerer Zusammenhalt der Oberschicht

Das Gefühl, "besser" zu sein als andere, war in allen Schichten anzutreffen. In jeder Dorfgemeinschaft war das Bewusstsein sehr fein entwickelt, wer zu seinesgleichen gehörte und wer über oder unter der eigenen "Würde" stand. Es wurde vor allem in der Art und Weise spürbar, wie man sich begegnete, nach unten merklich herablassend, nach oben überaus freundlich und zuvorkommend. So verachtete selbst der Hausarme den Armengenössigen und dieser wiederum den fremden Nichtbürger, den Hintersässen. Dieses differenzierte Standesbewusstsein kam besonders bei der Beurteilung von Heiraten zum Ausdruck. Wehe jenen Schwiegertöchtern, die wegen ihrer Herkunft nicht akzeptiert wurden! Häufig trug man die Spannungen nicht öffentlich aus; es konnte aber auch zum offenen Familienkrach kommen, wie im "Bären", wo eine daheimgebliebene Schwester sich nicht damit abfinden konnte, dass ihr Bruder — man bemerke die Nuance! — "nur" eine Wirtstochter aus Rüfenach geheiratet hatte, was schliesslich zum definitiven Auszug des jungen Ehepaars aus Stilli führte. Selbst innerhalb der gleichen Familie gab es, aus früher dargelegten Gründen, mehr oder weniger wohlhabende Geschwister; die "armen Verwandten" spürten ihre "Minderwertigkeit" deutlich, wenn z. B. auswärtige Vettern und Basen ihre Besuche nur "oben im Dorf" abstatteten.

43 GA Stilli, Protokoll der Gemeindeversammlungen I/143 f. + III/151 f.

Unter den in Stilli überlieferten Anekdoten finden sich auch zwei von unterschiedlichen Ammannsgattinnen. Die eine war reiche Erbtochter, aber mit einem Mann aus bescheidenen Verhältnissen verehelicht; sie soll die Nachricht von dessen Wahl zum Gemeindeoberhaupt mit Entrüstung aufgenommen und ihm mit grenzenloser Verachtung dessen angestammten Zunamen entgegengeschleudert haben, um ihn daran zu erinnern, woher er komme. Von der andern wird nach bald 150 Jahren noch mit Schmunzeln berichtet, wie sie, die aus armengenössiger Familie stammte, es der unerwarteten Würde ihres Gatten schuldig zu sein glaubte, sich nun auch "vornehmer" auszudrücken; sie habe ihn denn im Gespräch immer den "Herrn Ammann" genannt, und so wurde ihre Redewendung "Er isch im Wirtshus, de Herr Amme" zu einem stehenden Ausdruck, der sich in Stilli über Generationen erhielt. Eine letzte Anekdote betrifft jene Frau, welche die Todesfälle von Haus zu Haus ansagen musste; auch sie pflegte einen Unterschied zu machen je nach dem, ob die Frau Wirtin selig im Herrn entschlafen war oder ob ein armer Schlucker das Zeitliche gesegnet hatte; bei den letztern verkündete sie jeweils, ohne auch nur einen Namen zu nennen: "Er isch de gschtorbe, säbe dehinde!", und manchmal fügte sie noch hinzu: "Ehr wüssed jo scho wele" (44).

Das bisher mehr erzählerisch beschriebene Standesbewusstsein soll nun anhand des Heiratsverhaltens noch genauer untersucht werden. Bei der Oberschicht war die Gattenwahl von äusserster Wichtigkeit. Bekanntlich schrieb schon das alte Schenkenberger Erbrecht die gleichmässige Verteilung der elterlichen Hinterlassenschaft vor. Da die reichen Familien in unserer Gegend trotzdem meist viele und lebensfähige Kinder hatten, bestand für jede Generation immer aufs Neue die Gefahr, sozial abzusteigen. Wir haben diese Gesetzmässigkeit am Beispiel des Besitzes an Grund und Boden bereits aufgezeigt. Danach musste ein Sohn aus der Oberschicht bestrebt sein, eine wirschaftliche Grundlage zu erlangen, welche um einiges über dem zur Selbstversorgung Notwendigen lag. Ein entscheidendes Mittel zur Sicherung des eigenen Standes war die Heirat mit einer reichen Tochter, deren Anwartschaft zumindest teilweise den durch die Erbteilung mit den Geschwistern entstandenen Ausfall decken konnte. Da meistens nur eine oder ganz wenige Familien in einer Gemeinde die Oberschicht ausmachte, fand sich der ebenbürtige Partner nur in seltenen Fällen im eigenen Dorf; man musste ihn im "Adel" der Nachbardörfer suchen, wo überall dasselbe Problem bestand. Die Stammbäume dieser Oberschichtfamilien zeigen denn auch ein frappantes Bild: Bei den Ehegatten tauchen immer die gleichen Familiennamen auf. In unserer Gegend hiessen sie erwartungsgemäss Finsterwald und stammten aus dem "Bären" zu Stilli oder aus dem "Sternen" zu Lauffohr, sie hiessen Schwarz, Keller, Amsler, Fischer oder Zuber und waren Wirtstöchter und Wirtssöhne aus dem

44 Schilderungen von Frau Elisabeth Lehner-Finsterwald, Stilli.

"Hirschen" zu Villigen, dem "Bären" zu Hottwil, dem "Bären" vom Stalden auf Bözberg, aus dem "Schwanen" zu Meisterschwanden oder dem "Hirschen" im rechtsrheinischen Kadelburg. Die Identität von Oberschicht und Wirtestand könnte nicht deutlicher zum Ausdruck kommen. Im 19. Jahrhundert kamen noch die Fuhrhalter Baumann aus Stilli dazu.

Diese Feststellungen seien anhand des abgedruckten Auszugs aus der Nachkommentafel des Kaspar Finsterwald (45) erläutert; die Verflechtung der Familien Finsterwald, Baumann und Schwarz wird hier schon äusserlich augenfällig:

Auszug aus der Nachfahrentafel der Bärenwirtsfamilie Finsterwald, Stilli

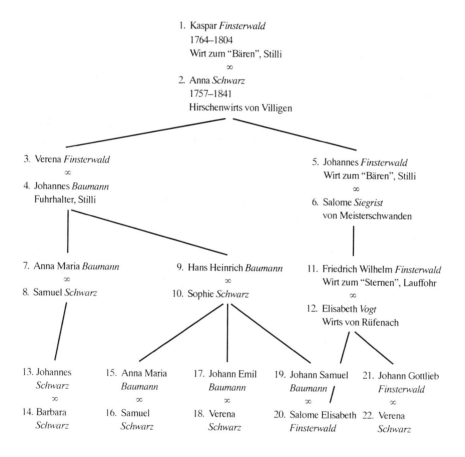

45 GA Stilli, Bürgerregister; Oskar Widmer, Stammtafel Schwarz.

Unter den aufgeführten 22 Personen finden sich nur zwei "Fremde" (6/12). Die Tafel vermag allerdings längst nicht alle verwandtschaftlichen Beziehungen aufzudecken. So sei noch erwähnt, dass sämtliche zugeheirateten Angehörigen aus der Familie Schwarz (also 8, 10, 14, 16, 18, 22) von zwei Brüdern der Stammutter Anna Schwarz (2) abstammen; unter ihnen sind ausserdem Barbara (14) und Samuel (16) Geschwister und zugleich Cousins von Verena (18); auch Samuel (8) und Sophie (10) sind Geschwisterkinder. Bei dieser engen Verflechtung dürfte die Häufigkeit von Verwandtenehen nicht überraschen. Auf der Tafel wird nur gerade die gemeinsame Abstammung von Johann Samuel Baumann (19) und Salome Elisabeth Finsterwald (20) sichtbar. Es sei daher zusätzlich erwähnt, dass Johann Emil Baumann (17) und Verena Schwarz (18) Geschwisterkinder und die vier Ehepaare 7/8, 9/10, 13/14 und 15/16 Cousins zweiten Grades waren. Wenn wir nun noch darauf hinweisen, dass je eine Schwester von Sophie Schwarz (10) in den "Bären" nach Hottwil und in den "Hirschen" nach Kadelburg heirateten, dass sich anderseits ein Bruder derselben eine "Bären"-Tochter von Hottwil als erste und eine "Bären"-Tochter vom Stalden als zweite Ehefrau nahm und dass ferner eine Schwester von Friedrich Wilhelm Finsterwald (11) den "Schwanen"-Wirt in Meisterschwanden ehelichte, haben wir sämtliche erwähnten Oberschicht-Familien auf engstem Raum vereint.

Die Geschlossenheit dieser Gruppe mit den schwer überblickbaren Blutsverwandtschaften und Verschwägerungen zeigt eindrücklich das geschilderte Bestreben, den Besitz und damit den sozialen Stand zu wahren. Das Zusammengehörigkeitsgefühl wurde entsprechend gepflegt: man besuchte sich an schönen Sonntagen, traf sich bei Familienanlässen und nannte sich Onkel, Tante und Cousin (nicht Vetter und Base!) bis ins vierte Glied; man tauschte Fotos aus, brachte Hochzeitsgeschenke und vertiefte die Beziehungen als Pate, Bürge oder Vormund. Die standesgemässen Heiraten entsprachen natürlich den Erwartungen von Eltern und Verwandtschaft, mussten aber durchaus nicht immer auf väterlichem Machtspruch beruhen; da die Kinder in diese Umwelt hineinwuchsen, schon früh mit ihresgleichen verkehrten und deren Wertvorstellungen teilten, ergaben sich die erwünschten Verbindungen oft wie von selbst! – Das 20. Jahrhundert hat dieses Gefüge erheblich gelockert; die Heiratskreise haben sich räumlich und sozial stark erweitert; das Gefühl der Zusammengehörigkeit und der gemeinsamen Interessen ist – zumal bei der jüngsten Generation – stark geschwunden.

Dennoch finden sich auch in der Gegenwart noch Ehepartner aus dieser alten Oberschicht; so hat ein Enkel von Samuel Baumann-Finsterwald (19/20) eine Enkelin von Gottlieb Finsterwald-Schwarz (21/22) geheiratet, ebenso ein Grossneffe desselben (19/20) eine Grosstochter von Emil Baumann-Schwarz (17/18).

Das geschilderte Verhalten der Oberschicht findet sich ebenfalls in der obern Mittelschicht Stillis. Auch in dieser Gruppe war man bemüht, den erreichten Stand zu bewahren. Ähnliche Heiratskreise könnten z. B. für die "Weidligmacher" Baumann aufgezeigt werden; dieselbe Erscheinung werden wir beim Aufstieg der Familie Strössler feststellen; doch fand sich hier der ebenbürtige Partner häufig im gleichen Dorf. Dagegen fehlt dieses Verhalten bei der Unterschicht völlig; man hatte wenig zu gewinnen und wenig zu verlieren, und auch geringe Chancen, seine Situation auf lange Sicht zu verbessern; man war daher in der Wahl der Partner viel freier, so dass wir hier keine derartigen Heiratskreise feststellen können.

d) Die Unterschicht

Nach der Oberschicht wenden wir uns nun den Armen in Stilli zu. In unserem Modell zählten wir alle jene zur Unterschicht, welche auf Unterstützung durch die Gemeinde angewiesen waren. Dabei unterschieden wir die Armengenössigen, die ganz von Almosen lebten, von den Hausarmen, welche über lange Zeitspannen kleinere oder grössere Beiträge erhielten; dazu kam noch jene Gruppe, die nur bei aussergewöhnlichen Ereignissen gelegentlich einen gezielten Zustupf benötigte (46). — Bekanntlich besassen die Angehörigen der Unterschicht nur wenig oder gar kein Land; sie konnten sich daher nicht selbst mit den Grundnahrungsmitteln versorgen und mussten diese mit Bargeld kaufen, welches sie durch Fluss- und andere Gewerbe verdienten. In Zeiten allgemeiner Not stiegen die Preise ins Unerschwingliche, bei persönlichem Unglück oder Arbeitsunfähigkeit fehlte das Geld überhaupt.

Wo aber lagen die Ursachen dieser Armut? Wer gehörte überhaupt zur Unterschicht? — Armengenössig waren nur wenige Einzelpersonen, welche von der Gemeinde an sogenannten "Mindersteigerungen" beim billigsten Interessenten verkostgeldet wurden; es handelte sich hauptsächlich um ausserehliche Kinder bis zum Abschluss der Berufslehre sowie um Geistesschwache oder Ganzinvalide. Zu den Hausarmen gehörten alte, arbeitsunfähige Leute, denen es nicht gelungen war, ein noch so kleines Vermögen in Land anzulegen. Hinzu kamen jene Witwen mit Kindern, deren Ernährer vorzeitig gestorben, vielleicht ertrunken war; dabei fanden sich aber auch junge Hausväter, deren Einkommen nie ausreichte, um ihre oft grosse Familie zu erhalten. Häufig führten Unfall oder Krankheit von Mann, Frau oder Kind zu Verdienstausfällen oder unerwarteten Ausgaben, ebenso die schon erwähnten Wirtschaftskrisen.

Die Ursachen der Armut hat man sehr oft den Armen selbst zugeschoben. Die Armenbehörden, welche sich bekanntlich aus Angehörigen der Ober- und der obern Mittelschicht zusammensetzten, waren immer wieder versucht, die Armut auf mangelnde Tüchtigkeit, auf Liederlichkeit der Betroffenen zurückzuführen. Sicher ist nicht zu bestreiten, dass manche Hausfrauen zu wenig einteilten und vereinzelte Schiffleute das sauer erworbene Bargeld im Wirtshaus vertranken.

46 Armenrechnungen befinden sich im GA Stilli, GA Rüfenach, StAAa (Bezirksamt Brugg).

Solche Beispiele könnten auch aus Stilli geschildert werden, etwa ein Gemeindeschreiber und ein Müller, die beide durch Alkoholismus Frau und Kinder in
bitterste Armut brachten (47). Dies waren aber Einzelfälle. Meistens fehlte die
Existenzgrundlage; da die Eltern schon arm gewesen, hatte man wenig oder
nichts geerbt und fristete sein Dasein aus einer Tätigkeit, die auch in Normalzeiten nur das Minimum einbrachte. Wir haben jene Berufe schon genannt: Fischer und Schiffer, Schneider, Schuster und Taglöhner. Der Fleissige und Genüg-
same aber musste in Notzeiten erleben, wie das wenige, das er sich erübrigt, im
Nu aufgebraucht war. So bildete der Alkoholismus meist nicht die Ursache,
sondern die Folge der Armut; er entstammte der Resignation vor dem lebens-
langen Elend, aus dem man keinen Ausweg sah.

Die Massnahmen der Armenbehörden bewegten sich innerhalb des Rahmens
der Bestimmungen von Bund und Kanton. Die Berner Regierung war schon im
18. Jahrhundert vom Wohnorts- zum Heimatprinzip übergegangen, und dabei
blieb es bis in die jüngste Vergangenheit. Demnach war die Fürsorge der Heimatgemeinde übertragen, welche alle innerhalb und ausserhalb des Dorfes wohnenden armen Ortsbürger zu unterstützen hatte, nicht aber die Hintersässen und
Niedergelassenen. Wir werden uns daher im folgenden auf die Ortsbürger beschränken; die Lage der zugezogenen Zigarrenarbeiter haben wir schon früher
beschrieben.

Die Möglichkeiten zur Bekämpfung der Armut in Stilli waren sehr eingeengt.
Meist musste man sich darauf beschränken, aktuelle Not zu lindern; zu grosszü-
gigen Sanierungen fehlten die Mittel. Die wenigen vorbeugenden Massnahmen
waren nicht darauf ausgerichtet, Mitbürger vor Armut, sondern die Heimatgemeinde vor Ausgaben zu bewahren. Als positiv dürfen wir das schon erwähnte
Bestreben werten, ausiereheliche Knaben ein Handwerk erlernen zu lassen, ebenso die Bemühungen um das Wohnrecht lediger Frauen im Elternhaus. Fragwürdi-
ger war dagegen die "Heiratspolitik" der Armenbehörden: Einerseits drängten sie
schwangere Mädchen mit allen Mitteln zur Heirat, um das Kind nicht übernehmen zu müssen. Anderseits verhinderten sie die Eheschliessung armer Männer,
indem sie von ihrem Einspruchsrecht Gebrauch machten; die Heimatgemeinde
konnte nämlich die Heiratserlaubnis verweigern, wenn der Verlobte Armenunter-
stützung empfangen und dieselbe nicht zurückerstattet hatte, ebenso wenn seine
ehelichen Kinder auf Kosten der Gemeinde erzogen wurden (48). Der Gemeinderat von Stilli vereitelte auf diese Weise manche Ehe. Dem ausserehelichen Johann
Georg Baumann, Harders, präsentierte er 1867 eine Rechnung im Betrage von
204.46 Fr., welche auf Heller und Pfennig sämtliche Ausgaben der Gemeinde seit
seiner Geburt enthielt und von diesem bald darauf beglichen wurde. Im übrigen
mussten uneheliche Männer meist ledig bleiben (49).

47 GA Stilli, Armenrechnungen 1840–1874.
48 Karl Rohrer, Das gesetzliche Armenwesen im Kanton Aargau.
49 GA Stilli, Protokoll des Gemeinderates 1867.

Die Unterstützungen beschränkten sich in der überwiegenden Mehrzahl auf kleine und kleinste Beiträge. Der Armenpfleger kaufte Halbwaisen Schuhe, wollene Strümpfe und Kappen oder Stoff für Hosen oder Röcke; er linderte den Hunger mit etwas Kartoffeln oder Mehl. In Einzelfällen kam die Gemeinde für den Hauszins auf, häufiger für die Begleichung einer Rechnung von Arzt, Apotheker und Hebamme, für eine Badekur oder — als letzten Dienst — für Sarg und Begräbnis. Gelegentlich half man mit einigen Franken in bar aus, später auch mit regelmässigen Neujahrsgaben, um den Bettel im Dorf zu vermeiden.

Der Arme erhielt solche Almosen aber nicht ohne weiteres; er musste sich ihrer würdig erweisen. Was darunter verstanden wurde, zeigt uns das von der kantonalen Armenkommission ausgearbeitete Formular für Unterstützungsbegehren (50). Von den 28 durch Bezirksarzt, Schulinspektor, Pfarrer und Gemeindeammann zu beantwortenden Fragen betrafen 14 die Kinder, und zwar besonders deren Schulbesuch und Kenntnisse in Lesen, Schreiben und Rechnen; Punkt 22 erkundigte sich nach der "Aufführung der Familie (ob sie arbeitsam, ob sie bettelt)". In diesem Sinn stand in den Armenrechnungen von Stilli z. B. über den Schneider Johannes Finsterwald, Häuslis (1779—1848): "Ist arbeitsam und hält seine Kinder in Ordnung und schickt sie fleissig zur Schule", oder über die Witwe Verena Lehner-Schödler (1767—1828): "Nährt sich kümmerlich mit dem Baumwollspinnen, ist sehr fleissig und hält ihre Kinder in Ordnung und zur Arbeit" (51). Wieviel Erniedrigung und Kriechertum zur Almosenwürdigkeit erwartet wurden, zeigen die Gemeindeprotokolle und Armenrechnungen von Stilli aufs deutlichste; diese entwürdigende Haltung stand in keinem Verhältnis zur Höhe der zu erwartenden Almosen.

Die zur Verfügung stehenden Mittel waren in Stilli besonders beschränkt. Im 18. Jahrhundert verwaltete die Kirchgemeinde Rein ein gemeinsames Armengut. Die Berner Regierung förderte zwar auch die Äufnung von Gemeindearmengütern (52). Schon 1621 hatten die "Gnädigen Herren" eine Abgabe auf den verkauften Wein (sog. "Ohmgeld") bewilligt und die Hälfte des Ertrags den Gemeinden überlassen. Auch hatten die Gemeinden das Recht, den Bodenbesitz innerhalb ihres Banns zu besteuern. Im Zuge der verbesserten Bodennutzung gestattete der Rat jedem Bauern des Amts, sein Land einzuzäunen und dadurch von der Gemeinweide zu befreien; dafür sollte er der Gemeinde allerdings eine Entschädigung von 10 % des Schatzungswerts entrichten, und zwar zuhanden des Armenguts (53). Alle diese fördernden Massnahmen waren normalerweise geeignet, den Gemeinden zu einem minimalen Kapital zu verhelfen, mit dem sie ihren Verpflichtungen nachkommen konnten. Im Ausnahmefall von Stilli fruch-

---

50 abgedruckt bei Karl Rohrer.
51 Armenrechnungen im GA Stilli, GA Rüfenach, StAAa (Bezirksamt Brugg).
52 RQ Schenkenberg, S. 83 f.
53 RQ Schenkenberg, S. 110—112.

teten sie aber wenig, weil der dortige Gemeindebann wegen der geringen Fläche keine der genannten Einnahmen einbrachte; im Gegenteil, die dortigen Orts-bürger trugen mit ihrem auswärtigen Landbesitz zur Äufnung des Armengutes ihrer Nachbargemeinden bei, während die eigene Kasse leer ausging! Als einzige Einnahmequelle wäre noch das "Ohmgeld" aus dem Bären geblieben; doch lagen auch hier die Verhältnisse für Stilli ungünstig. Es bestand nämlich die Gepflogen-heit, die Weinsteuern der ganzen Kirchgemeinde zusammenzulegen und dann im Verhältnis der Einwohner auf die einzelnen Dörfer zu verteilen, wodurch Stilli trotz seiner einträglichsten Gaststätte schlecht weg kam (54).

So ist nicht zu verwundern, dass Stilli noch zu Beginn des 19. Jahrhunderts keinen eigenen Armenfonds besass. Der Kanton schrieb nun zu deren Förderung vor, dass jede auswärtige Braut bei der Heirat mit einem Gemeindebürger ein "Weibereinzugsgeld" zu entrichten habe, welches dem Armengut zufliesse. Aus-serdem sollten 5 % der Zehnt- und Bodenzinsloskaufsummen zu diesem Zweck verwendet werden (55); hier war Stilli wiederum wegen seines kleinen Gemeinde-banns benachteiligt; immerhin setzte es der Gemeinderat durch, dass beim Loskauf des Villiger Hardzehnten die Hälfte der genannten 5 % Stilli zufiel, da die meisten Bodenbesitzer von dort stammten (56). Das Armengut wurde ausser-dem durch Rückzahlungen und Vermächtnisse geäufnet (57). Trotzdem reichte es lange Zeit nicht aus, da nur die Zinsen für Unterstützungen verwendet werden durften. So betrug das Kapital z. B. 1815 erst 200 Fr., während die Unterstüt-zungen die Höhe von 63 Fr. erreichten. Diese mussten daher zum grössten Teil aus Steuern aufgebracht werden, weshalb der Gemeinderat während Jahrzehnten in jedem einzelnen Fall eine Ortsbürgerversammlung einberief. Zu diesen Steuern hatten alle unterstützungsberechtigten Personen beizutragen, also auch die aus-wärts wohnenden Gemeindebürger. Stilli erhob solche seit 1816 regelmässig, was neben Streitigkeiten gelegentlich dazu führte, dass sich die Auswärtigen um das Bürgerrecht ihrer Wohngemeinde bewarben und dann auf das angestammte ver-zichteten (58).

Zu erwähnen ist aber auch, dass verschiedene Einrichtungen die Armenlasten der Stillemer erleichterten. Als älteste nennen wir die "Königsfelder Spend-frucht", die jährlich an etwa 500 Personen ausgeteilt wurde; 1820 erhielten z. B. 9 Haushaltungen von Stilli bis zu 1 1/2 Mütt Korn (59). – Die 1815 gegründete Kulturgesellschaft des Bezirks Brugg beschäftigte sich seit ihren Anfängen mit der Armenfrage. Neben den Bemühungen um die Linderung aktueller Not in

54 StAAa, Band 1106, Nr. 22.
55 GA Stilli, Zehntloskaufsakten; die gesetzlichen Bestimmungen vgl. Hans Brugger, S. 248.
56 GA Villigen, Zehntloskaufsakten.
57 Eine "Ehrentafel" der Donatoren befindet sich im Schulhaus Stilli.
58 GA Stilli, Armenrechnungen; Aargauisches Kantonsblatt, 13. 1. 1817.
59 GA Rüfenach, Armenrechnungen.

Zeiten der Teuerung, erarbeitete sie Vorschläge für die langfristige Lösung dieses Problems. In dieser Linie liegt z. B. die Gründung des Brugger Almosenvereins (1855) und des Bezirksarmenvereins (1857), später Armenerziehungsverein genannt; der letztere nahm sich vor allem der Kinder und Jugendlichen an (60). Die Stiftung des Baumwollhändlers Heinrich Meier (1746—1821) von Rüfenach hat sich für damalige Zeiten als besonders segensreich erwiesen. Dieser vermachte den Gemeinden Rein, Rüfenach, Lauffohr, Stilli, Villigen, Remigen, Mönthal, Hottwil und Mandach zusammen die Summe von 90 000 Fr. alter Währung zur Errichtung eines Armenhauses in seinem Heimatort (61). Die Stillemer hätten zwar ihren Anteil lieber in bar dem eigenen Armengut zugewendet; doch bestand der Regierungsrat auf der wörtlichen Vollstreckung des Legats (62). So wurde in Rüfenach die Meier'sche Armenanstalt, der sogenannte "Spittel", gebaut, mit Schlaf-, Wohn-, Schul- und Arbeitsräumen, mit Ökonomiegebäuden samt Acker- und Wiesland, alles zusammen ausreichend für etwa 30 Insassen, je zur Hälfte Kinder und (meist alte) Erwachsene. Die Gemeinde Stilli konnte fortan ständig vier Plätze mit Armengenössigen besetzen, die sie sonst aus dem Armengut hätte verkostgelden müssen, was eine gewaltige Entlastung dieser Kasse darstellte. Für die Insassen war das Zusammenleben von Kindern und Greisen nicht ideal; dennoch bedeutete der Aufenthalt im Rüfenacher "Spittel" für alle eine materiell sorgenfreie Zeit.

Die starke Zunahme der Bevölkerung im 19. Jahrhundert liess vor allem die untern Schichten anwachsen. Da diese Entwicklung in Stilli parallel zum Niedergang der Flussgewerbe verlief, mussten bekanntlich viele junge Leute, aber auch ganze Familien ihren Heimatort verlassen und auswärts Arbeit suchen. Den meisten, die einen Beruf erlernt hatten, glückte es, eine neue Existenz aufzubauen. Die übrigen aber zogen heimatlos von Ort zu Ort, von Fabrik zu Fabrik und wurden früher oder später auf Unterstützungen aus Stilli angewiesen. Diese auswärtigen Bedürftigen bildeten denn auch das grösste Problem für die dortige Armenbehörde. Ihre Politik änderte sich im Laufe des 19. Jahrhunderts: Zuerst tendierte sie eher darauf, arme Mitbürger nach Stilli kommen zu lassen, sie hier zu versorgen und zur Arbeit anzuhalten. Da diese Rückkehrer aber grosse Probleme boten und die Aufnahmekapazität im eigenen Dorf beschränkt war, zog man es später vor, kleine Barbeträge an den Wohnort der Bedürftigen zu schicken oder Rechnungen für Miete, Entbindungen oder ärztliche Behandlung zu begleichen. Dabei blieb der Gemeinderat aber sehr zurückhaltend mit solchen Zahlungen; sehr oft lehnte er Bittgesuche ab, oder er ging ohne Antwort darüber hinweg. Man verschloss häufig die Augen vor der Not dieser Mitbürger und verliess

60 Rudolf Wernly, Geschichte der aargauischen gemeinnützigen Gesellschaft.
61 Rechenschaftsbericht des Regierungsrates des Kantons Aargau 1864, S. 48 ff.
62 StAAa, Regierungsratsprotokoll 1822, S. 168 + 326.

sich auf die Gutmütigkeit der Gläubiger oder irgendwelcher Wohltäter. Sehr oft nahmen sich jedoch Pfarrherren, Ärzte, Arbeitgeber oder Behörden der Wohngemeinden derselben an; wenn sie aus Stilli keine Antwort erhielten, gelangten diese an das Bezirksamt oder an kantonale Instanzen, welche die Heimatgemeinde dann an ihre Pflicht mahnten, worauf man sich dort zu einer kleinen Zahlung bequemte. Beim nächsten Mal wiederholte sich dieses oft unverständliche "Spiel". So musste der Direktor des Departements des Innern noch 1899 schreiben, wenn Stilli eine selbständige Gemeinde sein und bleiben wolle, so dürfte man dort im Armenwesen nicht allzusehr kargen (63). Die zahlreichen Gesuche spiegelten denn auch das Elend und die trostlose Lage mancher auswärtiger Bürger auf eindrückliche Weise.

Der Gemeinderat konnte aber immer dann die Augen nicht verschliessen, wenn Einzelpersonen oder ganze Familien per Armenfuhr polizeilich nach Stilli gebracht wurden. Wir kommen hier zum wohl traurigsten Kapitel in der Geschichte dieses Dorfes. Ob verschuldet oder unverschuldet, hier ging es um die Ärmsten unter allen Armen. Im Unterschied zu den ansässigen Bürgern besassen sie keinen Hausteil und kein Wohnrecht, oft keinen Hausrat, keine Kleider, keine Nahrung, einfach nichts. Die meisten hatten keine persönliche Beziehung zu Stilli, da ihre Vorfahren zum Teil schon vor mehreren Generationen von hier weggezogen waren; sie kannten diesen Ort nur als Schreckensgespenst, welches über ihrem elenden Leben für den äussersten Fall der Verarmung drohte. Die Ankunft und der Aufenthalt in Stilli waren für diese Leute denn auch schrecklich genug. Familien wurden, soweit möglich, im Schulhaus untergebracht: Um die Mitte des 19. Jahrhunderts bewohnten die Familien Baumann, Boppelis, und die ehemaligen Landsassen Ryffel gemeinsam das untere, eigentlich für die Arbeitsschule bestimmte Zimmer (heute Haus Siegenthaler-Inderwildi), und zwar während Jahrzehnten; 1858 drängten sich hier zehn Menschen im Alter zwischen einem Monat und 71 Jahren; Vater Ryffel litt zudem an einem gebrochenen Bein. Die ganze Verachtung der einheimischen Bevölkerung kommt wohl am anschaulichsten in jenem überlieferten Spottvers zum Ausdruck, den die Schulkinder den beiden Frauen nachschrieen, wenn diese der Aare zuliefen, um den Fischern bei ihrer Arbeit zu helfen:

> D Frau Boppel, d Frau Ryffel
> händ Überstrümpf a,
> verrisse, verschisse,
> s goht niemer nüt a.

So braucht uns nicht zu verwundern, wenn sich die betagten Angehörigen dieser Familien glücklich schätzten, ihren Lebensabend im Armenhaus zu Rüfenach zu verbringen, während die Jungen Stilli so bald als möglich wieder verliessen. —

63 GA Stilli, Gemeinderatsakten 1899.

Der Sohn der erwähnten Familie Baumann, Boppelis, ein unsteter Zigarren-macher, musste jedoch mehrmals mit seiner Frau und vielen Kindern ins Heimat-dorf zurückkehren; auf den Schulfotos jener Zeit kennt man sie an den Köpfen, die bei Buben und Mädchen wegen Ungeziefer gleichermassen kahl geschoren waren. Der Sohn der Familie Ryffel wurde im Alter nach Stilli übergeführt und noch 1895 (!) krank, bresthaft und elend auf einen Strohsack im fensterlosen Kohlenkeller hinter der Arbeitsschule geworfen, wo er die letzten Wochen seines armseligen Daseins verbrachte, bevor man ihn noch in das Spital Brugg einliefer-te (64).

Eine nicht minder demütigende Behandlung erfuhren jene unwillkommenen Individuen, die nach dem Tode ihrer Eltern der Heimatgemeinde zur Last fielen; oft handelte es sich um geistesschwache, taubstumme oder epileptische Perso-nen, meist krank und arbeitsunfähig, vereinzelt auch um ausgediente, verletzte Söldner. Ein solcher war z. B. der ausserehliche Heinrich Baumann (1811–1872), spöttisch "Ratsherr" genannt, welcher nach jahrzehntelangen römischen Kriegsdiensten völlig verkommen ins Aaredorf zurückkehrte, hier zum allgemeinen Ärgernis in Lumpen herumlungerte, bis sich der Gemeinderat ent-schloss, ihn mit einigen saubern Kleidern auszustatten und hierauf in der "Kehr" im Dorf herumzuschicken. Dies war die gebräuchlichste Form der Versorgung in Gemeinden mit geringem Armengut. Jeder Ortsbürger musste den Hilfsbedürfti-gen je nach Vermögen zwischen einem und elf Tagen in seinem Haushalt auf-nehmen und mit Nahrung und Nachtlager versorgen. Der Gemeinderat stellte einen genauen Terminplan für eine "Kehr" auf. Nach 116 Tagen begann dieser Spiessrutenlauf von vorne (65). Man kann sich lebhaft vorstellen, wie willkom-men solche Kreaturen in den einzelnen Häusern und welchen Demütigungen sie täglich ausgesetzt waren.

Besonders schlimm musste eine solche Behandlung für Leute sein, die aus-wärts aufgewachsen, daher in Stilli fremd waren und hier keinen Menschen kann-ten. An einen solchen erinnert sich die älteste Einwohnerin, nämlich an Jakob Baumann (1824–1888), dessen Urgrossvater um 1766 (!) aus Stilli weggezogen war. Er selbst war als erfolgloser Bäcker 1862 in Lenzburg in den Konkurs gekommen und hatte nach dem Tode von Mutter und Gattin 1878 jeglichen Halt verloren. Kurz vor Weihnachten 1881 gelangte er "überrascht und unerwartet, entblösst von Kleidern der Gemeinde zu, dass man ihn reinigen musste". Die Gemeindeversammlung beschloss, ihn in die untere Schulstube einzuweisen, und bewilligte anstelle der früheren "Kehr", für seinen Unterhalt 1 Fr. pro Tag. Bald konnte er im Meier'schen Armenhaus in Rüfenach unterkommen, wo er es auf die Dauer nicht aushielt und daher immer wieder weglief. Ende August 1887

64 Schilderung von Frau Marie Zimmermann-Lehner, Villigen.
65 GA Stilli, Gemeinderatsprotokoll, 10. 3. 1851.

erklärte die dortige Verwaltung, sie werde ihn nicht mehr aufnehmen. Der Gemeinderat verurteilte ihn zu 60-stündiger Gefangenschaft, liess ihm dann die Effekten aushändigen, "wonach letzterer seinem eigenen Schicksale überlassen wurde". Am 9. Juni 1888 brachte ihn die Polizei in einem Zustande nach Stilli, dass er wegen des Ungeziefers keiner Haushaltung zuzumuten war. Anderntags wurde er von einer eigens dazu angestellten Person im Gemeindewaschhaus mit warmen Wasser gebadet, geschoren und neu eingekleidet. Schon nach zwei Wochen starb dieser Mann; die Erinnerung an den "Gwandlüsler" ist aber bis in unsere Gegenwart wach geblieben (66).

Noch sei ein letztes Beispiel zu diesem traurigen Thema genannt: Es handelt von dem etwas aus der Art geschlagenen Sohn einer sonst recht angesehenen Familie. Als Metzger zog er, trunksüchtig und arbeitsscheu, von Ort zu Ort; die unbezahlten Rechnungen flogen dann in grosser Regelmässigkeit der Heimatgemeinde zu. Dazu gebar die Frau Jahr für Jahr ein Kind. Am 26. August 1881 schrieb die verzweifelte Mutter dem Gemeinderat eine Postkarte, welche die ganze Tragik wiederspiegelt: "Zeige Ihnen hiermit an, dass ich mein neugeborenes Kind morgen nachmittag der Gemeinde zuschicken werden". Der Gemeinderat wusste keinen andern Rat, als die Überbringerin mit einem Fünfliber samt dem Säugling wieder heimzusenden (67).

Die bisherigen Ausführungen haben gezeigt, dass die Armenbehörde von Stilli sich auf Unterstützungen in Fällen akuter Not beschränken musste. Als längerfristige Massnahmen haben wir die Förderung der Berufslehren einerseits, die Einsprachen gegen geplante Heiraten anderseits genannt; zu nennen wäre noch die Anstellung an bescheidene Gemeindeposten, wie Strassenwärter, Nachtwächter oder Feldhirt. Die Armen selbst versuchten, ihrer misslichen Situation durch Abwanderung aus dem Heimatdorf, durch den Eintritt in fremde Kriegsdienste und durch Übersiedlung in die "Neue Welt" zu entgehen. Der erhoffte Erfolg stellte sich aber häufig nicht ein. Dies könnten auch wieder ganze Stammbäume von Familien demonstrieren, deren Glieder über Generationen in den Armenrechnungen auftauchten. Auch abgewanderte Zweige wiesen immer wieder Nachkommen auf, welche unterstützungsbedürftig wurden. Für die Einwohner von Stilli haben wir in anderem Zusammenhang geradezu eine Gesetzmässigkeit aufgezeigt, nach welcher Landarme kaum eine Chance hatten, sich je selbst zu versorgen. Auswärtige Fabrikarbeiter gerieten wegen geringer Entlöhnung und mangels sozialer Sicherung beim kleinsten Schicksalsschlag in grösstes Elend. So war und blieb es schwierig, dem Los, in das man hineingeboren war, zu entrinnen. Mit diesen Feststellungen sind wir mitten in die Problematik des folgenden Kapitels vorgestossen.

66 GA Stilli, Gemeinderatsprotokoll, 30. 8. 1887/9. 6. 1888; Gemeindeversammlungsprotokoll, 21. 12. 1881; Schilderung von Frau Elisabeth Lehner-Finsterwald, Stilli.
67 GA Stilli, Gemeinderatsprotokolle und -akten 1876 ff.

e) Sozialer Auf- und Abstieg

In den Ausführungen über den Landbesitz und über den innern Zusammenhalt der Oberschicht haben wir die Bemühungen der wohlhabenden Familien, ihren Stand zu wahren, nachgewiesen. Wir haben aber auch festgestellt, dass diese Oberschicht trotz des Bevölkerungsanstiegs sehr klein, d. h. auf eine bis drei Haushaltungen beschränkt blieb. Da aber auch vermögliche Ehepaare viele, und dazu lebensfähige Kinder hatten, konnte meistens nur ein einziger Sohn den elterlichen Stand weiterführen, während die übrigen Geschwister und deren Nachkommen zwangsläufig absanken.

Bei der Wirte- und Vogtsfamilie Finsterwald konnte — aufgrund des Schenkenberger Erbrechts — der jüngste die Taverne übernehmen. Auch wenn dieser seine Geschwister zu gleichen Teilen auszahlen musste, blieb nachher nur ihm das Geschäft, welches viel Bargeld einbrachte. Obschon die Väter sich stets bemühten, allen Söhnen z. B. mit einer Mühle, Schmiede oder Metzgerei eine genügende Existenz zu verschaffen, gestatteten diese doch bestenfalls eine Lebensführung der obern Mittelschicht. So sind verschiedene Abkömmlinge aus dem "Bären" nach wenigen Generationen auf die unterste Stufe der Bedürftigkeit abgesunken.

Der Richter und Chorrichter Kaspar Baumann, Buzen (ca. 1674–1741) aus der obern Mittelschicht vermochte seine Söhne aus erster Ehe genügend auszustatten; bei den spätgeborenen Kindern der zweiten Frau gelang ihm dies nicht mehr; im Zeitpunkt seines Todes reichte der Bodenbesitz nicht mehr zur Selbstversorgung aus, so dass diesen Nachkommen ein sehr bitteres Schicksal beschieden war.

Eine ähnliche Erscheinung wie bei den Wirten zeigte sich — in viel bescheidenerem Umfang allerdings — bei den Fehren. Söhne, welche einen Fahranteil und dadurch eine nie ganz versiegende Bargeldquelle erbten, konnten ihren Stand in der Mittelschicht regelmässig halten und wurden nie almosenbedürftig. Dagegen blieb ihren Brüdern, die sich mit etwas Land oder einer Fischenz begnügen mussten, dieses Los häufig nicht erspart.

War die Gefahr abzusteigen — zumal in Perioden des Bevölkerungszuwachses — für Ober- und Mittelschicht ständig vorhanden, mussten Aufsteiger umso seltener sein. In der traditionellen Erwerbsstruktur in Stilli zeigt sich, dass ein Aufstieg nur beim Zusammentreffen mehrerer günstiger Umstände möglich wurde. Als solche wären eine kleine Geschwisterzahl (= geringe Aufteilung des Erbguts), eine vorteilhafte Heirat, Erfolg in der Arbeit, gepaart mit Leistungsfähigkeit und Ehrgeiz sowie ausserordentlich glückliche Umstände zu nennen. So gelang Heinrich Finsterwald (1640–1696) der Sprung zum Tavernenwirt und Amtsuntervogt besonders dank der Tatsache, dass die Söhne seines Oheims und Vorgängers Hans Hirt früh verstorben und deren Nachkommen beim Tode des Grossvaters noch Kinder waren; dadurch konnten die Finsterwald die Familie Hirt für alle Zeiten aus der Oberschicht verdrängen (68).

68 Die Ausführungen dieses Kapitels stützen sich auf die vom Verfasser handschriftlich ausgearbeiteten Stammtafeln der verschiedenen Familien von Stilli.

Besonders gut lässt sich der kontinuierliche Aufstieg der Familie Strössler über 200 Jahre hinweg verfolgen:

Stammvater Hans Strössler (ca. 1657–1730) hatte bekanntlich eine um 15 Jahre ältere Witwe geehelicht und dadurch Haus, Land und Fahrrecht ihres ersten Gatten übernehmen können. In der Folge gingen aus zwei Generationen nur je ein Sohn und eine Tochter hervor, wodurch der Besitz wenig geteilt, aber durch den Überschuss an Bargeld beträchtlich vermehrt wurde. Daneben hat zweifellos eine ganz erstaunliche "Heiratspolitik" den Aufstieg der Familie beschleunigt. Diese Erscheinung geht aus der abgedruckten Tabelle hervor; sie enthält sämtliche Ehepaare aus der Nachkommenschaft Hans Strösslers, bei welchen beide Partner aus Stilli stammten. Die direkten Nachkommen sind jeweils unterstrichen. Wir stellen nun folgendes fest: Bis 1828 stammten die Partner ausschliesslich aus Zweigen, die wir früher schon als grosse Landbesitzer und als Inhaber der dörflichen Ämter kennen gelernt haben, also aus der obern Mittelschicht; ausserdem handelte es sich bei den Bräuten häufig um reiche Erbtöchter, welche wiederum zum Aufstieg beitrugen. Das Bestreben, den einmal erworbenen Besitz trotz grosser Kinderzahl in den gleichen Händen zu behalten, zeigt sich besonders zwischen 1809 und 1848, wo fünf von zehn Ehen unter Verwandten geschlossen wurden. Das Vermögen aussterbender Zweige blieb durch Heirat oder Vermächtnis innerhalb des Geschlechts. Das Ergebnis im 19. Jahrhundert ist denn auch eindrücklich: 1859 gehörten sämtliche fünf Strössler-Familien zu den acht grössten Landbesitzern Stillis; sie vereinigten 28 % des gesamten Grundeigentums oder 33,2 % des Steuervermögens in ihren Händen. Beachtenswert ist dabei die Tatsache, dass sich nach dem 8. Rang – unter 80 Grundeigentümern – keine Familie dieses Namens mehr fand; Abstiege hatten also durchwegs vermieden werden können. Es sei daran erinnert, wie dieses Geschlecht durch die Heiraten auch den grössten Anteil am Fahrrecht erworben hatte. Anderseits ist festzustellen, dass trotz aller Erfolge ein Eindringen in den alten "Dorfadel", also in die traditionelle Oberschicht der Finsterwald und Schwarz nicht möglich war. Der Sprung zum reichsten Mann Stillis gelang aber dem schon mehrfach erwähnten Heinrich Strössler, Melchers (1818–1882); neben zweifellos grosser persönlicher Tüchtigkeit in verschiedenen Erwerbssparten (Landwirtschaft, Mühle, Speisewirtschaft, Fahr, Geldverleih) ging sein Erfolg auch auf besonders günstige materielle Voraussetzungen zurück; er hatte nämlich dank einer sorgfältig geplanten Kombination mehrerer Testamente sowohl Eltern als auch Pflegeeltern beerbt und sich dadurch aussergewöhnliche Startbedingungen verschafft (69). – Dieses gleiche Beispiel demonstriert uns aber auch, wie zufolge einer Häufung ungünstiger Bedingungen ein sehr rascher Abstieg möglich ist: Heinrich Strössler hatte sieben durchwegs gut verheiratete Kinder in ebenso guten Positionen; von den vier Söhnen starben aber drei schon im Alter zwischen 33 und 40 Jahren; sie hatten weniger gut gewirtschaftet als ihr Vater, hinterliessen aber viele Kinder. So zerfiel sein hinterlassenes Vermögen von 165 000 Fr. innerhalb eines Jahrzehnts in sehr viele kleine Teile; seine Nachkommen zogen aus Stilli fort, und vor der Jahrhundertwende waren im Heimatdorf jegliche Spuren des erstaunlichen Lebens Heinrich Strösslers verschwunden.

69 StAAa, Bezirksamt Brugg, Testamenten-Protokolle, Bände 3, (S. 259), 8 (S. 105 + 143).

Nachkommen des Hans Strössler (Stammvater des Geschlechts)

1.	1707	*Heinrich Strössler*		Elisabeth Finsterwald	Mussen
2.	1715	Jakob Müller	Schuebüeblis	*Elisabeth Strössler*	
3.	1735	*Heinrich Strössler*		Margret Hirt	Müllers
4.	1743	Heinrich Finsterwald	Mussen Melcher	*Elisabeth Müller*	Schuebüeblis
5.	1744	Jakob Finsterwald	Mussen Schuhmacher	*Verena Müller*	Schuebüeblis
6.	1766	*Hans Heinrich Strössler*	"Chorrichter"	Barbara Hirt	Chorrichters
7.	1778	Hans Heinrich Baumann	Hönggers	*Verena Finsterwald*	Mussen Schuhmachers
8.	1779	*Johannes Strössler*	"Melchers"	Maria Finsterwald	Mussen Melchers
9.	1783	*Kaspar Strössler*	"Nachbar"	Barbara Lehner	Krämers
10.	1807	*Jakob Strössler*	Chorrichters	Anna Finsterwald	Heichis
11.	1809	*Kaspar Strössler*	Melchers	Verena (I) Baumann	Hönggers
12.	1812	*Heinrich Strössler*	Melchers	*Maria Finsterwald*	Mussen Schuhmachers
13.	1817	*Johannes Strössler*	Melchers	Maria Baumann	Hönggers
14.	1817	Jakob Lehner	Krämers	*Verena (II) Baumann*	Hönggers
15.	1821	*Johannes Strössler*	Melchers	Katharina Lehner	Alten
16.	1827	*Heinrich Strössler*	Chorrichters	Elisabeth Lehner	Krämers
17.	1828	*Hans Jakob Strössler*	Chorrichters	*Susanna Strössler*	Nachbars
18.	1836	Heinrich Baumann	Weidligmachers	*Elisabeth Strössler*	Chorrichters
19.	1837	Heinrich Lehner	Alten Goggis	*Anna Maria Strössler*	Nachbars
20.	1844	Heinrich Baumann	Weidligmachers	*Verena Lehner*	Krämers
21.	1848	*Samuel Strössler*	Chorrichters	*Barbara Strössler*	Melchers
22.	1869	*Samuel Strössler*	Chorrichters	Katharina Finsterwald	Metzgers
23.	1875	Hans Jakob Finsterwald	Metzgers	*Anna Maria Strössler*	Melchers
24.	1876	Daniel Hirt	Hänis	*Anna Katharina Strössler*	Melchers
25	1880	David Hirt	Hänis	*Anna Katharina Strössler*	Chorrichters
26.	1882	Hans Jakob Lehner	Joggen	*Verena Baumann*	Weidligmachers
27.	1887	*Hans Jakob Strössler*	Melchers	Anna Lehner	Goggis (Küfers)
28.	1888	Friedrich Lehner	Schwarzen	*Maria Anna Baumann*	Weidligmachers
29.	1890	*Johannes Baumann*	Weidligmachers	Anna Finsterwald	Stüssis

Als zweiter Aufsteiger des 19. Jahrhunderts sei Johannes Baumann, Mocken (1788–1861) vorgestellt: Ihm gelang der Sprung von der untern Mittelschicht in die Oberschicht einerseits durch eine blühende Fuhrhalterei, anderseits durch die Heirat mit der Wirtstocher Verena Finsterwald aus dem "Bären" Stilli. Anders als Heinrich Strössler wurde Baumann sofort der Weg in den ländlichen "Adel" geöffnet, wie uns die Stammtafel Finsterwald-Schwarz eindrücklich vor Augen führt (70).

Nach dem Niedergang der Flussgewerbe ermöglichte die Zigarrenindustrie dem erfolgreichen Unternehmer Daniel Hirt ebenfalls den Aufstieg in die Oberschicht Stillis und damit in den Heiratskreis des Heinrich Strössler (71).

Den wenigen Beispielen von Aufsteigern könnte eine viel grössere Zahl von Absteigern gegenübergestellt werden. Im übrigen lässt sich innerhalb der breiten Mittelschicht ein lebhaftes Auf und Ab beobachten. Wichtig blieben aber doch die Schwellen zur Ober- bzw. Unterschicht, welche in bezug auf Ansehen und Lebenslage ausschlaggebend waren.

70 vgl. oben Seite 333.
71 GA Stilli, Bürgerregister.

7. Die Flussgewerbe und ihre Auswirkungen auf Gemeinwesen und "Menschenschlag"

Die bisherigen Ausführungen haben mit aller Deutlichkeit gezeigt, dass die Geschichte von Stilli identisch mit der Geschichte seiner Flussgewerbe war, und zwar von der Dorfgründung im Spätmittelalter bis ins beginnende 20. Jahrhundert. Von seiner wirtschaftlichen Hauptgrundlage her unterschied sich Stilli von den Nachbargemeinden wesentlich. Die enge Verknüpfung und Abhängigkeit von Dorf und Fluss hatten denn auch direkte Auswirkungen auf die politische Gemeinde und auf Lebensweise und Charakter der dortigen Einwohner. Diese Auswirkungen gilt es noch aufzudecken.

a) Gemeinde und Flussgewerbe

Die Herren von Schenkenberg hatten dem Dorf Stilli bei dessen Gründung bekanntlich nur noch einen sehr kleinen Gemeindebann zuteilen können; sie hatten dafür die Bewohner mit verschiedenen Flussrechten (Fahr, Fischerei, Mühle), mit einer Taverne und einigen Steuerprivilegien ausgestattet. Damit waren die charakteristischen Elemente dieses Gemeinwesens von Anfang an gegeben: wenig Boden für Landwirtschaft, aber intensive Flussgewerbe, dazu Vorrechte gegenüber der Obrigkeit; die andersartige Entwicklung als in den Nachbargemeinden war damit schon im 15. Jahrhundert grundgelegt.

Als die Landesherren von Schenkenberg die ersten Männer von Stilli veranlassen wollten, den Betrieb der Fähre zu übernehmen, erteilten sie ihnen nicht nur als Einzelpersonen, sondern auch als Gemeinde *Privilegien,* von welchen in ferner Zukunft auch jene Bürger profitieren sollten, die nicht an Fahr und Fischenzen beteiligt waren. Von diesen Vorrechten der Gemeinde haben wir einerseits die reduzierte, unveränderliche Amtssteuer von 4 Pfund, anderseits das Weiderecht auf Brach- und Stoppelfeldern sowie in den Wäldern der Umgebung genannt. Das Steuerprivileg legten die Stillemer zu allen Zeiten sehr weit aus: mit den jährlichen 4 Pfund wollten sie sämtliche Steuern und weitern Leistungen pauschal abgegolten haben. Diese Interpretation liess sich vor allem dann durchsetzen, wenn ein Mitbürger Amtsuntervogt war; in andern Zeiten kam es gelegentlich zu Konflikten, vor allem wegen der Vogtabgaben und der Frondienste:

Nach zwei grossen Auseinandersetzungen zwischen den Herren von Schenkenberg und ihren Untertanen zwischen Bözberg und Aare waren die letztern 1423 und 1436 verpflichtet worden, ihrer Landesherrschaft bei öffentlichen Bauarbeiten Holz, Kalk, Sand und andere Materialien zu führen. Von diesen Fuhren konnten sich die Stillemer als einzige im ganzen Amt befreien (1). Strittig war aber die Frage, ob Stilli auch zu keinen Frondiensten zugezogen werden könne. 1759 kam es deswegen gleich zu zwei Konflikten, einerseits wegen der Erneuerung einer Flussschwelle bei Wildenstein, anderseits wegen des neuen Brunnens beim Pfarrhaus Rein. Die Leute von Stilli verhielten sich damals – kurz nach dem grossen Salzfuhrprozess – störrisch und lehnten, auf Veranlassung des abgesetzten Amtsuntervogts, jegliche Leistungen dieser Art ab (2). Dem Obervogt standen aber genügend Mittel zur Verfügung, sie dazu zu zwingen.

Seit habsburgischer Zeit erhoben die Landesherren des Amtes Rein von jeder Haushaltung ein Viertel "Vogtenkorn" sowie ein Sommer- und ein Fasnachtshuhn (3). Die Kornabgabe fiel dem jeweiligen Untervogt zu. 1655 entschied die Regierung zu Bern, auch die Stillemer hätten diese zu entrichten, da ihr angebliches Privileg ungenügend begründet sei (4). Zwischen 1661 und 1695 stellte Stilli den Amtsuntervogt, so dass es erst 1696 wieder zu einem Konflikt kam, wobei die dortigen Bewohner wieder zur Abgabe verpflichtet wurden. Am 3. Februar 1700 traten sie aber wieder vor den Obervogt und erklärten fälschlicherweise, sie hätten "sicher 60 oder mehr Jahre nichts bezahlt"; wegen ihres Hinweises auf die Fahrverpflichtungen erreichten sie tatsächlich eine Befreiung von dieser Last (5).

Neben den geschilderten Vorteilen wuchsen aber die *Nachteile,* besonders wegen des kleinen Gemeindebanns. Wir haben schon früher den Mangel an Land und Holz beschrieben; dazu kam das Problem der Gemeindesteuern. Im 18. Jahrhundert nahmen die Schul- und Armenlasten immer mehr zu. Es stand daher den Gemeinden frei, von ihren Mitbürgern Abgaben aufgrund des Bodenbesitzes, sogenannte "Tellen", zu erheben. Da die Stillemer aber weniger in der Landwirtschaft verwurzelt waren, brachten diese Steuern auch weniger ein. Zudem lag das meiste Land im Bann der Nachbargemeinden; hierin lag der Kern langwieriger Auseinandersetzungen:

1758 erwirkte Thalheim die Bewilligung, auch jene Parzellen zu besteuern, deren Eigentümer ausserhalb der Gemeinde wohnten (6). Vier Jahre später suchte Remigen um die gleiche Bewilligung nach (7). Die Gemeinde Bözberg rekurrierte dagegen, unterlag jedoch. Dieser Entscheid traf die Gemeindekasse von Stilli zentral; wenn keine Ausnahmeregelung erreicht werden konnte, flossen inskünftig fast alle Tellen in die Nachbarschaft, während es im Gemeindebann von Stilli kaum auswärtige Landbesitzer gab. 1766 klagte Remigen prompt gegen Stilli

1 RQ Schenkenberg, S. 52 + 127–138; StAAa, Band 1119, S. 227–230.
2 StABE, B VII 391, S. 162–165; StAAa, Band 1103, S. 749–751.
3 RQ Schenkenberg, S. 52, 58, 151.
4 StAAa, Band 1151, S. 84.
5 StAAa, Band 1258 (12. 12. 1696/3. 2. 1700).
6 RQ Schenkenberg, S. 105.
7 StAAa, Band 1103, S. 713–716.

wegen Verweigerung der Tell. Der Landvogt schützte aber die Stillemer, weil sie ein eigenes Gemeinde- und Armengut anlegen wollten; andernfalls müssten sie den auswärts liegenden Boden ja ein zweites Mal besteuern. Dagegen reichte Remigen bei den "Gnädigen Herren" in Bern Beschwerde ein; diese hoben den landvögtlichen Entscheid wegen Rechtsungleichheit auf. Stilli fand sich nur schwer mit diesem Entscheid ab; man argumentierte, die "Weinsteuer" (Ohmgeld) stamme zur Hälfte aus dem dortigen "Bären", komme aber der ganzen Kirchgemeinde zugute, während die Tellen aus Stilli fast ausschliesslich in die Kassen der andern Dorfschaften gelangten. Es kam daher nochmals zu Prozessen, in welchen Stilli allein gegen alle andern Gemeinden (Lauffohr, Rein, Rüfenach, Remigen, Villigen) stand. Bern blieb aber fest; sogar die Brugger Stadtbürger mussten ab 1777 ihre Güter auf der Landschaft versteuern (8).

Die Regelung im 19. Jahrhundert war für Stilli günstiger: Die Gemeinden erhielten nur noch die Hälfte der Liegenschaftssteuer auswärtiger Grundeigentümer, während die andere Hälfte der Wohngemeinde zufloss; die letztere konnte zudem eine Einkommenssteuer vom ganzen Landertrag erheben (9).

Der Streit um die Steuern hat eine wesentliche Benachteiligung dieser "Flussgemeinde" aufgezeigt. Aber noch im 19. Jahrhundert fielen die Flussgewerbe im Gemeindehaushalt nur gering ins Gewicht. 1856 machten die Einnahmen aus Fahr, Fischerei und Flösserei nur 14,2 % des versteuerten Einkommens aus, während 64,1 % auf Landwirtschaft und 21,7 % auf andere Erwerbsarten entfielen. Der geringe Anteil der Flussgewerbe dürfte auf verschiedene Ursachen zurückzuführen sein: Wir stehen 1856 bereits in der Zeit ihres Niedergangs; zudem waren diese Einkommen schwer einschätzbar; ja sie wurden wegen des Koblenzbatzens bewusst niedriger veranschlagt (10). Für milde Einschätzung sorgten auch die Vertreter im Gemeinderat, wo z. B. die Fähregesellschaft immer eines der drei Mitglieder stellte.

*

Da Fahr- und Fischereirecht privates Eigentum einzelner Bürger darstellten, hatte sich die Gemeinde nicht damit zu befassen; sie beschränkte sich darauf, gelegentliche Eingaben an die Regierung "offiziell" zu unterstützen. Dagegen wissen wir, dass sich die Gemeinde sehr aktiv in der Längsschiffahrt engagierte; einerseits schuf sie jene "Versicherung" für alle Auf- und Abwärtsfuhren, anderseits betrieb sie die Salztransporte im eigenen Namen. Nachdem die Flussgewerbe während der Helvetik (1798–1803) zu grossem Schaden gekommen und die Bewohner durch die Einquartierung noch mehr verarmt waren, setzten sich die

8 StAAa, Bände 1104 (S. 1355–66), 1106 (Nr. 22), 1236 (S. 264–266), 1238 (S. 89–91, 219–220), 1268 (3. 2. 1766); GA Villigen, Urkunde vom 3. 2. 1772; RQ Schenkenberg, S. 116.
9 GA Stilli, Steuerregister.
10 GA Stilli.

Gemeindebehörden für Massnahmen ein, welche der Längsschiffahrt zu neuem Aufschwung verhelfen sollten. 1803 erreichten sie von der aargauischen Regierung "in Berücksichtigung der angewachsenen Verdienstlosigkeit und deswegen vermehrter Armut" das Recht, in Stilli Getreide, Salz und Eisen vom Wasser auf das Land oder umgekehrt umladen zu dürfen. Die Schiffstransporte sollten dadurch einen vermehrten Anreiz erhalten. Eine obrigkeitliche Erlaubnis war nötig, weil der staatliche Zoll in Brugg umgangen wurde und daher in Stilli erhoben werden musste. Der Zweck wurde offenbar erreicht; das Aaredorf entwickelte sich zu einem regen Umschlagsplatz, wo — gemäss Klagen der Stadt Brugg — nicht nur Güter für Zürich und Luzern, sondern auch für Bern, Neuenburg und die Waadt umgeladen wurden. 1832 drängte sich der Bau des Ländehauses zur Einlagerung von Waren auf; die Gemeinde bezahlte dafür 1108 Fr. und betrieb es auf eigene Rechnung; sie stellte einen Aufseher an, welchem zuerst 10, später 15 % der Einnahmen zuflossen. Nach harten Auseinandersetzungen hob der Grosse Rat 1834 alle diese Privilegien als überholt auf, so dass fortan auch in Vogelsang und Lauffohr solche Umschlagsplätze entstanden (11).

Das Ländehaus am Fahr zu Stilli, 1832 von der Gemeinde zur Einlagerung von Transportgütern errichtet; im oberen Teil 1859 (nach der Eröffnung der Eisenbahnlinie Turgi–Waldshut) in ein Gemeindewaschhaus umgewandelt.

11 StAAa, C I, Handel + Fabrikation, Band E, No. 25; Akten des Grossen Rates vom 4. 12. 1834, § 10; GA Stilli, Protokoll der Gemeindeversammlungen I/82 f.; Protokoll des Gemeinderates III/190 f.

351

Mit dem Niedergang der Flussgewerbe zog sich die Gemeinde nach 1850 von ihrem Engagement zurück. Die Salzfuhren wurden zur privaten Angelegenheit der Schiffleute erklärt und der Koblenzbatzen aufgehoben. Das Ländehaus baute man teilweise in ein Gemeindewaschhaus um; es blieb aber bis vor wenigen Jahren als ein Wahrzeichen Stillis bestehen (12).

*

Aus den obigen Darlegungen geht klar hervor, dass die Verflechtungen von Flussgewerbe, Gemeinde und Gesamtbevölkerung mannigfaltig und stark waren. Sie scheinen sich aber auf den wirtschaftlichen Bereich beschränkt zu haben. So ist beispielsweise nichts davon bekannt, dass irgendwelche Schiffer- oder Fischerbräuche von der ganzen Dorfschaft übernommen worden wären. Nur das "Scheibensprengen" am Sonntag nach Aschermittwoch scheint weit zurückzureichen und hat sich bis heute erhalten. Es handelt sich um einen Fasnachtsbrauch, der auch auf der Basler Landschaft (Birseck, Leimental) sowie in Graubünden bekannt und meistens nicht an einen Fluss gebunden war. Dennoch wollen wir hier eine Beschreibung von Charles Tschopp wiedergeben (13):

"Althergebracht ist das Scheibensprengen in Stilli: Die Hartholzscheibe von ungefähr 1 dm Durchmesser und 70 g Gewicht schnitzte früher der Stillemer selber. Am Abend holte er den Schneidestuhl in die Stube, schärfte das Ziehmesser, die Buben zeichneten mit dem Zirkel die Kreise auf das Holz. Dann schnitt er die Scheibe aus, bohrte ein Loch durch die Mitte und brannte es an, damit die Scheibe sich zügiger von der Rute löse; heute werden die Scheiben auf einer Drehbank gedrechselt.

Am Sonntagnachmittag stellt ein Stillemer vor dem Gemeindehaus das "Brett" auf. Die Scheibe wird an eine zähe Rute gesteckt und im Schwung über diesem Brett abgerollt. Sie löst sich, fliegt wie ein Hornuss davon und soll am andern Ufer der 150 m breiten Aare landen. Der Fluss, welcher einst das Alpha und Omega der Stillemer war, wird so zu ihrem Mass für das Gelingen eines Schusses. Seit einigen Jahren haben sie entdeckt, dass man auch bei einbrechender Dunkelheit sprengen kann: Man glüht die Scheiben zuvor im Feuer an; dann ziehen sie eine leuchtende Spur, wenn sie schnell kreisend durch die Lüfte sausen."

12 GA Stilli, Protokoll der Gemeindeversammlungen II/160; Archiv des aargauischen Versicherungsamtes, Lagerbuch Stilli 1850.
13 Charles Tschopp, S. 446 f.; vgl. dazu Atlas der schweizerischen Volkskunde, Kommentar II/3. Lieferung, S. 217–220 (mit vielen Literaturangaben), Basel, 1955.

b) Charakterzüge der Schiffleute: Fremdbild
und Selbsteinschätzung

Im folgenden Abschnitt gehen wir von der Gemeinde auf das Individuum über und untersuchen, wie weit Leben und Arbeit auf den Flüssen das Verhalten jener Menschen prägte, welches Bild der Aussenstehende von den Schiffleuten gewann und wie sie sich selbst einschätzten. Lassen wir zuerst jene zwei "Chronisten" aus dem 20. Jahrhundert sprechen, welche die mündliche Überlieferung in Stilli niedergeschrieben haben. Edmund Froelich weiss zu berichten:

> "Die Fahrten auf Aare, Reuss und Limmat waren in keiner Weise Vergnügungsfahrten, sondern oft genug mit Lebensgefahr verbunden. Es war ein harter und rauher Erwerb, hart und rauh waren wohl auch die Mehrzahl der Männer von Stilli. Man konnte sie leicht an ihrer etwas knorriger Art von den andern Leuten unserer Gegend unterscheiden. Man spürte bald ihre Unbekümmertheit gegen Gefahren und ihre Kameradschaft untereinander. Freilich waren ihre Reden nicht belastet mit Europas übertünchter Höflichkeit, sie nahmen kein Blatt vor den Mund, wenn ihnen etwas nicht in den Kram passte" (14).

Ludvig Schroeder fasst dasselbe Erscheinungsbild noch etwas pathetischer in die Worte:

> "Das Brot des Flössers musste mit Stachel und Ruder, unter Einsatz einer ziemlichen Dosis Intelligenz und Erfahrungen, bei allem Wetter und Unwetter hart verdient werden. ... Der ständige Kampf mit Wasser, Wind und Wetter gab diesen Leuten eine gewisse Härte und ein rauhes, aber unter sich kameradschaftliches Gepräge; es war ein besonderer Schlag Menschen, die Flösser von Stilli − es waren stämmige, wetterfeste, zähe Männer, es waren prächtige Volksgestalten" (15).

Diese nachträgliche Idealisierung ist nun mit der Sicht der Zeitgenossen zu konfrontieren. Auf einen Nenner gebracht galten die Schiffs- und Fährleute nämlich als ungehobelt, eigensinnig, ja auflüpfisch, in gewissem Sinn auch als selbstsüchtig und materialistisch. So beklagten sich die Behörden der Nachbargemeinden 1828 "wegen ihres trotzigen und unverschämten Benehmens" und über die "grobe Natur der Schiffer von Stilli" (16). Ein anderes Mal wurde berichtet, auf Reklamationen wegen stundenlangen Wartens erhalte man von den Fehren in Lauffohr grobe Antworten, etwa "das Fahr sei ihnen, es habe ihnen niemand nichts zu befehlen". Ihre Gegner bezeichneten sie als "von Neid und Missgunst erfüllte Menschen" (17).

14 Edmund Froelich, S. 15.
15 Ludvig Schröder, S. 38.
16 StAAa, Regierungsakten F No. 18, Band Q.
17 StAAa, Akten Finanz, Flüsse: Schiffahrt und Fischerei 1805−1860, Dossier betr. Fahr Stilli.

Für die verschiedenen Behörden und Obrigkeiten waren sie zweifellos unbequeme Partner bzw. Untertanen. Der Kreisingenieur schrieb der Baudirektion 1881, die Fähregesellschaft pflege seinen Weisungen "nur langsam und widerstrebend nachzukommen". Der Bezirksamtmann meinte einmal, "es sei wirklich keine kleine Aufgabe, die Fehren von Stilli, ein höchst unruhiges und begehrliches Volk in Ordnung zu halten" (18). Kein Wunder, wenn die Fähregesellschaft der Baudirektion beispielsweise offiziell schrieb, "sie wisse schon, wann es nötig sei", ein neues Spannseil in Lauffohr anzubringen; bisher sei dort noch nie ein Mensch an Leib oder Besitz zu Schaden gekommen (19).

In früheren Jahrhunderten hatten Landvögte und Pfarrherren ähnliche Erfahrungen gemacht. So schilderte der Brugger Zollkommissär die Schiffleute als böswillige Menschen, welche Gott und die Obrigkeit nicht fürchteten (20). Dieselbe Auffassung gewann man im Chorgericht von Rein, wo laufend Fälle zur Sprache kamen, wie Fischer sonntags ihre Reusen leerten, Schiffer Salz und Getreide fortführten und Fährleute selbst während des Gottesdienstes Leute über den Fluss setzten, manchmal sogar unter mutwilligem Geschrei. Die Schiffleute von Stilli scheinen auch nicht zu den regelmässigen Kirchgängern gehört zu haben (21). Das Verhältnis zum Pfarrer war daher häufig getrübt. So weigerte sich die Gemeinde 1759 öffentlich, Holz für einen neuen Pfarrbrunnen zu führen: "Wen der Pfahrer wölli ein Brunnen haben, so solle er lugen, das er ein überkomme" (22). Noch respektloser verhielten sich die Fehren gegenüber dem Landvogt von Baden, der ihnen gelegentlich Vorschriften über den Fahrbetrieb machen wollte; sie erklärten ihm ins Gesicht, sie seien ihm keinen Gehorsam schuldig und würden sich um seine Anordnungen nicht kümmern. Im Gegenteil sie machten sich einen Spass daraus, die Knechte des Landvogts vor dessen Untertanen zu verspotten und zu verhöhnen (23). Dass ihre Vorfahren schon im 15. Jahrhundert prozessfreudig waren und dadurch mancherlei Vorteile gegenüber Königsfelden und Brugg durchsetzten, haben wir bereits in den Kapiteln über Fahr, Fischerei und Taverne dargelegt.

Das volkstümliche Bild vom Schiffer scheint demjenigen vom fluchenden Fuhrmann sehr ähnlich gewesen zu sein. So ist es auch ins schweizerische Vers- und Liedgut eingegangen. Dazu zwei Beispiele. Über Koblenz ging folgender Spruch um:

> Z'Chobletz hät's viel Fehre,
> De ghört me fluechen und schwere (schwöre).

18 Archiv der aargauischen Baudirektion, Mappe betr. Fahr Lauffohr; StAAa, Akten Finanz, Flüsse: Schiffahrt und Fischerei 1805–1860, Dossier betr. Fahr Stilli.
19 Archiv der aargauischen Baudirektion, Mappe betr. Fahr Lauffohr.
20 StAAa, Band 1231 (4. 6. 1742).
21 GA Rüfenach, Chorgerichtsprotokolle.
22 StAAa, Band 1103.
23 StAZH, Band 315/1, Fasc. 71; StAAa, Bände 449 (S. 725–729), 450 (S. 709–712).

Das bekannte Kinderlied "Wie mached's denn die Zimmerlüt" enthält auch eine Strophe über die Flussgewerbe:

> Wie mached's denn die Fehrelüt,
> Und e so mached sie's:
> Sie fahred's Wasser uf und ab
> Und flueched schier de Chragen ab.
> Und e so, und e so, und e so mached sie's (24).

Im Zeitalter der Romantik idealisierten die Schiffleute von Stilli ihren Beruf und ihre "Sitten" selbst. Mit einem Anflug von Selbstmitleid schrieben die Fehren 1828, das Fahr müsse bei jedem Unwetter und bei grösster Kälte bedient werden, selbst "wenn ihnen die nassen Kleider beinahe an den Leib und die Hände an die Ruderstangen gefrieren". Auch müssten sie oft halbe oder ganze Nächte durchwachen, "wenn der Handwerker und der Landmann sich bis morgens ungestört dem erquickenden Schlafe überlassen kann" (25). Man betonte also die Andersartigkeit und rechtfertigte die besondere Lebensweise, ja man legte sich geradezu eine Ideologie zurecht. Eine besonders pathetische Formulierung finden wir in einem Brief der Fähregesellschaft an die aargauische Regierung aus dem Jahre 1830:

> "Rauhe Sitten sind zudem nicht Sünde. Rauh wie das Element, worauf er lebt, ist des Schiffmanns Wesen, doch ehrlich das Herz, das unter seinem groben Kittel schlägt, und nicht böse gemeint sind seine rauh tönenden Worte" (26).

Die Volkskunde hat sich bisher des Schifferstandes nur ungenügend angenommen. Eine Ausnahme bildet die Untersuchung von Heinrich Becker über die Elbeschiffer (27). Obschon die Arbeit vom ideologischen Gedankengut des damaligen Deutschlands trieft, bietet sie einige brauchbare Fragestellungen. Becker arbeitet folgende Unterschiede zwischen Schiffer und Bauer heraus:

— keine Schollengebundenheit, aber trotzdem Verankerung in einem Dorf,
— erweiterter Horizont, "Er-fahrung" im eigentlichen Sinne des Wortes,

---

24 Gertrud Zürcher, Kinderlieder der deutschen Schweiz, Nrn. 4165 + 5215. Das Schweizerische Idiotikon (Bände 6, Sp. 480/487 + 11, Sp. 273) überliefert uns noch zwei Verse über die Flösser von Stilli. Der folgende Zweizeiler stellt deren Ehrlichkeit in Frage:
> Der Lung isch us und s Rad isch ab:
> d'Schölme fare d'Aare-n-ab,
wobei "d'Schölme" häufig durch "d'Stiller" ersetzt wurde. In die gleiche Richtung zielt ein anderer Spottvers:
> D'Stiller sind Nare,
> sie ziehnd em Tüfel de Chare,
> sie ziehnd em e-n-über de Mülistei
> und frässe-n-alli Chrottebei.
25 StAAa, Regierungsakten F No. 6/49 (1828).
26 StAAa, Regierungsakten F No. 18, Band Q, betr. Lauffohr.
27 Heinrich Becker, Schiffervolkskunde, Halle, 1937.

— Anpassungsfähigkeit, geistige und körperliche Beweglichkeit, Geistesgegenwart und rasche Entschlusskraft wegen der ständigen Gefahr auf dem Wasser und der dadurch bedingten wirtschaftlichen Risiken,
— starkes Zusammengehörigkeitsgefühl, genossenschaftliche Organisation, aber trotzdem viele kleine Einzelunternehmer.

Ähnliche Charakterzüge haben wir auch bei den Menschen von Stilli festgestellt: Die Landwirtschaft überliess man den "Schwachen". Mut und Geschicklichkeit gehörten unabdingbar zu den Voraussetzungen für alle Flussgewerbe. Das Solidaritätsgefühl zeigte sich besonders eindrücklich während der Untersuchungen zum Salzfuhrprozess. Das Einzelunternehmertum dagegen führte zur Antipathie gegen Fabrikarbeit und zur Förderung der Handwerkslehren.

Die mannigfachen Begegnungen mit Menschen anderer Sprache, Religion und Lebensweise erweiterte sicher den Horizont der Schiffleute von Stilli. Gewiss erlebten sie viel mehr als die Bauern der Umgebung, und sie verfolgten in ganz anderer Weise das, was die Welt gerade bewegte. Typisch ist aber, dass diese Horizonterweiterung eindimensional erfolgte, nämlich nur entlang der grossen Flüsse. Illustrativ wirkt dazu die Anekdote über Kaspar Lehner, Joggen (1816–1906), der am Ende seines langen Lebens erklärt haben soll, er sei nie im 2 km landeinwärts liegenden Dörfchen Hinterrein gewesen – aber in Rotterdam! Auch die Ziele der Hochzeitsreisen entsprachen jenen der Längsschiffahrt; so führte Hans Jakob Lehner, Joggen (1849–1923), seine junge Frau 1882 nach Luzern und Hergiswil, um ihr den Flösserweg zu zeigen (28).

Die besondern ökonomischen Voraussetzungen der Flussgewerbe prägten zweifellos die Einstellungen zu Mitmensch, Obrigkeit und Gott in einer Weise, die sich von jenen der Bauern unterschied. Wir wollen die Verwurzelung der Stillemer in der Landwirtschaft zwar nicht leugnen; aber der Bauer fühlte sich doch viel weniger als Sonderfall, und die Frucht seiner Arbeit war wegen des Wetters viel stärker von Kräften abhängig, die ausserhalb seiner Einflussmöglichkeiten lagen. Die Fehren und Schiffleute waren auch mehr von der Geldwirtschaft geprägt. Die gemeinsamen Gefahren auf dem Wasser förderten ihr Solidaritätsgefühl, nicht aber dasjenige der Fischer, die sich bekanntlich konkurrenzierten. In ihren Augen mochte die Obrigkeit zwar die Probleme der Landwirtschaft kennen, von den Flussgewerben aber verstand sie nach ihrer Meinung gar nichts, und so liessen sie sich auch nur ungern diesbezügliche Vorschriften machen. In den grössten Lebensgefahren mochte sich ihnen die Wahrheit des Sprichworts "Hilf dir selbst, so hilft dir Gott" erweisen, was ihr religiöses Verhalten wohl entscheidend prägte. So liessen sie sich von Kirche und Regierung nicht davon abhalten, auch an Sonntagen ihrem Erwerb nachzugehen, wenn sich Gelegenheit dazu bot.

28 Berichte von Frau Elisabeth Lehner-Finsterwald und Marie Zimmermann-Lehner.

ERGEBNISSE

In diesem letzten Kapitel geht es weniger um eine Zusammenfassung als um den Versuch einer Gesamtschau der verschiedenen Flussgewerbe und ihrer gemeinsamen und unterschiedlichen Probleme. Diese Ausführungen müssen zwangsläufig unvollständig und skizzenhaft bleiben, sind aber in den vorangehenden Darlegungen ausreichend fundiert.

Die *rechtliche Entwicklung* aller Flussgewerbe hatte im Mittelalter einen gemeinsamen Ausgangspunkt, nämlich den Anspruch des Königs auf sämtliche Formen der Nutzung an schiffbaren Flüssen. Von diesem "Regal" machte er unterschiedlichen Gebrauch: Fähre-, Fischerei- und Mühlerechte gab er als Lehen den Grundherren, von welchen sie an Unterlehensleute gelangten. In den meisten Fällen wurden die einzelnen Berechtigungen persönliche Besitztümer der letzteren, wobei sie gewisse Pflichten gegenüber den Grundherren auf sich nehmen mussten; soweit diese finanzieller Art waren, konnten sie im 19. Jahrhundert abgelöst werden. Am Ende dieser stark vereinfacht geschilderten Entwicklung stehen heute "selbständige dauernde Rechte", welche im Zivilgesetzbuch wie Liegenschaften als persönliches Eigentum anerkannt sind und demnach im Grundbuch eingetragen, vererbt, verkauft und verpfändet werden können. Der Staat schränkt diese Berechtigungen jedoch mit polizeilichen Vorschriften immer mehr ein, lässt sie aber in ihrem grundsätzlichen Bestand unangetastet. Die geschilderten Rechtsverhältnisse sind heute vor allem in bezug auf die Fischerei aktuell geblieben.

Anders verlief die Entwicklung bei der Längsschiffahrt: Der König wollte ihren Charakter als freie Reichsstrassen zum Nutzen von jedermann bewahren. Die Schiffahrt blieb daher grundsätzlich frei; einzelne Städte erwarben sich zwar ein gewisses Aufsichtsrecht; ausserdem entstanden bei Stromschnellen Ausschliesslichkeitsrechte zugunsten von ortskundigen Schiffleuten. Da sich jedoch der Fernhandel im Mittelalter zwischen den Städten abspielte, beherrschten diese naturgemäss auch die Wasserstrassen. Zu Beginn der Neuzeit begannen einzelne Landesherren, gewisse Privilegien auf den Flussstrecken innerhalb ihres Untertanengebiets zu beanspruchen, was allerdings den Verkehr behinderte und den Niedergang der Längsschiffahrt förderte. Im 17. und 18. Jahrhundert versuchten die Städte, ihre darniederliegenden Schifferzünfte durch Einschränkungen für die ländlichen Schiffer zu schützen. In der Helvetischen Revolution fielen dann solche zünftischen Privilegien der Gewerbefreiheit zum Opfer.

Die *wirtschaftliche Entwicklung* der einzelnen Flussgewerbe verlief nur teilweise parallel. Fähren und Schiffahrt hingen stark von den jeweiligen Verkehrsverhältnissen ab. Im Hochmittelalter war das Strassennetz recht gut ausgebaut, weshalb viele Brücken gebaut wurden. Über die Längsschiffahrt in jener Epoche

wissen wir nur wenig. Im 14./15. Jahrhundert ist ein gewisser Zerfall des Land-
verkehrs festzustellen; Fähren ersetzten Brücken; die Wasserwege gewannen an
Bedeutung, aber längstens bis 1750, weil danach der Strassenbau grosse Förderung genoss. Als einschneidendste technische Neuerung erwies sich die Eisenbahn,
welche den Zusammenbruch der Längsschiffahrt und den raschen Niedergang der
Fähren zur Folge hatte. Die erneute Verlagerung des Personen- und Güterverkehrs auf die Strasse durch das Aufkommen des Autos im 20. Jahrhundert
schwächte wiederum die Eisenbahn, verursachte aber auch die Ersetzung der
letzten Wagenfähren durch Brücken. – Die veränderten Verhältnisse bewirkten
auch einen Niedergang jener dörflichen Gewerbe, die vom Schiffs- und Fuhrwerksverkehr lebten, nämlich Gasthäuser, Schmieden, Wagnereien und Schiffbau; anderseits förderten sie mechanische Werkstätten aller Art.

Die Fischerei nahm lange Zeit einen gleichförmigeren Verlauf. Im Mittelalter
war sie für Klöster und Geistlichkeit von grosser Bedeutung; diese sank aber
durch die Reformation. Die Eisenbahn dagegen verhalf der Fischerei zu einem
Aufschwung, ermöglichte sie doch einen raschen Transport lebender Fische auf
Märkte und in Kurorte, während man vorher höchstens konservierten Lachs in
weitere Entfernung hatte bringen können.

Alle Flussgewerbe wurden aber gleichermassen vom Bau der Kraftwerke und
der Wehre für Fabriken betroffen: Fähren wurden in Staugebieten unbrauchbar;
die Schiffer sahen sich in der freien Durchfahrt behindert; die Fischer aber
mussten feststellen, dass der wichtigste Fisch, der Lachs, nicht mehr in ihre
Flussstrecken aufstieg. Die Nutzung der Wasserkraft hatte den Vorrang gegenüber den anderen Flussgewerben erhalten.

Auch in den Epochen blühender Flussgewerbe hingen die Erträge stark von
der jeweiligen Konjunkturlage ab. In Krisenzeiten stockte der Handel, weil die
Menschen ihr Bargeld für den Kauf der teuren Grundnahrungsmittel brauchten.
Solche Schwankungen sind für die Schiffahrt und Fährebetrieb nur schwer nachweisbar. Ob die Fischer jeweils von der Getreideknappheit profitierten, indem
die Käufer auf vermehrte Ernärung durch Fische übergingen, ist zu bezweifeln,
mussten sie doch auch in solchen Zeiten öffentlich unterstützt werden. – Für
Krisen, welche auf Kriege zurückgingen, kennen wir die katastrophalen Folgen
für unsere Flussgewerbe besser. Von den Schädigungen durch die französischen
Truppen während der Helvetik erholten sich Schiffer, Fährleute und Fischer nur
langsam, hatten doch die fremden Soldaten die Fahrzeuge entwendet und die
Flüsse durch Raubfischerei masslos ausgebeutet. – Ebenso müssen Verkehrs-
zusammenbrüche wegen der Pest diese Berufe schwer getroffen haben.

Besser erfassbar sind die Schwankungen während des Jahresablaufs. Die Zurzacher Messen brachten saisonale Spitzentage im Mai/Juni und August/Septem-
ber. Ebenso hatten die Fischer ihre Hochsaison, wenn die Lachse im Frühwinter
(besonders November) ihre Flussbereiche bevölkerten.

Gegenüber den Bauern ist allen diesen Flussgewerben die stärkere Verankerung in der Geldwirtschaft gemeinsam. Dem entspricht umgekehrt ein geringerer
Grad an Selbstversorgung mit Lebensmitteln. Dieser Hinweis führt uns zu den
konkreten Konsequenzen der geschilderten Schwankungen für die Bevölkerung,
die wir am Beispiel von Stilli untersucht haben.

Die *sozialen Verhältnisse und Lebensbedingungen* wiederspiegeln die soeben
beschriebenen rechtlichen und wirtschaftlichen Veränderungen, in den verschiedenen Flussgewerben. Dies zeigt sich besonders deutlich bei den Einwohnerzahlen. In Zeiten florierenden Land- und Flussverkehrs stieg die Bevölkerung
durch frühe Heiraten und Zuzug Fremder. In Jahrzehnten des Rückgangs der
Flussgewerbe sanken auch die Einwohnerzahlen zufolge Spätheiraten und Abwanderung; dies wurde besonders in der zweiten Hälfte des 19. Jahrhunderts
deutlich. Die direkte Abhängigkeit von der Lage der traditionellen Verkehrsmittel liess sich allerdings durch Ausweichen auf andere Erwerbszweige mildern.
Immer mehr übten die Stillemer nebenbei auch handwerkliche Tätigkeiten aus,
vereinzelt versuchten sie sich im Handel, zuletzt auch in der Industrie. Wichtig
war zudem die Verankerung in der Landwirtschaft: Die Grösse des Bodenbesitzes hat uns geradezu einen Hinweis auf die Lage der Flussgewerbe vermittelt. In
Zeiten florierender Schiffahrt kauften die Stillemer mit dem erworbenen Bargeld
Land, um eine möglichst weitgehende Selbstversorgung zu erlangen. Grosse Bodenbesitzer verzichteten auf die Arbeit auf dem Wasser, mit Ausnahme des
Fährebetriebs. Längsschiffahrt und Fischerei galten demnach als minderwertig
und wurden durch Angehörige der untern Schichten ausgeübt, wodurch letztere
wegen der Konjunkturschwankungen in ihrer Existenz dauernd bedroht waren.
So wanderten denn auch vor allem die Söhne ärmerer Familien aus Stilli ab. –
Die Lage der Flussgewerbe zeitigte aber nicht nur Folgen für die einzelnen Bürger, sondern auch auf die ganze Gemeinde, indem mit dem Niedergang der alten
wirtschaftlichen Grundlagen nicht nur die Steuereinnahmen sanken, sondern
auch die Armenlasten stiegen; ausserdem waren die Gemeinden häufig in der
Längsschiffahrt engagiert, wodurch sich ihre Aufgaben in der zweiten Hälfte des
19. Jahrhunderts ebenfalls wandelten.

*

Zum Schluss ist noch eine kritische Frage zur ganzen Untersuchung zu stellen:
Lassen sich die Ergebnisse verallgemeinern, sind sie repräsentativ und daher über-
tragbar? – In den Kapiteln über die einzelnen Flussgewerbe haben wir jeweils
versucht, den ganzen aargauischen Raum abzudecken, jedenfalls soweit es sich
um rechtliche und allgemein wirtschaftliche Probleme handelte. Schon bei Fragen der Besitzverhältnisse und der konkreten Ausgestaltung dieser Berufe mussten wir uns stark auf Stilli beschränken; bei allen bevölkerungsgeschichtlichen,
landwirtschaftlichen und sozialen Themen waren wir ganz auf dieses Dorf ange-

wiesen. In dieser Beziehung bleibt das Problem bestehen: War Stilli ein Einzelfall? Zur Beantwortung dieser Frage fehlen uns Untersuchungen über Gemeinden ähnlicher Struktur. Sie müsste zudem auf zwei Ebenen gelöst werden: Erstens gälte es abzuklären, ob es weitere Ortschaften gibt, die ebenfalls einen in Form und Grösse so ungewöhnlichen Gemeindebann aufweisen. Zweitens wären Dörfer zum Vergleich beizuziehen, deren Einwohner eine ähnliche Berufsstruktur aufwiesen:

Gemeinden mit vergleichbarem Bann lassen sich in der Schweiz kaum finden, dagegen einzelne Dörfer, die keinen selbständigen Rechtskörper darstellen. Am ähnlichsten ist das Örtchen Nohl unterhalb des Rheinfalls; es liegt auf der rechten Seite des Flusses, gehört aber zur gegenüberliegenden Gemeinde Laufen-Uhwiesen, und damit zum Kanton Zürich. 1762 stand den 62 Einwohnern eine schmale Flur von 13 Jucharten zur Verfügung, wozu noch 10 Jucharten Wald kamen (1). – Vergleichbar wäre auch das zur Gemeinde Gebenstorf gehörende Dorf Vogelsang auf der Landzunge zwischen Aare und Limmat (2). – Selbständige Gemeinden dieser Art müssten an allen deutschen Flüssen gesucht werden. Dankbar wäre möglicherweise eine Untersuchung der zahlreichen Schiffersiedlungen an der obern Elbe zwischen Dresden und der Grenze zur Tschechoslowakei, z. B. Krippen, Bad Schandau, Wehlen, Rathen, Königstein (3).

Dagegen lassen sich auch in unserem Untersuchungsgebiet weitere Gemeinden finden, deren Einwohner zum grössten Teil auf Flussgewerbe angewiesen waren. Hier sind wiederum Nohl und Vogelsang zu erwähnen, dazu Döttingen und die untere Vorstadt von Klingnau an der Aare sowie Koblenz, Mumpf und Wallbach am Rhein. Die Bevölkerung dieser Orte war durchwegs im Besitz ausgedehnter Fischereirechte; ausserdem engagierten sie sich stark in der Längsschiffahrt; meistens befanden sich dort auch Wagenfähren und Mühlen (4). Leider fehlen Ortsgeschichten, welche diesen Fragen nachgehen.

Wir müssen uns somit darauf beschränken, aus den eigenen spärlichen Einblikken in die Vergangenheit dieser Dörfer, folgende Thesen aufzustellen:

1 StAZH, B IX 86; vgl. dazu auch Emil Stauber, Schloss und Herrschaft Laufen.
2 StAZH, B IX 6, fol. 95 f.
3 Zentralbibliothek Zürich, Kartensammlung: Topographische Karte 1 : 25 000, herausgegeben von der Landesaufnahme Sachsen, 1935–1938. Blätter 5049 (Pirna), 5050 (Königstein), 5051 (Sebnitz), 5151 (Rosendorf); vgl. dazu auch Gerhard Kettmann, S. 29 ff.
4 StAZH, B IX 6; StAAa, Bevölkerungstabellen 1850; zu den Fischereirechten vgl. die Arbeit von Viktor Gaugler, zur Längsschiffahrt jene von J. Vetter, Arnold Härry (Band 1) und Felix Brogle.

1. In bezug auf die späte Entstehung und den aussergewöhnlich kleinen Gemeindebann war Stilli als Flussiedlung im schweizerischen Raum ein Ausnahmefall.
2. In bezug auf die rechtliche und wirtschaftliche Entwicklung der Flussgewerbe, in bezug auf die Bevölkerungsstruktur und deren Veränderungen und in bezug auf die Zusammenhänge zwischen Flussgewerben, Handwerk und Landwirtschaft stellten sich in andern Flussiedlungen der Schweiz ähnliche Probleme wie in Stilli.

Anhang: Steuerpflichtige Einkommen in Stilli 1856

Rang	Steuerzahler	Stamm	Landwirtschaft	Fahr	Schiffahrt, Flösserei	Andere Gewerbe		Total
1.	Johannes Finsterwald	Wirts	1694	120		Wirtschaft	800	2614
2.	Heinrich Strössler	Melchers	1829	80		Mühle/Handel	700	2609
3.	Johannes Baumann	Mocken	1931			Spezereihandel	200	2131
4.	Kaspar & Johannes Strössler	Melchers	1665	120				1785
5.	Heinrich Strössler	Chorrichters	1005	80		Familie	50	1135
6.	Johannes Hirt	Gütterlis	353			Mühle/Fuhrhalterei	600	953
7.	Hans Jakob Strössler	Chorrichters	839	40		Eisenbahn	60	939
8.	Heinrich & Johannes Müller	Kuters	507		140	Getreidehandel	200	847
9.	Jakob Autenheimer		422			Schmiede	400	822
10.	Kaspar Finsterwald	Metzgers	475			Metzgerei	300	775
11.	Johannes Autenheimer	Chorrichters	256			Wagnerei	400	656
12.	Samuel Strössler		564					564
13.	Kaspar Lehner	Goggis	280	67		Söhne	200	547
14.	Hans Heinrich Lehner	Goggis	477	65				542
15.	David Finsterwald	Krusen	171		350			521
16.	Heinrich Finsterwald	Metzgers	294	20		Familie/Gem'schreiber	180	494
17.	Jakob Baumann	Weidligmachers	229		150	Arbeitschule (Frau)	85	464
18.	Johannes Lehner	Krämers	425					425
19.	Heinrich Finsterwald	Bürstlis	380	40				420
20.	Kaspar Finsterwald	Bürstlis				Primarlehrer	400	400
21.	Heinrich Baumann	Weidligmachers	328	70				398
22.	Johannes Lehner	Schwarzen	254	40	100			394
23.	Friedrich Lehner	Goggis	296	24	70			390
24.	Samuel Baumann	Hönggers	193		170			363
25.	David Lehner	Goggis (Küfer)	281	48		Küferei	30	359
26.	Johannes Baumann	Weidligmachers	178		150			328
27.	Friedrich Baumann	Mocken (Kobis)	245	80				325
28.	Johannes Baumann	Hönggers	169		60	Eisenbahn/Wagnerei	90	319
29.	Hans Ulrich Baumann	Weidligmachers	167		150			317
30.	Johannes Müller	Burgunders	271			Lehrerpension	30	301

31.	Elisabeth Lehner	Alten	260					300
32.	Johannes Finsterwald	Bürstlis	173	40	70			283
33.	Kaspar Lehner	Fidelis	104	40	170			274
34.	Heinrich Finsterwald	Wildschützen	114	53	100			267
35.	Friedrich Wilhelm Finsterwald	Wirts	65			Fruchthandel	200	265
36.	Samuel Finsterwald	Stüssis	94			Schneider	170	264
37.	Kaspar Lehner	Krezen-Schuhmacher	109		100		50	259
38.	Kaspar Baumann	Weidligmachers	158		100			258
39.	Heinrich Läuchli	von Remigen	146			Maurer	100	246
40.	Johannes Finsterwald	Stüssis	145			Schneider	100	245
41.	Hans Jakob Finsterwald	Metzgers	152			Weber/Hebamme (Frau)	85	237
42.	Anna Maria Baumann	Weidligmachers	223					223
43.	Hans Jakob Baumann	Majoren	70			Fischerei/Familie	150	220
44.	David Finsterwald	Wildschützen	142		70			212
45.	Anna Barbara Strössler	Chorrichters		80		Rente (Witwe)	132	212
46.	Kaspar Stilli	Sods	109			Sohn	100	209
47.	Hans Jakob Lehner	Krämers	175			Eisenbahn	30	205
48.	Johannes Hirt	Hänis	120	14	70			204
49.	Johannes Stilli	Sods	118		80			198
50.	Johannes Finsterwald	Chibis	48		150			198
51.	Jakob Hirt	Hänis	127	40		Näherin (Tochter)	30	197
52.	Hans Heinrich Lehner	Ölers	123		70			193
53.	Abraham Stilli	Sods	62			Eisenbahn	130	192
54.	Hans Heinrich Lehner	Schälis	60	60	70			190
55.	Hans Heinrich Finsterwald	Wirts (Hans-Heiri)	71		80	Eisenbahn	30	181
56.	Kaspar Lehner	Haschtlis	77		100			177
57.	Johannes Hinden	von Remigen	82			Eisenbahn	100	182
58.	Verena Lehner	Krämers	16			Rente (Witwe)	160	176
59.	Jakob & Barbara Hirt	Gütterlis				Kapitalertrag	172	172
60.	Jakob Lehner	Krezen-Schagg	13		140			153
61.	Anna Barbara Lehner	Krezen (Saris)	118			Sohn	30	148
62.	Barbara Lehner	Krämers	147					147
63.	Kaspar Müller	Zinsels	62	40	40			142
64.	Jakob Hirt	Hänis	12	25	100			137
65.	Johannes Baumann	Wälders	33			Schneider	100	133

Nr.	Name	Hausname	Landwirtschaft	Gewerbe	Beruf	Betrag	Total
66.	Maria Finsterwald	Bürstlis	129		Majoren		129
67.	Hans Heinrich Baumann	Majoren	43		Nachtwächter	85	128
68.	Samuel Baumann	Strumpfwebers	65		Sektionsadjudant	60	125
69.	Hans Jakob & El. Baumann	Majoren	68		Leinweber	50	118
70.	Elisabeth Finsterwald	Haschtlis (Krusen)	39	70			109
71.	Rudolf Baumann & Maria Müller		96				96
72.	Verena Müller	Burgunders	24	70			94
73.	Kaspar Baumann	Forsters	44	50			94
74.	Heinrich Baumann	Mocken	24	70			94
75.	Verena Müller	Langen			Kapitalertrag	89	89
76.	Hans Jakob Finsterwald	Hinterwirts	17	70			87
77.	Heinrich Baumann	alt Weidligmacher	37	40			77
78.	Barbara Finsterwald	Krusen	27		Näherin	40	67
79.	Maria Stilli	Sods	45				45
80.	Anna Finsterwald	Metzgers	37				37
81.	David Hirt	Hänis	3	25			28
82.	Abraham & A. Barbara Baumann	Webers	18				18
83.	Barbara Baumann	Buzen	16				16
84.	Margaritha Lehner	Schaggen (Krezen)	8				8

Erläuterungen

1. Das Einkommen aus der Landwirtschaft wurde genau aus dem Schatzungswert des Bodens errechnet. Die einzelnen Posten dieser Kolonne sind demnach vergleichbar.
2. Die Einkommen aus Fluss- und anderen Gewerben wurden lediglich aufgrund der Angaben der Steuerpflichtigen und der mitarbeitenden Familienangehörigen geschätzt. 1 Hauptteil Fahr galt 160 Fr. Diese Posten sind nur unter sich vergleichbar, nicht aber mit jenen der Landwirtschaft.
3. Die Taglöhnerei wurde meistens nicht erfasst.

Hinweise zur Auswertung

1. Die soziale Schichtung ist vor allem aus dem Bodenbesitz ersichtlich, wobei allerdings zu berücksichtigen ist, dass in den hintersten Rängen auch alte Steuerzahler zu finden sind, die den grössten Teil ihres Vermögens bereits den Kindern abgetreten hatten.
2. Bei jedem einzelnen Steuerzahler lässt sich die Kombination der verschiedenen Erwerbsarten feststellen.
3. Die Hälfte des Fahrbesitzes findet sich in den Rängen 1–21. Die Anteile im letzten Drittel der Tabelle befinden sich durchwegs in den Händen alter Männer, die sich so noch eine Rente sicherten.
4. Schiffahrt und Flösserei wurden erst betrieben, wenn kein einträglicheres Gewerbe oder nur ungenügend Boden vorhanden war (Ausnahme: Nr. 8. Vater mit mehreren erwachsenen Söhnen).
5. Unter den Fischern war nur Nr. 43 steuerpflichtig.
6. Von den übrigen Gewerben erwiesen sich Wirtschaft, Mühle und Handel als einträglich, dann folgten Schmiede, Metzger und Wagner; in den unteren Rängen waren vor allem Schneider und Schuhmacher (Ausnahme: Nr. 36. Vater mit mehreren erwachsenen Söhnen).

Die Entwicklung der Einwohnerzahlen von Stilli

Jahr	Haus-haltun-gen	Ein-woh-ner	Gemeindebürger	Konfession reformiert		katholisch	andere/keine
1460	5						
1566	8						
1653	19						
1702		144					
1710		160					
1720		200					
1730		236					
1740		232					
1750		254					
1760		259					
1770		258					
1780		256					
1790		270					
1800		293					
1810		329					
1820		359					
1830		372					
1837	69	372	357 = 96,0%	372 = 100,0%		0	0
1850	80	392	379 = 96,7%	392 = 100,0%		0	0
1860	68	348	333 = 95,7%	346 = 99,4%		2	0
1870	71	358	309 = 86,3%	351 = 98,0%		7	0
1880	73	359	308 = 85,8%	357 = 99,4%		2	0
1888	67	312	259 = 83,0%	297 = 95,2%		15	0
1900	61	252	190 = 75,4%	247 = 98,0%		5	0
1910	62	281	174 = 61,9%	243 = 86,5%		34	4
1920	68	322	161 = 50,0%	253 = 78,6%		64	5
1930	78	308	147 = 47,7%	231 = 75,0%		70	7
1941	75	261	95 = 36,4%	204 = 78,2%		57	0
1950	77	280	109 = 38,9%	209 = 74,6%		68	3
1960	81	292	96 = 32,9%	187 = 64,0%		101	4
1970	99	313	77 = 24,6%	162 = 51,8%		140	11
1972		344					
1973		390					
1974, 1. 1.		507					
1974, 1. 9.		522					
1975		511					
1976		476					
1977, 1. 5.	183	457	68 = 15,2%	215 = 47,0%		*	*
1980		474	67 = 14,1%	219 = 46,2%		213	42
1990		443		183 = 41,3%		171	89
1995		430					

* Keine genauen Angaben.
Quellen vgl. S. 200; Bevölkerungskurve vgl. S. 209.

Quellen- und Literaturverzeichnis

1. Befragte Personen

Elisabeth Lehner-Finsterwald (1879–1975), Stilli.
Marie Zimmermann-Lehner (1883–1980), Villigen/Embrach.
Rosina Baumann-Finsterwald (1877–1960), Rorschach.
Elise Baldinger-Baumann (1897–1982), Stilli.
Emilie Erb-Autenheimer (1881–1977), Aarau.
Marie Lehner-Strössler (1887–1975), Stilli.
Alfred Müller-Rüegger (1895–1982), Niederrohrdorf.
Alice Hirt (1895–1981), Brugg.
Rosa Widmer-Baumann (1889–1976), Aarau.
Ernst Baumann (1905–1983), Stilli.

2. Ungedruckte Quellen

Archiv der Fähregesellschaft Stilli:
    Protokoll 1867–1906
    Prozess- und andere Akten
    Diese Dokumente befinden sich bei Herrn Oskar Lehner, Stilli.
Archiv der aargauischen Baudirektion, Aarau:
    Akten betr. Fähren
Archiv des aargauischen Versicherungsamtes, Aarau:
    Lagerbücher
Archiv des Bezirksgerichts Brugg:
    Deb. Kto. A No. 2737/1947 No. 3364: Akten im Civilstreite zwischen Johann Basler, Wirt, Brugg und 7 Mitbeteiligte, und Angelfischerverein Brugg/Anglerbund Baden & Umgebung, Baden, betr. Aare-Reuss-Fischenz.
Archiv des schweizerischen Bundesgerichts:
    Prozessakten:
    B No. 8522 Fähregesellschaft Stilli gegen Kanton Aargau (31. 5. 1905)
    B No. 8689 Fähregesellschaft Stilli gegen Kreisdirektion III SBB (31. 5. 1905)

B No: 20891 Gottfried Hediger gegen Kanton Aargau (19. 7. 1922)
A No. 23407 Ernst Schärer gegen Kanton Aargau (2. 7. 1937)
B No. 26675 NOK AG, Baden gegen Jakob Baumann und Mithafte
Bundesarchiv Bern:
 Fabrikstatistiken (Mikrofilme an der Forschungsstelle für schweiz. Sozial-
 und Wirtschaftsgeschichte, Zürich)
Burgerbibliothek Bern:
 Bände der Abteilung Mss Hist Helv.
GA Lauffohr (Gemeindearchiv):
 Fertigungsprotokolle
GA Rüfenach (Gemeindearchiv:
 Archiv der Kirchgemeinde Rein: Tauf-, Ehe-, Totenbücher, Chorgerichts-
 protokolle, Rechnungsbücher, Urbarien.
GA Stilli (Gemeindearchiv):
 Bürger- und Familienregister
 Fertigungsbücher, Lagerbücher, Liegenschaftsverzeichnisse, Steuerregister,
 Viehzählungen
 Protokolle der Gemeindeversammlungen und des Gemeinderates, Akten
 des Gemeinderates
 Gemeinderechnungen, Armenrechnungen, Inventarien, Waisenrechnungen
 Fremdenkontrollen.
GA Villigen (Gemeindearchiv):
 Urkunden vor 1800
 Fertigungsbücher
 Zehntloskaufsakten
 Protokolle der Gemeindeversammlungen und des Gemeinderates.
GA Windisch (Gemeindearchiv):
 Fertigungsbücher.
Grundbuchamt Brugg:
 Hauptbücher der Gemeinden Brugg, Lauffohr, Stilli, Windisch.
 Flurbücher
 Katasterpläne.
StAAa (Staatsarchiv Aarau):
 Urkundenarchiv: GLA   Generallandesarchiv Karlsruhe
                       (Fotokopien im Staatsarchiv Aarau)
           UKgf.   Urkunden des Klosters Königsfelden
           Urk.   Aargauische Städte
                   Alteidgenössisches Archiv
                   Bistum Konstanz
                   Böttstein
                   Klingnau-Wislikofen

Leuggern
Welti
Wettingen
Zurzach
Bücher- und Aktenarchiv vor 1798
 gemäss Repertorium von Walther Merz
Archiv seit 1803:
 Protokolle des Regierungsrates
 Akten zu obigen Protokollen
 Akten der Baudirektion (zitiert Akten Bau)
 Akten der Finanzdirektion (zitiert Akten Finanz)
 Akten des Bezirksamts Brugg
 Archiv des Bezirksgerichts Brugg.
StABE (Staatsarchiv Bern):
 Bände zitiert nach den handschriftlichen Inventaren im Archiv).
StALU (Staatsarchiv Luzern):
 Akten Archiv 1, Fach 7, Schachtel 903, Fasc. Reussschiffahrt.
StAZH (Staatsarchiv Zürich):
 Bände der Abteilungen A und B
 Kataloge.
Stadtbibliothek Winterthur:
 Nachlass Friedrich Autenheimer.
Zentralbibliothek Zürich:
 Handschriftenabteilung
 Graphische Sammlung
 Geographische Kartensammlung.
Private Akten von:
 Elise Baldinger-Baumann, Stilli (nun im GA Stilli)
 Rita Horlacher-Baumann, Unterbözberg
 Mathilde Buser-Lehner, Muri BE (nun im GA Stilli)
 Gottlieb Finsterwald-Sandmeier, Lauffohr
 Heidi Gautschi-Widmer, Pfeffikon LU
 Elise Härri-Baumann, Steig, Stilli
 Clara Hirt-Bührer, Brugg (†)
 Max Lehner-Berner, Menziken (†)
 Elsi Schlatter, Umiken (†)
 Hans Süess-Häfliger, Möhlin
 Rosa Widmer-Baumann, Aarau (†)
 Oskar Widmer, Gemeindeammann, Villigen (Abschriften aus
 dem GA Villigen)

3. Gedruckte Quellen

Aargauer Urkunden, Aarau, 1930 ff.

UB Brugg: Die Urkunden des Stadtarchivs Brugg.

UB Wildegg: Die Urkunden des Schlossarchivs Wildegg.

Aargauische Gesetzessammlung, Aarau, 1960 ff.

Aargauisches Ragionenbuch, Aarau, 1857 ff.

Actensammlung aus der Zeit der Helvetischen Republik, 16 Bände, Bern 1886 ff.

Amtliche Sammlung der ältern eidgenössischen Abschiede, Luzern, 1839 ff. (zitiert: Eidgenössische Abschiede).

Bern in seinen Ratsmanualen, 3 Bände, Bern 1900–1902.

Boner Georg: Die Jahrzeitbücher der Pfarrkirche St. Niklaus in Brugg und der Marienkaplanei daselbst. Argovia, Band 48, 1936.

Entscheidungen des schweizerischen Budnesgerichts 1920, Band 46/2, Lausanne, 1920.

Fischereigesetzgebung des Bundes und der Kantone. 2 Ausgaben: Bern, 1895 und Bern, 1914.

Grimm Jacob: Weisthümer. Bände 4 + 5, Göttingen 1863/66.

Herrgott Marquard: Genealogica diplomatica augustae gentis Habsburgicae. Band 3, Wien, 1737.

Hess David: Die Badenfahrt. Zürich, 1818.

Heuberger Samuel: Habsburgische Urkunden im Stadtarchiv Brugg. Anzeiger für Schweizergeschichte, 46. Jahrgang, 1915, S. 83–109.

HU: Das Habsburgische Urbar, herausgegeben von Rudolf Maag, 2 Teile, Basel 1894, 1899/1904; in Quellen zur Schweizergeschichte, Bände 14/15 (zitiert HU I/HU II).

Huber Johann: Der Stift Zurzach niedere Gerichtsbarkeit in Kadelburg vom Jahr 1451 bis 1803. Argovia, Band 4, 1864/65.

Huber Johann: Die Regesten der ehemaligen Sanktblasier Propsteien Klingnau und Wislikofen. Luzern, 1878.

150 Jahre Kanton Aargau im Lichte der Zahlen 1803–1953. Aarau, 1954.

Katalog der Fischereiausstellung. Zürich, 1894.

MGH: Monumenta Germaniae historica, Sectio 4, Constitutiones et acta publica imperatorum et regum, Band 1 (911–1197). Hannover, 1893.

Pestalozzi Heinrich: Lienhard und Gertrud; in Gesammelte Werke, herausgegeben von Emanuel Dejung, Band 1, Zürich, 1944.

Quellen zur Zürcher Wirtschaftsgeschichte. 2 Bände, Zürich, 1937.

Quellen zur Zürcher Zunftgeschichte. 2 Bände, Zürich, 1936.

Quellen zur Entstehung der Schweizerischen Eidgenossenschaft. Aarau, 1933 ff. (zitiert QW).

Rechenschaftsbericht des aargauischen Regierungsrates (19./20. Jahrhundert).
RQ: Sammlung Schweizerischer Rechtsquellen
    RQ Bern: Die Rechtsquellen des Kantons Bern, 1. Teil: Stadtrechte,
        Band IX/2: Das Stadtrecht von Bern, Gebiet, Haushalt, Regalien.
        Aarau, 1967.
        Die Rechtsquellen des Kantons Aargau, Aarau, 1898 ff.
            1. Teil: Stadtrechte:
    RQ Brugg: Die Stadtrechte von Baden und Brugg.
    RQ Klingnau: Die Stadtrechte von Kaiserstuhl und Klingnau.
            2. Teil: Rechte der Landschaft:
    RQ Grafschaft Lenzburg: Amt Aarburg und Grafschaft Lenzburg.
    RQ Königsfelden: Die Oberämter Königsfelden, Biberstein und Kasteln.
    RQ Schenkenberg: Das Oberamt Schenkenberg.
    RQ Grafschaft Baden: äussere Amter.
Schweizerische Arbeiterbewegung. Dokumente zu Lage, Organisation und
    Kämpfen der Arbeietr von der Frühindustrialisierung bis zur Gegenwart.
    Zürich, 1975.
Schweizerische Landestopographie: "Siegfriedkarte", Blatt 36, "Stilli", 1878.
Schweizerische Statistik. Bern, 1860–1919.
Vierteljahresschrift für aargauische Rechtssprechung, Aarau, 1901 ff.
Welti Emil: Richtung des Freiamtes und Hofrecht von Lunkhofen. Argovia,
    Band 2, 1861.
Welti Emil: Urbar der Grafschaft Baden; in Argovia, Band 3, 1862/63.
Ziegler Carl: Bericht über die anno 1907 auf der Stadtbibliothek Zürich vorge-
    fundenen Dokumente der Schiffleuten-Zunft. Zürich, 1907.

4. Darstellungen

Aeschbacher Paul: Die Geschichte der Fischerei im Bielersee und dessen Neben-
    flüssen. Bern, 1923.
Ammann Hektor: Ist die Aare-Reussfischenz grundherrlichen Herkommens? Hi-
    storisches Gutachten. Maschinenschrift, Aarau, 1948.
Ammann Hektor: Schaffhauser Wirtschaft im Mittelalter. Thayngen, 1948.
Ammann Hektor/Anton Senti: Heimatgeschichte und Wirtschaft der Bezirke
    Brugg, Rheinfelden, Laufenburg und Zurzach. Zollikon-Zürich, 1948.
Ammann Otto: Von der Goldwäscherei an der Aare im Bezirk Brugg. Brugger
    Neujahrsblätter 1928, S. 33–45.
Amsler Samuel: Stammbaum der Familie Amsler von Schinznach. Aarau, 1897.
Appenzeller Gotthold: Geschichte der schweizerischen Binnenschiffahrt im Ge-
    biete der Juraseen und Aare. Solothurn, 1922.

Bader Karl Siegfried: Studien zur Rechtsgeschichte des mittelalterlichen Dorfes. 3 Bände, Weimar/Wien, 1957–1973.

Bader Karl Siegfried: Die Gemarkungsgrenze; in: Das Rechtswahrzeichen, Heft 2, S. 56–67. Freiburg i. Br., 1940.

Bader Karl Siegfried/Claudio Soliva: Gutachten über Inhalt und Bedeutung des Reversbriefes von 1606 "Umb der vischerenn am Urfahr zu Lauffen lechen und vischenntzen am Rhyn". Maschinenschrift, Zürich, 1967.

Bader Karl Siegfried/Claudio Soliva: Gutachten über den Aussagewert der quellenmässig fassbaren historischen Grundlagen der Fischereigerechtigkeit im Nohl für die Beurteilung von Inhalt und Umfang der Gerechtigkeit im heutigen Zeitpunkt. Maschinenschrift, Zürich, 1968.

Banholzer Max: Geschichte der Stadt Brugg im 15. und 16. Jahrhundert. Argovia, Band 73, 1961.

Banholzer Max: Lenzburg und Brugg. Von Freundschaft und Eifersucht zweier Städte im Mittelalter. Brugger Neujahrsblätter 1972, S. 5–15.

Baumann Max: Die Zunamen der Bürgerfamilien des Dorfes Stilli. Brugger Neujahrsblätter 1964, S. 54–58.

Baumann Max: Aareübergang und Ursprung der Flussgewerbe von Stilli. Zürcher Lizentiatsarbeit 1972 (Maschinenschrift).

Baumann Max/Oswald Lüdin: Freudenau, Burg und Siedlungen an der Aare. SA aus Brugger Neujahrsblätter 1975, S. 19–72.

Baumgartner Rudolf: Die Freiheit der Rheinschiffahrt. Diss. iur. Bern, 1926.

Bayer Erich: Wörterbuch zur Geschichte. Stuttgart, 1960.

Becker Heinrich: Schiffervolkskunde. Halle, 1937.

Bielmann Jürg: Die Lebensverhältnisse im Urnerland während des 18. und zu Beginn des 19. Jahrhunderts. Basel, 1972.

Binder Gottlieb: Zur Kulturgeschichte des Limmattals. Erlenbach-Zürich, 1934.

Bindschedler R. G.: Kirchliches Asylrecht und Freistätten in der Schweiz, Stuttgart, 1906.

Biographisches Lexikon des Kantons Aargau. Argovia, Band 68/69 (1956/57).

Bodmer Walter: Die Zurzacher Messen von 1530 bis 1856. Argovia 74 (1962).

Brogle Felix: Die Flösserei der oberrheinischen Gebiete Laufenburg-Basel. Basler Diss. phil., Frick, 1952.

Bronner Franz Xaver: Der Kanton Aargau. 2 Bände, St. Gallen/Bern, 1844.

Brugger Hans: Geschichte der aargauischen Landwirtschaft seit der Mitte des 19. Jahrhunderts. Brugg, 1948.

Brugger Hans: Die schweizerische Landwirtschaft in der ersten Hälfte des 19. Jahrhunderts. Frauenfeld, 1956.

Bucher Ernst: Die bernischen Landvogteien im Aargau. Argovia 56 (1944).

Bucher Silvio: Bevölkerung und Wirtschaft des Amtes Entlebuch im 18. Jahrhundert. Luzern, 1974.

Buck Michael Richard: Oberdeutsches Flurnamenbuch. 1. Auflage: Stuttgart, 1880; 2. Auflage: Bayreuth, 1931.

Bugmann Erich: Eiszeitformen im nordöstlichen Aargau. Mitteilungen der aargauischen naturforschenden Gesellschaft, Heft 25. Aarau, 1958.

Bühler Richard: Die Fischereiberechtigung im Kanto Zürich. Zürcher Diss. iur., Meilen, 1969.

Burri Hans-Rudolf: Die Bevölkerung Luzerns im 18. und frühen 19. Jahrhundert. Luzern, 1975.

Disler Carl: 100 Jahre Saline Riburg. Rheinfelden, 1948.

Drack Walter u. a.: Illustrierte Geschichte der Schweiz. 1.,Band, Einsiedeln, 1958.

Ehrensperger Franz: Basels Stellung im internationalen Handelsverkehr des Spätmittelalters. Diss. phil., Basel, 1972.

Finsterwalder Paul Willem: Die Gesetze des Reichstags von Roncalia vom 11. 11. 1158; in Zeitschrift der Savigny-Stiftung für Rechtsgeschichte, Germanistische Abteilung, Band 51, 1931, S. 1–69.

Fleiner Fritz: Das Freianglerrecht im Aargau; in Festschrift für Walther Merz, S. 42–56, Aarau, 1928.

Fluck Hans-Rüdiger: Arbeit und Gerät im Wortschatz der Fischer des badischen Hanauerlandes. Diss. phil., Freiburg i. Br., 1974.

Fricker P.: Beitrag zur Geschichte des Ackerbaus, der Viehzucht, des Wein- und Obstbaues im Aargau, Aarau, 1884.

Fritzsche Bruno: Der Zürcher Salzhandel im 17. Jahrhundert. Diss. phil. I, Zürich, 1964.

Froelich Edmund: Von den Schiffleuten und Flössern in Stilli. Brugger Neujahrsblätter 1935, S. 14–18.

Gasser Adolf: Die geopolitische Bedeutung des Aargaus im Wandel der Zeiten. Argovia, Band 48, 1936.

Gaugler Hans Viktor: Die privaten Fischereigerechtigkeiten am Oberrhein zwischen Basel und dem Untersee. Diss. iur. Maschinenschrift, Basel, 1926.

Geiger W.: Gutachten über die räumliche und zeitliche Begrenzung eines Fischereiverbots bei den Kühlwassereinläufen der Atomkraftwerke Beznau I und Beznau II. Maschinenschrift, Dübendorf, 1974.

Glauser Fritz: Stadt und Fluss zwischen Rhein und Alpen. Maschinenschrift, Luzern, 1976.

Gönnenwein Otto: Die Freiheit der Flussschiffahrt. Stuttgart-Berlin, 1940.

Grossmann Heinrich: Flösserei und Holzhandel aus den Schweizer Bergen bis zum Ende des 19. Jahrhunderts. Zürich, 1972.

Grütter-Minder Max: Friedrich Autenheimer. 295. Neujahrsblatt der Stadtbibliothek Winterthur 1964.

Gruner Erich: Die Arbeiter in der Schweiz im 19. Jahrhundert. Bern, 1968.

Guggisberg Paul: Der bernische Salzhandel. Bern, 1933.

Haas-Zumbühl F.: Die Geschichte der Sankt Niklausen-Schiffs-Gesellschaft der Stadt Luzern. Luzern, 1910.

Härry Arnold: Die historische Entwicklung der schweizerischen Verkehrswege. I. Die historische Entwicklung der Schiffahrt auf dem Rhein; in Jahrbuch des nordostschweizerischen Verbandes für Schiffahrt Rhein-Bodensee 1916, S. 93–238.

II. Die historische Entwicklung der Schiffahrt auf den andern schweizerischen Flüssen; daselbst 1917, S. 123–255, 259–275.

Härry Arnold: Die Fischwege an Wehren und Wasserwerken in der Schweiz. Zürich, 1917.

Hahn Charlotte: Das Fährenrecht am Niederrhein. Diss iur., Maschinenschrift, Köln, 1949.

Handbuch der deutschen Wirtschafts- und Sozialgeschichte. Band 1, Stuttgart, 1971.

Handwörterbuch zur deutschen Rechtsgeschichte, herausgegeben von Adalbert Erler und Ekkehard Kaufmann. 1. Band, Berlin, 1971.

Hauser-Kündig Margrit: Das Salzwesen der Innerschweiz bis 1798. Zürcher Diss. phil. I, Zug, 1927.

Hemmeler Wilhelm: Ein Gang durch die aargauische Postgeschichte. Burgdorf, 1930.

Henssler Ortwin: Formen des Asylrechts. Frankfurt am Main, 1954.

Heuberger Samuel: Zeugnisse zur ältesten Geschichte des Bades Schinznach. Taschenbuch der historischen Gesellschaft des Kantons Aargau 1912.

Heuberger Samule: Aus der Geschichte des Dorfes Stilli. Brugger Neujahrsblätter 1917, S. 40–48.

Heuberger Samuel: Das Schloss in Stilli. Brugger Neujahrsblätter 1925, S. 21–23.

Heuberger Samuel: Von den ältesten Tavernen in den Brugger Landgemeinden an der Bözbergstrasse. Brugger Neujahrsblätter 1925, S. 24–32.

Howald K.: Die Gesellschaft zu Schiffleuten. Berner Taschenbuch 1874, S. 265–328.

Huber Roland Walther: Die ehemaligen Schiffahrtsrechte auf Zürichsee, Linth und Walensee. Diss. iur. Zürich, 1958.

Idiotikon, Schweizerisches. Frauenfeld, 1881 ff.

Keller Jakob: Friedrich Autenheimer. Brugger Neujahrsblätter 1900, S. 50–57.

Kettmann Gerhard: Die Sprache der Elbschiffer. Halle (Saale), 1959.

Killer K.: "Der Wirtel", Erzählung. Brugger Neujahrsblätter 1905.

Kistler Jakob: Erhebungen über Vermögen, Schulden und Erwerb im Kt. Aargau in den Jahren 1872, 1886, 1892, 1906/07. Bern, 1872–1908.

Kocka Jürgen: Klassengesellschaft im Krieg 1914–1918. Göttingen, 1973.

Kocka Jürgen: Theorien in der Sozial- und Gesellschaftsgeschichte; in Geschichte und Gesellschaft, 1. Jg., 1975, S. 9–42.

Koelner Paul: Die Basler Rheinschiffahrt vom Mittelalter zur Neuzeit. Basel, 1944.

Krümmer Heinz: Die Wirtschafts- und Sozialstruktur von Konstanz in der Zeit von 1806 bis 1850. Sigmaringen, 1973.

von Künssberg Eberhard: Fährenrecht und Fährenfreiung. Zeitschrift der Savigny-Stiftung für Rechtsgeschichte, Germanistische Abteilung, 45. Band, 1925, S. 144–205.

Kuhn-Simon Hans: Die Berner Zunft zu Schiffleuten. Bern 1968.

Die Kunstdenkmäler des Kantons Aargau:
Band 2: Die Bezirke Lenzburg und Brugg. Basel, 1953.
Band 5: Der Bezirk Muri. Basel, 1967.

Laur-Belart Rudolf: Über die Colonia Raurica und den Ursprung von Basel. 2. Auflage, Basel, 1959.

Laur-Belart Rudolf: Alte Strassen über den Bözberg. Brugger Neujahrsblätter 1971, S. 5–20.

Lehner Heinrich: Eine alte Fähreordnung. Brugger Neujahrsblätter 1904, S. 69–74.

Lerch Fritz: Zwei Pfarrherren von Brittnau. Zofinger Neujahrsblätter 1946, S. 71 ff.

Leuthard Paul: Die Fischereirechte im Freiamt und in Mellingen. Zürcher Diss. iur., Muri, 1928.

von Liebenau Theodor: Geschichte der Fischerei in der Schweiz. Bern, 1897.

Lüthi Alfred: Wirtschafts- und Verfassungsgeschichte des Klosters Königsfelden. Diss. phil. I, Zürich, 1947.

Meier Eugen A.: z'Basel a mym Rhy. Von Fähren und Fischergalgen. Basel, 1971.

Merz Walther: Gutachten in Sachen Ortsbürgergemeinde Mellingen gegen Gebrüder Heinrich und Jakob Lehner, Fischer, in Stilli, und Mithafte, betr. Fischereirechte. Vierteljahresschrift für Aargauische Rechtssprechung, 1918, S. 117–131.

Merz Walther: Rechtsgutachten betr. Aarefischenzen zu Stilli und Freianglerrecht. Maschinenschrift, Aarau, 1921.

Merz Walther: Geschichte der Stadt Aarau im Mittelalter. Aarau, 1925.

Meyer Werner: Die Verwaltungsorganisation des Reiches und des Hauses Habsburg-Österreich im Gebiete der Ostschweiz, 1264–1460. Diss. phil. I, Zürich, 1933.

Mittler Otto: Geschichte der Stadt Klingnau. 2. Auflage. Aarau, 1967.

Moesch Casimir: Der Aargauer Jura. Bern, 1867.

Moesch Casimir: Geologische Beschreibung der Umgebungen von Brugg. Zürich, 1867.

Moser Fritz C.: Das Strassen- und Schiffahrtswesen der Nordostschweiz im Mittelalter. Frauenfeld, 1930.

Mühlberg Fritz: Erläuterungen zu den geologischen Karten des Grenzgebietes zwischen dem Ketten- und Tafeljura. II. Teil: Geologische Karte des untern Aare-, Reuss- und Limmattales. Eclogae geologicae Helvetiae, Band 8. Lausanne, 1903/05.

Müller Johann: Der Aargau. Seine politische, Rechts-, Kultur- und Sitten-Geschichte. 2 Bände, Zürich, 1870/71.

Müller Richard: Neue Vorarbeiten zur altösterreichischen Ortsnamenkunde. Wien 1886–1888.

Müller Richard: Vorarbeiten zur altösterreichischen Ortsnamenkunde. Wien, 1889/90.

Neweklowsky Ernst: Die Schiffahrt und Flösserei im Raume der oberen Donau. 2 Bände, Linz, 1952.

Niggli Paul, Johannes Strohl: Zur Geschichte der Goldfunde in schweizerischen Flüssen. SA aus Vierteljahresschrift der Naturforschenden Gesellschaft in Zürich. Band LXIX (1924), S. 317–325.

von Nordeck zur Rabenau Ludwig: Das Recht der Fähren, mit besonderer Berücksichtigung des Regierungsbezirks Danzig. Diss. iur., Leipzig, 1910.

Ott Irene: Der Regalienbegriff im Mittelalter. Zeitschrift der Savigny-Stiftung für Rechtsgeschichte, Kanonistische Abteilung, Band 66, 1948, S. 234–304.

Peyer Hans Conrad: Von Handel und Bank im alten Zürich. Zürich, 1968.

Reithard J. J.: "Der Wirtel", Gedicht; in "Alpenrosen auf das Jahr 1850", Aarau/Thun, 1850.

Rennefahrt Hermann: Grundzüge der bernischen Rechtsgeschichte. 4 Bände, Bern, 1928–1936.

Rennefahrt Hermann, Paul Kläui: Rechtshistorisches Gutachten betr. Aare-Reuss-Fischenz. Maschinenschrift, Bern/Zürich, 1949.

Rohr Adolf: Die vier Murbacherhöfe Lunkhofen, Holderbank, Rein und Elfingen. Argovia, Band 57, 1945.

Rohrer Karl: Das gesetzliche Armenwesen im Kanton Aargau seit 1804 und die Reformbestrebungen für ein neues Armengesetz. Diss. rer. pol., Zürich, 1918.

Roth Jörg: Zur Kulturgeographie des Bezirks Brugg. Diss. sc. nat. ETH, Untersiggenthal, 1968.

Ruck E.: Rechtshistorisches Gutachten zur Aare-Reussfischenz. Maschinenschrift, Basel, ca. 1950.

Rütimeyer L.: Zur Geschichte der Goldwäscherei in der Schweiz. Verhandlungen der Naturforschenden Gesellschaft in Basel, Band XXXVIII, S. 34–61, Basel, 1927.

Schib Karl: Geschichte der Stadt Laufenburg. Argovia, Band 62, Aarau, 1951.

Schib Karl: Geschichte des Dorfes Möhlin. Thayngen, 1959.

Schib Karl: Geschichte der Stadt und Landschaft Schaffhausen. Schaffhausen, 1972.

Schmid Katahrina: Über den Goldgehalt der Flüsse und Sedimente der miozänen Molasse des NE-Napfgebietes (Kt. Luzern). Beiträge zur Geologie der Schweiz, Kleine Mitteilungen Nr. 58, Zürich, 1973.

Schneider Boris, Eisenbahnpolitik im Aargau. Diss. phil. I, Zürich, 1959.

Schröder Ludvig: Der letzte Flösser von Stilli. + Hans Heinrich Lehner-Wey. Brugger Neujahrsblätter 1944, S. 37–42.

Schürmann Markus:Bevölkerung, Wirtschaft und Gesellschaft in Appenzell Innerrhoden im 18. und frühen 19. Jahrhundert. Basler Diss. phil., Appenzell, 1974.

Seligo Arthur: Die Fanggeräte der deutschen Binnenfischerei. Berlin, 1914.

Siegfried Fritz: Die Schiffergenossenschaft der "Stüdler" in Koblenz. Argovia, Band 33, Aarau, 1909, S. 179–245.

Siegrist Jean Jacques: Beiträge zur Verfassungs- und Wirtschaftsgeschichte der Herrschaft Hallwil. Argovia, Band 64, Aarau, 1952.

Siegrist Jean Jacques: Lenzburg im Mittelalter und im 16. Jahrhundert. Argovia, Band 67, Aarau, 1955.

Souci Siegfried Walter und Hans Bosch: Lebensmittel-Tabellen für die Nährwertberechnung. Stuttgart, 1967.

Stauber Emil: Schloss und Herrschaft Laufen. 257. Neujahrsblatt der Stadtbibliothek Winterthur, 1923.

Steimer Emil: Die alten Schiffahrtsrechte im Kanton Zug. Diss. iur. (Freiburg/ Schweiz), Linz, 1916.

Steinegger Albert: Geschichte der Gemeinde Neuhausen, Neuhausen, 1927.

Steinmann Paul: Die Bedingungen der Fischerei im Hochrhein mit besonderer Berücksichtigung der durch die Kraftwerke geschaffenen Veränderungen. Aarau, 1923.

Steinmann Paul: Die Lachsfischerei im Hochrhein. Basel, 1925.

Steinmann Paul: Über den Fischaufstieg im Rhein und in der Aare auf Grund von Fischpasskontrollen im Jahre 1934. SA aus Schweizerische Fischereizeitung, Pfäffikon, 1935.

Steinmann Paul: Fische; in Aargau, Natur und Erforschung, S. 168–174. Aarau, 1953.

Stokar Helene: Sonntagsgesetzgebung im alten Zürich. Diss. iur., Zürich, 1949.

Thieme Hans: Die Funktion der Regalien im Mittelalter. Zeitschrift der Savigny-Stiftung für Rechtsgeschichte, Germanistische Abteilung, Band 62, 1942, S. 57–88.

von Tscharner Niklaus Emanuel: Physisch-ökonomische Beschreibung des Amts Schenkenberg. Bern, 1771.

Tschopp Charles: Der Aargau. Eine Landeskunde. 2. Auflage, Aarau, 1962.

Vetter J.: Die Schiffahrt, Flötzerei und Fischerei auf dem Oberrhein (Schaffhausen-Basel). Karlsruhe, 1864.

Vollenweider Otto: Geschichte des Verkehrs auf der Wasserstrasse Walenstadt–Zürich–Basel. Diss. phil. I, Zürich, 1912.

Vosseler Paul: Morphologie des Aargauer Tafeljura. Diss. phil. II, Basel, 1918.

Waldmeyer Ernst: Die schweizerische Salz- und Sodaindustrie. Berner Diss. iur., Weinfelden, 1928.

Walter Hans: Bergbau und Bergbauversuche in den fünf Orten. Zürcher Diss. phil. I, Stans, 1923.

Walter Heinrich: Über die Stromschnelle von Laufenburg. Diss. phil. II, Zürich, 1901.

Werder Werner: Die aargauische Tabakindustrie im See- und Wynental im 19. Jahrhundert. Lizentiatsarbeit phil. I, Maschinenschrift, Zürich, 1974.

Wernly Rudolf: Geschichte der aargauischen gemeinnützigen Gesellschaft und ihrer Bezirkszweige 1811–1911. Aarau, 1912.

Wernly Rudolf: Die Kulturgesellschaft des Bezirks Brugg. Maschinenschrift, o. O., o. J. (ca. 1918).

Wessendorf Berthold: Die überseeische Auswanderung aus dem Kanton Aargau im 19. Jahrhundert. Argovia, Band 85, 1973.

Widmer Oskar: Stammtafel der Familie Schwarz von Villigen (vervielfältigt).

Wiesendanger Paul: Die Entwicklung des Schiffahrtsrechts in der Schweiz. Zürcher Diss. iur., Frauenfeld, 1918.

van Wingen Nikolaas: Beiträge zur Geologie und Hydrologie des Geissbergs bei Villigen (Aargau). Diss. phil. II, Zürich, 1923.

Wild Albert: Am Zürcher Rheine. Taschenbuch für Eglisau und Umgebung. Zürich, 1883.

Zschokke Ernst: Geschichte des Aargaus. Aarau, 1903.

Zürcher Gertrud: Kinderlieder der deutschen Schweiz. Basel, 1926.

Neuere Publikationen des Verfassers zu den Themen "Flussgewerbe" und "Stilli":

Baumann Max/Peter Frey: Freudenau im untern Aaretal. Burganlage und Flussübergang im Mittelalter. Untersiggenthal/Stilli, 1983.

Baumann Max: Geschichte von Windisch. Vom Mittelalter zur Neuzeit. Windisch 1983.

Baumann Max: Fischer am Hochrhein. Aarau 1994.

Baumann Max: Drei Aufsätze zum 550-Jahr-Jubiläum von Stilli 1996. Brugger Neujahrsblätter 1996, S. 29–82.

Ortsregister

(ohne Berücksichtigung von Stilli)

Personenregister

(nur Familiennamen und Bürger- bzw. Wohnort)

Dank

Bei der Ausarbeitung und Gestaltung dieses Buches war ich auf vielseitige Unterstützung angewiesen. Ich möchte daher ausdrücklich danken:

- Herrn Prof. Hans Conrad Peyer für sein anhaltendes Interesse an Thema und Arbeit sowie für zahlreiche Hinweise,
- Herrn Prof. Rudolf Braun für viele grundsätzliche Anregungen während meiner Assistentenzeit,
- dem Personal von Gemeinde- und Staatsarchiven, besonders Herrn Hans Haudenschild, Aarau, für zahllose Gänge und Suchaktionen,
- meinen Studienkollegen und meinen Eltern für die fortlaufende Lektüre der Entwürfe,
- meinem Vater, Robert Baumann, für die Federzeichnungen und das Lesen der Probeabzüge
- meinem Schüler Matthias Züllig für die graphischen Darstellungen und Pläne,
- dem Gemeinderat Stilli, der gemeinderätlichen Kommission unter der Leitung von Herrn Willy Müller, Gemeindeschreiber, sowie den Einwohnern von Stilli, welche die Herausgabe in der vorliegenden Form ermöglichten.

Ein letzter, ganz besonderer Dank gebührt meiner verstorbenen Tante, Frau Elisabeth Lehner-Finsterwald (1879–1975), Stilli. Durch ihre lebendigen, anschaulichen und zutreffenden Schilderungen von Alt–Stilli hat sie diese Arbeit angeregt und massgeblich bereichert.

MB.

Nachwort zur zweiten Auflage

Nachdem die erste Auflage seit mehreren Jahren vergriffen war, beschloss die Gemeindeversammlung von Stilli einen Neudruck. Dieser erfolgt im Rahmen des 550-Jahr-Jubiläums 1996. Ich danke dem Gemeinderat für den Anstoss dazu sowie den Stimmbürgerinnen und Stimmbürgern für die unbestrittene Bewilligung des erforderlichen Kredits. Die Ausführungen in der ursprünglichen Fassung haben ihre Gültigkeit behalten. Eine Überarbeitung erübrigte sich daher. Im Sinne einer Aktualisierung wurden lediglich einige seit 1977 eingetretene Veränderungen bei Daten sowie zusätzliche Literaturhinweise neu aufgenommen.

MB.